고려 개경의 편제와 궁궐

金昌賢

제주에서 출생함. 고려대학교 사학과에서 학사와 석사와 박사 학위를 받음. 성균관대학교와 성신여자대학교 연구교수를 거쳐 고려대학교 연구교수로 재직하며 고려대학교와 충남대학교에서 강의하고 있음. 대표적 논저로 『고려 개경의 구조와 그 이념』, 『고려의 남경, 한양』, 『고려의 여성과 문화』 등이 있음.

고려 개경의 편제와 궁궐

초판 1쇄 인쇄 | 2011년 4월 19일
초판 1쇄 발행 | 2011년 4월 30일

저 자 | 김창현
발행인 | 한정희
발행처 | 경인문화사
편 집 | 신학태 김송이 김지선 맹수지 문영주 안상준 정연규
주 소 | 서울특별시 마포구 마포동 324-3
전화: 718-4831, 팩스: 703-9711
이메일: kyunginp@chol.com
홈페이지: www.kyunginp.co.kr / 한국학서적.kr
등록번호 | 제10-18호(1973. 11. 8)

ISBN : 978-89-499-0792-5 93910
정가 : 40,000원
*파본 및 훼손된 책은 교환해 드립니다.

고려 개경의 편제와 궁궐

金昌賢

景仁文化社

들어가며

대한민국은 근래 수도 이전과 행정복합도시 건설 문제로 심각한 갈등을 겪어 왔다. 노무현 후보가 충청도로 수도를 옮기겠다고 공약해 이 지역에서 몰표를 얻어 대통령에 당선되었다. 그러자 노무현 정권 시절에 수도를 충청도의 연기 일대로 옮기는 문제로 갈등하다가 세종행정복합도시로 결론이 났다. 이명박 정권에서 세종행정복합도시를 취소하고 다른 형태의 도시로 만들려다가 반발이 심해 원안으로 돌아갔다. 세종시가 완성되면 대통령과 일부 장관은 서울시에, 국무총리와 일부 장관은 세종시에 머물게 된다. 그리되면 대한민국에 일종의 兩京制가 운영되는 것이다.

우리나라에서 多京制의 기원은 삼국시대까지 거슬러 올라갈 수 있지만 다경제의 변화를 가장 잘 보여주는 나라는 고려왕조이다. 고려왕조는 처음에는 송악에 설치한 개경 하나로 출발했지만 곧 평양에 서경을 설치해 양경 체제를 도입했다. 태조 때 성립한 개경과 서경의 양경 체제는 고려 도읍 운영의 기본이 되었다. 성종 때 최승로 등의 경주세력이 집권함에 따라 경주에 동경이 설치되면서 개경, 서경, 동경의 삼경 체제로 발전했고, 한강권 세력의 성장으로 문종 때 한양에 남경이 설치되면서 사경 체제로 발전했다. 남경은 정치적인 갈등 때문인지 곧 폐지되어 삼경 체제로 돌아갔다가 숙종 때 부활해 사경 체제를 회복했다. 사경 체제는 무인정권기에 지방의 삼국 부흥운동으로 위기를 맞으면서도 유지되다가 원간섭기에 들어서서 해체되어 간다.

이처럼 고려왕조는 여러 개의 도읍을 운영했다. 그 중에서도 으뜸가는 도읍은 京城 내지 京都, 上京 내지 上都로 불렸는데 바로 개경이 그러한 위상을 차지했다. 고려 중기에 묘청이 개경의 지세가 다 되었다며 서경 천도 운동을 벌여 서경을 상경(상도)으로 만들려고 했지만 실패로 끝나면서 개경은 江都 시절을 제외하면 고려 말기까지 수도로서의 지위를 유지했다.

고려는 중앙집권이 덜 이루어져 중앙 문화와 지방 문화가 조화를 이루며 발전한 사회였지만 빼어난 문화는 아무래도 정치와 경제와 문화의 중심지인 上都 개경에 많이 나타날 수밖에 없었다. 개경의 수도로서의 위상은 그 편제에도 반영되었고 그 편제에서 주요 거점이 된 것은 궁궐과 사원과 태묘와 사직과 능과 신사와 성곽과 객관 등이었다.

개경은 조선시대 이래 지금까지 개성으로 불리고 있다. 우리나라 역대의 수도를 보면 평양, 공주, 부여, 경주, 철원, 개성, 한양 등이 있었는데 개성만큼 문화유적이 잘 남아 있는 곳도 드물다. 개성은 고려 이래의 문화를 오롯이 간직한 보물 창고이다. 개성 공단의 조성으로 외곽지대이지만 일부가 훼손되었는데 더 이상 파괴당하지 않았으면 하는 바램이다. 개성 지역을 문화관광 특구로 지정해 개방한다면 공단보다 훨씬 큰 이익을 얻을 수 있으리라 생각된다. 이 지역은 세계문화유산으로 충분히 등재가 가능하며, 그렇게 된다면 여러 면에서 더욱 많은 이득을 볼 수 있을 것이다.

통일이 된다면 남한의 수도 서울, 북한(북조선)의 수도 평양, 그리고 통일수도로 이루어지는 三京制가 바람직한데, 통일수도는 개성에 조성되어야 한다. 개성이 본격적으로 우리 민족을 통일한 고려의 수도였고 우리나라의 중심에 자리잡고 있다는 사실 외에도, 38선이 송악산 바로 위로 지나갔다는 점, 6.25 전쟁 이전에는 남한에 속했다가 휴전 이후에는 북한에 속하게 된 점, 휴전 회담이 이루어진 장소로 휴전선이 지나가는 판문점을 지니고 있다는 점 등이 그 이유이다. 개성은 다른 어느 곳보다도 통일수도로서의 입지가 빼어나다.

나는 『고려 개경의 구조와 그 이념』이라는 책을 펴낸 적이 있다. 그 동안에 개성 관광이 허용되고 남북한이 손을 잡아 송악산 기슭 대궐터를 발굴했는데, 그 덕분에 개성을 두 번 둘러볼 기회를 가졌다. 이를 통해 내가 그동안 개경에 대한 연구를 해 온 작업 중에 더러 오류가 있음을 깨달아 바로잡게 되었으며 개경에 대해 좀 더 조명을 해 보아야겠다는 욕망이 일어 이 책을 준비하게 되었다.

설레는 마음으로 개성에 갔었지만 정작 보고 싶은 만큼 보지는 못해 아쉬움이 많이 남는다. 더구나 남북한이 근래 대결 구도로 치달아 개성 관광마저 중단된 상태이다. 어서 빨리 긴장이 녹아 개성 관광이 재개되기를 목을 빼 기다린다. 재개된다면 관광의 내용과 질이 더 나아지기를 기대한다. 개성이 관광특구가 되어 마음대로 그곳 구석구석을 들여다볼 날이 오기를 소원한다. 그리고 언젠가 개성이 통일수도가 되는 날을 꿈꾸어 본다.

이 책에서는 上都 개경의 편제를 먼저 다루고 그 다음에 주요 지표를 이루는 대궐, 별궁, 후비궁, 왕녀궁, 태묘 등과 거기에서 이루어지는 행사를 다루었다. 이와 관련되는 연대기사를 『고려사』와 『고려사절요』에서 뽑아 도표로 만들어 첨부했는데, 세가·열전·지는 『고려사』의 해당 부분을, 절요는 『고려사절요』를 지칭한다.

인문학 전공서적은 대중에게 인기를 끄는 분야는 아니다. 그러함에도 이 책을 고려사학회 총서로 간행하도록 허락해준 고려사학회와 경인문화사에 감사 드린다.

2011년 봄을 기다리며

동안재 金昌賢 씀

목 차

들어가며

제1장 고려의 上都 개경 / 1

머리말 ······ 3
1. 고려 개경의 형성 ······ 4
2. 고려 개경의 궁궐 ······ 12
3. 고려 개경의 편제 ······ 25
4. 고려 개경 구조의 유래 ······ 34
맺음말 ······ 48

제2장 고려 개경의 대궐과 행사 / 57

머리말 ······ 59
1. 정전 구역의 행사 ······ 60
2. 편전 구역의 행사 ······ 90
3. 내전 구역의 행사 ······ 100
4. 태자궁과 東池 일대의 행사 ······ 114
맺음말 ······ 119

제3장 고려 개경의 별궁 / 219

머리말 ······ 221
1. 수창궁 ······ 222
2. 연경궁 ······ 237
3. 장원정 ······ 244
맺음말 ······ 248

제4장 고려시대 대명궁 순천관과 객관 / 277
머리말 ······ 279
1. 대명궁과 순천관 ······ 280
2. 송 汴京에서 고려 개경까지 ······ 289
3. 송 사절단의 개경 체류와 순천관 ······ 298
4. 다양한 객관의 양상 ······ 310
맺음말 ······ 318

제5장 고려시대 후비궁과 왕녀궁 / 329
머리말 ······ 331
1. 고려전기 后妃와 후비궁 ······ 332
2. 고려후기 后妃와 후비궁 ······ 357
3. 고려시대 王女와 왕녀궁 ······ 374
4. 조선초기 궁주와 옹주와 택주 ······ 391
5. 후비궁과 왕녀궁의 위상과 대우 ······ 407
맺음말 ······ 426

제6장 고려 왕실의 상장제례와 태묘·경령전 / 449
머리말 ······ 451
1. 廟號와 太廟의 도입과 喪葬祭禮 ······ 452
2. 太廟의 변천과 喪葬祭禮 ······ 460
3. 경령전과 태묘의 운영 ······ 496
4. 后妃의 태묘 合祀 ······ 520
맺음말 ······ 532

참고문헌 / 564
찾아보기 / 570

제1장 고려의 上都 개경

머리말

1. 고려 개경의 형성

2. 고려 개경의 궁궐

3. 고려 개경의 편제

4. 고려 개경 구조의 유래

맺음말

머리말

어느 한 나라의 도읍은 그 나라의 역사와 문화가 응집된 곳이니, 도읍을 보면 그 나라의 역사와 문화가 어떠한지 대략 파악할 수 있다. 또한 한 나라의 도읍을 보면 그 나라가 국토를 어떻게 운영했는지도 대략 짐작할 수 있다. 우리나라의 도읍은 졸본성, 국내성, 평양, 한성, 웅진(공주), 사비(부여), 경주 등으로 내려왔다.

그런데 신라말 혼돈과 변혁의 시대가 도래해 궁예가 철원을 중심으로 맹위를 떨치자 용건과 왕건 부자를 포함한 패서 지역의 호족이 궁예에게 귀부했다. 궁예는 용건의 건의에 따라 송악산에 발어참성(송악성)을 쌓고 왕건을 성주로 임명하더니 897년에 송악군에 도읍했고 고구려 계승을 천명해 901년에 국호를 '고려'라 하였다. 하지만 궁예는 904년에 국호를 '摩震'이라 고치고 수도를 철원에 정해 대규모 도성 공사를 진행하더니 905년에 철원으로 천도했으며, 911년에 국호를 '태봉'이라 개칭했다. 이에 반발해 태조 왕건은 918년 6월에 철원에서 정변을 일으켜 궁예를 몰아내 왕위에 오르고 국호 '고려'를 회복하더니 즉위 2년(919) 정월에 자신의 터전인 송악으로 천도하면서 송악을 개경으로 확대 개편했다.[1]

---

1 『삼국사기』 권50, 궁예전; 『고려사』 권1, 태조 총서 및 태조 1·2년; 『삼국유사』 王曆; 『고려사』 권56, 지리지1, 왕경개성부

이처럼 수도 개경의 탄생은 후삼국이라는 역사적 배경을 지니고 있으며 후삼국의 통일과 그 후의 역사전개에 따라 변화를 거듭하였다. 개경의 도시구조에는 고려인들의 삶의 방식이 반영되었을 뿐만 아니라 그 이전 사람들의 삶의 방식도 일정하게 투영되었다. 그러면 고려 개경의 형성과정과 양상을 살펴보고, 이어서 그것이 어디에서 유래했는지 추구해 보려고 한다.[2]

1. 고려 개경의 형성

태조 왕건의 선조라는 聖骨將軍 虎景은 백두산으로부터 내려와서 부소산(송악산) 왼쪽 골짜기에 살던 여인과 결혼했고 평나산(성거산, 구룡산)의 과부 암호랑이(산신)와도 결혼해 평나산 신령(大王)이 되었는데, 부소산 여인과의 사이에서 강충을 낳았다고 한다. 강충은 예성강 하구 영안촌의 부유한 집안의 딸인 具置義와 결혼해 오관산 기슭 마하갑에 거주하다가 신라의 술사 八元의 권유에 따라 부소산에 소나무를 심고 부소군을 부소산(송악산)의 남쪽으로 옮겨 송악군이라 개칭하여 이곳 上沙粲이 되었으며, 송악산 남쪽에 거처하고 오관산 마하갑을 永業의 땅이라 여겨 왕래하며 생활하였다. 강충의 아들 보육(손호술)은 출가해 지리산에서 도를 닦다가 돌아와 평나산에 거처하다가 오관산 마하갑으로 이주했는데, 곡령(송악산)에 올라 오줌누는 꿈을 꾸고 형 伊帝建의 딸 德周와 결혼해 居士가 되어 딸 둘을 낳았다. 보육은 國祖 元德大王으로 추존되었다.[3]

---

2 묘지명은 김용선, 『고려묘지명집성』(한림대 출판부)을, 고승비문은 이지관, 『교감역주 역대고승비문 - 고려편』(가산불교문화연구원)을 참고하려 한다.

3 『고려사』 「高麗世系」와 이에 실린 김관의의 『편년통록』

보육과 덕주 사이에 태어난 막내 딸이 辰義였다. 그녀는 언니로부터 오관산에 올라 오줌누는 꿈을 샀다. 당나라 숙종황제가 잠저시에 송악군 곡령에 올라 남쪽을 조망하고는 이곳은 반드시 도읍이 되겠다고 했고, 수행원이 이곳은 八眞仙의 거주처라고 했으며, 진의는 숙종황제가 오관산 마하갑을 방문하자 그와 혼인했다고 한다. 진의는 작제건을 낳았는데 바로 태조 왕건의 조부였다. 작제건이 서해 용왕의 딸인 용녀와 혼인해 예성강에 도착하니 개주, 정주, 염주, 백주, 강화현, 교동현, 하음현 사람들이 맞이해 그를 위해 영안성을 쌓았다. 작제건과 용녀는 영안성에서 송악산 기슭 강충의 옛 집으로 이주하고 우물(훗날 광명사 우물)을 팠으며, 이 집에 거주하고 영안성을 왕래하며 생활했다. 작제건은 만년에 속리산 長岬寺에 거처해 불경을 항상 독송하다가 세상을 떴다. 작제건과 용녀는 아들 넷을 두었는데 장남이 용건(왕륭)이었다. 진의는 貞和王后에, 작제건은 의조 景康大王에, 용녀는 元昌王后에 추존된다.[4] 용녀는 아들 용건과 함께 패강진(평주) 박씨 집안 출신의 승려 順之에게 오관산 용엄사(서운사)를 헌납해 주지하도록 하였다.[5]

작제건의 아들 용건은 송악에서 영안성에 가다가 꿈에서 본 미인과 닮은 여인과 결혼하였다. 그녀가 어디에서 왔는지 모르기 때문에 세상에서 '夢夫人'이라고 호칭했다고 하며, 혹은 그녀가 삼한의 어머니가 되기 때문에 성을 韓氏라 했다고 한다. 송악산 남쪽 기슭의 집(강충과 작제건의 집)에 거처하던 용건은 그 남쪽에 새로 집을 지었는데, 백두산으로부터 곡령(송악산)에 이른 도선이 용건과 함께 곡령에 올라 이 地脉은 壬方 白頭山으로부터 水母木幹으로 來落한 馬頭明堂이라면서 이곳에 용건의 水命에 따라 六六이 三十六이 되도록 집을 지으면 삼한

4 『고려사』 「고려세계」와 이에 실린 김관의의 『편년통록』. 작제건은 용왕을 괴롭히는 늙은 여우 즉 가짜 치성광여래를 물리쳤다고 한다.

5 개풍 서운사 요오화상 진원탑비문

을 통일할 임금을 낳으리라 하자 용건이 수용했다고 한다. 태조 왕건이 태어난 이곳은 훗날 그가 즉위하자 연경궁(대궐의 오류) 봉원전(장령전)이 된다. 용건은 세조 威武大王에, 몽부인은 威肅王后에 추존된다.[6]

태조의 선대 설화는 호경이 호랑이와 결혼한 이야기, 진의가 당의 황제 숙종과 결혼했다는 이야기, 작제건이 용왕의 딸과 결혼했다는 이야기 등 그대로 믿기 어려운 부분이 있지만 비판적으로 해석한다면 그 이면에 숨겨진 사실에 접근할 수 있다. 작제건의 아내 용녀는 이제현이 인용한 『성원록』에 의하면 평주 두은점 각간의 딸이었다.[7] 용건의 아내 몽부인은 태조 왕건의 어머니인데 단주(장단) 한씨였을 가능성이 크다.[8] 성거산, 오관산, 송악산, 예성강과 그 주변 일대가 왕건 선대의 활동 무대였으니 이는 개경 형성의 바탕으로 작용했다. 개주, 정주, 평주, 염주, 백주, 장단현, 강화현, 교동현, 하음현 등이 왕건 가문의 세력권으로 훗날 고려왕조 개경권이 된다.

백두산과 지리산을 국토의 시작과 끝으로 보는 인식, 백두산·성거산·속리산·지리산 등을 국토의 맥점으로 보는 인식이 드러나 있다. 성골장군 호경은 백두산과 성거산과 송악산을 연결하는 존재였고, 강충은 오관산과 송악산과 예성강을 연결하는 존재였고, 보육은 성거산과 오관산과 송악산과 지리산을 연결하는 존재였고, 작제건은 송악산과 예성강과 속리산을 연결하는 존재였는데, 이 인물들 및 그들과 관련된 산수는 용건의 새 집과 여기에서 태어난 왕건에게로 귀결되었다. 그리하여 백두산이 태조산, 성거산·천마산 등이 祖山, 오관산이 祖山 중의

6 『고려사』 「고려세계」와 이에 실린 김관의의 『편년통록』. 송악, 특히 왕건이 태어난 송악산 남쪽 기슭을 扶蘇 명당이라 칭해 본궐을 건립했다. '부소'는 부소산(송악산)과 관련이 있고, 『시경』 「정풍」의 "山有扶蘇"에서 유래했을 가능성이 있다. 또한 사비의 부소산처럼 扶餘(삼한의 모체)의 부흥과 관련이 있었을 수도 있다.

7 『고려사』 「고려세계」

8 이수건, 『한국중세사회사연구』, 일조각, 1984, 140·141쪽

宗山이라 설정되었다. 송악산이 主山(鎭山), 송악산의 서남쪽 蜈蚣山 즉 지네산은 백호, 송악산의 동남쪽 부흥산과 덕암봉은 청룡, 송악산에서 오공산을 지나 남쪽에 형성된 南山인 용수산은 案山이라 설정되었고 이를 따라 나성이 쌓여졌다. 『송사』 고려전에는 고려가 大山에 의지해 宮室을 설치하고 성벽을 건립해 그 산의 이름을 '神嵩'이라 했다고 하였는데, '신숭'은 바로 송악산이다.

여지승람 편찬자는 湧岩山에 대하여 설명하기를, 오관산의 동북에 있는데 이 산이 五冠·天磨 諸山과 서로 이어지고 다만 峯巒이 다를 뿐이라고 했다.[9] 이는 천마산·오관산·용암산이 하나로 이어진 산임을 알려준다. 서긍은 『고려도경』 형세 조항에서 개경 도성의 형세를 다음과 같이 묘사하였다. 북으로 崧山(송악산: 필자 주)에 의거해 그 형세가 乾亥(서북)로부터 달려와 두 가지를 팔처럼 펼쳐 龍虎를 만들었는데, 왕씨는 5음으로 말하면 商이라 서쪽이 높으면 흥하며, 乾은 서북의 괘라 來崗이 亥落하며, 그 오른쪽 한 산(오공산)이 屈折하여 서쪽으로부터 북쪽으로 돌아 정남에 이르러 盂를 엎은 모양의 한 峯(주작현)을 일으켜 案山이 되고, 그 바깥에 다시 한 案山(용수산)이 있는데 높이가 곱절이다. 坐向이 상응하여 丙壬(남동 丙方과 북서 壬方)에 賓主(손님과 주인)한다. 물은 송악산에서 발원해 광화문을 경유해 丙地(남동쪽)로 흘러 나간다. 左溪右山이고 後崗前嶺(혹은 前崗後嶺)이고 숲에 나무가 빽빽하다. 이러한 서긍의 묘사는 개경의 도시구조가 서북에서 동남으로 펼쳐졌음을 시사한다. 강도시절의 최자는 「三都賦」(『동문선』 권2)에서 북경(개경)에 대해 고려가 三土를 통합해 명당을 卜開했는데(실제로는 왕건의 고려 개창 직후), 북쪽에 솟은 산(송악산)은 牛臥하는 모습이고, 남쪽에 솟은 산(용수산)은 龍翔하는 모습이며, 右懷左抱하고, 案花가 相當하고, 八頭三尾이고, 東峴西岡이고, 五川이 靈派하

---

9 『신증동국여지승람』 권12, 장단 산천

여 중앙으로 朝湊한다고 했다. 소가 누운 듯한 진산 송악산과 용이 나는 듯한 안산 용수산, 그리고 중앙으로 몰려드는 여러 물이 잘 묘사되어 있다.

이색은 「성거산문수원기」에서, 성거산이 長白山에서 근원해서 蜿蜒히 1千餘 리를 달려와 東溟 옆의 남쪽에 이르고, 또 1천 리를 달려 華嶽山을 이루고, 화악에서부터 남쪽으로 수백 리를 달려 突起한 것이 성거산, 一名 구룡산인데 고려의 國祖 성골장군 호경대왕의 사당이 있다고 했다. 또한 이 산에 浮圖의 궁 즉 사원이 많은데, 산이 高峻하고 寒冷해 겨울에 거처하기 어렵지만 산의 허리 이하는 대저 그리 심하게 경사지지 않아 문수사가 여기에 위치한다고 했다.[10] 이색은 「오관산홍성사 轉藏法會記」에서, 京城의 艮隅(동북), 천마산의 巽地(동남), 鼓巖의 兌方(서방)에 峰이 5개 있어 모여서 둘러싸 멀리서 바라보면 하나처럼 보이기 때문에, 또는 奇勝이 삼한의 諸山에 冠하기 때문에 오관산이라 불리게 되었는데 정화공주(진의)의 부친이자 작제건의 外大父(外祖父)인 보육이 거처한 곳이라 태조 왕건이 건국하자 보육의 그 집을 희사해 사찰로 만들어 崇福寺라 했다고 한다.[11] 권근은 「오관산

10 『목은문고』 권4, 「성거산문수원기」. 聖居山은 성골장군 호경으로 인해 혹은 신라의 聖僧 의상이 거처한 것으로 인해 붙여진 명칭이라고 했으며, 호경과 사냥꾼 9인 및 호랑이 이야기로 인한 구룡산의 유래도 소개했고, 문수사가 고려말에 불타 황폐화되었다가 성산 樵隱 이시중의 부인 河氏 등의 시주에 의해 중창되었음이 언급되었다. 초은 이시중은 이인복이고 그의 세 번째 부인이 하씨였다(이인복 묘지명). 김관의는 보육을 國祖로 본 반면 이제현은 이에 반론을 제기했고(고려세계), 이색은 호경을 國祖로 보았다.

11 『목은문고』 권2, 「오관산홍성사 轉藏法會記」. 작제건이 태조 왕건의 증조라고 되어 있는데 조부가 맞을 것이다. 崇福寺는 전란으로 인해 불타 수리되지 못하다가 공민왕의 요청으로 노국공주가 후원해 중창하고 興聖寺라 개칭했으며 轉藏 법회를 열었다. 노국공주의 사후 그 부모의 진영이 여기에 안치되었다. 이 사찰의 주지 대선사인 조계종 乃明은 공민왕, 노국공주, 노국공주의 부모를 위해 기원하는 법회를 열곤 했다.

성등암중창기」에서, 오관산의 西峯에 암석이 창(戟)처럼 뾰족하게 솟아 戟岩이라 불리는데 그것의 등성마루가 迤邐하게 西折하고 남향하여 송악과 만난다고 했으며, 태조 왕건이 극암의 나쁜 기운을 진압하기 위해 長明燈을 둔 것이 聖燈庵의 유래라고 밝혔다.[12]

이를 종합하면, 백두산(장백산) → 東溟(동해) 부근 → 화악산 → 성거산·천마산 → 오관산 → 오관산 극암 → 송악산으로 연결되는 구조이고 성거산은 호경 등이, 오관산은 보육 등이 연결고리로 거론되었다. 그리하여 백두산이 태조산, 화악산이 먼 祖山, 성거산·천마산이 가까운 祖山, 오관산(극암 포함)이 宗山, 송악산이 진산(주산)이 되어 신비화되면서 고려 왕실에 신성한 권위를 부여했고 성거산, 천마산, 오관산, 송악산 일대에 불교사원을 위주로 한 종교시설이 밀집하도록 만들었는데 고려 왕실을 신성화하면서 衛護하기 위한 성격을 강하게 띠었다.

王氏 고려의 도읍은 철원경에서 시작해 開京으로 천도하더니, 곧 兩京으로, 이어서 三京으로, 이어서 四京으로 변화했다. 왕건은 918년 6월에 철원에서 즉위했고, 2년(919) 정월에 松嶽의 陽에 定都해 開州로 삼아 궁궐을 창건하면서 開京의 시대가 시작되었다. 2년 3월에 법왕사와 왕륜사 등 10寺를 都內에 창건했고 兩京 塔廟·肖像 중에서 廢缺한 것을 修葺하게 했다.[13] 이 兩京은 개경과 서경이니 송악에 수도를 정해 개경으로 만들면서 거의 동시에 평양에 서경을 설치해 兩京의 시

---

12 『양촌집』 권13, 「오관산성등암중창기」. 장명등은 왕조 지속의 상징이 되어 고려말에도 시중 윤석, 시중 한악, 시중 조민수, 簽書 柳珣 등이 후원을 했고, 조선초에도 국왕이 후원했다.

13 『고려사』 권56, 지리지 王京開城府; 『고려사』 권1, 태조 원년 및 2년. 『고려사』 권58, 지리지 西京留守官平壤府에 따르면, 태조 원년에 塩州 등의 民을 옮겨 채워 大都護府를 삼았고 이윽고 西京으로 삼았다고 한다. 개주가 개경이 되고 평양부가 서경이 되어도 개주와 평양부가 기본 읍격으로 작용한 측면이 있다.

대가 열린 것이었다. 고려가 평양에 서경을 설치해 양경제를 시행한 것은 고려가 고구려를 계승한 나라였기 때문이었다. 태조는 19년에 河西良(溟州)을 東原京이라 호칭했다가 23년에 다시 溟州로 삼았다.[14] 그러하니 태조 19년부터 23년까지 개경, 서경, 동원경의 3경 제도가 행해졌던 것인데 곧 양경 제도로 돌아갔다. 태조 왕건은 개경과 서경의 양경제를 가장 선호했던 것이다.

광종은 11년 3월에 개경을 皇都라 하고 서경을 西都라 했으니,[15] 이는 서경 천도 운동을 거부하고 兩京은 유지하면서 개경의 우위를 천명한 것이었다. 이후 西都는 西京으로 불리고, 鎬京으로도 불렸다.[16] 성종 6년에 경주가 대도독부에서 東京留守로 승격되었다.[17] 이로써 개경, 서경, 동경의 3경 제도가 시행되었는데, 최승로 등 경주세력의 성장과 집권으로 인한 결과였다. 이는 신라 계승 의식이 침투한 산물이기도 했으며, 그러한 의식이 퍼지는 촉매제로 작용하기도 했다. 문종이 21년에 楊州를 南京留守官으로 승격시켜 인근 郡民을 옮겨 채웠다.[18] 이로써 고려에 개경, 서경, 동경, 남경의 四京 제도가 행해졌는데, 현종의 즉위에 한강권 세력이 공로를 세워 그 이래 그들이 성장하고 집권한 결과였다. 남경은 그 후 어떤 이유가 작용했는지 폐지되었다가 숙종 원년 김위제의 국토 균형발전론인 저울이론에 힘입어 숙종 4~6년 무렵에 부활해[19] 4경 제도가 정착했다. 만약 윤관이 여진을 정벌해 개척한

---

14 『고려사』 권58, 지리지 東界 溟州. 태조가 자신에게 협조하고 후삼국 통일에 공헌한 명주(강릉) 세력의 공로를 인정해 명주를 동원경으로 만들었다가 효용가치가 떨어지자 京에서 해제한 것이었다.

15 『고려사』 권2, 광종 11년 3월

16 『고려사』 권58, 지리지 서경유수관 평양부

17 『고려사』 권57, 지리지 동경유수관 경주. 한편 경주 돌백사의 柱貼에 의하면 경주에 戶長 巨川이 있었다. 『삼국유사』 권5, 神呪 명랑신인

18 『고려사』 권56, 지리지 남경유수관 양주

19 『고려사』 권56, 지리지 남경유수관 양주; 『고려사』 권122, 김위제전; 『고려사』 권11, 숙종 4년 및 6년. 숙종 6년 9월에 南京開創都監을 설치했고, 10월

9성이 오래 유지되었다면 고려가 그곳에 북경을 설치해 5경 제도를 운영했을 수도 있었다. 4경 제도는 무인정권기에 흔들린 때도 있었지만 유지되다가 원간섭기를 거치면서 해체되어 간다.

이처럼 고려는 양경제, 삼경제, 사경제를 운영했다. 양경제에는 고구려계승 의식이, 삼경제에는 고구려계승 의식과 신라계승 의식이, 사경제에는 삼한(삼국) 계승 의식이 투영되어 있었다. 고려의 이러한 도읍 운영에는 고구려의 양경제 혹은 삼경제와 신라의 왕경(경주) 및 5소경 제도와 발해의 5경 제도와 중국의 多京制(양경제 위주)가 일정하게 영향을 미쳤다.[20] 고려의 多京 제도는 天子의 순행 의식을 담고 있어 국가의 위신을 나타내는 징표였으며, 그 대상의 선정에는 역사계승 의식과 정치세력의 성장과 국토의 균형개발론 등이 작용했는데 음양풍수설로 포장되기도 했다.

조선은 초기에는 수도 한양의 漢京과 개성의 松京으로 이루어진 양경제를 운영했지만 송경이 축소되고 약화되어 유명무실해져 갔다. 고종 39년(광무 6년) 5월에 특진관 김규홍이 상소하기를, 옛적에 천하를 가진 자들이 모두 兩京을 建置해 天地의 沖和를 받들었는데 周·漢·唐이 그러했다고 했다. 태조고황제(이성계)가 한양에 도읍을 이미 정했으면서도 開城에 간간이 다시 돌아간 것은 역시 兩京의 뜻을 지닌 것이었는데 松京이 폐지된 지 이미 오래 되었다며 萬年의 王氣가 있는 평양에 서경을 建置해 離宮을 營繕해 國威를 굳세게 하고 基圖를 공고히 하기를 요청했다.[21] 하지만 대한제국이 망하면서 양경제는 복원되지

에 南京을 始創함을 종묘 사직 산천에 고했다.

20 중국에서는 기본적으로 兩京 제도가 시행되었고, 4경과 5경 제도는 唐에서 극히 짧은 시기에 시행된 반면, 발해의 5경 제도는 唐보다 먼저 시행되었으며 요와 금의 5경 제도에 영향을 미쳤다. 한규철, 「발해 5경의 성격과 기능」 『발해 5경과 영역 변천』, 동북아역사재단, 2007

21 『고종실록』 권42, 고종 39년(광무 6년) 5월 1일

못했다.

그런데 개경은 광종이 皇都로 천명한 이래 약간의 예외는 있지만 양경제이든 삼경제이든 사경제이든 으뜸 도읍인 上京 내지 上都로 기능했다. 이에 불만을 품은 묘청은 上京인 개경의 基業이 쇠퇴했다며 인종에게 王氣가 있는 西京(西都)에 이어해 그곳을 上京으로 삼기를 요청하다가 받아들여지지 않자 반란을 일으켰지만 패배했다.[22] 고려에는 여러 도읍이 존재했지만 上京 내지 上都는 오직 개경 뿐이었던 것이다.

2. 고려 개경의 궁궐

개경의 대궐은 송악산 남쪽 기슭 발어참성 안의 남쪽 부분에 태조의 잠저시 거처를 중심으로 자리잡았다. 건국초에는 대궐 궁성이 정전인 천덕전, 편전인 상정전과 중광전, 침전인 신덕전, 위봉루, 구정, 동궁(태자궁) 등으로 이루어져 있었고, 궁성 동쪽 밖에 東池가 있었다. 광종 때에 대규모로 확대 수리되었고, 현종 때 거란군에게 불탄 후 대대적으로 재건되면서 개편되었다. 현종 때는 기존 건덕전(천덕전의 개칭) 구역의 동쪽에 회경전 건축군을 새로 만들었다. 이로써 궁성은 제1정전인 회경전 구역과, 제2정전인 건덕전 구역으로 이루어지게 되었다. 편전 상정전은 선정전으로, 침전 신덕전은 만령전(만수전)으로 개

22 개경을 上京으로 칭한 사례는 『고려사』 권10 선종 4년 10월조, 『고려사』 권14 예종 11년 4월조, 『고려사』 권16 인종 7년 3월조, 『고려사』 권97 정함전, 『고려사』 권99 현덕수전, 『고려사』 권100 조위총전, 『고려사』 권127 묘청전 등에 보인다. 개경을 上都로 칭한 사례는 『고려사』 권8 문종 11년 8월, 『고려사』 권16 인종 13년 윤2월, 『고려사』 권95, 이자연전 첨부 이지저, 『고려사』 권99 현덕수전, 『고려사』 권127 묘청전 등에 보인다.

칭되었고, 회경전 앞은 신봉루와 구정으로 이루어졌다. 태자의 동궁은 좌춘궁 또는 수춘궁으로 불렸다. 인종 때 이자겸의 난으로 불탄 후 재건된 궁성은 여전히 선경전(회경전의 개칭) 구역과 대관전(건덕전의 개칭) 구역으로 이루어졌는데, 선경전 남쪽에는 의봉루(의봉문)와 구정이 있었으며, 대관전 구역에는 대관전 외에도 대관전 부속 봉원전(장령전), 편전인 훈인전(선인전: 선정전의 개칭)과 강안전(중광전의 개칭), 침전인 영수전(만수전의 개칭) 등이 있었다. 선경전 동쪽에는 여정궁(수춘궁의 개칭)이 있었다. 궁성의 동문은 동화문(여경문), 서문은 서화문(향성문), 남문이자 정문은 승평문이었다.[23]

필자는 북한의 만월대 일대에 대한 조사와 북한 장상렬의 연구에 기초하여 서북건축군에서 가장 규모가 큰 건물을 대관전(건덕전)으로 파악하고 그것을 기준으로 다른 건물들을 배치한 적이 있었다. 회경전 구역의 서쪽 바깥 대부분이 텅 비어 있는 상태여서 강한 의문이 들었지만 북한의 조사를 일단 신뢰할 수밖에 없었다. 하지만 이는 회경전 구역의 서쪽 바깥이 제대로 조사되지 못한 데 따른 오류임이 드러나고 있다. 2007년 5월 18일부터 남측 남북역사학자협의회 및 문화재청과 북측 민족화해협의회 및 문화보존지도국이 공동으로 고려궁성(만월대) 서편 일대를 발굴조사해 오고 있는데 남측은 북쪽 일대(나 지역)를, 북측은 남쪽 일대(가 지역)를 맡고 있다. 다행히 필자는 자문위원이라는 명목으로 잠깐이나마 이곳을 방문해 설명을 듣고 현장을 둘러볼 수 있었다.

서북건축군터의 남쪽 지역, 즉 회경전 구역 바깥의 서쪽 지역은 기존조사에서 별로 드러나지 않았는데, 이번 조사에서 총 29동의 많은 건물들이 모습을 드러냈다.[24] 발굴조사단이 제공한 자료와 유구배치도

23 김창현, 『고려 개경의 구조와 그 이념』(신서원, 2002), 제5장 및 제6장
24 『고려궁성(만월대) 유적 발굴조사－제3차 자문위원회 회의자료－』

(부록 1)를 참고하면서 소개하고자 한다. 중심건축군(회경전 일곽)과 이번 조사지역은 3개소의 계단으로 연결되었다. 광명천과 가까운 부분은 대규모 석축대를 남－북, 동－서 방향으로 서로 연접하여 축조하였고, 석축대와 광명천 사이의 미조사 공간에도 지표 관찰 결과 다수의 건물이 존재하고 있음이 확인되었다. 건물은 지역 혹은 용도에 따라 중심축선이 서로 다른 상태이며 건물의 성격과 용도에 따라 축대, 회랑, 배수로 등으로 공간이 분리되었다. 남쪽 가 지구는 건물 수는 적으나 주로 대형 건물이, 북쪽 나 지구는 나-1호 건물을 제외하면 가 지구에 비해 건물 규모는 작으나 조밀하게 배치되었다. 평면 '亞'자형 건물은 중앙 본채와 좌우 곁채(나래채)로 구성되었고 대개 건물 중심축선상에 중앙 계단이 설치되었다.

가-1호 건물지는 확인된 건물 중 가장 권위 있는 건축물로 드러났는데 발굴단은 이것을 정전으로 추정하고 있다. 건물지의 남편과 서편에 축대를 쌓아 부지를 조성한 뒤 그 중앙부에 동서 31.8m, 남북 13.4m의 평면 亞자형 대형 건물을 배치하였다. 전면 중앙에는 3개소로 추정되는 계단지가 확인되었고, 서편과 남편 축대 상에는 회랑이 둘러싸고 있었고, 건물의 북동부는 교란·결실되어 있다.

나-1호 건물지는 서북건축군 남편축대 앞에서 확인되었는데, 동서 47m, 남북 13.7m 규모로 중앙 본채와 좌우 곁채로 구성되었고 중앙에 계단을 지녔다. 이 건물은 亞자형이고, 건물 전면에 안뜰이 나 있고, 이 안뜰 좌우측에 남북방향이 긴 제2, 제3 건물지가 회랑식으로 놓여져 있고, 이 회랑식 건물의 남편에 높이 약 150㎝의 축대를 쌓고 그 위에 동서 약 50m의 남회랑을 축조하였는데 발굴단은 이로 보아 이 건물군을 생활공간인 편전으로 추정하고 있다. 이 건물군의 전면에도 동서방향으로 축대를 쌓고 그 위에 회랑식 건물 3개를 축조하였고, 이 회랑식 건물의 전면에도 동서로 회랑이 축조되었다.

나 구역의 서북쪽 모퉁이는 대형 축대가 쌓여져 그 위에 나-17, 나-18, 나-19 건물지와 나-20·21 회랑지가 들어섰다. 특히 이 건물지의 가장 북쪽에 위치한 나-17 건물지는 동서 22.6m(5칸), 남북 10m(3칸)의 평면 장방형인데 북쪽 보칸에는 각 칸마다 가로 264㎝, 남북 180㎝의 장방형 禮壇 기초시설 5개소가 확인되어 발굴단은 이것을 5대 왕의 초상화를 봉안하였다는 경령전으로 판단하고 있다.[25]

아직 발굴 중이라 궁성 서쪽 지역 건물들의 정체를 단정하기는 어렵다. 총 29동이 확인되었으므로 남측 발굴단이 확인한 24개를 빼면 북측 발굴단이 5개를 확인했다는 계산이 나오는데, 북측에서 발굴조사 자료를 만들지 않아 가 구역 건물들의 배치를 추정하기 어렵다. 하지만 어느 정도의 추정은 가능하므로 궁성 서쪽 지역의 건물배치를 조심스럽게 예상해 보고자 한다.

구조물들이 대개 정남이 아니라 약간 서쪽으로 기울었는데 『고려도경』에서 송악산의 흐름이 乾亥의 방향에서 달려온다는 표현이 시사하듯이 지세에 순응한 것으로 여겨진다. 정전으로 추정되고 있는 가-1 건물은 대관전(건덕전)이 아닐까 한다. 『고려도경』 궁전에 따르면 殿門을 지니고 회경전보다 조금 작은 5칸의 건덕전은 회경전의 서북에 위치하고, 건덕전의 東紫門 안에 3칸의 장령전이 있었다. 그러하니 가-1 건물의 동쪽에 장령전이 있어야 하는데, 이자겸의 난으로 불탄 후 재건되면서 건덕전과 장령전이 하나로 합쳐졌을 가능성과 장령전이 가-1 건물의 북쪽에 조영되었을 가능성도 있다.[26] 『고려도경』 궁전·관부

25 발굴단의 설명에 따르면 나-17건물지에서만 여러 종류의 梵字文 유물이 발견되고 있다고 한다.

26 송악 대궐은 서긍이 고려를 다녀간 뒤에도 몇 차례 연소와 재건을 반복했으므로 그 구조와 배치가 『고려도경』이 묘사한 것과 달라진 부분이 생겨났을 수 있다. 이규보에 따르면 변산은 나라의 材府로 宮室을 修營하느라 해마다 벌채해도 고갈되지 않는다고 했으니(『동국이상국집』 권23 및 권9), 변산 목재가

에 따르면 연영전은 장령전의 북쪽에, 한림원은 건덕전의 서쪽에, 예빈성은 건덕전 앞의 옆에 위치했으니, 가-1 건물에서 보아 북쪽에는 書殿인 연영전(집현전)이, 서쪽에는 한림원이, 앞의 옆에는 예빈성이 위치했을 것이다. 가-1 건물은 축대에 올라가는 계단이 동쪽 끝부분에만 설치된 것으로 보아 동쪽을 통해 왕래하도록 설계되어 있었던 듯하다. 그러니까 대관전(건덕전) 출입은 동쪽을 통해 이루어졌다고 생각되는 것이다.

가-1 건물지의 남동쪽에 위치한 건물지(회경전터의 서쪽)는 편전인 강안전(중광전)이 아닐까 싶다. 定宗은 천덕전에 있다가 벼락에 놀라 황급하게 중광전으로 이어했으니,[27] 천덕전과 중광전은 가까운 곳에 위치했다고 판단된다. 천덕전은 건덕전(대관전)의 전신으로 여겨지는데 천덕전과 건덕전(대관전)이 동일한 장소였을까는 따져보아야 하겠지만 건덕전과 중광전도 가까운 곳에 위치하지 않았을까 싶다. 예종이 5년 5월에 건덕전에 나아가 視朝할 때 재상 최홍사와 김경용이 대간과 더불어 상소하여 윤관·오연총의 敗軍 죄를 논하니 받아들이지 않고 入內하자 최홍사 등이 중광전 東紫門에 나아가 고집스레 요청하였다.[28] 예종은 건덕전에서 視朝하다가 최홍사 등의 요구를 거부하며 중광전으로 들어갔으니 건덕전과 중광전은 인접한 곳에 위치했음을 시사받는다. 또한 중광전이 東紫門을 지녔음을 알 수 있다.

중광전에서는 국왕의 즉위식이 거행되고 음악 공연을 포함한 燈夕행사가 열리고 佛龕을 지녔으며,[29] 왕이 말(馬)과 활쏘기를 사열하고

궁궐 건축에 많이 쓰였다. 최우는 안양산의 栢을 강도 사제에 옮겨 심었는데(『고려사』 권129, 최충헌전), 안양산은 안양사가 위치한 衿州 삼성산(관악산 서남쪽, 안양권역)이었다. 『신증동국여지승람』 권10, 금천현

27 『고려사』 권2, 定宗 3년 9월

28 『고려사』 권13, 예종 5년 5월

29 국왕은 『고려사』 세가에 따르면 중광전(강안전)에서 사망하는 경우가 많았고 대개 여기에서 즉위했다. 강안전(중광전)에서 연등행사가 열림은 『고려사』 세

여진정벌의 실패로 동계에서 돌아온 神騎軍士를 西樓에 나아가 위로하고 南樓에 나아가 神騎軍士의 격구를 사열해 선물을 하사했다.[30] 또한 모란 등 온갖 꽃이 흐드러진 속에서 시를 주고받는 紗樓를 지녔고, 그 외에도 西樓와 南樓를 지녔다.[31] 이는 중광전 구역이 넓은 뜰과 정원과 공터를 지녔음을 시사한다. 가-1 건물의 바로 밑 남동쪽 건물지와 그 일대가 그러한 조건에 어울리지 않나 싶다. 가-1 건물의 남동쪽 건물지의 남쪽에는 태정문과 가까운 곳에 선인전(선정전)과 합문이 위치했을 것이다.

예종 5년 정월 을묘일에 왕이 선정전 남문에 행차해 北界 蕃長 39인을 引見해 의복을 하사했고, 정사일에 선정전에 행차해 북계 蕃長 35인을 引見해 선물을 하사했고, 임술일에 중광전 남문에 행차해 북계 蕃長 19인을 引見해 酒食과 물건을 하사했다. 예종 5년 12월 을미일에 왕이 선정전에 행차해 동여진 史顯 등을 引見해 선물을 하사했고, 경자일에 왕이 중광전 南樓에 행차해 서여진 추장 등 40여 명을 引見해 酒食을 하사했다.[32] 선정전과 중광전이 여진 추장을 접견하는 장소로 애용되었으니[33] 두 건물은 궁성의 깊숙한 곳에 위치하지 않았고 서

가와 『고려사』 예지 嘉禮雜儀 上元燃燈會儀에 잘 나타나 있다. 중광전 佛龕에 숙종의 여진정벌 맹세문이 보관되어 있었다. 『고려사』 권96, 윤관전

30 『고려사』 권17, 의종 5년 10월; 권14, 예종 14년 11월; 권13, 예종 4년 8월·5년 정월. 중광전에서 출정 사령관에게 鈇鉞이 하사되기도 했다. 『고려사』 권95, 임의전

31 『고려사』 권11, 숙종 4년 4월 및 권13, 예종 7년 4월 및 권14, 17년 3월; 『고려사』 권12, 예종 원년 7월 및 권13, 4년 8월; 『고려사』 권13, 예종 5년 1월·12월. 西樓와 南樓는 각각 西門과 南門의 상층부에 조영되었을 가능성, 즉 門樓였을 가능성이 크다. 禁內 紗樓 앞의 모란은 현종이 심었고, 예종을 기준으로 덕종에서 숙종에 이르기까지 그것을 찬양하는 詠花詩를 남겼으므로 사루의 위치는 현종의 궁궐 중창 이래 변하지 않은 듯하다.

32 『고려사』 권13, 예종 5년 정월·12월

33 왕이 장령전에서 平虜關 밖의 蕃長 등 50인을 引見한 적도 있었다. 『고려사』 권13, 예종 4년 정월

로 가까운 곳에 위치했다고 추론된다.

원구 제사와 대묘 참배 때에는 대관전(건덕전) → 홍례문(창덕문) → 의봉문(신봉문) → 구정 → 승평문 → 황성 광화문을 거쳤고 돌아올 때는 반대 순서로 거쳤다. 연등회 날의 봉은사 태조진전 참배 때에는 강안전(중광전) → 태정문(대초문) → 구정 → 승평문 → 황성 광화문을 거쳤다. 선왕 진전 참배 때에는 선인전(선정전) → 대관전(건덕전) → 이빈문(회동문) → 구정 → 승평문 → 광화문을 거쳤다.[34] 임천각은 회경전의 서쪽, 회동문 안에 있었다.[35] 매해 2월 보름이 燈夕인데, 그 하루 전에 어가가 봉은사에 행차해 祖聖 진영에 예배하는 것을 奉恩行香이라 했다. 어가가 봉은사에서 돌아오면 兩部 伎女가 승평문 밖에서 영접해 還宮樂을 연주하면서 興禮門·利賓門 사이로 들어갔는데, 인종 때 魏闕(大闕)이 불타면서 興禮門·利賓門 還宮樂이 폐지된 지 오래였다. 그러다가 위궐 重營이 18년(즉위칭원 인종18년: 유년칭원 17)에 이르러 끝나자 이 해 燈夕에 舊樂을 회복해 이 문으로 들어가니 인종이 읊기를, 이 곳에서 君臣이 즐겼었는데 헛되이 18년을 보내다가 다행히 예전처럼 회복하게 되었다고 했다.[36]

이를 통해 대관전(건덕전)과 태정문(대초문) 사이에 북에서 남으로 홍례문(창덕문)과 이빈문(회동문)이 건립되어 있었음을, 강안전(중광전)과 태정문(대초문) 사이에 이빈문(회동문)이 있었음을 시사받는다. 이빈문(회동문)은 가-1 건물의 남동쪽 건물의 남동쪽에, 임천각 터의 서남쪽에, 홍례문(창덕문)은 가-1 건물의 동남쪽에, 가-1 건물의 남동쪽 건물의 동북쪽에 자리잡았으리라 여겨진다.

---

34 『고려사』 권59, 예지 吉禮大祀 圜丘; 권60, 예지 길례대사 太廟; 권68, 예지 10, 親祀圓丘後肆赦儀; 권69, 예지 嘉禮雜儀 上元燃燈會儀; 권64, 예지 凶禮 先王諱辰眞殿酌獻儀

35 『고려도경』 권6, 궁전

36 『보한집』 상권, 「每歲二月望爲燈夕」

나 구역에서 가장 규모가 큰 나-1 건물지는 그 북쪽의 동서로 긴 서북건축군터와 더불어 내전·침전 구역으로 여겨진다. 『고려도경』 권5 궁전에 따르면 만령전이 건덕전의 뒤에 있어 藻飾이 화려한데 침실이라고 했으며, 妃嬪과 侍女가 兩廡 列室에 環居하는데, 崧山(송악산)의 半에서 내려다보면 그 室이 奧하여 심히 寬敞하지 않다고 했다. 나-1 건물지는 바로 이 만령전이 아닐까 싶다.[37] 나-1 건물지는 왕의 침전이자 왕실 여성(국왕의 배우자 포함)의 생활공간으로 추정된다.[38] 동서로 긴 서북건축군터는 금원과 정자터를 제외하면 가장 북쪽 끝에 송악산이 뻗어온 언덕을 배경으로 금원·정자 구역과의 경계선에 자리잡았다. 이 건물지는 국왕 배우자와 왕실 여성의 생활공간이라 여겨지는데 가장 좋은 곳은 태후가 사용하지 않았을까 싶다. 고려시대에는 后妃들이 대부분 자신들의 宮·院·宅을 별도로 지녔으므로 내전 구역에 그녀들을 위한 공간이 그리 대규모로 필요하지는 않았다.

예종 때 大內의 側, 延英書殿의 북쪽, 慈和殿의 남쪽에 보문각과 청연각을 별도로 창건하여 하나는 송 황제의 詔書와 書畵를 보관하고 하나는 고금문서를 보관하며 토론과 휴식과 유희의 공간으로 이용되었다. 예종 11년에 禁中에 청연각을 만들어 경서를 강론했는데, 청연각이 禁內에 있어 학사들의 直宿과 출입이 어려워 그 옆에 별도로 寶文閣을 설치했으며, 紅樓 아래의 南廊을 수리해 학사들이 會講하는 精義堂을 만들고 그 좌우에 휴게소를 만들었다.[39] 延英殿閣은 장령전의 북쪽에 위치하고 또 그 북쪽에 慈和殿이 위치하는데 역시 燕集의 장소였으며, 앞에 三閣을 건립하였는데 보문각은 聖(송 황제)이 준 詔書를 보관하고, 서쪽은 청연각인데 諸史子集을 보관했다. 三閣이 鼎峙한데 청연각

37 만령전이 가-1 건물지의 북쪽이나 서쪽에 자리잡았을 가능성도 있다.

38 이 건물지가 태후의 거처였을 가능성도 고려할 필요가 있다.

39 『고려사』 권96, 김인존전; 『고려도경』 권6, 궁전 延英殿閣; 『고려사』 권76, 백관지 보문각

이 壯麗했다.[40] 연영전(장령전의 북쪽)과 그 북쪽 자화전 사이에 서쪽 청연각과 동쪽 보문각이 자리잡았으니, 이들 건물들은 가-1 건물지의 북쪽에 위치했다고 여겨진다. 나-1 건물지의 회랑 밑에 남북으로 긴 3개의 건물이 서긍이 말한 청연각과 보문각을 포함한 '三閣'이고 하나는 紅樓일까? 그렇다면 나-1 건물은 자화전일까? '三閣'에 임천각도 포함된 것일까? 나 지구의 중간 하단과 가 지구의 북쪽에 대한 조사가 세밀하게 조사되어야 청연각과 보문각의 위치가 보다 확실하게 밝혀질 것이다.

나 지구의 서북쪽에 자리잡은 17·18·19 건물지와 이 영역으로 올라가는 계단 옆에 자리잡은 23·24 건물지는 경령전을 포함한 제례공간 내지 종교공간으로 보인다. 17건물지는 발굴단이 확신하고 있듯이 경령전으로 보이지만, 사원일 가능성도 열어두어야 한다. 이들 건물 혹은 그 주변에 내제석원이 포함되어 있을 가능성도 있다. 이자겸의 난 때 척준경이 궁궐에 불을 질러 內寢까지 연소되자 인종이 산호정으로 피신했다가 경령전에 이르러 內侍 白思淸에게 명해 조종의 진영을 꺼내어 내제석원의 眢井에 넣고 서화문을 통해 궁성을 나왔다.[41] 내제석원은 紅樓와 접하고 丹禁에 이어져 있었다.[42] 이를 통해 산호정 등의 여러 정자는 서북건축군터의 위쪽 정자터에 자리잡았음을, 내제석원은 청연각과 보문각 인근의 홍루와 접하고 있었음을 시사받는다. 왕이 경령전을 배알하는 과정을 보면, 내전을 나서 집희전(자화전)에 가서 향을 피워 절을 한 다음 경령전으로 행차해 太祖室에 예를 올리는 것을 시작으로 二室~五室에 예를 올리고 태조실로 돌아와 마무리하고 내전

40 『고려도경』 권6, 궁전 延英殿閣; 권5, 궁전 王府. 궁궐의 건물은 正寢(正殿), 燕寢, 內寢 등으로 구분된다. 燕寢은 편안히 거처하는 곳으로 便殿과 비슷한 개념인데 외전과 내전으로 명확히 구분되지 않는 경우가 많다.

41 『고려사』 권127, 이자겸전

42 영암사 적연국사 비문

으로 돌아왔다.[43] 이는 집희전(자화전)이 경령전 예배를 준비하는 공간이었음을 시사하는데 왕족이 모이는 공간으로도 이용되었을 가능성이 있다. 나-17 건물지에 붙은 나-13 건물지는 침전 혹은 여성의 생활공간일 가능성도 있지만 청연각과 보문각의 북쪽에 위치하고 경령전 예배를 준비하는 자화전(집희전)일 가능성도 있는 것이다.[44]

정리하면, 궁성의 서쪽 지역에는 남에서 북으로 보면, 합문을 지닌 선인전(선정전), 강안전(중광전), 대관전(건덕전)과 봉원전(장령전), 집현전(연영전), 청연각과 보문각, 집희전(자화전) 등이 자리잡았다. 자화전(집희전) 일대에 내전·침전 혹은 여성의 생활공간이, 자화전 서쪽에 제례·종교 공간이 자리잡았다. 경령전이 사원의 진전처럼 서쪽 내지 서북쪽에 자리잡은 것은 음양오행설이나 불교신앙(서방정토)에서 죽음과 관련된 방위였기 때문일 것이다. 산호정 등이 자리잡은 禁苑 지역에도 유희시설은 물론 종교시설도 마련되어 있었다. 산호전(산호정)에 내도량이 존재한 사례(『동국이상국집』 권13)가 그것을 보여준다. 대체로 대관전(건덕전)과 봉원전(장령전) 선 정도까지가 외전 구역이고, 그 이북은 내전과 외전 구분이 애매한 書殿(文殿)·文閣 구역, 그 이북은 내전·침전 구역으로 보이는데, 이러한 구분은 중첩되는 부분도 있어 명확하지는 않으며 동쪽 변두리나 서쪽 변두리 등은 내전 구역이 아닐 가능성도 있다. 봉원전(장령전)은 연영전·청연각·보문각·문덕전(수문전)처럼 學士를 지녔으므로[45] 書殿으로 볼 수도 있고, 내전 내지 침전으로 사용되었을 수도 있다. 신하들은 보통 외전구역까지 들어갔으며, 국왕의 각별한 인정을 받아야 서전·문각 구역이나 금원구역으로 들어갈 수 있었고, 내전·침전 구역은 특수한 직책이나 특

43 『고려사』 권61, 예지 吉禮大祀 경령전

44 나-13 건물지 혹은 자화전이 태후의 거처였을 가능성도 고려해 볼 필요가 있다.

45 『고려사』 권76, 백관지 諸館殿學士·寶文閣; 『고려사』 권18, 의종 15년 5월. 인종 14년에 文德殿이 修文殿으로, 延英殿이 集賢殿으로 개칭되었다.

수한 경우가 아니면 들어가기 어려웠다. 발굴단에서 제공한 만월대 건물터도에 대략적인 궁전 예상도를 그려 부록 2에 제시하였고, 필자가 예전에 그렸던 개경 궁성도와 황성도[46]를 대략적으로 수정해 부록 3과 4에 제시하였다.

송악산 대궐은 궁성과 황성으로 이루어져 있었는데, 황성은 발어참성의 하단부에, 궁성은 황성 안에 자리잡았다.[47] 황성은 궁성의 바깥을 둘러싼 성곽 혹은 궁성과 황성 사이의 공간 혹은 대궐 자체를 의미하였다. 개경 황성은 기록상으로는 덕종 3년에 확인되지만[48] 서경 황성이 현종 2년에 축조되는 것[49]으로 보아 이 이전에 존재했음이 분명한데, 태조 때부터 축조되었는지 아니면 광종 때 축조되었는지 논란이 되고 있지만 적어도 칭제건원하고 개경을 황도라고 칭한 광종 때는 존재했을 것이다.[50] 궁성은 건덕전(대관전) 구역, 회경전(선경전) 구역, 태자동궁 구역, 금원 구역 등으로 구분되는데,[51] 회경전 구역은 현종대에 조영된 것으로 판단된다.[52] 건덕전(천덕전) 앞의 위봉루와 구정도 새로 조영된 회경전 앞으로 이동하여 신봉루와 구정이 되었다.

개경 대궐은 태조 왕건 때 창건[53]된 이래 필요에 따라 수리되었으며,

---

46 김창현, 앞의 책(2002), 266쪽 및 228쪽.

47 전룡철, 「고려의 수도 개성성에 대한 연구(1)·(2)」『력사과학』2·3, 1980

48 『고려사』권53, 오행지 水 천둥벼락, 덕종 3년 6월

49 『고려사』권4, 현종 2년 8월

50 황성을 북한에서는 태조 때부터 존재했다고 보는 반면, 남한에서는 광종 때부터 존재했다고 보는 경향이 강하다. 김창현, 「고려시대 음악기관에 관한 제도사적 연구」『국악원논문집』12, 2000; 신안식, 「고려전기의 축성과 개경의 황성」『역사와 현실』38, 2000; 장지연, 「개경과 한양의 도성구성 비교」『서울학연구』15, 2000

51 신앙구역, 여성구역 등도 생각해 볼 수 있다. 궁성의 서쪽 언저리는 대개 궁궐 거주자의 생활을 뒷받침하는 掖庭局, 내시원 등의 시설이 배치되었으리라 여겨지는데, 이 부분도 하나의 구역으로 볼 소지가 있다.

52 회경전 구역이 광종의 대내 중영 때 조영되었을 가능성도 추구해 보아야 한다.

53 궁예 때 이미 창건되었을 가능성도 있다.

특히 광종 때 중영되었고, 현종 때 거란군의 침략과 인종 때 이자겸의 난과 명종 때 화재로 불탄 후 각각 재건되었고, 고종 때도 일부가 불탄 후 재건되었고, 몽골군에게 불탄 후에는 일부만이 재건되었는데, 이러한 과정에서 구조가 상당히 변경되었을 가능성이 있다. 대궐은 송악산 능선이 뻗어온 낮은 산을 배경으로 자리잡았다. 궁성은 이 뒷산을 배경으로 구릉지에 자리잡았는데 회경전 구역이 금원구역 다음으로 높다. 건덕전 구역은 이 북쪽 뒷산의 중앙을 배경으로 하면서, 회경전 구역은 이 뒷산의 동쪽 언저리를 배경으로 하면서 남쪽 내안산 주작현과 외안산 용수산을 바라본다.[54] 뒷산의 동쪽 언저리가 낮아지면서 푹 꺼지는 능선을 배경으로 낮은 지대에 황성의 동쪽 구역이 자리잡았는데 이곳으로 흘러내리는 조암천(구요천)이 지나는 곳에 東池가 조성되었다.

『고려사』 권56, 지리지 왕경개성부에는 황성문으로 20개가 실려 있는데 광화문, 통양문, 주작문, 남훈문, 안상문, 귀인문, 영추문, 선의문, 장평문, 통덕문, 건화문, 금요문, 태화문, 상동문, 화평문, 조종문, 선인문, 청양문, 현무문, 북소문이 그것들이다. 반면 『고려도경』 권5, 궁전에서는 왕부내성(황성을 의미)이 13문으로 빙 둘러싸였다고 되어 있다. 『고려사』 권83, 병지 위숙군조에는 위숙군이 파견되는 문들이 실려 있는데, 그 맨 앞 부분에 광화문, 통양문, 주작문, 안상문, 연추문(영추문의 오기), 통덕문, 현무문, 금요문, 태화문, 상동문, 조종문, 청양문이 포함되어 있다. 필자는 발어참성의 문이지만 황성문이 아닌 상동문, 화평문, 조종문을 제외하고 문의 개칭을 고려해 광화문, 통양문, 주작문(남훈문), 안상문(귀인문), 영추문(장평문), 선의문(통덕문),

---

54 초창기 궁성은 천덕전(건덕전) 구역을 중심으로 하면서 회경전 구역이 없는 상태에서 회경전 구역이 자리잡는 언덕을 궁성의 동쪽 담벽으로 사용했을 가능성도 있다. 만약 그렇다면 태자동궁도 초기에는 건덕전 구역에 자리잡았을 가능성도 있다. 이는 단지 그러했을 개연성이 있다는 것에 불과하지만, 앞으로의 발굴조사에서 이러한 부분에 유의할 필요가 있다.

건화문(금요문), 현무문, 태화문, 청양문(선인문)의 10개에다 소문 3개를 더해 황성문을 13개로 파악한 적이 있다.[55] 『고려사』 지리지 왕경개성부에는 주작문과 남훈문이 나란히 실려 있다. 조선 『태종실록』 권22, 태종 11년 7월 갑술조에 개경 남훈문 밖에 주작 신당이 있다고 되어 있는데, 이는 주작문이 곧 남훈문임을 시사한다.[56] 황성문은 명칭의 개칭으로 중복된 경우를 고려하고 발어참성 상단부의 문들을 제외하면 13개가 맞다고 판단된다.

황성의 대표적인 문으로 북 현무문, 남 주작문, 동 광화문, 서 영추문이 있었다. 주작문은 현무문에서 볼 때 정남이 아니라 남동쪽에 위치하지만, 주작문과 현무문과 송악산 정상은 일직선 상에 위치한다. 황성의 정문은 남문인 주작문이 아니라 동문인 廣化門이었으니 동쪽을 중시하는 관념이 투영되었다. 황성 대궐에서 정전인 회경전 앞의 문은 회경전문, 창합문, 신봉문(신봉루), 승평문, 광화문, 모두 5개였는데 이는 황제국의 궁궐체제였다. 황성 안 동쪽 지역에는 東池와 유원지가 조성되었다. 여기에는 귀령각, 법왕사 등의 시설물이 존재했는데, 법왕사는 팔관회 때 국왕이 행차하는 절이었다. 동지의 남쪽에는 상서성, 문하성, 중서성, 추밀원, 어사대 등 주요 관부가 위치하였다. 황성 안 서쪽에는 첨성대가 위치했는데 유호인의 『유송도록』에는 '간의대'로 나온다.

개경에는 송악 대궐(황성) 외에도 별궁 내지 이궁이 세월이 흐를수록 많이 건설되었다. 초기에는 대궐(대내) 남쪽의 壽昌宮이 이궁을 대

55 김창현, 앞의 책(2002), 제4장. 필자는 남훈문이 주작문으로, 귀인문이 안상문으로, 장평문이 영추문으로, 선의문이 통덕문으로, 건화문이 금요문으로, 선인문이 청양문으로 개칭되었다고 판단했다. 광화문의 존재는 고종 19년 2월까지 확인된다(『고려사』 권23). 주작문이 남훈문으로, 안상문이 귀인문으로 잠시 개칭되었을 가능성도 고려할 필요가 있다.

56 주작문과 남훈문은 개칭에도 불구하고 명칭이 병용되었던 것으로 보인다.

표하며 대궐을 보조했으니 대궐과 수창궁의 두 궁궐 중심체제였는데 개경과 서경의 양경 체제의 축소판이었다. 문종 때 동북 탄현문 안에 大明宮이 건립되었지만 문종 32년에 송 사신의 숙소인 순천관으로 바꾸어 버리는데, 일시적이나마 대궐과 수창궁·대명궁의 세 궁궐 중심체제를 이루었던 듯하다. 현종 때 창건된 대궐 동쪽의 연경궁이 후비궁이었다가 예종 무렵에 왕궁으로 전환하면서 주요 이궁으로 자리잡아 대궐, 수창궁, 연경궁의 세 궁궐 중심체제를 이루었으니 삼경 체제의 축소판이었다.[57]

3. 고려 개경의 편제

고려 건국 초기에는 개경에 나성이 없이 송악산의 발어참성(송악성)이 성곽의 측면에서 일종의 도성이었지만, 기능의 측면에서 도성이 발어참성 내부로 제한된 것은 아니었다. 이는 태조 왕건이 2년 3월에 법왕사, 자운사, 왕륜사, 내제석원, 사나원, 대선원(보제사), 신흥사, 문수사, 通寺, 지장사 등 10개의 사찰을 '都內'에 건축했는데,[58] 이 중에서 법왕사·내제석원·사나원만 발어참성 안에 위치할 뿐, 나머지는 발어참성 밖에 위치하였기 때문이다. 태조 때에는 이 외에도 대흥사, 일월사, 외제석원, 신중원, 홍국사, 지묘사, 귀산사, 안화선원, 광흥사, 현성사,

---

57 수창궁과 연경궁에 대해서는 김창현, 앞의 책(2002), 제5장 참조. 대명궁과 순천관에 대해서는 『고려도경』 권26, 燕禮 및 권27, 館舍; 『고려사』 권9, 문종 32년 4월·6월; 『고려사』 권15, 인종 6년 4월 참조. 대명궁 즉 순천관은 고려 공민왕 때 성균관으로 개편되었고(『중경지』 권5, 학교), 지금은 고려박물관으로 쓰이고 있다.

58 『고려사』 권1, 태조 2년 3월; 『삼국유사』 왕력. 通寺는 영통사로 추정된다. 한기문, 『고려사원의 구조와 기능』, 민족사, 1998, 35·36쪽

미륵사, 내천왕사, 광명사, 개국사, 숭복사, 성등암, 태안사 등 수많은 불교사원들과 도교의 구요당이 개경 일대에 건축되었다.[59] 광종 때에는 태조의 진전사원인 봉은사가 대궐 밖 남쪽에, 모후의 진전사원인 불일사가 東郊에, 화엄사찰인 귀법사가 송악산 동쪽 끝 언저리에 창건되었는데,[60] 봉은사는 연등회 때 국왕이 행차하는 곳이기도 했다.

개경은 광종의 稱帝建元에 호응하여 그 11년 3월에 皇都라 칭해졌고 大內도 중수되어 14년 무렵에 완공되었으니,[61] 이로써 개경은 황제의 수도로서의 위상과 그에 걸맞는 대궐(대내)을 지니게 되었다. 나성은 현종 때 거란군에게 개경이 함락당함을 경험한 직후에 축조되기 시작해 21년이 걸려 현종 20년 8월에 완공되었는데,[62] 송악산, 오공산, 용수산, 부흥산의 자연지세를 따라 쌓여졌다. 이로써 발어참성은 내성, 나성은 외성으로 자리매김했다. 나성으로 볼 때, 현성사가 동북 탄현문 안에, 개국사가 장패문 밖에, 대선원과 홍국사가 중심부에 자리잡은 것은 태조 때 나성이 없어도 뚜렷한 자연지세로 인해 나성이 자리잡는 정도가 도성으로 인식되었음을 시사한다.

현종 때 궁궐이 복구되고 나성(외성)이 도성으로 축조되고 部·坊·里가 개편되면서 개경의 도시구조는 완성되었다. 部는 동부, 남부, 서부, 북부, 중부의 5부였다. 坊은 35개, 里는 344개였는데 동부는 7방과 70리, 남부는 5방 71리, 서부는 5방 81리, 북부는 10방 47리, 중부는 8방 75리였다. 나성문은 모두 25개였다.[63] 개경 부·방의 대략적인

59 『고려사』 권1, 태조 4년 10월, 5년 4월, 7년, 13년 8월; 『고려사』 권2, 태조 19년; 『삼국유사』 왕력; 『고려사』 권92, 신숭겸전; 『세종실록』 지리지 왕경 개성부; 『익재난고』 권6, 중수개국율사기; 『신증동국여지승람』 권4, 개성부 상 산천·역원·불우 및 권5, 개성부 하 고적; 권12, 장단 산천·역원·불우·고적; 권4, 우봉 산천·역원·불우

60 『고려사』 권2, 광종 2년, 14년 7월

61 『고려사』 권2, 광종 11년 3월·14년 6월

62 『고려사』 권4, 현종 즉위년 3월; 『고려사』 권5, 현종 20년 8월

모습은 부록 5에 제시하였다.[64] 나성의 대문은 동 숭인문, 서 선의문, 남 회빈문, 동남 보정문(장패문)이었다. 고려 도성인 개경 나성의 門數는 25개이니, 개경 나성보다 규모가 훨씬 더 큰 중국 도성의 문수가 『주례』 「고공기」에 근거해 대체로 12개 정도(4방의 각 방위에 3개 정도씩)인 것에 비해 대단히 많다. 고려는 황성문조차 13개로 중국 도성의 문수와 맞먹거나 더 많다. 고려 개경의 나성문과 황성문의 그러한 특징은 개경, 나아가 고려가 사람·물자·자연을 위한 개방성과 소통성과 편의성(실용성)을 방어와 禮制보다 중시했음을 말해준다.

나성문의 위치는 다수가 비정되지만 모호한 것도 몇몇 있는데, 특히 宣旗門(宣祺門)이 그러하다. 선기문이 『고려도경』 권3, 國城에는 동북문으로 되어 있지만, 북한 전룡철은 선기문이 水口를 지녔는데 홍인문과 덕암봉 사이에 수구가 위치할 만하다며 이곳에 비정했다.[65]

고려말 『법화영험전』에 의하면, 송경 宣祺門 右臂에 嶺이 있어 連亘해 보정문에 垂及한 것을 德山이라 한다("松京宣祺門右臂有嶺 連亘垂及保定門者曰德山"). 산의 乾維 즉 서북쪽에 한 蘭若가 있어 寶岩이라 하는데, 東北里에 추밀 林千美, 상서 秦世儀, 大卿 梁棟材와 같은 致仕 卿相이 여러 退老 및 散逸 40여 명과 더불어 寶岩徒인 法華社를 만들어 매월 6齋日에 각기 科本蓮經을 지니고 서로 의견을 교환하며

---

63 『고려사』 권56, 지리지 왕경개성부. 개경 문·문수에는 음양풍수설도 작용했다. 개경은 四面으로 편제되어 四面都監이 두어졌다. 사면도감은 문종 때 정하기를 使가 각기 2인(職事 3품 이상)이고, 副使 각 4인과 判官 각 4인은 甲科權務였다(『고려사』 권77, 백관지 諸司都監各色). 공민왕 7년 7월에, 前銜 3품 이하가 坊里로써 點數하여 변란이 생기면 사면도감 관원이 먼저 1里 1人을 거느리고 赴防하기를 도평의사사가 요청하자 왕이 수용한 것(『고려사』 권81, 병지 오군)을 보면 四面은 군사적인 편제로 여겨진다.

64 김창현, 앞의 책(2002), 138쪽에 실린 「개경 부·방도」를 闕東 자운사(최사추 묘지명)에 의거해 자운방의 위치를 바로잡으면서 일부 수정한 것이다.

65 전룡철, 앞의 논문

의문을 풀다가 15일에 이르러 음식을 마련해 밤새도록 미타불에 공양하며 함께 淨土에 가기를 기원했다. 송경 낙타교 東巷에 한 招提가 있어 法華院이라 하였는데, 무릇 城南里 신자들이 法華社를 만들어 매월 6재일에 여기에서 모임을 갖고 법화경을 읽고 풀이하여 정토에 가기를 염원한 자들이 많기가 寶岩社 즉 보암도와 1, 2위를 다투었다.

이는 고려말에 천태·법화 신앙이 매우 유행하였고 그에 따라 일반인들의 법화 結社가 활발하게 만들어졌음을 알려주는데 나성 선기문의 위치와 관련해서 많은 시사를 던져준다. 덕산이 바로 보정문(장패문) 위쪽의 덕암봉을 가리킨다면 선기문은 전룡철의 지적처럼 덕암봉 바로 위쪽 밀착한 곳에 위치하게 된다. 하지만 선기문 오른쪽의 산줄기에 있는 嶺이 連亘해 보정문에 미친다는 표현이 덕암봉과 보정문이 거리가 가까운 사실과 어울리지 않는다. 寶岩社는 덕산의 서북쪽에 만들어졌고 이 일대 천태 신자들이 참여했는데 덕산이 바로 현재 덕암봉이라면 보암사의 위치가 선죽교 부분이 되므로 탁타교 동쪽의 연화원(법화원) 결사와 일정 부분 겹친다. 보암 결사와 연화원(법화원) 결사는 각기 많은 무리를 지니고 있었으니 근접한 지역에 위치했다고 보기는 어렵다. 기록대로 연화원(법화원) 결사는 성남 신자들이, 보암 결사는 도성의 동북 사람들이 참여했다고 보는 것이 자연스럽다.

덕산과 관련해 제기된 선기문의 위치 혼란은 덕산이 어느 산인지 모호하기 때문에 비롯되었다. 개성 나성은 북쪽 송악산, 서북쪽 오공산, 남쪽 용수산, 동남쪽 덕암봉, 동쪽 부흥산을 따라 쌓여졌다. 조선후기 『중경지』 산천·고적조에 따르면, '德巖'은 金峴(府의 동쪽 2리)의 동쪽 扈輦臺(太宗臺: 이방원이 무예를 연마했다는 곳)의 동쪽에, '富興山'은 府의 동쪽 7리에 있었다. 조선중기 『신증동국여지승람』 개성부상 산천에는 '德巖'이 府의 동쪽 9리에 있다고 되어 있고, 부흥산은 언급되지 않았다.

북한 전룡철의 지도에는 나성 동북 탄현문 아래 나성 선상에 부흥산(155m)이, 나성 남동 보정문 위쪽에 덕암봉(108m)이 표시되어 있다. 부흥산은 좌청룡일 뿐만 아니라 덕암봉보다도 높아 『여지승람』에서 누락될 이유가 없었으니, 『여지승람』의 덕암이 바로 부흥산이라는 추론이 나온다. 개성부로부터의 거리가, 덕암은 『여지승람』에서 동쪽 9리라 하고, 부흥산은 『중경지』에서 동쪽 7리라 하여 차이가 나는 것은 덕암 혹은 부흥산의 기점에 대한 인식의 차이 때문일 것이다. 이는 부흥산이 전룡철의 지도에는 나성 동북 선상에, 고유섭의 지도에는 그보다 동쪽에 표시되어 있는 데에서도 시사받을 수 있는데, 실제로도 나성 동북 탄현문의 동쪽으로 산줄기가 상당히 뻗어 있다.

일본인 학자 호소노가 지형도 위에 그린 개성 나성도를 보면 송악산 동쪽 줄기가 나성을 따라 장패문(보정문)까지 흘러내려오고 있다. 『균여전』에 의하면 귀법사는 송악산 기슭에 자리잡았다. 이 절은 나성 동북 탄현문 밖에 위치했으니, 탄현문 부분에서 송악산과 부흥산이 갈라진다고 보여진다. 그러니까 탄현문 즉 선기문 부분에서 남으로 내려와 장패문에 이르는 산줄기가 덕암인데, 이 중에서 탄현문에서 숭인문(동대문)에 이르는 산줄기가 부흥산으로 불리게 되면서 숭인문에서 장패문에 이르는 산줄기만 덕암봉으로 남게 되었다고 여겨진다. 이는 장패문 인근에 덕암이라는 바위가 존재한 결과일 것이다.

개경의 주요 도로는 숭인문과 선의문을 연결하는 동서대로, 광화문과 회빈문을 연결하는 북남대로, 보정문(장패문)에서 낙타교를 통과하는 동남대로였다. 동서대로와 북남대로가 만나는 十字街 일대, 즉 자남산과 오천 일대에 도심이 형성되어 민가와 상가가 밀집되어 있었다.[66] 6부를 비롯한 행정관청들은 황성 광화문의 동쪽 밖에 밀집되어 있었다. 광화문에서 십자가에 이르는 南大街에는 市廛(大市)이 즐비하게

66 『동국이상국집』 권23, 晉康侯茅亭記(이규보)

형성되어 있었다.[67]

불교를 국시로 한 나라답게 개경 대궐 안에 불교사원들이 다수 존재했으니, 내제석원·사나원·내천왕사·법운사·인경사·법왕사 등이 그것들이었다. 대궐 주변에도 북쪽에 일월사·광명사, 북동쪽에 왕륜사, 동쪽에 자운사, 동남쪽에 홍국사, 남쪽에 미륵사·봉은사·불은사, 서북쪽에 복령사 등이 자리잡았다. 진산이기도 한 송악산 일대에는 서보통원·복령사·광명사·일월사·귀산사·안화사·왕륜사·건성사·현성사·귀법사 등이 자리잡았다. 오관산 일대에는 영통사·숭복사·서운사·대흥사·태안사·성등암 등이, 성거산 일대에는 문수사·신흥사·지묘사·관음굴·開聖寺·金神寺(金身寺) 등이 자리잡았다. 목종 때 천추태후의 불교통합정책에 따라 화엄종 진관사와 유가종(법상종) 숭교사가 용수산 기슭에 조영되었다. 현종의 유가종(법상종) 중시에 따라 개경 북쪽(북동쪽) 영취산 기슭에 현화사가, 문종의 화엄 중시에 따라 개경 남쪽 진봉산·덕적산 기슭에 흥왕사가, 숙종의 천태종 후원에 따라 개경 서쪽에 국청사와 동쪽에 천수사가 조영되었으며, 예종의 선종 중시에 따라 송악산 기슭에 안화사가 확대 중창되었다.[68] 불교사원들은 송악산, 오

---

67 『고려도경』 권3, 坊市; 『고려사』 권21, 희종 4년 7월. 廣化門－十字街 大市의 左右 長廊이 희종 4년 7월에 改營되었는데 1,008楹이었다. 『주례』 고공기에는 '左祖右社(左종묘, 右사직)'와 '面朝後市(앞 조정, 뒤 시장)'를 이상적인 형태로 언급했는데, 고려는 전자를 따른 반면 후자를 따르지 않았다.

68 김창현, 앞의 책(2002), 제1장; 『고려도경』 권17, 祠宇; 『신증동국여지승람』 권4, 개성부 상 산천·역원·불우 및 권5, 개성부 하 고적 및 권12, 장단도호부 산천·역원·불우·고적 및 권42, 우봉현 산천·역원·불우·고적. 성거산에 元通寺가 있는데, 태조 때 창건한 通寺가 元通寺인가, 靈通寺인가 논란이 되고 있다. 성거산(구룡산)에는 영험한 九龍山祠가 있었다. 慈雲寺가 대궐 밖 동쪽에 위치했음은 '闕東慈雲寺'(崔思諏 묘지명)라는 표현에서 알 수 있다. 금신사에는 '尊者'라 불리는 영험한 金神(金身)이 있어 松都 士女가 끊임없이 香火해 왔다고 한다. 의종이 21년 3월에 金身窟에 행차해 나한재를 지내는 것(『고려사』 권18)으로 보아 이 금신 존자는 나한이 아닐까 싶다. 大內 法雲寺는 기우제의 공간으로 애용되었다. 『고려사』 권6, 靖宗 12년 4월; 『고려사』 권12,

관산, 성거산 등 태조 왕건 혹은 그의 선대가 거처한 곳이거나 신비화된 곳에 집중되었는데, 풍수 및 자연경관도 작용하였다.

궁성의 깊숙한 곳에 위치한 경령전은 태조를 포함한 5대 선왕들의 진영을 모시는 신성한 장소로 명절을 맞이하거나 중요한 일이 발생하면 국왕이 알현하는데 불교식 추모공간으로 여겨진다. 호국신앙 내지 기복신앙과 관련해, 보제사(대선원)는 오백나한재와 수륙재와 담선법회의 도량이었고,[69] 현성사는 사천왕 신앙에 바탕한 문두루도량이 열리는 神印宗의 도량이었고, 묘통사는 마리지천 도량이 열리는 도량이었다.[70] 왕륜사는 원효를 숭배하는 분황종(해동종)의 도량이었고,[71] 법왕사는 팔관회의 도량이었고, 왕륜사와 봉은사는 연등회의 도량이었다.[72]

개경 사원들의 배치는 도시구조의 형성 및 발전과 밀접한 상관이 있었다. 초기에는 대궐과 그 주변, 송악산, 오관산·성거산 주변에 집중되었다가 세월이 흐르면서 남쪽 일대, 서쪽과 동쪽 일대로 확산되어 갔다. 사원의 증가는 개경의 팽창을 의미했다. 궁성의 선종 사나내원, 황성의 화엄종 법왕사, 황성 밖 북동의 해동종 왕륜사 등에는 비로자나불이 모셔졌고,[73] 이를 중심으로 여러 사원들이 여러 겹으로 둘러싸 부처·보

숙종 10년 4월; 『고려사』 권54, 오행지 金 旱災

69 『고려도경』 권17, 祠宇; 『고려사』 권7, 문종 5년 4월; 『고려사』 권11, 숙종 4년 4월; 『고려사』 권10, 선종 7년 정월조; 『동국이상국집』 권25, 昌福寺談禪牓·大安寺同前牓·西普通寺行同前牓

70 『삼국유사』 권5, 明朗神印; 『고려사』 권8, 문종 20년 9월; 『고려사』 권11, 숙종 6년 4월

71 『동국이상국집』 권25 및 『동문선』 권67, 王輪寺丈六金像靈驗收拾記; 『파한집』 중권, 芬皇宗 光闡師

72 『고려사』 권7, 문종 즉위년 11월; 『고려사』 권5, 덕종 원년 2월; 『고려사』 권6, 靖宗 즉위년 11월·5년 11·4년 2월; 『고려사』 권69, 예지 嘉禮雜儀 上元燃燈會儀

73 여기의 비로자나는 종파를 초월해 인기를 끈 법신불로 밀교의 영향을 받았다. '사나'는 비로사나 즉 비로자나이다. 법왕사와 왕륜사의 주존이 비로자나임은 『양촌집』 권14, 法王寺祖師堂記; 『동국이상국집』 권25 및 『동문선』 권67, 王輪

살·제석·신중 등이 개경과 고려를 보호하는 만다라가 펼쳐졌다.

보제사, 흥국사, 현성사, 숭교사, 서보통원, 국청사, 개국사, 천수사, 약사원 등은 교통의 요지에 자리잡았다.[74] 또한 개경 사원들은 풍수도참과도 밀접한 관련이 있었다. 개국사, 보제사, 흥국사, 법왕사, 광명사, 왕륜사 등은 물을 진압하는 裨補의 역할도 수행했다. 성거산과 오관산은 개경의 祖山이었고, 송악산은 개경의 진산(주산)이었으니 여기에 사원들이 집중된 데에는 풍수신앙도 반영되었다. 보다 정확히 말하면 왕실 신비화·신성화와 불교·풍수 신앙이 결합된 형태였다. 대궐 북쪽의 서쪽에 日月寺와 동쪽에 九曜堂를 배치한 것, 광명천·조암천(구요천)이 만나 이루어진 白川과 앵계에서 東流하는 烏川(黑川)이 도심에서 만나는 것은 음양의 조화를 상징했다.

개경 도시구조에 불교 사상과 사원이 영향을 깊숙이 미쳤음은 고려 초기 송악성과 그 동쪽 주변에 해당하는 지역의 행정구역이 대개 사나방, 내천왕방, 왕륜방, 법왕방, 자운방, 흥국방 등으로 구성되어 있는 데에서도 알 수 있다. 제석방이 제석원의 존재에도 불구하고 없는 이유는 대궐이 제석천(도리천)으로 간주되었기 때문일 것이다. 도시의 팽창에 따라 형성된 다른 구역들은 유학, 음양오행, 지형지물과 관련해 행정구역 명칭이 붙여지지만 현실적으로는 곳곳에 들어선 사원들의 영향을 많이 받았다.

寺丈六金像靈驗收拾記 참조. 도심 보제사의 나한보전은 『고려도경』 祠宇에 따르면 金仙·문수·보현과 오백나한으로 구성되었는데, 여기의 '金仙'은 비로자나 혹은 석가이다. 권근의 연복사탑중창기(『양촌집』 권12)에 따르면 연복사 5층탑의 상층에 佛舍利, 중층에 대장경, 하층에 비로자나 肖像을 안치하고 문수회를 열어 탑을 낙성했다. 고유섭은 법왕사가 만월대 동쪽 '中臺'라고 일컫는 분지 안에 있었고, 이 '중대'는 대일여래 胎藏의 中臺 八葉院이라 추정했다. 『송도의 고적』, 열화당, 1977, 62~65쪽

74 약사원과 천수사(천수원)는 개경과 임진강 사이의 요충에 위치했다. 『신증동국여지승람』 권12, 장단 역원 藥師院·天壽院

유교의 의례와 관련해 나성 숭인문 밖 부흥산 지역에 대묘[75]가, 황성 안의 서쪽에 사직[76]이 들어섰다. 특히 대묘(태묘)는 왕실의 조상들을 모신 사당이었기 때문에 중시되었다. 농경과 관련해 사직 외에도 국성(도성: 나성) 동북 영창문 밖에 風師壇이, 국성(도성) 안 서남쪽 月山에 雨師·雷神의 제단이, 장소가 불확실한 靈星壇이 마련되어 있었다.[77] 유교·도교 의례와 관련해 원구가 회빈문 밖에 조영되었다.[78] 도교 의례와 관련해 대궐 북쪽에, 태조 때 구요당이, 예종 때 복원궁(복원관)이 조영되었다.[79] 공자의 문묘와 국자감(성균관)이 회빈문 안에 있다가 대궐 남쪽 유암산 기슭으로 옮겨졌고, 고려말 공민왕 때 탄현문 안으로 옮겨져 재건되었다.[80] 서긍의 『고려도경』에 따르면, 송악산에는 숭산신사(송악신사)가 있었고, 동쪽 문 안에는 주몽의 어머니를 모시는 東神祠가 있었다.[81]

이러한 여러 요소들은 지형지물과 더불어 개경의 도시구조와 많은 영향을 주고받았다.[82] 불교, 음양풍수, 유학, 도교, 무속 등이 개경의 도시구조에 영향을 미쳤던 것인데 불교가 현실적으로 가장 강력하게 작용하였다고 여겨진다. 이는 고려말에 남부의 어느 坊이 그곳의 지장사로 인해 地藏坊이라 불려진 데에서[83] 짐작할 수 있다.

---

75 『고려도경』 권17, 사우; 『중경지』 권7, 고적 태묘

76 『고려사』 권7, 문종 6년 2월

77 『고려사』 권63, 예지 길례소사 풍사·우사·뇌신·영성

78 『신증동국여지승람』 권5, 개성부 하 고적

79 『고려사』 권1, 태조 7년; 『고려도경』 권17, 복원관; 『신증동국여지승람』 권4, 개성부 상 산천 역암; 『고려고도징』 권7, 사원 구요당

80 『고려도경』 권16, 국자감; 『중경지』 권5, 학교 성균관; 고유섭, 『송도의 고적』(열화당, 1977) 「봉은사와 국자감」

81 『고려도경』 권17, 사우. 서긍은 동신사가 선인문 안에 있다고 했고, 선인문을 나성의 정동문이라 보았는데, 선인문은 숭인문의 오해로 여겨진다.

82 개경의 공간구조를 왕릉 혹은 祭場을 중심으로 조명한 연구도 있다. 정학수, 「고려 개경의 범위와 공간구조」 『역사와 현실』 59, 2006; 한정수, 「고려시대 개경의 사전 정비와 제사 공간」 『역사와 현실』 60, 2006

4. 고려 개경 구조의 유래

고려 개경의 도시구조는 한꺼번에 형성된 것이 아니기 때문에 어디에서 유래했는지 명확하게 정의하기는 어렵다. 동아시아 도읍의 모습은 대개 중국을 모델로 하였고 고려도 어느 정도 그러했음은 사실이지만 많은 점에서 다른 모습을 보이기도 한다. 궁전의 명칭, 성문의 명칭, 部·坊의 명칭은 중국의 고전에서 따와서 붙인 경우가 많았기 때문에 유학, 음양오행설이 녹아 있지만, 불교나 지형지물에서 유래한 경우도 상당수 있었다.

고려 개경의 주요 궁궐은 대궐(황성) 체제에서, 대궐(황성)과 수창궁 체제, 대궐(황성)·수창궁·대명궁 체제, 대궐(황성)·수창궁·연경궁 체제로 발전했다.[84] 대궐이 기능을 상실한 시기에는 수창궁·연경궁·대명궁, 3궁 체제가 운영되기도 했다. 중국 당의 장안에서 초기는 태극궁을 가진 황성이 중심이었다가 동북쪽에 대명궁을 건설해 두 大內 체제로 되었다가, 황성의 동쪽에 흥경궁이 건설되면서 황성 태극궁(西內), 대명궁(東內), 흥경궁(南內)의 삼 대내 체제로 된 사실과 유사한 과정을 겪었다. 개경 궁궐의 구조도 황제국 체제에 어울리게 짜여졌다는 점에서 중국 도읍의 궁궐과 유사하였다.

---

83 충숙왕 11년 3월에 地藏坊里 300餘 집이 화재로 불탔다. 『고려사』 권53, 오행지 火 화재; 『고려사』 권35, 충숙왕 11년 3월. 南山인 용수산 기슭의 지장사는 寶川이 정한 오대의 남대 地藏房(『삼국유사』 권3, 臺山五萬眞身)과 통한다. 『신증동국여지승람』 권5, 개성부 下에 따르면 숭교사가 남부 환희방에 위치했다. 환희방도 불교의 영향력이 작용한 행정구역 명칭이다.

84 대궐은 大內 혹은 本闕 등으로도 나타난다. 대궐(황성)·수창궁·연경궁 체제는 고려말에는 해체된다. 한편, 유호인의 『유송도록』(동문선 권21)에는 연경궁(본궐의 오류)이 고려 태조 2년에 창건되었는데 술사의 說에 빠져 지맥을 끊지 않기 위해 岡勢를 따라 蜂房을 이루었다고 했다.

하지만 고려 개경의 궁궐은 중국의 궁궐과 구체적으로는 차이가 많았다. 중국과 달리 대궐이 평지가 아니라 구릉지에 자리잡았으며, 궁성의 모양이 네모꼴이 아니라 남북이 긴 타원형이었으며, 대궐의 건물들이 하나의 세트로 일직선상에 배열되지 않고 제1정전 회경전의 구역과 제2정전 건덕전의 구역으로 분리되고 그 안에서도 용도에 따라 여러 구역으로 나뉘며 다양한 축선을 지녔으며, 건물들이 방위보다 지세에 따라 배치되었다. 중국과 달리 대궐의 연못이 동쪽에 배치되었다. 궁성의 정문은 중국처럼 남쪽에 배치되었지만 황성의 정문은 중국과 달리 동쪽에 배치되었다. 궁성의 정문은 중국 당, 송은 대개 承天門 혹은 丹鳳門이었는데 고려는 昇平門이었다. 고려에는 정전의 정문으로 황제국의 체제에 맞춰 端門을 두면서 그 이름을 神鳳樓(神鳳門)라 했고, 그 앞쪽(남쪽)에 넓은 광장인 毬庭을 두었다. 중국의 단봉문과 고려의 신봉문을 유사한 명칭으로 볼 수도 있지만 위치는 달랐다. 대묘(태묘)와 사직은 중국의 경우 황성 안에 있었으나, 고려의 경우 사직은 황성 안에, 대묘는 외성 동쪽 밖에 있었는데 태조 현릉(만수산 소재)과 대묘를 조응시킨 구도로 여겨진다.

개경은 초기에는 나성이 없이 송악산 기슭 송악성이 일종의 도성으로 기능하다가 나중에 나성이 쌓여져 도성이 되었다. 대궐을 지닌 송악성은 나성의 서북쪽에 치우치게 위치하였으니, 대개 대궐이 도성의 중앙 부분, 중앙의 상단부 혹은 상단 끝 부분에 자리잡은 중국의 도성과 다르다. 단, 대궐이 도성 서북쪽 모퉁이에 자리잡은 당 낙양성과는 유사점이 있다. 중국의 도성은 대개 평지에 자리잡아 네모꼴이지만 개경의 도성은 산의 흐름을 따라 쌓여져 둥근 원형이었다. 중국의 도성 구조는 대개 평지에 바둑판 모양으로, 직선으로, 기계적으로 짜여졌다. 반면 개경의 구조는 자연에 인공을 가미해 산과 물을 따라 자연스럽게 곡선으로 형성되어 있었다. 주요 도로조차도 일직선이 아니라 곡선을 띠었다.

우리나라 삼국시대, 남북국시대, 후삼국시대의 도성은 중국의 영향을 상당히 받으면서 나름대로 소화해 이루어진 것이었다. 고려 개경은 이들에게서도 상당한 영향을 받았다고 생각된다. 특히 고려는 근거지가 옛 고구려 지역에 위치하고 고구려 계승을 천명했기에, 궁예 고려(마진, 태봉)로부터 생겨났기에, 신라로부터 많은 인적·물적 자원을 물려받았기에 도성 구조에서 고구려, 신라, 태봉의 영향을 받을 수밖에 없었다. 또한 궁예의 고려든, 왕건의 고려든 발해와 국경을 접하고 발해유민들이 많이 흘러왔기에 발해의 영향도 일정하게 받았을 것이다.

평양성의 조선시대 모습은 북성, 내성(평양부성), 중성, 외성으로 되어 있었는데[85] 고구려의 후기 평양성(장안성)은 이 중에서 내성과 외성(나성)은 분명히 지녔었다.[86] 고려가 개경 도성을 쌓을 때 이러한 고구려 평양성의 구조를 참고했을 가능성이 있다. 물론 부여 사비성의 나성을 참고했을 가능성도 배제할 수 없다. 고려가 개경의 동쪽에 東神祠를 지어 고구려 건국자 주몽왕의 어머니 유화를 모신 것은 고구려가 고려에게 신앙의 측면만이 아니라 도시구조의 측면에 일정한 영향을 미쳤음을 시사한다.

고구려의 후기 평양성의 궁궐은 금수산 기슭에 위치했으리라 추정되는데, 고려 개경의 궁궐에 상당한 영향을 주었으리라 생각되지만 그 흔적이 남아 있지 않아 확인할 수가 없다. 고구려의 초기 평양성은 대성산성과 그 남쪽 안학궁 지역으로 이루어졌는데[87] 산성과 평지성의 이러한 구조가 개경의 구조에 영향을 미쳤을까 의문이 들지만, 송악성과

---

85 윤유, 『평양속지』 성지

86 외성(나성)과 조선 부성(내성)에서 '小兄'이라 새겨진 고구려 성돌이 발견되었다. 최희림, 『고구려 평양성』, 과학백과사전출판사, 1978, 14~18쪽

87 과학백과사전출판사 편, 『조선전사』, 1979, 152~163쪽. 고구려의 초기 평양성을 청암리 토성에 비정하거나 안학궁을 고려시대의 궁궐로 보는 견해도 있다.

그 남쪽 수창궁을 하나의 세트로 보면 영향을 받았을 개연성도 있다. 안학궁은 북남으로 북궁(침전)·중궁(내전)·남궁(외전)의 중심 건물과 침전 서쪽의 서궁, 침전 동쪽의 동궁, 정원과 연못, 남쪽 정문을 비롯한 여러 문 등으로 구성되었는데, 이는 궁궐의 기본적인 배치이므로 개경 궁궐이 꼭 이것의 영향을 받았다고만 이야기하기는 어렵다. 안학궁성의 북쪽과 서쪽에 정원이, 남동쪽 모퉁이에 연못이 조성되었는데, 남동쪽 모퉁이에도 정원이 조성되었을 것이다. 안학궁성의 남동쪽 모퉁이에 조성된 연못은 개경 대궐의 동쪽에 조성된 동지와 상통하는 면이 있었다.

궁예의 철원 도성은 楓川原에 자리잡았는데, 『신증동국여지승람』 권47, 철원도호부 고적조에 "부(철원부)의 북쪽 27리에 있다. 외성은 주위가 14,421척이다. 내성은 주위가 1905척으로 土築인데 지금(조선중기) 절반은 무너져 있다. 궁전 遺址는 완연하게 오히려 존재하고 있다." 라고 되어 있다. 성곽은 궁전을 둘러싼 궁성, 그리고 내성과 외성으로 이루어졌는데 비무장지대에 남한과 북한 영역에 절반씩 걸쳐 있어 아직 충분한 조사와 발굴이 이루어지지 못해 정확한 실체를 파악하기는 어렵다.

이재의 연구[88]와 철원군에서 제작한 태봉국 도성 모형도에 따르면, 궁성이 1.8㎞, 내성이 7.7㎞, 외성이 12.5㎞였다. 각각 네모꼴인데 외성의 서남쪽 부분은 약간 안으로 들어온 형태였다. 내성은 외성의 상단부 대부분을 차지하며 외성의 북벽과 만나고, 궁성은 내성의 북벽 중간에 거의 근접하게 자리했다. 독자적인 연호를 사용한 궁예가 이 내성을 황성이라 칭했을 가능성이 있지만 확인할 수는 없다.

궁예 도성의 궁성, 내성, 외성은 정북에서 정남으로 조영되지 않고

88 이재, 「궁예도성의 구조와 잔존실태」 『태봉의 역사와 문화(제2회 태봉학술제)』, 2001

북벽과 남벽이 동쪽으로 가면서 약간 기울어져 있어, 약간 동북쪽에서 남서쪽으로 향하는 형태이다.[89] 이는 주역 泰卦에 관련된 것으로 보인다. 태괘는 坤이 위에, 乾이 아래에 위치하여 음양, 천지가 서로 교류하여 만물이 통함을 의미하였는데, 음력 정월을 상징하였으니 만물이 소생하는 봄의 시작이며 북에서 동북으로의 전환을 의미하였다. 궁예 도성의 이러한 모습은 연호 武泰와 관련이 있을 가능성과 국호 泰封과 관련이 있을 가능성이 있는데, 철원 풍천원 도성이 이곳으로 천도하면서 바로 완성된 것이 아니라 상당한 시기에 걸쳐 완성되었음을 시사한다.

궁예는 송악에 도읍했다가 철원으로 천도했고, 왕건은 철원에서 송악으로 천도했으므로 철원 도성과 개경 도성은 서로 영향을 많이 주고받았을 것이다. 철원 궁성 1.8㎞는 개경 대궐의 궁성 2,170m보다 조금 작고, 철원 내성 7.7㎞는 발어참성 8.2㎞보다 조금 작다. 왕건 고려의 기록에는 궁예가 궁궐을 크고 화려하게 지은 반면 왕건은 작고 소박하게 지었다고 되어 있는데[90] 어느 정도 왜곡된 측면도 있었을 것이다. 발어참성 하단부에 자리잡은 개경 황성은 4.7㎞였으니, 궁예가 철원 내성 전체를 황성으로 사용했다면 개경 황성보다 훨씬 큰 규모가 된다. 철원도성에는 외성이 있었지만 개경도성에는 초기에는 없다는 차이도 있다. 이는 전자가 평지에 자리잡아 방어를 위한 외성이 필요한 반면 후자는 산으로 둘러싸인 분지에 자리잡아 외성이 심각하게 필요

89 미륵이라 주장한 궁예의 불교관과 관련이 있을 가능성도 추구해 볼 필요가 있다.

90 『고려사』 권1, 태조 원년 6월, 왕건의 즉위 詔書; 『고려사』 권93, 최승로전, 최승로 상서문; 『삼국사기』 권50, 궁예전. 태조 왕건은 순임금과 한 고조처럼 單平한 처지에서 일어났음을 훈요에서 강조했듯이(『고려사』 권2, 태조 26년 4월) 순과 유방을 존경했다. 최언위 내지 고려인은 태조의 통일을 위황이 촉을 멸망시킨 일에 비유했듯이(요오화상 비문) 조조를 유비보다 선호했고 위를 촉보다 정통으로 여겼다.

하지는 않았기 때문이다.

개경 도성이 철원 도성에서 영향을 많이 받았음은 특히 궁궐에서 확인된다. 철원 궁성은 정전인 大中殿, 편전인 布政殿, 침전, 그리고 정전의 정문인 위봉루(위봉문)와 그 앞의 毬庭으로 이루어졌는데[91] 이는 개경 궁궐의 구조에 직접적으로 영향을 미쳤으며, 특히 위봉루와 구정은 그대로 재현되었다. 현종 때 축조된 개경 외성은 무려 23㎞로 우리나라 최대의 도성이었다. 이에 비해 궁예의 철원 도성(외성)은 12.5㎞에 지나지 않았으니 여기에서도 궁예를 폭군으로 묘사한 기록이 지나친 면이 있음을 알 수 있다.

궁예는 摩震, 泰封 등의 국호와 武泰, 聖冊, 水德萬歲, 政開 등의 연호를 사용했고 광평성, 내봉성 등의 관부를 운영했다.[92] 궁예의 연호사용과 관부체제는 연호를 자주 사용하고 政堂省·宣詔省·中臺省의 3성제를 운영한 발해에서 영향을 받았다고 생각된다. 발해는 당의 3성 6부 체제를 도입하면서도 나름대로 소화해 독자적인 특색을 갖추었다. 궁예의 국호 '摩震'은 摩訶震旦 즉 大東方을 의미하는데[93] 발해의 처음 국호 '震旦'[94]에서 영향을 받았을 것이다.

발해는 5경을 경영했는데 가장 대표적인 수도인 상경 용천부의 도시구조는 궁성, 황성, 외성(나성)으로 이루어졌다. 외성의 둘레는 16,296m이고 그 내부는 황성의 남문과 연결되는 중앙의 대도로(주작대로에 해당)를 기준으로 바둑판처럼 도로와 방리가 짜여졌다. 궁성 남쪽의 황성 영역에는 관청이 들어섰다. 오봉루라 불리는 궁성의 남문을 들어서면 북쪽으로 5개의 궁전이 늘어섰다.[95] 상경의 도시구조는 당

91 김창현, 「고려시대 개경 궁성 안 건물의 배치와 의미」 『한국사연구』 117, 2002, 93~96쪽

92 『삼국사기』 권50, 궁예전

93 이병도, 『한국사』 중세편, 을유문화사, 1961, 19쪽

94 『삼국유사』 권1, 말갈발해

장안성을 모델로 하여 발해 나름대로 응용해 형성되었다. 궁성과 황성은 상경성의 북쪽 가장자리에 자리잡았는데, 북한학계에서는 상단부는 궁성이고 하단부는 황성이며 궁성은 중심구역, 북측구역, 동측구역, 서쪽구역으로 이루어졌다고 보는[96] 반면 중국학계에서는 이 중에서 중심구역만 궁성으로, 나머지 부분은 내성(황성)으로 간주하고 있다.[97] 궁성과 황성의 영역에 대해서는 중국학계의 시각이 설득력이 있다. 궁성의 정전은 永興殿으로 파악되고 있는데, 정전에 해당하는 것이 제1궁전터라는 설과 제2궁전터라는 설이 있다.[98] 궁성 동쪽에는 금원과 호수(연못)가 조성되었는데, 북한학계에서는 궁성의 영역으로,[99] 중국학계에서는 내성(황성)의 영역으로 파악한다.[100] 섬이 호수의 북쪽에 2개, 남쪽에 1개가 조성되었는데 북쪽 2개의 섬에서는 정자터가 발견되었다. 假山이 호숫가의 동쪽과 서쪽에 각각 1개 조성되었다.[101] 금원 안의 연못 북쪽 중앙에서 절터가, 연못 남쪽 지대에서 여러 채의 집터가 확인되었다.[102]

고려 개경은 완성기에는 궁성, 발어참성(황성 포함), 외성(나성)으로 이루어졌는데 모양과 규모는 다르지만 기본구도는 태봉의 철원 도성 및 발해 상경성과 유사했다. 특히 개경 궁궐의 위봉루(신봉루: 의

---

95 주영헌 저, 재일본조선인과학자협회 역, 『발해문화』(동경: 웅산각출판주식회사, 1979), 제1편 제1장

96 주영헌 저, 앞의 책, 제1편 제1장

97 부경만·관금천·왕림안·황림계 저, 방학봉 역, 「발해국의 서울 상경성의 문화유산에 대하여」『발해사연구』 3, 1993

98 김종복, 「발해 상경성의 성립과 구조」『한국의 도성』, 서울학연구소, 2003

99 장상렬, 「발해의 건축」『발해사연구론문집(1)』, 과학백과사전종합출판사, 1992

100 부경만 등 저술, 방학봉 역, 앞의 논문

101 부경만 등 저술, 방학봉 역, 앞의 논문. 호수구역 유지는 남북 167m, 동서 69m의 타원형인데 둘레가 537.6m이다.

102 장상렬, 앞의 논문. 이에 따르면 금원 인공못의 길이는 남북 190m, 동서 110m의 타원형이다.

봉루)는 철원 궁궐의 위봉루를 계승했는데 오봉루로도 불렸으니[103] 발해 상경의 오봉루와 상통하였다. 개경 궁궐의 경우 승평문이 궁성의 정문이고 위봉루(오봉루)가 정전의 정문인 반면 발해 상경의 궁궐은 오봉루가 궁성의 정문인 점은 다르다. 중국의 경우 대표 궁궐이 대개 상단부는 궁성, 하단부는 황성으로 이루어진 반면, 발해 상경의 궁성과 고려 개경의 궁성은 사방이 황성으로 둘러싸인 점에서 상통한다. 발해 상경에서 궁성 동쪽의 황성영역에 연못과 정원이 조성되고 연못의 북쪽에 절이 조영된 것은 개경 궁성의 동쪽 황성영역에 東池 및 정원이 조성되고 동지의 북쪽에 법왕사[104]가 조영된 것과 상통한다. 정변을 일으킨 강조는 중추원을 개칭한 中臺省을 통해 권력을 행사했는데[105] 이 중대성도 발해의 그것을 참고했을 가능성이 있다.

신라 경주를 보면, 산으로 둘러싸인 분지라는 점에서 개경과 상통하는 점이 있었다. 경주에는 나성이 없었는데 개경도 초기에는 나성이 없다가 거란군에게 수모를 당한 후에야 나성이 생겨났다. 신라 王都는 6部·35里로 이루어졌는데 개경 5部·35坊과 유사하다.[106] 단, 신라 경주는 폐쇄적인 방리구조였지만 개경은 개방적인 방리구조였다는 점에서 다르다. 신라 경주 도성과 궁궐의 형성과 변천을 살펴보자.

신라 시조의 성은 박씨이고 이름은 혁거세이다. 즉위해 거서간이라 했는데 당시 나이가 13세였다. 국호를 서라벌이라고 했다. 이보다 앞서, 조선 遺民이 산곡 사이에 分居해 6촌을 이루었는데, 첫 번째는 閼川楊山村, 두 번째는 突山高墟村, 세 번째는 觜山珍支村(혹은 于珍村), 네 번째는 茂山大樹村, 다섯 번째는 金山加利村, 여섯 번째는 明

103 『고려도경』 권4, 문궐 광화문; 『고려사』 권123, 장순룡전

104 『고려도경』 권17, 사우 王城內外諸寺에 따르면 왕부(황성: 필자 주)의 동북에, 春宮과 멀지 않은 곳에 법왕사와 인경사가 자리잡고 있었다.

105 『고려사』 권76, 백관지 밀직사; 『고려사』 권127, 강조전

106 신라의 里는 고려의 坊과 유사하였다.

活山高耶村이었다. 고허촌장 소벌공이 양산 기슭을 바라보다가 蘿井 옆 숲에 말이 꿇어 울고 있는 것을 보고 가서 알에서 깨어난 아이를 데려다가 기르고, 자라자 6부 사람들이 임금으로 추대하였다. 혁거세 거서간 치세 5년에 용이 閼英井에 나타나 여자 아이를 낳았는데, 그녀가 자라자 혁거세가 그녀를 妃로 삼았다. 혁거세 21년에 경성을 쌓아 金城이라 했고, 26년 정월에 궁실을 금성에 조영했다. 남해 차차웅이 5년에 장녀를 탈해와 혼인시키고 7년에 탈해를 大輔로 삼아 軍國政事를 맡겼다. 남해 차차웅의 태자 유리가 탈해와 더불어 이빨 수 즉 나이를 따져 이사금에 올랐다. 유리 이사금이 9년 봄에 6부의 이름을 고치고 姓을 하사했다. 양산부는 梁部가 되었는데 성은 李였고, 고허부는 沙梁部가 되었는데 성은 崔였고, 大樹部는 漸梁部(牟梁部)가 되었는데 성은 孫이었고, 于珍部는 本彼部가 되었는데 성은 鄭이었고, 加利部는 韓祇部가 되었는데 성은 裴였고, 明活部는 習比部가 되었는데 성은 薛이었다. 탈해는 혁거세 치세 39년에 알에서 태어났다고 하며 자라면서 지리를 알아 楊山 아래 瓠公의 宅을 바라보더니 吉地라고 여겨 속임수로 취하여 거처했는데 그 땅은 후에 월성이 되었다. 탈해는 유리를 이어 이사금에 올랐는데, 9년 3월에 금성 서쪽 始林에서 닭이 우는 소리가 들려 발견된 금궤에서 김알지가 태어나자 시림을 雞林이라 개칭하고 국호도 계림이라 하였다. 파사는 유리의 아들로 탈해를 이어 이사금에 올랐는데 22년 2월에 성을 축조해 月城이라 하고 7월에 월성에 移居했다. 파사 이사금의 아들인 祇摩 이사금 12년 5월에 금성 동쪽 民屋이 함몰되어 연못이 되었다. 유리왕의 장자인 일성 이사금 5년 2월에 政事堂을 금성에 설치하였다. 沾解 이사금 3년 7월에 南堂을 宮南에 짓고 5년 정월에 남당에서 비로소 聽政하였다.[107]

107 『삼국사기』 권1, 신라본기, 시조 박혁거세·남해 차차웅·유리 이사금·탈해 이사금·파사 이사금·지마 이사금·일성 이사금; 『삼국사기』 권2, 沾解 이사금.

진한 6촌의 우두머리들이 閼川 가에 모여 임금을 뽑기로 했는데 하늘에서 楊山 아래의 蘿井 옆에 내려온 알에서 태어난 남자아이와 沙梁里 閼英井 가에서 雞龍이 낳은 여자아이를 길러 그들을 위해 남산 서록에 궁실(지금 창림사: 일연 주)을 지었으며, 남자아이인 박혁거세를 왕으로, 여자아이를 왕후로 삼고 국호를 서라벌이라 하였다.[108] 경주 왕도에는 혁거세 때 궁성을 쌓아 '金城'이라 했고, 파사왕 때 금성의 동남쪽에 성을 쌓아 '月城'이라 했는데, 월성은 '在城'이라고도 불리며 둘레가 1,023步였다. 新月城의 북쪽에 滿月城이 있는데 둘레가 1,838보였다. 또 신월성 동쪽에 明活城이 있는데 둘레가 1906보였고, 또 신월성 남쪽에 南山城이 있는데 둘레가 2,804보였다. 시조 이래 금성에 거처하다가 후세에 兩月城에 많이 거처하였다.[109] 월성은 경주부의 동남쪽 5리에 있는데 모양이 半月처럼 생겼기 때문에 그렇게 명명된 土築 성으로 둘레가 3,023尺이다. 만월성은 월성의 북쪽에 있는 토축 성으로 둘레가 4,945尺이다.[110] 진흥왕 14년 2월에 왕이 명령해 新宮을 월성 동쪽에 축조했는데 황룡이 그곳에 나타나니 고쳐서 불교사원을 만들어 황룡사라고 했다.[111] 진평왕 7년에 大宮, 梁宮, 沙梁宮에 각각 私臣을 두었는데 대궁에는 和文 대아찬이, 양궁에는 首肹夫 아찬이, 사량궁에는 弩知 이찬이 임명되었다. 진평왕 44년 2월에 이르러 內省私臣 1인을 두어 세 궁을 兼掌하도록 하고 지위는 衿荷로부터 太大角干까지였는데 이찬 龍樹로 內省私臣을 삼았다.[112] 사량궁은 사량부에 있는 궁인데 월성의 궁일 가능성이 크다. 대궁은 대내 내지 대궐이고, 양

금성 동쪽 民屋이 함몰되면서 형성된 연못이 月池의 기원이었다.

108 『삼국유사』 권1, 紀異 제1, 신라시조 혁거세왕
109 『삼국사기』 권34, 雜志 제3, 지리 1, 신라 疆界
110 『신증동국여지승람』 권21, 경상도 경주 고적
111 『삼국사기』 권4, 신라본기, 진흥왕 14년 2월
112 『삼국사기』 권4, 신라본기, 진평왕 44년 2월; 『삼국사기』 권39, 잡지 8, 職官 中, 內省

궁은 梁部에 있는 궁이었다. 대궁은 금성의 궁일 가능성이 크지 않나 싶다.

금성은 첨성대와 계림을 서변으로 하는 일대, 즉 첨성대와 월성 사이 일대에 형성된 것으로 추정되고, 신월성은 월성과 동일한 존재로 여겨진다. 월성은 '在城'이라고도 하는데, 재성은 해자가 있는 성[113]을 말한다. 안압지의 원래 이름은 月池이고 이곳이 月池宮이니[114] 안압지 일대가 월지궁이자 만월성으로 판단되는데 월성보다도 규모가 컸다. 신라 왕도의 주요 궁궐은 남산 서록 궁실에서 시작했다가 금성으로 옮겨 가더니, 금성과 월성 체제로 발전하고, 또 금성과 월성과 만월성의 체제로 발전했는데, 이러한 흐름은 당의 장안 및 고려 개경의 경우와 비슷하다.

문무왕 14년 2월에 宮內에 연못을 파서 산을 만들고 화초를 심고 진기한 禽獸를 길렀다.[115] 이곳이 월성 서북 天柱寺 북쪽에 위치한 안압지인데, 문무왕이 궁내에 연못을 만들고 돌을 쌓아서 산을 만들어 巫山 12峯을 형상화하여 화초를 심고 진기한 禽을 길렀으며, 그 서쪽에 臨海殿이 있었다.[116] 이 안압지(월지) 구역에 조성된 궁궐이 월지궁(만월성)으로 여겨지는데, 태자의 공간으로 사용될 수도 있었지만 기본적으로는 왕의 궁궐로 月池, 臨海殿 등 유희용 시설을 지녔다. 문무왕 19년 2월에 궁궐을 지극히 壯麗하게 重修했고, 8월에 東宮을 創造했고, 內外 여러 문의 額號를 비로소 정했고, 사천왕사를 낙성했고, 남산성을 증축했다.[117] 이 중수된 궁궐은 월성으로 판단되지만, 이 창조된 동궁이 태자의 궁인지 월지궁(안압지 구역)인지 모호한데 월지궁

113 "在者方言畎也"(『고려사』 권82, 병지2 城堡, 태조 5년)
114 국립경주박물관, 『안압지관』, 2002, 14~25쪽
115 『삼국사기』 권7, 신라본기 제7, 문무왕 14년 2월
116 『신증동국여지승람』 권21, 경상도 경주 고적·불우
117 『삼국사기』 권7, 신라본기 제7, 문무왕 19년 2월·8월

즉 만월성으로 추정된다. 이 동궁이 태자의 궁일 가능성도 배제할 수 없는데, 그렇다고 하더라도 만월성의 일부를 태자의 공간으로 사용했을 것이다. 왜냐하면 만월성은 월성보다도 규모가 컸기 때문이다. 헌덕왕이 후계 아들이 없자 친동생 秀宗(흥덕왕)을 副君(儲貳)으로 삼아 月池宮에 들여 거처하게 한 점,[118] 서쪽의 대규모 건물군과 남쪽의 소규모 건물군을 지닌 안압지 일대에서 '태자', '동궁'이라 쓰여진 유물들이 출토된 점으로 보아 태자궁이라는 견해가 제시되었다.[119] 만월성(월지궁)의 일부는 왕궁으로, 일부는 태자궁으로 사용되었으리라 여겨지며, 안압지(월지) 서쪽의 건물군은 왕궁으로, 안압지 남쪽의 건물군은 태자궁 혹은 보조시설로 쓰였을 가능성이 있는데, 임해전은 서쪽 건물군의 하나였을 것이다. 최근 발굴되고 있는 안압지 동쪽 일대는 월지궁(만월성) 영역으로 판단되는데 태자궁 구역일 가능성이 있다.

금성은 기록에서 소지마립간 22년에 용이 금성 우물에 나타났다는 기사를 끝으로 그 이후에는 나타나지 않는 반면 월성은 진흥왕 14년에 월성의 동쪽에 궁전을 짓는데 황룡이 나타나니 절로 고쳐 지었다는 데에 등장한다. 이로 보아 6세기에 월성이 정궁이었다는 견해가 지지를 받고 있다.[120] 그렇다고 금성이 사라진 것으로 보이지는 않으며 본궁으로서의 위상을 유지하였다고 생각된다. 문무왕 때 창건된 것이 동궁인데, 금성의 기준에서 보아 만월성이 동쪽에 위치했기 때문에 동궁이라 불렸을 것이다. 월성의 동남쪽에 붙은 국립경주박물관 연결통로 부지에 대한 발굴조사 때 안압지관 앞 우물에서 '南宮之印'이 새겨진 기와가 출토되었는데, 이 '남궁'은 본궁인 금성에서 보아 동남쪽에 위치한 월성을 가리킨 것으로 보인다. 신라의 주요 궁궐은 첨성대 일대의 금성

118 『삼국사기』 권10, 신라본기, 헌덕왕 14년 정월; 『삼국사기』 권45, 祿眞傳
119 국립경주박물관, 『안압지관』, 2002, 14~25쪽
120 박방룡, 「6세기 신라왕경의 제양상」 『국읍에서 도성으로』(신라문화제학술논문집 6), 2005

과 그 동남쪽의 월성 체제를 거쳐 통일을 달성하면서 금성, 월성, 만월성 체제로 발전했는데, 하나의 궁궐처럼 서로 연결되어 사용되었으리라 여겨진다.

진덕왕은 5년 정월 초하루에 朝元殿에서 신하들의 正賀를 받았고, 애장왕은 7년 3월에, 헌강왕은 4년 8월에 일본국 사신이 이르자 조원전에서 引見하였다.[121] 이로 보아 조원전은 정전으로 파악되는데, 경문왕 8년 8월에 重修되었다.[122] 효소왕은 7년 3월에 일본국 사신이 이르자 崇禮殿에서 引見하였고, 애장왕은 8년 2월에 숭례전에 앉아 觀樂하였고, 헌덕왕은 6년 3월에 숭례전에서 여러 신하들을 연회하였다.[123] 이로 보아 숭례전은 정전과 편전의 기능을 지닌 것으로 여겨진다. 헌덕왕은 3년 4월에 평의전에 비로소 이어해 정사를 들었다.[124] 이로 보아 평의전은 정무를 보는 편전으로 여겨진다.

정전인 朝元殿, 정전과 편전의 기능을 두루 갖춘 崇禮殿, 정무를 보는 편전인 平議殿은 월성의 궁전으로 추정되는데, 월성은 그밖에 침전과 금원과 여러 문들을 지녔을 것이다. 홍덕왕은 9년 9월에 武平門에 이어해 활쏘기를 구경했고, 경문왕은 원년 3월에 무평문에 이어해 크게 사면했다.[125] 이로 보아 무평문은 왕궁의 정문으로 여겨진다. 월성의 북문이자 정문은 무평문이고, 그 북쪽에 관아가 밀집되어 있었다고 추정된다.[126] 문무왕은 21년 7월에 세상을 뜨기 전에 자신이 죽거든

121 『삼국사기』 권5, 신라본기 5, 진덕왕 5년 정월; 『삼국사기』 권10, 신라본기 10, 애장왕 7년 3월; 『삼국사기』 권11, 신라본기 11, 헌강왕 4년 8월.

122 『삼국사기』 권11, 신라본기 11, 경문왕 8년 8월

123 『삼국사기』 권8, 신라본기 8, 효소왕 7년 3월; 『삼국사기』 권10, 신라본기 10, 애장왕 8년 2월 및 헌덕왕 6년 3월

124 『삼국사기』 권10, 신라본기 10, 헌덕왕 3년 4월

125 『삼국사기』 권10, 신라본기 10, 홍덕왕 9년 9월; 『삼국사기』 권11, 신라본기 11, 경문왕 원년 3월

126 여호규, 「국가의례를 통해 본 신라 중대 도성의 공간구조」 『한국의 도성』, 서울학연구소, 2003

庫門 밖 外庭에서 화장하기를 유언하였는데,[127] 이 庫門은 무평문 남쪽의 문이 아닐까 싶다. 경순왕은 견훤에게 살해당한 경애왕의 시신을 西堂에 안치하고 신하들과 통곡했는데, 서당과 쌍을 이루는 東堂도 존재했을 것이라는 견해가 있다.[128]

태조 왕건은 치세 14년 2월에 경주를 방문했다. 그가 50여 騎를 거느리고 신라 왕도의 畿內에 이르러 장군 선필을 먼저 보내 안부를 물으니, 경순왕이 명령해 백관에게 郊에서 왕건을 영접하도록 하고, 堂弟 김유렴에게 성문 밖에서 영접하도록 하고, 자신은 應門 밖에 나와 영접하였다. 경순왕이 왼쪽으로, 태조 왕건이 오른쪽으로 殿에 올라 상견례를 행한 후 臨海殿에서 연회하였다.[129] 경순왕과 태조 왕건은 월성에서 상견례를 행하고 월지궁 임해전으로 자리를 옮겨 연회한 것으로 판단된다.

경주는 남쪽 남산에서 북쪽으로 발전해 나간 반면 개경은 북쪽 송악산에서 남쪽으로 발전해 갔기 때문에 차이점이 많았다. 하지만 태조 왕건이 경주를 친히 방문해 구경하고 그의 막하에 신라 출신 인물들이 많았던 것은 개경 도시구조의 형성에 경주의 모습이 상당히 투영되도록 만들었을 것이다.

개경 대궐 동쪽의 東池·龜齡閣과 경주 月池·臨海殿은 위치, 기능 면에서 비슷했다. 개경의 법왕사와 왕륜사는 차례대로 경주의 황룡사와 분황사를 계승한 것이었고,[130] 또한 개경 대궐의 동지 옆에 법왕사가, 그 북쪽에 왕륜사가 있는 구도는 월지(안압지) 옆에 황룡사가, 그 북쪽에 분황사가 있는 구도를 채용한 것이었다. 사천왕을 숭배하는 문두루

127 『삼국사기』 권7, 신라본기 제7, 문무왕 21년 7월
128 양정석, 「신라 궁궐구조에 대한 시론」 『한국사연구』 119, 2002
129 『고려사』 권2, 태조 14년 2월
130 고려 봉은사가 신라 황룡사를 계승한 측면도 있었다. 왕륜사가 분황사에, 법왕사가 황룡사에 해당함은 고유섭이 지적한 바 있다(앞의 책, 64쪽).

도량이 열리는 개경 현성사는 역시 그러한 경주 사천왕사를 계승한 것이었다. 개경의 경우 동북 탄현문 안에, 경주의 경우 낭산의 남쪽에 위치해 방위는 다르지만 요충지를 진압하는 점, 각각 聖地인 오관산과 연결되고 낭산·남산과 연결되는 통로라는 점에서는 서로 통하였다. 개경 궁궐에서 빈전으로 자주 쓰이는 곳으로 선덕전이 있는데 경주 궁궐의 西堂과 상통하는 면이 있다.[131] 첨성대가 경주 궁궐과 개경 궁궐에서 서쪽에 자리잡은 점도 서로 통한다. 경주 왕궁은 應門을 지녔으니 정전 앞의 문을 5개 갖는 황제국 체제의 궁궐[132]을 경영하고, 나아가 황성을 지녔을 가능성이 있는데, 이러한 면은 황제국체제의 궁궐을 운영한 개경 황성의 구조에 영향을 주었을 수도 있다.

맺음말

고려의 수도 개경은 태조 왕건의 고향인 송악군을 중심으로 하면서 왕건 선대가 거주했던 성거산, 오관산, 송악산 등의 지역을 배경으로 하여 형성되었다. 성거산은 祖山, 오관산은 宗山, 송악산은 진산(주산), 용수산은 안산이었으며, 송악산 남쪽 기슭의 명당에 대궐이 조영되었다. 이러한 배경으로 인해 성거산, 오관산, 송악산 일대에 사원이 집중적으로 조영되었다.

대궐은 황제국 체제를 취하여 황성과 궁성으로 이루어졌고, 궁성은

131 西堂이 빈소로 쓰인 것은 불교 아미타의 서방정토 극락왕생 기원과 관련이 있을 것이다. 빈전으로 쓰인 선덕전도 서쪽에 위치했을 가능성이 있다. 한편, 개경 대궐에서 고대 궁궐의 東堂과 유사한 전각을 찾는다면 정전인 건덕전을 보조하는 부속건물인 장령전이 있다.

132 정전 앞의 문이 황제는 5개이고, 제후는 3개인데 그 5개는 정전에서 바라볼 때 路門, 應門, 雉門, 庫門, 皐門의 순이었다.

선경전(회경전) 구역과 대관전(건덕전) 구역, 태자궁 구역 등으로 구분되었다. 궁성의 서쪽 부분은 전각의 구체적 위치가 명확하지 않았는데 발굴이 진행되면서 어느 정도 윤곽이 드러나고 있다. 이 부분은 대관전·중광전·선인전 등의 외전 구역과 그 북쪽의 내전 구역으로 이루어졌는데, 내전 구역은 외전 구역에 가까운 집현전(연영전)·청연각·보문각 등의 書殿·文閣 구역, 그 북쪽의 내전·침전 구역, 그 서쪽(궁성 서쪽 부분의 서북쪽)의 신앙 구역 등으로 대략 분류된다. 궁성의 맨 북쪽의 금원 구역은 내전 구역에 속하지만 선경전 구역과 대관전 구역으로 나누기 어려운 곳으로 유희의 공간이면서 신앙의 공간이었다. 그 외에 다양한 보조시설이 여기저기에 존재했을 것이다.

개경의 도시구조는 불교, 음양풍수, 유교, 도교, 무속 등의 사상과 신앙을 이념으로 하고 지형지물이 참작되어 형성되었다. 도심은 동-서 대로와 북-남 대로가 만나는 십자가를 중심으로 형성되었다. 개경은 사나내원, 법왕사, 왕륜사 등의 비로자나를 중심으로 하여 여러 사원들의 부처·보살·신중으로 겹겹이 둘러싸인 만다라의 세계였는데, 대를 이어 가며 완성되어 갔다. 고려인들은 중국, 고구려, 신라, 발해, 궁예 왕조 등의 다양한 면모를 현실에 맞게 소화하여 개경의 독자적인 모습을 만들어냈다.

고구려는 수도의 동쪽에 유화의 신상을 모시고 안학궁의 동남쪽에 연못을 조성했다. 발해는 동방국을 의미하는 '震國'을 국호로 사용했고 상경 궁궐의 동쪽에 연못과 금원을 조성했다. 궁예는 국호를 摩訶震旦 즉 대동방국을 의미하는 '摩震'이라 하였다. 신라는 기존 궁궐의 동쪽에 月池와 황룡사를 지었다. 그리고 고려는 개경 동쪽의 東神祠에 유화를 모셨고, 황성의 동쪽 구역에 동지를 조성했고, 황성의 정문을 남쪽이 아니라 동쪽에 두어 廣化門이라 하였고, 해뜨는 곳을 의미하는 '日域'이라 부르거나 불려졌다. 특히 고려인들은 고려를 木性의 나라로 인식하는 경향이 많았으므로 더욱 동쪽을 중시하였는데, 이것이 개경의 구조에도 반영되었다.

고려의 대궐(본궐)은 구릉지에 지형에 따라 자리잡은 반면, 조선의 정궁인 경복궁은 평지에 북－남 일직선으로 자리잡았다. 고려는 황제국 궁궐체제를, 조선은 제후국 궁궐체제를 유지했기 때문에 황성과 궁성을 지닌 고려의 대궐(본궐)과 궁성만 지닌 조선의 경복궁은 구조 자체가 많이 다르다. 정전 앞 문의 개수도 고려 대궐의 제1정전 앞은 5개이지만, 조선 경복궁의 정전 앞은 3개이다. 고려 대궐의 경우 궁성 정문은 남쪽 승평문이고 황성 정문은 동쪽 廣化門인 반면, 조선 경복궁의 경우 정문이 남쪽 光化門이었다. 고려 궁성은 정전을 2개 운영한 반면 조선 경복궁은 1개(근정전) 운영했다. 고려 궁성의 서쪽 부분과 조선 경복궁을 비교하면, 고려는 정사를 보는 편전을 2개 운영하고 그것을 정전의 앞(남쪽)에 내세운 반면, 조선은 정사를 보는 편전을 1개(사정전) 운영하고 그것을 정전의 뒤(북쪽)에 배치했다. 연못을 고려 대궐은 동쪽 황성 지역에, 조선 경복궁은 북쪽에 지녔다. 이러한 차이들은 고려인과 조선인의 세계관의 차이에서 비롯된 것이었다.

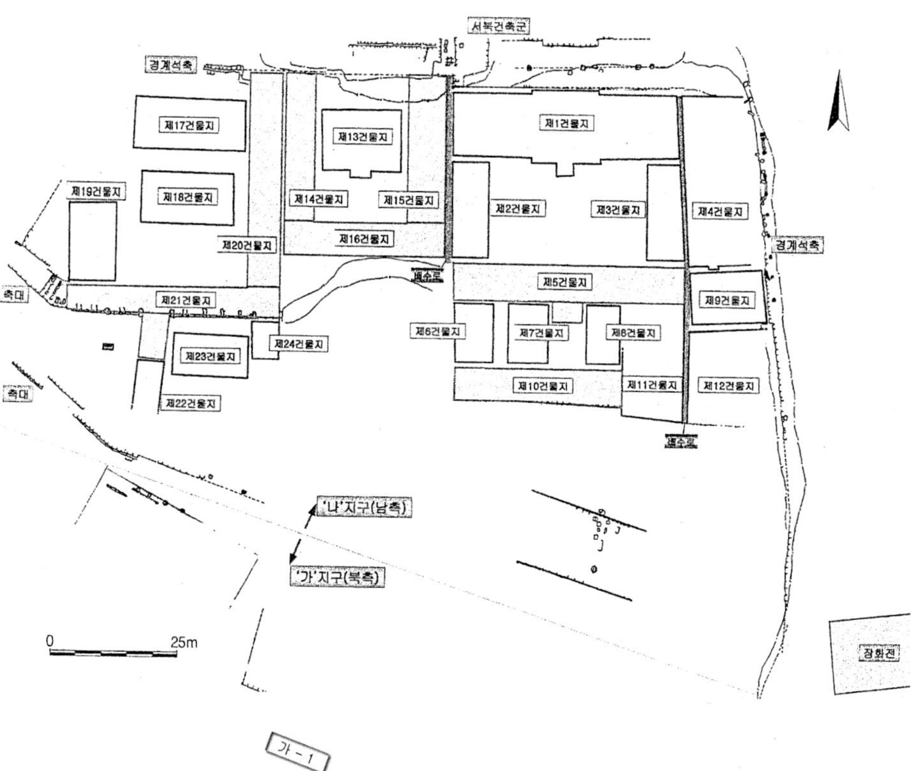

〈그림 1〉 개경 대궐궁성 발굴도

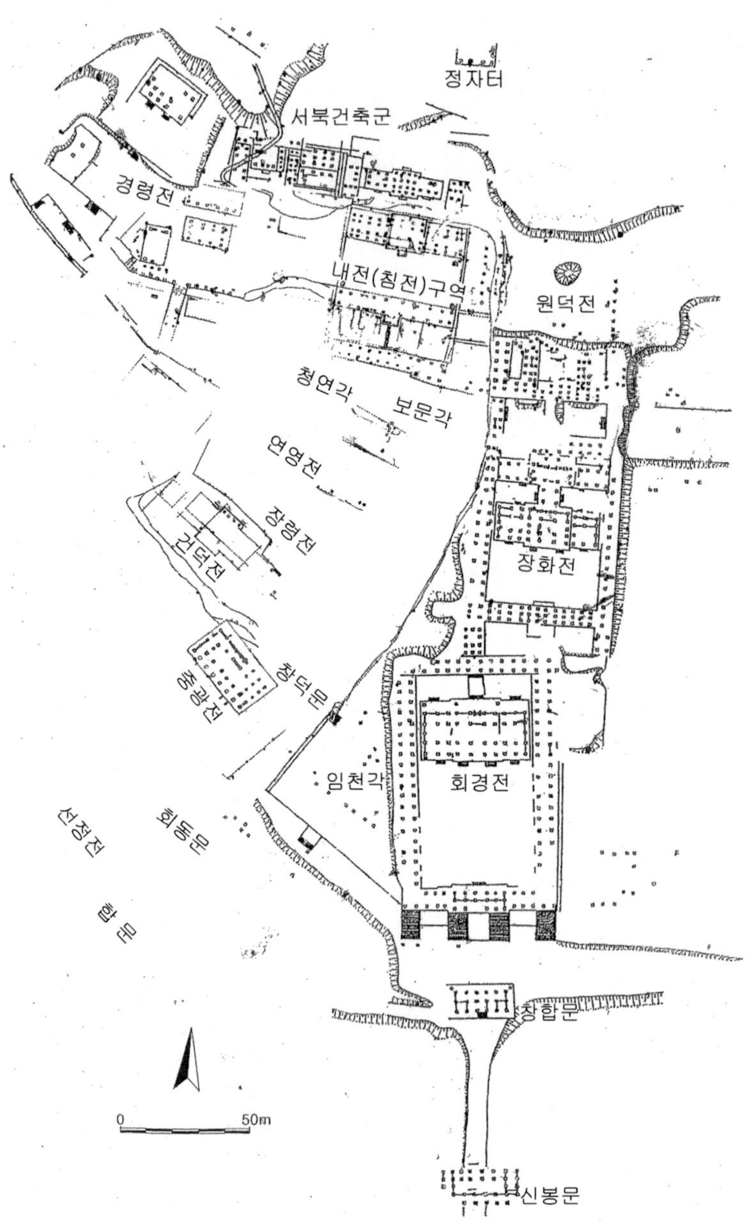

〈그림 2〉 개경 대궐궁성 예상도 1

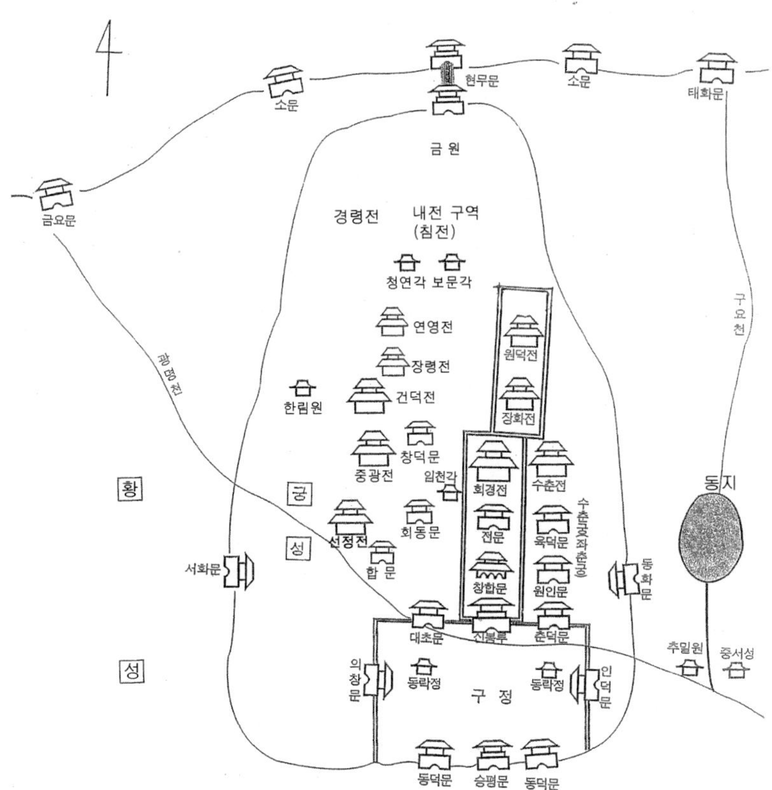

〈그림 3〉 개경 대궐궁성 예상도 2

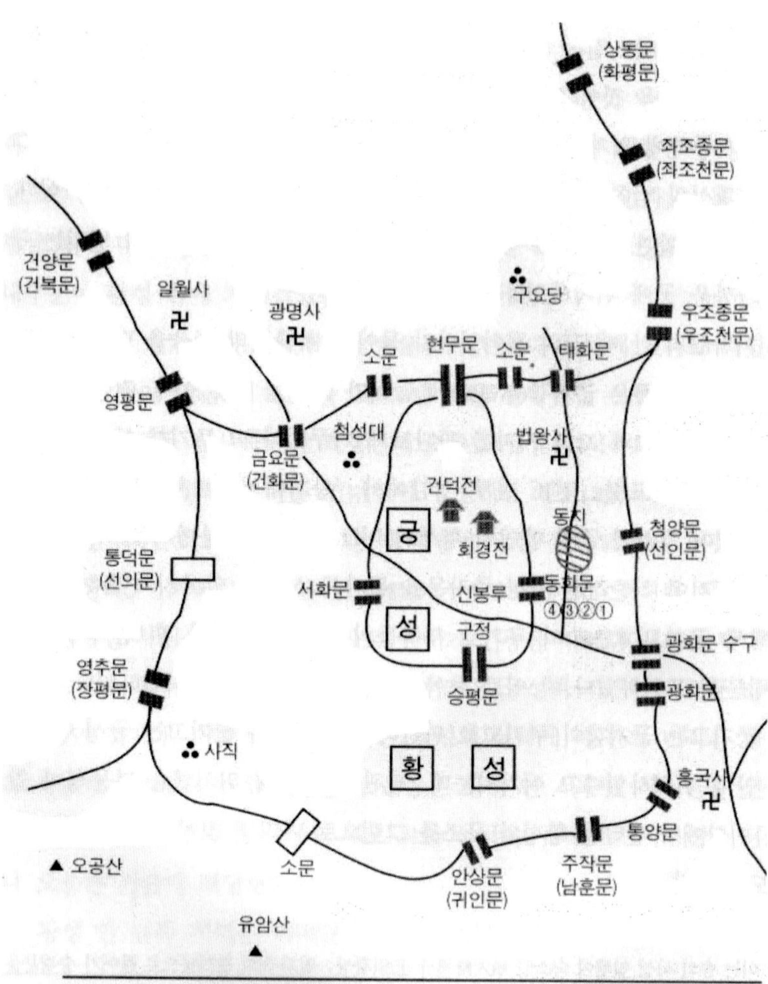
상동문
(화평문)
좌조종문
(좌조천문)
건양문
(건복문)
일월사
광명사
구요당
우조종문
(우조천문)
소문
현무문
소문
태화문
영평문
첨성대
법왕사
금요문
(건화문)
건덕전
궁
회경전
동지
청양문
(선인문)
통덕문
(선의문)
서화문
신봉루
동화문
④③②①
성
구정
광화문 수구
영추문
(장평문)
승평문
광화문
사직
황
성
흥국사
통양문
오공산
소문
안상문
(귀인문)
주작문
(남훈문)
유암산
※ ① 상서성 ② 문하성 ③ 중서성 ④ 추밀원

〈그림 4〉 개경 대궐황성도

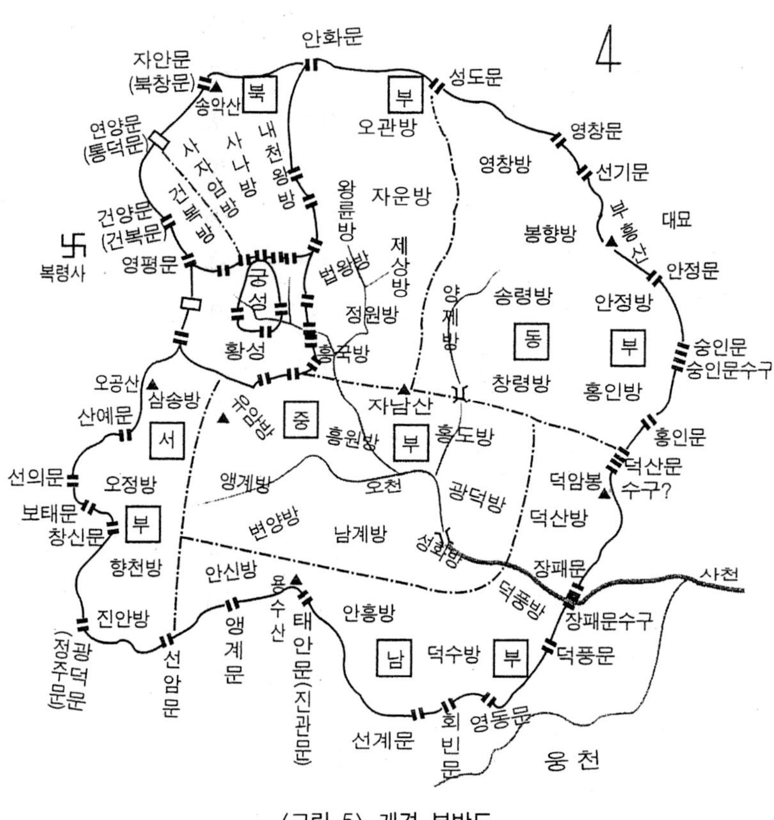

안화문
자안문 (북창문)
송악산
북
부
성도문
오관방
연양문 (통덕문)
사자암방
사나방
내천왕방
영창문
영창방
선기문
왕륜방
자운방
건양문 (건복문)
건복방
부흥산
대묘
봉향방
복령사
영평문
법왕방
제상방
안정문
궁성
양제방
송령방
안정방
정원방
황성
동
부
숭인문
숭인문수구
홍국방
창령방
홍인방
오공산
삼송방
자남산
산예문
유암방
중
서
흥원방
부
홍도방
홍인문
덕산문 수구?
선의문
오정방
앵계방
오천
광덕방
덕암봉
보태문
창신문
부
번양방
남계방
덕산방
성화방
향천방
안신방
장패문
사천
용수산
덕풍방
진안방
안흥방
장패문수구
광덕문 (정주문)
선암문
앵계문
태안문(진관문)
남
덕수방
부
덕풍문
회빈문
영동문
선계문
웅천

〈그림 5〉 개경 부방도

제2장 고려 개경의 대궐과 행사

머리말

1. 정전 구역의 행사
2. 편전 구역의 행사
3. 내전 구역의 행사
4. 태자궁과 東池 일대의 행사

맺음말

머리말

고려시대에 궁궐은 임금을 비롯한 왕실 구성원이 머무는 공간이었는데 그 중에서도 上都 개경의 송악산 남쪽 기슭에 자리잡은 대궐은 고려를 대표하는 임금이 거처하며 정무를 보는 공간이라 더욱 위상이 높은 공간이었다. 궁궐은 의례 공간인 外殿과 휴식 공간인 內殿으로 나뉘는데 서로 겹치기도 했으며, 개경 대궐과 서경 대궐은 皇城 구역을 더 지녔다.

개경의 송악 대궐은 임금의 입장에서 주요 공간인 宮城 구역과 보조 공간인 皇城 구역으로 이루어져 있었다. 궁성 구역은 의례를 행하는 正殿, 휴식하거나 일하는 便殿, 휴식하거나 잠자는 寢殿, 神佛을 모신 종교 공간, 유희와 신앙을 위한 後苑(禁苑), 태자를 위한 공간인 東宮(태자궁) 등으로 구성되었다. 정전은 외전이었고, 침전과 종교시설과 후원은 내전이었다. 편전은 외전의 성격을 띠기도 했고, 내전의 성격을 띠기도 했다. 황성 구역에는 유희 시설, 종교 시설, 주요 관부 등이 자리잡았다.

송악 대궐은 고려후기에는 주로 本闕로 많이 불려졌다. 인종이 16년 10월 임술일에 국청사에 移御했다가 갑자일에 新闕로 돌아왔다. 이에 앞서 本宮이 화재를 당했기 때문에 有司에게 명령해 修葺하게 했었는데 이 날에 이곳으로 돌아온 것을 백관이 축하했다고 한다.[1] 『한국금석전문』은 현화사비의 희미한 글자 중에 '本宮'으로 판독한 부분이 있다.

本宮 내지 本闕은 고려전기에 이미 사용된 표현이었고, 나아가 고려초에 그러했을 가능성이 컸다. '본궁' 내지 '본궐'은 태조 왕건이 자신이 태어나고 자란 집에 대궐을 지었기 때문에 생겨난 명칭으로 판단된다. 그래서 고려에서 본궐은 오직 송악산 기슭 대궐밖에 없었다.[2]

송악 대궐은 고려의 궁궐을 대표하는 존재라서 이곳에서는 일상적인 정무 처리는 물론 주요 의례를 비롯하여 다양한 행사가 행해졌다. 그러면 송악 대궐에서 어떠한 행사가 어느 곳에서 어떻게 행해졌는지 정전 구역, 편전 구역, 내전 구역, 태자궁과 東池 일대 등으로 나누어 살펴보고자 한다. 송악 대궐은 江都 천도 이전의 무인정권기까지 원래의 기능을 제대로 유지하므로 그 시기까지로 한정해 분석하려 한다.

1. 정전 구역의 행사

1) 회경전과 건덕전

고려시대 개경 송악산 기슭의 대궐에서 주요 의례를 행하는 정전으로 국초에는 천덕전(건덕전)이, 현종 이후에는 회경전(선경전)과 건덕전(대관전)이 있었다. 회경전은 현종 20년 4월 경자일에 會慶殿에서 장경도량을 개설하고 飯僧 1만을 毬庭에서 한 데[3]에서 처음으로 확인되며 이후 대궐의 제1정전으로 자리매김한다. 인종 16년 5월에 宣慶殿으로 개칭되지만[4] 여전히 제1정전의 위상을 유지한다.

1 『고려사절요』 권10, 인종 16년 10월
2 조선시대에 가서는 태조와 태종 등이 홍기한 집을 本宮이라 칭하는 경향을 보인다.
3 『고려사』 권5, 현종 20년 4월
4 『고려사』 권16, 인종 16년 5월

회경전은 장경도량 설행에서 보이듯이 불교 행사의 장소로도 쓰였지만 유교적인 정신이 담겨 있기도 했다. 이는 숙종이 8년 3월에 直史館 홍관에게 명해 「무일편」을 회경전 병풍에 쓰게 한 데[5]에서 엿볼 수 있다. 희종 2년 4월에 금이 왕을 책봉하는 사신을 보냈을 때 선경전과 대관전의 병풍이 오랫동안 먼지로 오염된 상태여서 왕이 최충헌의 아들인 장군 최우에게 「홍범」을 선경전에, 「무일」을 대관전에 써서 北使 즉 금국 사신을 맞이하게 했다.[6] 회경전은 『서경』의 無逸 혹은 洪範의 정신을, 대관전은 無逸의 정신을 구현하려는 공간이었다. 태조 왕건은 훈요의 마지막 10조에서 국가를 가진 자는 근심 없을 때 儆戒해야 하고 經史를 널리 보아 古今을 鑑戒해야 하는데, 周公 大聖이 無逸篇을 成王에게 바쳐 경계했으니, 그것을 걸어두고 출입할 때 보고서 반성하라고 했다.[7] 태조 왕건이 후계 왕들에게 강조한 無逸, 즉 안일하지 말고 정사에 나날이 힘써야 한다는 정신이 회경전(선경전)과 건덕전(대관전)에서 추구되었던 것이다.

회경전(선경전)은 제1정전이었지만 이곳에서 朝會를 열거나 정사를 의논한 사례는 대단히 드물다. 책봉 사례(책봉 연회 포함)로 희종 3년 3월 경자일에 왕이 선경전에 이어해 진강후 최충헌으로 하여금 冊寶를 왕태후에게 奉上하도록 하고 최충헌에게 犀帶와 금은과 綾絹과 鞍馬를 하사하더니 諸王·재추·문무 常叅 이상에게 연회를 베풀고 廐馬를 1인당 1필씩 하사한 사례,[8] 정사 모임으로 고종 19년 5월 신축일에 재추가 선경전에서 회의해 몽골을 방어할 대책을 의논한 사례[9] 정도가 보

5 『고려사』 권12, 숙종 8년 3월
6 『고려사』 권21, 희종 2년 4월
7 『고려사』 권2, 태조 26년 4월
8 『고려사』 권21, 희종 3년 3월. 이 내용이 『고려사절요』 권14에는 장소에 대한 언급 없이 요약되어 있다.
9 『고려사』 권23, 고종 19년 5월. 2일 후인 계묘일에 4품 이상이 또 회의했다. 장소가 언급되지 않았는데 선경전이었을 가능성도 있다.

인다.

회경전(선경전)에서 행해진 일은 江都 시절 이전에 『고려사』와 『고려사절요』에 인종 16년 5월 개칭을 포함해 139회 혹은 138회 정도 보이는데, 종교행사가 대부분을 차지했고, 그 다음으로 외교 관련 행사가 차지했다. 종교행사에서 불교행사가 96회, 도교 초례가 17회 행해진 것으로 나타난다. 예종이 원년 7월에 회경전에서 호천상제에 태조를 배향해 친히 제사해 기우한 일과 인종 24년 2월에 임원애와 百官이 선경전에서 황천상제에 기도해 인종의 쾌유를 기원한 일[10]도 초례로 간주하면 초례 회수는 더 늘어난다.

회경전(선경전) 불교행사는 장경도량이 8회, 인왕도량(백좌도량 포함)이 40회, 소재도량이 33회였으며, 그 외에 무능승도량이 4회(고종 4년 1월~14년 10월), 반야도량이 3회(재변과 가뭄과 고종 15년 외적·황충 때문), 금광명경도량(문종 2년의 금강명경도량 1회, 고종 14년의 天變 기양 위한 금경도량 1회)이 2회, 불정도량이 2회(예종 17년 송충 때문과 신종 6년 11월), 飯僧이 1회(의종 22년 2월 飯僧 1천), 慶讚會(선종 6년 10월의 13층 황금탑 新鑄 기념)가 1회, 관정도량이 1회(강종의 즉위 기념), 사천왕도량이 1회(고종 4년 12월)였다.

회경전(선경전)에서 행해진 주된 불교행사는 장경도량, 인왕도량, 소재도량이었다. 장경도량과 인왕도량은 대개 정기적인 것이었고(고종이 15년 6월에 親設한 인왕도량의 경우는 狄兵을 기양하기 위한 것이었음), 소재도량은 天變·星變 등 재해가 발생했을 때 행해진 것이었으니 회경전(선경전)은 장경도량과 인왕도량의 주된 거행 장소라고 볼 수 있다. 장경도량은 봄(6일 동안)과 가을(7일 동안)에 이 법회를 의례히 개설했다고 하므로 회경전(선경전) 장경도량은 기록에서 많이 누락되었다고 생각된다. 인왕도량은 3년에 1번 열린다고 하는데, 대개 3

---

10 『고려사』 권12, 예종 원년 7월; 『고려사』 권17, 인종 24년 2월

월 무렵과 9·10월 무렵에 열렸다. 회경전(선경전)에서 소재도량이 자주 개최된 것은 재해를 물리치는 것이 절실했기 때문이며, 무능승도량과 반야도량과 금광명경도량과 불정도량이 때로 개최된 것도 그러했다. 선종 6년 10월 무오일에 13층 황금탑 新鑄를 위한 경찬회가 회경전에서 열린 것[11]은 이 황금탑이 대단히 중요한 의미를 지녔음을 말해준다. 無能勝 도량의 개최가 6회 나타나는데,[12] 그 중에서 강화 천도 이전의 고종 때 5회(임금의 親設 4회)로 선경전에서 4회와 수문전에서 1회 열린 것은 수문전 1회(고종 14년 9월)의 경우 壓兵이 목적이었듯이 재해 중에서도 대개 북방종족의 침략과 위협 때문으로 판단된다. 고종 때는 이전에 비해 잡다한 도량이 선경전에서 열리는 경향을 보인다.

회경전(선경전)의 외교 관련 행사는 9회 확인되는데, 송과 관련된 것이 7회, 금과 관련된 것이 2회였다. 문종 32년 6월 갑인일에 宋의 國信使가 예성강에 도착해 西郊亭을 거쳐 순천관에 머물렀다. 이에 정묘일에 태자가 왕명을 받고 순천관에 나아가 宋使를 인도해 창합문에 이르자 下馬해 회경전 庭에 들어갔는데, 문종이 마침 아파 좌우로 하여금 부축하게 하고 나가 송의 詔書를 받으니 태자가 신하들을 거느리고 축하했고 東西 二京과 東北兩界 兵馬使와 8牧과 4도호부가 역시 表賀했다.[13] 선종 1년 9월 기해일과 임인일에 송사를 회경전에서 연회했고,[14] 숙종 8년 6월 갑인일에 숙종이 송 조서를 회경전에서 받았다.[15] 예종 5년 6월 신사일에 宋使 병부상서 王襄과 중서사인 장방창

11 『고려사』 권10, 선종 6년 10월

12 무능승도량 6회 중의 1회는 인종 8년 10월에 묘청의 건의에 따라 選軍廳에서 三七日(21일) 동안 개설된 것인데 여진족 金을 물리치기 위한 성격을 지녔을 것이다. 고종 때 5회는 거란적과의 전쟁이 진행되던 고종 4년 정월과 4월과 10월, 동진의 침략과 몽골의 위협이 진행되던 고종 14년 9월과 10월에 거행되었다.

13 『고려사』 권9, 문종 32년 6월

14 『고려사』 권10, 선종 1년 9월. 갑진일에는 전별연을 개최하고 표문을 附하여 謝禮했다.

등이 왔다. 이에 계미일에 예종이 대방후에게 명해 순천관에 가서 조서를 맞이하게 하고 闕庭(구정)에 도착하자 예종이 신봉문을 나가 조서에 절하고 먼저 회경전에 幕次에 들어갔으며, 송사 王襄 등이 이르자 예종이 出迎해 회경전 庭에서 조서와 선물을 받고 上殿하니 송의 使와 副使가 임금의 앞에 나아가 송 황제의 말을 전했다. 그리고 이로부터 5일 후인 무자일에 송사를 회경전에서 연회했다.[16]

인종 원년 6월 갑오일에 송 國信使인 예부시랑 路允迪과 중서사인 傅墨卿 등이 오니, 경자일에 인종이 회경전에서 송의 詔書를 받았다.[17] 이 사절단을 수행해 기록한 서긍의 『고려도경』에 따르면 송 사절단은 순천관에서 왕부(황성) 광화문을 들어와 승평문과 신봉문을 거쳐 창합문 밖에 이르러 말에서 내리고 고려 국왕과 國官의 영접을 받아 창합문과 회경전문을 거쳐 회경전 庭에 이르자 고려 국왕이 송의 詔書를 받았고 이어서 회경전에서 사절단을 위한 연회가 열렸다. 그리고 사절단이 송으로 돌아가려 하자 고려 국왕이 회경전 庭에서 사절단에게 表文을 전달하고 신봉문에서 작별 연회를 열었다.[18] 이를 고려하면 회경전 외교 사례는 더 늘어난다.

그런데 인종 20년 5월 무오일에 인종이 선경전에서 금의 책봉 조서를 받았다. 故事에는 冊命을 반드시 南郊에서 받았는데 이 때 金使가 금 조정의 지휘를 받아 비로소 왕궁에서 조서를 반포한 것이었다.[19] 회

---

15 『고려사』 권12, 숙종 8년 6월

16 『고려사』 권13, 예종 5년 6월; 『고려사』 권65, 예지 빈례, 예종 5년 6월

17 『고려사』 권15, 인종 원년 6월. 계묘일에 왕이 예종 魂堂에 나아가 송사로부터 祭奠弔慰詔를 받았다.

18 『고려도경』 권25, 受詔 및 권26, 燕禮. 광화문은 황성의 東門이자 정문이었고 승평문은 궁성의 南門이자 정문이었다. 승평문과 신봉문 사이에는 구정이 자리했고, 창합문을 지나 33돌계단을 올라야 회경전문에 이를 수 있었다. 유호인의 『유송도록』에는 이 돌계단이 '雲梯'로 표기되어 있다.

19 『고려사』 권17, 인종 20년 5월

종 2년 4월 갑자일에 北使(金使)를 맞이하기 위한 단장의 하나로, 왕이 최충헌의 아들인 장군 최우에게 명해 선경전의 병풍에 『서경』 홍범을, 대관전의 병풍에 『서경』 무일을 쓰게 했다. 계유일에 희종이 선경전에서 금의 책봉을 받았는데 선경전 선택은 금사와 최충헌의 의견을 수용한 것이었다.[20] 고려 국왕이 南郊에서 거란으로부터 책봉을 받아 왔는데[21] 금이 왕궁으로 바꾼 것이었다.

천덕전(건덕전)은 송악 대궐에서 국초에는 유일한 정전이었지만 회경전 건립 이후에는 건덕전이 제2정전으로 자리매김 했다. 江都 이전에 『고려사』와 『고려사절요』의 연대 기사에서 천덕전 기사는 6회 내지 7회 정도, 건덕전(대관전) 기사는 인종 16년 5월에 건덕전을 대관전으로 개칭한 것을 포함해 225회 정도, 합쳐서 231회 내지 232회 정도 확인되는데, 자연의 이변 3회를 제외한 행사는 228회 내지 229회이다. 강조가 목종 12년 2월에 건덕전 御榻 아래에 앉자 군사가 만세를 부르니 강조가 놀라 일어난 일[22]은 건덕전이 왕권의 상징에서 얼마나 중요한 건물이었는지를 말해준다. 신종 2년 5월 무술일에 왕이 평장사 기홍수에게 대관전의 無逸篇을 改寫하게 하고는 신축일에 왕이 금의 詔書를 대관전에서 받았고, 희종 2년 4월에는 왕이 최우에게 선경전에 『서경』 홍범을, 대관전에 『서경』 무일을 써서 北使를 맞을 준

20 『고려사』 권21, 희종 2년 4월. 선경전과 대관전의 병풍이 오랫동안 먼지로 오염되었기 때문에 최우가 다시 쓴 것이었다. 왕이 장차 册命을 받기 위해 行禮 장소를 金使에게 물으니, 금사가 受詔는 선경전에서, 연회는 대관전에서, 望詔는 승평문 外에서 행하는 게 좋겠다고 했다. 왕이 최충헌에게 물으니 대답하기를, 前王 때에 선경전이 불탔기 때문에 대관전에서 受册하고 승평문 外에서 望詔했던 것인데, 지금 正殿이 이미 완성되었으니 一時의 제도를 따라 舊規를 잃어서는 안된다고 했다. 이에 왕이 金使와 최충헌의 의견을 따른 것이었다.

21 『고려사』 권7, 문종 9년 5월; 『고려사』 권8, 문종 11년 3월 및 19년 4월; 권10, 선종 2년 11월; 『고려사』 권11, 숙종 2년 12월 및 5년 10월; 『고려사』 권12, 숙종 9년 4월. 이에 따르면 고려 태자도 개경 南郊에서 거란의 책봉을 받았다.

22 『고려사절요』 권2, 목종 12년 2월; 『고려사』 권127, 강조전

비를 하게 했다.[23] 이는 대관전(건덕전)이 政事의 중심 공간이었음을 시사한다.

천덕전 행사에서 政事 관련 사항은 기록에 남지 않았다. 건덕전(대관전) 행사에서 政事 일반과 관련된 것이 10회인데 대개 '視朝'로 표현되었고 '聽政'으로 표현된 경우도 있었다. 예종 11년 7월 신유일에 왕이 선정전에 이어해 재추와 給舍中丞 이상 侍臣에게 친히 邊事를 물은 데 이어서 臺省 侍臣과 병마판관을 건덕전에 불러 傳宣해 邊事를 물은 것과 신종 5년 10월에 최충헌이 재상과 諸將을 대관전에 소집해 경주반란 대책을 논의한 일[24]도 정사에 포함시켰다. 대관전(건덕전)은 視朝(특히 정기 視朝)의 주된 공간이어서 『고려사』 권67, 예지 '一月三朝儀'에 임금과 신하가 조회하는 장소로 소개되었으니 이는 그것이 정전이었음을 가장 잘 알려준다. 대관전에서의 출정은 1회로, 거란적을 물리치기 위해 고종 5년 9월 6일에 원수 趙冲이 대관전에 나아가 임금을 알현해 斧鉞을 받고는 출정한 것[25]이 그것인데, 정사 일반에 포함시킬 수도 있다.

천덕전·건덕전(대관전) 축하는 14회인데, 태조 18년 12월에 천덕전에서 백료를 모아 신라왕(김부)의 庭見禮를 받은 일, 靖宗 9년 5월에 비가 내리자 백관이 건덕전에서 表賀한 일, 국왕이 건덕전에서 생신 축하를 받은 일(5회), 국왕이 건덕전(대관전)에서 설날 축하를 받은 일(2회), 명종과 신종과 희종이 각각 대관전에서 즉위 축하를 받은 일, 예종 5년 12월 입춘에 백관이 朝 즉 朝賀하니 왕이 春幡子를 하사하고 迎春詞를 지은 일, 신종 7년(희종 즉위년) 정월 기사일에 최충헌이 태자(희종)를 강안전에 引入해 御服을 바쳐 北面하여 再拜하고 받

23 『고려사』 권21, 신종 2년 5월 및 희종 2년 4월

24 『고려사』 권14, 예종 11년 7월; 『고려사』 권21, 신종 5년 10월

25 『익재난고』 권6, 「문하시랑평장사 판이부사 贈諡威烈公 金公行軍記」; 『동문선』 권69, 記 「金平章 行軍記」; 『고려사절요』 권, 고종 5년 7월 및 9월

들어 대관전에 나가니 희종이 백관의 朝賀를 받은 일[26]이 그것이다. 위로가 1회인데, 靖宗 3년 7월의 王妣 원성태후 기일에 백관이 건덕전에 나아가 上表해 위로한 일[27]이 그것이다. 사면이 1회인데, 예종이 6년 정월에 건덕전에 나아가 덕음을 반포해 사면령을 내리고 中外 노인과 鰥寡孤獨과 節義(節婦와 義夫)와 孝順(孝子와 順孫)에게 酒食과 물건을 하사한 일[28]이 그것이다.

대관전 즉위는 3회인데 의종과 명종과 신종이 각각 대관전에서 즉위했다. 무신정변이 일어나 정중부 등이 의종을 군기감에, 태자를 迎恩館에 옮겼다가 의종을 거제현으로, 태자를 진도현으로 추방하고 어린 태손을 죽인 후에 王弟 翼陽公(명종)을 맞이해 대관전에서 즉위시켰다.[29] 최충헌이 대궐에 머물던 명종을 폐위해 창락궁에 유폐하고 內園北宮에 있던 태자 璹(강종)을 江華島로 추방하고는 평량공(신종)을 맞이해 대관전에서 즉위시키고 그 아들 淵을 태자로 삼았다.[30]

대관전(건덕전)이 책봉과 관련된 연대기 기사는 3회이다. 선종 3년 2월 병인일에 왕이 왕태후에게 册을 올리고 건덕전에 이어해 中外의 축하를 받고 신하들에게 연회를 하사했는데 祖宗 이래 册禮가 많이 廢했다가 이에 이르러 회복했다는 기사,[31] 인종이 즉위하자 이자겸과 그 妻를 책봉하는 詔書를 건덕전 門 밖에 나가 친히 전하니 백관이 殿庭에 나아가 축하하고 이자겸 집에 나아가 축하한 일,[32] 『고려사』 예지

26 『고려사』 세가
27 『고려사』 권64, 예지 흉례 先王諱辰眞殿酌獻儀, 靖宗 3년 7월. 諱辰陳慰는 이로부터 시작되었다고 한다.
28 『고려사』 권13, 예종 6년 정월
29 『고려사』 권128, 정중부전; 『고려사』 권19, 명종 총서
30 『고려사』 권129, 최충헌전; 『고려사』 권21, 신종 총서
31 『고려사』 권65, 예지 가례 册太后儀, 선종 3년 2월; 『고려사』 권10, 선종 3년 2월. 탁라(탐라) 유격장군 加於乃 등이 와서 축하하고 方物을 바쳤다.
32 『고려사』 권127, 이자겸전

가례에 희종 3년 3월 경자일에 왕이 '乾德殿'(대관전의 오류)에 이어해 使를 파견해 왕태후에게 册寶를 올리고 諸王과 재추를 연회한 일[33]이 그것이다. 그런데 『고려사』 세가에는 희종 3년 3월 경자일에 '宣慶殿'에 이어해 진강후 최충헌으로 하여금 왕태후에게 册寶를 奉上하게 하고 최충헌에게 犀帶 金銀 綾絹 鞍馬 등의 물건을 하사하고 諸王 宰樞 文武常叅以上官에게 廐馬 1필 씩을 하사했다고 되어 있다.[34] 『고려사절요』에는 희종 3년 3월에 왕태후에게 册寶를 奉上하고 최충헌에게 犀帶 金銀 綾絹 鞍馬를 하사하고 諸王 宰樞 文武常叅以上官을 연회해 廐馬 1필 씩을 하사했다고 되어 있지만[35] 장소는 언급되지 않았다. 희종 3년 3월에 태후 책봉 의례가 행해진 곳이 건덕전(대관전의 오류)인지, 선경전인지 불확실하지만 일단 대관전과 선경전 두 곳에서 의례가 행해진 것으로 간주해 두는데, 태후책봉 의례는 선경전에서, 그것을 기념한 연회는 대관전에서 열렸을 가능성이 크다.

건덕전 인사 관련 기사는 5회인데 덕종 원년 8월의 宣麻를 시작으로 麻制를 내린 것이 5회이다. 덕종 원년 8월의 宣麻에 대해서, 舊制에 집에서 宣麻하다가 이에 이르러 有司의 요청을 따라 백관을 모아 건덕전에서 宣麻한 것이라고 한다.[36] 건덕전(대관전) 과거관련 행사는 19회인데, 과거시험은 15회이고 급제자 접견은 5회(1회는 과거시험과 중복)였다. 과거시험은 15회인데 14회는 임금의 건덕전 覆試였고, 1회는 의종의 대관전 親試였다.[37] 급제자 접견 5회 중에서 3회는 천덕전·건덕전에 연회가 마련되었고, 2회는 閤門에 연회가 마련되었다. 천덕

33 『고려사』 권65, 예지 가례 册太后儀, 희종 3년 3월
34 『고려사』 권21, 희종 3년 3월
35 『고려사절요』 권14, 희종 3년 3월
36 『고려사』 권68, 예지 가례 宣麻儀
37 현종이 14년 6월에 天德殿에 이어해 覆試하고 급제를 하사했는데 이 天德殿은 乾德殿의 誤記로 여겨진다.

전·건덕전(대관전)은 연회의 주된 공간이었다. 이곳에서의 연회는 책봉 연회와 과거관련 연회와 외교사절 연회를 제외하고도 11회 정도 나타난다. 대관전(건덕전)은 신하들에게 연회를 개최하는 주된 공간이었으니 그래서 『고려사』 권68, 가례 '大觀殿 宴群臣儀'에 그것이 그러한 장소로 소개되었다.[38]

광종은 15년 3월에 김책 등에게 급제를 하사하고는 천덕전에 이어 해 群臣을 연회하면서 김책을 여기에 참석하게 했다.[39] 金坵는 좌주 金良鏡이 衣鉢을 자신에게 전한 것을 사례하는 글인 「上座主金相國 謝衣鉢 啓[良鏡]」에서 고려의 교육과 科擧의 연혁을 소개하고는 乾德殿에 新及第를 불러 讌遊하고 蠟炬를 絳紗樓에서 밝혀 詞臣에게 명해 賦詠하게 하니, 문물이 煥하게 크게 갖추어지고 국가가 편안하게 근심이 없어 長安(개경) 百萬家는 大平의 風月이요, 故國(고려) 三千里는 모두 禮義의 江山이라고 했다.[40] 新及第를 건덕전(대관전)에 불러 연회를 베푸는 것이 고려의 관례였던 것이다. 朴浩가 찬술한 「謝侍宴表」는 今月 某日에 乾德殿에서 選士하고서 연회를 베풀었는데 朴浩도 上殿侍宴을 명령받자 皇上陛下에게 감사하는 표문이었다.[41] 이는 문종 무

38 대관전은 국가 의례 대부분의 주된 공간이었다. 圜丘 親祀와 有司攝事(『고려사』 권59, 예지 길례대사 圜丘), 태묘의 禘祫 親享과 有司攝事(『고려사』 권60, 예지 길례대사 태묘), 籍田 親享(『고려사』 권60, 예지 길례중사 籍田), 先王諱辰의 眞殿 酌獻(『고려사』 권64, 예지 흉례), 老人賜設과 의봉문 사면(『고려사』 권68, 예자 가례), 팔관회의 소회와 대회(『고려사』 권69, 예지 가례잡의) 등의 의례가 대관전에서 시작되고 끝났다. 장수를 출정시키는 의례와 출정군대의 귀환 의례(『고려사』 권64, 예지 군례), 태후책봉과 왕비책봉과 원자탄생 축하와 태자책봉과 태자 稱名立府와 元服착용 의례와 王子·王姬 책봉 의례(『고려사』 권65·66, 예지 가례), 元正·冬至·節日 朝賀와 一月三朝와 群臣 연회와 宣麻(『고려사』 권67·68, 예자 가례) 등의 의례가 대관전에서 행해졌다. 단, 후비와 태자와 왕자왕녀 관련 행사는 해당 궁전에서도 행해졌다.

39 『고려사』 권2, 광종 15년 3월

40 『동문선』 권46, 啓

41 『동문선』 권34, 表箋

렵의 일로 보이는데 급제선발과 연회가 결합된 사례이다.

천덕전·건덕전(대관전) 외교(사신 연회 포함)는 84회였는데, 태조 11년 9월에 발해인 은계종 등이 來附해 천덕전에서 알현한 일 1회, 동여진 소무개 등이 말 700필을 바치자 定宗이 천덕전에서 閱馬해 가격을 評定한 일 1회, 요와 관련된 일 17회, 송과 관련된 일 7회, 금과 관련된 일 53회, 몽골과 관련된 일 5회이다. 요와 관련된 일은 요사 연회가 12회, 詔書(위문, 起復, 橫賜) 접수가 3회, 사절 접견이 2회이다. 특히 선종 7년 9월에는 고려 임금의 생신을 축하하러 요사가 오자 건덕전에서 요사를 再宴하면서 三節人에게 殿內 좌우에 앉게 하니, 使臣을 再宴함은 前例가 없고 삼절인을 殿內에 앉힘은 들어본 적이 없다며 有司가 반대했지만, 임금은 사신이 御製 천경사 비문을 가져왔기에 우대하는 것이라고 했다. 송과 관련된 일은 송사 연회 1회, 송사 전별 1회, 詔書 접수 3회(2회는 고려사절이 송에서 가져온 것, 1회는 송사가 가져온 것), 대성악 사열이 1회, 송 明州가 돌려보낸 女樂 召見이 1회이다. 금과 관련된 일은 조서 접수가 6회(책봉 조서 2회, 起復 조서 1회, 생신축하 조서 1회), 금사 연회가 47회이다.[42] 몽골과 관련된 일은 조서 접수 1회, 사신 접견 1회, 사신 연회 2회, 4품 이상이 모여 몽골 사신 영접 문제를 의논한 일이 1회이다. 『고려도경』에 따르면, 故事에 人使(송 사절)가 고려에 이르러 세 번 째 모임에 왕이 특별히 姬를 대동해 건덕전 안에서 연회를 개최했고, 송의 지방에서 보내온 사신을 위해서도 건덕전에서 연회가 개최되었다고 하니,[43] 건덕전 외교연회의 사

---

42 명종 14년 4월에는 금사를 위한 연회를 대관전에 마련했지만 吉禮에 따라 행해지지 않자 금사가 참여를 거부했다(세가). 명종 8년 정월에 고려임금 생신을 축하하러 온 금사를 연회했다. 舊制에 中·下節人에게는 殿門外에 있게 해 술을 하사해 親參을 허용하지 않았는데, 이에 이르러 그들로 하여금 赴宴 후에 殿庭에 들어가 拜謝하기를 사신이 요청하니 임금이 따랐다(『고려사』 예지 빈례).

43 『고려도경』 권5, 궁전 건덕전

례는 더 늘어난다.

대관전은 외교에서 주된 공간이었기 때문에 다른 건물보다 앞서서 복구되었다. 명종이 26년 8월 임신일에 壽昌宮으로부터 延慶宮(본궐의 오류)에 이어했는데, 신묘년 宮闕 화재 이래 金使 접대를 위해 먼저 康安殿과 大觀殿을 창건해 金使가 이르면 임금이 강안전에 入御했다가 大觀殿에 금사를 引見했는데, 그 新創한 것을 꺼려 留御한 적이 없어 의례가 끝나면 곧 壽昌宮으로 還御해 오다가, 이에 이르러 延慶宮(본궐의 오류)에 御한 것이었다. 崔忠粹가 병력을 兵曹(兵部)의 남쪽에 진열했는데, 車駕가 장차 廣化門으로 들어오려 하자 구경하는 사람들이 옆으로 많이 突出하니 최충수가 사람을 보내 꾸짖어 그렇게 하지 못하게 하므로 구경하는 사람들이 물러나다가 太子 儀仗과 어지러이 부딪침에 사람들이 訛言하기를 변란이 輦下에서 생겼다고 하니 扈駕 百官이 모두 狼狽해 사방으로 흩어지고 夾道 士女가 서로 踐蹂했지만, 오직 侍中 杜景升은 태연자약하게 고삐를 당겼다. 당시 人心이 흉흉하고 危疑함이 이와 같았다.[44] 명종은 강안전과 대관전을 먼저 복구해 금사가 오면 강안전에서 준비하다가 대관전에 이어해 만나보았지만 新創되고 있던 대궐을 꺼려 의례가 끝나면 수창궁으로 돌아왔던 것이다.

건덕전(대관전) 불교 행사는 『고려사』에 64회 나타나는데, 보살계 받은 일이 24회, 소재도량이 16회, 금광명경도량이 8회(금강명경도량 2회, 금강경도량 5회, 금광경도량 혹은 금강명경도량이 1회), 반야도량이 4회, 화엄경도량이 3회, 인왕도량이 5회(예종 2년 1월 인왕도량 1회, 명종 때 4회), 능엄도량이 1회(선종 6년 3월), 木叉戒 받은 일이 1회(헌종 원년 6월), 除夜 도량이 1회(의종 4년 12월), 왕사 덕연의 祈雨 1회였다. 건덕전 초례는 7회(예종 때 6회와 인종 원년 정월 1

44 『고려사』 권20 및 『고려사절요』 권13, 명종 26년 8월

회)인데, 예종 때 3회는 태일 초례였다. 금강명경도량은 곧 금광명경도량이었는데[45] 선종 2년 5월의 금강명경도량은 기우를 위한 것이었으며, 금강경도량은 곧 금강명경도량(금광명경도량)으로 여겨지는데 그 2회는 기우를 위한 것이었다. 명종 때 대관전 인왕도량 4회는 명종 8년 10월 인왕백좌도량, 11년 10월 인왕도량, 14년 10월 백좌인왕회, 20년 10월 백좌인왕회였으니 3년 1設 원칙의 정기 백좌인왕도량이었는데[46] 명종초에 궁성이 불탄 후 대관전이 먼저 중수되고 선경전 중수가 늦어졌기 때문에 대관전이 이용되었다고 판단된다.

천덕전·건덕전(대관전)은 외교와 축하의 주된 공간이었고, 건덕전(대관전)은 視朝를 핵심으로 한 중요 政事의 공간이었는데 이는 천덕전도 마찬가지였을 것이다. 또한 건덕전(대관전)은 宣麻와 覆試의 주된 공간이었고 즉위와 책봉의 공간으로 이용되기도 했다. 또한 건덕전(대관전)은 불교행사의 주요 공간이었는데 보살계도량, 소재도량, 금강명경도량의 주된 장소였다. 그 외에 반야도량, 화엄도량, 인왕도량 등 다양한 법회가 열리는 곳으로 사용되었다. 선경전이 제 기능을 발휘하지 못할 때에는 대관전이 정기 백좌도량의 장소로 이용되었다. 건덕전은 예종대와 인종초에 초례의 장소로 종종 이용되기도 했다.

건덕전 구역에 속한 건물로 長齡殿이 있었으며, 인종 16년 5월에 장령전은 奉元殿으로 개칭된다.[47] 장령전(봉원전)은 개칭을 포함해 강도 이전에 『고려사』와 『고려사절요』에 20회 정도 확인되며 「고려세계」

45 인종 즉위년 7월에 『고려사』 세가에는 '금광경도량'이, 『고려사절요』에는 '금강명경도량'이 행해진 것으로 나온다.

46 舊制에 百座會는 3년 1設이었다. 『고려사』 권20, 명종 9년 11월조

47 『고려사』 권16, 인종 16년 5월. 『고려사』 권56, 지리지 왕경개성부에는 膺乾殿이 奉元殿으로, 長齡殿이 千齡殿으로 개칭되었다고 하는데 오류로 보인다. 「高麗世系」에 따르면 世祖(용건)가 송악 舊第에 거주하다가 그 남쪽에 新第를 창건했는데 곧 연경궁(본궐의 오류) 奉元殿 基이며 태조(왕건)가 여기에서 태어났다고 한다. 이 봉원전은 장령전의 개칭으로 보아야 할 것이다.

를 포함하면 1회 더 증가한다. 『고려도경』에 따르면 장령전은 乾德殿의 東紫門 안에 있었다.[48] 고종 12년 10월 정미일에 儲祥殿 奉元殿 睦親殿 含元殿이 불타 禁城의 廊廡 137間을 延燒시켰는데,[49] 곧 복구되었을 것이다. 이 건물은 정전 구역에 속하지만 그 성격은 편전에 가까우며 임금의 침전으로도 사용되었을 것이다.

숙종이 원년 7월 경인일 초하루에 문덕전에 이어하여 歷代의 秘藏 문서를 열람하고는 部秩이 완전한 것을 골라 문덕전과 長齡殿과 御書房과 秘書閣에 分藏하고 나머지는 兩府宰臣 및 誥院·史翰·內侍文臣에게 차등 있게 하사했다.[50] 예종 원년 3월 정유일에 儒臣과 太史官(日官)이 왕명에 따라 長寧殿(長齡殿)에 모여 陰陽地理諸家書를 删定해 1冊으로 만들어 바치니 임금이 海東秘錄이라는 이름을 하사해 正本은 御府에 보관하게 하고, 副本은 중서성과 사천대와 태사국에 하사했다.[51] 術士가 도참으로 왕(예종)을 권해 서경의 龍堰에 궁궐을 창건해 때에 맞춰 巡幸하기를 건의하니 예종이 원년 9월에 內人 정극공과 사천소감 최자현과 太史令 음덕전·오지로와 注簿同正 金謂磾를 보내 龍堰 舊墟를 相하게 하고 兩府 및 長齡殿 讎校儒臣에게 명해 회의하게 했는데 모두 可하다고 했지만 오연총만은 반대했다.[52] 의종은 15년 5

48 『고려도경』 권5, 궁전. 장령전은 3間인데, 華煥은 만령전에 미치지 못하지만 규모는 만령전을 넘어서며, 매양 中朝 使者가 고려에 가고자 하면 期日에 앞서 반드시 먼저 소개서를 써서 보내면 이 장령전에서 받으며, 賈人이 고려 地境에 이르면 고려가 官을 파견해 맞이해 위로하고 舍館을 정해 준 연후에 임금이 장령전에서 그들이 바치는 것을 받아 그 가치를 매겨 方物로 몇 배를 보상한다고 했다.

49 『고려사』 권22 및 『고려사절요』 권12, 고종 12년 10월; 『고려사』 권53, 오행지 火 화재

50 『고려사』 권11 및 『고려사절요』 권6, 숙종 원년 7월

51 『고려사』 권12 및 『고려사절요』 권7, 예종 원년 3월

52 『고려사』 권96, 오연총전; 『고려사절요』 권7, 예종 원년 9월. 여기의 內人은 內侍를 의미했지만, 內人이 환관을 의미한 경우도 있었다.

월에 최유청으로 봉원전 大學士를 삼았다.[53] 이러한 사례들로 볼 때 장령전(봉원전)은 서적과 연구원이 비치되어 중요한 연구가 행해진 학술 연구소로서의 기능을 지니고 있었는데, 특히 예종대에 음양서의 연구와 편찬이 집중적으로 행해진 곳이었다.

예종이 원년 6월 기축일에 長寧殿(長齡殿)에 이어해 승려 曇眞에게 說禪해 祈雨하게 했는데, 당시 국가에 街衢經行이 盛行해 五部 人民이 이를 본받아 각기 所在 里에서 行讀(행진하면서 반야경 독송)해 행렬이 闕西里에 이르자 때마침 비가 내리니 왕이 米帛을 하사해 다시 行讀하게 했지만 비가 내리지 않았다.[54] 예종 원년 7월 을미일에 왕이 장령전에 이어해 화엄경을 강독했는데[55] 기우 행사로 보인다. 예종이 兩府·臺諫·兩制 및 장령전 讎校員의 封事를 열람해 원년 7월 신축일에 답한 詔에 따르면, 그 封事의 내용은 躬行 自省과 祖訓 준수, 四時 迎氣와 順天 行令(時令 행하기), 郊社 原廟 및 祭器 祭服의 수리, 천수사 공역 정지, 復飾의 상하 混淆 금지를 요청하는 내용과 문무 관료가 공로 없이 녹봉만 받기 때문에 旱蝗을 초래했다는 내용이었는데,[56] 이는 가뭄 때문에 올려진 것으로 보인다. 예종 16년 6월 계사일 초하루에 장령전에 이어해 박승중에게 명해 『예기』 월령을 강독하게 했는데[57] 祈雨의 일환으로 보인다. 승려 교웅 묘지명에 따르면, 예종 10년에 크게 가뭄이 들어 長齡殿에서 법회를 개설해 祈雨했는데 교웅과 大禪師 嗣宣에게 명해 主伴이 되게 하자 蓮花六比(법화경 6개 비유)와 權實의 源을 演揚하니 예종이 듣고 기뻐했으니,[58] 이를 고려하면 장령

53 『고려사』 권18, 의종 15년 5월

54 『고려사』 권12 및 『고려사절요』 권7, 예종 원년 6월. 같은 기사가 『고려사』 세가에는 長寧殿, 『고려사절요』에는 長齡殿으로 되어 있다.

55 『고려사』 권12, 예종 원년 7월

56 『고려사』 권12 및 『고려사절요』 권7, 예종 원년 7월. 예종이 이 詔를 내린 날에 비가 조금 내렸다.

57 『고려사』 권14 및 『고려사절요』 권7, 예종 16년 6월

전 기우 행사는 더 늘어난다. 예종 원년 7월 계묘일(14일)에는 우란분재를 장령전에 개설해 숙종 冥祐를 薦하였고,[59] 4년 7월 무오일(15일)에 우란분도량을 장령전에 개설했다.[60] 의종 7년 7월 병신일(9일)에 新闕(대궐)로 돌아와 임인일(15일)에 우란분재를 봉원전에 개설했고,[61] 의종 9년 정월 기미일(11일)에 봉원전에서 飯僧했고,[62] 의종 23년 정월 갑신일(27일)에 27位 醮를 봉원전에, 천제석 도량을 수문전에 7일 동안 개설했다.[63] 장령전(봉원전)에서 기우 행사(특히 기우 법회)와 불교 행사(특히 우란분재)가 자주 열렸고 간혹 도교 초례가 열리기도 했다.

예종 10년 8월 임자일에 장령전에서 曲宴했다.[64] 의종 5년 6월 을유일 밤에 內侍 이양윤과 史官 이인영 등 13인을 奉元殿 庭에 불러들여 紙筆을 하사하고 왕이 占韻하여 燭刻 賦詩하게 함에 이양윤 등 7인이 中格하니 술을 하사했다.[65] 의종 24년 정월 임자일 초하루에 왕이 대관전에서 설날 축하를 받고 臣僚 賀表를 대신 찬술해 신하들에게 보이니 백관이 表賀했고, 이날 봉원전에 이어해 『서경』 益稷을 강독했다.[66]

---

58 국청사 주지 妙應大禪師 教雄 묘지명

59 『고려사』 권12, 예종 원년 7월

60 『고려사』 권13, 예종 4년 7월. 죽은 자를 위한 우란분재는 대개 7월 15일에 열렸다.

61 『고려사』 권18, 의종 7년 7월

62 『고려사』 권18, 의종 9년 정월

63 『고려사』 권19, 의종 23년 정월

64 『고려사』 권14 및 『고려사절요』 권7, 예종 10년 8월

65 『고려사』 권17 및 『고려사절요』 권11, 의종 5년 6월

66 『고려사』 권19 및 『고려사절요』 권11, 의종 24년 정월. 한편 성종 2년 10월 11월 甲子日에 '日南至'하니 왕이 元和殿에 이어해 朝賀를 받고 群臣에게 思賢殿에서 연회를 베푼 적이 있었다(『고려사』 권3). 갑자일에 冬至를 만남은 曆의 元 내지 三元의 시작 내지 乾元의 시작으로 인식되었다(김창현, 「고려 및 조선전기 도교의 비교와 그를 통한 고려 도교의 복원」 『한국사학보』 40). 성종 2년 동지 갑자의 축하는 그러한 사고방식에서 기인한 것으로 판단되는

24년 정월 기묘일(28일)에 왕이 영통사에 가서 화엄회를 개설하며 佛疏를 친히 제술해 문신에게 보이니 백관이 表賀했고, 신사일에 還宮하는데 諸王이 廣化門의 左右廊에 綵幕을 結하며 管絃坊과 大樂署가 綵棚을 結하며 百戲를 진열해 지극히 奢麗하게 어가를 맞이하고, 國子學官이 학생을 거느려 歌謠를 바치니, 왕이 駐輦해 觀樂하다가 3更에 이르러 入闕하자 승선 김돈중·노영순·林宗植이 왕을 봉원전에서 향연하니 왕이 심히 기뻐해 새벽이 되어서야 파했다.[67] 장령전(봉원전)은 이처럼 연회 장소로 종종 사용되었고 經筵 장소로 사용되기도 했다. 그 외에 예종 3년 9월에 장령전에서 활쏘기를 사열해 的中者에게 말과 彩段을 하사하고,[68] 예종 4년 정월 무오일에 왕이 장령전에 이어해 平虜關外 蕃長 등 50인을 引見해 酒食과 例物을 하사한 사례[69]처럼 사열과 외교 장소로 쓰이기도 했다.

장령전(봉원전)은 讎校員 내지 儒臣이 배치되어 비밀 문서의 보관과 편찬 및 순행 장소의 선정 조언을 맡았으며, 기우 행사, 說禪·화엄·법화·우란분재·飯僧 등의 불교행사, 유교 경전의 강독, 도교의 초례, 활쏘기 사열, 여진 추장의 영접, 연회, 시짓기 등이 이곳에서 행해졌다. 장령전은 예종 때에 가장 활발한 모습을 보였고, 그 개칭인 봉원전은 의종 때 가장 활발한 모습을 보였다.

데, 그러한 사고가 太一사상과 밀접하므로 성종대에 태일사상이 퍼져 있었을 가능성이 크다. 元和殿은 '元' 및 南至(冬至)와 관련이 깊기에 건덕전(대관전) 구역 안의 동쪽에 위치한 長齡殿(奉元殿)의 前身일 가능성이 있다. 元이 동쪽을 상징하기 때문에 더욱 그러하다. 건덕전 동쪽 안의 건물은 元和殿이라 칭하다가 현종 때의 대궐 중수 무렵에 長齡殿으로 개칭했다가 인종의 대궐 중수 때 원래의 취지를 살려 奉元殿으로 개칭되었다고 여겨진다. 思賢殿은 延英殿(→集賢殿)의 전신일 가능성이 있는데, 그렇다면 집현전도 원래의 취지로 돌아간 것이 된다.

67 『고려사』 권19 및 『고려사절요』 권11, 의종 24년 정월

68 『고려사』 권12 및 『고려사절요』 권7, 예종 3년 9월

69 『고려사』 권13 및 『고려사절요』 권7, 예종 4년 정월

2) 위봉루·신봉루와 구정

정전인 천덕전(건덕전)과 회경전(선경전) 앞의 정문으로 위봉문루와 신봉문루(의봉문루)가 있었다. 회경전 건립 이전에는 위봉루가 천덕전(건덕전)의 앞에 위치했고, 회경전 건립 이후에는 신봉루(의봉루)가 회경전(선경전)의 앞에 위치했다. 『고려사』와 『고려사절요』 연대기사에서 위봉문루는 5회, 신봉문루(의봉문루)는 인종 16년 5월에 신봉문을 의봉문으로 개칭한 것을 포함해 江都 이전에 51회 나타난다. 신봉루(의봉루) 51회는 이곳에서 발생한 자연의 이상현상 11회를 제외하면 40회이다. 위봉루·신봉루(의봉루)의 인간에 의한 행사는 45회(5+40)이다.

위봉루·신봉루(의봉루)의 축하와 연회는 팔관회의 그것을 제외하고 각각 1회인데, 태조가 19년 9월에 백제로부터 돌아와 위봉루에 이어해 문무백관과 백성으로부터 朝賀를 받은 것과 문종이 홍왕사 낙성을 기념하기 위해 21년 정월에 신봉루 동쪽 帳殿에 이어해 신하에게 연회를 베푼 것[70]이 그것이다. 위봉루 급제 하사는 1회인데 광종이 9년 5월에 처음으로 과거를 실시해 위봉루에 이어해 放榜해 최섬 등에게 급제를 하사한 것[71]이 그것이다.

팔관회로 인한 위봉루 내지 신봉루 행사는 6회 확인되는데, 팔관회를 맞이해 현종이 원년 11월에 위봉루에 이어해 觀樂한 일, 靖宗이 즉위년 11월에 신봉루에 이어해 백관과 연회하고 저녁에 법왕사에 행차한 일, 靖宗이 5년 11월에 신봉루에 이어해 연회를 하사하고 저녁에 법왕사에 행차한 일, 문종이 27년 11월에 신봉루에 이어해 觀樂하고

70 『고려사』 권2, 태조 19년 9월; 『고려사』 권8, 문종 21년 정월
71 『고려사』 권2, 광종 9년 5월

다음날 대회를 열어 송·흑수·탐라·일본 등 諸國人의 축하를 받은 일, 선종이 國恤로 늦어진 즉위년 12월에 신봉루 앞 帳殿에 이어해 축하를 받고 법왕사에 행차한 일, 숙종이 즉위년 11월에 신봉문에 이어해 축하를 받고 법왕사에 행차한 일[72]이 그것이다.

위봉루·신봉루(의봉루)의 사면은 27회로 대개 즉위와 대묘제사와 책봉(후비 및 태자)을 기념하기 위해서였는데, 포상과 진급과 구휼이 동반되는 경우가 많았고, 축하와 연회가 수반되는 경우도 있었으며, 홍왕사 낙성을 기념하기 위한 사례(문종 21년 2월)도 있었다. 의봉문과 그 앞의 구정에서 행해진 사면반포 의례는 가장 대표적인 사면 행사여서 『고려사』 권68, 예지 가례에 '儀鳳門宣赦書儀'라는 제목으로 실려 있다. 목종은 즉위년 12월에 위봉루에 이어해 사면령을 내리면서 모친 황보씨를 높여 應天啓聖靜德王太后로 삼았는데, 이 사면령은 목종의 즉위와 모후의 태후 책봉을 기념한 것이었다. 김극기가 「賀王太子受冊牋」과 「賀冊王太子表」를 지었는데, 후자에서 성상폐하가 今月 15일에 왕태자를 冊立하고는 是月 26일에 儀鳳門에 이어하여 天下에 大赦하고 中外 朝賀를 받았다고 했다.[73] 이 왕태자 책봉은 신종 3년 4월 경자일(15일)에 원자(희종)를 책봉해 왕태자로 삼은 것[74]을 가리키니, 금월 15일은 신종 3년 4월 15일이 된다. 이를 통해 왕태자 책봉을 기

72 『고려사』 해당 임금의 세가. 팔관회는 觀樂 즉 음악 관람이 중요한 일이었는데 문종 27년 11월 팔관소회에서는 교방여제자 楚英이 포구락 등을 공연했다(『고려사』 악지 속악). 帳殿은 천막으로 만든 행사용 간이시설인데 임금이 팔관회 때 이어하는 신봉루 앞 帳殿은 팔관회 때 임금이 出御하는 看樂殿(『고려사』 권72, 여복지 儀衛, 仲冬八關會 出御看樂殿衛仗)으로 여겨지니, 팔관회에서 음악 공연을 얼마나 중요시했는지 알 수 있다.

73 『동문선』 권31, 表牋. 김극기는 「咸成節日賀表」에서는 성상폐하가 今月 11일 咸成節에 中外 朝賀를 받았다고 했으며, 「壽祺節日賀牋」에서는 王太子殿下가 今月 8일 壽祺節에 中外 來賀를 받았다고 했다. 함성절은 신종의 생일이었고, 수기절은 태자(희종)의 생일이었다.

74 『고려사』 권21, 신종 3년 4월

념한 의봉문에서의 사면과 朝賀가 4월 26일에 열렸음을 알 수 있는데 그것은 『고려사』에는 누락되어 있으니 의봉문 사면의 사례는 하나 더 늘어난다.[75] 위봉루 책봉은 1회인데 목종이 모친을 높여 태후에 책봉한 것이 그것이다. 장례는 1회인데 예종이 13년 9월에 죽은 왕비 연덕궁주 이씨(이자겸의 둘째딸: 시호 순덕왕후)를 신봉문(端門) 外에서 친히 祖送한 일[76]이 그것이다.

신봉루(의봉루) 행사에서 군사관련 행사는 4회인데, 예종이 원년 정월에 신봉문에서 神騎軍을 사열한 일과 4년 2월에 신봉문 外에서 神騎軍을 사열한 일과 3월에 신봉문에서 精弩班軍을 사열한 일,[77] 신종이 즉위년 9월에 의봉루에 이어해 구정 숙위군을 위로한 일이 그것이다.[78] 정변은 1회인데 인종 4년 2월에 임금측근이 궁성에서 정변을 일으키자 척준경이 무리를 이끌고 주작문을 돌파해 신봉문 外에 이르렀다가 나와 군졸을 불러모아 軍器庫 兵仗을 주어 昇平門을 포위하고는 안으로 진입하자 왕이 신봉문(신봉문루)에 이어해 효유했지만 이자겸의 아들인 현화사 승려 義莊의 무리가 신봉문을 도끼로 찍고 왕의 호위병이 樓上에서 그들을 향해 화살을 발사한 일[79]이 그것이다.

외교 관련 행사는 2회인데, 예종이 5년 6월에 대방후에게 명해 순천

75 鑾駕가 圜丘에 親祀한 후 돌아와 의봉문 앞에 이르러 輅를 돌려 남향해 죄수를 모아 肆赦하는 의식을 거행했는데, 雩祀 圜丘 禘祫享 및 時享과 太廟享과 先農耕籍의 親幸 후의 肆赦도 이 의례와 같았다. 『고려사』 권68, 예지 가례 親祀圜丘後 肆赦儀

76 『고려사절요』 권8, 예종 13년 9월; 『고려사』 권88, 후비전 예종의 배필 문경태후

77 『고려사절요』 권7, 예종 원년 정월; 『고려사』 권13, 예종 4년 2월 및 3월

78 『고려사』 신종세가

79 『고려사』 권9, 인종 4년 2월; 『고려사』 권127, 이자겸전 및 척준경전. 이어서 척준경이 少府監 黃灰와 將作監 木橦을 東華門廊에 쌓아 불을 붙이자 화염이 순식간에 內寢까지 번지니 宮人이 모두 놀라 달아나 숨었다. 척준경과 의장 무리가 신봉문을 공격한 것은 그들이 구정에 진입했음을 의미했다.

관에 가서 迎詔하고 闕庭(구정)에 도착하자 왕이 신봉문을 나와 拜詔하고 회경전에 幕次에 먼저 들어간 일,[80] 강종 원년 7월에 고려 임금을 책봉하기 위한 金使가 儀鳳正門으로부터 들어가려 하자 임금이 지주사 琴儀를 보내 慰諭하기를, 천자가 方嶽을 巡狩함은 예로부터 있어 왔는데 만약 大國이 小國에 枉臨하면 어느 문으로 들어가야 마땅한가 하니, 금사가 답하기를, 천자 출입에 中門을 버리고 어느 문이 있으리오 함에, 금의가 말하기를, 그러면 人臣이 正門을 경유함이 옳은가 하니, 금사가 이에 西門으로부터 들어간 일[81]이 그것이다. 이를 통해 의봉문이 정문(중문)·東門과·西門으로 구성되었음과 이 중의 정문은 임금만이 드나들 수 있는 문이었음을 알 수 있다. 『고려도경』에 따르면, 인종 원년 6월에 송 사절단이 신봉문을 지나 창합문 밖에서 고려 임금을 만나 회경전으로 가서 受詔와 연회 의례를 행했고, 그 후 송으로 돌아가려 함에 고려 임금이 신봉문에서 餞別 연회를 열었으니[82] 신봉문 외교 관련 행사는 더 늘어난다.

毬庭 기사는 궐정을 포함해 江都 이전에 『고려사』와 『고려사절요』 연대기사에 120회 나타나는데 명종 7년 7월에 황새가 구정에서 날아다닌 일을 제외하면 구정 행사는 119회이다. 형벌은 1회인데, 견훤 군대가 오어곡성을 함락해 戍卒 1천 명을 죽이자 장군 楊志 등 6인이 항복하니 태조 왕건이 11년 11월에 諸軍을 구정에 모아 6인의 妻子를 徇한 것[83]이 그것이다. 군사는 6회인데, 광종 8년 정월에 구정에서 활쏘기를 관람한 일,[84] 의종 21년 정월에 流矢 誤認 사건 때문에 부병을 闕庭에 주둔시켜 不測에 대비시킨 일,[85] 명종 5년 11월에 西征으로 인

80 『고려사』 권65, 예지 빈례, 예종 5년 6월
81 『고려사절요』 권14, 강종 원년 7월; 『고려사』 권102, 금의전
82 『고려도경』 권25, 受詔 및 권26, 燕禮
83 『고려사』 권1, 태조 11년 11월
84 『고려사』 권2, 광종 8년 정월

해 衛卒이 부족하자 400인을 추가로 징발해 衛國抄猛班이라 이름하여 구정을 環衛하게 한 일,[86] 명종 27년 9월에 최충헌 형제가 명종을 폐위하고는 군사들을 대동해 추밀원에 들어가 諸衛 장군으로 하여금 구정에 주둔하게 한 일, 신종이 9월에 즉위하자 대관전에 이어해 신하들의 축하를 받고 의봉루에 이어해 구정 宿衛軍을 친히 위로하고는 罷歸하도록 명령한 일,[87] 신종 즉위년 10월에 최충헌이 동생 최충수와 대결하기 위해 무리 천여 명을 이끌고 高達坂을 경유해 광화문에 이르자 왕이 크게 놀라 문을 열어 구정에 주둔하도록 한 일[88]이 그것이다.

'毬庭'은 격구를 하는 뜰(광장)이라 그러한 이름을 지니게 된 것인데 정작 『고려사』와 『고려사절요』에서 개경 대궐의 구정에서 격구를 한 기사는 보이지 않는다. 그 이유는 다음과 같은 고려말 사례가 참고된다. 어느 날(우왕 때) 구정에서 大閱하려 했는데, 대사헌 任獻(염흥방의 妹壻)이 臺吏를 보내 都堂에 고하기를, 이 庭은 先王의 大朝會行禮의 장소일 뿐만 아니라 태조와 列聖의 神御가 모셔진 경령전에 密邇한 곳이니, 어찌 軍士를 풀어놓아 그 사이에서 馳騁하게 할 수 있으리오 했다. 염흥방이 말하기를, 玄陵(공민왕)이 일찍이 이곳에서 五軍을 사열한 것은 閑曠을 취했기 때문이라고 했다. 임헌이 不可를 고집하니, 염흥방이 노하여 말하기를, 講武의 일은 都堂만이 아니라 憲司도 深慮해야 한다고 했다.[89]

---

85 『고려사』 권18, 의종 21년 정월; 『고려사』 권82, 병지 宿衛

86 『고려사절요』 권12, 명종 5년 11월; 『고려사』 권82, 병지 宿衛

87 『고려사』 권129, 최충헌전; 『고려사절요』 권13, 명종 27년 9월. 최충헌과 최충수가 擁兵해 추밀원에 들어가 諸衛將軍으로 하여금 毬庭에 주둔하게 한 것을 보면 추밀원이 군령권을 지닌 것처럼 보이게 하지만, 그보다는 최충헌이 추밀원 좌승선이어서 추밀원에 들어가 지휘한 것으로 여겨진다.

88 『고려사』 권129, 최충헌전; 『고려사절요』 권13, 명종 27년 10월(사실은 신종 즉위년 10월). 신종은 또한 武庫의 兵仗을 發하여 禁軍에게 주어 대비하게 했고, 諸衛將軍도 병력을 거느려 다투어 나아가 최충헌 편에 섰다.

이를 통해 대궐의 구정이 大朝會, 군대 사열, 講武, 馳騁의 장소였음을 알 수 있다. 구정은 팔관회, 노인 연회, 대규모 사면 등의 大朝會 장소였고 또한 講武(馳騁 포함)를 포함한 군대 사열의 장소였다. 그런데 講武, 특히 馳騁에는 陣法 연마와 활쏘기와 창칼 쓰기와 말달리기 등은 물론 擊毬도 포함된다. 구정에서 군사 훈련이 행해졌고 그것을 대표하는 것이 격구였기 때문에 '毬庭'이라 불려졌던 것이다. 예종이 신봉루에 이어해 군대를 사열한 것이 3회였는데 사열당하는 군대는 당연히 구정에 자리잡았던 것이며 그 중에서 神騎軍을 사열한 2회에는 격구도 포함되었을 것이다. 격구는 대궐의 뜰이 '구정'이라 이름지어질 정도로 고려의 대표적인 무예이자 유희였다.[90] 고려 풍속이 격구를 좋아해 왕궁에도 毬庭을 열었는데 兵勢를 익히기 위한 곳이었다는 『중경지』의 기록[91]은 정곡을 찌른 것이었다.

민란과 관련된 구정 기사로는 私僮 萬積 등 6인이 신종 원년 5월에 北山에서 땔나무를 채취하다가 公私奴隸를 불러모아 모의하기를, "국가가 庚癸 이래 朱紫가 賤隸에서 많이 일어났으니 將相에 어찌 種이 있으리오, 때가 오면 할 수 있으니 吾輩가 筋骨 빠지게 일하면서도 회

89 『고려사』 권126, 염흥방전

90 예종이 11년 4월에 서경에서 京都(개경)로 돌아와 사면하고 경유한 州縣의 租稅를 면제했다. 당시 개경을 留守하던 百官이 儀仗 樂部를 갖추어 어가를 馬川亭에서 맞이했는데, 大樂·管絃 兩部가 다투어 奇侈에 힘쓰고 심지어 婦女로 하여금 馳馬 擊毬하게 하자 왕이 그녀들을 내쫓았다(『고려사절요』 권8). 고려에서 여성들도 격구할 정도로 격구가 유행했음을 알 수 있다. 『신증동국여지승람』 권4, 개성부 상, 풍속에는 '擊毬戱'가 소개되어 있는데, 고려 때 武官 年少者 및 衣冠子弟를 預選해 擊毬의 藝를 익히게 하여 단오절마다 九逵의 옆에 龍鳳帳殿을 설치해 帳殿 앞으로부터 좌우 각기 200步 쯤의 路中에 毬門을 설치하고 路의 兩邊에 五色錦段으로 婦女의 幕을 結하여 名畵彩毬로 장식했는데, 왕이 帳殿에 행차해 관람했다고 한다. 격구희는 정기적인 민속행사로도 자리잡아 개경 시가의 한복판에서 단오절마다 열려 부녀자도 구경할 정도로 대중적인 놀이이자 무예였음을 알 수 있다.

91 『중경지』 권4, 궁전

초리를 맞아야 하는가" 하고는, 거사를 약속하기를, "흥국사 步廊으로부터 毬庭에 이르기까지 일시에 群集해 鼓譟하면 宦者가 內에서 반드시 호응하고 官奴가 內에서 주살하리니 吾徒가 城中에서 蜂起해 최충헌 등을 먼저 죽이고 나서 각자 그 主를 格殺하고 賤籍을 불살라 三韓에 賤人이 없게 하면 公卿將相을 吾輩가 모두 차지할 수 있다" 고 하며 난을 일으키기로 한 일[92]이 보인다.

구정 연회는 22회(팔관회 제외)로 남녀 노인(대개 80세 이상)을 위한 것이었는데 위독한 병자와 孝順(孝子와 順孫)과 義節(義夫와 節婦)과 환과고독에 대한 연회와 포상과 구휼이 병행되는 경우가 많았다. 구정에서 國老와 庶老를 위한 연회가 열렸는데, 國老를 위한 연회는 閤門(閣門)에서 따로 열리기도 했다.

문종 3년 3월 경자일에 80세 이상 國老인 우복야 崔輔成과 司宰卿 趙顒과 太子詹事 李澤成 등을 閤門에서 饗했는데, 왕이 친히 臨하여 술을 하사하고 최보성과 조옹 등에게 公服 1襲과 幞頭 2枚와 腦原茶 30角을, 이택성에게 公服 1襲을 하사했고, 閤門에서 乘馬해 正衙門을 나가도록 허락했지만 三老가 固辭했다. 다음날에, 庶老 男女 및 義夫節婦와 孝子順孫과 鰥寡孤獨과 篤癈疾을 毬庭에서 饗했는데 貴賤을 구분하여 左右 同樂亭 및 廊下에 設次했고 차등있게 물건을 하사했다.[93] 문종 13년 8월에는 나이 80 이상인 공부상서 洪楷와 상장군 何興休를 閤門에서 연회하되 왕이 친히 花酒를 권하고 의복을 하사했고, 庶老 및 篤癈疾 男女와 孝順義節 1280인에게 毬庭 廊下에서 연회를 하사했으며, 또한 西京 및 諸州郡에도 같은 날에 연회를 하사했다.[94] 숙종 원년 8월에 國老를 東閤(東閣) 즉 東합문에서, 庶老를 左右 同

92 『고려사절요』 권14, 신종 원년 5월; 『고려사』 권129, 최충헌전
93 『고려사절요』 권4 및 『고려사』 권7, 문종 3년 3월
94 『고려사』 권8 및 『고려사절요』 권5, 문종 13년 8월

樂亭에서 饗했는데 왕이 百官을 거느려 친히 권하고 衣服과 幣帛과 絲綿을 차등 있게 하사했다.[95] 이처럼 毬庭과 閤門(閣門)은 노인 연회가 열리는 주된 장소였으며, 특히 구정은 庶老 연회와 효자순손 포상과 환과고독·폐질자 진휼이 열리는 주된 장소였는데 그들을 위한 자리가 구정의 좌 동락정과 우 동락정과 회랑에 마련되었다.

노인 연회의 절차와 모습은 『고려사』 예지 68, 嘉禮 老人賜設儀에 실려 있다. 이 연회 하루 전에, 尙舍局이 王幄을 儀鳳門 內에 설치하고, 王幄을 閤門廳 上에 설치하고, 나이 80 이상의 宰臣·樞密·文武三品官 및 命婦 坐를 閤門廳에 설치하며, 守宮署가 文武四品官 이하의 坐를 左同樂亭에 설치하고 孝子·順孫 有官品者도 그 坐에 참예하게 하고, 命婦 坐를 右同樂亭에 설치하고, 孝子·順孫 無官品者의 坐를 同樂亭의 左右廊廡에 설치한다. 연회일 새벽에 임금이 絳紗袍를 입고 대관전에 행차해 신하들의 인사를 받고 小輦을 타고 대관전문을 나가 閤門(閣門)에 이르러 노인들의 인사를 받고 伴食을 명령하면 眞宰 노인에게는 眞宰가, 추밀 노인에게는 추밀이, 八座 이하 노인에게는 3품관이 伴食하며, 추밀이 노인들에게 酒食을 권하며, 兩部樂이 연주되는 가운데 花酒가 선사된다. 임금이 輦을 타고 儀鳳門에 이르러 幄次에 들어가면 태자 공후백, 宰臣, 추밀 및 侍臣 閤門이 구정에 나아가 左右에 分列하고 문무양반이 東西로 마주하여 선다. 尙舍局이 王座를 의봉문 中心에 남향으로 설치하면 임금이 좌석에 앉아 양반과 執事官의 再拜를 받는다. 임금이 좌동락정에 이르면 노인이 拜하고 孝子順孫은 階下에서 再拜舞蹈하고 또 再拜하며 舍人이 傳宣하면 노인과 효자순손이 또 그러한 다음에 각자의 자리에 酒食이 하사되고 음악이 연주되는 가운데 承制(承宣) 1명이 酒食을 권하며, 어가가 우동락정에 이른 다음에 의식도 그러하다. 또한 有司가 차등 있게 例物을 지급한다. 임금이

95 『고려사』 권11 및 『고려사절요』 권6, 숙종 원년 8월

泰定門을 통해 들어와 輦을 타서 대관전에 이르러 내려서 대관전에 올라간다. 다음날에 守宮署가 鰥寡孤獨과 廢疾의 坐를 구정의 左右廊에 설치하면 有司가 酒食을 그들에게 제공한다.[96]

이에 따르면, 노인(대개 80세 이상) 연회가 문무 3품 이상과 그 命婦를 위해서는 閤門廳에서, 문무 4품 이하와 그 命婦를 위해서는 구정(위봉문 포함)에서 행해졌다. 구정의 경우 남녀 노인이 동석하지 않고, 좌동락정에는 남성 노인이, 우동락정에는 여성 노인이 따로 앉았는데 혹시 술에 취해 실수할까 염려한 예방 조치로 보인다. 노인에게 연회와 물품을 제공한 것은 고려가 노인을 보호하고 우대했음을 보여주는 중요한 자료이며 孝子와 順孫을 포상한 것도 부모와 조부모에 대한 효도는 물론 노인을 우대한 것과도 관련이 있었다. 또한 환과고독과 폐질자를 구휼하는 행사를 개최한 것은 고려가 사회적 약자를 배려하는 정책을 꾸준히 추진했음을, 義夫와 節婦를 포상한 것은 여성만큼 남성에게도 절의를 장려했음을 보여준다. 구정은 바로 그러한 행사들의 주된 공간이었다.

노인 연회는 개경에서만 행해진 것이 아니라 임금이 어떤 지역을 순행하면 대개 그것이 수반되었으며 그렇지 않더라도 전국적으로 행해졌다. 州府郡縣 노인 賜設의 경우, 尙書禮部가 아뢰어 지휘를 받들어 尙書都省에 牒하면 상서도성이 3京 諸都護 州牧에 傳牒하여 연회 자리를 마련해 酒食을 지급하고 布穀을 하사했는데 前例에 준한 것이었다.[97] 의종이 12년 3월에 國內의 노인에게 대대적으로 연회를 하사한 일[98]은 전국적인 노인 연회의 대표적인 사례이다. 희종 4년 10월 을해

96 또한 宰樞三品 致仕官에게는 매 四季月마다 殿中省이 奉詔하여 使를 보내 酒果를 私第에서 하사했다. 한편, 노인연회 때 음악연주에 대한 것은 『고려사』 악지 아악 '용고취악절도'에 실려 있다.

97 『고려사』 권68, 예지 가례 老人賜設儀. 지방의 경우도 노인 연회에 효자순손 및 義夫節婦 포상과 환과고독 폐질에 대한 진휼이 함께 행해졌다고 여겨진다.

일에 國老·庶老와 孝順(孝子順孫) 節義(節婦義夫)를 饗하되 왕이 친히 음식을 권했고, 병자일에도 鰥寡孤獨과 篤廢疾을 大酺하고 물건을 차등 있게 하사했으며, 州府郡縣 역시 이 例를 본뜬 행사를 진행했는데, 근래 국가의 多難으로 인해 饗禮가 오랫동안 행해지지 못하다가 이에 이르러 詔하여 都監을 세워 舊制를 다시 준수한 것이었다. 단 이때는 좌우 동락정은 그대로 이용되었지만 閤門廳 대신에 禮賓省이 이용되었다.[99]

구정의 사면 행사는 2회인데 인종 18년 4월에 대묘 제사 후 궐정에 환어해 사면한 일[100]과 고종 8년 10월에 儀仗을 구정에 갖추고 의봉루에 이어해 사면령을 내린 일[101]이 그것이다. 장례는 1회인데, 예종이 7년 8월에 장지 숭릉으로 떠나는 명의태후 영구를 궐정에서 祖送한 것[102]이 그것이다. 외교는 2회인데, 예종 5년 6월에 왕이 대방후에게 명해 순천관에 가서 迎詔하고 闕庭에 이르자 왕이 신봉문을 나와 拜詔하고 회경전 幕次로 먼저 들어간 일,[103] 신종 2년 4월에 金使를 영접하기 위해 왕이 승평문에서, 신하가 구정에서 기다리다가 금사가 광화문으로 들어와 어사대 앞에 이르자 왕이 승평문 外에서 望詔한 다음에 대관전으로 올라가고 금사가 승평문을 들어와 구정을 거쳐 대관전으로 올라간 일[104]이 그것이다.

구정의 불교행사는 44회 나타나는데,[105] 팔관회가 7회, 반승이 31회,

---

98 『고려사절요』 권11, 의종 12년 3월
99 『고려사』 권68, 예지 가례 老人賜設儀
100 『고려사』 권17, 인종 18년 4월
101 『고려사』 권72, 여복지 儀衛 宣赦儀仗 및 여복지 鹵簿 宣赦鹵簿, 고종 8년 10월
102 『고려사』 권13, 예종 7년 8월
103 『고려사』 권65, 예지 빈례, 예종 5년 6월
104 『고려사』 권65, 예지 빈례, 신종 2년 4월. 어사대가 승평문 밖의 황성 구역에 위치했음을 알려준다.
105 현종 12년 4월 毬庭에서 인왕경을 강독했는데(현종세가) 이 毬庭은 毬庭의 오류이다. 현종 13년 11월에 사헌대가 최사위와 박충숙이 구정 禮會에서 취해

인왕경 강독이 3회, 백좌회가 1회, 반야 經行이 1회, 연등이 1회였다. 팔관회의 구정 행사는 7회만 기록되었지만 대궐에서 팔관회가 열리는 공간은 궁성이 기능을 유지하는 한 구정이므로 그 횟수는 팔관회 횟수와 거의 같아야 한다. 반야 경행은 구정과 관련해 靖宗 12년 3월의 1회만 기록되었지만[106] 해마다 常例이고 대개는 구정에서 출발했을 것이므로 그 회수는 더욱 늘어날 것이다. 연등 1회는 문종 21년 정월에 궐정으로부터 홍왕사 문에 이르기까지 綵棚 燈山 火樹한 것[107]이 그것이다. 구정 초례는 36회인데 선종 6년 2월에 왕이 구정에서 천지산천에 親祀하여 기복한 일[108]을 초례로 간주하면 37회가 된다.

구정 儺禮는 연대 기사에서 1회가 확인되는데 인종 22년 연말 무렵에 宮庭 儺夕(除夕 儺禮)이 열렸을 때 내시 김돈중이 견룡 정중부의 수염을 촛불로 태운 일[109]이 그것이다. 연말 나례는 해마다 열리는 풍습이었으므로[110] 궁정 나례의 회수도 더욱 늘어날 수 있다. 예종 11년 12월에 大儺가 열렸다. 이에 앞서 宦者가 儺를 左右로 나누어 求勝했었는데, 예종이 또한 諸王에게 명해 나누어 주관하게 하니, 倡優 雜伎와 外官 遊妓까지 징집하지 않음이 없어 遠近에서 먼지처럼 모여들어 旌旗가 길에 뻗고 禁中에 充斥했다. 이날에 諫官이 閤門을 두드리며

失禮한 것을 탄핵했는데(『고려사절요』, 『고려사』 최사위전) 이 구정 예회는 팔관회로 판단했다.

106 『고려사』 권6, 靖宗 12년 3월

107 『고려사』 권8, 문종 21년 정월

108 『고려사』 권10, 선종 6년 2월

109 『고려사』 권, 김부식전; 권128, 정중부전; 『고려사절요』 권10, 인종 22년 5월조

110 『고려사』 권64, 예지 군례 季冬大儺儀. 이 儺禮에서 禁中에서 惡鬼를 몰아내는 행사를 했는데, 有司가 먼저 의봉문과 광화문과 주작문과 迎秋門과 長平門에 酒果禳物을 備設했다. 歲終儺禮에서 疫氣를 몰아내기 위해 五雞를 잡는 것을 애통해 한 靖宗은, 大儺에서 土牛를 잡아 寒氣를 보낸다는 서상지에 근거해 사천대가 黃土牛 4頭를 만들어 雞를 대신하기를 요청하자 받아들였다(靖宗 6년 11월).

간절히 간하니 이에 그 중에서 더욱 기괴한 자들을 내몰았지만 저녁에 다시 모여들었다. 예종이 장차 觀樂하려 하자 左右에서 어지러이 선두를 다투어 呈伎하니 다시 400餘人을 내쫓았다.[111] 이 大儺도 구정에서 열렸을 가능성이 크다.

구정은 팔관회, 사면, 노인 연회, 義節 포상, 병자와 약자 구휼, 반승, 초례가 행해지고 군사 훈련과 주둔이 이루어지는 주된 공간이었다.[112] 또한 국왕과 신하와 외교사절의 공식적인 궁성 출입은 구정을 거쳐야 했다.

구정과 위봉문·신봉문(의봉문) 행사는 대부분 하나의 세트를 이루어 행해졌다. 구정에서 행해졌다고 기록되었더라도 대개는 같은 행사가 위봉문·신봉문(의봉문)에서도 함께 행해졌고, 위봉문·신봉문(의봉문)에서 행해졌다고 기록되더라도 대개는 같은 행사가 구정에서도 함께 행해졌다. 앞에서 언급했듯이 『고려사』 예지 가례에 의봉문에서의 사면 의례가 의봉문과 구정에서 행해지는 것으로 기재된 일이 그것을

111 『고려사절요』 권8, 예종 11년 12월

112 한편 고종 16년 2월에 崔怡가 隣舍 100餘區를 빼앗아 毬場을 축조했는데 東西 數百步였고 平坦하기가 碁局과 같았고, 擊毬할 때마다 반드시 里人으로 하여금 灌水해 먼지를 적셔 가라앉게 했으며, 9월에 또 人家를 헐어 넓혔으니, 前後에 占奪한 것이 무려 數百 家(戶)였다. 최이가 날마다 都房과 馬別抄를 이 毬場에 모아 擊毬하게 하고 혹은 弄槊(槍)하고 騎射하게 했는데, 10월에 자기 第에 宰樞와 耆老를 맞이해 연회를 열고 毬庭(최이의 毬場)에 臨해 그러한 기예를 구경하게 하기를 혹은 5,6일에 이르며 그러한 기예의 能者에게는 관작을 상으로 주니, 都房과 別抄(馬別抄)의 鞍馬와 衣服과 弓矢가 韃靼 풍속을 본받아 다투어 美麗하게 꾸미며 서로 과시하니, 都下子弟도 다투어 豪侈하기를 일삼아 妻가 많이 가난을 이유로 버려졌다. 毬庭(毬場)에 舊에 樓 3間이 있었는데 최이가 또 3間을 늘렸는데 그 공사를 오후 늦게 시작해 다음날 새벽에 마쳤다. 최우가 또 耆老 宰樞를 맞이해 연회하고 擊毬 弄槍 騎射를 구경하게 했다. 11월에 최우가 家兵을 사열했는데, 도방과 마별초의 鞍馬 衣服 弓劍 兵甲이 심히 侈美했고 五軍을 나누어 習戰하니 人馬가 많이 엎어져 死傷했으며, 끝에는 山野에서 田獵을 익혔다. 『고려사』 권129, 최충헌전 첨부 최이전; 『고려사절요』 권15, 고종 16년 2월 및 9월 및 10월 및 11월. 최이 私第의 毬場에서 도방과 마별초가 擊毬 弄槍 騎射를 익히고 공연했음을 알 수 있다.

말해준다. 또한 『고려사』 고종세가에는 8년 10월에 "御儀鳳樓 立雞竿 肆赦" 라고 하여 사면령 행사 장소가 의봉루만 기재된 반면 『고려사』 여복지 儀衛와 鹵簿에는 의봉루와 구정이 함께 언급된 것이 그것을 뒷받침한다. 老人賜設 즉 노인 연회에서의 鼓吹樂은, 大觀殿門 外에 分列했다가 왕이 나와 閤門 幄次에 이르렀을 때, 還하여 儀鳳門 幄次에 이르렀을 때, 드디어 左右 同樂亭에 이르렀을 때 모두 아울러 振作하며, 導從이 이미 이르면 止하며, 老人이 花酒를 받을 때 作하다가 받음을 마치면 止했다.[113] 이를 통해서도 노인 연회의 주된 공간이 구정과 각문(합문)이었음이 드러난다. 신봉루(의봉루)에서 행해진 군사관련 행사는 3회, 구정에서 행해진 군사관련 행사는 6회로 1회는 서로 겹치는데, 신봉루 2회도 군사들은 구정에 자리잡았다고 보아야 한다. 그러하니 구정에서 행해진 군사관련 행사는 8회로 볼 수 있다.

『고려사』 세가에 따르면, 고종 2년 10월 을미일에 임금이 대묘에 친히 祫祭를 지내 玉册을 받들어 尊號를 追上하고는 돌아오다가 고달판에서 영접하는 최충헌을 수레에 함께 태우고 의봉루에 還御해 사면령을 내렸다. 이 태묘제사 기념 사면령 행사의 장소가 의봉루만 언급되었는데 사실은 구정과 함께 이루어졌으니 이는 이규보가 지은 「聖皇朝享大廟 頌」에서 확인된다. 이에 따르면, 성상폐하가 某月 日에 大廟에 朝享하고 某日에 儀鳳樓에 이어하여 大赦하니, 이에 內外 白衣諸生이 闕庭(毬庭)에 序立해 각기 謠頌을 바쳐 聖德을 노래하는 것을 臣(이규보)이 右拾遺로 扈從해 盛禮를 친히 目覩해 「聖皇 朝享大廟 頌」을 지었다고 했다. 그리고 帝(고종)가 元臣에게 이르기를, 朕이 즉위한지 지금 3년인데 아직 宗廟의 主를 알현하지 못했다며 玉輅를 駕하여 八鑾이 울고 六駿이 나란히 달려 淸廟(太廟)에 이르러 秘宇에 齋寢하고 黎明에 龍袞을 입고 薦享했으며, 제사를 마치고 어가가 大內로

113 『고려사』 권70, 악지 雅樂 用鼓吹樂節度

돌아와 端門(위봉문)에 이어하여 德音을 반포해 囹囚를 풀어주고 戶賦를 蠲除하고 廢錮를 洗雪하니 民이 모두 말하기를, 우리 聖皇은 民의 父母로 祖宗에 제사하니 百福을 받으시리라고 했다.[114] 의봉루 행사와 구정 행사는 동시에 이루어지는 것이 대부분이었던 것이다.

2. 편전 구역의 행사

임금이 편하게 거처하며 정무와 휴식을 취하는 공간인 편전은 내전의 성격을 띤 것도 있었고 외전의 성격을 띤 것도 있었다. 대표적인 편전으로는 중광전(강안전), 상정전, 선정전(선인전), 문덕전(수문전) 등이 있었는데, 선정전은 상정전의 개칭으로 보이기도 한다. 詳政殿 행사는 『고려사』와 『고려사절요』에서 4회 나타나는데, 태조가 사망하자 혜종이 상정전에서 發喪한 일, 상정전의 西階에 태조의 빈소를 마련한 일, 성종이 송으로부터 책봉받은 기념으로 상정전에서 문무 元尹에게 말 1필씩을 하사한 일, 목종이 상정전에서 觀燈한 일이 그것이다. 상정전은 정사 관련 기사가 기록에서 확인되지 않지만 기본적으로 정사를 본 편전이라 생각된다.

중광전(강안전) 기사는 江都 이전에 『고려사』와 『고려사절요』에 58회 내지 59회 나타나는데, 명칭 2회와 이변 3회를 제외하면 이곳에서 행해진 행사는 53회 내지 54회이다. 피신이 2회, 즉위축하 朝賀가 1회, 서적 열람이 1회, 중형 의결이 1회, 간쟁이 1회, 이어가 1회, 연회가 3회(1회는 왕태후 책봉 기념), 仲秋 시짓기 1회였다. 피신 2회는 혜종이 신덕전에 있다가 신변의 위협을 느껴 몰래 중광전으로 옮겨간

114 『동문선』 권50, 頌. 이규보가 朝享太廟頌을 고종 2년 10월에 지었음은 『동국이상국집』 연보에서 확인된다.

일과 여진이 바친 말을 定宗이 천덕전에서 評定하다가 벼락에 놀라자 近臣이 왕을 중광전으로 扶入한 일이 그것이다.

중광전(강안전) 군사관련 행사는 13회였다. 지휘자의 파견과 引見이 4회였는데, 숙종이 행영병마도통 윤관에게 斧鉞을 주어 출정한 일, 승선인 동계행영병마별감 임언이 陛辭하자 예종이 酒食과 鞍馬를 하사한 일, 예종이 權판동북면병마사 임의에게 부월을 수여해 보낸 일, 예종이 임의가 돌아오자 引見한 일이 그것이다. 사열이 8회였는데, 예종이 투화 宋人을 불러 兵手를 시험한 일, 예종이 상장군 이하에게 활쏘기를 시켜 적중자를 포상한 일, 예종이 활쏘기를 사열하고 적중자를 포상한 일, 예종이 신기군을 사열한 일, 예종이 돌아온 신기군을 중광전 西樓에서 위로한 일, 예종이 중광전 南樓에서 신기군의 격구를 사열한 일, 의종이 4년 11월에 내시지후 이하에게 격구하도록 명령한 일, 의종이 5년 10월에 國馬를 사열한 일이 그것이다. 예종이 중광전 佛龕에서 숙종의 여진정벌 맹세문을 꺼내 신하에게 보인 일도 군사와 관련된 기사로 볼 수 있다. 이를 통해 중광전에 佛龕이 설치되어 있었음이 드러나는데 여기에는 불상이 안치되어 있었을 것이다.

중광전의 외교 관련 행사는 4회로 모두 여진관계인데, 숙종이 동여진 臥突 등을 引見하고 酒食과 물건을 하사한 일, 예종이 東蕃 추장을 引見하고 酒食과 물건을 하사한 일, 예종이 중광전 남문에서 북계 蕃長 19인을 引見하고 酒食과 물건을 하사한 일, 예종이 서여진 추장 등 40여 명을 引見하고 酒食을 하사한 일이 그것이다.

중광전(강안전) 즉위는 9회로 덕종, 靖宗, 헌종, 숙종, 예종, 인종, 희종, 강종, 고종이 해당한다. 중광전 사망은 3회인데 혜종과 현종과 문종이 해당한다. 장례는 1회인데 내사령 서눌이 졸하자 靖宗이 중광전 廊下에 이어해 애도한 일이 그것이다.

중광전(강안전) 불교관련 연대 기사는 11회 내지 12회 나타난다.

중광전에 佛龕이 설치된 것은 이 건물이 불교적 성격을 일정하게 지녔음을 말해준다. 예종이 중광전 佛龕에서 숙종의 맹세문을 꺼낸 일을 제외하면 10회 내지 11회 정도인데 모두 燃燈 행사로[115] 대개 음악공연과 연회가 수반되었다. 연등회가 열리면 小會 때는 중광전(강안전)에서 출발해 봉은사에 행차하고 그 다음날인 大會 때는 중광전(강안전)에서 행사가 열리는 것이 관례였으므로[116] 중광전(강안전) 연등회 기사는 기록에서 많이 누락되었다고 보아야 하니 중광전(강안전) 연등회의 회수는 연등회 개최 회수에 가까워야 한다.

강안전 행사를 포함한 연등회의 의례일반은 『고려사』 권69, 예지 가례잡의 상원연등회의에 실려 있다. 연등회를 위해 강안전 階前에 浮階가 설치되고, 강안전 殿上에 王幄이, 王幄 동쪽에 便次가 설치되고, 燈籠이 浮階의 상하 좌우에, 彩山이 강안전 庭에 설치된다. 연등 소회일에 임금이 梔黃衣를 입고 강안전 便次에 앉아 신하들의 인사를 받는다. 편전(강안전) 의례가 끝나면 鹵簿 儀仗이 구정에 진열하고, 繖扇衛仗이 康安殿庭부터 泰定門까지 좌우로 진열한다. 임금이 赭黃袍를 입고 강안전에 앉아 太史局의 시각 알림을 기다리다가 軺輜(轀)輦을 타고 강안전 殿門을 나와 태정문을 거쳐 승평문 外에 이르면 導從群官이 모두 말을 탄다. 어가가 봉은사 三門 外에 이르면 群官이 모두 말을 내린다. 侍臣이 어가를 인도해 三門 안으로 들어가면 임금이 輦을 내려 幄次로 들어간다. 閤門이 먼저 태자 이하를 인도해 眞殿門 外에서 기다리면 임금이 行하여 진전 門의 안에 이르고 진전 庭을 거쳐 진전 戶로 들어가 酌獻한다. 진전 의례가 끝난 후에 임금이 宰密(재신과 추밀)의 인도를 받아 幄次(삼문 안)로 돌아와 赭黃袍를 입고 平兜輦

115 단, 의종 6년 정월 계축일의 강안전 행사는 그 전날인 임자일에 연등대회가 끝났음에도 왕이 연등대회 시설을 다시 설치하게 해 兩部樂을 관람한 것이었다.
116 『고려사』 권69, 예지 가례잡의 상원연등회의

을 타서 三門 外로 나오면 群官이 모두 말을 탄다. 어가가 태정문을 거쳐 강안전 庭에 이르러 輦에서 내려 강안전으로 올라간다. 대회일에 임금이 강안전 便次에 出御해 인사를 받으며, 편전 의례가 끝나면 임금이 赭黃袍를 입고 나와 강안전에 앉아 태사국의 시각 알림을 듣고서 본격적인 행사가 진행된다.

중광전(강안전)이 자리잡은 위치는 명확하지 않은데 명종 때의 다음 기사가 어느 정도 시사한다. 명종 10년 11월에 강안전 重新이 낙성되었는데 그 門額의 舊名이 嚮福門으로 重房의 東隅에 근접했기 때문에 무신들이 의논해 '嚮福'은 소리가 '降伏'과 가까우니 문신들이 이것으로써 武官을 禳壓해 降伏시키려 한다고 여겨 改額하기를 奏請하자 명종이 평장사 민영모에게 명하니 '永禧門'이라 고쳤다. 하지만 무신들이 다시 생각하기를, 문신들의 의도는 측량할 수 없으니 '永禧'에 다른 깊은 의도가 있는지 어찌 알랴, '禧'는 福이고 '永'字의 뜻은 吉凶을 알 수 없는 반면 '重'字는 本房(중방)의 명칭이라면서 '重禧門'으로 고치기를 요청하자 왕이 따랐다.[117] 무신의 문신에 대한 불신이 음양설로 표출된 것인데, 강안전의 향복문이 중방의 東隅에 근접했으니 강안전은 중방과 가까운 곳에 위치했음을 알 수 있다. 아마도 중방은 강안전의 남서쪽 혹은 북서쪽에 인접했으리라 여겨진다.

편전 중에서 가장 확실한 外殿은 선정전이었다. 『고려사』와 『고려사절요』의 연대기에서 선정전에서 행해진 행사는 44회(인종 16년 5월 선정전의 훈인전으로의 개칭 제외)이고[118] 그것의 후신으로 판단되는

---

117 『고려사』 권20 및 『고려사절요』 권12, 명종 10년 11월. 강안전은 인종 16년 5월에 중광전이 개칭된 명칭이었다(『고려사』 권16).

118 계림공(숙종)의 사주를 받은 소태보가 상장군 왕국모로 하여금 병력을 이끌고 入衛하게 하자 왕국모가 먼저 將士 高義和로 하여금 이자의를 宣政門 內에서 베게 하고, 이자의의 당여를 선정문 外에서 주살하게 했는데(『고려사』 권127, 이자의전; 『고려사절요』 권6, 헌종 원년 6월), 이 선정문은 선정전의 문으로

선인전에서 행해진 행사는 의종 7년 8월 중형 논결 1회(예지 의례일반 제외)이다.

선정전 외교는 14회인데, 여진 사절을 접견한 것이 12회였고, 송 관계가 2회로 송의 詔書 접수였지만 고려사신이 송에서 가지고 온 것이었다. 예종 원년 정월에는 東女眞 公牙 등 10인이 來朝하자 왕이 宣政殿에 引見해 酒食과 例物을 하사했다. 이전에 林幹이 出師했을 적에 酋長 延蓋가 之訓 등을 시켜 逆擊해 우리 군대가 패배했었는데, 이에 이르러 之訓이 公牙를 파견해 來朝함에 왕이 正殿에서 備禮해 접대하려 하자 雜端 崔緯 등이 아뢰기를, 예로부터 虜人이 來하면 正殿에서 引見한 적이 없었으니 舊制에 의거해 便殿에서 접대하기를 요청하니 왕이 따른 것이었다.[119] 여진족 사절 접대는 편전에서 하는 것이 원칙이어서 편전인 선정전에서 그것을 행한 것이었다.

선정전 군사 관련은 6회인데, 현종의 사열 1회, 숙종이 여진정벌 떠나는 임간에게 斧鉞 하사한 일 1회, 예종이 3품 이상에게 9성 반환 여부를 물은 것이 2회, 예종이 재추와 侍臣에게 邊事를 물은 것이 1회, 재상들이 윤관과 오연총의 패군 죄를 탄핵한 것이 1회였다. 형벌이 13회(숙종 원년 4월 선정전 聽朝의 사면논의와 의종 7년 8월 선인전 중형 논결 포함)였는데 대개 重刑을 결정한 것이었다. 군사와 형벌을 제외한 일반 정사는 7회(숙종 원년 4월의 聽朝도 포함)였는데 대개 視事 내지 時政得失 논의로 나타난다. 선정전 연회는 1회(문종의 생일 기념)였다. 선정전 즉위·축하는 1회로 순종이 사망하자 선종이 그 다음날 袞冕을 입고 선정전에서 즉위해 백관의 축하를 받은 일이 그것이다. 선정전 장례는 2회로 선종이 백관을 거느리고 선정전에 나아가 순종에게 제사한 일과 예종이 사망하자 선정전에 빈소가 마련된 일이 그것이

보이니 이를 고려하면 선정전 기사는 더 늘어난다.

119 『고려사절요』 권7, 예종 원년 정월

다. 선정전 불교행사는 2회로 이곳에서 숙종이 송의 승려 혜진을 引見한 일과 위독한 예종을 위한 도량이 5일 동안 개설된 일이 그것이다.

인종 16년 5월에 선정전은 薰仁殿으로 개칭되었지만[120] 훈인전에서 행해진 일은 확인되지 않는데 곧 宣仁殿으로 개칭되었기 때문이라 생각된다. 선인전은 『고려사』 연대기에서는 의종 7년 8월에 중형을 논결한 기사에서만 확인되지만[121] 예지 무편년 의례기사에서는 중요한 공간으로 등장한다. 先王 諱辰(忌日)을 맞이해 眞殿에 酌獻하는 의례, 왕비를 책봉하는 의례, 왕태자를 책봉하는 의례, 왕태자에게 元服을 입히는 의례, 팔관회의 小會日 의례와 大會日 의례 등에서 임금이 선인전에서 준비하다가, 대관전에 이어해 행사를 하거나 대관전에서 다른 곳으로 이동해 행사를 했다.[122] 이처럼 선인전은 주요 의례의 출발점이었음에도 불구하고 연대기에서는 잘 보이지 않는 것이다.

왜 이러한 괴리 현상이 발생한 것일까? 의종이 대궐을 자주 비워 별궁에 오래 머문 점, 명종초 대궐이 불탔고 복구된 뒤에도 명종이 오랫동안 별궁에서 거처한 점, 무인정권기에 왕권이 약화되어 정사를 논의하는 선인전이 제대로 기능하지 못하고 무인집권자의 사저가 정사논의 공간으로 자주 사용된 점 등 때문이었을 것이다. 대궐의 선인전의 기능 저하를 통해 당시 정치와 사회의 모습을 유추할 수 있는 것이다.

편전의 문으로 閤門(閣門)이 있었다. 閤門(閣門) 행사는 江都 이전에 『고려사』와 『고려사절요』 연대 기사에서 50회 정도 나타난다. 이

---

120 『고려사』 권16, 인종 16년 5월

121 명종이 6년 5월에 入閤禮를 행해 群臣을 引見해 時政得失을 물었는데, 便殿에 앉아 群臣을 引見하는 것을 '入閤禮'라고 했다고 한다(『고려사』 권19). 이 便殿은 대개 선인전으로 여겨진다.

122 『고려사』 권64, 예지 흉례, 先王諱辰眞殿酌獻儀; 『고려사』 권65, 예지 가례 冊王妃儀; 『고려사』 권66, 예지 가례 冊王太子儀; 『고려사』 권66, 예지 가례 王太子加元服儀; 『고려사』 권69, 예지 嘉禮雜儀 仲冬八關會儀, 小會日 鑾駕出宮 및 大會日 坐殿

자겸의 정변 이전에 나타나는 합문은 대개 대궐의 선정전의 합문이지만 이자겸 정변으로 대궐이 불탄 이후 나타나는 합문은 대궐의 그것인지 별궁의 그것인지 확실하지 않은 경우가 많다. 외교는 3회인데 태자 책봉하러 거란 사신이 오자 문종이 閤門庭에서 迎命한 일, 遼使가 거란 황태후의 喪을 고하자 문종이 백관을 거느려 閤門 앞으로 나가 迎詔하고 擧哀한 일, 예종 10년 11월에 遼使가 합문에 나아가 여진정벌에 고려의 出兵을 요청하는 안건을 올리고자 했지만 이루지 못하자 접견 의례를 하지 않은 채 물러난 일이 그것이다. 노인 연회는 대개 國老를 위해 閤門에서, 庶老를 위해 毬庭에서 열렸다. 閤門 노인 연회가 9회(문종～예종대) 나타나는데 國老가 그 대상이었고 대개 80세 이상이 해당하였다. 급제자 위한 연회가 4회 열렸는데, 3회(예종 때)는 대궐 합문으로 판단되지만, 나머지 1회 즉 의종 5년 4월에 명인전(수창궁 소속)에 이어해 視朝해 을축년 이래 新及第들을 引見하고는 閤門에 연회를 마련하고 釋褐하도록 한 데의 합문은 수창궁의 합문일 가능성이 크다.

伏閤 간쟁은 예종이 10년 11월에 팔관회 행사를 끝내고 돌아오다가 합문 앞에서 唱和하고 倡優에게 歌舞하게 하자 臺官이 간언한 것을 제외하고 32회 정도 나타나는데, 예종 때 3회, 인종 때 4회, 의종 때 24회, 명종 때 1회였으니 의종 때야말로 伏閤 간쟁의 시기로 정치적 갈등이 심했던 시기였음을 알 수 있다. 伏閤 간쟁의 주요 논점은 예종 때는 주로 여진정벌에 실패한 윤관과 오연총에 대한 처벌 문제였고, 인종 때는 주로 임금의 측근(內侍) 축출 문제였고, 의종 때는 주로 임금의 측근 축출 문제와 격구 중단 문제와 환관 정함의 告身 문제였다. 김부식은 자신이 지은 「上疏不報 辭職 表」에서 자신이 伏閤 上書해도 대답이 없자 白衫을 입고 東上閤門에 나아가 職牒告身을 祗侯(합문지후) 某臣에게 進納한다고 했다.[123] 이는 인종 18년 윤6월에 宰臣 金富

軾·任元敱·李仲·崔溱가 省郎 崔梓·鄭襲明 등 5인과 더불어 상서해 時弊 10조를 말하며 3일 동안 伏閤 했지만 모두 응답하지 않자 崔梓 등이 파업해 나오지 않은 일을 말한 것이다.[124]

閤門(閣門)은 伏閤을 제외하면 정치적으로 잘 드러나지 않지만 정치적으로도 중요한 문이었다. 이는 명종이 6년 5월에 '入閤禮'를 행해 群臣을 引見해 時政得失을 물었는데, '便殿'에 앉아 群臣을 引見하는 것을 '入閤禮'라고 했다[125]고 하는 데에 잘 드러난다. '입합례'는 이전부터의 전통이었는데 무인정권기에 왕권의 제약으로 제대로 행해지지 않다가 그것을 시도했던 것이다. 무인정권기에 伏閤 상소가 거의 보이지 않는 점도 왕권의 제약을 말해준다. 합문은 君臣이 공적으로 출입하는 편전의 문으로 편전에서 정사를 논의하기 위해서는 이 문을 드나들어야 했다. 대궐의 합문은 편전인 선정전(선인전)의 문으로 구정에 가까운 곳에 위치했으며, 별궁의 편전에도 합문이 건립되었다.

문덕전(수문전) 기사는 강도 이전에 『고려사』와 『고려사절요』에 91회 나타나는데, 개칭 2회와 벼락 1회를 제외한 행사는 88회이다. 정사는 9회인데, 덕종이 문덕전에서 群臣을 연회해 柳韶 등의 關城 개척의 노고를 위로하고 유소에게 공신을 하사한 일, 문종이 최충 등을 문덕전에 召見해

123 『동문선』 권42, 表箋.

124 『고려사절요』 권10, 인종 18년 윤6월; 『고려사』 권98, 정습명전. 郞舍가 상언한 바로 인하여 다음 달인 7월에 왕이 執奏官을 혁파하고 諸處內侍別監 및 內侍院別庫를 줄이고는 崔梓 등을 불러 나와서 視事하게 했는데 오직 정습명은 상언한 바를 왕이 다 따르지 않았다며 출근하지 않았다. 유일하게 右常侍 崔灌은 上書에 참여하지 않은 채 근무했다.

125 『고려사』 권19, 명종 6년 5월. 한편 『고려사절요』 권12, 명종 6년 5월조에는 "羣臣을 引見해 時政得失을 묻다" 라고 되어 있다. 閤門(閣門)은 시설·장소로서의 의미 외에 이곳에 설치된 관청과 관리를 의미하기도 했다. 합문은 朝會儀禮를 관장했으니(『고려사』 권76, 백관지 통례문), 임금의 측근으로 궁중 의례와 임금 辭令을 담당한 요직이었다. 『고려사』 예지에 실린 의례에는 대개 각문(합문) 관리들이 執事者로 등장한다.

軍國庶務를 물은 일, 문종이 재상을 召見해 時政得失을 물은 일, 문종이 재신을 召見해 시정득실을 논한 일, 문종이 사형을 결단한 일, 예종이 전장에서 돌아온 윤관과 오연총 및 재추를 불러들여 邊事를 물은 일, 예종이 오연총에게 邊事를 묻고 연회를 하사한 일, 예종이 재추와 더불어 문덕전에서 邊事를 의논한 일, 명종이 수문전에 이어하니 이준의와 정중부와 이의방과 이고가 시종하여 문극겸을 석방해 批目을 작성한 일이 그것이다. 문덕전은 정사에서도 중대한 군사관련 일을 논의하는 곳으로 주로 이용되었으며, 특히 문종과 예종이 문덕전을 애용했다. 문덕전(수문전) 연회는 3회인데, 현종이 문덕전에서 문무 常叅 이상을 연회한 일, 덕종이 문덕전에서 群臣을 연회해 柳韶 등의 關城 개척의 노고를 위로한 일, 의종이 18년에 관북궁으로부터 환궁해 최유칭과 이담을 불러 수문전에서 연회하고 또 상춘정에서 새벽까지 연회한 일이 그것이다.

문덕전 과거는 11회인데 현종과 문종과 선종과 숙종이 覆試한 것이 그것이며, 숙종 6년 1월에 來投한 宋人을 문덕전에서 시험해 8품을 제수한 일[126]도 있었다. 문덕전은 기밀문서 보관소와 경연 장소로의 기능도 수행했으니, 숙종이 원년 7월에 문덕전에 이어해 역대 秘藏 문서를 열람하고 문덕전과 장령전과 御書房과 비서각에 分藏하고 남는 것은 兩府宰臣과 誥院과 史翰과 內侍文臣에게 나누어준 일, 예종이 원년 12월에 문덕전에 이어해 평장사 윤관에게 無逸을, 지추밀원사 오연총에게 禮記를 강독하게 하고 평장사 최홍사 등 儒臣 21인을 불러 聽講하게 하고는 酒饌을 하사한 일[127]이 그것이다. 이는 문덕전(수문전) 學士를 延英殿 학사와 더불어 운영한 것[128]과 일정한 관련이 있었을 것

126 『고려사』 권11, 숙종 6년 정월
127 『고려사』 권11, 숙종 원년 7월; 『고려사』 권12, 예종 원년 12월
128 인종 14년에 文德殿을 修文殿으로, 延英殿을 集賢殿으로 고쳤으며, 문덕전과 연영전에는 옛적부터 大學士와 學士가 있었는데 殿에 따라 改號했다(『고려사』 권76, 백관지 諸館殿學士). 문덕전 학사와 연영전 학사가 운영되다가 수문전

이다. 수문전 학사에는 國制에 科第 出身이 아니면 文翰官이 될 수 없었지만 崔瑀가 擅政해 스스로 監修國史가 되었으면서도 오히려 修文殿을 겸할 수 없었을 만큼 명망 높은 문사가 임명되었다.[129]

문덕전(수문전) 불교행사는 57회(인종의 왕비 任氏 질병치료 위한 寶星도량 1회 포함) 확인된다. 불정도량이 15회, 제석도량(천제석도량)이 12회, 소재도량이 5회, 약사경강독(약사도량)이 3회, 금광명경도량이 3회(기우 위한 금강명경도량 1회, 금강경도량 1회, 기우 위한 금강도량 1회), 인왕도량이 3회(의종 20년 10월 백좌회 포함), 의종의 보살계 받음이 2회, 壓兵 위한 무능승도량이 2회(신종 6년과 고종 14년), 반야도량이 1회, 자비참도량이 1회, 공작명왕도량이 1회, 寶星도량이 1회, 대상미상의 도량과 佛事가 7회(주로 기우와 쾌유 기원)였다. 문덕전(수문전)은 특히 불정도량과 제석도량의 주된 공간이었음이 드러난다. 왕사 決凝은 계미년(靖宗 9년)에 정종의 초청으로 문덕전에 나아가 잡화경(화엄경)을 강독해 비 내리기를 기도하니 비가 내렸다.[130] 무자년(문종 2년: 1048) 5월에 가뭄이 심하게 들었는데 群望(名山)에 달려가도(제사해도) 無益하고 百神에게 빌어도 효험이 없자, 鼎賢이 文德殿에서 八卷金經(금광명경)을 강독하니 비가 내렸다.[131] 이를 고려하면 문덕전 불교행사는 더 늘어난다. 문덕전(수문전) 초례는 3회인데, 선종이 4년 3월에 太一을 親醮해 風雨 순조를 기도한

학사와 집현전 학사로 바뀌었던 것인데, 인종 14년은 인종 16년의 오류일 가능성이 있다. 인종 16년 5월에 문덕전을 수문전으로 연영전을 집현전으로 개칭했다(『고려사』 16). 문덕전은 현종 12년 3월에 文功殿이 개칭된 명칭이었다(『고려사』 4).

129 『고려사절요』 권21, 충렬왕 21년 8월. 하지만 洪君祥은 元朝 集賢大學士이기 때문에 都僉議中贊 修文殿大學士 監修國史 世子師 臨安公에 임명되어 수문전 대학사를 겸할 수 있었다.

130 순흥 부석사 원융국사 비문

131 죽주 칠장사 혜소국사 비문

일, 의종 23년 2월에 11曜와 南北斗와 28宿와 12宮神에 초례한 일, 고종 15년 6월에 元辰(北辰)에 親醮한 일[132]이 그것이다. 寶星도량을 초례로 간주하면 초례 회수는 1회 더 증가한다.

문덕전(수문전)에서 약사경 강독 내지 약사도량이 3회 열린 점이 주목된다. 약사여래는 동방 유리광세계의 주인이라고 하니 문덕전(수문전)은 대궐 궁성의 동쪽에 위치했을 가능성이 큼을 시사한다. 북한에서는 『고려도경』에 나오는 元德殿(회경전의 북쪽에 위치)을 문덕전으로 파악하는데, 일리가 있다고 생각된다. 보현원 정변 직후 대궐로 돌아온 의종이 강안전에 들어온 다음에 수문전에 앉아 自若하게 술을 마시고 伶官으로 하여금 음악을 연주하게 하고는 夜半에 취침했지만 정중부가 왕을 핍박해 군기감으로 옮긴 일[133]은 수문전의 기능을 시사한다. 수문전은 편전과 침전의 기능을 갖추고 편안함과 은밀함을 제공하는 공간이었기에 정중부는 의종이 그러한 이곳에서 반전을 도모할까 염려해 의종을 군기감으로 옮겼다고 생각된다. 문덕전(수문전)은 궁성 북쪽 지역에서 서쪽에 있었든 동쪽에 있었든 내전의 성격을 지닌 건물이었다.

3. 내전 구역의 행사

내전은 대개 궁성에서도 안쪽의 공간을 가리키는데,[134] 국왕의 침전과 휴식공간, 후비의 침전과 생활공간, 禁苑, 종교시설(경령전·內院

132 『고려사』 권10, 선종 4년 3월; 『고려사』 권19, 의종 23년 2월; 『고려사』 권22, 고종 15년 6월

133 『고려사』 권19, 의종 24년 9월; 『고려사』 권128, 정중부전. 태자는 迎恩館으로 옮겨졌다.

134 내전이 극히 드물게 대궐 내의 모든 공간을 의미하는 경우도 있다.

등), 연영전·청연각 등의 도서학술 공간이 이곳에 자리잡았으며, 문덕전(수문전)도 내전의 하나일 가능성이 있다.

그런데 구체적 명칭이 언급되지 않고 내전이라 나오면 그것이 어느 것에 해당하는지 알 수 없는 경우가 대부분이다. 그래도 내전이라 나오는 기사도 의미가 있으므로 이를 먼저 살펴보자. 이자겸의 정변으로 대궐이 불타기 전까지는 '내전'이 대개 대궐 궁성의 내전이었지만 그 이후에는 대궐의 내전인지 별궁의 내전인지 구분하기 어려운 경우가 많아 유의해야 한다.

강도 이전에 『고려사』와 『고려사절요』에는 내전(寢內, 臥內, 密殿, 後庭, 林亭 포함)이 구체적인 명칭으로 표기된 것과 『고려사』 예지 의례일반을 제외하고 102회 정도로 자주 나타난다.

내전의 불교행사는 43회 정도 나타나는데, 소재도량이 8회, 인왕도량(백좌 포함)이 6회, 불정도량이 6회, 보살계 받은 일이 5회, 기일법회가 4회, 飯僧이 4회, 불경 강독이 2회(1회는 祈雨 행사)였다. 그 외에 송의 대장경(한언공이 송에서 가져온 것) 迎入, 佛骨(경주 고선사와 창림사에서 가져온 것) 안치, 침향목 관음상 설치(의종 5년)와 飯僧, 尊勝 법회, 勝法文 도량, 제석도량, 신중도량, 談論法席, 기복도량, 延生經 도량이 각각 1회였다. 내전에서는 다양한 법회가 열렸는데 소재도량, 인왕도량, 불정도량, 보살계, 기일재, 반승이 주된 것이었다. 의종 때 기복도량, 강종 때 延生經 도량이 내전에 열린 것은 정치적 갈등에 직면한 의종이 福에, 유배생활을 거쳐 60세에 왕위에 오른 강종이 延生에 관심이 많았음을 말해준다.

내전 초례는 29회 나타나는데, 의종 때 24회, 문종 때 3회, 선종과 예종 때 각각 1회로 의종 때 집중적으로 나타난다. 의종이 내전 초례를 대단히 선호했음을 알 수 있는데 기우를 위한 것도 있지만 대부분 왕의 기복과 長壽를 위한 것으로 보이며 그래서 내전이 선호되었던 것

같다.

내전 연회는 9회 나타나는데, 현종이 재추를 내전에서 연회한 일, 현종이 한식이라 문무 常叅 이상을 내전에서 연회한 일, 예종이 왕비 연화궁주 생일이라 내전에서 曲宴한 일, 인종이 태자비에게 조서를 하사하고 密殿에서 광평후 등과 곡연한 일 등이 그것이다. 의종이 내전에서 백희를 관람한 일, 의종이 최윤의와 이원응을 密殿에 불러 물건을 하사한 일도 있었다.

대궐 내전이 드물게 외교 공간으로 이용된 적도 있었다. 덕종 즉위년 7월에 거란 報哀使가 와서 聖宗의 喪을 알리고 현종 魂堂에 조서를 반포하자 덕종이 報哀使를 引見하여 내전에서 擧哀한 일,[135] 고종 18년 12월과 19년 정월에 몽골 사신을 3회 내전에서 연회한 일[136]이 그것이다. 의종이 3년 2월과 5년 8월에 後庭에서 격구를 2회 즐겼는데[137] 이 후정은 수창궁의 내전구역으로 판단된다.

그 외에 태조는 26년 4월에 내전에 이어해 박술희를 불러 훈요를 친히 주었으며, 혜종은 2년에 寢內에서 암살당할 위기에 처하자 다른 곳으로 피했으며, 목종 12년 정월에 정변이 발생하자 지은대사 등이 '內'에서 직숙했으며, 靖宗은 12년 5월에 위독하자 동생 낙랑군을 臥內에 불러 전위했으며, 헌종은 원년 10월에 계림공(숙종)에게 왕위를 빼앗겨 後宮에 퇴거했으며, 예종은 13년 윤9월에 재추가 內殿 門에 나아가 常膳 회복을 3회 요청하자 따랐다.[138] 이곳들은 대궐의 내전 내지

135 『고려사』 권7, 덕종 즉위년 7월; 『고려사』 권64, 예지 흉례 上國喪, 현종 22년(사실은 덕종 즉위년) 7월

136 『고려사』 권23, 고종 18년 12월 및 19년 정월

137 『고려사』 권17, 의종 3년 2월과 5년 8월. 한편 의종이 원년 5월에 北園에서 놀다가 친히 빼어난 격구 솜씨를 뽐냈고, 원년 11월과 2년 12월에 北園에서 친히 격구했고, 4년 9월에 北園에 毬場을 축조했고, 5년 8월 정해일에 北園에서 놀다가 騎士에게 명해 격구하게 했다(『고려사』 권17). 이 北園은 수창궁 내전구역의 後園으로 판단된다.

침전이었다. 인종 4년에 이자겸이 御寢을 범하려 했다고 하는데,[139] 이곳은 연경궁의 침전이었다. 덕녕궁주는 의종의 친누이로 강양공과 결혼했는데 자태가 요염하면서 아름답고 擧止가 閒雅하고 담소를 잘하니 의종이 매양 꽃피는 아침과 달뜨는 저녁에 內로 불러 밤낮으로 酣歌하니 醜聲이 밖에까지 들렸는데,[140] 이 '內'가 대궐의 내전인지 별궁의 내전인지 확실하지 않다.

내전 구역은 은밀한 곳으로 공적 영역과 사적 영역이 혼재된 곳이었다. 태조가 박술희를 정전이나 일반 편전이 아닌 내전에 불러 훈요를 준 것은 훈요가 은밀히 전해져야 할 기밀임을 시사한다. 내전 지역에서 이루어진 일은 대단히 많았겠지만 사적이고 은밀한 일들은 대부분 기록에 남지 않았다. 한편 내전은 『고려사』 예지에 따르면, 의례 일반이 거행될 때도 이용되었으니, 임금이 경령전 알현 때 내전을 경유했고, 重刑을 내전에서 판결했고, 경령전 및 대관전의 장수출정 의례와 대관전의 출정군사 귀환 의례를 위해 내전을 경유했고, 대관전 정기 朝賀를 위해 내전을 경유했다.[141] 중형을 판결한 이 내전은 수문전(문덕전) 내지 원덕전이었을 가능성이 크다.

고승 비문에는 내전에서 열린 불교 행사가 꽤 실려 있다. 智偁(智稱)은 신해년(명종 21)에 內殿 大藏道場에서 首가 되었다.[142] 仁廟(인종)가 항상 內道場에서 종린에게 요청해 講論하게 했는데 날마다 들어도 싫증내지 않았다.[143] 의종이 皇統 7년(의종 원년) 2월에 大內

138 『고려사』 세가 및 『고려사절요』 해당연월
139 『고려사』 권15, 인종 4년 5월; 『고려사』 권127, 이자겸전
140 『고려사』 권91, 공주전 인종의 딸 덕녕궁주; 『고려사절요』 권13, 명종 22년 8월 덕녕공주 卒記.
141 『고려사』 예지 길례대사 경령전; 흉례 重刑奏對儀; 군례 遣將出征儀; 군례 師還儀; 가례 1月3朝儀
142 영통사 주지 通炤僧統 智偁 묘지명
143 용인 서봉사(부석사 주지 현오국사) 碑銘

에 종린을 迎入해 종린에게 직접 大弟의 頂髮을 깎게 했고 경인년에 今上(명종)이 즉위하자 종린에게 佐世 칭호를 수여하고 신묘년(명종 원년; 1171) 가을에 內殿으로 불러 滿繡袈裟를 하사하고 종린에게 冬百座會를 주관하게 했으며,[144] 종린이 위독해 53세로 입적해 京 東南 □法寺에 안치되니, 上(명종)이 전중소감 任忠質과 상서호부원외랑 최광유와 內侍 含慶殿錄事 누구를 파견해 國師를 추증하고 시호 玄悟를 내렸다.[145] 承逈이 康廟가 즉위한 3년(강종 2년: 1213 계유년)에 三重大師를 받고는 사양해 피하려 했지만 당시 秉政한 晉康公(최충헌)이 上旨를 받들어 敦諭해 강제로 就職하게 했는데, 이 해 겨울에 上(강종)이 秘殿에 召入해 禪錄을 點破하게 했고, 中使 內侍 大官署令 邵敬輿를 보내 所住 精舍(머물렀던 보덕굴?)를 重修하게 했다. 이에 앞서 承逈이 일찍이 楓嶽(금강산) 普德崛에 寓했을 적에 異夢이 있었다가 이에 이르러 효험이 나타난 것인데, 계유년(1213)에 今上(고종)이 즉위해 先志를 계승해 2년 갑술년(고종 원년)에 명하여 낙성법회를 개설해 禪旨를 大弘하고 承逈을 禪師로 삼았으며, 이 해(고종 원년) 봄에 上이 秘殿에 徵入해 尙衣直長同正 徐稚의 아들로 대신하여 剃髮하게 했으며, 明年(고종 2년) 가을에 大禪師를 수여하고 詔하여 東京理內 淸河縣 寶鏡寺에 주석하게 함했다.[146] 고승들이 內殿 혹은 秘殿에 초빙되어 행사를 주관하거나 우대받았음이 확인된다.

---

144 용인 서봉사(부석사 주지 현오국사) 碑銘

145 용인 서봉사(부석사 주지 현오국사) 碑銘. 大定 25년 을사년(명종 15년) 2월에 門人들이 奉宣해 瑞峯寺에 立石했는데 홍왕사 大師 敏求가 刻字했다.

146 청하현 보경사 주지 대선사 원진국사 碑銘. 雲門山 伏安寺가 降賊으로 인해 근심해 師를 청해 법회를 별도로 개최해 六祖壇經을 강설하자 群賊이 모두 感悟해 눈물을 흘리니 一方이 편안해졌다. 옛적에 淸道郡 七葉寺叢林에 오래 가물자 師가 慈覺禪師가 설법한 바를 談揚하자 비가 내렸고, 또한 公山 念佛蘭若에 있을 적에 크게 가물자 阿羅漢에 기도해 禪月和尙 禮懺文을 가지고 梵唱하니 비가 내렸다.

다음으로는 구체적인 명칭을 지닌 내전을 살펴보자. 澄儼은 肅廟(숙종)와 明懿大后 柳氏의 아들인데 壽昌 3년(숙종 2년)에 京南 興王寺에 나아가 대각국사에게 출가해 (수창) 4년 무인년(숙종 3년)에 明慶殿에서 落髮하고 佛日寺에서 구족계를 받았는데 華嚴大旨에 정통했다.[147] 宣和 4년(예종 17)에 예종이 질병으로 인해 학일을 內殿에 불러 拜하여 王師로 삼으려 하니 학일이 사양해 받지 않자 시중 金仁存 등이 학일에게 말하기를, 上이 不臣禮로 師를 섬기고자 한지 오래인데 왜 받지 않느냐고 하자 받아들였다. 이에 上이 학일에게 拜했지만 미처 册禮를 행하지 못한 채 登遐했다. 4월에 仁王(인종)이 즉위하자 先志를 追述해 7월 7일에 中使를 보내 책봉 계획을 알리고, 12일에 禮儀를 갖추어 책봉하여 王師를 삼았으며, 16일에 인종이 明慶殿에 행차해 제자의 禮를 행하니 백관이 拜賀했다.[148] 睿王 때 □師(왕사, 국사?) 德淵(德緣)이 大內 明慶殿에 거처했는데, 예종이 國師를 계승할 자가 누구인지 물으니 국사가 덕겸이라고 대답했다.[149] 을축년(인종 23년)에 上(인종)이 탄연의 도덕을 존경해 4월 7일에 우부승선을 보내 師事의 뜻을 전달하고 知奏事 김영관을 보내 거듭 전달했다. 당시 彗星이 출현한지 20여 일이 지나고 또한 大旱이 들었는데 5월 6일에 왕사 책봉을 사양 끝에 받아들이자 이날에 大雨가 내렸으며, 다음날에 上이 金明殿에 나아가 北面 摳衣의 禮를 행했다. 9월 7일에 탄연이 普濟寺에 들어갔고, 11월 5일에 어가가 이 절에 행차해 의복을 바쳤다.[150] 대궐의 明慶殿과 金明殿은 내전 불교행사의 중심으로 임금의 신

147 홍왕사 圓明國師 澄儼 묘지명

148 운문사 원응국사 비문

149 유가업 현화사 주지 원증승통 덕겸 묘지명. 德緣은 예종 12년(1117)에 王師가 되고, 예종 15년(1120)에 왕에게 금강경을 강설했고, 예종 16년에 건덕전에 5일간 祈雨했고, 예종 17년에 國師가 되었다. 『고려사』 예종세가.

150 조계종 崛山下 斷俗寺(山淸) 大鑑國師 碑銘

임을 받는 고승이 여기에 거처했다.

청연각과 보문각과 정의당은 예종 때 건립된 시설물인데 金緣(김인존)이 찬술한 「淸燕閣記(淸讌閣記)」가 서긍의 『고려도경』과 『고려사』 권96 김인존전과 『동문선』 권64 記에 전한다. 『고려사』 백관지 보문각 조항에는 이 세 건물이 예종 11년 11월에 한꺼번에 건립된 것으로 되어 있지만 청연각이 먼저, 보문각과 정의당이 그 다음에 생겼다. 『고려사절요』에 따르면 예종 11년 8월에 禁中에 청연각을 지어 학사 직학사 直閣, 각 1인을 두어 朝夕으로 經籍을 강론했다고 되어 있다.[151] 이 때 청연각이 설치되었음은 예종 11년 8월에 홍관으로 청연각 학사, 정극공으로 직학사, 윤해로 直閣을 삼았다는 『고려사』 예종세가의 기사에 의해 증명된다.[152]

이처럼 예종 11년 8월에 청연각을 금중에 건립해 학사 직학사 직각을 두었다. 그러다가 청연각이 禁內(禁中)에 위치해 학사가 直宿 出入하는 데 어려움이 있어 예종 11년 11월에 보문각과 정의당을 건립하게 되는데, 세부사항은 『고려사』 백관지 보문각 조항과 『고려사절요』 권8의 내용에 차이가 있다. 백관지에는 청연각이 禁內에 위치해 학사가 直宿 出入하는 데 어려움이 있어, 그 옆에 閣을 別置해 官號를 고쳐 '寶文'이라 했으며, 또한 紅樓 아래 南廊을 수리해 學士 會講의 堂으로 삼아 '精義'라는 칭호를 하사하고 그 左右를 따라 休息의 장소를 삼았다고 되어 있다. 반면 『고려사절요』에는 청연각이 禁中에 위치해 학사가 直宿 出入하는 데 어려움이 있어, 紅樓 아래 南廊을 수리해 學士 會講의 堂으로 삼아 '精義'라는 칭호를 하사하고 그 左右를 따라 休息의 장소를 삼아 '보문각'이라 改號하고 청연각학사를 옮겨 충원했다

151 『고려사절요』 권8, 예종 11년 8월
152 한편 예종은 12년 6월에 禁中에 天章閣을 설치해 宋帝가 보낸 親製 詔書 및 御筆書畫를 보관했다(『고려사절요』 권8).

고 되어 있다.

청연각 행사는 『고려사』와 『고려사절요』 연대기 자료에 학사 임명을 제외하고 33회 나타나는데, 예종 후반(예종 11년~17년) 31회와 의종 3년의 2회(연회)였다. 예종 후반기는 '청연각 정치'의 시대라 표현해도 무방할 정도로 청연각이 정사의 중심이었고 학술토론과 시짓기와 연회의 주된 무대였다.

청연각 경연은 26회 나타나는데, 『書經(尙書)』 강독이 14회(홍범 4회, 舜典 2회, 열명 2회, 무일과 堯典과 대갑과 大禹謨와 皐陶謨와 益稷 각각 1회), 『예기』가 5회(중용 2회, 월령 2회, 투호 1회, 기타 1회), 『주역』이 4회(건괘 2회, 태괘 1회, 복괘 1회), 『시경』이 4회(관저와 노송과 泮水와 雲漢 각 1회)였다. 『서경』, 『예기』, 『주역』, 『시경』이 경연 경전으로 애용되었는데 『서경』이 『예기』 및 『주역』 및 『시경』의 각각 3배 정도로 애독되었고, 『예기』와 『주역』과 『시경』은 서로 비슷한 비율로 강독되었다. 경전의 내용으로는 『서경』의 홍범이 가장 애독되었고 『서경』 순전·열명과 『예기』 중용·월령과 『주역』 건괘가 그 다음을 차지했다. 帝王 통치의 철학과 방법, 천지자연·음양오행과 인간의 조화를 이루는 길이 주로 모색되었다. 『고려사』 박승중전에 따르면, 예종 때 오래도록 가물자 왕이 청연각에 이어해 한림학사승지 박승중에게 홍범을 강독하게 했는데 그날 우연히 大雨가 내리자 講經의 효과로 여기는 사람도 있었다고 한다.[153] 박승중이 청연각에서 『서경』 홍범을 강독한 것은 예종 14년 8월 을해일 초하루에 한림학사로서 한 것, 15년 6월 갑술일에 한 것, 16년 윤5월 경진일에 한 것이 『고

153 『고려사』 권125, 박승중전. 박승중은 이 이전에 國子祭酒 한림학사 좌간의대부였을 적에 淸讌閣侍臣을 기롱하는 말이 예종에 저촉되어 판장작감사로 좌천된 적도 있었다. 박승중이 국자제주 한림학사 좌간의대부에 임명된 때는 예종 11년 6월 임오일이니(『고려사』 권14), 그의 기롱과 좌천 시기는 이 이후가 된다.

려사』 예종세가에서 확인되는데, 효험 논란이 있는 홍범 강독은 이것들 중의 하나일 가능성도 있지만 이것들 중에는 그날 大雨가 내린 것이 확인되지 않고 박승중이 한림학사승지에 임명되는 때가 예종 17년 3월 경오일[154]이라 『고려사』 세가에서 누락된 사례일 수도 있다.

청연각 연회는 5회 나타나는데 예종이 大雪이라 학사들을 불러 置酒하여 눈을 읊은 일, 예종이 친왕과 兩府를 연회한 일, 예종이 재추를 곡연한 일, 의종이 보문각학사 문공유 등을 연회한 일과 평장사 고조기 등을 연회한 일이 그것이다. 하지만 경연에도 연회가 수반되는 경우가 많았으므로 연회 횟수는 훨씬 더 늘어난다.

인종 이후 청연각이 별로 이용되지 않은 이유는 무엇일까? 인종초는 이자겸의 사실상의 섭정시기로 왕권이 약했기 때문이고, 이자겸 실각 이후의 인종시기에는 대궐이 불탄 상태였고 대궐이 복구된 뒤에도 대궐이 기피되었기 때문이다. 의종대에는 대궐이 기피되는 현상이 심화되어 임금이 별궁과 사원을 떠돌았기 때문이다. 명종대에는 대궐이 또 불탔고 대궐이 복구된 뒤에도 대궐이 기피되었기 때문이다. 명종대를 포함한 무인정권기에는 무인집권자에 의해 왕권이 제약되었기 때문에 청연각이 활성화될 수 없었다.

보문각 행사는 그 관원 임명을 제외하고 『고려사』와 『고려사절요』에 강도 천도 이전에 5회 나타나는데, 예종 때 1회(건립 기사)와 의종 때 1회와 명종 때 1회와 신종 때 1회와 고종 때 1회이다. 의종은 5년에 보문각에 文牒所를 비로소 두어 文士 14인과 보문각교감으로 하여금 그 일을 專掌하게 하고 司空 林光을 別監에 임명했으니,[155] 그는 보문각의 활성화에 관심을 지녔던 것이다. 명종은 22년 4월에 書筵 諸儒를 보문각에 모아 增續자치통감을 수교하여 州縣에 分送해 雕印해 올

154 『고려사』 권14, 예종 17년 3월
155 『고려사』 권76, 백관지 보문각, 의종 5년

리게 하여 侍從儒臣에게 나누어주었고, 신종 원년 3월에는 원자가 보문각에서 書筵을 비로소 열었고, 고종 14년 8월에는 태자가 보문각에 앉아 효경을 비로소 강독했다.[156] 무인정권기에는 보문각이 원자 내지 태자의 書筵 장소로 이용되는 현상이 보인다. 정의당 행사는 2회 나타나는데 1회는 건립 기사이고, 나머지 1회는 의종이 5년 6월에 보문각 학사·대제와 한림학사에게 명령해 날마다 정의당에 모여 책부원귀를 교정하게 한 일[157]이 그것이다.

내전 구역에는 왕실의 신전인 경령전도 자리잡았다. 경령전에 대한 연대 기사는 강도 이전에 『고려사』와 『고려사절요』에 30회 나타나는데, 덕종 때 1회, 문종 때 3회, 선종 때 1회, 예종 때 3회, 인종 때 7회, 의종 때 4회, 명종 때 10회, 강화 천도 이전의 고종 때 2회였다.

덕종 즉위년 6월 경자일에 왕이 경령전을 알현해 즉위를 고했다. 문종 18년 11월 기묘일에 태자 納妃를 고했고, 19년 5월 계유일에 경령전에 御하여 왕사 난원을 불러 아들 煦를 祝髮시켜 승려로 만들었고, 25년 2월 무인일에 연등회를 特設하고 경령전을 알현했다. 선종 2년 8월 정축일에 문종 神御를 경령전에 봉안했는데 왕이 奠禮를 친히 행했다. 예종 3년 4월 기축일에 윤관과 오연총이 경령전에 나아가 復命해 斧鉞을 還納하니, 왕이 문덕전에 윤관과 오연총 및 재추를 끌어들여 邊事를 물었으며, 4년 4월 무인일에 병마부원수 오연총이 陛辭하니, 왕이 경령전에 나아가 부월을 친히 주었으며, 11년 8월 병자일에 경령전을 알현했다.

인종 즉위년 4월 정유일에 왕이 경령전에 나아가 즉위를 고하고, 使를 보내 대묘와 9릉에 고했다. 인종 2년 4월 임신일에 예종 睟容을 경

156 『고려사』 권,20, 명종 22년 4월; 『고려사』 권21, 신종 원년 3월; 『고려사』 권22, 고종 14년 8월
157 『고려사』 권17, 의종 5년 6월

령전에 봉안하고, 혜종 신주를 순릉에 옮겼고, 갑술일에 예종(예종 신주)을 대묘에 祔했다. 인종 4년 2월에 정변이 발생해 척준경이 대궐 동화문에 지른 불이 內寢까지 번지자 산호정으로 피신했던 인종이 걸어서 경령전에 이르러 내시 백사청에게 명해 祖宗眞을 꺼내어 내제석원의 마른 우물에 넣게 하고 서화문을 나왔다. 인종 14년 4월 경자일에 김부식이 개선하니 왕이 경령전을 알현해 西賊(서경 반란군) 평정을 고했다. 인종 16년 5월에 諸殿閣 및 宮門 명칭을 고쳐 額號를 御書할 적에 오직 慶寧殿(景靈殿)과 秘書閣만 고치지 않았다. 인종 17년 5월 갑신일에 경령전을 알현했다.

의종 2년 3월 갑자일(6일)에 인종 神御를 경령전에 봉안했다. 의종 3년 5월 갑신일에 왕이 원자 탄생을 경령전에 친히 고했고, 5년 9월 병오일(9일)에 경령전을 알현했고, 9년 5월 신해일(5일)에 단오여서 경령전을 알현했다. 명종 원년 10월에 궁궐이 불탈 적에 유응규가 경령전에 나아가 五室의 祖眞을 안고 나오고 중서성에 이르러 國印을 꺼냈다. 명종 2년 정월 초하루(설날)와 3년 정월 초하루(설날)와 3년 5월 병신일(5일) 단오와 3년 8월 을해일(15일) 추석과 5년 5월 을유일(5일) 단오에 경령전을 알현했다. 명종 7년 7월 정미일(10일)에 왕이 친히 '引咎責躬詞'를 지어 경령전의 태조 神御에 告謝 즉 謝罪했는데, 이는 3일전인 갑진일에 관군이 西賊과 싸워 패배해 돌아왔기 때문이라 생각된다. 명종 16년 정월 신축일(22일)에 왕이 경령전에 卽吉(태후 喪禮를 마쳐 吉禮로 전환)을 고하고, 병오일(27일)에 공예태후를 大廟에 祔했다. 20년 8월 정유일(15일)에 秋夕이라서, 9월 경신일(9일)에 重陽이라서 각각 경령전에 親享했다. 고종 2년 8월 기유일(22일)에 강종 신어를 왕이 의봉문 밖에 나와 拜迎해 四親殿인 경령전에 봉안했고, 14년 9월 을유일(9일) 중앙에 경령전을 알현했다.[158]

---

158 『고려사』 세가 ; 『고려사』 권61, 예지 길례대사 경령전

景靈殿은 가끔 慶寧殿으로 표기되기도 하지만[159] 다른 전각의 명칭이 대개 개칭됨에도 불구하고 처음 명칭을 계속 유지했으니, 이는 태조의 진영과 임금 四親의 진영을 봉안하는 신성한 공간이었기 때문이었다고 생각된다. 대궐에 화재가 발생했을 때 경령전의 眞影은 최우선 구출 대상이었다. 경령전은 임금의 즉위, 태자의 納妃, 원자 탄생, 상례의 종결, 반란 토벌을 고하는 곳이었고, 왕자의 祝髮式을 거행하고, 斧鉞을 수여·반납하고, 선왕 睟容(神御)을 봉안하고, 설날·단오·추석·중양에 알현 혹은 제사하는 곳이었다.

대궐 궁성의 북쪽 禁苑 지역에는 산호정, 상화정, 상춘정 등이 자리잡았고, 옥촉정도 여기에 위치했다고 생각된다. 산호정(산호전)은 강도 이전에 『고려사』와 『고려사절요』에 14회 내지 15회 나타나는데 호랑이가 禁苑 산호정에 출현한 기사[160]를 제외한 행사 회수는 13회 내지 14회이다. 불교 행사가 7회였는데, 예종이 원년 5월과 6월에 행차해 불사를 행한 일, 외제석원에 두었던 佛骨(佛牙,頭骨: 王字之가 송에서 가져온 宋帝의 선물)을 예종 15년 5월에 禁中에 迎入해 산호정에 둔 일, 예종 16년 윤5월 임신일에 왕사 덕연을 다시 불러 산호정에서 기우하고, 병자일에 승려를 모아 산호정과 佛宇에서 또 기우하고, 경진일에 산호정에 승려를 모아 講經 기우한 일, 의종 23년 3월에 왕이 西都에 순어하기 위해 疏文을 친히 지어 산호정에 나한재를 개설한 일[161]이 그것이다. 靖宗이 아파서 山呼殿에 이어한 일[162]도 종교적으로 질병을 기양하기 위한 행위로 보이니 불교 혹은 도교 혹은 음양설과 관련이 있었

159 원종이 원년 4월 무오일에 강안전에서 즉위하고 灌頂해서 慶寧殿에서 보살계를 받고 강안전에 御하여 백관의 朝賀를 받았는데(『고려사』 권25 및 『고려사절요』 권18), 이 慶寧殿도 景靈殿과 동일한 것으로 판단된다.

160 『고려사』 권54, 오행지 金, 숙종 8년 11월

161 『고려사』 세가 해당연월; 『고려사』 권54, 오행지 金, 예종 16년 윤5월

162 『고려사』 권6, 靖宗 12년 4월

을 것이다. 이규보의 『동국이상국집』 권13에 따르면 산호전에 내도량이 있었다.

산호정은 대궐 궁성의 북쪽 가장자리의 禁苑 지역에 위치했기에 중심지에서 발생한 화재로부터 안전했고 그래서 피난처로 이용되었다. 이자겸의 정변으로 궁궐이 連燒되자 밤에 인종이 불을 피해 걸어서 산호정에 이르렀고, 禁中에 직숙하던 直史館 김수자가 國史를 짊어지고 산호정 북쪽에 이르러 땅을 파서 보관해 소실을 막았고, 이날에 宮禁이 焚蕩되고 오직 山呼亭과 賞春亭과 賞花亭, 三亭 및 내제석원 廊廡 數十間이 겨우 남았다.[163] 명종 원년 10월에 궁궐에 화재가 발생하자 여러 절의 僧徒 및 府衛軍人이 궐에 나아가 불을 끄려 했지만 이의방 형제가 변란이 생길까 두려워 달려가 入內해 紫城門을 닫았기 때문에 殿宇가 모두 불타자 왕이 山呼亭에 나가 통곡했고 庾應圭가 경령전에 나아가 五室 祖眞을 안아 나오고 중서성에 이르러 國印을 꺼냈다.[164]

賞春亭은 강도 이전에 『고려사』와 『고려사절요』에서 18회 나타나는데, 고종 6년에 호랑이가 상춘정에 들어온 기사[165]를 제외한 행사는 17회이다.[166] 상춘정 연회가 12회(숙종의 詩 唱和 1회 포함)인데, 상춘정에서 문종이 24년 4월에 曲宴하고 태자와 諸王과 侍臣에게 賞花詩를 짓게 한 일, 문종이 24년 9월에 연회하고 近臣에게 시를 짓게 한 일, 문종이 25년 9월에 중양절을 맞이해 태자·계림후·재상 등과 연회한 일, 선종이 8년 9월에 계림공·부여공·유홍·소태보·왕국모 등을 불러 置酒하고 邊事를 물은 일, 숙종이 2년 4월에 禁亭 賞花詩를 짓고

163 『고려사』 권127, 이자겸전; 『고려사』 권96, 김인존전; 『고려사』 권98, 김수자전; 『고려사절요』 권9, 인종 4년 2월

164 『고려사』 권53, 오행지 火, 명종 원년 10월; 『고려사』 권19, 명종 원년 10월; 『고려사』 권99, 유응규전

165 『고려사』 권,54, 오행지 금, 고종 6년 4월

166 『고려사』 세가 해당연월; 『고려사』 권54, 오행지 金, 의종 12년 4월

館閣近侍文臣에게 和進 시킨 일, 예종이 7년 4월에 諸王과 평장사 김경용과 상장군·대장군과 승선 등을 연회한 일, 예종이 10년 4월에 諸王과 재추를 연회하고 시를 짓게 한 일, 예종이 10년 9월에 曲宴한 일, 예종 11년 6월에 燕射 즉 연회와 활쏘기를 한 일, 의종이 6년 3월에 연회하고 음악과 雜戲를 공연시킨 일, 의종이 6년 4월에 연회한 일, 의종이 18년 5월에 관북궁으로부터 환궁해 최유칭과 이담을 불러 수문전에서 연회하고 또 상춘정에서 연회해 새벽까지 마신 일이 그것이다. 상춘정 연회에서 邊事를 물은 적도 있었고, 연회와 활쏘기가 병행되기도 했다.[167]

상춘정 불교 행사는 1회인데, 예종 16년 5월에 소재도량을 상춘정 및 일월사·왕륜사·고봉사·극락사에 三七日(21일) 동안 개설한 일[168]이 그것이다. 도교 행사는 3회인데, 예종이 4년 3월에 상춘정에서 三淸을 친히 초례한 일, 의종이 12년 4월에 최윤의에게 명령해 상춘정에서 기우 초례를 지내도록 한 일, 의종 24년 4월에 壽星(남극 노인성)이 다시 출현하자 의종이 태자에게 명령해 복원궁에서 초례를 지내게 하고 허홍재에게 명령해 상춘정에서 초례를 지내도록 한 일[169]이 그것이다.

賞花亭은 『고려사』와 『고려사절요』를 통틀어 1회 나타나는데, 이자겸의 정변으로 궁궐이 불탔을 때 겨우 살아남은 건물의 하나였다. 玉燭亭은 『고려사』와 『고려사절요』를 통틀어 2회 나타나는데, 문종이

167 충혜왕이 3년 5월에 賞春亭에 행차해 手搏戲를 관람한 점(『고려사절요』 권25), 우왕 11년 3월에 姜仁裕가 그 妻와 松獄에 제사하자 우왕이 손수 吹笛張樂해 賞春亭에 맞이해 취한 채 돌아오다가 前郎將 全成吉이 길을 가로막자 그를 撲殺한 점(『고려사절요』 권32)으로 보아 상춘정은 고려말에도 기능하고 있었다.

168 『고려사』 권14, 예종 16년 5월

169 『고려사』 권13, 예종 4년 3월; 『고려사』 권18, 의종 12년 4월 및 『고려사』 권54, 오행지 金, 의종 12년 4월; 『고려사』 권19, 의종 24년 4월

22년 8월에 태자에게 명해 宋 진사 愼修 등을 옥촉정에서 詩賦로 시험한 일, 예종 2년 윤10월에 원시천존상을 옥촉정에 비로소 두어 月醮하도록 한 일[170]이 그것이다. 옥촉정에서 예종 2년 윤10월부터 달마다 원시천존 도교초례를 지냈으리라 여겨진다. 원응국사 비문에 따르면, 선화 5년 계묘년(인종 원년) 春夏에 大旱함에 왕사 학일이 玉燭亭에서 大禪師 得善 등과 함께 禪旨를 擧揚하니 翌日에 大雨가 내렸으며, 후에 水旱災異가 발생해 학일이 祈禳하면 效應하지 않음이 없었다고 한다.[171] 이를 고려하면 옥촉정 사례는 1회 더 늘어난다.

산호정, 상춘정, 상화정, 옥촉정은 대궐 금원지역의 유희용 시설이었지만 각각 특색을 지녔다. 산호정은 주로 불교 행사의 공간으로 쓰였다. 상춘정은 주로 연회 장소로 쓰였고 종교행사 중에서는 도교 행사의 장소로 종종 이용되었다. 옥촉정도 도교와 밀접한 관련이 있었다. 상화정은 잘 드러나지 않는데 임금과 后妃의 사적인 유희공간으로 주로 쓰였기 때문이 아닌가 싶다.

4. 태자궁과 東池 일대의 행사

태자궁 연대기사는 강도 이전 『고려사』와 『고려사절요』에 15회(개칭 1회 포함, 천령전 불포함) 나타나는데 여정궁과 의춘루에 벼락친 기

170 『고려사』 권8 및 『고려사절요』 권5, 문종 22년 8월; 『고려사』 권12, 예종 2년 윤10월

171 운문사 원응국사 비문. 이 해에 選席을 主盟할 때 學者가 二種自己를 盛談하니, 학일이 말하기를, 自己는 一일 뿐이라며 그러한 주장을 금지하라고 했다. 한편 왕사 학일이 운문사로 돌아갔는데 皇統 2년 임술년(인종 20) 2월 8일에 山火가 크게 일어났지만 학일이 산을 향해 祝하니 비가 내려 불이 꺼졌으며 후에도 또한 그러했다고 한다.

사를 제외한 행사는 13회이다. 태자궁은 壽春宮이었다가 인종 16년 5월에 麗正宮으로 개칭되었다.[172] 종교행사는 2회 나타나는데, 문종 11년 5월에 수춘궁에서 3일간 소재도량을 개설하고 문종 10년 9월에 수춘궁에서 태일에 제사해 화재를 기양한 일[173]이 그것이다. 법인국사 비문에 따르면, 탄문이 開寶 5년(광종 23년)에 특별히 儲后(正胤)의 수명을 위해 龍樓(正胤 宮의 樓)에서 법회를 열어 千佛道場에 들어가 분향하며 기도한 일[174]이 있으니 종교행사는 1회 더 늘어난다.

태자 및 원자와 관련된 일을 살펴보자. 문종 10년 12월에 中外가 箋을 올려 수춘궁에서 태자 장흥절을 축하했으며, 선종이 5년 11월 계해일에 延和宮 元子에게 이름을 '昱'이라 하고 銀器 匹段 布穀 鞍轡 奴婢를 하사해 태후를 받들어 수춘궁에서 연회했는데 조선공·계림공·상안공·부여후·금관후가 侍宴했으며, 선종이 10년 3월에 원자에게 수춘궁 入居 명령을 내리고 유석과 손관을 태자 좌우첨사로 삼았다.[175] 예종이 3년 정월 무인일에 모친 柳氏를 尊하여 왕태후로 삼고 다음날에 諸王 宰輔와 문무 상참관 이상이 進賀하니 群臣에게 연회를 하사했는데 2월 병술일에 태후책봉을 기념해 諸王 재추 近臣을 수춘궁에서 곡연하고 常叅 및 封冊 집사관에게 酒食을 하사하고 신묘일에 신봉루에 이어해 肆赦했으며,[176] 예종 10년 10월 경자일에 禮司가 요청하여 태자 생일을 永貞節이라 하고 宮官 僚屬으로 하여금 進賀하게 하고 兩

---

172 『고려사』 권16, 인종 16년 5월. 이 때 의춘루가 소휘루로 개칭되었는데 태자궁의 건물로 여겨진다.

173 『고려사』 권8, 문종 11년 5월; 『고려사』 권7, 문종 10년 9월 및 『고려사』 권63, 예지 길례소사 雜祀, 문종 10년 9월

174 가야산 보원사 법인국사 碑銘. 한편 이규보가 찬술한 「封太子敎書」(『동문선』 권28, 册)에는 龍樓의 位를 바르게 하기 위해 王太子를 책봉한다고 했다. 용루는 태자궁의 건물로 태자를 상징했다.

175 『고려사』 문종세가 및 선종세가, 해당 연월

176 『고려사』 권12, 예종 3년 정월

界 三京 8목 3도호부가 箋을 올리는 것을 恒式으로 삼았으며,[177] 예종 16년 정월 신해일에 왕태자가 수춘궁에서 元服을 입으니 백관이 表賀했다.[178]

李高가 非望의 뜻을 품어 惡小 및 법운사 승려 修惠, 개국사 승려 玄素 등과 陰結해 밤낮으로 宴飮하다가, 명종 원년 정월에 元子가 元服을 입어 冠禮를 함에 미쳐 왕이 장차 여정궁에서 연회하려 하니, 宣花使로 참여하게 된 李高가 몰래 개국사 승려 玄素로 하여금 惡小를 법운사 修惠의 房에 招致해 비수를 지닌 채 墻屛 사이에 숨어 있게 하여 장차 난을 일으키려 했지만, 이를 알아챈 이의방이 蔡元과 더불어 이고 등이 궁문(여정궁 문) 밖에 이르기를 기다려 철퇴로 쳐서 죽였다.[179] 고종 14년 8월에는 태자가 여정궁에 나가 侍學公子와 給使를 試選했다.[180]

태후가 원자 혹은 태자와 밀접한 관련을 맺어 태자궁에서 행사를 하는 경우가 더러 있었음을, 원자는 태자가 될 예정이라 태자가 되기 전에도 태자궁을 이용하는 경우가 있었음을, 태자만이 아니라 태후와 원자도 태자궁을 이용하는 경우가 있었음을 알 수 있다. 또한 태자궁은 법운사와 이웃한 곳에 자리잡았음을 알 수 있다. 태후책봉 의례와 태자 관련 의례가 『고려사』 예지 가례에 보이듯이 여정궁에서 행해진 것은 태후와 태자의 밀착관계를 말해준다. 예지 가례 册太后儀에 따르면, 태후책봉 의례는 여정궁과 대관전에서 열리고 축하연회가 대관전에서 열렸다.

---

177 『고려사』 권67, 예지 가례, 王太子節日 受宮官賀 幷會儀, 예종 10년 10월

178 『고려사』 권14, 예종 16년 정월; 『고려사』 권66, 예지 가례, 王太子 加元服儀, 예종 16년 정월. 이에 앞서 태자가 行宮에서 冠禮를 행하려 했는데 평장사 金緣의 반대로 이루어지지 못하고 이번에 수춘궁에서 행해진 것이었다.

179 『고려사절요』 권12, 명종 원년 정월; 『고려사』 권128, 이의방전

180 『고려사』 권22, 고종 14년 8월

불탄 대궐의 복구 작업에서 명종 9년 4월에 千齡殿이 완성되었는데,[181] 태자궁의 건물로 여겨진다. 신종이 7년 정월에 아프던 차에 최충헌의 압력을 받아 千齡殿에 이어해 태자에게 詔하여 전위한 일[182]이 그것을 뒷받침한다. 고종 2년 7월에 어떤 사람이 重房에 말하기를, 尙藥局이 闕西에 있어 항상 擣杵해 山西 旺氣를 해칠까 걱정된다고 하니, 중방이 마음대로 尙藥局과 尙衣局과 禮賓省 40餘楹을 헐어 중방을 移構했으며, 또한 千齡殿 옆에 新路를 열어 往來를 통하게 했다.[183] 西班을 대표하는 중방은 음양풍수설에 입각해 무반의 기를 해칠 염려가 있는 대궐 서쪽의 시설을 허무는 한편 문반의 기를 상징하는 대궐 동쪽 태자궁을 壓勝하고 감시하기 위해 新路를 열었다고 생각된다. 태자궁 기사는 천령전 사례 3회를 포함하면 3회 더 증가한다.

황성 구역에서 두드러지는 공간은 東池이다. 東池는 宮城 동쪽 魚堤(태조 8년 3월에 두꺼비가 많이 출현) 1회[184]와 東亭 2회를 포함해 23회 나타나는데, 이변 2회를 제외한 행사는 21회이다. 동지에는 白鶴, 鵝鴨, 山羊을 사육했는데 그 비용이 많이 든다는 이유로 靖宗 4년 12월에 그것들을 방출했다. 경종이 2년 3월에 동지 龍船을 타고 진사를 親試한 적도 있었고, 문종이 9년 11월에 동지에 행차했을 때 帳殿 앞에 이유 없이 入至한 자가 있어 처벌 여부가 문제된 적도 있었고, 의종 6년 4월에 환자 이균이 동지에 투신해 자살하자 왕이 통석해 눈물을 흘린 일도 있었다.[185]

동지 연회는 3회 나타나는데, 문종이 10년 9월에 태자 및 諸王과

181 『고려사』 권20, 명종 9년 4월. 여정궁 복구는 명종 12년 9월에 완성되었다. 『고려사』 20
182 『고려사』 권21 및 『고려사절요』 권14, 신종 7년 정월
183 『고려사』 권22 및 『고려사절요』 권14, 고종 2년 7월
184 『고려사』 권55, 오행지 土, 태조 8년 3월
185 『고려사』 세가 해당연월

더불어 동지 樓에서 置酒하고 秀才를 불러 東池 尋勝詩에 賦하게 한 일, 문종이 19년 7월에 동지 龍船을 타서 置酒했는데 태자와 종실이 侍宴한 일, 숙종이 원년 6월에 연덕궁주 柳氏 및 원자와 동지에서 배를 타서 置酒했는데 소태보 등이 侍宴하고 시 짓기를 한 일[186]이 그것이다. 동지 연회는 樓를 이용하거나 배를 타서 행해졌음을 알 수 있다.

동지에서 행해진 군사관련 행사는 14회인데, 사열이 12회, 選軍이 2회였다. 사열의 경우, 靖宗이 7년 12월에 동지 귀령각에서 활쏘기를 사열했고, 선종이 3년 9월에 兩京 무관을 불러 東亭에서 활쏘기를 수개월 동안 사열했고, 선종이 3년 12월에 兩京 문관을 불러 東亭에서 활쏘기를 사열했고, 숙종이 원년 8월에 귀령각에 이어해 무반 장군 이하 대정 이상의 射御를 4개월 동안 친히 사열했고, 숙종이 원년 10월에 東池 射亭에 이어해 좌복야 황중보 등 및 近仗六衛상장군, 侍臣, 中禁都知로 하여금 활을 쏘게 했는데 어사중승 김경용이 먼저 적중시켰고, 숙종이 6년 10월에 동지 귀령각에 이어해 재추를 불러 騎兵을 사열해 상을 내렸고, 숙종이 8년 10월에 동지에서 활쏘기를 사열해 적중자에게 물건을 하사했고, 예종이 9년 8월에 귀령각에서 무사를 사열했고, 예종이 9년 12월에 동지에서 활쏘기를 사열했고, 예종이 10년 10월에 6道 神騎 將士를 동지에서 친히 사열했고, 의종이 6년 9월 경자일에 동지에서 射御者를 선발해 활쏘기를 終月토록 관람했다.[187] 選軍의 경우, 예종이 10년 9월에 동지에서 무사를 친히 선발했고, 10년 10월에 西京 將士를 동지에서 친히 선발했다.[188]

동지에는 귀령각과 東亭과 射亭이 건립되어 있었는데 동정과 사정은 동일한 건물일 가능성이 크다. 귀령각과 동정·사정 앞에는 대규모로

186 『고려사』 세가 해당연월

187 『고려사』 세가; 『고려사』 권81, 병지 오군; 『고려사절요』 권6, 숙종 원년 10월; 『고려사』 권97, 김경용전

188 『고려사』 권14, 예종 10년 9월·10월

활쏘기와 말달리기를 할 정도로 넓은 광장이 있었다고 판단된다. 임금은 귀령각과 동정·사정 등에 올라 광장을 바라보며 사열하거나 선발했던 것이다. 동지에서의 군사관련 행사는 숙종과 예종 때 집중되었는데, 대개 숙종 때는 정변으로 인한 정권교체 및 여진과의 대립 때문에, 예종 때는 여진과의 대립 때문이었다.

맺음말

회경전(선경전)에서 행해진 일은 江都 시절 이전에 『고려사』와 『고려사절요』에 139회 혹은 138회 정도 보이는데, 종교행사가 대부분을 차지했고, 그 다음으로 외교 관련 행사가 차지했다. 회경전(선경전)은 제1정전이었지만 이곳에서 朝會를 열거나 정사를 의논한 사례는 대단히 드물어 책봉 의례 1회, 외적방어 회의 1회 정도가 확인되는 정도이다. 종교행사에서 불교행사가 96회, 도교 초례가 17회 행해졌는데, 그 중의 주된 불교행사는 장경도량, 인왕도량, 소재도량이었다. 회경전(선경전)의 외교 관련 행사는 9회 확인되는데, 송과 관련된 것이 7회, 금과 관련된 것이 2회였다. 단, 송과 관련된 행사는 『고려도경』에서 좀 더 확인된다.

江都 이전에 『고려사』와 『고려사절요』의 연대 기사에서 천덕전 기사는 6회 정도, 건덕전(대관전) 기사는 225회 정도, 합쳐서 231회 정도 확인된다. 건덕전(대관전) 행사에서 政事 일반과 관련된 것이 10회인데 대개 '視朝'로 표현되었다. 천덕전·건덕전(대관전) 축하는 14회, 대관전 즉위는 3회, 대관전(건덕전) 책봉 기사는 3회, 건덕전 인사관련 기사는 5회였다. 천덕전·건덕전(대관전) 외교 기사는 사신 연회를 포함해 84회였는데, 요와 관련된 일 17회, 송과 관련된 일 7회, 금과

관련된 일 53회, 몽골과 관련된 일 5회였다. 천덕전·건덕전(대관전)은 외교와 축하의 주된 공간이었고, 視朝를 핵심으로 한 중요 政事의 공간이었다. 건덕전(대관전) 불교 행사는 64회, 건덕전 초례는 7회였으니 불교행사의 주요 공간이었는데 보살계도량, 소재도량, 금광명경도량의 주된 장소였다. 선경전이 제 기능을 발휘하지 못할 때에는 대관전이 정기 백좌도량의 장소로 이용되었다. 건덕전 구역의 장령전(봉원전)은 讎校員 내지 儒臣이 배치되어 비밀 문서의 보관과 편찬 및 순행 장소의 선정 조언을 맡았으며, 기우 행사, 說禪·화엄·법화·우란분재·飯僧 등의 불교행사, 유교 경전의 강독, 도교의 초례, 활쏘기 사열, 여진 추장의 영접, 연회, 시짓기 등이 이곳에서 행해졌다.

江都 이전에 『고려사』와 『고려사절요』에서 위봉루는 5회, 신봉루(의봉루)는 51회, 구정 기사는 120회 나타난다. 구정과 위봉문·신봉문(의봉문) 행사는 대부분 하나의 세트를 이루어 행해졌는데, 팔관회, 대사면, 노인 연회, 義節 포상, 병자와 약자 구휼, 飯僧, 초례가 행해지고 군사 훈련이 이루어지는 주된 공간이었다. 노인 연회의 경우는 閶門(閤門)과 짝을 이루어 열리기도 했다. 또한 국왕과 신하와 외교사절의 공식적인 궁성 출입은 구정을 거쳐야 했다.

대표적인 편전으로는 중광전(강안전), 상정전, 선정전(선인전), 문덕전(수문전) 등이 있었는데, 선정전은 상정전의 개칭으로 보이기도 한다. 중광전(강안전) 기사는 江都 이전에 『고려사』와 『고려사절요』에 58회 내지 59회 나타나는데, 즉위가 9회, 연회가 3회, 군사관련 행사가 13회였으며, 중광전의 외교 관련 행사는 4회로 모두 여진관계였다. 중광전(강안전) 불교관련 연대 기사는 11회 내지 12회 나타나는데, 대부분 燃燈 행사로 음악공연과 연회가 수반되었다. 연등회가 열리면 小會 때는 중광전(강안전)에서 출발해 봉은사에 행차하고 그 다음 날인 大會 때는 중광전(강안전)에서 행사가 열리는 것이 관례였으므로 중광전(강안전) 연등회 기사는 기록에서 많이 누락되었다.

편전 중에서 가장 확실한 外殿은 선정전(선인전)이었다. 『고려사』와 『고려사절요』의 연대 기사에서 선정전에서 행해진 행사는 44회(개칭 제외)이고 선인전에서 행해진 年代 행사는 의종 7년 8월 중형 논결 1회였다. 선정전 외교는 14회인데, 여진 사절을 접견한 것이 12회였고, 송 관련이 2회였다. 선정전 군사 관련은 6회였고, 형벌이 13회였으며, 군사와 형벌을 제외한 일반 정사는 7회였는데 대개 視事 내지 時政得失 논의로 나타난다. 반면 선정전 불교행사는 2회에 지나지 않았다. 선정전은 일상적인 정무를 보는 핵심공간이었다. 편전의 문인 閤門(閤門)에서의 행사는 江都 이전에 『고려사』와 『고려사절요』 연대 기사에서 50회 정도 나타난다. 노인 연회는 대개 國老를 위해 閤門에서, 庶老를 위해 毬庭에서 열렸는데, 閤門 노인 연회가 9회 나타난다. 합문에서 급제자 위한 연회가 4회 열렸고, 외교는 3회 확인된다. 伏閤 간쟁은 32회 정도 나타나는데, 의종 때 24회였으니 의종 때야말로 伏閤 간쟁의 시기로 정치적 갈등이 심했던 시기였다. 반면 무인정권기에 伏閤 상소가 거의 보이지 않는 점은 왕권의 제약을 말해준다.

문덕전(수문전) 기사는 강도 이전에 『고려사』와 『고려사절요』에 91회 나타나는데, 군사를 포함한 政事는 9회, 연회는 3회였다. 불교행사는 57회 확인되는데, 특히 불정도량과 제석도량의 주된 공간이었으며, 이곳에서 도교 초례가 3회 행해지기도 했다. 문덕전 과거는 11회였고, 이곳은 기밀문서 보관소와 경연 장소로도 기능했다. 청연각 행사는 『고려사』와 『고려사절요』 연대기 자료에 33회 나타나는데, 예종 후반에 31회나 집중적으로 나타나니, 예종 후반기는 '청연각 정치'의 시대로 청연각이 정사의 중심이었고 학술토론과 시짓기와 연회의 주된 무대였다. 내전 구역에는 왕실의 신전인 경령전도 자리잡아 연대 기사가 강도 이전에 『고려사』와 『고려사절요』에 30회 나타나는데, 명종 때가 10회로 가장 빈번하고, 인종 때가 7회로 그 다음을 차지했다.

구체적 건물 명칭 없이 언급된 내전의 경우, 불교행사는 43회 정도로 소재도량, 인왕도량, 불정도량, 보살계, 기일재, 반승이 주된 것이었다. 내전 초례는 29회 나타나며 의종 때 24회로 집중되었는데, 의종이 자신의 기복과 長壽를 위해 내전 초례를 선호한 것으로 보인다. 禁苑 지역에는 산호정, 상화정, 상춘정 등이 자리잡았고, 옥촉정도 여기에 위치했다고 생각된다. 산호정(산호전)은 강도 이전에 『고려사』와 『고려사절요』에 14회 나타나는데 불교 행사가 7회였다. 賞春亭은 18회 나타나는데, 연회가 12회, 도교 행사는 3회였다. 산호정은 주로 불교 행사의 공간으로 쓰였다. 상춘정은 주로 연회 장소로 쓰였고 종교행사 중에서는 도교 행사의 장소로 종종 이용되었다. 옥촉정도 도교와 밀접한 관련이 있었다. 상화정은 잘 드러나지 않는데 유희공간으로 주로 쓰였던 것 같다.

태자궁은 壽春宮이었다가 인종 16년 5월에 麗正宮으로 개칭되었다. 태자궁 기사는 15회 나타나는데 태자 및 원자와 관련된 일이 대부분이었다. 태후가 원자 혹은 태자와 밀접한 관련을 맺어 태자궁에서 행사를 하는 경우와 원자가 태자가 될 예정이라 태자가 되기 전에도 태자궁을 이용하는 경우가 더러 있었으며, 그 외에 종교행사가 이곳에서 가끔 거행되었다.

황성 구역에서 두드러지는 공간인 東池 일대에는 귀령각과 東亭과 射亭이 건립되어 있었다. 東池 관련 기사는 23회 나타나는데, 연회가 3회이고 군사관련 행사가 14회였다. 동지에서의 군사관련 행사는 숙종과 예종 때 집중되었는데, 대개 숙종 때는 정변으로 인한 정권교체 및 여진과의 대립 때문에, 예종 때는 여진과의 대립 때문이었다.

〈도표 2-1〉 대궐 회경전(선경전)의 행사

번호	연월	행사내용	장소	비고	분류1	분류2	분류3	전거
1	현 20. 4.경자	장경도량을 회경전에 개설	회경전, 구정	飯僧一萬于毬庭	장경, 반승	도량	불교	세가, 절요
2	정 6. 5	초재. 기우	회경전	신유일	기우	초재	도교	세가
3	정 7. 4	장경도량(春例)	회경전	春季秋季 例設此會 춘6일 추7일	장경	도량	불교	세가, 절요
4	정 9. 3	백좌도량	회경전	반승 1만. 기축일	백좌, 반승	반승	불교	세가, 절요
5	문 0. 10	소재도량	회경전	병진일	재변, 소재	도량	불교	세가, 절요
6	문 1. 4.정묘	백좌인왕도량(백좌도량)을 회경전에 문종이 親設	회경전, 구정	飯僧一萬於毬庭. 가뭄 때문?	가뭄? 백좌	도량	불교	세가, 절요
7	문 2. 8	금강명경도량	회경전	경오일	금강	도량	불교	
8	문 2. 9.병진	백좌인왕도량(백좌도량) 회경전, 3일간	회경전, 구정	飯僧一萬於毬庭, 二萬於外山名寺	백좌, 반승	도량	불교	세가, 절요
9	문 4. 9	백고좌인왕도량	회경전	을사일. 3일간	백좌	도량	불교	
10	문 6. 9	백고좌도량(백좌도량) 회경전, 3일간	회경전, 구정	飯僧三萬於毬庭及諸名寺	백좌	도량	불교	세가, 절요
11	문 8. 5	회경전이 벼락 맞음	회경전	을유일	벼락		음양	세가, 절요
12	문 12.12.甲子	내사문하성火 延燒회경전 東南廊	문하성, 회경전	14년(세가, 절요)과 동일사항으로 보임	화재1		음양	오행지 火
13	문 14.12.甲子	내사문하성火 延燒회경전 東南廊	문하성, 회경전		화재1		음양	세가, 절요

번호	연월	행사내용	장소	비고	분류1	분류2	분류3	전거
14	문 18. 3.갑인	인왕도량. 회경전. 3일간	회경전, 구정	飯僧一萬於毬庭	인왕, 반승	도량	불교	세가, 절요
15	문 27. 3	반야경도량	회경전	기유일. 5일간. 재변 기양	재변, 반야	도량	불교	세가
16	문 27. 9	소재도량	회경전	무진일. 5일간	재변, 소재	도량	불교	세가
17	문 32. 6.정묘	문종이 命태자 詣순천관 導송사 至창합문 下馬 入회경전庭	창합문, 회경전庭	문종이 適不豫 使좌우扶出 受詔 태자, 신하, 二京 등이 축하	영접 受詔	의례	외교	세가
18	문 36. 4	太一九宮을 초재	회경전	기묘일	초재		도교	세가
19	순 0. 10.	도량(백좌?) 於회경전. 계유朔. 3일간	회경전	飯僧三萬	백좌?	도량	불교	세가, 절요
20	선 1. 9	송사를 연회	회경전	기해일	연회		외교	세가, 절요
21	선 1. 9	송사를 연회	회경전	임인일	연회		외교	세가
22	선 2. 10.을해	백고좌도량 (백좌도량) 회경전, 인왕경 강독. 3일간	회경전	飯僧三萬	백좌, 반승	도량	불교	세가, 절요
23	선 4. 1	선종이 회경전에서 親醮	회경전	갑술일		초재	도교	세가
24	선 4. 5	선종이 친초해 기우	회경전	기묘일	기우	초재	도교	세가
25	선 4. 6	소재도량	회경전	을유일. 7일간	재변, 소재	도량	불교	세가

번호	연월	행사내용	장소	비고	분류1	분류2	분류3	전거
26	선 4. 10.병신	設百座道場於上京會慶殿, 飯僧三萬于毬庭	회경전, 구정	상경 회경전. 왕在서경	백좌, 반승	도량	불교	세가, 절요
27	선 6. 1	소재도량	회경전	무술일. 5일간	재변, 소재	도량	불교	세가
28	선 6. 10.신해	講仁王經于會慶殿. 3일간	회경전	飯僧三萬	인왕. 반승		불교	세가, 절요
29	선 6. 10.무오	置新鑄十三層黃金塔于會慶殿	회경전	設慶讚會	경찬		불교	세가, 절요
30	선8.윤8.甲子	장경도량	회경전	선종이 행향, 製詩 歸崇	장경	도량	불교	세가, 절요
31	선 10. 4	장경도량. 계축일부터 6일간	회경전	선종이 贊三寶詩 지음	장경	도량	불교	세가
32	숙 1. 5	초재	회경전	병신일		초재	도교	세가
33	숙 1. 7	소재도량	회경전	정미일. 7일간	재변, 소재	도량	불교	세가
34	숙 1. 9.계축	인왕반야경 강독. 회경전. 3일간	회경전	飯僧一萬	인왕, 반승		불교	세가, 절요
35	숙 2. 5	초재	회경전	정묘일		초재	도교	세가
36	숙 2. 9.을해	백고좌 설치해 인왕경 강독(세가) 設百座道場於會慶殿(절요)	회경전	飯僧一萬	백좌		불교	세가, 절요
37	숙 3. 5	초재	회경전	신유일		초재	도교	세가
38	숙 3. 9	인왕도량	회경전	임자일. 7일간	인왕	도량	불교	세가
39	숙 4. 10	초재	회경전	신해일		초재	도교	세가

번호	연월	행사내용	장소	비고	분류1	분류2	분류3	전거
40	숙 5. 7	인왕도량	회경전	무자일. 5일간	인왕	도량	불교	세가
41	숙 6. 3.丙子	장경도량	회경전	숙종이 경찬시를 御製함	장경	도량	불교	세가
42	숙 6. 9	設인왕경도량(仁王道場)于會慶殿毬庭及外山諸寺	회경전, 구정	飯僧三萬. 煦질병 때문?	질병? 인왕, 반승	도량	불교	세가, 절요
43	숙 7. 7	소재도량	회경전	신묘일. 3일간	재변, 소재	도량	불교	세가
44	숙 8. 3	숙종命홍관書무일편于회경전병풍	회경전	기축일	무일	書經	유교	세가
45	숙 8. 6	숙종이 송 조서를 영접	회경전	갑인일	受詔	의례	외교	세가
46	숙 9. 3.기묘	設仁王道場於會慶殿	회경전, 구정	飯僧一萬于毬庭. 여진정벌 때문?	인왕, 반승		불교	세가, 절요
47	예 1. 7	반야도량	회경전	초하루. 왕사 덕창 불러 講經 기우	기우	강경	불교	세가
48	예 1. 7.기해	예종과 신하가 호천상제에 親祀해 기우	회경전	태조를 배향	기우	상제 제사	종교	세가, 절요
49	예 1. 9	예종이 삼계 神祇에 친초	회경전	무술일 밤		초재 삼계	도교	세가
50	예 1. 9.계축	백고좌도량(백좌도량). 회경전. 인왕경 강독	회경전, 궐정	飯僧一萬於闕庭, 二萬於州府	백좌, 반승	도량	불교	세가, 절요
51	예 2. 10.丙子	백좌인왕도량(백좌도량). 회경전 예종이 친림해 청강함	회경전, 궐정	齋僧一萬於闕庭, 二萬於州府	백좌, 반승	도량	불교	세가, 절요

번호	연월	행사내용	장소	비고	분류1	분류2	분류3	전거
52	예 3. 5.辛酉	예종이 호천오방제를 초재	회경전	재추, 근시, 3품 이상을 거느려 함		초재 오방	도교	세가
53	예 4. 2.갑진	백좌회於 회경전	회경전	又命中外 齋僧三萬	백좌, 반승	법회	불교	세가, 절요
54	예 4. 9.을축	백좌도량于 회경전	회경전	命中外齋僧三萬	백좌, 반승	도량	불교	세가, 절요
55	예 5. 5	소재도량	회경전	계묘일. 5일간	재변, 소재	도량	불교	세가
56	예 5. 6	예종命대방후 往순천관迎詔 到闕庭 王出신봉문拜詔 先入회경전幕次	궐정, 신봉문, 회경전	王襄等至 王出迎入殿庭 受詔及衣帶, 訖 上殿..	迎詔 受詔	의례	외교1	예지 빈례
56	예 5. 6.癸未	예종이 회경전庭에서 受詔하고 上殿	회경전	송 조서	受詔	의례	외교1	세가
57	예 5. 6.戊子	송사를 연회	회경전		연회		외교	세가
58	예 6. 10.戊申	백좌도량于회경전. 인왕경 강독	회경전, 궐정	飯僧一萬于闕庭, 二萬于州府	백좌, 반승	도량	불교	세가, 절요
59	예 8. 3	백관이 초재 기도. 병인일	회경전	大醮. 왕이 아팠기 때문	질병	초재	도교	세가
60	예 8. 10.신미	백좌회于회경전. 3일간. 인왕경 강독	회경전, 구정	齋僧一萬于毬庭, 二萬于州府	백좌, 반승	법회	불교	세가, 절요
61	예 9. 9.경인	백좌인왕도량 (백좌도량). 회경전	회경전, 궐정	齋僧一萬于闕庭, 二萬于州府	백좌, 반승	도량	불교	세가, 절요
62	예 10.10.갑진	백좌인왕도량 (백좌도량). 회경전. 3일간	회경전, 궐정	齋僧一萬于闕庭, 二萬于州府	백좌, 반승	도량	불교	세가, 절요

번호	연월	행사내용	장소	비고	분류1	분류2	분류3	전거
63	예 11. 6	예종召재추시신觀대성신악	회경전	경인일	음악			세가, 절요
64	예 12.10.경진	백좌도량. 회경전	회경전, 궐정	齋僧一萬於闕庭, 二萬於州府	백좌, 반승	도량	불교	세가, 절요
65	예 13. 9.己酉	장경도량. 예종이 친히 행향	회경전	侍臣朴昇中洪灌李璹等笑語聲徹御所, 臺官劾請罷職	장경	도량	불교	세가, 절요
66	예 16.10.병신	백좌도량. 회경전	회경전	令中外 齋僧三萬	백좌. 반승	도량	불교	세가, 절요
67	예 17. 7	불정도량于 회경전 7일 禳之	회경전	蟲食松 때문	송충, 불정	도량	불정	오행지목
68	인 0. 10.壬辰	백고좌도량: 세가(백좌도량: 절요). 회경전	회경전	齋僧3萬於中外	백좌	반승	불교	세가, 절요
69	인 1. 5	초재 禱雨	회경전	기사일	기우	초재	도교	세가
70	인 1. 6	인종이 송 조서를 영접	회경전	송 국신사가 와서 전달	受詔	의례	외교	세가
71	인 1.10.戊子	백고좌도량. 회경전	회경전	飯僧3만	백좌	반승	불교	세가, 절요
72	인 15. 윤10	設백좌도량於선경전(회경전?). 무인일. 3일간	선경전 (회경전?)	命中外 齋僧三萬	백좌	도량	불교	세가
73	인 16. 5	회경전을 선경전으로 개칭	회경전, 선경전		개칭			세가
74	인 17.10.을해	백좌도량於선경전. 3일간	선경전	飯僧三萬	백좌, 반승	도량	불교	세가, 절요

번호	연월	행사내용	장소	비고	분류1	분류2	분류3	전거
75	인 18. 윤6	초재 禱雨	선경전	정유일	기우	초재	도교	세가
76	인 20. 5.戊午	인종이 금 책봉조서를 받음	선경전	故事 受册命於南郊, 今始於王宮	受詔	책봉	외교	세가
77	인 21.11.을묘	백좌도량於선경전. 3일간	선경전	飯僧三萬	백좌, 반승	도량	불교	세가, 절요
78	인 22.10.무자	백좌도량於선경전. 3일간	선경전	飯僧三萬	백좌, 반승	도량	불교	세가, 절요
79	인 23. 10	백좌도량	선경전	갑신일. 3일간	백좌	도량	불교	세가
80	인 24. 2.乙卯	임원애와 백관이 황천상제에 기도	선경전	왕의 쾌유 위해	질병, 쾌유	상제 기도	종교	세가, 절요
81	의 0. 10.甲子	백좌회. 선경전. 의종이 친히 聽講(세가) 親設百座道場於宣慶殿(절요)	선경전, 구정	遂幸毬庭 飯僧三日	백좌, 반승	법회	불교	세가, 절요
82	의 1. 10.戊申	백고좌회	선경전		백좌1	법회	불교	세가
83	의 1. 10.己酉	의종이 선경전 백고좌회 행차 聽經	선경전, 구정	구정 반승. 3일간	백좌2	반승	불교	세가
84	의 3. 6	삼계신에 초재해 황충기양	선경전		황충, 기양	초재 삼계	도교	세가
85	의 3. 10	백좌회	선경전	임신일. 3일간	백좌	법회	불교	세가
86	의 5. 10	백좌회	선경전		백좌	법회	불교	세가
87	의 10. 10	장경도량	선경전	을해일	장경	도량	불교	세가

번호	연월	행사내용	장소	비고	분류1	분류2	분류3	전거
88	의 13. 3	소재도량	선경전	7일간	재변, 소재	도량	불교	세가
89	의 14. 8	소재도량	선경전	무진일. 6일간	재변, 소재	도량	불교	세가
90	의 22. 2	반승 1천	선경전	을미일	반승		불교	세가, 절요
91	의 23. 1	소재도량	선경전	정축일	재변, 소재	도량	불교	세가
92	명 1. 5	소재도량	선경전	5일간	재변, 소재	도량	불교	세가
93	명 1. 10.갑진	백고좌(백좌). 선경전. 인왕경 강독	선경전	飯僧三萬	백좌, 반승		불교	세가, 절요
94	명 13. 10	雉升于선경전	선경전	識者 謂 雉火屬 殿必復災	이변		음양	오행지 火
95	명 17. 2	소재도량	선경전		재변, 소재	도량	불교	세가
96	명 19. 8	선경전 柱에 벼락	선경전		벼락		음양	오행지 水 절요
97	신 5. 7	복새가 선경전에서 울다	선경전	갑진일	이변		음양	오행지 火
98	신 6. 4	소재도량	선경전		재변, 소재	도량	불교	세가
99	신 6. 5	복새가 선경전에서 울다	선경전	임신일	이변		음양	오행지 火
100	신 6. 5	복새가 선경전에서 울다	선경전	을해일	이변		음양	오행지 火

번호	연월	행사내용	장소	비고	분류1	분류2	분류3	전거
101	신 6. 7	소재도량	선경전		재변, 소재	도량	불교	세가
102	신 6. 10	소재도량	선경전		재변, 소재	도량	불교	세가
103	신 6. 11	불정도량	선경전		불정	도량	불교	세가
104	희 2. 4	최우가 홍범, 무일을 씀	선경전, 대관전	北使 맞이 준비	홍범, 무일	書經	유교	세가
105	희 2. 4	희종이 책봉을 받음	선경전	금사, 최충헌 의견		책봉	외교	세가
106	희 3. 3庚子	희종御선경전 使진강후최충헌 奉上册寶 於왕태후 賜최충헌 犀帶금은綾絹鞍馬	선경전	遂宴諸王재추文 武常參이상官 賜廐馬人1匹. 태후 책봉 때문	연회	책봉	后妃	세가
107	희 5. 3	소재도량	선경전		재변, 소재	도량	불교	세가
108	강 1. 1	관정도량 개설	선경전	즉위기념	즉위, 관정	도량	불교	세가, 절요
109	고 2. 4	소재도량	선경전	5일 동안	재변, 소재	도량	불교	세가, 절요
110	고 3. 3.戊辰	始幸건성사 行제석재(세가)	건성사, 선경전	又設藏經會於선경전 (세가) 設藏經會 於宣慶殿, 翰林學士柳澤 製疏云…최충헌 비판 협의(절요)	제석 장경	법회	불교	세가, 절요
111	고 3. 윤7	소재도량	선경전	거란, 동진 때문? 거란침략임박	재변, 소재	도량	불교	세가

번호	연월	행사내용	장소	비고	분류1	분류2	분류3	전거
112	고 4. 1	무능승도량을 고종이 친설. 3일간	선경전	거란 침략 때문으로 보임	무능승	도량	불교	세가, 절요
113	고 4. 4.壬子	무능승도량을 고종이 친설	선경전	거란 침략 때문으로 보임	무능승	도량	불교	세가
114	고 4. 7	소재도량	선경전	거란 방어?	재변, 소재	도량	불교	세가
115	고 4. 9	소재도량을 고종이 친설	선경전	거란 방어?	재변, 소재	도량	불교	세가
116	고 4. 10	무능승도량을 고종이 친설	선경전	거란 방어?	무능승	도량	불교	세가
117	고 4. 12	소재도량	선경전	5일간. 거란 방어 위해?	재변, 소재	도량	불교	세가
118	고 4. 12	고종이 사천왕도량을 친설	선경전	거란 방어 추정	壓兵, 천왕	도량	불교	세가
119	고 6.8	소재도량을 고종이 친설	선경전	임오일	재변, 소재	도량	불교	세가
120	고 7. 3	삼계에 고종이 친초	선경전			초재 삼계	도교	세가
121	고 8. 7	소재도량	선경전		재변, 소재	도량	불교	세가
122	고 9. 4	태일을 고종이 친초	선경전	정유일		초재 태일	도교	세가
123	고 9. 8	소재도량	선경전	연이은 혜성 출현 때문	성변, 소재	도량	불교	세가
124	고 10. 8	소재도량을 고종이 친설	선경전	서경 대지진 때문?	소재	도량	불교	세가
125	고 10. 10	소재도량을 고종이 친설	선경전		소재	도량	불교	세가

번호	연월	행사내용	장소	비고	분류1	분류2	분류3	전거
126	고 11. 3	백고좌도량을 고종이 친설	선경전		백좌	도량	불교	세가
127	고 14. 4	금경도량을 고종이 친설	선경전	천변 기양	천변, 금경	도량	불교	세가
128	고 14. 8	소재도량을 고종이 친설	선경전	천변 기양	천변, 소재	도량	불교	세가
129	고 14. 9	소재도량을 고종이 친설	선경전	천변 기양	천변, 소재	도량	불교	세가
130	고 14. 10	경술, 幸外帝釋院 命宰樞 設醮于天皇堂 以祈兵捷 (전승 기원)	외제석원 천황당 선경전	계축, 又設無能勝道場 于宣慶殿 (전승 기원으로 판단됨)	압병, 무능승	도량	불교	세가, 절요
131	고 15. 1	삼청 초재	선경전	지진 기양	지진, 기양	초재 삼청	도교	세가
132	고 15. 4	소재도량을 고종이 친설	선경전		재변, 소재	도량	불교	세가
133	고 15. 5	北界有賊變 又蝗害稼 王分遣內侍 禱于中外神祠, 又設般若道場于宣慶殿, 二七日	선경전	반야도량. 국경 賊變과 황충 때문	賊,蝗 반야	도량	불교	세가, 절요
134	고 15. 6	인왕도량을 고종이 친설	선경전	狄兵 기양	壓兵, 인왕	도량	불교	세가
135	고 15. 10	소재도량을 고종이 친설	선경전	신해일	재변, 소재	도량	불교	세가
136	고 16. 2	소재도량	선경전		재변, 소재	도량	불교	세가

번호	연월	행사내용	장소	비고	분류1	분류2	분류3	전거
137	고 17. 3	소재도량을 고종이 친설	선경전	기유일	재변, 소재	도량	불교	세가
138	고 17. 4.甲戌	소재도량을 고종이 친설	선경전	星變 기양	성변, 소재	도량	불교	세가
139	고 19. 5	재추가 선경전에서 회의	선경전	몽골 방어대책 의논	정사		군사	세가

〈도표 2-2〉 대궐 구정의 행사

번호	연월	주체	행사내용	장소1	장소2	비고	분류1	분류2	전거
	태 1. 6		환선길 突入內庭...衛士追及毬庭	구정	철원 대궐	盡擒殺之	반역	정변	환선길전, 절요
	태 1. 9		尙州帥아자개遣使來附 王命備儀迎之	구장	철원 대궐	習儀於毬場	의례	의례	절요
	태 1. 11		팔관회를 구정에 개설.	구정, 위봉루	철원 대궐	王御위봉루觀之. 供佛樂神之會. 常例	팔관	불교	세가, 절요, 예지
1	태조대	태조	乘丙鹿再興之運 不離鄕井 便作闕庭	궐정 (闕과 庭)	개경 대궐	定遼浿之驚波 得秦韓之舊地, 統一	통일	공역	최승로전 절요 성종 1.6
2	태 11. 11	태조	集諸軍于구정, 6인 처자를 徇	구정	대궐	楊志 등 6인이 견훤에 항복 때문	형벌	형벌	세가
3	광 8. 1	광종	구정에서 활쏘기 관람	구정	대궐		사열	군사	세가, 절요
4	광종대	광종	多作佛事 或設비로자나참회법	구정	대궐	或齋僧於구정	비로 반승	불교	최승로전, 절요
5	성 0. 11	성종	팔관회 雜技 혁파	법왕사 구정	대궐	幸법왕사行香 還御구정 受群臣朝賀	팔관	불교	세가, 최항전 절요 현 1.11
6	목 10. 7		御구정 集民남녀年80이상 及篤廢疾 635人	구정	대궐	臨賜酒食布帛茶藥	노인, 병자	연회	예지 가례 노인 賜設儀
7	현 0. 7	현종	御구정, 民남녀80이상及篤疾 635인	구정	대궐	酒食 布帛 茶藥 하사	노인, 병자	연회	세가, 절요
8	현 9. 7		大醮	구정	대궐	을해일	초례	도교	세가

번호	연월	주체	행사내용	장소1	장소2	비고	분류1	분류2	전거
9	현 12. 4		인왕경 강독. 구경(구정)	구정	대궐	기사일. 3일간	인왕	불교	세가
10	현 13. 11	사헌대 劾	최사위 박충숙 於구정禮會 醉舞失禮 不敬	구정	대궐	請論之. 不允	팔관?	불교	절요, 최사위전
11	현 14. 9		大醮	구정	대궐	계유일	초례	불교	세가
12	현 18. 10		인왕경 강독	구정	대궐	임오일	인왕	불교	세가
13	현 20. 4		반승 1만 于구정	구정	대궐	경자일. 회경전 장경도량에 수반	반승	불교	세가, 절요
14	덕 0. 10		國老를 구정에서 饗함	구정	대궐	樂懸而不作(복상중). 경진일	노인	연회	세가, 절요
15	덕 0. 10	덕종	구정에 행차해 반승 3만	구정	대궐	정유일	반승	불교	세가, 절요
16	덕 1. 4	덕종	親醮해 기우	구정	대궐	신유일	기우	초재	세가, 절요
17	정 1. 4	정종	國老 80세이상남녀를 親饗	구정	대궐	갑인일	노인	연회	세가, 절요
18	정 2. 8		반승 1만	구정	대궐	계해일	반승	불교	세가, 절요
19	정 3. 6.己卯	정종	以親禘推恩 親饗國老於毬庭	구정	대궐	대묘체제 기념(정 3.4. 親禘于大廟, 赦)	노인	연회	절요, 세가
20	정 9. 9	정종	초재	구정	대궐	친초. 임신일	초재	도교	세가
21	정 12. 3	시중 최제안	詣구정行香 拜送街衢經行	구정	대궐	경성 반야경 행렬, 爲民기복. 歲爲常	경행	불교	세가, 절요
22	문 0. 9	문종	親饗80이상 관원 및 백성남녀	구정	대궐	효순의절, 환과고독, 폐질 포함. 賜物	노인	연회	세가, 절요

번호	연월	주체	행사내용	장소1	장소2	비고	분류1	분류2	전거
23	문 1. 4		반승 1만	구정	대궐	정묘일. 회경전 백좌도량에 수반	반승	불교	세가, 절요
24	문 2. 9		반승 1만을 구정에서, 반승 2만을 外山名寺에서	구정	대궐	병진일. 회경전 백좌도량에 수반	반승	불교	세가, 절요
25	문 3. 3		庚子, 饗80이상 國老於합문. 王親臨賜酒. 그 중의 三老에게 令閣門乘馬 出正衙門, 三老固辭	합문, 구정	대궐	익일, 庶老남녀, 의절, 효순, 환과고독, 폐질을 饗함. 分貴賤 設次於左右同樂亭及廊下. 賜物	노인	연회	절요, 세가
26	문 5. 4	문종	초재	구정	대궐	친초. 무신일	초례	도교	세가
27	문 5. 8	문종	親饗80이상僧俗남녀 1343인	구정	대궐	폐질 승속남녀, 효순, 절부 포함. 賜物	노인	연회	세가, 절요
28	문 6. 9		반승 3만	구정, 名寺		경신일. 회경전 백고좌도량에 수반	반승	불교	세가, 절요
29	문 7. 4	문종	초재	구정	대궐	친초. 정유일	초례	도교	세가
30	문 11. 7		80이상남녀, 효순의절을 饗	구정	대궐	환과고독, 폐질 포함. 賜物	노인, 구휼	연회	세가, 절요
31	문 13. 8		庶老, 폐질, 효순의절에 賜연회	구정 廊下	대궐	계유일. 서경, 州郡에도 연회 하사	노인, 구휼	연회	세가, 절요
32	문 14. 5	문종	초재	구정	대궐	친초. 갑오일	초례	도교	세가
33	문 18. 3		반승 1만	구정	대궐	갑인일. 회경전 인왕도량에 수반	반승	불교	세가, 절요

번호	연월	주체	행사내용	장소1	장소2	비고	분류1	분류2	전거
34	문 19. 8		歲星熒惑失度 設醮구정 禳之	구정	대궐	무자일 초하루	성변	초재	천문지 星
35	문 20. 3	문종	초재	구정	대궐	친초. 무오일	초례	도교	세가
36	문 21. 1		自闕庭 至寺門 綵棚 燈山 火樹	궐정, 홍왕사	대궐, 사원	홍왕사 낙성 특설연등대회 동안	연등	불교	세가, 절요
37	문 25. 4	문종	초재	구정	대궐	친초. 계유일	초례	도교	세가
38	문 27. 5		百神을 초재. 기유일	구정	대궐	재변 기양	백신	초재	세가
39	문33. 11	문종	팔관회. 御구정 觀樂	구정, 법왕사	대궐	命태자 詣법왕사. 무인일	팔관	불교	세가
40	문 37. 1		노인을 향연하고 물건 하사	구정	대궐	정해일	노인	연회	세가, 절요
41	선 2. 4	선종	초재	구정	대궐	친초. 갑신일	초례	도교	세가
42	선 2. 7	선종	노인남녀를 饗, 衣帶 例物 하사	구정	대궐	임인일. 80세 이상 노인	노인	연회	세가, 절요
43	선 3. 8	선종	宣慰國老 賜宴於閤門, 駕幸毬庭 親饗庶老男女 賜物有差, 篤癈疾者 別給酒食	합문, 구정	대궐	계묘일	노인	연회	세가, 절요
44	선 4. 10.丙申		구정에서 반승 3만 상경 회경전 백좌도량에 수반	구정	대궐	(王在서경)	반승	불교	세가, 절요
45	선 6. 2	선종	천지 산천에 親祀하여 기복	구정	대궐	친제. 신유일	천지 산천	종교	세가, 절요
46	선 11. 3		초재	구정	대궐	정해일		초재	세가
47	헌 0. 11	헌종	80세 이상자를 饗, 물건하사	구정	대궐	임자일	노인	연회	세가, 절요

번호	연월	주체	행사내용	장소1	장소2	비고	분류1	분류2	전거
48	숙 1.8	숙종	饗國老於東閤(東閣), 庶老於左右同樂亭	東閣, 동락정	대궐	王率百官 親侑 仍賜衣服幣帛絲綿 有差	노인	연회	세가, 절요
49	숙 3. 2	숙종	초재	구정	대궐	친초. 갑신일		초재	세가
50	숙 5. 1	숙종	초재	구정	대궐	친초. 계사일		초재	세가
51	숙 6. 9.甲申		幸총지사 問母弟僧煦疾 設仁王經道場于會慶殿毬庭及外山諸寺, 飯僧三萬	회경전, 구정 外山 諸寺	대궐		인왕, 반승	불교	세가, 절요
52	숙 7. 2	태자	삼계 百神에 초재	구정	대궐	병신일. 왕명	삼계 백신	초재	세가
	숙 7. 9	숙종	幸神護寺 設大藏會以落之, 自闕庭至寺 夾路 點燈數萬	궐정	서경		낙성 연등	불교	세가, 절요
	숙 7. 10	숙종	在서경. 年80이상노인 연회	궐정	서경	태자가 酒食을 권함	노인	연회	예지 가례 노인 사설의, 절요
53	숙 9. 3		반승 1만	구정	대궐	기묘일. 회경전 인왕도량에 수반	반승	불교	세가, 절요
54	숙 10. 1	태자	삼계靈祗에게 초재	구정	대궐	왕명	삼계 영지	초재	세가
55	예 0. 11	예종	팔관회. 구정 행차해 觀樂	구정	대궐		팔관	불교	세가
56	예 1. 2	예종	초재	궐정 (구정)	대궐	친초		초재	세가

번호	연월	주체	행사내용	장소1	장소2	비고	분류1	분류2	전거
57	예 1. 9.庚子	예종	80이상 남녀, 의절, 효순, 환과고독 독폐질 親饗	궐정(구정)	대궐		노인, 구휼, 포상	연회	세가, 절요
58	예 1. 9.癸丑		반승 1만을 궐정에서 반승 2만을 州府에서	궐정(구정)	대궐	회경전 백고좌도량에 수반	반승	불교	세가, 절요
59	예 1. 11.辛丑	예종	設팔관회. 幸법왕사 신중원	법왕사, 신중원, 궐정(구정)	대궐, 사원	還拜百神于闕庭	팔관	불교	세가
60	예 2. 3	예종	천지, 산천 神祇에 친제	궐정(구정)	대궐	친제. 을미일	천지 산천	종교	세가, 절요
61	예 2. 10.丙子		재승 1만을 궐정에서 재승 2만을 州府에서	궐정(구정)	대궐	회경전 백좌도량에 수반	반승	불교	세가, 절요
62	예 4. 3	예종	초재	궐정(구정)	대궐	친초. 정묘일		초재	세가
63	예 4. 9	예종	반승 친히 함	궐정(구정)	대궐	을축일. 중외에 명령해 재승 3만	반승	불교	세가
64	예 5. 6	예종	命대방후 往순천관迎詔 到闕庭 王出신봉문拜詔 先入회경전幕次	순천관, 궐정, 신봉문, 회경전		王襄等至 王出迎入殿庭 受詔及衣帶.. 訖 上殿	迎詔	외교	예지 빈례
65	예 6. 3	예종	親饗庶老節義孝順 남녀于궁정	궁정(구정), 합문	대궐	親饗國老 尙書致仕林成槩 柳澤等于합문 평장사致仕 김상기가 내전연회 사양	노인	연회	세가, 절요

번호	연월	주체	행사내용	장소1	장소2	비고	분류1	분류2	전거
66	예 6. 8	예종	초재	궐정(구정)	대궐	친초. 갑오일		초재	세가
67	예 6. 10.戊申		반승 1만을 궐정에서 반승 2만을 州府에서 함	궐정(구정)	대궐	회경전 백좌도량에 수반	반승	불교	세가, 절요
68	예 7. 8	예종	태후 영구를 祖送	궐정(구정)	대궐	병신일	후비	장례	세가, 절요
69	예 8. 4.己亥	예종	親饗年八十以上及孝順義節 孤獨疾病者于宮庭, 賜物有差	궁정(구정), 합문	대궐	特命禮部尙書致仕林成槩肩輿入內宴于閤門親侑食 賜衣	노인, 포상	연회	세가, 절요
70	예 8. 윤4	예종	초재	궐정(구정)	대궐	친초. 신유일		초재	세가
71	예 8. 10		재승 1만을 구정, 2만을 州府에서	구정	대궐	신미일. 회경전 백좌회에 수반	반승	불교	세가, 절요
72	예9. 4	예종	초재	궐정(구정)	대궐	친초. 정묘일		초재	세가
73	예 9. 9.庚寅		재승 1만을 궐정, 2만을 州府에서	궐정(구정)	대궐	회경전 백좌도량에 수반	반승	불교	세가, 절요
74	예 10. 3	예종	초재	구정	대궐	친초. 무자일		초재	세가
75	예 10. 8	예종	庚申, 親饗庶老於毬庭賜物有差, 又饗國老致仕平章事吳壽增等於閤門(세가)	구정, 합문	대궐	親饗國老致仕平章事吳壽增等於閤門, 又饗庶老於毬庭賜物有差 (절요)	노인	연회	세가, 절요
76	예 10. 10.甲辰		재승 1만을 궐정, 2만을 州府에서	궐정(구정)	대궐	회경전 백좌도량에 수반	반승	불교	세가, 절요

번호	연월	주체	행사내용	장소1	장소2	비고	분류1	분류2	전거
77	예 10. 11	예종	팔관회. 自구정 還至합문前	구정, 합문	대궐	왕이 합문前에서 唱和, 창우 가무	팔관	불교	세가, 절요
78	예 12. 10.庚辰		재승 1만을 궐정, 2만을 州府에서	궐정 (구정)	대궐	회경전 백좌도량에 수반	반승	불교	세가, 절요
79	예 13. 2	예종	초재	궐정 (구정)	대궐	친초. 갑자일		초재	세가
80	예 14. 6	예종	초재	궐정 (구정)	대궐	친초. 갑신일		초재	세가
81	예 14. 10		재승	궐정 (구정)	대궐	계미일. 3일간	반승	불교	세가
82	예 17. 3	예종	초재	궐정 (구정)	대궐	친초. 기묘일		초재	세가
83	인 0. 11	인종	80이상남녀, 義節, 독질폐질을 親饗	궐정 (구정)	대궐	병자일. 물건 하사	노인, 구휼, 포상	연회	세가, 절요
84	인 1. 2	인종	초재	궐정 (구정)	대궐	갑오일. 친초		초재	세가
85	인 2. 윤3	인종	초재	궐정 (구정)	대궐	을유일. 친초. 日赤無光 때문?		초재	세가
86	인 3. 5	인종	초재	궐정 (구정)	대궐	병신일. 친초		초재	세가
87	인 6. 5		초재	궐정 (구정)	대궐	기해일		초재	세가
88	인 8. 12		초재	궐정 (구정)	대궐	갑오일		초재	세가
89	인 12. 6	인종	초재	궐정 (구정)	대궐	친초. 기해일		초재	세가
90	인 17. 5	인종	초재	궐정 (구정)	대궐	친초. 갑오일		초재	세가

번호	연월	주체	행사내용	장소1	장소2	비고	분류1	분류2	전거
91	인 18. 4	인종	대묘로부터 환어해 사면	궐정(구정)	대궐	대묘 제사 기념	사면	사면	세가
92	인 22 연말?	內侍김돈중	因宮庭儺夕 以燭燃牽龍 정중부髥	궁정	대궐	儺夕=除夕儺禮. (김부식, 정중부傳. 절요)	나례	종교	김부식전, 절요
93	의 0. 10.甲子	의종	親設百座道場於宣慶殿 遂幸毬庭 飯僧三日	선경전 구정	대궐	친설. 3일간. 선경전 백좌회에 수반	백좌 반승	불교	세가, 절요
94	의 1. 10.己未	의종	구정에서 노인 효순의절을 親饗	구정	대궐	鰥寡孤獨 篤廢疾에게 賜設	노인, 포상. 진휼	연회	세가, 절요
95	의 3. 2	의종	초재	구정	대궐	친초		초재	세가
96	의 3. 10		반승	구정	대궐	임신일. 백좌회에 수반	반승	불교	세가
97	의 5. 10		반승	구정	대궐	3일간. 백좌회에 수반	반승	불교	세가
98	의 11. 10		반승 3만	구정	대궐	3일간	반승	불교	세가, 절요
	의 12. 2		以仁宗忌 飯僧於大平亭	대평정, 궁정		時 王好作佛事 緇徒盈溢宮庭 怙恃恩寵 附託宦官 侵擾百姓 競造寺塔 爲害日甚			절요
99	의 14. 10		반승 3만	구정	대궐	을축일. 3일간	반승	불교	세가, 절요
100	의 15. 11.壬午	의종	御구정 觀樂. 임오일(14일)	구정	대궐	팔관?	음악 관람	음악	세가, 절요
101	의 15. 11.甲申	의종	御구정 觀樂. 갑신일(16일)	구정	대궐	팔관?	음악 관람	음악	세가, 절요

번호	연월	주체	행사내용	장소1	장소2	비고	분류1	분류2	전거
102	의 20. 10		반승 3만	구정	대궐	무술일	반승	불교	세가, 절요
103	의 21. 1		부병을 궐정에 주둔시킴	궐정 (구정)	대궐	을묘일. 내순검 발족	경호	군사	세가, 병지숙위
	명 5. 10		반승 1만	궁정	경희궁?	3일간	반승	불교	세가
104	명 5. 11		設팔관회 時 因西征 衛卒乏少 加發400人	구정	대궐	號衛國抄猛班 皆持劍戟環衛毬庭	시위	군사	병지 숙위, 절요
105	명 6. 9		초재	구정	대궐			초재	세가
106	명 7. 7		황새가 구정에 盤旋	구정	대궐		이변	음양	오행지 火
107	명 11. 10		반승 3만	구정	대궐	임술일. 인왕도량을 이음	반승	불교	세가
108	명 14. 10		재승 1만을 구정에서 함	구정	대궐	을해일. 대관전 백좌인왕회를 이음	반승	불교	세가, 절요
109	명 14. 11	명종	팔관소회, 익일 팔관대회 소회와 대회 구정 觀樂	구정	대궐	以太后祥月 除賀禮	팔관	불교	세가, 절요, 이광정전
110	명 17. 10		재승 3만	구정	대궐		반승	불교	세가, 절요
111	명 20. 10		반승	구정	대궐	임인일. 3일간. 대관전 백좌회에 수반	반승	불교	세가, 절요
112	명 27. 9	최충헌 형제	명종을 폐위. 擁兵入추밀원	구정	대궐	令諸衛장군 屯于구정	주둔	군사	절요, 최충헌전

번호	연월	주체	행사내용	장소1	장소2	비고	분류1	분류2	전거
113	신 0. 9	신종	御대관전 受群臣賀 移御의봉루	의봉루, 구정	대궐	親勞구정宿衛軍 仍命罷歸	주둔	군사	절요, 최충헌전
114	신 0. 10	최충헌	率衆千餘 由高達坂 至廣化門..王大驚	구정	대궐	卽命開門納之 使屯於구정	주둔	군사	절요, 최충헌전
115	신 1. 5	私동萬積 등	樵于北山 招集公私노예..約甲寅	북산, 흥국사 구정	산, 사원 대궐	聚흥국사 同時鼓조 趣구정作亂	반란	정변	절요, 최충헌전
116	신 2. 4		금사영접:왕 승평문, 신하 구정 금사진입:광화문, 어사대앞	승평문, 구정, 광화문, 대관전	대궐	왕: 승평문외 望詔, 대관전 금사 진행:승평문, 升殿	영접	외교	예지 빈례
117	신 4. 10		백좌회	구정	대궐		백좌	불교	세가
118	희 4. 10		乙亥 饗國老庶老 孝順節義 王親侑之	예빈성, 동락정	대궐	丙子 又大丕鰥寡孤獨 篤廢疾	노인, 구휼	연회	예지 가례 노인 사설의
119	고 8. 10		御의봉루 宣赦	의봉루, 구정	대궐	儀仗을 구정에 마련	사면	사면	여복지 儀衛 여복지 노부
120	고 12. 10		반승 3만	구정	대궐		반승	불교	세가, 절요
			老人賜設, 分列於大觀殿門外, 王出至閣門幄次, 還至儀鳳門幄次, 遂至左右同樂亭	대관전, 각문 의봉문, 동락정	대궐	並振作, 導從旣至而止, 老人受花酒 又作, 受訖而止	노인	연회	樂志 雅樂 用鼓吹樂 節度

〈도표 2-3〉 대궐 위봉루와 신봉루(의봉루)의 행사

번호	연월	주체	행사내용	장소1	장소2	비고	분류1	분류2	전거
	태 1. 11		팔관회를 구정에 개설.	구정, 위봉루	철원 대궐	王御위봉루觀之. 供佛樂神之會. 常例	팔관	불교	세가, 절요, 예지 팔관회의
1	태 19. 9	태조	(백제 평정) 至自백제 御위봉루	위봉루	대궐	문무백관, 백성 朝賀 받음	축하	축하	세가, 절요
2	광 9. 5	광종	御위봉루 放榜, 급제 하사	위봉루	대궐		과거	과거	세가, 절요
3	성 0. 8.癸未	성종	御위봉루 大赦, 放三年役 減租稅之半	위봉루	대궐	문무관 승진. (즉위 기념)	즉위	사면	세가
4	목 0. 12	목종	御위봉루 사면, 放三年役 除一年租 蠲欠負 放逋懸, 恤耆舊 褒孝순 洗痕累 救질병, 문무승도 관작	위봉루	대궐	神祇 훈호, 전국에 연회 하사 尊母皇甫氏 爲應天啓聖靜德王太后(임금즉위 태후책봉 기념)	책봉	사면	세가, 절요
5	현 1. 11	현종	팔관회 회복. 御위봉루 觀樂	위봉루	대궐	경인일(15일)	팔관	불교	세가, 절요
1	현 20. 2		白鶴來巢 于신봉루 치문(치미)	신봉루	대궐 궁성	병술일	새	음양	오행지 금
2	현 26. 2		大鳥 巢于신봉문 鴟尾	신봉문	대궐		이변	음양	오행지 火
3	덕 0. 6	덕종	御신봉루 揭鷄竿于구정 肆赦	신봉루, 구정	대궐	계묘일. (즉위 기념)	즉위	사면	세가
4	정 0. 11	정종	大赦, 受중외群臣賀. 즉위기념	신봉루	대궐	송상, 동서번, 탐라국 獻방물. 경인일	즉위	사면, 방물	세가, 절요

번호	연월	주체	행사내용	장소1	장소2	비고	분류1	분류2	전거
5	정 0. 11	정종	庚子, 팔관회. 御신봉루, 賜百官酺 저녁에 幸법왕사	신봉루, 법왕사	대궐	翌日, 大會, 又賜酺, 觀樂, 中外上表陳賀, 宋商東西蕃耽羅獻土物 賜坐觀禮, 後以爲常	팔관	불교	세가, 절요
6	정 5. 11	정종	팔관회. 御신봉루, 연회하사	신봉루, 법왕사	대궐	幸법왕사. 신축일	팔관	불교	세가
7	문 0. 6	문종	대 사면. 관직자 승진. 정묘일	신봉루	대궐	즉위 기념	즉위	사면	세가, 절요
8	문 2. 10	문종	환어해 사면	신봉루	대궐	을해일. 대묘 제사 기념	대묘	사면	세가
9	문 8. 2	문종	御신봉루 大赦. 태자책봉 기념	신봉루	대궐	병오일. 有職者 1級을 더함	책봉	사면	세가
10	문 10. 10	문종	환어해 사면	신봉루	대궐	임술일. 대묘 친제 기념	대묘	사면	세가
11	문 21. 1	문종	御신봉루東 帳殿, 신하를 연회	신봉루	대궐	신미일. 흥왕사 행사 기념	낙성	연회	세가
12	문 21. 2	문종	肆赦. 기유일 초하루	신봉루	대궐	흥왕사 낙성 기념	낙성	사면	세가
13	문 27.11辛亥		設팔관회 御신봉루 觀樂	신봉루 1	대궐	교방여제자 楚英이 포구락 등 공연	팔관1	불교1	악지 속악
13	문 27.11辛亥	문종	팔관회. 御신봉루 觀樂	신봉루 1	대궐		팔관1	불교1	세가
13	문 27.11翼日	문종	팔관대회	신봉루 ?2	대궐	송, 흑수, 탐라, 일본等諸國人 獻예물	팔관2	불교2	세가
14	순 0. 8	순종	사면	신봉루	대궐	경자일. 즉위기념	즉위	사면	세가, 절요

번호	연월	주체	행사내용	장소1	장소2	비고	분류1	분류2	전거
15	선 0. 11	선종	사면하고 문무관 加級	신봉루	대궐	무진일. 즉위 기념	즉위	사면	세가, 절요
16	선 0. 12	선종	팔관회. 御신봉루前帳殿 受賀	신봉루, 법왕사	대궐	遂幸법왕사. 정축일. 국휼로 늦어짐	팔관	불교	세가, 절요
17	선 3. 2	선종	사면	신봉루	대궐	무진일		사면	세가
18	헌 0. 6	헌종	사면. 대규모. 무자일	신봉루	대궐	국왕즉위, 태후존호 기념	즉위 존호	사면	세가
19	숙 0. 11	숙종	斬絞이하 사면, 산천덕호, 조세면제 공신자손 배려, 문무 승진, 군인 포상	신봉루	대궐	노인, 폐질, 의절효순, 환과고독 배려 (즉위 기념)	노인 구휼	사면	세가, 절요
20	숙 0. 11	숙종	팔관회. 御신봉문, 受賀	신봉문, 법왕사	대궐	遂幸법왕사. 병오일	팔관	불교	세가
21	숙 3. 10.갑신	숙종	대묘협제하고 신봉문 환어해 사면	신봉문	대궐	사면, 산천덕호, 제향관련자 포상	환어	사면, 포상	세가, 절요
22	숙 5. 2.을사	숙종	二罪이하 사면, 산천신호, 양경문무 승진, 감세, 구휼	신봉루	대궐	동서번장 무산계. (태자책봉 기념)	책봉	사면, 포상	세가, 절요
23	예 0. 11	예종	사면	신봉문	대궐	임금 즉위와 태후 책봉 기념	즉위 책봉	사면	세가, 절요
24	예 1. 1		御神鳳門 閱神騎軍	신봉문	대궐		사열		절요
25	예 1. 12		氣如烟 生于신봉문上 치문 數日	신봉문	대궐 궁성	경진일	이변	음양	오행지 금
26	예 3. 2	예종	사면, 산천, 구휼, 포상. 신묘일	신봉루	대궐	母 왕비-왕태후 기념	책봉	사면	세가
27	예 4. 2	예종	신봉문 外에서 신기군을 사열	신봉문	대궐	신봉문 외는 곧 구정	사열	군사	세가, 절요

번호	연월	주체	행사내용	장소1	장소2	비고	분류1	분류2	전거
28	예 4. 3	예종	精弩班軍을 사열	신봉문	대궐	임자일	사열	군사	세가, 절요
29	예 5. 6	예종	命대방후 往순천관迎詔 到闕庭 王出신봉문拜詔 先入회경전幕次	순천관, 궐정, 신봉문, 회경전	객관	(宋使)王襄等至 王出迎入殿庭 受詔及衣帶…訖 上殿	迎詔 受詔	외교	예지 빈례
30	예 10. 3	예종	사면	신봉문	대궐	임신일. 왕태자 책봉 기념	책봉	사면	세가
31	예 13. 9	예종	親祖送于신봉문(端門)外	신봉문	대궐	죽은 왕비 이씨를 祖送	이별	장례	후비전, 절요
32	예 16. 1		휴류새가 신봉문 上에서 울	신봉문	대궐		이변	음양	오행지 火
33	인 0. 5		사면. 무인일	신봉문	대궐	태후 封崇 때문	책봉	사면	세가
34	인 2. 8	인종	사면, 산천제사, 구휼, 포상	신봉루	대궐	경오일. 조선국공 책봉 기념	책봉	사면, 포상	세가, 절요
35	인 4. 2		척준경 무리, 신봉문 外에 진입. 인종, 신봉문(신봉문루)에 이어해 효유	신봉문(루)	대궐	義莊 무리가 신봉문柱를 도끼로 찍자 樓上에서 화살을 발사(射神鳳門者 1人이 5월에 유배됨)		정변	이자겸전, 척준경전 절요
36	인 16. 5		신봉문을 의봉문으로 개칭	신봉문, 의봉문	대궐		개칭	칭호	세가
37	의 0. 4	의종	대규모 사면. 무오일	의봉루	대궐	임금 즉위와 태후 책봉 기념	기념	사면	세가, 절요
38	명 3. 8		의봉문치미生煙 有癸巳亂	의봉문, 광화문	대궐 궁성, 대궐 황성	광화문치미生煙 致정중부 戮	안개	음양	오행지 금

번호	연월	주체	행사내용	장소1	장소2	비고	분류1	분류2	전거
39	명 22. 2		野鳥 棲의봉문 右치미	의봉문	대궐		이변	음양	오행지 火
40	명 26. 9	명종	사면	의봉문	대궐	御. 초하루		사면	세가, 절요
41	신 0. 9	신종	의봉루에 이어	의봉루, 구정	대궐	구정 숙위군 위로	위로	군사	세가, 절요
42	신 0. 11	신종	의봉루 이어해 사면. 推恩中外有差	의봉루	대궐	신령호칭, 포상. 즉위기념?	즉위?	사면, 포상	세가, 절요
43	신 2. 8		복새가 의봉문에서 울다	의봉문	대궐	정축일	이변	음양	오행지 火
44	신 3. 5	휴류새	의봉문 체통문 大定門에서 움	의봉문, 체통문, 대정문	대궐	갑술일	이변	음양	오행지 火
45	강 1. 2	강종	御의봉루, 사면. 기해일	의봉루	대궐	즉위 기념	즉위	사면	세가, 절요
46	강 1. 7		金 遣大理卿完顔惟基來 册王爲開府儀同三司上柱國高麗國王 賜車服金印匹段鞍馬弓矢等物	의봉문 (정문, 서문)		金使, 欲入自儀鳳正門, 王命知奏事琴儀往諭曰, 天子之巡狩方嶽自古有之, 若大國枉蹕小國當入自何門耶, 惟基答曰 天子出入捨中門而何, 儀曰 然則人臣由正門可乎, 惟基大服其言 乃入自西門	출입	외교	금의전, 절요
47	고 2. 10	고종	환어, 사면. 을미일	의봉루	대궐	대묘제사 기념	대묘	사면	세가
48	고 8. 1		휴류새가 의봉루에서 울다	의봉루	대궐		이변	음양	오행지 火

번호	연월	주체	행사내용	장소1	장소2	비고	분류1	분류2	전거
49	고 8. 10	고종	의봉루에 이어해 사면, 관작하사	의봉루, 구정	대궐	鷄竿 세움. 구정에 儀仗 마련		사면	세가, 여복지 儀衛 노부
50	고 10. 10		휴류새가 의봉문에서 울다	의봉문	대궐		이변	음양	오행지 火
51	고 14. 8		휴류새가 의봉루에서 울다	의봉루	대궐		이변	음양	오행지 火
			老人賜設, 分列於大觀殿門外, 王出至閤門幄次, 還至儀鳳門幄次, 遂至左右同樂亭	대관전, 각문 의봉문, 동락정	대궐	並振作, 導從旣至而止, 老人受花酒 又作, 受訖而止	노인	연회	樂志 雅樂 用鼓吹 樂節度

〈도표 2-4〉 대궐 천덕전과 건덕전(대관전)의 행사

번호	연월	주체	행사내용	장소	비고	분류1	분류2	분류3	전거
1	태 11. 9	발해인	은계종 등 來附 見於천덕전	천덕전		알현		외교	세가, 절요
	태 18. 11		癸卯, 新羅王與王鐵等 入開京, 王備儀仗出郊迎勞, 命東宮與諸宰臣 從衛而入 館于柳花宮	유화궁, 정전	癸丑, 王御正殿, 會文武百官 備禮, 以長女樂浪公主 歸于新羅王	혼인			절요
2	태 18. 12	태조	御천덕전 會백료 受羅王庭見禮	천덕전, 신란궁	신란궁 창건해 하사. 경주식읍 하사	알현	축하	의례	세가, 절요
3	정 3. 9	정종	(동여진 소무개 등이 말 700필 바침) 御천덕전 閱馬해 가격 評定	천덕전	忽雷雨 震押物人 又震殿西角, 王大驚, 近臣扶入重光殿, 遂不豫, 赦	무역		외교	세가, 절요
4	광 15. 3	광종	김책 등에 급제 하사하고	천덕전	御천덕전 宴群臣, 김책이 赴宴	과거	연회	연회	세가, 절요 선거지 숭장
5	성 2. 1	성종	신하들을 연회, 물건 하사	천덕전	정축일		연회	연회	세가, 절요
6	목 12. 2	강조	坐乾德殿御榻下 軍士呼만세 강조驚起궤曰	건덕전	嗣君未至 是何聲耶. (강조전, 절요)		정변	정변	강조전, 절요
7	현14.6 乙巳	현종	御천덕전 복시, 급제 하사	천덕전	천복전? 건덕전?	복시		과거	세가
8	현 14. 12		재추, 상장군을 연회	건덕전	정축일. 입춘절이라서	입춘	연회	연회	세가, 절요
9	덕 1. 8丁巳		宣麻. 舊制 宣麻於家 至是集백관 宣於건덕전	건덕전	從有司請也. (예지 길례 선마의, 절요)	선마		인사	세가

번호	연월	주체	행사내용	장소	비고	분류1	분류2	분류3	전거
10	정 3. 7壬戌		以王비(女比)원성태후諱辰, 백관就건덕전 上表陳慰	건덕전	諱辰陳慰始此. (예지 선왕휘신, 절요)	기일	위로	위로	세가
11	정 3. 7乙丑	정종	御건덕전 宣麻	건덕전	유징필을 평장사 서경유수사로	선마		인사	세가, 절요
12	정 9. 5	백관	表賀. 을미일	건덕전	가뭄에 시달리다가 비가 내렸기 때문	비	축하	축하	세가, 절요
13	정 10. 6	정종	보살계 받음	건덕전	기사일	보살		불교	세가, 절요
14	문 0. 8	문종	화엄경도량	건덕전	임자일	화엄		불교	세가
15	문 0. 8	문종	御건덕전 視朝	건덕전, 선정전	退御선정전, 재상과 시정득실 논함			정사	세가
16	문 0.12,丙午朔		百官詣乾德殿 賀成平節(성평절은 문종 생일)	건덕전, 선정전	宴宰樞給舍中丞以上侍臣于宣政殿	생일	축하	축하	세가, 절요
17	문 1. 3	문종	반야도량	건덕전	친설. 계미일. 5일간	반야		불교	세가
18	문 1. 4	문종	御건덕전 視朝	건덕전, 선정전	又御선정전 召재신어사대 論時政			정사	세가
19	문 2. 12	문종	생신 축하를 받음	건덕전	을축일 초하루	생일	축하	축하	세가
20	문 7. 6	문종	보살계 받음	건덕전	계미일	보살		불교	세가
21	문 8. 2.계축	문종	신하들을 연회하고 賜幣	건덕전	태자책봉 기념?		연회	연회	세가, 절요

번호	연월	주체	행사내용	장소	비고	분류1	분류2	분류3	전거
22	문 10. 4	문종	복시하고 급제 하사	건덕전	병자일	복시		과거	세가
23	문 11. 2		소재도량	건덕전	계유일. 5일간	소재		불교	세가
24	문 11. 7		소재도량	건덕전	무자일. 5일간	소재		불교	세가
25	문 12. 6	문종	보살계 받음	건덕전	갑인일	보살		불교	세가
26	문 13. 1	문종	朝賀 받고 제왕, 輔臣을 연회	건덕전	정유일 초하루	설날	연회	축하	세가
27	문 13. 2	문종	복시하고 급제 하사	건덕전	을해일	복시		과거	세가
28	문 17. 1	문종	신하들을 연회하고 賜帛	건덕전	계묘일 초하루	설날	연회	연회	세가, 절요
29	문 21. 6	문종	보살계 받음	건덕전	신유일	보살		불교	세가
30	문 32. 6.정묘	문종	宋, 遣左諫議大夫安燾 起居舍人陳睦, 賫詔來	건덕전	命太子宴客使于乾德殿		연회	외교	세가, 절요
31	문 33. 2	문종	백관을 모아 宣麻	건덕전	金悌로 이부상서 참지정사 삼음	선마		인사	세가
32	선 0. 10		금강명경도량	건덕전	정유일	금강		불교	세가
33	선 0. 12		화엄경도량	건덕전	임신일. 5일간	화엄		불교	세가
34	선 0. 12	선종	御건덕전 視朝, 退御선정전	건덕전, 선정전	정해일. 재신이 시정득실 진술			정사	세가
35	선 2. 2		금강경도량	건덕전	신미일. 7일간	금강		불교	세가
36	선 2. 5		금강명경도량	건덕전	기우. 갑인일. 7일간	기우		불교	세가
37	선 2. 6	선종	보살계 받음	건덕전	정축일	보살		불교	세가, 절요

번호	연월	주체	행사내용	장소	비고	분류1	분류2	분류3	전거
38	선 3. 2丙寅	선종	上册于왕태후 御건덕전受中外賀 賜群臣宴(세가, 예지 가례), 自祖宗以來册禮多廢 至是復之(예지 가례)	건덕전	탁라유격장군 加於乃等來賀 獻方物. (세가)	후비		책봉	세가, 예지
39	선 3. 5		복시하고 급제 하사	건덕전	갑오일	복시		과거	세가
40	선 4. 4		금강경도량	건덕전	을사일. 7일간. 기우	기우	금강	불교	세가
41	선 6. 3		능엄도량	건덕전	경인일. 7일간	능엄		불교	세가
42	선 6. 3		烏如烏而白翼者 集于건덕전 門前	건덕전	갑오일. (오행지 火)	이변		음양	세가
43	선 6. 9	선종	요사를 연회, 王製賀聖朝詞	건덕전	정축일. 천원절이라서		연회	외교	세가, 절요
44	선 7. 5	선종	복시하고 급제 하사	건덕전	병인일	복시		과거	세가
45	선 7. 9	선종	再宴遼使于건덕전 令三節人座殿內좌우. 再宴使者 古無此例, 三節就坐殿內 亦所未聞	건덕전	御製天慶寺비문 선물 때문		연회	외교	세가, 절요, 예지 빈례
46	선 8. 1	선종	신하들을 연회하고 馬 하사	건덕전	정묘일		연회	연회	세가, 절요
47	선 9. 6	선종	보살계 받음	건덕전	태후, 백주 견불사 천태종 예참법	보살		불교	세가
48	헌 0. 12		遼 勑祭使 詣魂堂 祭宣宗, 慰問使傳詔於乾德殿 兼賜賻贈	건덕전	을유일	장례		외교	세가, 절요
49	헌 0. 12		遼 起復使 亦於乾德殿 傳詔 起復	건덕전	병술일	장례		외교	세가, 절요

번호	연월	주체	행사내용	장소	비고	분류1	분류2	분류3	전거
50	헌 1. 5	헌종	요 동경 회례사 高遂를 접견	건덕전	계축일. 고수가 능라채단을 私獻	접견		외교	세가, 절요
51	헌 1. 6	헌종	木叉戒 받음	건덕전	기묘일	목차		불교	세가, 절요
52	숙 0. 11	숙종	요의 전왕 생신축하사절을 영접	건덕전	기미일. 전왕 대신 영접	생일		외교	세가, 절요
53	숙 1. 3	숙종	복시하고 급제 하사	건덕전	무오일	복시		과거	세가
54	숙 1. 5	숙종	聽政	건덕전	갑진일			정사	세가
55	숙 1. 5		금강경도량	건덕전	기우. 무신일	기우	금강	불교	세가
56	숙 1. 10		도량, 정축일	건덕전	3일간. 인예태후 願成 화엄경을 轉	화엄	도량	불교	세가
57	숙 5. 4	숙종	복시하고 급제 하사	건덕전	임자일	복시		과거	세가
58	숙 6. 1		소재도량	건덕전	신묘일. 4일간	소재		불교	세가
59	숙 6. 3		반야도량	건덕전	경진일	반야		불교	세가
60	숙 6. 6	숙종	보살계 받음	건덕전	갑진일	보살		불교	세가
61	숙 7. 4	숙종	복시, 급제하사. 宋人 別賜	건덕전	태자, 재추, 兩制 불러 置酒 시짓기	복시	연회	과거	세가
62	숙 7. 11	숙종	御乾德殿 引見新及第 賜衣服 酒食	건덕전		급제	연회	과거	절요
63	숙 9. 3	태자	복시	건덕전	왕명	복시		과거	세가
64	예 1. 1		요사를 연회	건덕전			연회	외교	세가
65	예 1. 6.을해	예종	보살계 받음	건덕전	을해일	보살		불교	세가, 절요
66	예 1. 6.신사	예종	금강경도량(금강명경 도량) 친설, 逐日 聽講	건덕전	가뭄 때문	금강	가뭄	불교	세가, 절요

번호	연월	주체	행사내용	장소	비고	분류1	분류2	분류3	전거
67	예 1. 7		태일을 초재	건덕전	병오일	초재	태일	도교	세가
68	예 1. 9		소재도량	건덕전	무술일	소재		불교	세가
69	예 1. 10		반야도량	건덕전	경오일	반야		불교	세가
70	예 2. 1	예종	요사를 연회	건덕전	병신일		연회	외교	세가
71	예 2. 1		인왕도량	건덕전	무신일	인왕		불교	세가
72	예 2. 3	예종	태일을 초재	건덕전	을묘일	초재	태일	도교	세가
73	예 2. 4	예종	視朝 비로소 함. 정사 초하루	건덕전	백관이 국휼로 紅鞓 띠지 않다가 띰			정사	세가, 절요
74	예 2. 5		태일을 초재	건덕전	을사일. 기우?	기우?	태일	초재	세가
75	예 2. 5		또 초재 禱雨	건덕전	을묘일	기우		초재	세가
76	예 3. 1		요사를 연회. 병진일	건덕전	생신축하 사절		연회	외교	세가
77	예 3. 2		요사를 연회. 계묘일	건덕전	요 기복사		연회	외교	세가
78	예 3. 2		요사를 연회	건덕전	계축일		연회	외교	세가
79	예 3. 6	예종	진사를 복시	건덕전	신사일	복시		과거	세가
80	예 3. 6	예종	보살계 받음	건덕전	갑오일	보살		불교	세가
81	예 3. 12		요사를 연회. 신묘일	건덕전	요 횡선사		연회	외교	세가
82	예 4. 1		요사를 연회. 경술일	건덕전	생신축하 사절		연회	외교	세가
83	예 4. 2	예종	건덕전남문(건덕전문) 外에서 장졸사열	건덕전	경진일. 술, 은병 하사	사열	군사	정사	세가, 절요
84	예 4. 6	예종	보살계 받음	건덕전	무자일	보살		불교	세가
85	예 4. 7		소재도량	건덕전	갑자일. 5일간	소재		불교	세가
86	예 4. 11.계묘	예종	視朝于乾德殿, 諫議大夫李載金緣, 御史大夫崔繼芳等, 請治尹瓘吳延寵林彦敗軍之罪	건덕전, 합문	王不允 入內, 載等又伏閤固爭, 至午 命承宣沈侯宣諭	시조 간쟁	군사	정사	세가, 절요

번호	연월	주체	행사내용	장소	비고	분류1	분류2	분류3	전거
87	예 5. 5.신해	예종	御乾德殿 視朝, 宰相崔弘嗣金景庸與臺諫, 上疏論尹瓘吳延寵等敗軍之罪	건덕전	王不聽 便入內, 弘嗣等詣閤固請, 至晡竟不允宰相諫官皆歸第不出, 省中一空	시조 간쟁	군사	정사	세가, 절요
88	예 5. 6	예종	女樂 2인을 召見. 신미일	건덕전	宋 明州가 所歸한 여악	음악		외교	세가, 절요
89	예 5. 6	예종	보살계 받음	건덕전	임오일	보살		불교	세가
90	예 5. 12		초재	건덕전	을사일	초재		도교	세가
91	예 5. 12	백관	입춘이라 朝함. 계축일	건덕전	왕이 春幡子 하사하고 迎春詞 지음	입춘	축하	정사	세가
92	예 6. 1	예종	덕음, 사면, 구휼, 포상. 병인일	건덕전	노인, 환과고독, 의절, 효순 배려	사면	노인	구휼 포상	세가
93	예 6. 12	예종	요 조서를 받음(橫賜使)	건덕전	신해일			외교	세가
94	예 7. 11	예종	유인저, 이자겸에 麻制 내림	건덕전	경신일	마제		인사	세가
95	예 7. 11	예종	오연총, 이위에 麻制 내림	건덕전	신사일	마제		인사	세가
96	예 8. 3	예종	視朝于乾德殿 引見新及第鄭之元等, 賜酒食于閤門 仍令釋褐	건덕전, 합문	대궐		급제	연회	선거지 崇奬 절요
97	예 9. 2	예종	본명을 초재	건덕전	친초. 기미일	초재	본명	도교	세가
98	예 9. 4	예종	복시하고 급제 하사	건덕전	병오일	복시		과거	세가
99	예 9. 5		소재도량	건덕전	무인일	소재		불교	세가

번호	연월	주체	행사내용	장소	비고	분류1	분류2	분류3	전거
100	예 9. 10		연회	건덕전	기유일. 비로소 擧樂		연회	연회	세가, 절요
101	예 10. 1		요 횡선사를 연회	건덕전	계유일		연회	외교	세가
102	예 10. 1		요 기복사를 연회	건덕전	을해일		연회	외교	세가
103	예 10. 1		요 생신사를 연회	건덕전	무인일		연회	외교	세가
104	예 10. 3	예종	신하들을 연회, 萬年詞 지음	건덕전	임오일		연회	연회	세가, 절요
105	예 10. 5	예종	出詩賦題 복시	건덕전	경인일. 예부시 문제점으로 인해	복시		과거	세가
106	예 11. 2	예종	御乾德殿 引見新及第金精等	건덕전, 합문	賜酒食于閤門, 仍令釋褐		급제	연회	선거지 崇奬 절요
107	예 11. 5	예종	복시	건덕전	병진일	복시		과거	세가
108	예 11. 6	예종	受詔(왕자지, 송에서 가져옴)	건덕전	송이 대성악 보냄	음악	조서	외교	세가
109	예 11. 7	예종	대성 시신을 불러 傳宣訪問	건덕전	신유일. 병마판관도 부름		군사	정사	세가
110	예 11.10,戊辰		閱대성악于건덕전(세가, 절요)	건덕전	親閱대성악于건덕전(악지 헌가악독주절도)	음악	의례	외교	세가
111	예 12. 2		소재도량	건덕전	을축일. 3일간	소재		불교	세가
112	예 12. 5	예종	송 황제 御製親札詔를 영접	건덕전	이자량이 조서 가져옴. 권적 귀국	受詔		외교	세가
113	예 13. 1	예종	축하받고 신하들을 연회	건덕전	경자일. 함녕절이라서	생일	연회	축하	세가

번호	연월	주체	행사내용	장소	비고	분류1	분류2	분류3	전거
114	예 13. 6	예종	보살계 받음	건덕전	병인일	보살		불교	세가
115	예 13. 7	예종	송 조서를 건덕전문에서 영접	건덕전	신사일. 송사 曹誼, 의관 양종립 옴	受詔		외교	세가
116	예 14. 2	예종	出건덕전 附表以謝. 병신일	건덕전	송사 曹誼 등이 還	송별		외교	세가
117	예 14. 6	예종	보살계 받음	건덕전	경인일	보살		불교	세가
118	예 15. 5	예종	복시	건덕전	신해일	복시		과거	세가
119	예 15. 6	예종	보살계 받음	건덕전	갑신일	보살		불교	세가
120	예 16. 1	예종	축하받고 신하들에게 연회	건덕전	계축일. 함녕절이라서	생일	연회	축하	세가, 절요
121	예 16. 윤5		왕사 덕연 불러 기우	건덕전	정묘일. 5일간	기우		불교	세가
122	예 17. 1	예종	축하받고 신하들을 연회	건덕전	정축일. 함녕절이라서	생일	연회	축하	세가
123	예 17. 3		소재도량	건덕전	정해일. 5일간. 왕이 아파서?	소재	질병	불교	세가
124	인 0. 6	인종	보살계	건덕전	신축일	보살		불교	세가, 절요
125	인 0. 7	인종	금광경도량: 세가(금강명경도량: 절요)	건덕전	경오일 친설. 삼칠일 동안	금광	금강	불교	세가
126	인 1. 1	인종	초재	건덕전	경진일. 친초	초재		도교	세가
127	인 1. 7	인종	소재도량. 有星, 孛于北斗 때문	건덕전	계유일. 친설. 5일간	소재		불교	세가, 절요
128	인 2.7.	인종	이자겸 책봉 詔書를 出건덕전門外 傳	건덕전	백관詣殿庭賀次進이자겸第賀.	책봉		정사	이자겸전, 절요
129	인 2. 10.정미	인종	以慶龍節 宴群臣于乾德殿, 常參以上官 各賜馬一匹	건덕전, 함원전	又宴宰樞侍臣于含元殿	생일	연회	연회	세가, 절요

번호	연월	주체	행사내용	장소	비고	분류1	분류2	분류3	전거
130	인 16. 5		건덕전을 대관전으로 개칭	건덕전, 대관전		개칭		칭호	세가
131	인 16. 10		반야도량	대관전	정묘일. 3일간	반야		불교	세가
132	인 17. 1		금사를 연회	대관전	임진일. 생신축하 사절		연회	외교	세가
133	인 17. 2	인종	신하들을 연회, 말 하사	대관전	경오일		연회	연회	세가, 절요
134	인 18. 1		금사를 연회	대관전	을유일. 생신축하 사절		연회	외교	세가
135	인 18. 6	인종	보살계 받음	대관전	무오일	보살		불교	세가
136	인 19. 1		금사를 연회	대관전	경술일. 생신축하 사절		연회	외교	세가
137	인 20. 1		금사를 연회	대관전	병오일. 생신축하 사절		연회	외교	세가
138	인 20. 6		금사를 연회	대관전	신미일		연회	외교	세가
139	인 20. 6	인종	보살계 받음	대관전	병자일	보살		불교	세가
140	인 21. 1		금사를 연회	대관전	무술일. 생신축하 사절		연회	외교	세가
141	인 21. 6		소재도량	대관전	무자일. 5일간. 왕비임씨 질병 때문	소재	질병	불교	세가
142	인 21. 6	인종	보살계 받음	대관전	경자일	보살		불교	세가
143	인 22. 2	인종	신하들을 연회하고 말 하사	대관전	기해일	선물	연회	연회	세가, 절요
144	인 23. 1		금사를 연회	대관전	병진일. 생신축하 사절		연회	외교	세가
145	인 23. 6	인종	보살계 받음	대관전	기축일	보살		불교	세가
146	인 23. 6		금사를 연회	대관전	임진일. 횡선사		연회	외교	세가
147	인 24. 1		금사를 연회	대관전	임오일. 생신축하 사절. 왕 아픔, 사면		연회	외교	세가, 절요

번호	연월	주체	행사내용	장소	비고	분류1	분류2	분류3	전거
148	의 0. 2	의종	즉위	대관전	정묘일	즉위		즉위	세가, 절요
149	의 0. 10	의종	금사를 연회	대관전	계축일		연회	외교	세가
150	의 2. 5		금사를 연회	대관전	정묘일		연회	외교	세가
151	의 2. 6	의종	금사를 연회	대관전			연회	외교	세가
152	의 2. 6	의종	보살계 받음	대관전		보살		불교	세가
153	의 2. 6		금사를 연회	대관전	횡선사		연회	외교	세가
154	의 2. 11		금사를 연회	대관전	생신축하 사절		연회	외교	세가
155	의 3. 6	의종	보살계 받음	대관전		보살		불교	세가
156	의 3. 10		소재도량	대관전	6일간	소재		불교	세가
157	의 4. 11		금사를 연회	대관전	생신축하 사절		연회	외교	세가
158	의 4. 12		除夜도량	대관전	임신일	제야	도량	불교	세가
159	의 5. 6		금사를 연회	대관전			연회	외교	세가
160	의 5. 11		금사를 연회	대관전	생신축하 사절		연회	외교	세가
161	의 6. 5	의종	詩賦로 친시해 급제 하사	대관전		친시		과거	세가, 절요
162	의 6. 8		소재도량	대관전	5일간	소재		불교	세가
163	의 6. 9		금강경도량	대관전	초하루	금강		불교	세가
164	의 6. 11		금사를 연회	대관전	생신축하 사절		연회	외교	세가
165	의 7. 4		신하를 연회	대관전	정해일. 태자 책봉 때문?	책봉?	연회	연회	세가, 절요
166	의 9. 12		금사를 연회	대관전	생신축하 사절		연회	외교	세가
167	의 10. 11	의종	금사를 연회	대관전			연회	외교	세가
168	의 11. 6		금사를 연회	대관전			연회	외교	세가
169	의 11. 11		금사를 연회	대관전			연회	외교	세가
170	의 14. 11	의종	금사를 연회	대관전	생신축하 사절	생신	연회	외교	세가
171	의 20. 11		금사를 연회	대관전	경신일. 생신축하 사절	생신	연회	외교	세가

번호	연월	주체	행사내용	장소	비고	분류1	분류2	분류3	전거
172	의 24.1.임자朔	의종	受賀하고 親製신료賀表, 百官表賀	대관전, 봉원전	是日 御奉元殿 講書益稷	설날	축하	축하	세가, 절요
173	의 24. 윤5	의종	조하 받고 연회 베풂. 경인일	대관전	왕이 악장을 지음	축하	연회	축하	세가
174	명 0. 9	명종	즉위. 기묘일	대관전	정중부 등이 옹립	즉위		즉위	세가, 절요
175	명 0. 9	신하	즉위 축하	대관전		즉위	축하	축하	세가
176	명 1. 6	명종	보살계 받음	대관전		보살		불교	세가, 절요
177	명 1. 7		소재도량	대관전	3일간	소재		불교	세가, 절요
178	명 1. 7	명종	금 조서 영접	대관전	의종에게 주는 조서	受詔		외교	세가, 절요
179	명 1. 8		하직하는 금사 위해 대관전에서 연회	대관전	갑진일		연회	외교	세가, 절요
180	명 2. 5	명종	책봉 조서를 받음	대관전	승평문 영접 바로 이어서	책봉	조서	외교	세가
181	명 2. 5		금사를 연회	대관전			연회	외교	세가
182	명 4. 6		금사를 연회	대관전			연회	외교	세가
183	명 8. 10.병진		인왕백좌도량(백좌도량). 3년 1設 백좌회	대관전	令中外 飯僧三萬	백좌	반승	불교	세가, 절요
184	명 9. 9		恒霧 太史奏 請於光岩寺大觀殿內殿 3處	광암사, 대관전, 내전1	設소재도량 以禳之 (날짜모름)	안개	소재	불교 음양	오행지 토
185	명 9. 9		辛巳 月犯大微東蕃上相 太史請 光岩寺大觀殿內殿三處	광암사, 대관전, 내전2	設소재도량 以禳之	月	소재	불교 음양	천문지 星
186	명 10. 9		소재도량	대관전	천변 기양	소재		불교	세가
187	명 11. 10.임술		인왕도량	대관전	飯僧三萬	인왕	반승	불교	세가, 절요

번호	연월	주체	행사내용	장소	비고	분류1	분류2	분류3	전거
188	명 12. 1		금사를 연회	대관전			연회	외교	세가
189	명 13. 6		금사를 연회	대관전			연회	외교	세가
190	명 14. 4(5)	명종	금 기복사를 引해 受詔. 계축일	대관전		受詔		외교	세가, 절요
191	명 14. 4(5)	명종	금사를 연회. 정사일	대관전	길례를 不從해 금사가 오지 않음		연회	외교	세가, 절요
192	명 14. 6	명종	금사를 연회	대관전	結棚 插花 奏樂하지 않음		연회	외교	세가, 절요
193	명 14. 10.을해		백좌인왕회(백좌회)	대관전	齋僧一萬于毬庭	백좌	반승	불교	세가, 절요
194	명 16. 2		금사를 연회	대관전	기복사		연회	외교	세가
195	명 16. 6		금사를 연회	대관전	횡선사		연회	외교	세가
196	명 17. 1		금사를 연회	대관전			연회	외교	세가
197	명 18. 1		금사를 연회	대관전			연회	외교	세가
198	명 19 11		금사를 연회	대관전			연회	외교	세가
199	명 20. 1	명종	금사를 연회	대관전	金帶를 하사. 금사는 생신축하	생신	연회	외교	세가
200	명 20. 10.임인		백좌인왕회(백좌회)	대관전	飯僧毬庭. 3일간	백좌		불교	세가, 절요
201	명 21. 1		금사를 연회	대관전	생신축하 사절		연회	외교	세가
202	명 21. 2		금사를 연회	대관전	기해일		연회	외교	세가
203	명 22. 1		금사를 연회	대관전	생신축하 사절		연회	외교	세가
204	명 23. 1	명종	금사를 연회	대관전	생신축하 사절		연회	외교	세가
205	명 24. 1		금사를 연회	대관전	생신축하 사절		연회	외교	세가
206	명 25. 6		금사를 연회	대관전	횡선사		연회	외교	세가
207	명 26. 1		금사를 연회	대관전	생신축하 사절		연회	외교	세가
208	명 26. 3		烏巢 于대관전 榜	대관전	(오행지 火)	이변		음양	세가

번호	연월	주체	행사내용	장소	비고	분류1	분류2	분류3	전거
209	신 0. 9	최충헌	迎平涼公旼 卽位于大觀殿, 以子淵 爲太子	대관전	忠獻兄弟 擁兵入樞密院 令諸衛將軍 屯于毬庭	즉위		즉위	세가, 절요
210	신 0. 9	신종	御大觀殿 受群臣賀	대관전	移御儀鳳樓 親勞毬庭宿衛軍 仍命罷歸	즉위	축하	축하	세가, 절요
211	신 2. 4		金, 遣封册使大理卿完顔愈...來(乙酉). 辛丑, 王乘輦 出至昇平門 入幄次, 有司 以侍立員少 聚文武散職員 具冠服 立毬庭, 愈等入廣化門, 詔函 至御史臺前	승평문, 구정, 광화문, 대관전	王出昇平門外 望詔 還入門 乘輦 入大觀殿庭, 愈等奉詔函及禮物 入自昇平門 升殿, 王行受册禮 (예지 빈례)	영접 受詔		외교	세가, 예지 빈례
212	신 2. 5	기홍수	무일편 고쳐 베낌	대관전		書經		유교	세가
213	신 2. 5	신종	금 조서 받음	대관전	책봉	受詔		외교	세가
214	신 3. 11	신종?	금사를 연회	대관전	생신축하사절		연회	외교	세가
215	신 5. 10	최충헌	재상과 제장을 소집해 의논	대관전	경주반란대책	반란	회의	정사	세가, 절요
216	신 5. 12		金 遣戶部侍郞李仲元 來賀生辰 王受詔于大觀殿	대관전	先遣左承宣于承慶 謂金使曰 前王在殯 迎詔及宴 不得擧樂 金使曰 迎天子之命 豈可以私喪輟樂乎 遂用之	受詔	연회	외교	절요

번호	연월	주체	행사내용	장소	비고	분류1	분류2	분류3	전거
217	신 6. 12		금사를 연회	대관전			연회	외교	세가
218	희 0. 1	최충헌	引太子入康安殿 進御服 北面再拜	대관전	因奉出大觀殿 受文武百官朝賀	즉위	축하	축하	세가, 절요
219	신 7.3 (희 0.3)		烏巢 于대관전 榜	대관전	(오행지 火)	이변		음양	오행 火
220	희 2. 4	최우	홍범, 무일을 씀	선경전, 대관전	北使 맞이 준비	書經		유교	세가
221	희 2. 4	희종	금사를 연회	대관전	금사, 최충헌 의견		연회	외교	세가
222	희 3. 3庚子	희종	御건덕전(대관전?) 遣使上册寶於왕태후	건덕전 (대관전)	遂宴諸王재추	후비	연회	책봉	세가
223	고 5. 9		서북면원수 조충 등 陛辭	대관전	王御대관전 授鉞遣之. (절요)	출정		전쟁	절요
224	고 6. 1.신묘		哈眞遣蒲里帒完等十人, 賚詔來請講和, 王遣侍御史朴時允迎之, 命文武官具冠帶, 自宣義門 至十字街 分立左右, 蒲里帒完等, 至館外 遲留不入曰, 國王須出迎, 於是 使譯者 再三詰之, 遂乘馬入館門	대관전	王引見于大觀殿, 皆毛衣冠 佩弓矢 直上殿 出懷中書 執王手授之, 王乃變色 左右遑遽 莫敢近 (몽골 사신 접견)	접견		외교	세가, 절요
225	고 7. 6	고종	보살계 받음	대관전		보살		불교	세가
226	고 8. 8	고종	몽골 조서 접수	대관전		受詔		외교	세가
227	고 8. 9	고종	4품 이상 소집 회의	대관전	몽골 사신 영접 문제	접견		외교	세가, 절요

번호	연월	주체	행사내용	장소	비고	분류1	분류2	분류3	전거
228	고 8. 10	고종	몽골 사신을 연회	대관전			연회	외교	세가, 절요
229	고 11. 6	고종	보살계 받음	대관전		보살		불교	세가
230	고 18. 12	고종	살례탑의 사신을 대관전庭영접	대관전	연회(대관전?)	접견	연회	외교	세가
231	고 19. 4		會宰樞於大觀殿, 議慈州副使崔椿命罪	대관전	화해 후에도 몽골군과 싸운 때문	군사			절요

〈도표 2-5〉 대궐 장령전(봉원전)의 행사

번호	연월	주체	행사내용	장소1	장소2	비고	분류1	분류2	전거
1	숙 1. 7		문덕전의 秘藏문서를	문덕전, 장령전	대궐	문덕전, 장령전, 어서방, 비서각 分藏	서적		세가, 절요
2	예 1. 3	유신, 태사	陰陽地理諸家書 刪定. 왕명	장녕전	대궐	해동비록. 御府, 중서성, 사천태사		음양	세가, 절요
3	예 1. 6	승려 담진	說禪 기우. 왕명	長寧殿(長齡殿)	대궐	기축일. 왕 참여	기우	불교	세가, 절요
4	예 1. 7.을미	예종	화엄경 강독	장령전	대궐	을미일	화엄	불교	세가
5	예 1. 7.계묘		우란분재	장령전	대궐	계묘일. 숙종 冥祐를 薦	우란	불교	세가
6	예 1. 7.신축	예종	양부, 대간, 兩制, 장령전 수교원의 封事를 열람해 詔함				간언		세가, 절요
7	예 1. 9		양부와 장령전 유신이 회의해			서경 용언궁 창건문제 논의	창건	음양	오연총전 절요
8	예 3. 9	예종	활쏘기 사열	장령전	대궐	신해일. 적중자에게 포상	사열	군사	세가, 절요
9	예 4. 1	예종	평로관 外 번장을 引見	장령전	대궐	무오일. 酒食, 물건 하사		외교	세가, 절요

번호	연월	주체	행사내용	장소1	장소2	비고	분류1	분류2	전거
10	예 4. 7		우란분도량	장령전	대궐	무오일	우란	불교	세가
11	예 10. 8	예종	곡연	장령전	대궐	임자일	연회		세가, 절요
12	예 16. 6	예종	禮 월령, 박승중에게 강독시킴	장령전	대궐	계사 초하루. 기우일환	기우	음양	세가, 절요
13	인 16. 5		장령전을 봉원전으로 개칭	장령전, 봉원전	대궐		개칭	칭호	세가
14	의 5. 6	의종	내시, 사관에게 시짓기 시킴	봉원전	대궐	봉원전 庭. 합격자에게 賜酒			세가, 절요
15	의 7. 7		우란분재	봉원전	대궐		우란	불교	세가
16	의 9. 1		반승	봉원전	대궐		반승	불교	세가
17	의 23. 1		27位 초례	봉원전	대궐	갑신일	초례	도교	세가
18	의 24. 1. 朔	의종	御함	봉원전	대궐	서경 익직편 강독	경연		세가, 절요
19	의 24. 1	승선	왕을 향연함	봉원전	대궐	신사일-임오일	연회		세가, 절요
20	고 12. 10		저상전, 봉원전, 목친전, 함원전 불탐	봉원전	대궐		화재		세가, 오행지 화

〈도표 2-6〉 대궐 중광전(강안전)의 행사

번호	연월	주체	행사내용	장소	비고	분류1	분류2	전거
1	혜 2.9 이전	혜종	違豫在신덕전…潛徙重光殿	신덕전, 중광전		피신	정변	절요, 왕규전
2	혜 2. 9	혜종	훙함	중광전	무신일. 34세	사망	사망	세가, 절요
3	정 3. 9	정종	천덕전 評定 중 벼락에 놀람	천덕전, 중광전	近臣이 왕을 중광전 扶入.아픔.사면	사면	질병	세가, 절요
4	현 22. 5	현종	위독, 태자欽 불러 後事위촉	중광전	중광전에서 훙함. 신미일. 40세	전위	전위	세가, 절요
5	덕 0. 5	덕종	중광전에서 즉위. 신미일	중광전	居翼室 朝夕哀臨	즉위	즉위	세가, 절요
6	정 0. 9	정종	즉위	중광전	계묘일. 受顧命 즉위	즉위	즉위	세가
7	정 5. 2	정종	御중광전 觀樂	중광전	병자일	연등2	불교	세가
8	정 8. 6		내사령徐訥卒 王御중광전廊下	중광전	擧哀, 貴臣擧哀 與諸王同 其異者…	장례	장례	예지 諸臣喪 절요
9	문 0. 5	백관	국새를 받들고 나아가 朝賀	중광전	정유일	축하	축하	세가
10	문 16. 5		朱草 叢生 于중광전	중광전	王命詞臣 賦詩	이변	음양	오행지 火, 절요
11	문 24. 2	문종	연등대회. 연회. 계유일	중광전	태자, 제왕 侍臣과 연회	연등2	불교	세가
12	문 26. 2		연등회를 特設	중광전	갑술일	연등	불교	세가
13	문 27.2.정유(23)		王如봉은사 特設연등회 慶讚新造불상	중광전, 백사	중광전及百司 各置綵樓燈山作樂	연등2	불교2	세가

번호	연월	주체	행사내용	장소	비고	분류1	분류2	전거
14	문 27.2.무술(24)	문종	御殿觀燈置酒	殿(중광전)	街衢點燈 夜 3萬盞. 태자 등 侍宴	연등3	불교3	세가
15	문 31.2 乙未	문종	燃燈 御중광전 觀樂(세가,악지)	중광전	교방여제자 楚英이 王母隊歌舞 공연(악지 속악)	연등	불교	세가, 악지 속악
16	문 31.2 癸卯		연등회 특설	중광전	3일간	연등	불교	세가
17	문 37. 7	문종	사망. 65세	중광전	신유일	사망	사망	세가, 절요
18	헌 0. 5	헌종	즉위	중광전	임인일. 遺命 받들어서	즉위	즉위	세가, 절요
19	숙 0. 10	숙종	즉위	중광전	경오일	즉위	즉위	세가, 절요
20	숙 1. 8	숙종	동여진 臥突 등을 引見	중광전	병자일. 蕃事 묻고, 酒食 錦絹 하사	여진	외교	세가
21	숙 6. 2	숙종	서적을 열람	중광전	무오일	서적	서책	세가
22	숙 8. 9	숙종	내시, 시종문신을 불러 詩酒	중광전	을미일	창화	연회	세가, 절요
23	숙 9. 2	숙종	행영병마도통 윤관에 授부월	중광전	출정시킴. 을축일	부월	군사	세가, 절요
24	예 0. 10	예종	丙寅夜, (숙종)發金郊 至長平門外 薨于輦中, 遲明 到西華門 發喪, 太子群臣, 哭踊 奉入延英殿 移殯于宣德殿	중광전	是日(정묘일) 太子俣 奉遺詔 卽位于重光殿	즉위	즉위	세가, 절요

번호	연월	주체	행사내용	장소	비고	분류1	분류2	전거
25	예 1. 7	예종	투화 송인을 불러 兵手 시험	중광전 서루		투화	군사, 시험	세가
26	예 1. 12	예종	상장군 이하에게 활쏘기 시킴	중광전	계해일. 적중자에게 말, 絹 하사	사열	군사	세가, 절요
27	예 2. 10	예종	중광전 불감에서 숙종 맹세문	중광전	꺼내어 신하에게 보임	불감	불교, 군사	절요, 윤관전
28	예 3. 8	예종	중광전 남랑에 御해 중형 의결	중광전	기묘일. 재추와 함께	형벌	형벌	세가
29	예 4. 2	예종	연등대회	중광전	경인일. 제왕, 재추, 시종을 연회	연등2	불교	세가, 절요
30	예 4. 2	예종	동번추장을 引見	중광전	酒食과 물건 하사	접견	외교	세가, 절요
31	예 4. 3	예종	신기군을 사열	중광전	경술일	사열	군사	세가, 절요
32	예 4. 3	예종	승선 임언에게 酒食,鞍馬 하사	중광전	동계행영병마별감 임언 陛辭함	송별	군사	세가
33	예 4. 7	예종	임의에게 부월 수여	중광전	임술일. 권판동북면병마사 임의	부월	군사	세가, 임의전
34	예 4. 8	예종	御중광전西樓, 還신기군 위로	중광전 서루	갑술일	위로	군사	세가, 절요
35	예 4. 8	예종	문신을 이끌고 翫月, 詠月詩	중광편전	정해일. 仲秋라서	시	유희	세가, 절요
36	예 4.10 무렵	예종	임의 還, 引見중광전(임의전)	중광전	예4.11. 임의 등이 윤관 탄핵(세가)	접견	군사	임의전
37	예 4. 12	예종	제왕, 재추를 연회	중광전	무술일	연회	연회	세가, 절요

번호	연월	주체	행사내용	장소	비고	분류1	분류2	전거
38	예 5. 1. 庚申	예종	御중광전南樓, 閱신기군사격구 賜物	중광전 남루	(세가 절요: 아래기사와 순서 바뀜)	격구	군사	세가, 절요
39	예 5. 1. 壬戌	예종	御宣政殿南門, 引見北界蕃長七十四人, 賜物有差	선정전 남문 중광전 남문	又御重光殿南門, 引見十九人 賜酒食例物	인견	외교	세가, 절요
40	예 5. 5	최홍사 등	詣중광전 東紫門 固請	중광전 동자문	신해일. 왕의 入內 직후	간쟁	정사	세가
41	예 5. 12	예종	서여진 추장 등 40여명 引見	중광전 남루	경자일. 酒食 하사	인견	외교	세가, 절요
42	예 10.2.戊午	예종	別例연등. 御중광전 觀樂,	중광전	聞최사추卒 罷宴	연등	불교	세가, 최사추전
43	예 11. 2	예종	別例연등. 御중광전 宴친왕(제왕)	중광전	갑신일. 재추, 시신도 연회 참석	연등	불교	세가, 절요
44	예 14. 11	예종	활쏘기 사열	중광전	임신일. 적중자에게 포상	사열	군사	세가, 절요
45	인 0. 4	인종	즉위. 병신일	중광전	예종 사망일. 이자겸의 옹립.	즉위	즉위	세가, 절요
46	인 16. 5		중광전을 강안전으로 개칭	중광전, 강안전		개칭	칭호	세가
47	의 3. 1		上王太后 玉册金寶, 曲宴于강안전	강안전		책봉	연회	세가, 절요
48	의 4. 9		雉集 于강안전	강안전		이변	음양	오행지 火
49	의 4. 11	의종	내시지후 이하에게 격구 명령	강안전		격구	군사	세가, 절요
50	의 5. 10	의종	國馬 사열	강안전		사열	군사	세가
51	의 6. 1	의종	연등대회	강안전	임자일	연등2	불교	세가, 절요

번호	연월	주체	행사내용	장소	비고	분류1	분류2	전거
52	의 6. 1	의종	兩部樂 관람	강안전	계축일. 철거 연등대회시설 설치	음악	불교	세가, 절요
53	의 24.9.무인1	의종	(보현원으로부터 돌아와) 入함	강안전	(무신정변)	이어	이어	세가, 절요
54	명10. 11		강안전 중신 낙성	강안전		중수	공역	세가, 절요
55	명10. 11		향복문-영희문-중희문	강안전 문	강안전문이 중방東隅와 근접때문	명칭	공역, 음양	세가, 절요
56	신7. 1 (희0.1)	최충헌	引太子入康安殿 進御服 北面再拜 태자를 즉위시킴	강안전, 대관전	因奉出大觀殿 受文武百官朝賀	즉위	즉위	세가, 절요
57	강 0. 12	최충헌	遣平章事任濡 奉漢南公貞于私邸	강안전	即位於康安殿	즉위	즉위	세가, 절요 최충헌전
58	고 0. 8	고종	즉위	강안전		즉위	즉위	세가, 절요
59	고 6. 12		雉入강안전	강안전		이변	음양	오행지 火
	고 31.8		改創강안전 崔怡以黃綾粧後壁	강안전 (강도 본궐)	使將軍최환 (任환) 寫無逸篇	書經	정사, 유교	절요, 최이전

〈도표 2-7〉 대궐 상정전과 선정전(훈인전: 선인전)의 행사

번호	연월	주체	행사내용	장소1	장소2	비고	분류1	분류2	전거
1	혜 0.6.戊申 2		發喪於상정전 宣遺詔	상정전	대궐	태조장례. (절요; 예지 국휼)	장례	유교	史 세가
2	혜 0.6.己酉 3		殯于상정전之西階	상정전	대궐	태조장례. (절요; 예지 국휼)	장례	유교	세가
3	성 2. 3	성종	문무 元尹에 말 1필씩 하사	상정전	대궐	계미일. (책봉받은 기념)	선물	책봉	세가, 절요
4	목 12. 1	목종	御상정전 觀燈	상정전, 천추전	대궐	大府油庫 災 延燒천추전. 임신일	연등	불교	세가, 절요
1	현 8. 9	현종	선정전에 御해 열병	선정전	대궐	임오일. (세가, 병지 오군, 절요)	사열	정사	세가
2	정 8. 8	정종	형부가 아뢴 형벌을 聽斷	선정전	대궐	갑신일	형벌	정사	세가
3	문 0. 8	문종	御건덕전 視朝	건덕전, 선정전	대궐	退御선정전, 재상과 시정득실 논함	정사	정사	세가, 절요
4	문 0.2.병오朔	문종	百官詣乾德殿 賀成平節	건덕전, 선정전	대궐	宴宰樞給舍中丞以上侍臣于宣政殿, 成平節 王之生日也	생일	연회	세가, 절요
5	문 1. 4	문종	御건덕전 視朝	건덕전, 선정전	대궐	又御선정전 召재신어사대 論時政	정사	정사	세가, 절요
6	문 6.11.甲辰	문종	御선정전	선정전	대궐	어사대가 아뢰어 시정득실 논함	정사	정사	세가, 절요
7	문 11.7.辛丑	문종	중형을 聽斷	선정전	대궐	중외 중형	형벌	정사	세가, 절요
8	선 0.10.丙申	선종	즉위	선정전	대궐	백관 축하를 받음	즉위	축하	세가, 절요

번호	연월	주체	행사내용	장소1	장소2	비고	분류1	분류2	전거
9	선 0. 10	선종	率백관 詣선정전 行祭	선정전	대궐	무술일	장례	유교	세가
10	선 0.12.丁亥	선종	御건덕전 視朝	건덕전, 선정전	대궐	退御선정전, 재신이 시정득실 진술	정사	정사	세가
11	선 2. 8	선종	형부가 아뢴 사형수 聽斷	선정전	대궐	무인일. 음악정지, 素膳	형벌	정사	세가, 절요
12	선 4. 3	선종	視事. 경진일	선정전	대궐	재신이 시정득실을 진술	정사	정사	세가, 절요
13	선 4. 7	선종	視事. 임신일	선정전	대궐	최석 등이 시정득실 아룀	정사	정사	세가
14	선 4. 8	선종	사형을 聽斷	선정전	대궐	계미일	형벌	정사	세가, 절요
15	헌 1. 2	헌종	동여진 48인 접견. 정해일	선정전	대궐	酒食, 물건 하사	접견	외교	세가, 절요
16	숙 1. 4.癸酉	숙종	聽朝. 죄수심사 결정	선정전	대궐	時令違, 霜雹 때문. 사숙태후섭정 비난	聽朝 형벌, 사면	정사 음양	세가, 절요
17	숙 1. 9.정미	숙종	송 승려 혜진을 引見	선정전	대궐	한림원에 음식하사	접견	불교	세가
18	숙 6. 5	숙종	임의가 가져온 송 조서 받음	선정전	대궐	송제가 신의보구방 선물	受詔	외교	세가, 절요
19	숙 9. 1	숙종	행영병마사 임간에게 부월 줌	선정전	대궐	동여진 오아속의 군사행동 때문	출정	정사	세가, 절요
20	예 1. 1	예종	동번(동여진)을 引見	선정전	대궐	舊制에 의거, 정전 아닌 편전 접대	접견	외교	세가, 절요
21	예 4. 2	예종	여러 關外 번장을 引見	선정전	대궐	酒食과 물건 하사	접견	외교	세가, 절요
22	예 4. 5	예종	甲子 御문덕전 召재추 議邊事(세가)	선정전	대궐	集群臣於宣政殿, 問以還女眞九城可否(절요)	군사	외교	세가, 절요

번호	연월	주체	행사내용	장소1	장소2	비고	분류1	분류2	전거
23	예 4. 6.戊寅	예종	송 조서를 영접함	선정전	대궐	고려사신이 송에서 가지고 온 것	受詔	외교	세가
24	예 4. 6		平章事 崔弘嗣金景庸 參知政事任懿 樞密使李瑋, 入對宣政殿, 極論尹瓘吳延寵林彥 敗軍之罪	선정전	대궐		군사	외교	史 윤관전, 절요
25	예 4. 6.庚子	예종	御선정전남문(세가), 御선정전문(절요)	선정전 남문	대궐	동번사절 引見, 위로하고 酒食 하사	접견	외교	세가, 절요
26	예 4. 7.乙巳	예종	3품 이상에게 9성 반환 물음	선정전	대궐		군사	정사	세가, 절요
27	예 4. 7.丙午	예종	御선정전남문, 동번사절 引見	선정전 남문	대궐	9성 반환 허락	접견	외교	세가, 절요
28	예 4. 8.乙酉	예종	재추와 중형을 결단	선정전 남랑	대궐	형부가 내외 중형을 아룀	형벌	정사	세가
29	예 4.11.甲子	예종	關外 번장을 引見	선정전	대궐	酒食과 물건 하사	접견	외교	세가, 절요
30	예 5. 1.乙卯	예종	御선정전남문, 북계번장 引見	선정전	대궐	의복하사. 번장 39인	접견	외교	세가, 절요
31	예 5. 1.丁巳	예종	御선정전, 북계번장 引見	선정전	대궐	물건하사. 번장 35인	접견	외교	세가
32	예 5. 8.辛巳	예종	재추와 중형을 결단	선정전 남랑	대궐	형부가 내외 중형 아룀	형벌	정사	세가
33	예	예종	동여진 사현	선정전	대궐	물건 하사	접견	외교	세가, 절요

번호	연월	주체	행사내용	장소1	장소2	비고	분류1	분류2	전거
	5.11.乙未		등을 引見						
34	예 6. 1	예종	北鄙 여진촌장 30인 引見	선정전	대궐	병자일	접견	외교	세가, 절요
35	예 9. 12	예종	북계 4關外 번장을 引見	선정전	대궐	정미일	접견	외교	세가, 절요
36	예 9. 12	예종	동번 使者를 引見	선정전 남문	대궐	기유일	접견	외교	세가, 절요
37	예 10. 8	예종	내외 중형을 청단	선정전 남랑	대궐	경자일	형벌	정사	세가
38	예 11. 7	예종	재추, 시신에게 邊事를 親訪	선정전	대궐	신유일	군사	정사	세가
39	예 13. 8	예종	중형 결단	선정전	대궐	신미일	형벌	정사	세가
40	예 15. 8	예종	중형을 친히 결단	선정전	대궐	무인일	형벌	정사	세가, 절요
41	예 16. 8	예종	중형 결단	선정전	대궐	무술일	형벌	정사	세가
42	예 17. 4		도량. 경인일	선정전	대궐	5일간. 왕이 아파서?	도량	불교	세가
43	예 17. 4	예종	嬪해짐	선정전	대궐	병신일	장례	유교	세가
44	인 0. 7	인종	중형 결정	선정전	대궐	경인일	형벌	정사	세가
45	인 16. 5		선정전을 薰仁殿으로 개칭	선정전, 훈인전	대궐		개칭	칭호	세가
46	의 7. 8	의종	중형 논결	선인전	대궐		형벌	정사	세가
	명 6. 5	명종	行入閤禮 引見群臣 訪時政得失	편전		坐便殿 引見群臣 謂之 入閤禮	정사	정사	세가

〈도표 2-8〉 합문의 행사

번호	연월	주체	행사내용	장소1	장소2	비고	분류1	분류2	전거
1	문 3. 3	문종	庚子, 親饗80이상國老, 賜物 3老에게 許합문乘馬出正衙門, 사양	합문	대궐	翌日, 饗庶老男女及義夫節婦孝子順孫, 鰥寡孤獨篤癈疾于毬庭, 分貴賤 設次於左右同樂亭及廊下, 賜物有差	노인, 약자	연회	세가, 절요
2	문 9. 5		契丹使 冊王, 王受冊于南郊	남교, 합문		契丹使 冊王太子爲三韓國公, 太子迎命于閤門庭	책봉	외교	세가, 절요
3	문 13. 8	문종	宴年八十以上工部尙書洪楷上將軍何興休于閤門, 王親勸花酒, 歡宴盡日, 仍賜衣服	각문(합문)	대궐	又賜酺庶老及篤癈疾男女孝順義節一千二百八十人于毬庭廊下, 西京及諸州郡亦同日賜酺	노인, 약자	연회	세가, 절요
4	문 21. 5	문종	國老를 연회하고 물건 하사	합문	대궐	무술일	노인	연회	세가, 절요
5	문 30. 4	문종	率백관 出閤門前迎詔擧哀	각문(합문)	대궐	요사가 황태후 喪을 고했기 때문	喪禮	외교	세가
6	선 3. 8	선종	國老를 宣慰해 합문에서 賜宴	합문, 구정	대궐	駕幸구정 親饗庶老남녀 賜物, 독폐질자 別給酒食	노인, 약자	연회	세가, 절요
7	숙 1.8	숙종	饗國老於東閣(東閣), 庶老於左右同樂亭	東閣, 동락정	대궐	王率百官 親侑 仍賜衣服幣帛絲綿有差	노인	연회	세가, 절요
8	숙 6. 3癸未	숙종	親饗國老於閤門	각문	대궐		노인	연회	예지 가례 노인사 설의

번호	연월	주체	행사내용	장소1	장소2	비고	분류1	분류2	전거
9	예 4. 11.계묘	예종	視朝于乾德殿, 諫議大夫李載金緣, 御史大夫崔繼芳等, 請治尹瓘吳延寵林彥 敗軍之罪	건덕전, 합문	대궐	王不允 入內, 載等又伏閤固爭, 至午 命承宣沈侯宣諭	시조, 간쟁 복합	군사	세가, 절요
10	예 5. 5.신해	예종	御乾德殿 視朝, 宰相崔弘嗣金景庸與臺諫, 上疏論尹瓘吳延寵等敗軍之罪	건덕전, 합문	대궐	王不聽 便入內, 弘嗣等 詣閤固請, 至晡 竟不允宰相諫官皆歸第不出, 省中一空	시조, 간쟁 복합	군사	세가, 절요
11	예 6. 3	예종	親饗庶老절의효순남녀于궁정	궁정, 합문	대궐	親饗國老 尙書致仕林成槩柳澤等于합문 평장사致仕 김상기가 내전연회 사양	노인	연회	세가, 절요
12	예 8. 3	예종	視朝于乾德殿 引見新及第鄭之元等, 賜酒食于閤門 仍令釋褐	건덕전, 합문	대궐		급제	연회	선거지 崇奬 절요
13	예 8. 4.己亥	예종	親饗年八十以上及孝順義節 孤獨疾病者于宮庭, 賜物有差	궁정 (구정), 합문	대궐	特命禮部尙書致仕林成槩 肩輿入內 宴于閤門 親侑食賜衣	노인, 포상	연회	세가, 절요
14	예 10. 8	예종	庚申, 親饗庶老於毬庭 賜物有差, 又饗國老致仕平章事吳壽增等於閤門 (세가)	구정, 합문	대궐	親饗國老 致仕平章事吳壽增等於閤門, 又饗庶老於毬庭 賜物有差 (절요)	노인	연회	세가, 절요
15	예 10. 11		設八關會, 王自毬庭 還至閤門前, 駐蹕, 唱和久之 命倡優 歌舞仗內幾至三鼓	합문	대궐	御史大夫崔贇 雜端許載 進諫, 王嘉納之	팔관, 간쟁	간쟁	절요

번호	연월	주체	행사내용	장소1	장소2	비고	분류1	분류2	전거
16	예 10. 11	요사	詣합문 欲辭以出兵之議	합문	대궐	久不決 不成禮而退, 익일 乃辭		외교	세가, 절요
17	예 11. 2		御乾德殿 引見新及第金精等	건덕전, 합문	대궐	賜酒食于閤門, 仍令釋褐	급제	연회	선거지 崇獎 절요
18	예 11. 11		新及第林許允等 朝見, 許令釋褐	합문	대궐	各賜衣一襲 閤門酒食	급제	연회	절요
19	예 11. 12		나례 무질서를 간관이 叩閤 간쟁	합문	대궐		간쟁 복합		절요
20	인 9. 9	간관	伏閤(伏閤)해 간쟁. 3일간	합문		武擧人의 서장관 임명 때문	간쟁 복합		세가, 절요
21	인 10. 8	박정유	간관으로 복합해 言事	합문		3일간	간쟁 복합		세가, 절요
22	인 16. 7		知御史臺事崔灌, 雜端朴挺蕤, 侍御史印毅崔迹中安淑等, 伏閤三日, 論劾樞密使陳淑嘗討西京 受人贓獲寶帶	합문		不報, 皆杜門不出, 召諭灌等視事, 唯挺蕤 迹中 固爭不就職, 淑 竟免	간쟁 복합		절요
23	인 18.윤6		宰臣金富軾任元敱李仲崔溱與省郎崔梓鄭襲明等五人, 上書言時弊十條 伏閤三日, 皆不報, 梓等乞罷不出	합문		7월, 王 以郎舍所言 罷執奏官 減諸處內侍別監及內侍院別庫	간쟁 복합		절요, 정습 명전
24	의 1. 12	대간	伏閤해 言事	합문			간쟁 복합		세가, 절요
25	의 2. 3	간관	내시, 환자 축출 요청. 伏閤 3일	합문		왕이 따름	간쟁 복합		세가, 절요
26	의 2. 윤8	어사대	伏閤해 言事	합문		3일간	간쟁 복합		세가, 절요

번호	연월	주체	행사내용	장소1	장소2	비고	분류1	분류2	전거
27	의 3. 3		御史雜端申淑 侍御史宋清 伏閤言事三日			不報, 淑等 謝病歸第	간쟁 복합		신숙전, 절요
28	의 3. 7	간관	복합해 言事	합문		2일 동안	간쟁 복합		세가
29	의 4. 10	낭사	복합해 言事	합문		3일간	간쟁 복합		세가
30	의 5. 4	의종	御明仁殿視朝 引見을축년以來新 급제	명인전, 합문	수창궁	賜宴閤門, 釋褐	급제	연회	선거지 崇獎 절요
31	의 5. 윤4		封王妃王氏 爲興德宮主, 將宴, 侍臣就坐, 諫議王軾見宦者內 殿崇班鄭諴帶犀, 指臺員曰, 臺官可謂無目者也 …史雜端李綽升… 卽令臺吏李份 取其帶, 諴以賜物不肯與, 份强取之 諴白于王, 王大怒	궁성소, 내시원, 합문		命內侍李成允執份, 份走入臺門, 成允執他吏閔孝旌以 來 囚于宮城所, 王不悅 罷宴 卽解所御犀帶賜諴 下孝旌于刑部獄, 臺官知王怒未霽還其 帶于內侍院…臺諫伏 閤 論成允等, 王不聽, 臺諫杜門不出, 王乃黜成允儒功等五 人, 臺官視事	연회, 간쟁 복합	간쟁	절요
32	의 5. 5		(정미일, 諫議王軾等上疏 論鄭敍等罪:세가)			宰相崔惟淸文公元庾 弼等 率諫官崔子英王軾, 金永夫朴脩等, 伏閤請曰, 鄭敍 交結大寧侯 邀致其第 宴樂遊戲, 又鄭諴 以私怨謀陷臺諫(절요)	간쟁 복합	간쟁	세가, 절요
33	의 5. 5		(병진, 召간관於殿門	합문		知臺事崔允儀 直入王所爭之,	간쟁 복합	간쟁	세가, 절요

번호	연월	주체	행사내용	장소1	장소2	비고	분류1	분류2	전거
			慰諭之 特引諫議王軾 入편전 賜酒宴) 갑자일, 대간 伏閤言事			召還臺吏李份, 杖流鄭敍于東萊, 梁碧于會津, 金義鍊于淸州, 金岊于樸島, 又論平章事崔惟淸 當敍之宴諸王也 借助器皿 失大臣之體 貶爲南京留守, 雜端李綽升 於臺省之論敍也 在家不預 貶爲南海縣令, 皆敍妹婿也			
34	의 5. 8.병자		諫官及侍御史金諹等, 伏閤言事 三日, 不報, 省宰皆乞罪 不視事	합문		3일간	간쟁 복합	간쟁	세가, 절요
35	의 5. 8.병술		王引騎士於後庭 伐鼓擊毬	합문		正言李知深 伏閤力爭, 2일간	간쟁 복합	간쟁	세가, 절요
36	의 6. 3	간관	복합해 言事. 3일간	합문		右諫議申淑等 伏閤諫諍, 平章事文公元 知門下省事崔子英 始預議而不至	간쟁 복합	간쟁	세가, 절요 신숙전
37	의 6. 4		宴萬壽亭 至曉乃罷, 先是, 內侍尹彦文 聚怪石 築假山于壽昌宮北園 構小亭其側 號曰萬壽, 以黃綾被壁	만수정, 합문		御史中丞高瑩夫 侍御史韓靖崔均深等, 伏閤三日, 請黜尹彦文韓就李大有榮儀等, 不聽, 臺官杜門不出, 御史大夫崔允儀, 不至	간쟁 복합	간쟁	절요

번호	연월	주체	행사내용	장소1	장소2	비고	분류1	분류2	전거
			窮極奢侈 眩奪人目, 宴將罷 假山頹 牝雞鳴						
38	의 6. 4.신사	간관	복합해 격구 간언, 한림원 유숙	합문, 한림원	궁궐	翼日, 悉出群馬 命日官 塞北門	간쟁 복합	격구	세가, 절요
39	의 6. 7		右諫議申淑等, 伏閤切諫, 凡三日	합문		時, 平章事文公元庾弼, 政堂文學金永錫, 知門下省事崔子英, 又不至	간쟁 복합		절요
40	의 6. 7.을묘	대간	복합해 간쟁	합문	궁궐	왕이 내시 14, 다방 5인 축출	간쟁 복합		세가, 절요
41	의 7. 10	어사대	복합해 論事	합문	장원정		간쟁 복합		세가, 절요
42	의 9. 2	간관	복합해 論事	합문	장원정		간쟁 복합		세가, 절요
43	의 11. 11		命左承宣直門下省 李元膺, 右承宣左諫議大夫 李公升, 傳旨門下省, 督署鄭誠告身, 宰臣及諫官, 論執不可, 公升, 往來再三, 復傳旨曰, 卿等, 不聽朕言, 朕, 食不甘味, 寢不安席	합문		平章事崔允儀 右諫議崔應淸 及元膺公升等 不得已署之, 給事中李知深 司諫崔祐甫 裵景諠, 獨不署, 伏閤力爭, 左遷知深爲國子司業 祐甫爲尙舍奉御 景諠爲殿中內給事, 諴 自是獲參朝列 權寵日盛 意氣洋溢 親黨布列 薦引官奴王光就 白子端 以爲羽翼 交構讒訴 陵轢朝臣 侵漁閭巷, 宦寺亂法 莫盛於斯	간쟁 복합		절요

번호	연월	주체	행사내용	장소1	장소2	비고	분류1	분류2	전거
44	의 12. 6		知門下省事申淑 諫議金諹 柳公材 中書舍人洪源滌 起居舍人金于蕃 右正言許勢修 上疏諫曰 鄭諴之先 在聖祖開創之時 逆命不臣 錮充奴隷 區別種類 使不得列於朝廷 今授諴顯任 以太祖功臣之裔 反僕役於不臣之類 有乖太祖立法垂統之意			請削諴職 凡與諴相結爲黨者 亦降爲庶人, 王 怒還其疏, 諫官 伏閤二日 竟不得達, 勢修 揮淚太息 棄官而去	간쟁 복합		절요
45	의 16. 3	간관	복합해 별궁貢獻 혁파요청 (음양, 재초, 별궁, 가뭄, 질병, 기근)	합문	궁궐	王 酷信陰陽秘呪之說 每於行在 集僧道數百人 常設齋醮 糜費不貲 帑藏虛竭 又多取私第 爲別宮 誅求貨財 名日別貢 使宦者監領 夤緣營私 時 旱荒疫癘 中外 道殣相望	간쟁 복합	별궁 공물	세가, 절요
46	의 17. 8		左正言文克謙 伏閤上疏言 宦者白善淵 專擅威福 密與宮人無比爲醜行 術人榮儀 執左道 取媚於上 置百順館北兩宮	합문		左常侍崔褎偁 職掌樞要 勢傾中外 貪墨無厭 不附己者 必中傷之 財累鉅萬 請斬善淵 無比 黜榮儀 充牧子 罷褎偁 以謝一國 疏中	간쟁 복합		세가, 절요

번호	연월	주체	행사내용	장소1	장소2	비고	분류1	분류2	전거
			私藏財貨 以支祝釐齋醮之費 而與善淵 管掌其務 凡兩界兵馬 五道按察使陛辭之 日 必於兩宮 置酒慰餞 使各獻方物 隨其貢奉多少 以爲殿最 至使家抽戶斂 以召民怨			又及宮禁帷簿之事 王 大怒 焚其疏			
47	의 21. 1	간관	복합해 言事	합문	대궐	병진일. 5일간	간쟁 복합		세가
48	의 23. 7		王 將幸碧岑亭			御史臺 伏閤 論離宮行幸之繁 與按察察訪枉法之事 皆不聽	간쟁 복합		절요
49	명 1. 9	간관	복합 간쟁 (승선 이준의와 문극겸의 대성 겸직 반대)	합문	대궐	俊儀 因醉 使巡檢軍辱之 王聞之 召俊儀慰解 囚諫官于隍城	간쟁 복합		세가, 절요
50	명 6. 5	명종	行入閤禮 引見群臣 訪時政得失	편전, 합문		坐便殿 引見群臣 謂之 入閤禮	入閤禮	정사	세가
			老人賜設, 分列於大觀殿門外, 王出至閤門幄次, 還至儀鳳門幄次, 遂至左右同樂亭	대관전, 각문 의봉문, 동락정	대궐	並振作, 導從旣至而止, 老人受花酒 又作, 受訖而止	노인	연회	樂志 雅樂 用鼓吹 樂節度

〈도표 2-9〉 대궐 문덕전(수문전)의 행사

번호	연월	주체	행사내용	장소1	비고	분류1	분류2	분류3	전거
1	현 12. 3		문공전을 문덕전으로 개칭	문공전, 문덕전		개칭		칭호	史 세가
2	현 19. 3	현종	복시하고 급제 하사	문덕전	기미일	복시		과거	세가
3	현 21. 4	현종	복시하고 급제 하사	문덕전	갑오일	복시		과거	세가
4	현 22. 2		문무상참 이상을 연회	문덕전	기묘일	연회		연회	세가, 절요
5	덕 3. 3	현종	宴群臣於문덕전(세가).	문덕전	宴群臣於문덕전 以勞柳韶等開拓關城之勤 賜柳韶공신 (유소전, 절요)	연회	포상	연회	세가, 절요 유소전
6	정 2. 5		도량. 기우	문덕전	계묘일. 5일간	기우	도량	불교	세가
7	정 2. 6		도량. 기우	문덕전	을묘일	기우	도량	불교	세가
8	정 7. 5		금강명경도량	문덕전	기우. 경오일	기우	금강	불교	세가
9	문 1. 6	문종	최충 등을 召見해 問軍國庶務	문덕전	정사일	정사		정사	세가, 절요
10	문 1. 7	문종	재상을 召見해 시정득실 물음	문덕전	임오일	정사		정사	세가, 절요
11	문 1. 8	문종	금강경도량	문덕전	친설. 신해일. 5일간		금강	불교	세가
12	문 1. 11	문종	재신을 召見해 시정득실 논함	문덕전	기축일	정사		정사	세가, 절요
13	문 3. 5	문종	복시하고 급제 하사	문덕전	갑자일	복시		과거	세가
14	문 6. 6	문종	금강도량	문덕전	기우. 을해일. 大雨	기우	금강	불교	세가
15	문 14. 1		천제석도량	문덕전	계축일. 7일간		제석	불교	세가
16	문 17. 5	문종	복시하고 급제 하사	문덕전	갑진일	복시		과거	세가
17	문 19. 6	문종	복시. 오직 十上不第者를 취함	문덕전	시어사 노단의 奏事에 노했기 때문	복시		과거	세가, 절요
18	문 22. 4	문종	복시하고 급제 하사	문덕전	병인일	복시		과거	세가

번호	연월	주체	행사내용	장소1	비고	분류1	분류2	분류3	전거
19	문 24. 4	문종	복시하고 급제 하사	문덕전	병자일	복시		과거	세가
20	문 26. 3	문종	복시하고 급제 하사	문덕전	경자일	복시		과거	세가
21	문 30. 3	문종	복시하고 급제 하사	문덕전	임신일	복시		과거	세가
22	문 36. 8	문종	사형을 결단	문덕전	文正과 이정공에게 參詳하게 함	형벌		형벌	세가
23	선 2. 2		천제석도량	문덕전	정묘일		제석	불교	세가
24	선 2. 3		불정도량	문덕전	무신일		불정	불교	세가
25	선 4. 3	선종	태일을 초재. 병자일	문덕전	친초. 풍우 순조를 기도	풍우	초재	도교	세가, 절요
26	선 4. 5		인왕도량	문덕전	무진일		인왕	불교	세가
27	선 9. 3	선종	憂勞萬機 頗覺不豫 移御文德殿 命內醫進養性方藥, 忽有感 作古風長篇	문덕전	其末云, 藥效得否何敢慮 浮生有始豈無終 唯應愿切修諸善 淨域超昇禮梵雄, 王春秋鼎盛 而有此作, 見者驚怪. (절요 선종 말미 李齊賢 贊: 觀宣宗文德殿餌藥詩)	질병	치료	질병	세가, 절요
28	선 9. 4	선종	복시해 급제 하사	문덕전	신사일	복시		과거	세가
29	숙 1. 7	숙종	御문덕전, 역대 秘藏문서 열람	문덕전	문덕전, 장령전, 어서방, 비서각 分藏	서적	열람	서적	세가, 절요
30	숙 2. 4	숙종	복시하고 급제 하사	문덕전	갑진일	복시		과거	세가
31	숙 4. 1		천제석도량	문덕전	병진일. 7일간		제석	불교	세가
32	숙 6. 1		천제석도량	문덕전	기사일		제석	불교	세가
33	숙 6. 1	숙종	송인(來投)을 시험해 8품제수	문덕전	경진일	시험	투화	등용	세가, 절요

번호	연월	주체	행사내용	장소1	비고	분류1	분류2	분류3	전거
34	숙 6. 4		인왕도량	문덕전	기우. 병진일	기우	인왕	불교	세가
35	숙 7. 3		불정도량	문덕전	경진일		불정	불교	세가
36	숙 9. 3		불정도량	문덕전	기축일		불정	불교	세가
37	숙 10. 8	숙종	불정도량	문덕전	경오일		불정	불교	세가
38	예 1. 1		백일재	문덕전	갑진일	상례		불교	세가
39	예 1. 10	예종	자비참도량	문덕전	친설. 기미일 초하루		자비참	불교	세가
40	예 1. 12	예종	윤관에게 무일을, 오연총에게 예기를 강독하게 함	문덕전	경신일. 酒饌 衣帶 하사	경연	연회	유교	세가, 절요
41	예 2. 1		천제석도량	문덕전	신해일. 천변 기양	천변	제석	불교	세가
42	예 2. 3		불정도량	문덕전	경자일		불정	불교	세가
43	예 3. 4.己丑		尹瓘·吳延寵 凱還, 王命具鼓吹軍衛以迎之, 遣帶方侯·齊安侯勞宴於東郊	경령전, 문덕전	윤관,오연총詣경령전 復命 還納부월 王於문덕전 引瓘연총及재추 親問邊事	군사		정사	세가, 절요 윤관전
44	예 3. 5		약사경을 강독해 적병 기양	문덕전	신해일	적병	약사경	불교	세가
45	예 3. 8.丁亥	예종	오연총에게 邊事 親問, 賜宴	문덕전	(세가, 오연총전, 절요)	군사	연회	정사	세가
46	예 3. 8		약사경을 강독해 邊寇 기양	문덕전		邊寇	약사경	불교	세가
47	예 4. 2	예종	불정도량	문덕전	친설. 을미일		불정	불교	세가
48	예 4. 5		약사도량	문덕전	병진일		약사	불교	세가
49	예 4. 5	예종	재추와 邊事를 의논	문덕전	갑자일	군사		정사	세가
50	예 4. 10		불정도량	문덕전	을유일		불정	불교	세가
51	예 5. 1		제석도량	문덕전	경술일		제석	불교	세가
52	예 5. 4		공작명왕도량	문덕전	을유일		공작	불교	세가
53	예 9. 1	예종	행차해 佛事를 作함	문덕전	무술일		불사	불교	세가

번호	연월	주체	행사내용	장소1	비고	분류1	분류2	분류3	전거
54	예 9. 4		大雨雹, 震문덕전東廊柱(乙丑) 丙寅, 雨雹, 御史大夫林有文等 以災異引咎辭職, 命復視事	문덕전	남산 패강 月盖窯에도 벼락(오행지)	재변		음양	세가, 절요
55	예 9. 4		불정도량	문덕전	갑술일. 7일간		불정	불교	세가
56	예 9. 11		佛事를 作함	문덕전	무인일		불사	불교	세가, 절요
57	예 13. 윤9	예종	소재도량	문덕전	친설. 계유일	재변	소재	불교	세가
58	예 15. 8		불정도량	문덕전	7일간		불정	불교	세가
59	예 16. 6		도량	문덕전	을미일. 3일간. 기우일환?	기우?	도량	불교	세가
60	예 17. 4		도량. 기축 초하루	문덕전, 연친전	각 5일간. 왕이 아파서?	질병?	도량	불교	세가
61	인 16. 5		문덕전을 수문전으로 개칭	문덕전, 수문전	전각과 궁문 명칭 고침	개칭		칭호	세가
62	인 21. 6	태자	寶星도량. 왕명	수문전	경인일. 3일간. 왕비임씨 질병 때문	질병	寶星	불교	세가
63	인 23. 1	인종	도량 친설	수문전	친설. 을묘일		도량	불교	세가
64	인 23. 5		소재도량	수문전	신유일. 4일	재해	소재	불교	세가
65	의 2. 1		제석도량	수문전	무진일. 7일간		제석	불교	세가
66	의 3. 1		제석도량	수문전	7일간	제석	제석	불교	세가
67	의 3. 6		반야도량	수문전			반야	불교	세가
68	의 5. 4		불정도량	수문전	가뭄 때문. 7일간	기우	불정	불교	세가
69	의 5. 6	의종	보살계 받음	수문전			보살	불교	세가
70	의 5. 7		소재도량	수문전	3일간	재해	소재	불교	세가
71	의 9. 6	의종	보살계 받음	수문전			보살	불교	세가

번호	연월	주체	행사내용	장소1	비고	분류1	분류2	분류3	전거
72	의 18.5.丙午	의종	관북궁에서 환궁해 연회	수문전, 상춘정	환궁한 곳은 대궐궁성	연회		연회	세가, 절요
73	의 20. 7	의종	보제사-闕門 設帳微行, 入御	수문전	을묘일	이어		이어	세가
74	의 20. 10		백좌회	수문전	경자일		백좌	불교	세가
75	의 23. 1		천제석도량	수문전	갑신일. 7일간		제석	불교	세가
76	의 23. 2		醮11曜, 남북두, 28宿, 12宮神	수문전			초재	도교	세가
77	의 24.9.戊寅1	의종	入강안전..坐수문전 飮酒自若 使伶官奏樂 夜半乃寢	강안전, 수문전, 군기감	정중부逼王遷于군기감	정변		정변	세가, 절요
78	명 0. 9	명종	인사명령	수문전	이어. 문극겸이 비목 작성	인사		정사	세가, 절요
79	신 6. 1	신종	제석도량	수문전	친설		제석	불교	세가, 절요
80	신 6. 2	신종	압병무능승도량	수문전	무오일	압병	무능승	불교	세가
81	고 3. 1	고종	제석도량	수문전	친설		제석	불교	세가
82	고 4. 10	고종	불정도량	수문전	친설. 거란 방어?		불정	불교	세가
83	고 9. 3		불정도량	수문전			불정	불교	세가
84	고 10. 1		제석도량	수문전			제석	불교	세가
85	고 10. 2		불정도량	수문전			불정	불교	세가
86	고 10. 11	고종	소재도량	수문전	친설	재해	소재	불교	세가
87	고 11. 10	고종	불정도량	수문전	친설		불정	불교	세가
88	고 14. 9	고종	무능승도량	수문전	친설. 壓兵	압병	무능승	불교	세가
89	고 15. 1		소재도량	수문전			소재	불교	세가
90	고 15. 6	고종	元辰에 초재	수문전	친초		초재	도교	세가
91	고 15. 9	고종	불정도량	수문전	친설		불정	불교	세가

〈도표 2-10〉 대궐 청연각과 보문각과 정의당의 행사

번호	연월	주체	행사내용	장소1	장소2	비고	분류1	분류2	전거
1	예 11. 8		禁中作청연각 選置학사직학사 直閣 각1인	청연각	대궐	朝夕講論經籍	경적	경연	절요
2	예 11. 11		禁中作청연각 選置學士直學士 直閣各1 朝夕講論經書.. 又置校勘4人 其2御書院校勘 充之, 尋 以청연각在禁內 學士直宿出入爲難	청연각, 보문각, 정의당	대궐1	就其旁 別置閣 改官號曰寶文 加置待制 ..仍修紅樓下南廊 爲學士會講之堂 賜號曰精義 就其左右爲休息 之所		경연2	백관지 보문각
2	예 11. 11		以청연각在禁中 學士直宿出入爲難 乃修紅樓下南廊 爲學士會講之堂 賜號曰精義 就其左右爲休息 之所 改號보문각 移청연각學士充之	청연각, 정의당, 보문 각	대궐2	加置待制 直賜金紫 充其選者 皆一時豪彦, 又置提擧同提擧管 句同管句 皆以中樞內臣兼之 後加置대학사1인		경연2	절요
2	예 11. 11	예종	崇尙儒術 樂慕華風 故於大內之側 延英書殿之北 慈和之南 別創寶文淸연二閣	보문각, 청연각	대궐3			경연3	사96 김인 존전
1	예 11. 8	예종	홍관으로 청연각학사 삼음	청연각	대궐	정극공으로 직학사, 윤해로 직각	인사	인사	세가

번호	연월	주체	행사내용	장소1	장소2	비고	분류1	분류2	전거
3	예11. 11	예종	상서 二典(堯典,舜典) 강독 시킴. 경자일	청연각	대궐	한림학사승지 박경인이 강독함	서경 二典	경연	세가, 절요
4	예11. 11	예종	학사들을 불러 置酒 詠雪	청연각	대궐	을묘일 大雪	大雪	연회	세가, 절요
5	예 11. 12, 朔	예종	서경 대우모, 고요모, 익직을 강독 시킴	청연각	대궐	보문각교감 고선유가 강독	서경 대우모	경연	세가
6	예11. 12	예종	예기 중용, 투호를 강독시킴	청연각	대궐	폐한지 오랜 투호(宋帝선물) 시험	예기 중용	경연	세가
7	예 11.12. 갑신	예종	청연각에서 연회하고	청연각	대궐	정관정요를 주해하게 함	연회, 정요	경연	세가, 절요
8	예 12. 1	예종	한교여에 주역건괘 강독시킴	청연각	대궐	정사일. 酒食을 친히 하사	주역 건괘 酒食	경연	세가
9	예 12. 6.갑술	예종	친왕(제왕), 양부를 연회, 의복하사	청연각	대궐	命門下平章事金緣 撰淸讌閣記, 寶文閣學士洪灌書諸石		연회	세가, 절요
10	예 12. 11. 신묘	예종	재추를 곡연	청연각	대궐			연회	세가, 절요
11	예 12. 11. 갑오	예종	詩 관저편을 강독시킴	청연각	대궐	한림학사 박승중이 강독함	시경 관저	경연	세가, 절요
12	예 12. 11. 무신	예종	김연-예기, 호종단-書 무일 강독시킴	청연각	대궐	급제 권적 조석 김단- 諸經 강독시킴	예기 서경 무일	경연	세가, 절요

번호	연월	주체	행사내용	장소1	장소2	비고	분류1	분류2	전거
13	예12. 12	예종	書 홍범 강독시킴,賜宴唱和	청연각	대궐	김연 강독, 제왕,재추,학사 참여	서경 홍범 연회, 창화	경연	세가
14	예 13. 1	예종	書 순전 강독시킴, 연회, 창화	청연각	대궐	보문각학사 홍관 강독, 학사 참여	서경 순전 연회, 창화	경연	세가, 절요
15	예 13. 2	예종	詩 노송을 강독시킴. 임술일	청연각	대궐	임술일. 보문각대제 김부일 강독	시경 노송	경연	세가
16	예 13. 2	예종	易 태괘를 강독시킴. 신미일	청연각	대궐	한안인이 강독	주역 태괘	경연	세가
17	예 13. 6	예종	서경 열명을 강독시킴. 정사일	청연각	대궐	보문각학사 이영이 강독	서경 열명	경연	세가, 절요
18	예 13. 윤9	예종	한안인에게 노자 강독 시킴	청연각	대궐	병자일	노자	경연	세가, 절요
19	예 13. 11	예종	주역 복괘를 강독시킴	청연각	대궐	기유일 초하루. 한안인이 강독	주역 복괘	경연	세가, 절요
20	예 14. 8	예종	서경 홍범을 강독시킴	청연각	대궐	을해일. 한림학사 박승중이 강독	서경 홍범	경연	세가, 절요
21	예 14. 11	예종	박승중에게 중용 강독 시킴	청연각	대궐	신해일	중용	경연	세가, 절요
22	예 14. 11	예종	활쏘기 사열	청연각	대궐	무진일	사열	군사	세가, 절요

번호	연월	주체	행사내용	장소1	장소2	비고	분류1	분류2	전거
23	예 15. 6	예종	서경 홍범을 강독시킴	청연각	대궐	갑술일. 박승중이 강독함	서경 홍범	경연	세가, 절요
24	예 15. 6	예종	예기 월령을 강독시킴	청연각	대궐	기묘일. 국자제주 정극영이 강독	예기 월령	경연	세가, 절요
25	예 15. 6	예종	서경 대갑을 강독시킴	청연각	대궐	정유일. 김연이 강독	서경 대갑	경연	세가, 절요
26	예 15. 11	예종	詩 泮水를 강독시킴	청연각	대궐	계해일	시경 泮水	경연	세가, 절요
27	예 16. 3	예종	禮 월령과 書 열명 강독시킴	청연각	대궐	갑인일. 박승중과 김부식이 강독	예기 월령 서경 열명	경연	세가, 절요
28	예 16. 윤5	예종	박승중에게 서경 홍범을 강독시킴. 경진일	청연각	대궐	기우 일환?	서경 홍범	경연	세가, 절요
29	예 16. 윤5	예종	詩 雲漢을 강독시킴. 신묘일	청연각	대궐	임존이 강독. 기우 일환	시경 雲漢	경연	세가
30	예 16. 12	예종	御함. 임진일	청연각	대궐	宋帝所賜書畫를 재추,시신에 보임	이어	열람	세가, 절요
31	예 17. 1	예종	주역 건괘를 강독시킴. 병술일	청연각	대궐	중서사인 김부식이 강독	주역 건괘	경연	세가, 절요
32	의 3. 7. 壬辰	의종	보문각학사 문공유와 直閣 高瑩夫를 연회	청연각	대궐	君臣의 禮를 생략함		연회	세가, 절요

번호	연월	주체	행사내용	장소1	장소2	비고	분류1	분류2	전거
33	의 3. 7. 丙申	의종	평장사 고조기 등을 또 연회	청연각	대궐			연회	세가, 절요
1	예 11. 11		禁中作청연각 選置學士直學士直閣各1 朝夕講論經書.. 又置校勘4人 其2御書院校勘充之, 尋 以청연각在禁內 學士直宿出入爲難	청연각, 보문각, 정의당	대궐1	就其旁 別置閣 改官號曰寶文 加置待制 ..仍修紅樓下南廊 爲學士會講之堂 賜號曰精義 就其左右爲休息之所	경서	경연1	백관지 보문각
1	예 11. 11		以청연각在禁中 學士直宿出入爲難 乃修紅樓下南廊 爲學士會講之堂 賜號曰精義 就其左右爲休息之所 改號보문각 移청연각學士充之	청연각, 정의당, 보문각	대궐2	加置待制 直賜金紫 充其選者 皆一時豪彥, 又置提擧同提擧 管句同管句 皆以中樞內臣兼之 後加置대학사1인		경연2	절요
1	예 11. 11	예종	崇尙儒術 樂慕華風 故於大內之側 延英書殿之北 慈和之南 別創寶文淸연二閣	보문각, 청연각	대궐3			경연3	사96 김인존전
1	예 11. 11	예종	김부일로 보문각대제 삼음	보문각	대궐			인사	세가
2	의 5.		始置文牒所於보문각	보문각 문첩소	대궐	以文士14人及보문각교감	시설	설치	백관지 보문각

번호	연월	주체	행사내용	장소1	장소2	비고	분류1	분류2	전거
						專掌其事 命司空林光爲別監			
3	명 22. 4		書筵諸儒가 증속자치통감을 수교함	보문각	대궐		서적	교정	세가
4	신 1. 3	원자	서연	보문각	대궐			서연	세가, 절요
5	고 14. 8	태자	효경을 비로소 강독	보문각	대궐		효경	서연	세가
2	의 5. 6		보문각과 한림원 학사에게 날마다 정의당에 모여 책부원귀 교정하도록 명령	정의당	대궐		서적	교정	세가

〈도표 2-11〉 내전의 행사

번호	연월	주체	행사내용	장소1	장소2	비고	분류1	분류2	전거
1	태 26. 4	태조	御내전, 박술희 불러 훈요親授	내전	대궐		훈요	유언	세가, 절요
2	혜 2.	왕규黨	穴壁 入王寢內 謀作亂	침내	대궐	왕이 徙避	반역	정변	세가
3	성 10. 4	성종	한언공, 송에서 대장경 가져옴	내전	대궐	내전 영입, 승려에 명해 開讀. 사면	장경	불교	세가, 절요
4	목 12. 1		왕사, 국사, 大醫, 大卜, 大史 등 은대 直宿, 지은대사 등 直宿於內	은대, 내, 寢	대궐	王累日不豫 常居於內 厭見群臣 宰臣震恐 請入寢問疾 不許	정변	정변	세가
5	현 3. 5		인왕반야경	내전(수창궁?)	별궁	병술일. 승려 모아 강론	인왕	불교	세가
6	현 12. 5	현종	금라가사 불정골, 佛牙를 둠	내전	대궐	경주 고선사와 창림사의 것 취함	사리	불교	세가, 절요
7	현 14. 1		재추를 연회	내전	궁궐	임신일	연회	연회	세가, 절요
8	현 16. 2		문무 상참이상을 연회	내전	대궐	임오일. 한식이라서	한식	연회	세가, 절요
9	덕 0. 7 (현 22.7)		己未 거란報哀使來 告聖宗喪 宣詔於현종魂堂	혼당, 내전	대궐	辛酉, 덕종이 報哀使를 引하여 내전 擧哀	제례	외교	세가, 절요 예지 上國喪
10	정 12. 5	정종	위독, 弟낙랑군徽를 불러 전위	臥內	대궐	정유일	전위	전위	세가
11	정 12. 6. 己未 1	정종	親醮本命星宿于內殿	내전	대궐	사실은 문종 즉위년 6월 기미일	본명	초례	예지 잡사
12	문 0. 9		백좌인왕경도량	내전	대궐	을유일. 3일간	백좌	불교	세가, 절요

번호	연월	주체	행사내용	장소1	장소2	비고	분류1	분류2	전거
13	문 2. 3		소재도량	내전	대궐	경범죄 석방, 逋欠 감면	소재, 사면	불교	세가
14	문 2. 7. 己未	문종	親醮北斗于內殿	내전	대궐		북두	초례	예지 잡사
15	문 8. 6	문종	보살계 받음	내전	대궐	정미일	보살	불교	세가
16	문 18. 5. 己未	문종	親醮本命星宿于內殿	내전	대궐	(국왕 개인적 행사라 내전?)	본명	초례	예지 잡사
17	문 28. 4		백고좌 설치해 인왕경 강독	내전	대궐	을유일. 3일간	백좌	불교	세가
18	문 30. 6	문종	보살계 받음	내전	대궐	기해일	보살	불교	세가
19	선 10. 6	선종	초재해 농사를 기원	내전	대궐	친초. 갑자일	농사	초례	세가, 절요 예지 잡사
20	헌 1. 10	헌종	후궁에 퇴거	후궁	대궐	기사일	퇴거	퇴거	세가
21	예 3. 10		강경법회. 경진일	내전	개경, 남경?	숙종 기일이라서	기재	불교	세가
22	예 4. 5	예종	以拓俊京 屢有戰功, 召見其父檢校大將軍 謂恭于內殿, 從容問勞 賜酒食及銀一錠粳米 一十碩	내전	대궐		포상	연회	척준 경전 절요
23	예 6. 3		饗庶老及節義 孝順男女于宮庭, 國老 尙書致仕林成槩柳澤 等于閤門, 王親侑之, 觀者多感泣, 成槩懷諫疏奏之 凡五條 皆國家大事			平章事致仕金上琦 年八十一, 王欲宴于內殿 以示優禮, 上琦辭以老病, 特命肩輿入內 上殿勿拜, 上琦固辭不就			세가, 절요

번호	연월	주체	행사내용	장소1	장소2	비고	분류1	분류2	전거
24	예 10. 2		승려 모아 불경 강독	내전	대궐	정묘일. 5일간	불경	불교	세가
25	예 10. 3		곡연	내전	대궐	계미일	연회	연회	세가
26	예 10. 3		곡연. 무술일	내전	대궐	왕비 연화궁주 생신이라서	후비 생일	연회	세가
27	예 10. 6	예종	곡연	내전	대궐	신유일	연회	연회	세가
28	예10. 11		곡연	내전	대궐	임오일	연회	연회	세가, 절요
29	예 11. 윤1		삼계를 초재	내전	대궐	갑자일	삼계	초례	세가
30	예 13. 윤9	재추	詣내전문, 常膳 회복 3회요청	내전	대궐	갑인일. 왕이 따름	상례	상례	세가
31	예 14. 10		백좌회	내전	대궐	계미일	백좌	불교	세가
32	인 1. 5	인종	避정전 集僧내전 講불경 禱雨, 不得	내전	대궐	정사일. 가뭄 때문	기우, 불경	불교	세가, 절요 오행지 금
33	인 4. 5	이자겸	御寢을 범하려 함	어침(연경궁)	별궁			정변	세가
34	인 21. 윤4	인종	광평후 등과 곡연. 정미일	密殿	궁궐	태자비에게 조서, 예물 하사 직후	후비 조서	연회	세가
35	의 0. 12		본명 초재	내전	대궐	정미일	본명	초례	세가
36	의 3. 1	의종	27位神 초재	내전	궁궐	친초	27位神	초례	세가
37	의 3. 2	의종	격구를 後庭에서 관람	後庭(수창궁?)	별궁?	騎士 격구	격구	군사	세가
38	의 3. 5	의종	남두성에 초재	내전	궁궐	친초	남두성	초례	세가

번호	연월	주체	행사내용	장소1	장소2	비고	분류1	분류2	전거
39	의 4. 12	의종	11曜 초재	내전	궁궐	친초	11요	초례	세가
40	의 4. 12	의종	天曹에 초재	내전	궁궐	친초	天曹	초례	세가
41	의 5. 1	의종	27位神 초재	내전	궁궐	친초	27位神	초례	세가
42	의 5. 4	의종	관음상 제작 내전에 두고 반승	내전	궁궐	기유일. 침향목으로 제작하게 함	관음	불교	세가, 절요
43	의 5. 5	의종	남두성에 초재	내전	궁궐	친초	남두성	초례	세가
44	의 5. 5	의종	태일 초재	내전	궁궐	친초	태일	초례	세가
45	의 5. 7		72星 초재	내전	궁궐	을사일. 가뭄 때문?	72星, 기우?	초례	세가
46	의 5. 8		삼계에 초재	내전	궁궐		삼계	초례	세가
47	의 5. 8	의종	騎士를 후정에 끌어들여 격구	후정 (수창궁?)	별궁?		격구	군사	세가
48	의 5. 9		삼청에 초재	내전	궁궐		삼청	초례	세가
49	의 6. 3		초재	내전	궁궐		초재	초례	세가
50	의 6. 4		태일 초재	내전	궁궐		태일	초례	세가
51	의 6. 4		북두성에 초재	내전	궁궐		북두	초례	세가
52	의 6. 4		醮삼계(내전), 태일(복원궁)	내전, 복원궁	궁궐, 도관	기묘일. 기우	기우 삼계, 태일	초례	세가
53	의 6. 6	의종	태일 초재	내전	궁궐	친초	태일	초례	세가
54	의 6. 7		삼계 초재	내전	궁궐	초하루	삼계, 기우	초례	세가
55	의 6. 12	의종	밤에 백희 관람	내전	궁궐		백희	유희	세가, 절요
56	의 8. 2		반승	내전	궁궐	신해일. 인종 기일이라서	반승, 기일	불교	세가
57	의 9. 2		반승	내전	궁궐		반승	불교	세가
58	의 10. 3		기복도량	내전	궁궐		기복	불교	세가

번호	연월	주체	행사내용	장소1	장소2	비고	분류1	분류2	전거
59	의 10. 10		반승 5백	내전	대궐?	임오일	반승	불교	세가, 절요
60	의 11. 5	의종	김최윤의, 이원응. 물건하사	밀전	궁궐		선물	하사	세가
61	의 11. 5	의종	巡宴林亭	임정	궁궐	임신일 밤. 내수, 영인을 대동		연회	세가
62	의 11. 5	의종	巡宴林亭	임정	궁궐	계유일 밤.		연회	세가
63	의 23. 2	의종	11曜와 28宿 초재	내전 (희미정?)	별궁?	을미일	11요, 28수	초례	세가
64	의 23. 3		醮 太一, 11曜, 남북두, 12宮神	내전	궁궐	서도 순어를 앞두었기 때문	태일, 11요 남북두, 12궁	초례	세가
65	의 24. 4	의종	노인성을 초재	내전	궁궐	신사일 초하루. 친초	노인	초례	세가, 절요
66	의종대		德寧宮主 恭睿太后所生 適江陽公 天姿艶麗 擧止閒雅 又善談笑	내전		毅宗 每於花朝月夕 召入內 日夜감歌 醜聲聞外. 명 22년 卒	추문		공주전 절요 명종 22.8
67	명 3. 윤1		尊勝법회를 내전에 개설	내전 (수창궁?)	별궁		존승	불교	세가
68	명 3. 4	명종	태일 초재	내전 (대명궁?)	별궁		태일	초례	세가
69	명 6. 10		불정도량	내전 (경희궁?)	별궁		불정	불교	세가

번호	연월	주체	행사내용	장소1	장소2	비고	분류1	분류2	전거
70	명 7. 2		제석도량	내전(수창궁?)	별궁		제석	불교	세가
71	명 7. 2		불정도량	내전(수창궁?)	별궁		불정	불교	세가
72	명 8. 2		불정도량	내전(수창궁?)	별궁		불정	불교	세가
73	명 8. 8		소재도량을 내전에 개설	내전(수창궁?)	별궁	초하루	소재	불교	세가
74	명 9. 3	명종	초재	내전(수창궁?)	별궁	친초	초례	초례	세가
75	명 9. 9		恒霧	광암사, 대관전, 내전	사원 대궐	太史奏 請於光岩寺大觀殿內殿3處 設소재도량 以禳之(날짜모름)	안개 소재	불교	오행지 토
76	명 9. 9		辛巳 月犯大微東蕃上相	광암사, 대관전, 내전	사원 대궐	太史請 光岩寺大觀殿內殿三處 設소재도량 以禳之	月 소재	불교	천문지 星
77	명 10. 3		乾方 有赤氣如火 設大佛頂 讀經於內殿	내전, 대안사		設金光明經法席於大安寺以禳之	대불정 금광	불교	오행지 火
78	명 10. 12		소재도량을 내전에 개설	내전(수창궁?)	별궁?	태백성 晝見 때문?	소재	불교	세가
79	명 11. 4	명종	초재	내전(수창궁?)	별궁?	친초. 계유일	초례	초례	세가

번호	연월	주체	행사내용	장소1	장소2	비고	분류1	분류2	전거
80	명 11. 12		인왕도량을 내전에 개설	내전 (수창궁?)	별궁?		인왕	불교	세가
81	명 11. 4		親醮내전. 계유일	내전		기우 일환 추정	기우	초례	오행지 금
82	명 15. 1		西北面兵馬使李知命 獻契丹絲五百束, 知命之陛辭也 王召入內殿 親諭曰 義州雖禁兩國互市 鄕宜取龍州庫苧布 市丹絲以進, 故有是獻	내전, 내부		毅宗時 凡金國所贈絲絹等物 半入內府 以需御用 半付大府 以充經費 王卽位 悉入內府 賜諸嬖倖 府藏虛竭 徵求兩界 至於如此	왕 청탁	무역	절요
83	명16. 10		상장군 石隣이 청탁 거절한 서해도안찰사 면직요구 횡포	내전		명종이 내전에서 석린을 위로	위로		석린전, 절요
84	명20. 10		知樞密院事白任至 以私事謁 王引入內殿 優待以遣	내전		舊法 大臣非有國家大事 不詣君門 今任至冒謁如此 而臺諫不劾 時議譏之	私謁		백임지전, 절요
85	명20. 12		勝法文도량을 내전에 개설	내전 (수창궁?)	별궁?	초하루	勝法文	불교	
86	명23. 10		백고좌도량	내전 (수창궁?)	별궁?	갑인일	백좌	불교	세가, 절요
87	명 23. 11.乙酉		以恭睿太后諱辰 設齋于內殿	내전 (수창궁?)	별궁?	自諸王兩府宰輔近衛之臣 各獻餚饌 諱辰群下供饌 始此	기일재	불교	세가, 절요

번호	연월	주체	행사내용	장소1	장소2	비고	분류1	분류2	전거
88	희 5. 10		불정도량	내전	대궐	병자일	불정	불교	세가
89	강 1. 1		延生經道場	내전	대궐	3일 동안	연생경	불교	세가
90	강 1. 6	강종	보살계 받음	내전	대궐		보살	불교	세가, 절요
91	강 1. 8		성변소재도량	내전	대궐		성변소재	불교	세가
92	강 2. 6	강종	보살계 받음	내전	대궐	지겸 왕사 책봉	보살	불교	세가
93	고 5. 10		신중도량	내전	대궐	거란병 방어 추정	신중	불교	세가
94	고 10. 4		談論法席	내전	대궐		談論	불교	세가
95	고 11. 2	고종	불정도량	내전	대궐	친설	불정	불교	세가
96	고 12. 8		以康宗忌日 飯僧二百於內殿	내전	대궐?	康宗眞殿在玄化寺, 忌日詣寺行香 例也, 自庚辰以來 國家多故, 王不得親詣	기일, 반승	불교	세가, 절요
97	고 12. 8	고종	소재도량	내전	대궐?	친설	소재	불교	세가
98	고 16. 6	고종	보살계 받음	내전	대궐		보살	불교	세가
99	고 17. 1		소재도량	내전	대궐	7일간	소재	불교	세가
100	고 18. 12		몽골사신을 연회	내전	대궐	임술일	연회	외교	세가
101	고 18. 12		몽골사신을 연회	내전	대궐	을해일	연회	외교	세가
102	고 19. 1		몽골사신을 연회	내전	대궐		연회	외교	세가
			경령전 행사시 내전, 내전庭 이용	경령전, 내전	대궐	(예지 길례대사 경령전)	조종	의례	예지
			王, 便服 出坐內殿南廊, 牽龍都知, 肅拜訖, 承宣·重房·院房六局員, 次次肅拜, 閣門去靴笏, 着絲鞋[侍臣皆同] 入庭橫行, 自喝再拜,	내전		執禮 微喝再拜 引上殿, 坐東邊褥位, 茶房參上員, 從夾戶入進茶, 內侍七品員, 去盖子, 執禮 上殿前楹外 面拜勸茶, 放後下殿,次院房八		형벌	예지

번호	연월	주체	행사내용	장소1	장소2	비고	분류1	분류2	전거
			行頭 進步復位, 各祗候, 後左邊立, 刑部奏對員·省郎丹筆員, 入庭, 舍人喝再拜, 出外, 祗候引宰臣·樞密至門, 執禮 傳引, 就褥位立定 …			品以下, 進宰樞茶, 執禮 又上殿, 伏面請茶出, 次丹筆奏對員入奏丹筆, 制斬決, 除入有人島, 畢後, 勸御藥 及宰樞藥, (예지 흉례 重刑奏對儀)			
			경령전, 대관전, 내전	내전	대궐	예지 군례 遣將출정儀		출정	예지
			대관전, 내전	내전	대궐	예지 군례 師還儀			예지
			대관전, 내전	내전	대궐	예지 가례 1月3朝儀		조하	예지
			척준경 전공, 예종이 그 부친 검교대장군 척위공을 내전에 부름	내전	대궐	勞問하고 물건 하사. (척준경전)		치하	척준경전
			백임지, 嘗以私事謁王 引入內殿 優禮以遣	내전		舊制, 大臣 非國家大事 不詣君門 臺諫不劾任至, 時議譏之(백임지전)		알현	백임지전

〈도표 2-12〉 대궐 금원 후의 행사

번호	연월	주체	행사내용	장소1	장소2	비고	분류1	분류2	전거
1	정 12. 4	정종	아파서 移御산호전	산호전(산호정)	대궐	정묘일	질병	이어	史 세가
2	숙 8. 11		虎入禁苑 山呼亭	금원 산호정	대궐 궁성		짐승	음양	오행지 금
3	예 1. 5	예종	행차해 佛事	산호정	대궐		불사	불교	세가
4	예 1. 6	예종	행차해 佛事	산호정	대궐	계미일	불사	불교	세가
5	예 2. 10		초재	산호정	대궐	갑자일	초재	도교	세가
6	예 15. 5		迎入佛骨于禁中, 置于산호정	산호정	금중	初, 王字之使還, 宋帝以金函盛佛牙頭骨以賜, 置外帝釋院, 至是置山呼亭	불골	불교	세가, 절요
7	예 16. 윤5		왕사 덕연을 다시 불러 기우	산호정	대궐	임신일	기우	불교	세가
8	예 16. 윤5		聚僧해 또 기우	산호정, 佛宇	대궐, 사원	병자일	기우	불교	세가
9	예 16. 윤5		聚僧于산호정 講經 기우	산호정	대궐	경진일	기우	불교	오행지 금
10	인 4. 2		궁궐 連燒. 夜 왕이 避火 걸어 산호정 이름	산호정	대궐		피신, 화재	정변	이자겸전 김인존전 절요
11	인 4. 2		궁궐 連燒. 直史館 김수자 直禁中 負國史	산호정	대궐	至산호정北 掘地藏之 得不焚	避物, 화재	정변	김수자전 절요
12	인 4. 2		是日 宮禁焚蕩	산호정, 상춘정, 상화정, 내제석원	대궐	惟山呼,賞春,賞花三亭 及내제석원廊廡 數十間 僅存	화재	정변	이자겸전 절요

번호	연월	주체	행사내용	장소1	장소2	비고	분류1	분류2	전거
13	인 4. 2		資謙請王, 徙居重興宅西院, 王去仗衛, 從間道至西院, 反門, 大卿金義元崔滋盛, 以重興宅執事 出迎	산호정, 남궁, 중흥택		郎將池錫崇 散員權正鈞 隊正吳含, 自山呼亭 至南宮 不離左右, 至是, 錫崇等 扶王 將入北門		정변	절요
14	의 23. 3	의종	親製疏文해 나한재 개설. 己未	산호정	대궐	서도 순어를 앞두었기 때문	나한	불교	세가, 절요
15	명 1. 10		壬子夜 .궁궐 災. 諸寺僧徒及府衛軍人 詣闕 將救火, 이의방 형제 恐有變 走入內 閉紫城門 故殿宇悉火	자성문, 殿宇 산호정	대궐	王出山呼亭 痛哭 庾應圭 詣景靈殿 抱五室祖眞 以出 又至中書省 出國印	화재	음양	오행지 火 절요
1	문 24. 4	문종	곡연. 신유일 초하루	상춘정	대궐	태자, 제왕, 侍臣에게 賞花詩 시킴	연회		세가
2	문 24. 9	문종	연회하고 近臣에게 시짓게 함	상춘정	대궐	병신일	연회	시	세가, 절요
3	문 25. 9	문종	태자, 계림후, 재상 등과 연회	상춘정	대궐	경인일. 중양이기 때문	연회	중양	세가, 절요
4	선 8. 9	선종	계림공 등 불러 置酒, 問邊事	상춘정	대궐	부여공, 유홍, 소태보, 왕국모 참석	연회, 邊事	군사	세가, 절요
5	숙 2. 4	숙종	禁亭賞花詩를 지음. 병술일	상춘정	대궐	館閣近侍문신에게 和進시킴	창화	연회	세가, 절요
6	예 4. 3	예종	삼청을 초재	상춘정	대궐	친초. 무신일	초재	도교	세가
7	예 7. 4	예종	제왕 등을 연회. 무술일	상춘정	대궐	평장사 김경용, 상대장군, 승선 參	연회		세가, 절요
8	예 10. 4	예종	제왕, 재추를 연회, 시짓기	상춘정	대궐	계축일	연회		세가, 절요

번호	연월	주체	행사내용	장소1	장소2	비고	분류1	분류2	전거
9	예 10. 9	예종	召集近臣于御院 閱射 곡연于상춘정	御院, 상춘정	대궐	정묘일	활쏘기	연회	세가, 절요
10	예 11. 7		燕射(宴射)	상춘정	대궐	신축일	연회	활쏘기	세가, 절요
11	예 16. 5		設소재도량 於상춘정及일월,왕륜,고봉,극락사	상춘정, 일월사 왕륜, 고봉, 극락사	대궐, 사원	갑인일부터. 三七日	소재	불교	세가
12	인 4. 2		宮禁焚蕩	산호정, 상춘정, 상화정, 내제석원		惟山呼,賞春,賞花三亭 及내제석원 廊무 數十間 僅存	화재	정변	이자겸전 절요
13	의 6. 3	의종	연회, 음악과 잡희 공연 시킴	상춘정	대궐		연회		세가, 절요
14	의 6. 4	의종	연회	상춘정	대궐		연회		세가, 절요
15	의 12. 4	의종	최윤의에게 기우초재 명령	상춘정	대궐	을사일	기우	초재	세가
16	의 18. 5	의종	관북궁으로부터 환궁해 최유칭과 이담을 불러 수문전에서 연회하고	수문전, 상춘정	대궐	또 상춘정에서 연회해 새벽까지 마심	연회	연회	세가, 절요
17	의 24.4.乙巳		以壽星再見 命太子醮于福源宮 平章事許洪材 醮于賞春亭	복원궁, 상춘정		左承宣金敦中 祭于忠州竹杖寺	초재	도교	세가, 절요

번호	연월	주체	행사내용	장소1	장소2	비고	분류1	분류2	전거
18	고 6. 4		虎入상춘정	상춘정	대궐 궁성	임진일	짐승	음양	오행지 금
1	인 4. 2		宮禁焚蕩	산호정, 상춘정, 상화정, 내제석원	대궐	惟山呼,賞春,賞花三亭 及내제석원廊무 數十間 僅存	화재	정변	이자겸전 절요
1	문 22. 8	문종	命태자 召宋進士 愼修 등 試詩賦於玉燭亭	옥촉정	대궐	정사일	시험		세가, 절요
2	예 2. 윤10		始置元始天尊像於玉燭亭 令月醮	옥촉정	대궐	경자일	원시천존	초재	세가

〈도표 2-13〉 대궐 경령전의 행사

번호	연월	주체	행사내용	장소1	장소2	비고	분류1	분류2	전거
1	덕 0. 6	덕종	(현 22.5.辛未, 王疾篤 召太子欽 屬以後事 俄而薨于重光殿... 太子卽位居翼室.. 甲戌, 王率群臣成服, 百姓玄冠素服)	경령전	대궐	덕 0.6. 丙申 葬宣陵 群臣公除, 戊戌 王釋服. 庚子 謁景靈殿 告卽位, 癸卯 御신봉루 揭鷄竿于구정 肆赦	즉위 알림		세가, 절요
2	문18. 11		태자 納妃를 고함	경령전	대궐	기묘일	혼인	태자	세가
3	문 19. 5癸酉	문종	왕사 난원 불러 子 煦를 祝髮	경령전	대궐	煦를 승려로 만듦. 이어	출가	불교	세가
4	문25. 2	문종	연등회 特設하고 경령전 알현	경령전	대궐	무인일	연등	조종	세가
5	선 2. 8	선종	문종神御 봉안, 奠禮 親行	경령전	대궐	정축일	조종	제례	세가, 절요
6	예 3. 4 己丑	윤관, 오연총	詣경령전 復命 還納부월	경령전, 문덕전	대궐	王於문덕전 引瓘연총及재추 問邊事	조종	전쟁	세가, 윤관전, 군례 사환의
7	예 4. 4 戊寅	예종	병마부원수 오연총이 陛辭	경령전	대궐	王詣경령전 親授부월	조종	전쟁	세가, 절요, 예지 군례 사환의
8	예11. 8		알현	경령전	대궐	병자일	조종		세가, 절요
9	인 0. 4	인종	詣경령전 告즉위	경령전	대궐	정유일	조종		세가
10	인 2. 4		예종 수용을 봉안	경령전	대궐	임신일	조종		세가
11	인 4. 2	인종	대궐 불탐에 경령전 祖宗眞을	경령전, 내제석원		내제석원 마른 우물에 넣게 함	진영		이자겸전, 절요

번호	연월	주체	행사내용	장소1	장소2	비고	분류1	분류2	전거
12	인14. 4 庚子	인종	경령전 알현해 서적평정 고함	경령전	대궐	김부식 개선했기 때문	조종		세가, 절요, 군례 사환의
13	인 16. 5		改諸殿閣及宮門名 御書額號…	경녕전(경령전)	대궐	唯慶寧殿 秘書閣 不改	액호		세가
14	인 17. 5		알현	경령전	대궐	갑신일	조종		세가, 절요
15	의 2. 3		인종 신어를 봉안	경령전	대궐	경령전. 갑자일	조종		세가
16	의 3. 5甲申	의종	원자 탄생을 親告	경령전	대궐		조종		세가
17	의 5. 9丙午		알현	경령전	대궐		조종		세가, 절요
18	의 9. 5辛亥		알현	경령전	대궐	단오라서	조종		세가, 절요
19	명1. 10	유응규	궁궐 화재, 경령전 祖眞 꺼냄 중서성 國印도 꺼냄	경령전	대궐	宮闕災 諸寺僧及府衛軍 詣闕將救火 鄭仲夫 李俊儀 李義方等 恐有變 閉紫城門不納 殿宇悉火 王出山呼亭 痛哭 庾應圭 詣景靈殿 抱五室祖眞以出 又至中書省 出國印			유응규전, 절요
20	명 2. 1		알현	경령전	대궐	초하루	조종		세가, 절요
21	명 3. 1		알현	경령전	대궐	초하루	조종		세가, 절요

번호	연월	주체	행사내용	장소1	장소2	비고	분류1	분류2	전거
22	명 3. 5		알현	경령전	대궐	단오	조종		세가, 절요
23	명 3. 8		알현	경령전	대궐		조종		세가, 절요
24	명 5. 5		알현	경령전	대궐	단오	조종		세가, 절요
25	명 7. 7	명종	引咎責躬詞를 親製해 태조신어에 告謝	경령전	대궐	관군이 서적과 싸워 패배 때문인 듯	사죄		세가, 절요
26	명 16. 1	명종	卽吉을 고함	경령전	대궐		조종		
27	명 20. 8	명종	以추석 親享경령전(세가)	경령전	대궐	謁경령전(절요)	추석	제례	세가, 절요
28	명 20. 9	명종	以중양 親享경령전(세가)	경령전	대궐	謁경령전(절요)	조종	제례	세가, 절요
29	고 2. 8 己酉	고종	강종신어 경령전 봉안	경령전	대궐	왕 의봉문외 영접. 四親之殿	조종	제례	세가
30	고14. 9.乙酉		알현	경령전	대궐		조종		세가, 절요

〈도표 2-14〉 대궐 태자궁의 행사

번호	연월	주체	행사내용	장소1	장소2	비고	분류1	분류2	전거
1	정 6. 7		의춘루에 벼락	의춘루	태자궁?	을축일	벼락	음양	세가 오행지 水
2	문 10. 9		태일에 祀해 화재 기양	수춘궁	대궐	기축일	화재	초재	세가, 예지 잡사
3	문 10. 12	중외	進箋해 수춘궁에서 태자 장홍절 축하	수춘궁	대궐	병진일	생일	축하	세가
4	문 11. 5		소재도량	수춘궁	대궐	정축일. 3일간	재해	불교	세가
5	선 5. 11		癸亥 賜延和宮元子名昱 賜銀器匹段布穀鞍轡奴婢	수춘궁		王奉太后宴于壽春宮 朝鮮雞林常安三公扶餘金官二侯侍宴 竟夜而罷	원자	이름	세가
6	선 10. 3	선종	원자에게 수춘궁 入居 명령	수춘궁	대궐	무인일. 유석, 손관 태자좌우첨사	원자		세가
7	숙 10. 2		壽春宮曲宴, 최사추가 왕을 위해 祝壽	수춘궁	대궐		연회		절요
8	예 3. 2	예종	丙戌 제왕, 채추, 근신을 수춘궁에서 곡연, 상참 및 封冊집사관에 酒食 하사. 辛卯 御신봉루 肆赦	수춘궁	대궐	(3. 1. 尊母柳氏爲왕태후 翼日 諸王宰輔문무상참관이상進賀 賜群臣宴)	태후 책봉	연회 사면	세가
9	예 10.10 庚子	禮司請	以태자생일爲永貞節 令宮官僚屬進賀			兩界3京8牧3도호부 上箋 以爲恒式	생일	축하	세가, 절요
10	예 16. 1 辛亥		왕태자加元服于수춘궁 백관表賀	수춘궁	대궐	先是, 太子在行宮 欲加冠, 金緣의 반대	원복	태자	세가, 절요 예지 가례

번호	연월	주체	행사내용	장소1	장소2	비고	분류1	분류2	전거
11	인 16. 5		수춘궁을 여정궁으로 개칭 의춘루를 소휘루로 개칭	수춘궁, 여정궁 의춘루, 소휘루	대궐		개칭		세가
12	명 1. 1		李高 有非望之志 陰結惡小 及法雲寺僧修惠 開國寺僧玄素等 日夜宴飮…及元子冠 王將宴于麗正宮 高爲宣花使 當預宴 陰令玄素 招致惡小于法雲寺修惠房 斬馬饗之 使各袖刃 隱于墻屛間 將作亂	법운사, 여정궁	대궐	校尉金大用之子 爲高驅使 聞其謀 以告大用 大用 與內侍將軍蔡元善 遂往告之 義方素惡高逼已 至是 亦知其謀 與元 候高等 至宮門外 卽以鐵鎚 擊殺之	정변		절요, 이의방전
13	명 9. 4		천령전 완성	천령전	태자궁?		복구		세가
14	명 12. 9		목친전, 여정궁 완성	목친전, 여정궁	대궐	대궐 중수	공역		세가, 절요
15	신 7. 1		천령전에 이어해 태자에게 詔해 전위함	천령전	태자궁?		전위		세가, 절요
16	고 2. 7		有人言於重房曰, 尙藥局在闕西 常擣杵 恐損山西旺氣 乃擅毁尙藥局尙衣局禮賓省 凡四十餘楹 移構重房	중방, 천령전		又開新路於千齡殿側 以通往來	음양		세가, 절요
17	고 4. 9		震麗正宮(세가). 신묘일	여정궁	대궐궁성	大風雨雹 震麗正宮 (오행지 土)	벼락	풍재	세가, 절요
18	고 14. 8	태자	出여정궁 試選侍學公子給使	여정궁	대궐		교육	태자	세가

〈도표 2-15〉 대궐 東池의 행사

번호	연월	주체	행사내용	장소1	장소2	비고	분류1	분류2	전거
1	태 8. 3		蟾出宮城 東 魚堤 多不可限	宮城 東 魚堤	대궐 동지?		이변	음양	오행지 토
2	경 2. 3	경종	御동지龍船 진사 親試	동지	대궐	급제 하사	과거		세가, 절요
3	정 4. 12		동지의 白鶴 鵝鴨 山羊을 海島로 放	동지	대궐	사육 稻粱 비용이 많았기 때문	방출		세가, 절요
4	정 7. 12		동지 귀령각에서 활쏘기 사열	귀령각	동지	신사일	사열		세가, 절요
5	문 9. 11	문종	행차	동지	대궐	동지 帳殿前에 無故入至한 자 처벌문제	형벌		세가, 절요
6	문 10. 9	문종	命태자제왕, 東池樓에 置酒해	동지 루	대궐	召秀才, 東池尋勝詩에 賦하게 함	연회	시	세가, 절요
7	문 19. 7	문종	행차해 龍船타서 置酒	동지	대궐	태자, 종실이 侍宴	연회		세가, 절요
8	선 3. 9	선종	양경무관 불러 활쏘기 사열	東亭(동지정자)	대궐	수개월 동안	사열	군사	세가, 절요 병지 오군
9	선 3. 12	선종	양경문관을 불러 활쏘기 사열	東亭(동지정자)	대궐	무술일	사열	군사	세가, 절요 병지 오군
10	숙 1. 6	숙종	연덕궁주류씨, 원자와 泛舟 置酒	동지	대궐	소태보 등 재상侍臣이 侍宴, 시 짓기	연회		세가, 절요
11	숙 1. 8	숙종	귀령각에 御해 무반장군이하 대정이상	귀령각 (동지)	대궐	射御를 親閱, 4개월간. 11월까지	사열		병지 오군, 절요

번호	연월	주체	행사내용	장소1	장소2	비고	분류1	분류2	전거
12	숙 1. 10	숙종	東池射亭에 御해 左僕射黃仲寶等 及近仗六衛상장군侍臣中禁都知 令射侯	동지 사정	대궐	御史中丞金景庸 先中鵠 賜銀楪五事 廄馬一匹, 其餘中者 皆有賜	사열		병지 오군, 절요 김경용전
13	숙 6. 10	숙종	동지 귀령각에 御해 近仗六衛	동지 귀령각	대궐	諸將士 射御를 閱함	사열	사어	병지 오군, 절요
14	숙 7. 6	숙종	동지 귀령각에 御해 召재추 閱騎兵	동지 귀령각	대궐	賞賜	사열		병지 오군, 절요
15	숙 8. 10	숙종	활쏘기 사열	동지	대궐	임신일. 적중자에게 물건 하사	사열	군사	세가, 절요
16	예 9. 8	예종	무사 사열	귀령각	동지	병인일	사열		세가, 절요
17	예 9. 12		활쏘기 사열	동지	대궐	무신일	사열		세가, 절요
18	예 10. 9	예종	무사를 친히 선발. 병술일	동지	대궐	水戲 관람	선군	군사	세가, 절요
19	예 10. 10	예종	6道 신기 將士를 친히 사열	동지	대궐	정미일	사열	군사	세가, 절요
20	예 10. 10	예종	서경 將士를 친히 선발	동지	대궐		선군	군사	세가, 절요
21	의 6. 4	환자 이균	투신 자살	동지	대궐	왕이 통석해 눈물 흘림	자살		세가
22	의 6. 9	의종	동지에 이어해 選射御者 觀射	동지	대궐	경자일. 終月	사열	군사	세가, 절요
23	고 10. 4		東池 水濁 3일 魚鱉盡出	동지	대궐		이변	음양	오행지 水

제3장 고려 개경의 별궁

머리말
1. 수창궁
2. 연경궁
3. 장원정
맺음말

머리말

고려의 上都(上京) 개경에는 송악산 남쪽 기슭의 대궐(본궐) 외에도 임금의 별궁 내지 이궁, 후비의 궁, 諸王의 궁, 공주의 궁 등 수많은 궁궐이 조영되어 있었다. 개경의 궁궐은 극히 예외적으로 權臣의 거처가 宮을 칭한 사례가 더러 있지만 기본적으로 왕실 구성원의 거처였다. 고려의 임금은 대궐을 보좌하는 별궁 내지 이궁을 운영했는데 그 중에서 수창궁, 연경궁, 대명궁, 장원정 등이 대표적이었다.

임금의 별궁 중에서 수창궁은 가장 먼저 확인되는 곳일 뿐만 아니라 별궁에서도 으뜸가는 위상을 차지했다. 연경궁은 원래 후비궁에서 출발했지만 왕궁으로 전환해 중요하게 사용된 곳이었다. 대궐이 불타거나 기피되어 제대로 기능하지 못한 시절에는 대개 개경성 안의 수창궁과 연경궁이 대궐의 기능을 나누어 수행했다. 장원정은 개경 영역에 속하면서 개경성 바깥의 별궁을 대표하는 곳이었는데 주로 유희 공간으로 이용되었다.

고려시대 개경의 궁궐 구조와 운영, 나아가 개경의 도시구조를 이해하기 위해서는 별궁에 대한 연구가 필요하다. 그래서 본고에서는 개경의 별궁을 대표하는 수창궁과 연경궁과 장원정을 다루려고 한다. 대명궁도 대표적인 별궁이지만 객관인 순천관으로 사용된 기간이 긴 독특한 존재여서 다음 장에서 따로 다루기로 한다. 별궁과 별궁, 별궁과 대궐이 어떠한 관계를 맺는지에 유의하여 고찰하려 한다.

1. 수창궁

개경의 궁궐 중에서 대궐 다음으로 중요한 곳은 수창궁이었다. 이는 인종 원년 6월에 고려를 방문한 송의 서긍이, "지금 公族이 번창하지 않아 별궁은 10室에서 9室이 비어 있다. 그러한 경우 그 田土가 옛적에는 수창궁에 예속되었는데 지금은 모두 王府에 소속시켜 官을 두어 관장한다"[1] 라고 한 데에서도 확인된다. 수창궁은 주인 없는 별궁의 田土를 한동안 관리했을 정도로 별궁을 대표하는 위상을 지녔던 것이다. 왕실의 궁은 주인을 잃거나 상속되지 않으면 임금에게 귀속되었음을 알 수 있다.

壽昌宮은 연대 기사에서 현종이 거란군의 침략으로 인해 남쪽으로 피난갔다가 거란군에 의해 불탄 京都(개경)로 2년 2월 정묘일에 돌아와 수창궁에 入御한 기사[2]에 처음 등장한다. 현종이 정변을 통해 즉위했고 원년 11월에 거란의 침략을 받았으므로 수창궁이 현종 때 창건되었을 가능성은 없으니, 수창궁은 적어도 목종 때 창건되었다. 태조 왕건은 송악 대궐을 중심으로 한 수도 개경의 건설과 후삼국 통일전쟁 및 戰後 수습에 힘을 쏟아야 했으므로 별궁을 건설할 여력이 없었을 것이다. 혜종과 定宗은 재위가 짧았고 특히 定宗은 서경 천도를 추진했기 때문에 두 임금이 별궁을 건립하지 못했을 것이다. 광종은 12년에 궁궐(대궐)을 수리하기 위해 王育의 집에 이어했다가 14년 6월에 大內(大闕) 중수가 끝나자 '還御宮'하여 詔하기를 대내를 중수하느라 오랫동안 離宮(왕육의 집)에 머물렀다고 했다.[3] 그러하니 이때까지는

1 『고려도경』 권6, 궁전 별궁
2 『고려사』 권4 『고려사절요』 권3, 현종 2년 2월
3 『고려사』 권2, 광종 2년 및 14년 6월

수창궁이 없었다고 보아야 한다. 경종 때는 그의 재위기간이 짧고 복수 허용으로 인한 혼란이 야기되었기 때문에 별궁 건설 가능성은 별로 없어 보인다.

그렇다면 수창궁은 광종 후반 혹은 성종대 혹은 목종대에 창건되었을 가능성이 크다. 조선중기 유호인의 『遊松都錄』(『속동문선』)에는 수창궁이 '成穆間' 즉 성종과 목종 사이에 건설되었다고 언급했다. 이는 설득력이 높아 보이는데 성종 때는 상서문에서 광종의 궁궐 증축을 비판한 최승로의 집권으로 인해 별궁 경영을 하기 어려웠을 터이므로 목종 때가 가장 가능성이 크다고 여겨진다. 아마 목종 때 섭정을 한 모후 천추태후의 위엄을 높이고 萬壽를 기원하기 위해 그녀의 새로운 거처로 壽昌宮을 창건한 것이 아닌가 싶다. 물론 천추태후와 목종이 몰락하면서 수창궁은 현종의 이궁 내지 별궁으로 변모했다.

현종 3년 6월에 時御宮庭이 좁다며 상참관에게 5일에 1번 알현하도록 했는데[4] 이 시어궁은 수창궁으로 여겨진다. 의종이 5년 4월에 庭諍을 만류하면서 명인전에서 視朝하고는 앞으로 매일 視朝하기를 천명했는데,[5] 명인전은 수창궁 소속의 건물이었다. 명종이 6년 정월에 편전에서 신하들에게 南賊 토벌 책략을 물었고, 8년 11월에 반란을 막기 위해 편전에서 양계의 상장과 도령에게 물품을 하사했고, 15년 8월에 편전에서 형부가 아뢴 重刑을 결단했는데,[6] 이 편전은 명종이 당시 주로 수창궁에 거처했기 때문에 수창궁의 것으로 여겨진다.

인종 7년 8월에 왕이 書籍所에 이어해 승선 鄭沆에게 명해 宋朝忠義集을 강독하게 했는데, 인종이 聽政의 여가에 학사들과 더불어 講學하기 위해 수창궁 옆의 시중 소태보 집을 서적소로 삼은 것이었다.[7] 인

4 『고려사』 권4, 현종 3년 6월
5 『고려사』 권17, 의종 5년 4월
6 『고려사』 권19, 명종 6년 정월 및 8년 11월; 『고려사』 권20, 명종 15년 8월
7 『고려사』 권16, 인종 7년 8월; 『고려사』 권98, 林完傳. 김부철, 林完 등 諸

종은 12년 8월 경진일에 수창궁에 이어하고 경자일에 명인전에 御하여 서경 열명편을 강독하게 했다.[8] 김부식은 表文을 올려 어제 奏對로 인해 明仁門의 幕次에 나아갔더니 內侍 兵部員外郎 裴景誠이 聖旨를 전하여 자신에게 內殿에 들어와 周易을 강독하게 하고 犀腰帶를 하사했다며 世系가 平微한 자신에게 그러한 예우를 해준 데 대하여 감사했는데,[9] 시기는 인종 때로, 明仁門은 수창궁 明仁殿의 문으로 여겨진다. 인종은 수창궁의 명인전과 내전, 수창궁 옆 서적소를 경연 장소로 이용했던 것이다.

명종은 원년 10월에 궁궐(대궐)이 불타자 수창궁으로 옮겨 머물렀고 대궐이 복구된 후에도 대궐을 꺼려 그대로 수창궁에 머물렀다.[10] 승려 宗旵 등이 정균과 더불어 모의해 이의방을 암살한 후 정균과 親比해 後庭을 출입함에 거리낌이 없었는데,[11] 이 後庭은 수창궁의 후정으로 보인다. 명종 11년 7월에는 어떤 사람이 수창궁 北垣으로부터 돌을 던져 御寢 北窓에까지 닿았지만 잡지 못하고 경비를 강화했으며, 명종 13년 2월에는 어떤 남자가 밤에 이준창 형제를 참소하는 익명서를 수창궁 문에 던졌다가 순검관에 의해 체포되었다.[12] 이는 당시 국왕의 거처가 수창궁이었음과 국왕의 침전이 수창궁 안의 북쪽 구역에 자리잡았음을 말해준다. 명종이 明春 등 諸嬖 소생의 수십 명을 궁내에 소집하자 그들이 內庭에서 유희했는데[13] 이곳도 수창궁으로 여겨진다.

儒臣이 更直하며 顧問에 대비했다.

8 『고려사』 권16, 인종 12년 8월

9 『동문선』 권35, 表箋, 「謝賜犀帶表」(김부식). 한편 金富儀도 임금이 入內侍 某官 某를 보내 征西에 참여한 자신에게 黃金腰帶를 하사했다며 孤寒한 데 태어난 자신에게 그러한 예우를 해준 데 대하여 감사했다. 『동문선』 권35, 「謝賜金帶表」(김부의). 金富軾과 金富儀 형제는 世系가 平微 내지 孤寒했음이 드러난다.

10 『고려사』 권19, 명종 원년 10월; 『고려사절요』 권13, 명종 26년 8월

11 『고려사절요』 권12, 명종 10년 7월조

12 『고려사』 권20, 명종 11년 7월 및 『고려사』 권82, 병지 숙위, 명종 11년 7월; 『고려사절요』 권12, 명종 13년 2월 및 『고려사』 권100, 이준창전

명종 때 수창궁은 국왕의 거처이다 보니 무인정권 초기의 갈등과 정치적 격동의 현장으로 떠올랐다. 廣德里에 있는 太后 別宮에 화재로 인해 태후가 御하지 않았는데 정균이 사서 私第로 삼기를 요청하니 태후가 그 값을 물리치고 수여하자 정균이 공역을 크게 일으켜 營葺했는데, 당시(명종 8년 8월) 수창궁에 머물면서 태후 질병을 시중들고 있던 명종이 그 땅이 수창궁과 100步도 떨어지지 않았을 뿐만 아니라 歲行에 태후 忌方이 되니 심히 미워해 누차 그 공역을 중지시키고자 했지만 정균을 꺼려 그렇게 하지 못했다.[14] 이를 통해 명종 8년 8월에 명종이 병든 태후를 모시고 수창궁에 거처하며 정균과 갈등했음을 알 수 있다.

명종 9년 9월 藏經會가 끝난 밤에 경대승이 死士 30여 명을 거느리고 和義門(수창궁 서문) 밖에 매복한 상태에서 許升이 궁안의 直廬에 들어가 정균을 살해하니 경대승과 그 무리가 宮墻을 뛰어넘어 들어가자 명종이 경악했고 경대승이 寢殿 바깥에 이르렀다. 명종 17년 7월 기사일에 日食이 일어났는데 밤에 賊 70여 명(조원정·石隣의 무리)이 담장을 뛰어넘어 수창궁에 들어와 樞密使 양익경과 內侍郎中 李揆·李粲을 살해하는 등 殺傷을 심히 많이 하더니 內侍院 燭을 꺼내 들고 비추어 이르는 곳마다 죽이다가 御所에 이르렀지만 좌승선 權節平이 賊徒가 이어지지 않음을 알고 몰래 나가 街衢에 도달해 兵을 소집해 궁문 外에 이르러 함성을 지르자 賊이 도망해 西門으로 나갔는데, 중랑장 고안우가 변란을 듣고 말을 달려 市樓橋邊에 이르러 수상한 승려 1명을 잡아 국문한 결과 조원정이 문극겸을 원망해 제거하고자 석린, 석충, 석부, 주적 등과 모의해 그 家臣인 고영문, 임춘간, 준백 등을 보내

---

13 『고려사』 권20, 명종 10년 6월조

14 『고려사절요』 권12, 명종 8년 8월; 『고려사』 권128, 정중부전. 이 기사는 당시 음양풍수설의 유행을 말해준다.

변란을 일으킨 것임을 알게 되었다.[15]

명종 26년 4월에는 왕이 보제사에 행차했을 때 이의민이 병을 칭탁해 미타산 別墅에 몰래 갔다가 최충헌과 최충수 형제 및 생질 박진재와 族人 노석숭 등의 습격을 받아 암살당했다. 최충헌 형제가 노석숭을 시켜 말을 달려 入京해 市에 이의민의 목을 걸도록 하니 왕이 급히 宮(수창궁)으로 돌아왔다. 최충헌 형제가 말을 달려 十字街에 이르러 將士를 소집하더니 궁문(수창궁 문)에 나아가 왕에게 이의민이 大寶를 넘보았기에 죽였다고 아뢴 후 市街에 앉아 壯士를 召募하고 성문을 닫아 支黨을 체포했으며, 仁恩館에 모여 일을 의논하더니 인은관과 市幕에서 반대 혐의자들을 숙청했다. 수창궁에 있다가 변란을 들은 吉仁은 장군 유광·박공습 등과 함께 武庫 兵仗을 꺼내 禁軍과 환관과 노예, 1천여 명에게 주어 그 무리를 이끌고 궁문을 나와 沙嶺을 넘어 市街를 향해 최충헌 무리와 전투했다가 패배해 길인과 유광과 박송습이 수창궁으로 달려 들어와 문을 닫고 지켰지만 최충헌 무리가 수창궁을 포위해 火攻하려 하자 길인이 담장을 넘어 도망하니 왕이 문을 열게 해 최충헌과 최충수를 불러들임에 왕의 좌우가 모두 散走하고 오직 小君 및 宮姬 數人이 옆에서 모시며 울 뿐이었다. 최충헌 등이 병력을 인솔해 인은관으로 돌아와 참지정사 이인성 등 36인을 인은관에 가두었다가 죽였다.[16]

---

15 『고려사절요』 권12, 명종 9년 9월 및 『고려사』 권100, 경대승전; 『고려사절요』 권13, 명종 17년 7월 및 『고려사』 권128, 조원정전. 臺省 刑部가 市街에 모여 고영문과 임춘간 등을 먼저 베고, 또 조원정 등 10여 명을 保定門 外에서 베었다.

16 『고려사절요』 권13, 명종 26년 4월 및 『고려사』 권129, 최충헌전. 수창궁은 몽골 침략으로 황폐화한다. 공민왕이 19년 8월에 수창궁에 행차해 舊基를 相하여 조영을 명령했고, 우왕 7년 3월에 수창궁을 다시 조영하니, 우왕 10년 윤10월에 수창궁이 5년 걸려 완성되었는데, 최영이 이성림·이자송·염흥방 등과 더불어 조성도감 판사가 되어 조영한 것이었다. 『고려사』 권42, 공민왕 19년 ; 『고려사』 권134·135, 신우전 ; 『고려사』 권113, 최영전

이를 통해 수창궁에 和義門, 直廬, 침전, 御所(내전 내지 침전), 內侍院, 西門, 武庫, 知奏事房, 중방이 있었고 禁軍과 환관과 노예가 머물고 있었고 추밀과 內侍 등이 직숙하고 있었음을 알 수 있다. 내시원도 왕의 거처에 가까운 곳에 위치했음을 알 수 있으며, 和義門은 수창궁의 西門으로 판단된다.

최충헌과 최충수 형제는 이의민을 암살하고 집권하자 폐하(명종)가 革舊圖新해 太祖 正法을 한결같이 준수해 中興을 光啓하기를 원한다며 명종 26년 5월에 封事 10조를 올렸다. 그 맨 앞에 아뢰기를, "옛적에 祖聖(태조)이 三韓을 통일해 松嶽郡에 神京을 卜해 明堂位에 宮闕을 지어 子孫 君王이 萬世토록 御하는 곳으로 삼았습니다. 근래 宮室이 화재를 당하자 곧 새롭게 수리함에 한결같이 壯麗하지만, 拘忌의 說을 믿어 오랫동안 臨御하지 않아 왔는데, 어찌 陰陽에 負함이 있음을 알겠습니까? 폐하께서 吉日을 택해 入御해 天을 받들어 永命할 뿐입니다." 라고 했다.[17] 불탄 대궐을 이미 중수했지만 명종이 음양 拘忌를 믿어 대궐을 기피해 수창궁에 머물러 온 것을 최충헌과 최충수가 비판해 대궐로 入御하기를 촉구한 것이었는데 명종은 새로운 권력자의 요구를 거절할 수 없었다.

이에 명종은 26년 8월에 수창궁으로부터 연경궁(본궐의 오류)에 이어했다. 신묘년 궁궐(대궐)의 화재 이래 金使 영접을 위해 강안전과 대관전을 먼저 창건해서 金使가 이르면 왕이 강안전에 入御하고 대관전에서 그들을 引見했지만 그것의 新創을 꺼려 留御한 적이 없어 의례가 끝나면 바로 수창궁으로 還御해 오다가 이에 이르러 연경궁(본궐의 오류)에 御한 것이었다. 최충수가 병조(병부)의 남쪽에 병력을 진열했는데, 車駕가 장차 廣化門으로 들어오려 하자 구경꾼들이 많이 옆으로부터 나옴에 최충수가 사람을 보내 꾸짖어 중지시키니 구경꾼들이 辟

17 『고려사』 권129, 최충헌전; 『고려사절요』 권13, 명종 26년 5월

易해 어지러이 태자 儀仗을 접촉하니 사람들이 訛言하기를, 변란이 輦下에서 생겼다고 하자 扈駕 백관이 모두 낭패해 사방으로 흩어지고 夾道 士女들이 서로 짓밟았지만 오직 시중 두경승은 태연자약하게 고삐를 잡았다. 당시 인심이 흉흉해 危疑하기가 이와 같았다.[18] 이러한 불미스러운 사건이 벌어졌지만 임금의 거처는 명종 말년에 수창궁에서 다시 대궐로 이동했던 것이다.

임금은 거처를 대궐로 옮긴 뒤에도 수창궁에 때로 이어했다. 희종 7년 12월에 최충헌이 銓注로 인해 수창궁에 나아가 왕(희종) 앞에 있었는데 왕이 入內하자 僧俗 10餘人이 돌진해 최충헌을 살해하려 하니 최충헌이 知奏事房의 紙障 사이에 숨었는데 김약진과 知奏(知奏事) 정숙첨(최우의 처부)이 중방에 있다가 변란을 듣고 入內해 최충헌을 부축해 나왔고 최충헌의 都房 六番도 宮城(수창궁 城) 바깥에 머물다가 다투어 들어와 구원했다.[19] 내전 혹은 편전에 지주사방이 딸리거나 밀착해 있었고 그 다음에 중방이 자리잡았음을 알 수 있다.

수창궁에 발생한 이상 현상을 통해 이 궁의 구조를 추론해 보기로 하자. 현종 6년 정월에 꿩이 含福門에 깃들었고, 7년 2월에 꿩이 수창궁 함복문에 모였으며, 현종 12년 2월 신해일에 꿩이 수창궁에 들어오더니 12년 2월 계해일에 仁壽門 外 2000戶가 불탔고 12년 3월 신사일에도 꿩이 수창궁에 모였으며, 인종 7년 10월 황혼에 鵄鳥(솔개, 부엉이) 수천 마리가 광화문 위에 飛翔하다가 밤에 수창궁에 이르러 한참동안 선회하다가 동남 방향으로 흩어졌고, 인종 12년 11월에는 野鶩

18 『고려사절요』 권13, 명종 26년 8월

19 『고려사절요』 권14, 희종 7년 12월 및 『고려사』 권129, 최충헌전. 최충헌은 희종을 원망해 폐위시켜 江華(→자연도→교동)로 추방하고, 태자를 仁州로, 덕양후를 교동으로, 시녕후를 백령으로 추방한 반면 崔怡 및 평장사 任濡를 보내 한남공 貞(강종)을 私第에서 모셔다가 강안전에서 즉위시켰다. 강종은 최충헌의 興寧府를 晉康府로 고쳤다.

100여 마리가 날아서 수창궁에 모였다.[20] 명종 17년 정월에는 추밀원이 불타 수창궁 廊 20여 楹을 延燒 시켰다. 명종 26년 4월에는 수창궁 中書省門이 스스로 무너졌다.[21] 인종 15년 2월에는 여우가 수창궁 안에서 울었고, 고종 7년 4월에는 호랑이가 수창궁 침전에 들어왔다. 고종 8년 3월에는 청색 지렁이가 수창궁 外로부터 和義門 남쪽 板橋에 이르기까지 길을 가득 채워 행진하니 사람들이 모두 피했고, 고종 14년 3월에 수창궁 西門 外 大路로부터 板橋까지 지렁이가 출현해 셀 수 없이 실처럼 이어졌다.[22] 인종 8년 10월에는 白虹이 乾方과 坤方에 相衝하자 太史(日官)가 白虹이 百殃의 근본으로 衆亂의 기본이니 修省해 天意에 응답하기를 요청했기 때문에 重華殿에 度厄道場을 17일 동안 개설했다.[23] 인종이 10년 11월 갑자일에 수창궁에 이어하고 기묘일에 冬至甲子 中興惟新 制書를 반포하고 경진일에 明仁殿에 이어해 산사태와 홍수 및 잦은 變異를 이유로 사면령을 반포했다.[24] 숙종 5년 8월 기미일에 宮南 樓橋의 東廊 및 四店館 掌牲署 司儀署가 불타 民戶 數百을 延燒시켰다.[25]

꿩이 함복문 등 수창궁에 종종 출현했고 다른 새들도 수창궁에 종종 출현했다. 꿩, 鴟鳥, 野鶩 등의 새가 집에 들어오는 것은 화재의 징조였고 그래서 그런지 인수문 밖 2000호가 불탔다. 함복문과 인수문은 수창궁의 문으로 보이는데 인수문은 東門이었을 것이다. 인수문 밖은 2000호가 불탈 정도로 집들이 밀집된 곳이었으니 수창궁과 十字街 사

---

20 『고려사』 권53, 오행지 火

21 『고려사』 권,53, 오행지 火, 명종 17년 정월; 『고려사』 권, 오행지 木, 『고려사』 권54, 명종 26년 4월

22 『고려사』 권54, 오행지 金, 인종 15년 2월 및 고종 7년 4월; 『고려사』 권55, 오행지 土, 고종 8년 3월 및 고종 14년 3월

23 『고려사』 권54, 오행지 金, 인종 8년 10월

24 『고려사』 권16, 인종 10년 11월

25 『고려사』 권11, 숙종 5년 8월

이의 도심이어서 그러했다. 수창궁에는 추밀원과 중서성이 건립되어 있었다. 여우와 호랑이가 수창궁에 들어왔는데, 특히 호랑이가 수창궁 침전에 출현한 것은 놀라운 일이다. 지렁이가 수창궁 주변에 자주 출현한 것은 수창궁이 남쪽으로 烏川(黑川)을 끼고 있었기 때문이었다. 수창궁의 西門인 和義門의 바깥이 大路였음을, 수창궁 西門(和義門)의 남쪽에 板橋가 냇물(오천)에 걸려 있었음을 알 수 있다. 宮南 樓橋의 宮은 수창궁으로 보이니, 수창궁 남쪽의 烏川(黑川)에 廊을 지닌 樓橋가 있었고 그 근처에 四店館 掌牲署 司儀署가 자리잡았음을 알 수 있고, 이것들의 화재로 民戶 수백이 延燒될 정도로 수창궁 남쪽, 오천 주변은 번화한 지역이었음을 알 수 있다.

수창궁과 그 주변에 나타났던 여러 이상현상(고려인의 시각)과 재해를 통해 수창궁의 구조와 그 주변의 상황을 어느 정도 파악할 수 있다. 東門은 仁壽門, 西門은 和義門이었고, 含福門은 남문 혹은 북문이었다.[26] 또한 수창궁에는 중서성과 추밀원도 조영되어 있었다. 수창궁 남쪽의 오천에는 板橋와 樓橋가 설치되어 있었다. 『서경』 홍범의 九疇는 첫째 '五行'부터 아홉째 '嚮用五福 威用六極'으로 이루어졌는데, 수창궁 함복문은 '향용오복'에서 유래했다. '五福'은 壽, 富, 康寧, 攸好德, 考終命으로 이루어졌는데, 壽昌宮은 '오복'의 첫째인 '壽' 즉 장수를 추구한 곳이었다.

수창궁의 존재 모습을 江都 이전에 한정하여 『고려사』와 『고려사절

---

26 명종 4년에 宮中에서 이준의가 동생 이의방의 3大惡이 君을 추방하고 그 第宅과 姬妾을 취한 일, 태후의 女弟를 위협해 강간한 일, 國政을 專擅한 일이라며 이의방을 꾸짖음에 이의방이 살해하려 하자 이준의가 도망해 西門으로 나간 적이 있는데(『고려사』 권128, 이의방전), 여기의 宮은 수창궁, 서문은 그 서문 즉 和義門으로 여겨진다. 명종 9년 6월 병신일에 大雨로 인해 市邊樓橋와 行讓門橋가 漂流했는데(『고려사』 권53, 오행지 水), 『맹자』 4端의 "辭讓之心 禮之端"에서 유래한 이 행양문은 수창궁의 남문일 가능성이 있다. 그렇다면 함복문은 수창궁의 북문일 것이다.

요』에서 구체적으로 살펴보기로 하자. 수창궁은 추정을 포함해 192회 정도 나타나는데 추정 20회 정도를 제외하면 172회 정도이다. 과거 관련 기사는 3회(추정 1회 포함)인데, 수창궁 관인전에서의 覆試가 2회(현종 4년과 12년)[27]이고, 인종 10년 윤4월에 최광원 등에게 급제를 하사한[28] 곳도 수창궁으로 생각된다.

수창궁에서의 격구는 8회(의종 원년~6년) 나타나며, 의종 원년 5월에 대간의 간쟁 때문에 어사대가 수창궁 북문을 잠근 일과 의종 원년 12월에 산원 사직재와 교위 정중부 등이 수창궁 북문을 드나들자 어사대가 처벌을 요청한 일도 격구를 포함한 유희 때문이라 생각된다. 격구의 달인인 의종이 원년 5월·11월과 2년 11월에 北園에서 격구를 친히 했고, 3년 2월에 後庭에서 격구를 관람했고 4년 9월에 毬場을 北園에 건축했고 5년 8월에 後庭에 騎士를 끌어들여 격구했고 또 北園에서 기사에게 격구하도록 했지만, 6년 4월에 馬를 축출하고 일관에게 북문 폐쇄를 명령했다. 수창궁 안의 북쪽 구역은 내전 지역인데 北園, 後庭, 毬場이 조성되어 유희와 격구의 공간으로 이용되었고 북문을 통해 이곳을 드나들었다.

수창궁이 외교공간으로 이용된 것은 9회 나타나는데, 인종 때 8회(인종 5년 정월~10년 정월), 의종 때 1회(추정) 나타난다. 인종은 6년 6월에 남송 국신사 양응성 등이 벽란정을 통해 들어오자 수창궁에서 송 조서를 영접했고, 6년 8월에 重華殿(수창궁 소속)에 이어해 송사를 引見하여 보냈고, 8년 4월에 중화전에서 송 조서를 영접했다. 또한 인종은 5년 정월에 금의 고려국왕 생신축하 사절을 중화전에서 전별했고, 6년 2월에 수창궁에서 금사를 引見해 조서를 받았고, 6년 12월에 중화전에서 금 조서를 영접했고, 9년 정월에 중화전에서 금사를

27 『고려사』 권4, 현종 4년 9월 및 12년 8월
28 『고려사』 권16, 인종 10년 윤4월

연회했고, 10년 정월에 仁明殿(明仁殿: 수창궁 소속)에서 금의 고려 국왕 생신축하 사절을 연회했다.[29] 그리고 의종 13년 11월 정유일에 금이 사신을 보내 생신을 축하하고 기해일에 수창궁에서 연회를 했는데[30] 이 연회는 金使를 위한 것으로 추정된다. 수창궁에서의 詔書 접수와 연회는 대개 중화전에서 이루어졌고 인명전(명인전)에서 이루어진 경우도 있었다.

수창궁 연회는 5회 나타나는데, 현종이 2년 8월에 寬仁殿門에 이어해 耆老와 孤獨과 篤疾을 饗宴한 일, 현종 11년 9월에 신하들을 관인전(수창궁 소속)에서 연회한 일, 선종이 5년 11월에 원자 이름지은 기념으로 수창궁에서 조선공과 계림공 등이 侍宴한 가운데 태후를 모시고 연회를 개최한 일,[31] 의종 6년 4월에 수창궁 北園의 萬壽亭에서 새벽까지 연회하다가 假山이 무너지고 牝鷄가 운 일,[32] 명종이 4년 9월에 重九(重陽節)를 맞이해 화평궁(수창궁 화평전)에서 추밀과 중방을 연회한 일[33]이 그것이다. 한편 강종이 2년 8월에 수창궁 화평전에서 사망한 일[34]도 있었다. 이를 통해 수창궁에 寬仁殿, 화평전, 北園, 萬壽亭(北園 만수정)이 존재했음을 알 수 있다.[35]

---

29 『고려사』 인종세가. 인종 6년 6월~8월의 송사 관련 사항은 『송사』 고려전에도 자세히 언급되었는데, 송사 양응성이 인종을 수창문에서 알현해 작별했다고 되어 있다.

30 『고려사』 권18, 의종 13년 11월

31 『고려사』 현종세가 및 선종세가

32 『고려사』 권17 및 『고려사절요』 권11, 의종 6년 4월; 『고려사』 권99, 신숙전. 내시 윤언문이 괴석을 모아 수창궁 北園에 假山을 축조해 그 옆에 小亭인 萬壽亭을 지었는데 黃綾으로 벽을 치장해 지극히 사치스러웠다. 假山이 무너지고 牝雞가 울자 윤언문, 한취, 이대유, 榮儀 등이 탄핵을 받아 좇겨났다.

33 『고려사』 권19, 명종 4년 9월

34 『고려사』 권21, 강종 2년 8월

35 정중부의 아들인 鄭筠이 몰래 승려 宗昆을 꼬드겨 이의방 형제를 살해하려 함에 宗昆이 정균을 謀主로 추대해 왕에게 親近하게 해 後庭에 거리낌 없이 출입해 드디어 승선에 임명되었다고 하는데(『고려사』 권128, 정중부전), 이 後

수창궁의 종교행사를 보면 불교행사가 60회(추정 12회 포함) 나타난다.[36] 불정도량이 추정 3회(내전)를 포함해 10회(인종 8년 중화전 1회, 인종 17년~명종 10년 명인전 6회)였다. 인왕도량·백좌도량이 추정 2회(내전)를 포함해 8회로 의종 때 명인전 1회(天災 기양), 명종 때 7회(명인전 5회와 내전 2회)였는데 명종 9년 7월과 16년 9월의 명인전 인왕도량(인왕경강독)은 星變을 기양하기 위한 것이었다.[37] 보살계 도량은 12회인데 인종 때 7회(인종 6년 6월~10년 6월 重華殿 5회와 인종 15년 6월~22년 6월 명인전 4회), 의종 원년 6월의 명인전 1회, 명종 9년 6월과 18년 6월의 명인전 2회였다. 소재도량은 명종 때 추정 2회(내전)를 포함해 8회(6회가 명인전)였는데 인종 때 3회(명인전)와 명종 때 5회(명인전 3회와 내전 2회)였다. 제석도량은 추정 1회(명종 때 내전)를 포함해 7회였는데, 인종 때 2회(8년 정월 중화전 1회와 14년 2월 명인전 1회), 명종 때 5회(3년 정월 명인전과 6년 2월 명인전과 7년 2월 내전과 8년 정월 명인전과 11년 2월 명인전)였다. 장경도량(장경회)은 명종 때 명인전에서 열린 사례가 5회 확인되는데 명종 8년 9월, 9년 9월, 13년 2월, 15년 3월, 15년 9월로 봄과 가을에 열렸다. 반야도량은 2회(인종 4년과 9년: 중화전) 확인된다. 그 외에 인종 8년 7월에 중화전에 佛骨을 供했고, 인종 8년 10월에 白虹 출현으로 인해 중화전에서 度厄도량을 17일간 열었고, 인종

庭은 수창궁의 後庭 즉 北園으로 여겨진다.

36 『고려사』 세가; 『고려사』 권54, 오행지 금, 인종 8년 10월; 『고려사』 권20, 명종 9년 7월 및 『고려사』 권48, 천문지 星變, 명종 9년 7월; 『고려사절요』 권12, 명종 9년 9월 및 『고려사』 경대승전; 『고려사』 권53, 오행지 火, 명종 10년 3월; 『고려사』 권48, 천문지 星變, 명종 16년 9월

37 명종 9년 7월의 경우 『고려사』 세가에는 災變을 기양하기 위해 인왕도량을 연 것으로 되어 있는데 『고려사』 천문지에는 月이 태백성을 범했기 때문에 인왕도량을 열어 災變을 기양했다고 되어 있으니 이 때 재변이 星變임을 알 수 있다.

12년 8월에 산승 계응을 초빙해 화엄경을 강독했는데 수창궁에서 열린 것으로 판단되며, 명종 3년 윤정월에 내전에서 尊勝법회를 열었고, 명종 20년 12월 초하루에 내전에서 勝法文도량을 열었고, 명종 23년 11월에 공예태후 기일을 맞이해 내전에 設齋했고 이 기일재에서 신하들의 供饌이 생겨났는데, 이들 내전은 수창궁의 내전으로 여겨진다. 의종 6년 3월에 왕이 명인전에서 佛事를 개최해 行香하기도 했고, 명종 18년 정월에 도량을 명인전에 개최해 천변을 기양하기도 했다.

수창궁 도교 초례는 5회(추정 2회 포함) 나타나는데,[38] 의종이 6년 6월 계미일에 묘통사에 행차해 마리지천도량을 개설하고 이날 수창궁에 돌아와 명인전에서 72星을 초례하고 또 天皇大帝太一 및 16神을 초례해 疾疫을 기양한 일, 명종 3년 7월에 명인전에서 본명에 초례한 일, 명종 5년 4월에 명인전에서 초례한 일이 그것이며, 명종 9년 3월과 11년 4월에 내전에서 親醮한 일도 수창궁에서의 일로 여겨진다.

관인전 행사는 4회 확인되는데, 현종이 2년 8월에 관인전문에 이어해 耆老와 孤獨과 篤疾에게 음식을 대접하고 물건을 하사했으며, 4년 9월에 관인전에서 覆試하고 급제를 하사했으며, 11년 9월에 관인전에서 신하들을 연회했으며, 12년 8월에 관인전에서 覆試하고 급제를 하사했다. 관인전에서 노약자·질병자와 신하들을 위한 연회, 覆試와 급제 하사가 행해졌는데 관인전은 수창궁의 정전으로 판단된다.

重華殿 행사는 인종대(인종 4년 11월~10년 6월)에 16회 확인되는데, 인종 4년 11월 반야도량과 6년 6월의 보살계도량과 7년 6월의 보살계도량과 8년 정월의 제석도량과 8년 5월의 불정도량(7일간)과 8년 6월의 보살계도량과 8년 7월의 佛骨 예배와 8년 10월의 度厄道場(17일간)과 9년 6월의 보살계도량과 9년 12월의 반야도량과 10년 6월의 보살계도량이 보인다. 인종 5년 정월에 왕의 金使(고려 임금의

38 『고려사』 의종세가 및 명종세가

생신을 축하하는 사절) 전별과 6년 8월에 왕의 宋使 전별과 6년 12월에 왕의 금 詔書 영접과 8년 4월에 왕의 송 詔書 영접과 9년 정월에 왕의 금사 연회가 보인다. 중화전은 보살계도량·제석도량·불정도량·불골예배·度厄道場·반야도량 등 각종 도량의 장소로 쓰였고, 金使 연회와 金使 전별, 宋使 전별, 金 詔書와 宋 詔書의 영접 등 외교 행사의 장소로 쓰였다. 중화전은 수창궁의 정전인데 관인전의 개칭으로 여겨진다.

明仁殿은 42회(인종 10년 이후) 확인된다. 인종 10년 정월에 仁明殿(明仁殿의 오기)에서 금사를 연회했고, 산사태와 홍수와 잦은 變異 발생으로 인해 인종 10년 11월에 명인전에 이어해 사면령을 반포했고, 인종 12년 8월에 명인전에 이어해 서경 열명편 강독을 명령했다. 의종 5년 4월에 왕이 명인전에서 視朝하면서 을축년 이래 新及第를 引見해 閤門에 宴會를 하사하고 釋褐하도록 했으며, 諫臣에게 말하기를, 지금부터 매일 視朝하려 하니 廷諍을 그치라 하자 諫臣 중에 廷諍하는 자가 없었다.[39]

명인전에서 인종 14년 2월에 천제석도량을, 15년 6월에 보살계도량을, 16년 2월과 16년 12월에 각각 소재도량을, 17년 6월에 보살계 받기를, 17년 10월에 불정도량을, 17년 12월에 소재도량을, 18년 10월에 불정도량을, 19년 6월과 22년 6월에 각각 보살계 받기를, 23년 3월에 불정도량을 행했다. 의종 원년 6월에 보살계 받기를, 4년 10월에 인왕경도량(天災 기양)을, 6년 3월에 佛事(의종 行香)를 행했다. 명종 2년 12월에 불정도량을, 3년 정월에 제석도량을, 5년 8월에 인왕도량을, 6년 2월에 천제석도량을, 7년 10월에 불정도량을, 8년 정월에 제석도량을, 8년 9월에 장경도량을, 8년 12월에 인왕도량(친설)을, 9년 6월에 보살계 받기를, 9년 7월에 인왕도량(재변 기양)을, 9년 11월과 10년 8월에 각각 소재도량을, 10년 10월에 불정도량을, 11년 2

39 『고려사절요』 권11 및 『고려사』 권17, 의종 5년 4월

월에 제석도량을, 11년 5월에 인왕도량을, 11년 10월에 소재도량을, 13년 2월과 15년 3월과 15년 9월에 각각 장경도량을, 18년 정월에 도량(천변 기양)을, 18년 6월에 보살계 받기를 행했다. 수창궁 명인전에서 의종 6년 6월에 왕이 72星에 초례하고 또 天皇大帝太一 및 16神에게 초례해 疾疫을 祈禳했으며, 명종 3년 7월에 本命 초례가, 5년 4월에 초례가 행해졌다.

寬仁殿과 重華殿과 明仁殿은 수창궁의 정전으로 여겨지니, 관인전에서 중화전으로, 중화전에서 명인전으로 개칭되었다고 여겨진다. 명인전은 인종 중·후반에 금사 연회, 사면령 반포, 고전 경연의 장소로 이용되었다. 또한 명인전은 의종 때 視朝의 장소로 이용되었는데 대궐이 불타고 기피된 시절의 인종과 명종 때도 그러했을 것이다. 명인전은 인종 후반에 천제석도량·보살계도량·소재도량·불정도량의 장소로, 의종 때 보살계도량·인왕도량·佛事의 장소로, 명종 때 불정도량·제석도량·인왕도량·장경도량·보살계도량·소재도량·도량의 장소로 이용되었다. 또한 의종과 명종 때 초례의 장소로 이용되었다. 수창궁에 和平殿이 있었다. 명종 4년 9월에 화평궁(수창궁 화평전)에서 추밀과 중방을 연회했고, 강종이 2년 8월에 수창궁 화평전에서 세상을 떴다. 이로 보아 화평전은 편전 혹은 내전으로 여겨진다. 원각국사 비문에 따르면, 명종이 壽昌宮 和平殿에서 金經會를 개설해 덕소에게 主講하기를 요청하고 上이 行幸했다.[40] 이를 고려하면 수창궁과 화평전의 행사는 더 늘어난다. 그 외에 인종과 명종 때 정무가 행해진 편전과 불교와 도교 행사 등이 행해진 내전 중에는 수창궁에 해당하는 사례가 꽤 있었다고 생각된다.[41] 수창궁은 대궐이 불타거나 기피되던 시절인 현종, 인종, 의종,

40 천태종 옥천 寧國寺 원각국사 비문

41 경대승이 사망하자 명종이 경주에 있는 이의민에게 공부상서를 제수하고 中使를 파견해 敦諭하니 이의민이 올라오자 便殿에 引見했는데(『고려사』 권128, 이의민전), 이 편전은 수창궁의 편전으로 여겨진다. 상장군 석린이 부탁을 거

명종 때 임금이 거처하거나 이어한 주요 별궁(이궁)이었다.

2. 연경궁

江都 이전에 『고려사』와 『고려사절요』에서 연경궁(인덕궁)은 추정 1회(인종 9년 8월 편전)를 포함해 59회(본궐의 오류로 판단되는 명종 26년 8월의 연경궁 제외) 나타나며, 경희궁 7회(이어)를 포함하면 66회 나타난다. 현종 때 3회(연경원, 연경궁)는 후비 宮院으로서의 시설인 때였고, 인종 4년 이후 63회는 왕궁으로서의 시설인 때였다. 景禧宮은 명종 5년 9월부터 명종 11년 11월까지 7회 나타나는데 연경궁(인덕궁)의 이칭으로 여겨진다. 延慶宮은 인종 5년 8월에 仁德宮으로 개칭되고 그 중심 건물도 天福殿에서 天成殿으로 개칭되었으며,[42] 그 후 연경궁으로 환원되었다가 景禧宮으로 개칭된 것으로 보이며, 그 후 다시 연경궁으로 환원된 것으로 보인다. 인덕궁은 인종 6년 정월에 불타지만 인종이 6년 11월에 이어하면서 계속 이용되는 것[43]으로 보아 곧 복구되었다. 명종 19년 11월에는 호랑이가 연경궁 안에 들어온 적

절한 서해도안찰사 강용유를 참소해 면직시키기를 요청했지만 명종이 거절하자 석린이 혁대를 던지며 나갔다가 왕이 병부상서 양익경에게 만류하도록 하니 석린이 내전에 들어오자 왕이 위로해 함께 술을 마셨는데(『고려사』 권128, 조원정전 첨부 석린), 이 內殿도 수창궁의 내전으로 여겨진다.

42 『고려사』 권15, 인종 5년 8월. 天福殿의 개칭인 天成殿은 고려초에 보이는 天成殿과 다른 건물로 보아야 한다. 고려초의 천성전은 혜종이 嗣位하자 화엄경 三本을 書寫하여 天成殿에 나아가 法筵을 개최해 탄문에게 講覽과 慶讚을 하도록 한 것(『보원사 법인국사 비문), 목종 9년 6월에 天成殿 鴟吻에 벼락이 떨어지자 왕이 憂懼해 責己하고 肆赦하고 孝順義節에 恩賞을 더하고 國內 神祇에게 勳號를 더하고 조세를 감면한 것(『고려사절요』 권2)에 보인다.

43 『고려사』 권15, 인종 6년 정월·11월

도 있었다.[44]

연경궁은 이자겸의 정변 때 정치적으로 중요한 공간으로 떠오른다. 인종 4년에 대궐이 불탄 후 이자겸이 인종을 위협해 南宮인 연덕궁과 그의 私第 重興宅에 차례로 이어하게 했는데, 인종이 5월 초하루에 연경궁에 이어하자 이자겸이 연경궁 남쪽에 寓居해 북쪽 담장(이자겸 寓居의 북쪽 담장)을 뚫어 연경궁 內와 통하였고, 인종이 홀로 연경궁 北園에서 통곡했다. 이자겸이 병력을 보내 御寢(연경궁 침전)을 장차 범하려 하자 왕이 비밀리에 척준경을 회유해 이자겸을 잡도록 했다. 왕의 편으로 돌아선 척준경이 연경궁으로 향하자 인종이 天福殿門에 나가 맞이하니 척준경이 왕을 모시고 연경궁을 나왔고 왕이 군기감에 들어갔다. 척준경이 이공수와 의논해 이자겸과 그 妻子를 팔관보에 가두니 인종이 연경궁에 還御했다.[45] 연경궁은 인종이 이자겸에게 다시 반격을 가해 승리를 거둘 수 있도록 만든 공간이었으니, 인종이 이자겸 사제에서 연경궁으로 이어한 것은 인종의 책략이었다고 생각된다.

연경궁(인덕궁)은 대궐이 불탔기 때문에 이자겸의 실각 후에도 중요한 왕궁으로 이용되었다. 인종 9년 8월 정묘일에 인덕궁에 이어하고 임신일에 편전에서 양부재신에게 軍國事를 물었는데[46] 인덕궁의 편전으로 여겨진다. 인종 13년 정월에 서경이 반역하자 왕이 김부식에게 토벌을 명령하고는 천복전 즉 인덕궁 천성전에 이어해 김부식에게 계단을 올라오도록 해 친히 斧鉞을 주어 보냈으며, 13년 8월에 왕이 천성전에 이어해 양부대신과 侍從官을 불러 앉게 하고 鄭沆에게 唐鑑을 강독하게 했다.[47] 인덕궁은 중대사 의논, 출정의례 거행, 경연의 장소로

44 『고려사』 권54, 오행지 金, 명종 19년 11월

45 『고려사』 권15 및 『고려사절요』 권9, 인종 4년 2월~5월; 『고려사』 권127, 이자겸전

46 『고려사』 권16, 인종 9년 8월

47 『고려사』 권64, 예지 군례 師還儀, 인종 13년 정월; 『고려사』 권98, 김부식

이용되었던 것이다.

현종은 14년 5월에 천복전에서 문무 叅內를 연회하고 말 1필씩을 하사했는데,[48] 이 때 연경궁은 후비궁이었다. 인종은 4년 10월에 자신의 생일인 慶龍節(安貞節의 개칭)을 맞이해 천복전에서 신하들을 연회했고, 10년 윤4월에 서경으로부터 이르러 사면하려 인덕궁에 入御했고 다음날 수창궁에 이어했다. 인종은 5년 2월에 연경궁에 이어해 刪定都監判官 金璿의 딸을 들여 次妃로 삼았다. 그는 11년 2월에 인덕궁에 臨軒해 원자를 왕태자에 책봉했고, 11년 3월에 왕태자 책봉 기념으로 인덕궁에 이어해 사면했고, 12년 2월 을유일에 인덕궁에 이어해 2일 후인 정해일에 태자책봉 연회를 延康殿에서 개최했는데 태자책봉 연회가 多事로 인해 늦어진 것이었다.[49] 연경궁은 사면, 국왕과 后妃의 결혼, 책봉(태자), 연회(생일과 책봉 기념) 등의 장소로 이용되었다. 연강전이 인덕궁(연경궁)의 편전 혹은 내전이었음이 드러난다.

연경궁의 외교 기사는 4회인데, 인종이 4년 7월에 천복전에서 송 조서를 영접한 일, 인종이 5년 9월에 천성전에서 금 조서를 영접한 일, 명종이 21년 2월에 금 태후의 喪 때문에 연경궁에 행차해 金使를 맞이하려 했지만 金使가 이르지 않은 일, 희종이 즉위년 6월에 금 祭奠使를 인도하여 연경궁에서 詔書를 접수한 일[50]이 그것이다.

연경궁(인덕궁) 불교행사는 13회 보이는데, 소재도량 3회(천복전 2회와 연경궁 1회), 불정도량 3회(천복전 1회와 천성전 2회), 백좌도량 2회(천성전 1회와 천부전 1회), 연등대회 2회(연경궁과 천부전), 금강경도량 1회(천성전), 사리 봉안 1회(인덕궁), 장경도량 1회(인종

전; 『고려사』 권16, 인종 13년 정월·8월

48 『고려사』 권5, 현종 14년 5월

49 『고려사』 인종세가 해당연월. 연강전의 태자책봉 연회 후인 병신일에 수창궁에 이어했다.

50 『고려사』 세가 해당연월

10년 4월 천성전)였다.

명종 원년 10월 임자일에 대궐이 불타자 계축일에 수창궁에 이어해[51] 이후 명종은 이곳에 거처하며 정무를 보았는데, 그는 5년 정월 정유일에 연경궁에 이어하고 燃燈이라 봉은사에 갔고, 2월 계축일 초하루에 수창궁에 이어했다.[52] 명종 14년 4월 연등회가 열려 봉은사에 간 다음날에 연등대회가 열리자 왕이 연경궁에 이어해 觀樂했는데 國恤로 인해 上元을 임시로 정지했다가 이에 이르러 행한 것이었지만 插花와 諸技는 금지했으며, 명종 15년 정월에 연등회가 열려 봉은사에 갔다온 다음날에 연등대회가 열리자 왕이 天敷殿에서 觀樂했는데 國恤로 인해 插花를 하지는 않았다.[53] 천부전은 연경궁 내지 경희궁의 건물로 보이는데 天成殿의 개칭일 가능성이 있다. 연등회가 불탄 대궐의 강안전 대신에 연경궁에서 열렸던 것이다.

경희궁과 연경궁의 성격에 대해 좀더 알아보자. 명종 5년 9월 신묘일에 경희궁에 이어하고, 계묘일에 신안백 瑊의 딸을 태자비로 삼았고, 10월 갑오일에 수창궁에 이어했다. 5년 11월 무오일에 경희궁에 이어(팔관회를 위해)했다가 병인일에 수창궁에 이어했다. 6년 2월 경인일에 경희궁에 이어하고 연등이라 왕이 봉은사에 갔다. 7년 정월 병진일에 경희궁에 이어하고 연등이라 왕이 봉은사에 갔으며, 다음날인 정사일에 曲宴하고는 시를 지어 群臣에게 보였으며, 무오일에 금이 사절을 보내와 생신을 축하하자 을축일에 금사를 연회했고, 기사일에 수창궁에 이어했다. 명종 10년 11월 임자일에 강안전 重新이 완성되어 門額의 명칭을 정했고, 을묘일에 묘통사에 행차했고, 경신일에 경희궁에 이어했고, 임술일에 팔관회를 개설하고 법왕사에 행차했으며, 무진일에

51 『고려사』 권19, 명종 원년 10월
52 『고려사』 권19, 명종 5년
53 『고려사』 권20, 명종 14년 4월 및 명종 15년 정월

수창궁에 이어했다. 11년 정월 무신일 초하루에 朝賀를 放했고, 신해일에 사경원이 불탔고, 경신일에 경희궁에 이어했고, 신유일에 연등이라 왕이 봉은사에 갔고, 다음날 대회(연등대회)라 帳殿(경희궁 소속으로 판단됨)에 御하여 看樂했으며, 계유일에 수창궁에 이어했다. 11년 11월 을해일에 외제석원에 행차했고, 갑신일에 경희궁에 이어했고, 다음날인 을유일에 팔관회를 개설하고 법왕사에 행차했고, 기축일에 수창궁에 이어했다.[54] 연경궁의 개칭으로 여겨지는 경희궁에서 태자비 책봉과 연등회 및 팔관회를 개최했다. 강안전은 重新이 완성된 후에도 기피되어 연경궁이 여전히 연등회 장소로 이용되었다.

명종 12년 정월 갑신일에 연경궁에 이어하고 다음날인 을유일에 연등이라 봉은사에 갔으며, 무자일에 금이 耶律仲方을 보내와 생신을 축하했고, 신묘일에 왕이 신중원에 행차했고, 갑오일에 金使를 대관전에서 연회했고, 기해일에 수창궁에 이어했다. 14년 4월 임신일에 연등이라 왕이 봉은사에 갔고, 翌日에 大會(연등대회)를 맞이해 연경궁에 御해 觀樂했는데 國恤로 인해 上元(상원연등)을 임시로 정지했다가 이에 이르러 행한 것이었지만 插花와 諸技만은 금지했다. 무인일에 묘통사에 행차했고, 경인일에 오랜 가뭄으로 인해 慮囚했고, 갑오일에 금祭奠使가, 병신일에 금 弔慰使가, 무술일에 금 起復使가 왔다. 계축일에 왕이 起復使를 引하여 대관전에서 詔書를 받았고, 정사일에 왕이 대관전에서 금사를 연회했는데 吉禮를 따르지 않자 금사가 노하여 참석하지 않았다. 17년 정월 신해일에 연경궁에 이어했고, 기미일에 금의 생신축하 사절이 오자 대관전에서 연회했다. 21년 2월 을미일에 금이 사절을 보내와 황태후 喪을 고하니, 정유일에 연경궁에 행차해 금사를 맞이하려 했지만 이르지 않자 밤에 群臣을 거느리고 都省(상서도성)에서 詔書를 영접해 애도하였으며, 기해일에 금사를 대관전에서 영

54 『고려사』 명종세가

접했다.[55] 연경궁은 경희궁에서 다시 원래대로 환원된 궁호로 생각되는데, 연등회 개최의 장소로 쓰였고, 金使 영접은 연경궁과 대궐의 대관전에서 행해졌다.

그런데 명종 26년 8월 경오일에 中和殿을 延康殿으로, 雲龍門을 天祐門이라 고쳤으며, 임신일에 왕이 수창궁으로부터 연경궁(대궐의 오류)에 이어했다. 궁궐이 신묘년에 화재를 당한 이래 金使 영접을 위해 康安殿과 大觀殿을 먼저 창건해 금사가 이르면 강안전에 入御하고 대관전에서 引見하고는 그 新創을 꺼려 留御한 적이 없어 의례가 끝나자마자 수창궁에 還御해 왔는데, 이에 이르러 최충수가 兵曹(兵部)의 남쪽에 병력을 배치한 가운데 車駕가 廣化門을 통해 연경궁(대궐의 오류)에 이어한 것이었다.[56] 이 연경궁은 대궐의 오류이니 기피되어 온 대궐이 불타기 이전의 위상을 회복한 것이었다. 운룡문은 대궐 창합문의 개칭인데[57] 다시 천우문으로 개칭된 것이었다. 연강전은 원래 인덕궁(연경궁)의 건물 명칭이었으니, 명종 초기에 인덕궁이 경희궁으로 개칭될 때 연강전이 中和殿으로 개칭되었다가 명종 26년 8월에 원래 명칭인 연강전을 회복한 것으로 보인다. 한편 명종은 27년 정월 병자일에 연경궁에 이어하기도 했다.[58]

희종 즉위년 6월 기해일에 금의 祭奠使와 慰問使와 起復使가 연달아 개경에 오니 仁恩館, 迎恩館, 宣恩館에 나누어 거처하게 했고, 을묘일에 왕이 皀衫을 입고 祭奠使를 引하여 연경궁에서 詔書를 맞이했고, 경신일에 금사를 연회했는데, 내시 1인이 명령을 받들어 舊例에 따라 右倉 乾餱 15石을 侍衛軍人에게 分給했지만 군인이 均分하지 않다고 여겨 抄 1인을 때려 죽이고 내시는 도망해 화를 면한 사건이 벌어졌

55 『고려사』 명종세가
56 『고려사』 권20 및 『고려사절요』 권13, 명종 26년 8월
57 『고려사』 권16, 인종 16년 5월
58 『고려사』 권20, 명종 27년 정월

다.[59] 이 연경궁은 대궐의 오류인지, 별궁인지 애매하지만 일단 별궁으로 판단한다.

희종 5년 11월에 임금이 연경궁에 移御했다. 左御史 崔傳와 右御史 尹世儒(윤관의 손자)가 扈駕에 해당해 새벽을 무릅쓰고 詣闕해 扈駕하였는데 날이 장차 저물려 하는데도 乘輿가 움직이지 않자 심히 배가 고파 길 옆의 집으로 들어가 음주하다가 보니 어가가 출발한 것을 깨닫지 못해 崔傳는 馳道를 범하고 윤세유는 만취해 남에게 말을 끌게 하면서 언어가 狂亂했다. 둘은 憲府의 탄핵을 받아 지방으로 폄출당했다. 후에 윤세유는 이 일을 회고하며 "駕後一樽 二人同醉"라고 했다.[60] 좌어사 최부와 우어사 윤세유는 새벽에 대궐에 나아가 연경궁에 이어하는 임금을 호종해 연경궁에 이르자 그 밖에서 御史로서 근무하느라 날이 저물 때까지 음식을 제대로 먹지 못해 길 옆의 집으로 들어가 술을 마셨다가 취하는 바람에 임금이 연경궁을 떠나 대궐로 돌아간 지도 몰랐던 것이다. 그러하니 이 연경궁은 본궐이 아니라 별궁의 하나로 판단된다.

연경궁 내지 경희궁은 대궐이 불타 기능을 상실하거나 기피된 시기에 대궐의 기능을 수창궁과 나누어 가졌다. 대개 수창궁은 임금의 거처와 정무 장소로, 연경궁 내지 경희궁은 연등회 및 팔관회와 백좌도량·

---

59 『고려사』 권21, 희종 즉위년 6월

60 "世儒 瓘之孫, 熙宗時 爲右御史, 一日, 王移御延慶宮, 世儒與左御史崔傅 當扈駕 二人凌晨詣闕 日將晡 乘輿未駕 飢甚 入路傍家飮酒 不覺駕出, 傅犯馳道 世儒泥醉, 使人控馬 言語狂亂, 憲府劾奏 左遷傅安東判官 世儒梁州副使, 其後 世儒答傅賀冬至狀云, 駕後一樽 二人同醉 嶺南三載 千日未醒"(『고려사』 권96, 윤관전 첨부 윤세유). "冬十一月, 還御延慶宮, 日將晡 乘輿未駕, 左御史崔傅 右御史尹世儒 飢甚 入路傍家飮酒 不覺駕出, 傅犯馳道 世儒泥醉 使人控馬 言語狂亂, 憲府劾奏 左遷傅 安東都護府判官, 世儒 梁州副使"(『고려사절요』 권14, 희종 5년 11월). 『고려사』 권21, 희종 즉위년 6월조에는 "乙未, 還御延慶宮"이라 되어 있다.

장경도량·소재도량·불정도량 등 각종 도량 개최와 金使 영접의 장소로 사용되었으며, 출정의례, 경연, 사면, 국왕과 后妃의 결혼, 태자와 태자비 책봉, 생일 연회와 책봉 연회 등의 장소로 쓰이기도 했다.

한편, 고종 32년 3월에 강도 견자산 북리 민가의 화재로 연경궁 법왕사 등이 連燒되었는데(『고려사』 권53, 오행지 火 ; 『고려사절요』 권16, 고종 32년), 이 연경궁은 본궐(대궐)의 오류로 여겨진다. 고종이 36년 4월에 본궐에 환어해 監役관료 및 役徒에게 연회를 베풀고 工匠에게 물품을 하사한 것(『고려사』 권23 및 『고려사절요』 권16)은 불탄 본궐의 중수가 대략 마무리되었기 때문일 것이다. 그러하니 강도의 본궐은 북산(송악산) 남쪽 기슭의 동쪽 일대(견자산 북쪽의 맞은편)에 위치했으리라 여겨진다.

3. 장원정

長源亭은 문종이 10년에 西江 餠嶽의 남쪽에 창건한[61] 별궁이었다. 인종 15년 3월에 장원정 延淨寺의 鍾이 스스로 운 일,[62] 의종이 8년 정월에 장원정에 出御해 慶豊殿에서 문신에게 시짓기를 명령하고 정월과 3월에 양화루에서 곡연한 일, 인종이 20년 10월과 22년 9월에 장원정의 서루에서 활쏘기를 사열하고 의종이 자주 장원정의 서루에서 격구 관람을 즐긴 일[63]에서 장원정에 延淨寺, 慶豊殿, 陽和樓, 西樓 등이 조영되었음을 알 수 있다. 장원정은 운치를 살리기 위해 이름에 '亭'이 붙었지만 다양한 시설을 갖춘 대규모 궁이었다.[64] 장원정에 배정된

61 『고려사』 권7, 문종 10년
62 『고려사』 권53, 오행지 水, 인종 15년 3월
63 『고려사』 인종세가 및 의종세가

간수군은 散職將相 4명이었다.[65]

장원정 기사는 江都 이전에 『고려사』와 『고려사절요』에 75회(문종 때 6회, 숙종 때 3회, 예종 때 12회, 인종 때 15회, 의종 때 39회) 나타나는데, 행사는 창건(문종 때)과 이변(인종 때) 기사를 제외하면 73회이다. 국왕이 행차한 횟수는 행차 후의 체류상황을 제외하면 46회(문종 5회, 숙종 2회, 예종 9회, 인종 11회, 의종 19회)이다. 재위 기간을 고려하면 의종 때 가장 활발했고, 그 다음이 예종과 인종 때였고, 그 다음이 숙종과 문종 때였다. 순종과 헌종은 치세기간이 짧아서 장원정에 이어하지 못했고, 선종은 부왕 문종과 형 순종과 모친 인예태후의 상을 치르느라 여유가 없었던지 장원정에 행차하지 않았다. 명종 이후의 무인정권기에는 장원정에 행차하지 못했는데 개경 나성에서 꽤 떨어진 곳에 위치해 임금의 움직임을 감시하기 어려울 수 있어 무인정권이 허용하지 않았기 때문일 것이다.

개경 순행권의 남쪽 끝에 위치한 장원정에의 행차 여부는 왕권의 향방과 밀접한 관련을 지니고 있었다. 인종이 12년 9월 초하루에 장원정에 행차한 일은 시사하는 바가 크다. 인종이 묘청의 건의를 받아들여 서경에 행차해 재앙을 피하려 하자 김부식이 아뢰기를, 이번 여름에 서경 대화궁의 건룡전 등 30여 군데에 벼락이 떨어졌으니 吉地가 아니며 지금 농작물을 아직 수확하지 않아 행렬이 禾稼를 밟게 된다며 간관과 더불어 극렬하게 반대하니 인종이 서경에 행차하지 않겠다고 말하고는 일관의 건의에 따라 장원정에 出御한 것이었다.[66] 이처럼 장원정은 삼

64 의종 때 개경 동쪽 板積窯에 건립된 萬春亭도 정전으로 보이는 延興殿과 7개의 茅亭·草樓(靈德亭, 壽樂堂[壽御堂], 鮮碧齋, 玉竿亭 등)와 호수인 南浦 등을 지닌 대규모 별궁이었다. 『고려사』 권122, 백선연전; 『고려사』 권18, 의종 21년 4월조

65 『고려사』 권83, 병지 간수군

66 『고려사절요』 권10 및 『고려사』 권16, 인종 12년 9월; 『고려사』 권98, 김부식전

경 순행의 대체지로서의 성격도 보여 삼경 순행과도 밀접한 관련을 지니고 있었다.

임금의 장원정 행차는 음력 상반기 중의 仲春과 季春인 2월과 3월 및 하반기 중의 仲秋·季秋인 8월과 9월에 주로 이루어졌다. 단 의종대의 경우 하반기는 유사하지만 상반기에는 初春인 1월과 季春인 3월에 주로 이루어졌는데, 1월에 장원정에 행차하더라도 2월까지 혹은 3월까지 머물렀으니 이전의 경향을 계승한 것이었다. 임금은 장원정에 8월에 出御하더라도 대개 9월까지 머물렀고, 의종의 경우는 대개 8월에 出御하더라도 9월까지 혹은 10월까지 머물렀고, 9월에 出御한 경우 10월까지 머무르기도 했다. 임금은 장원정에서 봄과 가을을 보내는 경향을 보였는데, 가을의 경우는 8월말~9월초에 초점이 맞추어져 가능하면 9월 9일 重陽節을 이곳에서 맞이하려 했다.[67] 이러한 경향들은 장원정이 개경 중심에서 서남쪽에 자리잡은 것과 관련이 깊다. 왜냐하면 서남쪽은 1년 12개월의 순환에서 8월 무렵에 해당하고 그 반대의 동북쪽은 2월에 해당하기 때문이다. 임금이 2~3월(혹은 1~3월) 무렵과 8~9월 무렵을 장원정에서 보냄으로써 음양 내지 四時의 순환을 순조롭게 하려 했던 것인데, 여기에는 동북 艮土와 서남 坤土가 土德으로 음양을 조화시킨다는 관념도 작용했을 것이다.

장원정에서, 예종은 7년 3월에 정지원(정지상) 등에게 급제를 하사했고, 의종은 3년 8월에 고조기 등을 引見해 置酒하고 國事를 논했다. 의종 7년 10월에 어사대가, 9년 2월에 간관이 伏閤해 論事했는데 장원정의 閤門에서 간쟁한 것으로 여겨진다. 숙종은 9년 9월 남경에서 돌아오면서 덕음을 반포하고 장원정에 행차했으며, 인종은 22년 9월

---

67 陰이 깊어가고 陽이 사라져가는 계절인 가을에서 9월 9일 重陽은 그나마 陽이 활발한 날이기에 陽氣를 보충하기 위해 가을에 해당하는 서남쪽 장원정에서 중양절을 보내려 했을 것이다. 양화루는 陽의 갈망이 구현되는 주요 시설이었다.

에, 의종은 3년 3월과 3년 9월에 장원정에서 慮囚했다.[68] 이처럼 장원정에서 政事가 행해졌고 사면령이 내려졌다.

하지만 장원정은 특히 유희 장소로 애용되었다. 장원정 연회(詩酒 포함)는 6회 나타나는데, 숙종은 9년 9월 기묘일(9일)에 장원정에서 重九詩를 지어 儒臣에게 和進하게 했고, 예종은 6년 9월 기사일(9일)에 중양절을 맞이해 장원정에서 중양 연회를 열고 시 짓기를 했으며, 의종은 3년 9월 정해일(8일)에 지문하성사 최유청과 어사대부 문공원 등 6인을 장원정에서 引見해 置酒했고, 8년 정월에 경풍전에서 문신에게 시짓기를 명령해 합격자에게 물건과 酒果를 하사했고, 8년 정월(최윤의와 임극충을 참석시킴)과 3월(최윤의와 임극충과 김존중 등 6인을 참석시킴)에 陽和樓에서 曲宴했다.[69] 장연정 연회는 중양절에 자주 열렸고, 연회 장소는 양화루가 선호되었다.

장원정에서는 군사 사열이 15회로 자주 행해졌는데 이는 유희의 일환이기도 했다. 예종은 6년 9월에 장원정에서 시종관에게 활쏘기를 시켜 적중자에게 물건과 연회를 하사했으며, 인종은 20년 10월에 장원정 서루에 이어해 활쏘기를 사열해 적중자에게 물건을 하사했고 22년 9월 을해일(27일)과 정축일에도 서루에서 활쏘기를 사열했다. 의종은 원년 9월과 원년 10월 을미일과 정유일~경자일(4일 동안)과 3년 3월(3일간)과 3년 8월 임신일과 계유일과 3년 9월 계미일에 장원정 서루에서 격구를 관람했고, 3년 9월 을유일에 격구 戲馬를 (서루에서) 또 관람했고, 3년 9월 계사일~갑오일(2일간)과 병신일 밤에 서루에서 격구를 관람했고, 14년 3월에 서루에서 諸將 鞍馬를 사열했다.[70] 예종과 인종은 활쏘기를, 의종은 격구를 중시한 점이 보인다. 의종은 戲

68 『고려사』 숙종세가, 예종세가, 인종세가, 의종세가
69 『고려사』 숙종세가, 예종세가, 의종세가
70 『고려사』 예종세가, 인종세가, 의종세가

馬도 좋아했는데 격구도 그것의 일종으로 볼 수도 있다. 활쏘기도 말을 탄 채 활을 쏘는 기술이 포함될 수 있으므로 戲馬와 일정한 관련이 있다. 장원정, 특히 이곳의 西樓는 射御 즉 활쏘기와 말부리기의 공연장으로 애용되었던 것이다.

맺음말

수창궁은 현종 2년 2월에 처음으로 기록에서 확인되므로 적어도 목종대에는 존재했는데 목종대에 천추태후의 궁으로 창건되었을 가능성이 있었다. 수창궁은 江都 이전의 경우 현종대, 인종대, 의종대, 명종대에 주로 나타난다. 수창궁에 寬仁殿, 重華殿, 明仁殿, 和平殿, 萬壽亭(北園 만수정) 등의 건물이 존재했다. 수창궁 안의 북쪽 구역은 내전지역인데 北園, 後庭, 毬場이 조성되어 유희와 격구의 공간으로 이용되었고 북문을 통해 이곳을 드나들었다. 수창궁에 直廬, 침전, 御所(내전 내지 침전), 內侍院, 西門, 武庫, 知奏事房, 중방이 있었고 禁軍과 환관과 노예가 머물고 있었고 추밀과 內侍 등이 직숙하고 있었고, 내시원도 왕의 거처에 가까운 곳에 위치했고, 또한 수창궁에는 중서성과 추밀원도 조영되어 있었다. 수창궁의 문을 보면, 東門은 仁壽門, 西門은 和義門이었고, 含福門은 남문 혹은 북문이었다. 화의문의 바깥은 大路였고, 화의문의 남쪽에 板橋가 냇물(오천)에 걸려 있었고, 수창궁 남쪽의 오천에는 樓橋도 설치되어 있었다.

수창궁의 존재 모습을 江都 이전에 한정하여 『고려사』와 『고려사절요』에서 살펴보니, 수창궁은 추정 20회 정도를 포함해 192회 정도 나타난다. 과거 관련 기사는 3회(추정 1회 포함), 연회(외교사절 접대 제외)는 5회, 수창궁에서의 격구는 8회(의종 원년~6년)였다. 수창궁이 외교공간으로 이용된 것은 9회 나타나는데, 인종 때 8회(인종 5년 정월~10년 정월), 의종 때 1회(추정) 나타난다. 수창궁에서의 詔書 접수와 使節 연회는 대개 중화전에서 이루어졌고 인명전(명인전)에서 이루어진 경우도 있었다. 수창궁의 종교행사를 보면 불교행사가 60회(추정 12회 포함), 도교 초례가 5회(추정 2회 포함) 나타난다.

수창궁에서 관인전 행사는 4회, 重華殿 행사는 인종대(인종 4년 11월~10년 6월)에 16회, 明仁殿 행사는 42회(인종 10년 이후) 확인된다. 관인전에서 노약자·질병자와 신하들을 위한 연회, 覆試와 급제 하사가 행해졌다. 중화전은 보살계도량·제석도량·불정도량·불골 예배·度厄道場·반야도량 등 각종 도량의 장소로 쓰였고, 金使 연회와 金使 전별, 宋使 전별, 金 詔書와 宋 詔書의 영접 등 외교 행사의 장소로 쓰였다. 중화전은 수창궁의 정전인데 관인전의 개칭으로 여겨진다. 명인전은 인종 중·후반에 금사 연회, 사면령 반포, 고전 경연의 장소로 이용되었다. 또한 명인전은 의종 때 視朝의 장소로 이용되었는데 대궐이 불타고 기피된 시절의 인종과 명종 때도 그러했을 것이다. 명인전은 인종 후반에 천제석도량·보살계도량·소재도량·불정도량의 장소로, 의종 때 보살계도량·인왕도량·佛事의 장소로, 명종 때 불정도량·제석도량·인왕도량·장경도량·보살계도량·소재도량·도량의 장소로 이용되었으며, 또한 의종과 명종 때 초례의 장소로 이용되었다. 寬仁殿과 重華殿과 明仁殿은 수창궁의 정전으로 여겨지니, 관인전에서 중화전으로, 중화전에서 명인전으로 개칭되었을 것이다. 수창궁의 和平殿은 편전 혹은 내전으로 여겨진다.

연경궁의 경우, 江都 이전에 『고려사』와 『고려사절요』에서 연경궁(인덕궁)은 추정 1회를 포함해 59회(본궐의 오류로 판단되는 연경궁 1회 제외) 나타나며, 경희궁 7회(이어)를 포함하면 66회 나타난다. 현종 때 3회(연경원, 연경궁)는 후비 宮院으로서의 시설인 때였고, 인종

4년 이후 63회는 왕궁으로서의 시설인 때였다. 景禧宮은 명종 5년 9월부터 명종 11년 11월까지 7회 나타나는데 연경궁(인덕궁)의 이칭으로 여겨진다. 延慶宮은 인종 5년 8월에 仁德宮으로 개칭되고 그 중심 건물도 天福殿에서 天成殿으로 개칭되었으며, 그 후 연경궁으로 환원되었다가 景禧宮으로 개칭된 것으로 보이며, 그 후 다시 연경궁으로 환원된 것으로 보인다. 延康殿은 인덕궁(연경궁)의 편전 혹은 내전이었다.

연경궁은 이자겸의 정변 때 정치적으로 중요한 공간으로 떠올랐으며, 연경궁(인덕궁)은 대궐이 불탔기 때문에 이자겸의 실각 후에도 중요한 왕궁으로 이용되었다. 인종 때 연경궁(인덕궁)은 중대사 의논, 출정의례 거행, 經筵의 설행, 사면, 국왕과 后妃의 결혼, 책봉(태자), 연회(생일과 책봉 기념) 등의 장소로 이용되었다. 연경궁의 외교 기사는 4회인데 인종 때 2회(송, 금)와 명종 때 1회(금), 희종 때 1회(금)였다. 명종 때 연경궁의 개칭으로 여겨지는 경희궁에서도 태자비 책봉이 행해졌다. 명종 때 金使 영접은 연경궁과 대궐의 대관전에서 행해졌다.

인종 이후 연경궁(인덕궁) 불교행사는 13회 보인다. 소재도량 3회(천복전 2회와 연경궁 1회), 불정도량 3회(천복전 1회와 천성전 2회), 백좌도량 2회(천성전 1회와 천부전 1회), 연등대회 2회(연경궁과 천부전), 금강경도량 1회(천성전), 사리 봉안 1회(인덕궁), 장경도량 1회(인종 10년 4월 천성전)였는데, 고려의 종교행사를 대표하는 백좌도량과 연등회와 장경도량도 연경궁(인덕궁)에서 열렸다. 명종 때는 연등회가 불탄 대궐의 강안전 대신에 연경궁에서 열렸고, 강안전 重新이 완성된 후에도 기피되어 그러했으며, 연경궁의 개칭으로 여겨지는 경희궁에서 연등회 및 팔관회가 개최되었다.

연경궁 내지 경희궁은 대궐이 불타 기능을 상실하거나 기피된 시기에 대궐의 기능을 수창궁과 나누어 가졌다. 대개 수창궁은 임금의 거처와 정무 장소로, 연경궁 내지 경희궁은 연등회 및 팔관회 개최와 金使 영접의 장소로 사용되었으며, 그 외 각종 의례의 장소로 쓰였다. 명종이 26년에 최충헌의 강요로 수창궁에서 대궐로 還御해 거처하면서 이후 수창궁은 물론 연경궁의 역할도 대폭 축소되었다.

長源亭은 문종이 10년에 西江 餠嶽의 남쪽에 창건한 별궁이었다. 장원정에는 延淨寺, 慶豊殿, 陽和樓, 西樓 등이 조영되었으니, 장원정은 운치를 살리기 위해 이름에 '亭'이 붙었지만 다양한 시설을 갖춘 대규모 궁이었다. 장원정 기사는 江都 이전에 『고려사』와 『고려사절요』에 75회(문종 때 6회, 숙종 때 3회, 예종 때 12회, 인종 때 15회, 의종 때 39회) 나타난다. 국왕이 행차한 횟수는 행차 후의 체류상황을 제외하면 46회(문종 5회, 숙종 2회, 예종 9회, 인종 11회, 의종 19회)이다. 재위 기간을 고려하면 의종 때 가장 활발했고, 그 다음이 예종과 인종 때였고, 그 다음이 숙종과 문종 때였다. 의종 때의 그러한 경향은 별궁 이어가 매우 빈번한 사실과 관련이 있었다. 명종 이후의 무인정권기에는 장원정에 행차하지 못했는데 개경 나성에서 꽤 떨어진 곳에 위치해 임금의 움직임을 감시하기 어려울 수 있어 무인정권이 허용하지 않았기 때문이라 추정되었다.

임금의 장원정 행차는 음력 상반기 중의 仲春과 季春인 2월과 3월 및 하반기 중의 仲秋·季秋인 8월과 9월에 주로 이루어졌다. 단 의종대의 경우 하반기는 유사하지만 상반기에는 初春인 1월과 季春인 3월에 주로 이루어졌는데, 1월에 장원정에 행차하더라도 2월까지 혹은 3월까지 머물렀으니 이전의 경향을 계승한 것이었다. 임금은 장원정에 8월에 出御하더라도 대개 9월까지 머물렀고, 의종의 경우는 대개 8월에 出御하더라도 9월까지 혹은 10월까지 머물렀고, 9월에 出御한 경우 10월까지 머무르기도 했다. 임금은 장원정에서 봄과 가을을 보내는 경향을 보였는데, 가을의 경우는 8월말~9월초에 초점이 맞추어져 가능하면 9월 9일 重陽節을 이곳에서 맞이하려 했다. 임금이 2~3월(혹은 1~3월) 무렵과 8~9월 무렵을 장원정에서 보냄으로써 음양 내지 四時의 순환을 순조롭게 하려 했던 것이었다.

장원정은 특히 유희 장소로 애용되었는데, 연회(詩酒 포함)는 6회 나타난다. 장원정에서는 군사 사열이 15회로 자주 행해졌는데 이는 유희의 일환이기도 했다. 장원정, 특히 이곳의 西樓는 격구를 포함한 射御 즉 활쏘기와 말부리기의 공연장으로 애용되었다.

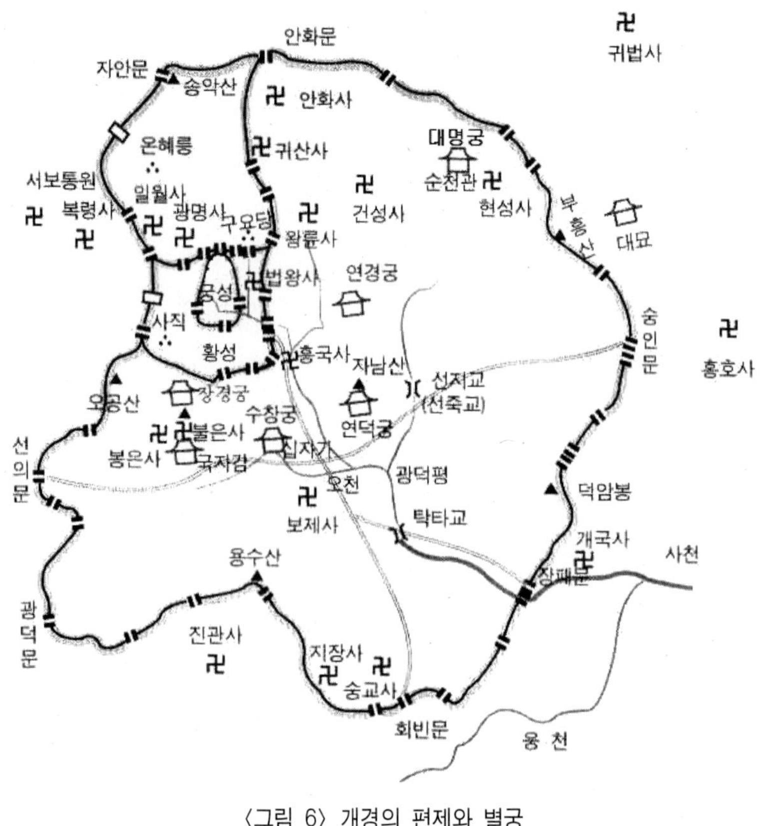

〈그림 6〉 개경의 편제와 별궁

〈도표 3-1〉 수창궁의 행사

번호	연월	주체	행사내용	장소1	장소2	비고	분류1	분류2	전거
1	현 2. 2.정묘	현종	還경도 入御수창궁	수창궁	별궁	거란군 때문 피란에서 돌아옴		이어	세가, 절요
2	현 2. 8	현종	御관인전문 饗耆老孤獨篤疾	관인전	수창궁	물건 하사. 병인일	노인 독질	이어 연회	세가, 절요
3	현 3. 6	현종	상참관에게 5일 1見 명령	시어궁	수창궁?	시어궁庭이 좁기 때문	조회	정사	세가, 절요
4	현 4. 9	현종	관인전에서 복시하고 급제 하사	관인전	수창궁	병오일	이어, 복시	과거	세가
5	현 6. 1		雉巢于含福門	함복문	수창궁		이변	음양	오행지 火
6	현 7. 1	현종	수창궁에 이어	수창궁	별궁	을묘일		이어	세가
7	현 7. 2		雉集于壽昌宮 含福門	함복문	수창궁		이변	음양	오행지 火
8	현 9. 10	현종	수창궁에 이어	수창궁	별궁	신해일		이어	세가
9	현 10. 9	현종	수창궁에 이어	수창궁	별궁	을묘일		이어	세가
10	현 11. 8	현종	수창궁에 이어. 경자일	수창궁	별궁	대내 중수 때문		이어	세가
11	현 11. 9		신하들을 관인전에서 연회	관인전	수창궁	정사일	연회	이어	세가, 절요
12	현 12. 2		雉入壽昌宮	수창궁	별궁	신해일	이변	음양	오행지 火
13	현 12. 2		仁壽門外 二千戶 災	인수문	수창궁?	계해일	화재	음양	세가, 절요
14	현 12. 3		雉集壽昌宮	수창궁	별궁	신사일	이변	음양	오행지 火
15	현 12. 8	현종	관인전에서 복시하고 급제 하사	관인전	수창궁	임신일	이어, 복시	과거	세가
16	선 5. 11	선종	수창궁에서 奉태후 연회. 원자名 기념	수창궁	별궁	계해일. 조선공, 계림공 등이 侍宴	연회	이어	세가

번호	연월	주체	행사내용	장소1	장소2	비고	분류1	분류2	전거
17	인4. 11	인종	수창궁에 이어	수창궁	별궁	정해일		이어	세가
18	인4. 11		重華殿에서 반야도량	중화전	수창궁	을미일	반야 도량	불교	세가
19	인 5. 1	인종	수창궁에 이어	수창궁	별궁	경자일		이어	세가
20	인 5. 1	인종	중화전에서 금사를 전별	중화전	수창궁	병오일. 생신축하 사절	이어, 전별	외교	세가
21	인 6. 1	인종	수창궁에 이어	수창궁	별궁	임자일		이어	세가
22	인 6. 2	인종	수창궁에서 금사를 引見해 受詔	수창궁	별궁	을묘 초하루. 왕이 아파서 늦어짐	이어, 受詔	외교	세가
23	인 6. 2	인종	수창궁에 이어	수창궁	별궁	경오일		이어	세가
24	인 6. 5	인종	수창궁에 이어	수창궁	별궁	을사일		이어	세가
25	인 6. 6		중화전에서 보살계도량	중화전	수창궁	기미일	보살 도량	불교	세가
26	인 6. 6	인종	수창궁에서 송 조서를 영접. 기사일	수창궁	별궁	정묘일에 宋使 刑部尙書 楊應誠과 齊州防禦使 韓衍이 벽란정 도착	이어, 受詔	외교	세가, 절요
27	인 6. 8	인종	중화전에 御해 宋使를 引見하고 보냄	중화전	수창궁	경오일	이어, 전별	외교	세가
28	인6. 10	인종	至自서경 入御수창궁	수창궁	별궁	서경행차(8-10월): 죄수 심사		이어	세가
29	인6. 11	인종	수창궁에 이어	수창궁	별궁	정유일		이어	세가
30	인6. 12	인종	중화전에서 금 조서를 영접	중화전	수창궁	임신일	이어, 受詔	외교	세가
31	인 7. 5	인종	수창궁에 이어	수창궁	별궁	경인일		이어	세가
32	인 7. 6		중화전에서 보살계도량	중화전	수창궁	신유일	보살 도량	불교	세가

번호	연월	주체	행사내용	장소1	장소2	비고	분류1	분류2	전거
33	인 7. 8	인종	御書籍所 命承宣鄭沆 讀宋朝忠義集	서적소	수창궁 옆	王 欲以聽政之暇 與諸學士講學 以壽昌宮側 侍中部台輔家 爲書籍所	이어, 경연	유교	세가, 절요 林完傳
34	인7. 10	인종	수창궁에 이어	수창궁	별궁	병인일		이어	세가
35	인7. 10		黃昏 치鳥數千 飛翔廣化門上	광화문, 수창궁	궁궐	夜至수창궁 盤旋良久 向東南而散	이변	음양	오행지 火
36	인 8. 1		重華殿에서 제석도량	重華殿	수창궁	경오일	제석 도량	불교	세가
37	인 8. 2	인종	수창궁에 이어	수창궁	별궁	기축일		이어	세가
38	인 8. 4	인종	重華殿에서 송 조서를 영접	重華殿	수창궁	갑술일	이어, 受詔	외교	세가
39	인 8. 5		重華殿에서 불정도량	重華殿	수창궁	정사일. 7일간	불정 도량	불교	세가
40	인 8. 6		중화전에서 보살계도량	重華殿	수창궁	을유일	보살 도량	불교	세가
41	인 8. 7		供佛骨於重華殿	重華殿	수창궁	을묘일	불골	불교	세가, 절요
42	인8.10 戊子		白虹相衝乾坤方 至地發見 太史奏 白虹 白殃之本 衆亂所基 修省答天意	중화전	수창궁	故重華殿 置度厄道場 一七日	재변, 修省 度厄 도량	음양 불교	오행지 금
43	인8. 11	인종	수창궁에 이어	수창궁	별궁	을묘일		이어	세가
44	인 9. 1	인종	중화전에서 금사를 연회	重華殿	수창궁	정미일	이어, 연회	외교	세가
45	인 9. 4	인종	수창궁에 이어	수창궁	별궁	임오일		이어	세가
46	인 9. 6		중화전에서 보살계도량	重華殿	수창궁	경진일	보살 도량	불교	세가
47	인9. 11	인종	수창궁에 이어	수창궁	별궁	을묘일		이어	세가

번호	연월	주체	행사내용	장소1	장소2	비고	분류1	분류2	전거
48	인9. 12		반야도량을 重華殿에 개설	重華殿	수창궁	기축일	반야도량	불교	세가
49	인 10.1.癸卯		仁明殿에서 금사를 연회	仁明殿(明仁殿?)	수창궁?	생신축하 사절	연회	외교	세가
50	인 10. 2	인종	수창궁에 이어	수창궁	별궁	을해일		이어	세가
51	인 10. 6		보살계도량을 重華殿에 개설	重華殿	수창궁	갑진일	보살도량	불교	세가
52	인 10. 윤4	인종	을미 移御수창궁, 정미 賜최광원等급제	수창궁	별궁	을미일		과거?	세가
53	인10. 11	인종	수창궁에 이어	수창궁	별궁	갑자일		이어	세가
54	인10. 11	인종	동지갑자 중흥유신 制書 반포	수창궁	별궁	기묘일. 삼원. 서경 대화궐 거론	중흥	음양	세가
55	인 10.11. 庚辰	인종	명인전에 御해 사면령 반포	명인전	수창궁	山崩水湧 變異繼作 때문	이어, 사면	음양	세가
56	인11. 2	인종	수창궁에 이어	수창궁	별궁	갑진일		이어	세가
57	인11. 3	인종	수창궁에 환어	수창궁	별궁	경오일. 인덕궁으로부터 환어		이어	세가
58	인11. 7	인종	수창궁에 이어	수창궁	별궁	경진일		이어	세가
59	인11. 11	인종	수창궁에 이어	수창궁	별궁	정묘일		이어	세가
60	인12 2	인종	수창궁에 이어	수창궁	별궁	병신일		이어	세가
61	인12 3	인종	至自서경 入御수창궁	수창궁	별궁	서경행차(2-3월): 죄수 심사		이어	세가
62	인12 8	인종	수창궁에 이어	수창궁	별궁	경진일		이어	세가
63	인 12. 8.경자	인종	명인전에 御해 서경 열명편 강독 명령	명인전	수창궁	한림학사 김부의가 강독	이어, 경연	유교	세가, 절요
64	인 12. 8.壬寅	산승 계응	화엄경 강독		수창궁?	초빙 받음	화엄	불교	세가

번호	연월	주체	행사내용	장소1	장소2	비고	분류1	분류2	전거
65	인12. 11	인종	수창궁에 이어	수창궁	별궁	병오일 초하루		이어	세가
66	인12. 11		野鵞百餘 飛集수창궁	수창궁	별궁	계축일	이변	음양	오행지 火
67	인 13. 3	인종	수창궁에 이어	수창궁	별궁	임인일		이어	세가
68	인 13. 8	인종	수창궁에 이어	수창궁	별궁	무오일		이어	세가
69	인13. 10	인종	수창궁에 이어	수창궁	별궁			이어	세가
70	인 14. 2		명인전에서 천제석도량	명인전	수창궁	임인일, 3일간	제석 도량	불교	세가
71	인 14. 4	인종	수창궁에 환어	수창궁	별궁	기해일 초하루		이어	세가
72	인14. 10	인종	환궁	수창궁 ? 대궐?		갑인일		이어	세가
73	인 15. 2		狐鳴수창궁 中	수창궁	별궁	신축일	이변, 짐승	음양	오행지 금
74	인 15. 2	인종	수창궁에 이어	수창궁	별궁	무신일		이어	세가
75	인 15. 4	인종	환궁	수창궁 ? 대궐?		갑인일		이어	세가
76	인 15. 6		명인전에서 보살계도량	명인전	수창궁	을사일	보살 도량	불교	세가
77	인15. 10	인종	환궁	수창궁 ? 대궐?		을묘일		이어	세가
78	인 16. 2		명인전에서 소재도량	명인전	수창궁	갑자일. 5일간	소재 도량	불교	세가
79	인16. 12		명인전에서 소재도량	명인전	수창궁	계해일. 5일간	이어 소재 도량	불교	세가
80	인 17. 4	인종	수창궁에 돌아옴(還)	수창궁	별궁	경오일		이어	세가
81	인 17. 6	인종	명인전에서 보살계 받음	명인전	수창궁	계해일	이어, 보살	불교	세가

번호	연월	주체	행사내용	장소1	장소2	비고	분류1	분류2	전거
82	인17. 10		명인전에서 불정도량	명인전	수창궁	경신일	불정도량	불교	세가
83	인17. 12		명인전에서 소재도량	명인전	수창궁	정사일. 4일간	소재도량	불교	세가
84	인18. 10		명인전에서 불정도량	명인전	수창궁	무술일. 5일간	불정도량	불교	세가
85	인 19. 6	인종	명인전에서 보살계 받음	명인전	수창궁	임오일	이어 보살계	불교	세가
86	인 19. 9	인종	수창궁에 돌아옴(還)	수창궁	별궁	신해일		이어	세가
87	인 21. 6	인종	수창궁에 돌아옴(還)	수창궁	별궁	무신일		이어	세가
88	인21. 10	인종	수창궁에 돌아옴(還)	수창궁	별궁	임술일		이어	세가
89	인 22. 3	인종	수창궁에 돌아옴(還)	수창궁	별궁	경진일		이어	세가
90	인 22. 6	인종	명인전에서 보살계 받음	명인전	수창궁	을미일	이어, 보살	불교	세가
91	인22. 10	인종	수창궁에 돌아옴(還)	수창궁	별궁	경진일		이어	세가
92	인 23. 3		명인전에서 불정도량	명인전	수창궁	5일간	불정도량	불교	세가
93	의 1. 5	어사대	수창궁 북문을 잠금. 정해일	수창궁	별궁	대간의 간쟁 때문		유희	세가, 절요 정중부전
94	의 1. 5	의종	北園에서 격구. 정해일	북원	수창궁	왕은 격구 달인	이어, 격구	군사	세가
95	의 1. 6	의종	보살계를 명인전에서 받음(세가,절요)	명인전*, 혼당	수창궁 *	보살계를 혼당에서 또 받음(세가)	이어 보살계	불교	세가, 절요

번호	연월	주체	행사내용	장소1	장소2	비고	분류1	분류2	전거
96	의 1. 11	의종	북원에서 격구	북원	수창궁	갑신일	이어, 격구	군사	세가, 절요
97	의 1. 12		散員 史直哉와 校尉 鄭仲夫 등이 수창궁 북문을 드나듦	수창궁 북문	별궁	어사대가 처벌 요청	유희	군사	세가, 절요 정중부전
98	의 2. 3	의종	수창궁에 돌아옴(還)	수창궁	별궁	을유일		이어	세가
99	의 2. 12	의종	북원에서 격구	북원	수창궁		이어, 격구	군사	세가, 절요
100	의 3. 2	의종	選驍勇騎士十八人, 觀격구于後庭	後庭	수창궁 ?	騎士 격구	이어, 격구	군사	세가, 절요
101	의 3. 9	의종	수창궁에 還	수창궁	별궁	계묘일		이어	세가
102	의 4. 9		毬場을 北園에 건축	북원	수창궁		격구	군사	세가, 절요
103	의 4. 10		명인전에서 인왕경도량	명인전	수창궁	천재 기양	인왕 도량	불교	세가
104	의 5. 4	의종	御명인전視朝, 引見乙丑年以來新及第 賜宴閤門 仍賜釋褐	명인전, 합문	수창궁	앞으로 매일 視朝 천명, 庭諍만류	이어, 조회	정사	세가, 절요
105	의 5. 8	의종	後庭에 騎士를 끌어들여 伐鼓 격구	후정	수창궁 ?	正言李知深 伏閤力爭 二日	이어, 격구	군사	세가, 절요
106	의 5. 8	의종	북원에서 놀며 騎士에게 격구 명령	북원	수창궁		이어, 격구	군사	세가, 절요
107	의 6. 3	의종	명인전에서 불사를 作하고 왕이 행향	명인전	수창궁		이어, 불사	불교	세가
108	의 6. 4	의종	정묘일과 익일 새벽, 수창궁 북원 萬壽亭에서 연회.	만수정	수창궁	先是, 內侍尹彦文 聚怪石 築假山 于壽昌宮北園	이어,` 연회, 붕괴	연회	세가, 절요 오행지

번호	연월	주체	행사내용	장소1	장소2	비고	분류1	분류2	전거
			宴將罷 假山頹 牝鷄鳴 (수창궁 북원 만수정: 申淑傳)			構小亭其側 號曰萬壽 以黃綾被壁 窮極奢侈 眩奪人目			목 신숙전
109	의 6. 4	의종	馬 축출, 북문 폐쇄	북문	수창궁	임오일. 일관에게 북문 폐쇄 명령	격구	군사	세가
110	의 6. 6	의종	還수창궁 醮72星於명인전	명인전	수창궁	又醮천황대제太一 及16神 禳疾疫	이어 질병, 태일	초재	세가
111	의 7. 2	의종	수창궁에 돌아옴(還)	수창궁	별궁			이어	세가
112	의13. 11		수창궁에서 연회	수창궁	별궁	금사를 연회?	연회	외교	세가
113	의20. 10	의종	수창궁에 환어	수창궁	별궁	경진일		이어	세가
114	의20. 11	의종	수창궁에 환어	수창궁	별궁	정사일		이어	세가
115	명 1. 10	명종	수창궁에 이어	수창궁	별궁			이어	세가
116	명 2. 10	명종	수창궁에 이어	수창궁	별궁			이어	세가
117	명 2. 12		명인전에서 불정도량	명인전	수창궁		불정 도량	불교	세가
118	명 3. 1		명인전에서 제석도량	명인전	수창궁		제석 도량	불교	세가
119	명3. 윤1		내전에서 尊勝법회	내전	수창궁 ?		존승 법회	불교	세가
120	명 3. 4	명종	수창궁에 이어	수창궁	별궁			이어	세가
121	명 3. 7		명인전에서 본명 초재	명인전	수창궁		초재	도교	세가
122	명 3. 10	명종	수창궁에 이어	수창궁	별궁			이어	세가
123	명 4. 9		以重九, 화평궁에서 추밀 중방을 연회	화평궁	수창궁	수창궁 화평전(화평궁)	연회	연회	세가, 절요
124	명 5. 2	명종	수창궁에 이어	수창궁	별궁			이어	세가
125	명 5. 4		명인전에서 초재	명인전	수창궁	임신일	초재	도교	세가

번호	연월	주체	행사내용	장소1	장소2	비고	분류1	분류2	전거
126	명 5. 8		명인전에서 인왕도량	명인전	수창궁		인왕 도량	불교	세가
127	명 5. 10	명종	수창궁에 이어	수창궁	별궁			이어	세가
128	명 5. 11	명종	수창궁에 이어	수창궁	별궁			이어	세가
129	명 6. 1	명종	편전에서 신하에게 討賊 책략 물음	편전	수창궁 ?		이어, 민란	정사	세가
130	명 6. 2		명인전에서 천제석도량	명인전	수창궁	민란 때문?	제석 도량	불교	세가
131	명 6. 11	명종	수창궁에 이어	수창궁	별궁			이어	세가
132	명 7. 1	명종	수창궁에 이어	수창궁	별궁			이어	세가
133	명 7. 2		내전에서 제석도량	내전	수창궁 ?		제석 도량	불교	세가
134	명 7. 2		내전에서 불정도량	내전	수창궁 ?		불정 도량	불교	세가
135	명 7. 10		명인전에서 불정도량	명인전	수창궁		불정 도량	불교	세가
136	명 7. 11	명종	수창궁에 환어	수창궁	별궁			이어	세가
137	명 8. 1		명인전에서 제석도량	명인전	수창궁		제석 도량	불교	세가
138	명 8. 2		내전에서 불정도량	내전	수창궁 ?		불정 도량	불교	세가
139	명 8. 8		내전에서 소재도량	내전	수창궁 ?	초하루	재해 소재 도량	불교	세가
140	명 8. 8		廣德里 舊有太后別宮 因火災不御 鄭筠請買爲私第 太后却其直與之 정균大興工役營葺		수창궁	時王在壽昌宮侍太后疾 其地距宮不百步 又於歲行 爲太后忌方 王深惡之 屢欲詔止其役 憚筠不果	이어, 태후 질병	음양 후비	절요, 정중부전

번호	연월	주체	행사내용	장소1	장소2	비고	분류1	분류2	전거
141	명 8. 9		명인전에서 장경도량. 7일간	명인전	수창궁	命參知政事宋有仁行香	장경도량	불교	세가, 절요
142	명8. 11	명종	편전에서 양계 상장, 도령에 물품하사	편전	수창궁?	반란 막기 위해	이어, 하사	정사	세가
143	명8. 12	명종	명인전에서 인왕도량	명인전	수창궁	친설. 5일간	이어 인왕도량	불교	세가
144	명 9. 3	명종	내전에서 親醮	내전	수창궁?		이어, 초재	도교	세가
145	명 9. 6	명종	명인전에서 보살계 받음	명인전	수창궁		이어, 보살	불교	세가
146	명 9. 7		명인전에서 인왕도량	명인전	수창궁1	10여일 동안. 재변 기양	재변1 인왕도량1	불교	세가
146	명 9. 7	(위 동일)	月犯太白 太史奏 避正殿	명인전	수창궁2	設인왕도량于明仁殿 10일 禳災變	재변2 인왕도량2	불교	천문지 星
147	명 9. 9		慶大升(許升에게) 曰 藏經會畢之夜 宿衛之士 必皆困睡 吾令死士三十餘人 伏和義門外 汝先殺鄭筠於內 以嘯聲爲約 則我發伏應之	화의문, 수창궁	수창궁	夜西鼓 升入筠直廬 殺之 遂發嘯 大升率死士 踰宮墻入…王驚愕 大升至寢殿外…王 出御宮門	정변 장경회	정변 불교	절요, 경대승전
148	명9. 11		명인전에서 소재도량	명인전	수창궁	5일간.	재해 소재도량	불교	세가
149	명10. 3		乾方 赤氣如火 設大佛頂 讀經於內殿	내전 대안사	수창궁? 사원	設金光明經法席於大安寺以禳之	대불정 금광명	불교	오행지 火
150	명10. 6	명종	명춘, 諸嬖 소생	궁내	수창궁	그들은 내정에서	후궁	후비	세가

번호	연월	주체	행사내용	장소1	장소2	비고	분류1	분류2	전거
			수십을 궁내에 소집		?	유희			
151	명10. 7		重房 流宗昆等十餘僧于海島, 初 宗昆等與鄭筠 謀殺李義方 遂與筠親比 出入後庭無忌	후정	수창궁?	及筠死 一時武臣皆義方麾下 且以謂 軍國權柄屬重房者 實由義方之力, 遂流之	출입	정사	절요
152	명10. 8		명인전에서 소재도량	명인전	수창궁		재해 소재 도량	불교	세가
153	명10. 10		명인전에서 불정도량	명인전	수창궁		불정 도량	불교	세가
154	명10. 11	명종	수창궁에 이어	수창궁	별궁	무진일		이어	세가
155	명10. 12		내전에서 소재도량	내전	수창궁?	태백성 晝見 때문?	재해 소재 도량	불교	세가
156	명11. 1	명종	수창궁에 이어	수창궁	별궁	계유일		이어	세가
157	명11. 2		명인전에서 제석도량	명인전	수창궁	초하루	제석 도량	불교	세가
158	명11. 4	명종	내전에서 親醮	내전	수창궁?	계유일	이어, 초재	도교	세가
159	명11. 5		명인전에서 인왕도량	명인전	수창궁	가뭄 때문?	기우? 인왕 도량	불교	세가
160	명11. 7		自수창궁北垣 投石	수창궁	별궁	抵御寢북창. 잡지 못함. 경비 강화	투석	정사	세가, 절요 병지숙위
161	명11. 10		명인전에서 소재도량	명인전	수창궁		재해 소재 도량	불교	세가

번호	연월	주체	행사내용	장소1	장소2	비고	분류1	분류2	전거
162	명11. 11	명종	수창궁에 이어	수창궁	별궁	기축일		이어	세가
163	명11. 12		내전에서 인왕도량	내전	수창궁?		인왕도량	불교	세가
164	명12. 1	명종	수창궁에 이어	수창궁	별궁	기해일		이어	세가
165	명13. 1	명종	수창궁에 이어	수창궁	별궁			이어	세가
166	명13. 2		명인전에 장경도량	명인전	수창궁		장경도량	불교	세가
167	명13. 2	남자	夜投익명서于수창궁門 순검관捕得之	문	수창궁	이준창 형제를 참소하는 내용	참소	정사	절요, 이준창전
168	명15. 3	명종	명인전에 장경도량	명인전	수창궁	친설	이어 장경도량	불교	세가
169	명15. 8	명종	편전에서 형부가 아뢴 중형을 결단	편전	수창궁?	御	이어, 형벌	형벌	세가
170	명15. 9		명인전에서 장경도량	명인전	수창궁		장경도량	불교	세가
171	명16.9 辛酉		鎭星犯歲 太史奏 恐有內亂 請於 광암사총지사 設불정소재도량	광암사, 총지사 수창궁 명인전	사원, 별궁	又於明仁殿 講인왕경 以禳之	불정 소재 도량 인왕경	불교	천문지 星 절요
172	명16. 11	명종	수창궁에 이어	수창궁	별궁			이어	세가
173	명 17. 5	명종	수창궁에 이어	수창궁	별궁			이어	세가
174	명 17. 1		추밀원火 延燒수창궁廊 20餘楹	추밀원, 수창궁		추밀원은 수창궁에 소속?	화재	음양	오행지 火 절요
175	명 17.7.己巳		晦日食 太史奏此退食非災不足憂, 夜二鼓 賊七十餘人踰墻入壽昌宮, 殺樞密使梁翼京·內	수창궁 내시원 ,御所 서문	수창궁	..賊 出內侍院燭照之 所至輒殺 至御所…王曰…賊懼 走出西門	거처	정변	절요, 조원정전

번호	연월	주체	행사내용	장소1	장소2	비고	분류1	분류2	전거
			侍郎中李撰·李粲等 殺傷甚衆						
176	명17. 11	명종	수창궁에 이어	수창궁	별궁			이어	세가
177	명18. 1		명인전에서 도량	명인전	수창궁	천변 기양	천변, 도량	불교	세가
178	명18. 6	명종	명인전에서 보살계 받음	명인전	수창궁		이어, 보살	불교	세가
179	명20. 12		내전에서 勝法文도량	내전	수창궁 ?	초하루	승법문	불교	세가
180	명23. 10		내전에서 백고좌도량	내전	수창궁 ?	갑인일	백좌 도량	불교	세가
181	명23. 11		내전에 設齋. 신하 供饌 생겨남	내전	수창궁 ?	을유일. 공예태후 기일 때문.	기일재	불교?	세가
182	명26. 4		수창궁 中書省門 自頹	중서성	수창궁	수창궁 안의 중서성	붕괴	음양	오행지 목
183	명26. 4		王幸普濟寺, 義旼稱疾不扈從, 潛往彌陀山別墅.. 최충헌 정변..王促駕還宮.. 時 吉仁在壽昌宮 聞變.. 與將軍兪光·朴公襲 等 擅出武庫兵仗 以授禁軍及宦官·奴隷 凡千餘人…	미타산 별서 수창궁	별서 수창궁	(吉仁)率衆出宮門 踰沙嶺 向市街, 忠獻等勒兵迎戰..仁·光·公襲 馳入壽昌宮 閉門拒守, 忠獻等 率衆圍之, 存儒 欲以火攻之, 仁懼踰垣而遁, 王使人開門, 召忠獻·忠粹	정변	정변	절요, 최충헌 전
184	명26. 8		王 自壽昌宮 移御延慶宮, 自辛卯宮闕災 爲接金使 先創康安大觀兩殿 金使至則入御康安殿 引見于大觀殿	수창궁, 연경궁 (본궐?)	궁궐	崔忠粹 陳兵兵曹之南 及車駕將入廣化門 觀者多從旁出 忠粹遣人呵止 觀者辟易 亂觸太子儀仗		이어	세가, 절요, 두경승 전

번호	연월	주체	행사내용	장소1	장소2	비고	분류1	분류2	전거
			忌其新創 未嘗留御 禮畢 卽還御壽昌宮 至是 乃御延慶宮			人訛言 變生輦下 扈駕百官 皆狼狽四散 夾道士女 交相踐蹂 惟侍中杜景升 按轡自若 時 人心洶洶 危疑如此			
185	명26. 11	명종	수창궁에 이어	수창궁	별궁			이어	세가
186	희6. 9	희종	수창궁에 이어	수창궁	별궁	최충헌집에서 수창궁으로		이어	세가
187	희7. 12		최충헌以銓注(事) 詣수창궁 方在王前 有頃王入內..최충헌 암살 기도..최충헌匿於知奏事房紙障間	수창궁 지주사방 중방	수창궁	金躍珍及최우舅知奏鄭叔瞻在重房聞變 卽入內扶忠獻以出 …忠獻都房六番 皆集宮城外 不知忠獻生死…都房爭入救之	정변	정변	절요, 최충헌전
188	강 2.8.癸酉	강종	薨于수창궁 和平殿(세가)	화평전	수창궁	薨于壽昌宮(절요)	사망	사망	세가, 절요
189	고 7. 4		虎入수창궁 침전	수창궁 침전	별궁		이변, 짐승	음양	오행지 금 절요
190	고 8. 3		靑지렁이 自수창궁外 至和義門南板橋	화의문 남 판교	수창궁	滿路而行 人皆避之	이변	음양	오행지 토
191	고 14. 3		수창궁 西門外 大路 至板橋	서문	수창궁	지렁이出 如絲絡布算 不可勝數	이변	음양	오행지 토
192	고 15. 3		自수창궁문 至西門路	서문	수창궁	청색 지렁이 長3寸許 多隨雨下	이변	음양	오행지 토

〈도표 3-2〉 연경궁(인덕궁)과 경희궁의 행사

번호	연월	주체	행사내용	장소1	장소2	비고	분류1	분류2	전거
1	현 7. 5	현종	궁인김씨 生왕자 賜名欽	연경원	후비궁	賜연경원 금은器匹段田莊노비鹽分	탄생	후비	세가
2	현 9. 7	현종	왕자生於연경원 賜名亨	연경원, 연경궁	후비궁	改院爲宮 賜禮物	탄생	후비	세가
	현11. 4		册子欽 爲開府儀同三司 檢校太師 守司徒 兼內史令 上柱國			崇仁廣孝輔運功臣, 封延慶君	책봉	왕자	절요
	현13. 5		册長子延慶君欽, 爲王太子				책봉	왕자	절요
	현13. 10.		册延慶宮主金氏, 爲王妃			(6월, 延德宮主金氏 卒, 諡元惠 葬懷陵)	책봉	후비	절요
3	현14. 5	현종	천복전에서 문무參內(參官) 연회	천복전	연경궁	말 1필씩 하사	이어, 연회	연회	세가, 절요
4	인4.5. 丙寅朔	인종	移御연경궁, 이자겸寓居宮南	연경궁	별궁	鑿北垣以通宮內.王嘗獨往北園慟哭	이어	정변	세가, 절요, 이자겸전
5	인 4. 5.乙酉	이자겸	遣兵 將犯御寢	어침	연경궁	王密諭척준경 執자겸囚之	체류	정변	세가
6	인 4. 5.乙酉	척준경	向연경궁. 王出天福殿門遲之	천복전	연경궁	준경奉王以出. 王入御군기감…	출어	정변	절요, 이자겸전
7	인 4. 5.乙酉	척준경, 이공수	議拘囚자겸及妻子於팔관보		연경궁	王還御연경궁	이어	정변	절요, 이자겸전
8	인 4. 6		천복전에서 소재도량	천복전	연경궁	갑진일	소재	불교	세가

번호	연월	주체	행사내용	장소1	장소2	비고	분류1	분류2	전거
9	인 4. 7	인종	천복전에서 송 조서를 영접	천복전	연경궁		이어, 조서	외교	세가
10	인 4. 8		천복전에서 불정도량	천복전	연경궁	을사일	불정	불교	세가
11	인 4. 10	인종	천복전에서 신하들을 연회	천복전	연경궁	병신일. 경룡절이라서	이어, 절일	연회	세가, 절요
12	인 4. 11	인종	至自남경 入御연경궁. 경오일	연경궁	별궁	남경행차 (10월-11월)	순행	이어	세가
13	인 4. 12		천복전에서 소재도량	천복전	연경궁	기묘일	소재	불교	세가
14	인 5. 2	인종	연경궁 이어해 김선 딸을 次妃로	연경궁	별궁	기사일	이어, 차비	후비	세가
15	인 5. 8	인종	연경궁에 이어	연경궁	별궁	갑자일		이어	세가
16	인 5. 8.辛巳	인종	연경궁을 인덕궁으로 개칭	연경궁, 인덕궁	별궁	천복전을 천성전으로 개칭	개칭	궁호 음양	세가
17	인 5. 9	인종	천성전에서 금 조서를 영접	천성전	인덕궁	병진일	이어, 조서	외교	세가
18	인 5. 10		천성전에서 백좌도량	천성전	인덕궁	정축일	백좌	불교	세가, 절요
19	인 6. 1	인덕궁	불탐	인덕궁	별궁	을사일	화재	음양	세가, 절요
20	인 6. 11	인종	인덕궁에 이어	인덕궁	별궁	무자일		이어	세가
21	인 7. 2	인종	인덕궁에 이어	인덕궁	별궁	신해일		이어	세가
22	인 7. 4		천성전에서 금강경도량	천성전	인덕궁	계축일	금강	불교	세가
23	인 7. 4		延(迎)佛骨於大安寺 置仁德宮	대안사, 인덕궁	사원, 별궁	경신일	사리	불교	세가, 절요
24	인 7. 8	인종	인덕궁에 이어	인덕궁	별궁	계해일		이어	세가
25	인 8. 2	인종	인덕궁에 이어	인덕궁	별궁	임오일		이어	세가
26	인 9. 2	인종	인덕궁에 이어	인덕궁	별궁	병자일		이어	세가

번호	연월	주체	행사내용	장소1	장소2	비고	분류1	분류2	전거
27	인 9. 3		천성전에서 불정도량	천성전	인덕궁	신축일	불정	불교	세가
28	인 9. 8	인종	인덕궁에 이어	인덕궁	별궁	정묘일		이어	세가
29	인 9. 8	인종	양부재신에 軍國事를 물음	편전	인덕궁?	임신일	체류	정사	세가
30	인 9. 10		천성전에서 불정도량	천성전	인덕궁	갑자일 초하루	불정	불교	세가
31	인 10. 2	인종	인덕궁에 이어	인덕궁	별궁	계유일		이어	세가
32	인 10. 3		인덕궁 老檢 火出自焚	인덕궁	별궁	정유일	화재	음양	오행지 火
33	인 10. 4		천성전에서 장경도량	천성전	인덕궁	임신일. 왕은 서경에 있었음	장경	불교	세가
34	인 10. 윤4	인종	갑오 至自서경 赦 入御仁德宮 을미 移御수창궁	인덕궁 수창궁	별궁	幸서경(2-윤4월): 인왕(2), 기일	순행, 이어	사면?	세가
35	인 11. 2	인종	인덕궁에 이어	인덕궁	별궁	경자일		이어	세가
36	인 11. 2	인종	臨軒해 원자를 왕태자 책봉	인덕궁	별궁	계묘일	이어, 태자	책봉	세가
37	인 11. 3	인종	인덕궁에 이어해 사면. 경오일	인덕궁	별궁	왕태자 책봉 기념	이어, 태자 책봉	사면	세가
38	인 11. 11	인종	연경궁에 이어	연경궁	별궁	갑자일		이어	세가
39	인 12. 2	인종	인덕궁에 이어	인덕궁	별궁	을유일		이어	세가
40	인 12.2.丁亥	인종	연강전에서 신하들을 연회	연강전	인덕궁	태자책봉 연회가 多事로 늦어진 것	이어, 태자 책봉	연회	세가
41	인 13. 1		서경反 命김부식 討之 甲寅 王御天福殿 부식以戎服入見	천복전 (천성전)	인덕궁	命上陛 親授부월 遣之	이어, 정벌	군사	세가
42	인 13. 7	인종	인덕궁에 이어	인덕궁	별궁	경인일		이어	세가

번호	연월	주체	행사내용	장소1	장소2	비고	분류1	분류2	전거
43	인 13. 8.임자	인종	천성전에 御해 唐鑑을 강독 시킴	천성전	인덕궁	한림학사 정항이 강독	이어, 경연	유교	세가, 절요
44	인 13. 10	인종	인덕궁에 이어	인덕궁	별궁	기유일		이어	세가
45	인 14. 11	인종	인덕궁에 이어	인덕궁	별궁	병자일		이어	세가
46	명 4. 10		천부전에서 백고좌	천부전	연경궁?	인왕경 강독	백좌	불교	세가
47	명 5. 1	명종	연경궁에 이어	연경궁	별궁	정유일		이어	세가
48	명 5. 9	명종	景禧宮에 이어	경희궁	별궁	연경궁의 개칭?		이어	세가
49	명 5. 11	명종	경희궁에 이어	경희궁	별궁			이어	세가
50	명 6. 2	명종	경희궁에 이어. 경인일	경희궁	별궁			이어	세가
51	명 7. 1	명종	경희궁에 이어	경희궁	별궁	병진일		이어	세가
52	명 10. 11	명종	경희궁에 이어	경희궁	연경궁?	경신일		이어	세가
53	명 11. 1	명종	경희궁에 이어	경희궁	별궁	경신일		이어	세가
54	명 11. 11	명종	이어 경희궁 (팔관회 위해?)	경희궁	별궁	갑신일(12일)		이어	세가
55	명 12. 1	명종	이어 연경궁 (연등회 위해?)	연경궁	경희궁?	갑신일(13일)		이어	세가
56	명 12. 11	명종	연경궁에 이어	연경궁	별궁	기묘일		이어	세가
57	명 14. 4	명종	연등대회. 御연경궁 觀樂	연경궁	별궁	以國恤停上元 至是行之 唯禁插花諸伎	연등, 이어	불교	세가, 절요
58	명 15. 1	명종	연등대회. 天敷殿 觀樂	천부전	연경궁?	국휼로 인해 插化 안함	연등, 이어	불교	세가
59	명 17. 1	명종	연경궁에 이어	연경궁	별궁			이어	세가
60	명 19. 11		虎入연경궁 內	연경궁	별궁		짐승	음양	오행지 금
61	명 21. 2	명종	幸연경궁 邀金使 不至	연경궁	별궁	정유일. 금 태후 상 때문	상례, 이어	외교	세가

번호	연월	주체	행사내용	장소1	장소2	비고	분류1	분류2	전거
	명 26. 8		王 自壽昌宮 移御延慶宮 (연경궁은 본궐의 오류)			自辛卯宮闕 灾 爲接金使 先創康安大觀兩殿 金使至 則入御康安殿 引見于大觀殿 忌其新創 未嘗留御 禮畢 卽還御壽昌宮 至是 乃御延慶宮 (광화문 통합)	이어	음양	세가, 절요
62	명 27. 1	명종	移御연경궁	연경궁	대궐?		이어		세가
63	희 0. 6	희종	引祭奠使 迎詔于연경궁	연경궁	별궁, 대궐?	금 詔書	이어, 迎詔	외교	세가
64	희 5.11.乙未	희종	移御(還御) 연경궁	연경궁	별궁, 대궐?	日將晡 乘輿未駕, 御史飢甚…		이어	윤세유전 절요, 세가
65	고 15. 7	고종	연경궁에 이어	연경궁	별궁?	을미일		이어	세가
66	고 15. 8	고종	연경궁에서 소재도량	연경궁	별궁?	친설. 동진 방어?	이어, 소재	불교	세가

〈도표 3-3〉 장원정의 행사

번호	번호	연월	주체	행사내용	장소1	장소2	비고	분류1	분류2	전거
1	1	문 10.		是歲 作장원정 於서강餅嶽南		장원정	道詵 松岳明堂記云 西江邊 有君子御馬明堂之地, 自太祖統一丙申之歲至百二十年, 就此創構 國業延長, 至是 命太史令金宗允等 相地 構之	창건	공역	세가, 절요
2	2	문 14. 2	문종	장원정에 행차		장원정	계해일	이어		세가, 절요
3	3	문 17. 10	문종	장원정에 행차		장원정	임진일	이어		세가, 절요
4	4	문 21. 3	문종	장원정에 행차		장원정	무술일	이어		세가, 절요
5	5	문 23. 5	문종	장원정에 행차		장원정	경진일. 瑞文石 얻음, 시 짓기	이어		세가, 절요
6	6	문 35. 3	문종	장원정에 행차		장원정	갑오일	이어		세가, 절요
7	7	숙 5. 2	숙종	장원정에 행차		장원정	무오일	이어		세가, 절요
8	8	숙 9. 9.乙亥	숙종	덕음 반포하고 장원정 행차		장원정1	남경행차 기념?	이어	덕음 사면?	세가, 절요
9	8	숙 9. 9.己卯	숙종	重九詩를 지음.		장원정2	儒臣에게 和進하게 함	창화	중양 연회	세가
10	9	예 6. 8	예종	장원정에 행차		장원정1	을묘일	이어		세가
11	9	예 6. 9	예종	중양 연회, 시 짓기		장원정2	기사일. 중양절	시짓기	중양 연회	세가
12	9	예 6. 9	예종	시종관에게 활쏘기 시킴		장원정3	적중자에게 물건, 연회 하사	활쏘기	군사	세가

번호	번호	연월	주체	행사내용	장소1	장소2	비고	분류1	분류2	전거
13	10	예 7. 3	예종	장원정에 행차		장원정1	무오일 초하루	이어		세가
14	10	예 7. 3	예종	정지원 등에게 급제 하사		장원정2	임오일	과거	과거	세가
15	11	예 8. 8	예종	장원정에 행차		장원정	정묘일	이어		세가, 절요
16	12	예 12. 2	예종	장원정에 행차		장원정	기묘일	이어		세가, 절요
17	13	예 12. 9	예종	장원정에 次함		장원정	정미일	이어		세가
18	14	예 13. 2	예종	장원정 행차		장원정	병자일	이어		세가
19	15	예 14. 2	예종	장원정 행차		장원정	임인일	이어		세가, 절요
20	16	예 14. 8	예종	장원정 행차		장원정	정유일	이어		세가
21	17	예 16. 8	예종	장원정 행차		장원정	을묘일	이어		세가, 절요
22	18	인 1. 2	인종	장원정에 이어		장원정	계묘일	이어		세가
23	19	인12.9. 정미朔	인종	幸長源亭, 時, 妙淸之黨 固請西巡 欲濟逆謀, 王下兩府議之, 金富軾奏言, 今夏雷震乾龍殿, 不是吉兆 避灾於此 不亦左乎		장원정	況今西成未收 車駕若出 必至蹂禾 非仁民愛物之意, 乃與諫官 上疏極言, 上曰 所言至當 朕不敢西行, 乃以日官所奏 出御是亭	이어		세가, 절요
24	20	인 14. 2	인종	장원정에 행차		장원정	병인일	이어		세가, 절요
25	21	인 14. 8	인종	장원정에 행차		장원정	을묘일	이어		세가, 절요
26	22	인 15. 3		장원정 延淨寺 鍾 自鳴	연정사	장원정	신사일	이변	음양	오행지 水

번호	번호	연월	주체	행사내용	장소1	장소2	비고	분류1	분류2	전거
27	23	인 15. 3	인종	장원정 행차		장원정	정묘일	이어		세가, 절요
28	24	인 15. 9	인종	장원정에 출어. 정묘일		장원정	(10월에 환궁)	이어		세가, 절요
29	25	인 20. 8	인종	장원정에 출어. 정해일		장원정	一婦抱雙生兒 謁于路, 賜布二十匹	이어		세가, 절요
30	26	인 20.10.무진	인종	御장원정 서루, 閱射(세가) 御長源亭 閱射(절요)	서루	장원정	中者賜物 (세가, 절요)	이어, 사열	군사	세가, 절요
31	27	인 21. 8	인종	장원정에 출어		장원정	을미일	이어		세가
32	28	인 22. 2	인종	장원정에 출어		장원정	경술일	이어		세가
33	29	인 22. 8	인종	장원정에 출어		장원정	병오일	이어		세가
34	29	인 22. 9		慮囚		장원정	계해일	체류, 사면	정사	세가
35	29	인 22. 9.乙亥		서루에서 활쏘기 사열	서루	장원정		체류, 사열	군사	세가
36	29	인 22. 9.정축		서루에서 활쏘기 사열	서루	장원정	(10월 경진일 수창궁 환어)	체류, 사열	군사	세가
37	30	의 1. 9	의종	장원정에 출어		장원정1	계유일	이어		세가, 절요
38	30	의 1. 9	의종	서루에서 격구 관람	서루	장원정2		격구	군사	세가, 절요
39	30	의 1. 10	의종	서루에서 격구 관람	서루	장원정3	을미일 초하루	격구	군사	세가, 절요
40	30	의 1. 10	의종	서루에서 격구 관람	서루	장원정4	정유일. 4일 동안 관람	격구	군사	세가, 절요
41	31	의 3. 3	의종	장원정 출어		장원정	신묘일	이어		세가
42	31	의 3. 3		慮囚		장원정	을미일	체류, 사면	정사	세가

번호	번호	연월	주체	행사내용	장소1	장소2	비고	분류1	분류2	전거
43	31	의 3. 3	의종	서루에서 격구 관람	서루	장원정	3일간 (정유일부터)	체류, 격구	군사	세가, 절요
44	32	의 3. 8	의종	장원정에 출어		장원정1	기미일	이어		세가
45	32	의 3. 8	의종	격구 관람	서루	장원정2	임신일	격구	군사	세가, 절요
46	32	의 3. 8	의종	고조기 등을 引見		장원정3	置酒 論國事. 계유일	정사	정사	세가
47	32	의 3. 8	의종	서루에 이어해 격구를 구경	서루	장원정4	계유일	격구	군사	세가, 절요
48	32	의 3. 9	의종	격구 관람	서루	장원정5	계미일	격구	군사	세가
49	32	의 3. 9.을유	의종	격구 戱馬 또 관람(세가)	서루	장원정6	御西樓 觀擊毬戱馬(절요)	격구 희마	군사	세가, 절요
50	32	의 3. 9	의종	최유청 등을 引見 置酒		장원정7	정해일	연회	연회	세가, 절요
51	32	의 3. 9	의종	격구 관람	서루	장원정8	정해일	격구	군사	세가, 절요
52	32	의 3. 9		慮囚		장원정9	경인일	사면	사면	세가
53	32	의 3. 9	의종	서루에서 격구 관람	서루	장원정1 0	계사일. 2일간	격구	군사	세가, 절요
54	32	의 3. 9	의종	서루에서 격구 관람	서루	장원정1 1	병신일 밤	격구	군사	세가
55	33	의 7. 8	의종	장원정에 출어		장원정1		이어		세가
56	33	의 7. 10		어사대가 伏閤해 論事	합문	장원정2		伏閤	정사	세가
57	34	의 8. 1	의종	장원정에 출어		장원정1		이어		세가
58	34	의 8. 1	의종	경풍전에서 문신에 시짓기 명령	경풍전	장원정2	합격자에게 물건과 酒果 하사	시짓기	연회	세가, 절요
59	34	의 8. 1	의종	양화루에서 곡연	양화루	장원정3		연회	연회	세가, 절요

번호	번호	연월	주체	행사내용	장소1	장소2	비고	분류1	분류2	전거
60	35	의 8. 3	의종	丙辰, 양화루에서 곡연	양화루	장원정	2월 계축일의 경천사 행차 다음	이어	연회	세가, 절요
61	36	의 9. 1	의종	장원정에 출어		장원정1		이어		세가
62	36	의 9. 2	간관	복합해 論事	합문	장원정2		간쟁	정사	세가
63	37	의 9. 3	의종	장원정에 출어		장원정		이어		세가
64	38	의 9. 8	의종	장원정에 출어		장원정		이어		세가
65	39	의 11. 1	의종	장원정에 출어		장원정		이어		세가
66	40	의 11. 3	의종	장원정에 이어		장원정	상승국 화재	이어		세가
67	41	의 11. 8	의종	장원정에 출어		장원정		이어		세가
68	42	의 14. 3	의종	장원정에 이어		장원정1	임오일	이어		세가
69	42	의 14. 3	의종	서루에서 諸將 鞍馬를 사열	서루	장원정2	御서루	사열	군사	세가
70	43	의 15. 4	의종	장원정에 출어		장원정	계묘일 초하루	이어		세가
71	44	의 15. 8	의종	장원정에 출어		장원정	임인일	이어		세가
72	45	의 15. 9	의종	장원정에 이어		장원정	정축일	이어		세가
73	46	의 16. 3	의종	장원정에 이어		장원정	병오일	이어		세가
74	47	의 16. 8	의종	장원정에 출어		장원정	을축일 초하루	이어		세가
75	48	의 16. 9	의종	장원정에 이어		장원정	갑오일 초하루	이어		세가

제4장 고려시대 대명궁 순천관과 객관

머리말

1. 대명궁과 순천관
2. 송 汴京에서 고려 개경까지
3. 송 사절단의 개경 체류와 순천관
4. 다양한 객관의 양상

맺음말

머리말

대명궁은 개경의 궁궐 중에서도 특이한 존재였다. 후비궁에서 시작해 왕궁으로 변화하더니 곧 순천관으로 개칭되어 송나라 사신을 위한 객관으로 쓰였다. 송(북송)의 멸망 이후에는 본래의 명칭 대명궁을 회복해 왕궁으로 쓰이면서도 가끔 순천관으로 불리기도 했다. 고려말에는 숭문관을 거쳐 성균관으로 변화해 조선시대로 이어졌고 오늘날 북한에서는 주요 유물들을 보관하고 전시하는 고려박물관으로 사용되고 있다.

대명궁은 고려초부터 조선시대까지의 역사와 문화가 담겨 있을 뿐만 아니라 원형을 많이 잃었지만 현재까지도 사용되고 있어 의미가 대단히 큰 곳이다. 더구나 고려 문종대부터 인종대까지는 송사 위한 순천관으로 사용되었으니 송나라와의 외교의 주요 공간이었으며 나아가 송나라 문화를 접하고 받아들이는 주요 통로였다. 북송 멸망 이후에는 정치적으로도 중요한 별궁으로 사용되었으며, 대명궁 시절이든 순천관 시절이든 군사 사열과 출정의 장소로 자주 사용되었다.

이처럼 대명궁과 순천관은 고려의 정치, 외교, 문화, 군사 등에서 중요한 위상을 차지했던 공간이었으니 이에 대한 구체적인 연구가 필요하다. 대명궁과 순천관이 어떻게 운영되었는지, 여기에서 무슨 일이 행해졌는지 살펴보려 한다. 이어서 송 사절단이 고려에 어떻게 왔는지 소개하고 순천관에 머물면서 무슨 일을 했고 순천관의 구조는 어떠했는지 조명하려 한다. 그리고 개경의 다른 객관의 실태는 어떠했는지 고찰하려 한다. 서긍이 송 사절단의 일원으로 고려를 방문해 기록으로 남긴 『고려도경』을 적극적으로 활용하려 한다.

1. 대명궁과 순천관

大明宮은 경종의 배필 大明宮夫人 柳氏(태조의 아들 원장태자의 딸)[1]의 大明宮에서 비롯되었으니 원래 후비궁의 하나였다. 현종의 배필 중의 하나가 대명궁을 물려받아 大明宮主와 大明王后라 불리게 되었는데,[2] 왕비 시절에 항춘전(상춘전) 왕비로 불린 적이 있고 사후에 원화왕후를 받은 성종의 딸 최씨[3]가 바로 그녀로 추정된다. 서긍은 『고려도경』에서 宋使를 위한 객관인 順天館을 소개하면서, 王徽(문종)가 이것을 건립해 別宮으로 삼았는데 元豊 시절에 朝貢한 후에 中朝 人使를 접대할 곳이 없자 이것을 고쳐 館으로 삼아 '順天'이라 명명했다고 언급했다.[4] 『송사』 고려전에 따르면, 송의 사신 安燾·陳睦 등이 신종의 원풍 원년(고려 문종 32년)에 2척의 神舟(明州에서 제작) 등을 타고 定海를 출발해 고려에 와서 '순천관'이라는 별궁에 머물렀으니, 대명궁은 문종 32년에 순천관으로 전환되어 있었다. 문종은 후비궁이었

1 『고려사』 권88, 후비전 경종·태조의 배필 ; 『고려사』 권90, 종실전, 태조의 아들

2 『고려사』 권94, 지채문전

3 『고려사』 권88, 후비전 현종의 배필

4 『고려도경』 권27, 館舍 順天館. '원풍'은 송 신종의 연호인데 고려 문종의 치세로는 문종 32년~37년에 해당한다. 순천관은 '尊順中國如天'의 의미를 지녔다고 한다(『송사』 고려전).

다가 주인이 없게 된 대명궁을 중창해 임금의 별궁으로 삼았다가 宋使를 위한 순천관으로 개편했다고 여겨진다.

대명궁(순천관) 기사는 문종부터 江都 이전까지 『고려사』와 『고려사절요』에 44회 내지 45회 나타나는데 호랑이가 대명궁에 들어온 기사 2회[5]를 제외한 행사는 42회 내지 43회이다. 과거는 1회로 숙종이 7년 3월에 윤관에게 명해 순천관에서 진사를 시험하게 하고 殿前副丞旨를 보내 宋朝 細筆을 진사에게 하사한 일[6]이 그것이다. 연회는 1회(외교 관련 연회 제외)로 예종이 17년 3월에 순천관에 행차해 接賓의 일을 점검하고 香林亭에서 재추를 연회하다가 아파서 환궁한 일[7]이 그것이다. 형벌은 1회로, 인종 4년 2월에 이자겸이 아들 이지보로 하여금 추밀 지록연을 결박해 순천관에서 거의 죽을 정도로 참혹하게 고문하게 한 일[8]이 그것이다. 사면령은 1회로, 가뭄 때문에 인종 12년 5월에 諸陵 및 廟社·山川에 禱雨했는데 인종이 태조진전(봉은사 太祖廟)을 알현해 울면서 가뭄상황을 고하며 기우하고는 또 대명궁에 이어해 사면령을 내린 일[9]이 그것이다. 일반 政事는 1회로, 인종이 12년 10월 갑오일에 대명궁에 入御하고는 정유일에 백관에게 직무에 충실하라는 취지의 명령을 내린 일[10]이 그것이다.

명종이 3년 2월 경인일에 대명궁에 이어하더니, 신묘일에 인종 忌辰을 맞이해 樂賓亭(대명궁 소속)에서 飯僧했고, 3월 계사일 초하루에

---

5 의종 원년 8월과 명종 6년 9월에 호랑이가 대명궁에 들어왔다. 『고려사』 권54, 오행지 金

6 『고려사』 권11, 숙종 7년 3월

7 『고려사』 권14, 예종 17년 3월. 왕이 등에 종기가 생긴 것을 알았다.

8 『고려사절요』 권9, 인종 4년 2월; 『고려사』 권94, 지채문전 첨부 지록연전. 지록연이 인종의 측근들과 함께 이자겸과 척준경을 제거하려다 실패했기 때문이었다.

9 『고려사』 권16, 인종 12년 5월

10 『고려사』 권16, 인종 12년 10월

영통사에 갔고, 기유일에 慮囚했으며, 4월 신사일에 문하평장사 정중부와 중서평장사 윤인첨에게 명령해 元子 璹을 책봉해 왕태자로 삼았고, 정해일에 王 長女를 책봉해 延禧宮公主로, 次女를 책봉해 壽安宮公主로 삼았고, 무자일에 수창궁으로 이어했다.[11] 이로 보아 태자 책봉과 공주 책봉 장소는 대명궁으로 판단된다. 명종의 대명궁 이어, 인종 기일의 낙빈정 반승, 영통사 행차(인종진전의 忌日 行香), 죄수 사면, 태자와 공주 책봉은 서로 연관된 일련의 행사로 여겨진다.

군사는 5회 나타나는데, 예종 2년 윤10월에 예종이 장차 여진을 정벌하고자 순천관 南門에 이어해 閱兵하고 윤관을 원수로, 오연총을 부원수로 임명했고, 인종은 10년 10월에 숭문전에 이어해 활쏘기를 사열해 적중자에게 물품을 하사했고,[12] 인종 13년 정월에 묘청이 서경에서 거병함에 김부식 등 諸將이 出師하고자 궐에 나아가 명령을 기다리자 金安 등이 兵期를 늦추려고 아뢰기를, 金使를 引見하여 조서를 받은 이후 대명궁에 이어해 諸將을 보내도 늦지 않다고 했다.[13] 고종 3년 11월에 행영중군원수 정숙첨과 부원수 조충 등이 거란적을 토벌하기 위해 순천관에서 點兵했고, 3년 12월에 고종이 순천관에 행차해 崇文殿(순천관 소속)에 이어하자 정숙첨과 조충이 戎服을 입은 채 諸摠管을 거느리고 入庭 行禮하니 왕이 친히 斧鉞을 주어 出師 시켰다.[14] 이제현의 「金平章 行軍 記」에 따르면, 高王(고종) 3년 병자년 8월에 契丹이 入境하자 상장군 노원순의 중군과 상장군 오응부의 우군과 攝상

---

11 『고려사』 권19, 명종 3년 2월·3월·4월. 좌수 배려도 대명궁에서 행해졌을 가능성이 있다.

12 『고려사』 권12, 예종 2년 윤10월; 권16, 인종 10년 10월

13 『고려사』 권127, 묘청전

14 『고려사』 권103, 조충전; 『고려사절요』 권14, 고종 3년 11월·12월; 『고려사』 권64, 예지 군례 師還儀, 고종 3년 10월·12월. 『고려사』 예지 군례 師還儀에는 고종이 3년 12월에 순천관에 행차해 '文德殿'에 이어한 것으로 되어 있지만 이 '文德殿'은 崇文殿의 오류이다.

장군 김취려의 후군이 13일에 順天館에서 大閱하고는 22일에 右軍이 西普通(서보통원)에 주둔하고, 中軍이 樓橋院에 주둔하고, 後軍이 과전에 주둔했다가 거란적과 싸우러 떠났다.[15] 이는 『고려사』와 『고려사절요』에 누락되었으니 순천관 사열 사례는 더 늘어난다. 이처럼 대명궁(순천관)은 군사 사열과 출정의례의 주된 무대였다.

대명궁 경연은 8회 나타나는데, 인종 11년 5월 임신일에 徙市하고 인종이 숭문전에 이어해 평장사 김부식에게 주역과 상서를 강독하게 하고 한림학사승지 金富儀와 知奏事 홍이서와 승선 鄭沆과 기거주 정지상과 司業 윤언이 등에게 問難하게 했고, 5월 갑술일에 (대명궁에서) 金富儀에게 서경 홍범을 강독하게 하고 무인일에 윤언이에게 중용을 강독하게 했다. 인종 11년 7월 갑자일에 수락당(대명궁 소속)에 이어해 김부식에게 명령해 『주역』 건괘를 강독하게 하고 정묘일에 또 태괘를 강독하게 했는데 신미일에 큰 비가 내렸다. 인종 12년 6월 기묘일 초하루의 무당 기우제의 2일 후인 신사일에 대명궁 수락당에 이어해 한림학사 金富儀에게 월령을 강독하게 했고, 6월 갑오일에 수락당에 이어해 한림학사 鄭沆에게 『시경』 칠월편을 강독하게 했으며, 12년 7월 갑자일에 보문각직학사 윤언이에게 월령을 강독하게 했는데 대명궁에서 행한 일로 여겨지며 을해일에 큰 비가 내렸다.[16] 이 대명궁 경연들은 기우의 일환으로 여겨진다. 대명궁의 경연 장소로는 수락당이 자주 이용되었고, 숭문전도 때로 이용되었다. 한편 선종 6년 8월에 국학의 수리 때문에 儀仗을 갖추어 문선왕(공자)을 순천관으로 移安한 일도 있었다.[17]

대명궁 불교행사는 5회 나타나는데, 인종 11년 4월에 7일간 숭문전

15 『익재난고』 권6, 「문하시랑평장사 판이부사 贈謚威烈公 金公行軍記」; 『동문선』 권69, 記 「金平章 行軍 記」

16 『고려사』 인종세가

17 『고려사』 권10, 선종 6년 8월

에서 금강경도량(금광명경도량)을 개최했고, 인종 11년 6월 무술일과 12년 6월 계사일에 왕이 숭문전에서 보살계도량을 개설했다. 명종 3년 2월에 인종 기일이라 낙빈정에서 飯僧했고, 명종 3년 10월에 숭문전에서 소재도량을 개설했다.[18] 원각국사 비문에 따르면, 갑신년(의종 18년) 여름에 오랫동안 가물자 毅廟가 大明宮[19]에 說經會를 개설하고 덕소에게 詔하여 說主로 삼았는데 禪師 덕소가 講說하자 곧 時雨가 沛然히 내렸다.[20] 이를 고려하면 대명궁 불교행사는 더 늘어난다.

대명궁의 도교 초례는 2회 나타난다. 명종이 3년 4월 임신일에 내전에서 태일에 초례했는데, 명종이 3년 2월 경인일에 대명궁에 이어하고 3년 4월 무자일에 수창궁에 이어하니, 태일에 초례한 이 내전은 대명궁으로 여겨진다. 또한 명종은 5년 8월 기미일에 現聖寺에 행차하고 또 순천관에 행차해 天皇祠와 地眞祠에 祈福했다.[21] 순천관은 도교시설인 天皇祠와 地眞祠를 지니고 있었던 것이다.

순천관 외교 기사는 8회 내지 9회 나타난다. 문종 32년 4월에 宋明州가 사람을 보내와 송 황제가 사신을 파견해 通信하겠다는 뜻을 전달하니 문종이 기뻐해 '館待'의 일을 철저하게 준비하라고 했다. 32년 6월 갑인일에 송 國信使인 좌간의대부 安燾와 기거사인 陳睦 등이 예성강에 도착하자 병부상서 盧旦을 筵伴으로 삼고, 西郊亭에 이르자 중추원사 형부상서 金悌를 筵伴으로 삼고, 순천관에 들어가자 지중추원사 호부상서 김양감과 예부시랑 이양신을 館伴으로 삼았으며, 6월 정묘일에 문종이 태자에게 명령해 순천관에 나아가 송사를 인도해 창합

---

18 『고려사』 인종세가 및 명종세가

19 大明宮이 文明宮 혹은 大和宮으로 되어 있는 서책도 있다.

20 천태종 옥천 寧國寺 원각국사 비문. 덕소는 隨駕해 行在를 護했는데(의종의 서경 행차를 수행), 還駕하다가 平州에 멈춰 덕소를 大禪師로 삼았다.

21 『고려사』 권19, 명종 3년 2월·4월 및 5년 8월 ; 『고려사절요』 권12, 명종 5년 8월

문(대궐 회경전문 앞의 문)에 이르자 下馬해 회경전 庭에 들어갔는데 왕이 당시 아파 좌우로 하여금 부축하게 해서 나와 조서를 받으니, 태자가 群臣을 거느린 채 축하를 드리고 東西二京과 東北兩界兵馬使와 8목과 4도호부가 역시 表賀했고, 문종이 태자에게 명해 客使를 건덕전에서 연회하게 했으며, 6월 기사일에 문종이 지중추원사 이부상서 柳洪에게 명해 순천관에 나아가 拂塵宴을 개설하게 했다.[22] 이처럼 문종 32년 4월에 송과 고려의 외교가 복원되면서 고려가 송사를 '館待'하기 위해 대명궁이 순천관으로 전환되었다. 예종 5년 4월에 왕이 순천관에 행차해 接賓의 일을 점검했으며, 5년 6월 신사일에 송이 王襄과 張邦昌을 보내오자 참지정사 李瑋와 殿中少監 좌승선 한교여로 館伴을 삼았고, 계미일에 예종이 대방후에게 명해 순천관에 가서 迎詔하여 闕庭(구정)에 도착하자 예종이 신봉문에 나가 拜詔하고 먼저 회경전 幕으로 들어갔고, 이어서 王襄 등이 이르자 왕이 出迎해 회경전 殿庭에 들어가 조서 및 衣帶를 받고 上殿했으며, 무자일에 송사를 회경전에서 연회했다.[23] 예종 10년 4월에 省(중서문하성)의 侍臣과 추밀원 承制(承宣)가 송에 가는 王字之와 문공미를 樂賓亭에서 전별했는데 왕이 내시 임경청을 보내 御製詩와 酒果를 하사했고, 예종이 17년 3월에 순천관에 행차해 接賓 일을 점검했다.[24] 인종이 4년 10월에 대명궁에서 金使를 전별했는데 回表를 첨부하여 사례하는 것이 한결같이 事遼 舊制에 의거했다.[25] 남송의 국신사 양응성 등이 인종 6년 6월 정묘일에 고려 개경에 와서 8월 경오일까지 館에 머물며 金에 가는 길을 빌려달라고 했지만 거절당했는데(『고려사』 인종세가 ; 『송사』 고려전), 그

---

22 『고려사』 권9, 문종 32년 4월·6월. '불진연'은 여행으로 인한 먼지를 털어내는 연회이다.

23 『고려사』 권13, 예종 5년 4월·6월; 『고려사』 권65, 예지 빈례, 예종 5년 6월

24 『고려사』 권14, 예종 10년 4월 및 17년 3월

25 『고려사』 권15, 인종 4년 10월. 대명궁이 금사를 위해 사용된 사례이다.

객관이 순천관이라면 순천관 외교사례는 더 늘게 된다.

그런데 『고려사』 세가에 따르면, 인종 원년 6월 갑오일(13일)에 송 國信使 예부시랑 路允迪과 중서사인 傅墨卿이 와서 경자일(19일)에 회경전에서 迎詔했고, 계묘일(22일)에 왕이 魂堂에 나아가 祭奠弔慰詔를 받았고, 7월 신유일(10일)에 宋使 路允迪 등이 돌아가려 함에 왕이 附表하여 사례했다.[26] 『고려사』 김부식전에 따르면, 宋使 노윤적이 왔을 때 김부식이 館伴이 되었는데, 그 介인 徐兢이 김부식을 만나보고는 김부식이 문장을 잘 짓고 古今에 통하고 사람됨이 좋음에 반하여 圖形하여 돌아가 그가 저술한 『高麗圖經』에 富軾 世家를 실으니 김부식의 이름이 천하에 알려지게 되었으며, 후에 김부식이 송에 사신으로 감에 이르는 곳마다 禮로 대우했다.[27] 여기서 館伴은 順天館에서 사절단을 담당한 직책을 일컫는다.

이처럼 인종 원년 6월~7월에 송사 노윤적, 부묵경, 서긍 일행이 고려의 개경에서 각종 행사에 참여했고 '館伴'이 암시하듯이 순천관에 머물렀는데, 『고려사』에는 사절단의 도착과 고려 국왕(인종)의 조서 영접과 사망한 예종 및 즉위한 국왕(인종)에 대한 祭奠弔慰 조서 반포와 사절단의 귀국 및 고려의 附表만이 기록되었다. 하지만 이 사절단에 提轄로 참여한 서긍의 『고려도경』에는 사절단의 활동은 물론 순천관에 대해서 자세한 기록을 남겼으니 순천관의 외교관련 기사는 더욱 늘어난다.

『고려도경』에 따르면, 노윤적 등의 사절단은 원래 고려와의 통상적인 외교임무를 띠고 인종의 부친인 예종을 만나기 위해 1122년 음력 3월에 꾸려져 준비에 들어갔다. 그런데 9월에 예종이 세상을 떴다는 소식을 듣고 예종에게 제사지내는 임무와 새로 즉위한 인종을 위로하

26 『고려사』 권15, 인종 원년 6월 및 7월
27 『고려사』 권98, 김부식전

는 임무를 겸하게 되었다. 다음해인 1123년(고려 인종 원년) 3월에 송의 수도 변경(개봉)을 출발해 배를 타고 운하를 따라 남하해 명주(영파)에 도착했다. 5월 16일에 명주를 출발해 6월 12일에 고려 예성항(벽란도)에 도착해 하루를 숙박하고 그 다음날 육로로 고려의 수도 개경성으로 들어왔다. 대략 1개월 동안 개경에 머물며 임무를 수행하다가 7월 13일에 개경성을 출발해 8월 27일에 명주에 도착했다.[28]

대명궁(순천관)은 앞에서 살펴보았듯이 『고려사』와 『고려사절요』의 사례에 의하면 崇文殿, 樂賓亭, 壽樂堂, 香林亭, 南門, 天皇祠, 地眞祠 등을 지녔다. 숭문전은 활쏘기 사열, 출정군의 사열과 출정명령 반포, 불교의 법회, 유교경전의 강독 등으로 사용되었는데 정전으로 여겨진다. 낙빈정에서는 송에 가는 사신을 위한 전별연과 승려를 공양하는 飯僧이 행해졌고, 수락당은 유교경전을 강독하는 경연 장소로 애용되었고, 향림정에서는 연회가 열렸고, 남문에서는 군사 사열식이 열렸다.

순천관(대명궁)은 고종 3년 12월에 정숙첨과 조충이 순천관의 숭문전 庭에서 출정 의식을 행한 것[29]을 마지막으로 기록에 보이지 않는다. 그 후 어느 시기에 崇文館으로 전환되며 공민왕 16년에 성균관이 이곳으로 옮겨 중영된다.[30] 숭문관은 충렬왕 6년 3월에 감찰사가 상서하여 時事를 논하자 왕이 크게 노하여 侍史 심양을 숭문관에서 국문한 데[31]에 보이니 그 이전에 순천관이 숭문관으로 전환된 것으로 보인다.

그런데 이인로의 「雙明齋 記」에 따르면, 지금 太尉 昌原公(崔讜)이 70세가 못되어 은퇴해 崇文舘 남쪽 斷峯의 頂에 佳樹 하나를 사랑해 그 옆에 堂을 지어 雙明齋라 명명하여 當世 士大夫 중의 年高 德卲者 8인과 더불어 그곳에서 遊息하며 날마다 琴碁詩酒로 즐거움을 삼으니

---

28 『고려도경』 권34~권39, 海道; 『고려도경』 序
29 『고려사』 권103, 조충전; 『고려사절요』 권14, 고종 3년 12월
30 『고려사』 권74, 선거지 학교 국학
31 『고려사』 권 29, 충렬왕 6년 3월

四子(四仙)가 姑射(막고야)에 있는 듯, 五老가 汾河에서 노니는 듯했으며, 창원공이 畵工에게 海東耆老圖를 그리게 해 돌에 새겼는데 僕(이인로)이 跪履하여 나아가 1篇의 書를 받았기에 記를 쓴다고 했다.[32] 崔瀣의 海東耆老會序(「拙藁千百」)에 따르면, 神王 무오년(신종 원년)에 崔靖安公(최당)이 퇴직해 雙明齋를 靈昌里 中에 열고 계해년(신종 6년)에 士大夫 중의 '耆而自逸者'를 모아 날마다 詩酒琴棊로 서로 즐겼는데 好事者가 그 모습을 그린 그림을 전하여 海東耆老圖라고 했으며, 당시 한림 이미수(이인로)가 諸老 사이에서 從容하면서 詩文 100餘首를 지어 그 일을 자세히 묘사한 雙明集이 士林에 전했다.[33]

최당의 쌍명재는 숭문관의 남쪽 斷峯, 영창리에 위치했는데 이 숭문관이 순천관의 후신인지, 즉 성균관의 전신인지 문제이다. 이인로는 고종 7년에 사망하지만 그가 「雙明齋 記」를 저술한 시기는 쌍명재의 주인인 崔讜이 생존한 시기였다. 최당은 희종 7년에 77세로 사망해 '靖安'이라는 시호를 받는다.[34] 그러니까 「雙明齋 記」는 최당이 耆老會를 조직한 신종 6년(1203)부터 그가 사망하는 희종 7년(1211) 사이에 저술된 글이니 여기에 나오는 '숭문관'도 이 시기의 그것이다. 그런데 이 시기에는 '순천관'이 여전히 존재했으니 서로 별개의 시설이었다. 정리하면 숭문관은 영창리의 한 곳에 있다가 고종 3년 12월 이후의 어느 시기에 순천관 자리로 옮겨갔지만, 공민왕 16년에 성균관에게 그 자리를 내주게 되었다.

---

32 『동문선』 권65, 記. 한편 「묘련사 石池竈記」(『동문선』 권69, 記)에 따르면, 삼장순암법사가 익재(이제현)에게 말하기를, 옛적에 崔靖安公이 일찍이 조직한 雙明耆老會가 묘련사의 北岡에서 數百步 거리에 있어 가까웠다고 했다.
33 『拙藁千百』 및 『동문선』 권84, 「海東 後耆老會 序」(최해)
34 『고려사』 권99, 최유청전 첨부 최당

2. 송 汴京에서 고려 개경까지

송의 路允迪 사절단의 송에서부터 고려까지의 여정[35]을 서긍의 시각에서 자세히 살펴보자. 1122년 음력 3월에 급사중 노윤적과 중서사인 부묵경이 고려에 가는 사신인 국신사와 국신부사에 임명되었다. 고려행 사절단의 정사와 부사인 이 둘이 지휘하여 사절단을 꾸렸고 서긍도 여기에 포함되었다. 그 다음해인 1123년 2월 18일에 장비와 배가 갖추어졌다. 2월 24일에 황제의 명령을 받들어 예물을 살폈다. 3월 13일에는 황제가 친히 숭정전에 행차해 무사히 임무를 마치고 돌아오기를 당부했고, 14일에는 전송연회를 베풀었다. 준비기간만 무려 1년이 걸렸으니 송이 고려에 대해 얼마나 신경을 많이 썼는지 느낄 수 있다.

路允迪 사절단은 1123년 3월 14일에 송의 수도 변경(개봉)을 출발했다. 운하를 따라 배를 타고 남쪽으로 내려와 明州(영파)에 5월 3일에 도착했다. '신주' 2척과 '객주' 6척도 명주에 정박해 대기하였다. 5월 13일에는 고려에 선물하는 예물을 8척에 나누어 실었다. 출발일에 앞서 무사한 여정을 기원하는 도량을 총지원에서 7일 동안 열였고, 또한 황제가 내린 향을 廣德王祠에서 사르며 기원했다.

드디어 사절단의 배가 5월 16일에 明州를 출발했다. 19일에 정해현에 도착하니 鄞江이 끝나는 부분의 바다에 치솟은 초보산이 보였는데,

---

35 『고려도경』 권34~권39, 海道. 송과 고려는 송의 수도 개봉이 황하 남쪽에 위치하고 거란족 혹은 여진족이 요동과 요서 지역을 차지했기 때문에 바닷길을 이용해 교류했다. 초기에는 개경 벽란도에서 직선거리인 산동반도 방면의 해로가 주로 이용되었다. 그러다가 산동반도 북쪽 발해만을 장악한 거란족 요나라의 압력을 피해 중국의 남동쪽 항구인 명주(영파)를 주로 이용하게 되었다. 『고려도경』의 해석에는 조동원의 『고려도경』(황소자리, 2005), 민족문화추진회의 『국역 고려도경』 등이 참고된다.

이 산 위에 있는 불탑이 등대 역할을 했다. 이곳이 바다로 나가는 입구였다. 황제의 대리자 관필이 초보산에 올라 황제가 내린 향을 피우며 바다를 향해 절을 하며 기원했다. 5월 24일에 8척의 배가 북을 울리고 깃발을 휘날리며 차례로 출발했다. 초보산과 호두산을 지났지만 강물이 모이는 곳이라 물이 아직 탁했다. 蛟門을 거쳐 松柏灣을 지나 蘆浦에 다다라 정박했다.[36]

5월 25일에 심씨 사람들이 사는 沈家門에 다다라 정박했다. 바람과 비가 몰아쳐 캄캄해지고 천둥번개가 치고 우박이 쏟아지다가 그쳤다. 밤에 산에 올라가 산천을 관장하는 신에게 제사지냈다. 그리고 배마다 작은 배를 만들어 불경과 음식을 싣고 사절단 개개인의 이름을 일일이 적어 그 작은 배에 집어넣어 바다로 띄워 보내며 여정의 평안을 빌었다. 26일에 서북풍이 격렬하게 불었다. 正使가 三節人을 거느리고 작은 배를 타 심가문 옆의 '梅岺'에 상륙했다.[37] 산기슭 깊숙이 들어가면 蕭梁이 건축한 '寶陁院'이 나오는데 여기에는 신령하게 감응하는 관음이 모셔져 있었다.[38] 노윤적 일행이 보타원에 들어간 그 날 밤에 승려들이 향을 태우며 범패를 심히 엄하게 불렀다. 三節과 병졸도 경건하게 의례를 진행했다. 27일에도 바람의 기세가 안정되지 않았다.

5월 28일이 되어서야 바람이 안정되었다. 정사와 부사가 2명의 道

---

36 '門'은 바다에 마주보고 있는 두 산 사이에 배가 통과할 수 있는 물길을 일컫는다.

37 서긍에 따르면 이곳은 '梅子眞'이라는 신선이 은거한 곳이라 하여 그러한 이름이 붙여졌다고 한다.

38 서긍에 따르면 옛적에 신라 賈人이 오대산에 가서 관음상을 깎아 그것을 싣고 고국으로 돌아가려 바다로 나갔는데 암초를 만나 배가 옴짝달싹 못하자 그 관음상을 암초 위에 두니, 보타원의 승려 종악이 법당에 봉안했다. 이후 바다를 왕래하는 사람들은 반드시 여기에 나아가 복을 빌면 감응하지 않음이 없었다. 오월의 錢氏가 그 관음상을 城中의 開元寺로 옮겼으니 그 후 매잠에서 받드는 관음상은 후대에 제작한 것이었다. 숭녕 시절에 사절이 조정에 아뢰니 그 절에 새로운 편액을 내리고 해마다 승려를 파견하고 절을 수리하였다. 사절은 여기에 이르면 기도하기를 요청하는 게 관례였다고 한다.

官과 함께 황제가 내린 부적 13개를 바다에 던졌다. 출항해 '赤門'을 지나자 물빛이 점차 푸르러졌다. 엎드린 당나귀같은 '海驢焦'라는 암초를 지나갔다. 저 멀리 봉래산이 보였는데, 이 섬은 창국현의 경계에 속하였다. 이 지역을 지나면 산이라 부를만한 섬은 보이지 않는다. 파도가 용솟음치며 출렁거려 배가 흔들리고 요동쳐 사람들 대부분이 구토와 현기증으로 엎어져 몸을 가누지 못했다. 풍랑이 더욱 거세지는 가운데 뱃사람들은 암초를 두려워해 '半洋焦'를 피해 나아갔다. 별만을 보고 가다가 별조차 사라져 캄캄해지자 지남침(나침반)으로 남북을 가늠했고, 8척의 배가 모두 호응해 불을 밝혔다.

바람이 서북풍으로 바뀌어 세차게 불자 돛을 내렸지만 배가 심하게 요동쳐 병과 항아리가 모두 쓰러졌다. 사람들이 두려움에 벌벌 떨다가 동틀 무렵 바람이 좀 가라앉자 사람들의 마음도 안정을 되찾았다. 돛을 올려 나아가 흰 빛을 띤 '白水洋'을 지나 '黃水洋'을 만났다. 이 바다는 1000여 리에 뻗은 모래톱을 지녀 물이 혼탁하고 얕았다.[39] 배가 北海洋인 黑水洋으로 들어섰다. 물빛이 점점 짙어지더니 먹물처럼 흑색을 띠었다. 성난 파도가 달려와 만 개의 산처럼 덮쳤다가 급강하하니 위장이 뒤집혀 숨을 헐떡거리며 엎어져 구토하고 음식은 목구멍으로 넘어가지 않았다. 피곤해 쉬고 싶어도 굴러다닐까 보아 누워 있기가 곤란하다. 제발 목숨만 살게 해 달라고 빌 뿐이었다.

6월 1일 정오에 바람이 거세져 첫째 배의 큰 돛대가 우두둑 소리를

---

39 서긍에 따르면, 이 모래톱에 배가 부딪쳐 피해를 입은 자들이 많았으므로 이곳에 이르면 닭과 기장곡식으로 제사지내 익사자들의 원혼을 달래주어야 했다. 중국에서 구려(고려)로 가는 항로에서 명주 항로만이 이 지역을 경유하며, 등주(산동반도) 판교에서 가는 경우는 피할 수가 있었다. 근래 사절단이 돌아오다가 이곳에 이르러 첫 번째 배가 거의 얕은 곳에 닿을 뻔했고, 두 번째 배는 키 3개가 부러졌지만 탑승한 사람들이 겨우 살아 돌아왔다. 이러한 까닭에 뱃사람들은 매양 이곳을 지나는 것을 어렵게 여겨 납추를 수시로 던져 깊이를 잰다고 했다.

내며 부러지려고 하자 재빨리 큰 목재를 대어서 보수했다. 2일에 병풍처럼 생긴 夾界山(소흑산도)이 점점 다가왔다. 이 섬은 華(송)와 夷(고려)의 경계인데, 두 개의 봉우리를 지녀 雙髻山이라고도 하며, 달리는 말의 형상과 같은 작은 암초 수십 개를 지녔다. 3일 오후에 다섯 개의 작은 산을 지닌 '五嶼'를 지나니 나란히 솟은 세 개의 산을 지닌 '排島(排垜山)'가 보였는데, 화살받이 벽을 닮아 뱃사람들이 그렇게 부른다. 옥처럼 흰 '白山'을 지나치니 '黑山'이 다가왔다. 흑산(흑산도)은 산이 중첩되어 지극히 높고 험준하며, 앞의 작은 봉우리 가운데는 동굴처럼 텅빈 공간이 있었다. 이곳은 백성이 거주하는 취락이 있으며 사신의 배가 묵는 곳이어서 관사가 있는데 이번에는 여기에 정박하지 않았다.[40]

달처럼 감싼 '月嶼'가 보이는데, 養源寺라는 절을 지닌 '大月嶼'와 그 옆의 '小月嶼'로 이루어졌다. 좀더 나아가니 산이 높고 험한 闌山島(天仙島)가 보이는데 거북 모양의 작은 암초 2개를 지녔다. 좀더 나아가니 이어진 세 개의 산과 작은 암초를 지닌 '白衣島'와 그 동북쪽의 '跪苫'이 다가왔다.[41] '春草苫'과 '檳榔焦'를 바라보며 항해했는데 바람이 잠잠해 속도를 내기 힘들었다. 배가 썰물을 따라 밀려나면서 다시 큰 바다로 들어가려 하니 모두가 두려워하며 급히 해안 방향으로 온힘을 다해 노를 저어 버텼다. 4일 날이 밝아서야 겨우 춘초섬 지역을 벗어날 수 있었다. 바람과 물결이 잠잠해 바다를 내려다보니 물이 거울처럼 파랗게 맑아 바닥을 볼 수 있었으며 물고기 수백 마리가 배를 따라 유

---

40 서긍에 따르면 고려에서는 대죄를 지었으면서 죽음을 면한 사람들이 흑산으로 많이 유배 온다고 했으며, 중국 사신의 배가 이곳에 이르면 밤에 처음으로 산 정상에 봉화를 밝히며 이어서 여러 산들이 차례로 호응해 왕성(개경)까지 이른다고 했다.

41 나무와 수풀이 우거진 백의도는 '白甲苫'이라고도 불리며, '궤섬'은 이어진 여러 산을 지니고 수많은 암초들로 둘러싸여 있다고 했다(서긍).

유히 헤엄치고 있었다. 4일 오후에 '菩薩苫'을 지나갔다.[42] 바람이 잠잠해 조류를 따라 조금씩 전진하니 저녁에 竹島에 이르러 정박하였다. 여러 겹으로 이루어진 산에 수목이 울창했는데, 居民이 있었고 民에게 長이 있었다. 이 섬 앞에는 흰 암석으로 된 크고 작은 암초 수백 개가 있어 쌓인 옥처럼 빛났다. 5일에 날씨가 청명한 가운데 사람이 거주하는 '苦苫苫'에 이르렀다.[43] 동풍이 크게 불어 앞으로 나아갈 수 없어 이 섬에 정박했다. 고려인들이 물을 실어와 제공하니 쌀로써 사례했다.[44]

6월 6일 이른 아침에 조류를 타고 항해해 오전에 군산도에 이르러 정박했다. 이 섬은 산 12개 봉우리가 서로 이어져 마치 성처럼 둘러싼 모양을 하고 있었다. 6척의 배가 와서 맞이했는데 탑승한 창과 갑옷으로 무장한 병사들이 징을 두드리고 나팔을 불며 호위했다. 별도의 작은 배가 다가오더니 녹색도포를 입은 관리가 그 안에서 고개를 숙여 인사하고 물러갔는데 군산도의 注事였다. 이어서 譯語官인 합문통사사인 沈起가 와서 합류했다. 同接伴 김부식과 知全州 오준화[45]가 使를 보내와 고려국왕이 멀리서 맞이하는 문서를 전달했다. 사절단의 배가 군산

42 이곳에서 보살이 기이한 현상을 보여준 적이 있어 고려인들이 그렇게 이름지었다고 한다(서긍).

43 고려 풍속에 고슴도치를 '苦苫苫'이라 부르는데, 이 섬의 산에 수풀이 무성하면서 크지 않아 고슴도치 털과 같았기 때문에 그렇게 이름을 붙인 것이었다고 한다(서긍). 죽도와 苦苫苫은 위도로 여겨진다. 이규보에 따르면, 변산 바다의 群山島·猬島(蝟島)·鳩島에서 순풍을 만나면 중국에 가기가 멀지 않았다(『동국이상국집』 권23, 남행월일기 ; 백운소설).

44 식수 제공에 대해 서긍은 언급하기를, "선박이 장차 큰 바다를 지나려면 반드시 물독을 설치해 단물을 많이 저장해 먹고 마심에 대비해야 한다. 큰 바다에서는 바람을 심하게 근심하지 않고 물의 유무를 가지고 生死를 따진다. 중화 사람이 서쪽으로부터 큰 바다를 횡단해 오는 데 몇 일이 걸리면 단물(식수)이 반드시 고갈되었으리라 고려인이 헤아려서 큰 항아리에 물을 길어 배를 저어와서 맞이한다. 그러면 각자에게 차와 쌀로써 갚는다" 고 했다.

45 '接伴'과 '同接伴'은 송의 사절단을 맞이하는 고려의 영접관이었다. 군산도는 전주 관내였다.

도에 입항하니 연안에 깃발을 잡은 고려인들이 100여 명이었다. 동접반 김부식이 서신과 함께 정사·부사·삼절에게 아침식사를 보내왔다. 정사와 부사가 고려국왕에게 올리는 신임장을 동접반 김부식에게 보냈다. 김부식이 采舫을 보내어 정사와 부사에게 군산정에 올라 상견례를 행하기를 요청했다. 이 정자는 바닷가의 드높은 언덕에 두 봉우리를 배경으로 서 있었고, 그 문의 밖에는 10여 칸의 관청이 있었다. 가까운 서쪽의 작은 산 위에 五龍廟[46]와 資福寺가 있었고, 서쪽에 崧山 行宮이 있었고, 좌우와 전후에 民이 거주하는 집들이 있었다. 橫嶼는 군산도의 남쪽에 있는 작은 섬으로 '案苫'이라고도 하는데 산 하나가 특히 크며 앞과 뒤에 작은 암초 수십 개로 둘러싸여 있었고, 대단히 깊은 동굴 하나가 있어 물을 빨아들이는 소리가 우레와 같았다. 김부식의 요청을 수락해 이날 오후에 정사, 부사, 삼절이 해안에 내려 群山亭으로 올라갔다. 접반 김부식과 郡守 오준화가 맞이해 멀리 있는 송 황제의 대궐을 향하여 절을 하고 황제의 안부를 물었다. 대청마루에 올라 돌아가면서 서로 고개를 숙여 인사를 나누었다.[47] 정사, 부사, 상절은 김부식·오준화와 함께 마루 위에서, 중절은 양쪽 회랑에서, 하절은 양쪽 곁채의 행랑에서, 뱃사람들은 문밖에서 술을 곁들인 식사를 했는데 음식은 풍성하고 좋았다. 접반 김부식이 정사에게 술을 따라 권하고 정사가 또한 술을 따라 김부식에게 권했다. 정사와 부사와 상절은 술을 10차례 마시고, 중절 이하는 서열에 따라 그 이하로 덜 마셨다. 식사가 끝나자 사절단이 배로 돌아갔다.

6월 8일 이른 아침에 출발했는데, 남쪽에 비취색의 들쭉날쭉한 봉우리들을 지닌 '紫雲苫'이 보였다. 이날 오후에 홍주 경내에 속하는 '富用

46 五龍廟는 群山島 客館의 서쪽 1峯 위에 있고 五神像을 지녔는데 舟人이 제사하며, 그 서남쪽 大林 중에 '崧山神別廟'라는 小祠가 있었다(『고려도경』 권17, 祠宇).
47 서긍은 고개를 숙여 인사를 하는 '揖'하는 장면에서 고려의 풍속은 모두 '雅揖' 한다고 소개했다. '아읍'은 한쪽 무릎을 꿇고 하는 인사이다.

倉山' 즉 富用山을 지나갔다. 산 위에 곡식을 저장한 창고는 변방의 비상사태 때 사용하기 위한 것이며 그로 인해 그렇게 이름지었다고 하는데, 뱃사람들은 芙蓉山이라 불렀다. 이어서 홍주 위쪽에 위치한 洪州山과 수십 개의 작은 산으로 성처럼 둘러싸인 東源山 및 삿갓과 비슷한 鵶子苫을 지나갔다. 호랑이처럼 생긴 東源山은 금을 산출하며 그 위에 거울처럼 맑고 측량할 수 없을 정도로 깊은 연못을 지녔다.[48]

저녁에 바람의 기세가 지극히 커져서 배가 바람처럼 달려 軋子苫으로부터 순식간에 淸州 지경인 馬島(태안 앞바다)에 도착해 정박했다.[49] 앞에 바위 하나가 새의 부리처럼 튀어나와 바다에 잠겨 있는데, 파도가 여기에 부딪쳐 소용돌이를 일으키며 기괴한 수많은 모습을 연출했다. 그러하니 이 지역을 통과하는 배들은 암초에 부딪칠까 보아 접근하기를 꺼렸다. 이곳에 숙소로 安興亭이라는 정자가 있었다. 知淸州 洪若伊가 介紹와 譯語官 陳懿를 보내와 전주에서처럼 의례를 행했고, 맞이하는 군졸의 깃발이 군산도와 다르지 않았다. 밤이 되면서 바람이 거세져 배가 심하게 흔들려 앉아 있기도 어렵게 되자 사신이 부축을 받으며 작은 배로 해안에 이르고 안흥정에 올라 군산정에서처럼 상견례를 행했지만 술은 마시지 않고 밤이 깊어 배로 돌아왔다.[50]

---

48 鵶子苫은 軋子苫이라고도 하는데, 고려 사람들이 笠을 軋이라고 부르고, 이 섬의 산 모양이 삿갓과 비슷해서 그러한 이름을 얻게 된 것이라고 한다(서긍).

49 샘물이 달고 초목이 무성해 고려 정부 소유의 말을 평소에 이곳에서 방목하기 때문에 馬島라 이름했고, 웅장한 으뜸 봉우리는 왼쪽으로 산줄기를 뻗어 감싸 안는 형국이라 했다(서긍).

50 中朝 사신 왕래에서 高巒島亭이 水路와 조금 떨어져 있어 배가 정박하는데 불편해 문종 31년 8월에 홍주 관할 정해현(해미현) 땅에 安興亭을 건립해 宋使를 영접했다. 안흥정 아래의 바닷길은 많은 조류가 모여 격렬하게 흐르고 암석의 위험이 있는 곳이라 종종 배가 전복되었다. 서긍이 다녀간 이후인 인종 12년 7월에 그러한 이유로 홍주 소태현 지역에 운하를 파서 이곳으로 배를 다니도록 하려는 공사가 정습명의 감독하에 주변 고을 사람 수천 명이 동원되어 진행되었지만 완공되지 못했다. 『고려사』 권9, 문종 31년 8월 및 32년 5

6월 9일 아침에 마도를 출발해 오전에 9개 봉우리를 지닌 '九頭山'을 지났고, 정오 무렵에 '唐人島'와 '雙女焦'와 '大青嶼'를 지났다.[51] 쌍녀초는 산이 심히 커서 섬과 다르지 않은데, 앞의 산 하나는 초목을 지녔으나 빽빽하지 않고, 뒤의 산 하나는 그보다 작으며, 가운데가 단절되어 문을 이루지만 암초가 있어 배가 통과할 수 없다. 바람의 기세가 더욱 격렬하니 배의 속도 또한 더욱 빨라졌다. 대청서는 멀리서 조망하면 울창해 눈썹과 같아 고려인들이 그렇게 이름했다. 오후에 '和尙島'와 '牛心嶼'와 '聶公嶼'와 '小青嶼'를 지났는데 빗줄기가 점점 굵어졌다.[52]

6월 9일 申時 정각에 紫燕島(영종도)에 도착해 머물렀는데 廣州 지경이었다. 섬의 동쪽에 작은 섬 하나가 있어 제비가 많이 날아오기 때문에 紫燕島라 했다. 숙소 慶源亭이 산에 의지해 위치하고, 그 옆에는 막사 수십 칸이 자리하고, 주민의 초가집도 많이 보였다. 接伴 윤언식

월; 『고려사』 권16, 인종 12년 7월. 고만도정·마도·안흥정·자연도 등에 대해서는 윤용혁, 「고려시대 서해 연안해로의 객관과 안흥정」 『역사와 경계』 74, 2010 참조.

51 '雙女焦'는 두 개의 암초가 여인처럼 보여서 그렇게 이름이 붙여졌을 것이다. 서긍은 '唐人島'의 유래를 모르겠다고 했다. '당인'은 중국인을 가리키니 당인도는 중국인이 거주해서 붙여진 명칭이었으리라 추정된다.

52 서긍이 말하기를, 和尙島는 산세가 중첩하고 숲과 골짜기가 깊고 무성해 호랑이와 이리가 많은데, 옛적에 불교를 배우는 자가 이곳의 葉老寺에 거처했지만 짐승이 감히 접근하지 않았기 때문에 고려인들이 그렇게 이름한 것이라고 했다. 우심서(우심도)는 봉우리 하나가 특히 엎어 놓은 사발처럼 솟아나고 그 가운데가 조금 뾰족한 모양인데 고려인들은 이러한 모양을 牛心이라 한다고 했으며, 섭공서는 섭공이라는 사람이 거주한 적이 있어 그렇게 불려졌는데 멀리서 보면 대단히 뾰족하지만 가까이 다가가면 담장과 유사하다고 했으며, 소청서는 대청서의 모습과 같은데 다만 그 산이 조금 작고 주위에 암초가 많다고 했다. 서긍이 언급한 대청서·소청서는 옹진반도 부근 백령도의 남쪽에 위치한 대청도·소청도와 다른 섬인데 그가 덕적도 일대의 어느 섬을 대청도·소청도와 혼동했을 수도 있다.

과 知廣州 陳淑이 介紹와 譯官 卓安을 보내와 영접했는데, 兵仗 의례가 더욱 두터웠다. 申時 후에 비가 그치자 정사와 부사가 삼절과 함께 해안에 올라 경원정에 들어갔는데 상견례와 음식대접은 전주의 경우와 같았다. 밤에 배로 돌아왔다.[53] 10일 오전 辰時에 서북풍이 불어 배가 움직일 수 없었다. 도할관 오덕휴와 제할관 서긍이 상절과 함께 采舟를 타서 다시 경원정에 나아가 濟物寺에 들러 원풍 연간의 사신인 故 宋密의 명복을 빌고 승려들에게 음식을 대접한 후 배로 돌아왔다.[54] 巳時에 조류를 따라 앞으로 나아가 오후 未時에 急水門[55]에 이르렀다. 이 문은 海島와 같지 않아 완연히 巫峽(양자강의 협곡의 하나)의 강 길과 흡사했다. 산으로 둘러싸여 굴곡을 이루며 앞과 뒤를 잠근 형국인데 양쪽 사이가 물길이었다. 물의 형세가 산의 협곡에 묶여 놀란 파도가 급하게 우레처럼 요란하게 해안을 때리고 돌을 굴려 절벽을 뚫으니, 여기에 이르면 돛을 펼쳐서는 안되고 오직 노를 저어 조류를 따라 전진해야 했다. 申時 후에 蛤窟[56]에 이르러 정박했다. 그 산은 그리 높고 크지 않으며 백성이 많이 거주했다. 산의 허리에 龍祠가 있어 뱃사람들이 왕래할 때 반드시 제사했다. 바닷물이 여기에 이르면 급수문에 비하여 황백색으로 변했다. 分水嶺[57]은 두 산이 마주 대하는 小海로 여기서부터 물이 나뉘어 흐르는데, 물색이 다시 흐려져 梅岺의 물색과 같았

53 서긍의 언급에 따르면, 사절단이 고려 경내에 들어오면 군산도, 자연주(자연도), 삼주(전주, 청주, 광주)가 모두 사람을 보내 음식을 대접했다. 음식은 10여 종류인데 면이 먼저 나왔고 해산물은 더욱 진기했다. 그릇은 금은 제품을 많이 사용했고 청자를 섞었다. 쟁반과 함(櫃)은 모두 나무로 만들고 흑칠(옻칠)을 했다.

54 서긍은, 이전에 원풍 연간에 상절사신 송밀이 자연도에서 사망함에 이후 사신이 이곳에 이르면 반드시 제물사에서 승려를 공양하고 제사를 지내며 상절이 그 무덤 아래에 차례로 늘어서서 절을 한다고 한다.

55 급수문은 강화와 김포 사이에 있는 손돌목(착량)이다.

56 蛤窟龍祠는 急水門 上隙에 있는데 神像을 지녔다(『고려도경』 권17, 祠宇). 蛤窟은 강화도의 용진(용당 지님) 혹은 갑곶 일대로 추정된다.

57 조강(한강+임진강)과 만나는 부분 즉 월곶과 통진 사이이다.

다. 다음날인 11일 이른 아침에 비가 내렸다. 정오에 썰물로 조류가 밀려났는데 비가 더욱 심해졌다. 고려 국왕이 劉文志를 파견해 서신을 전하니 사신이 예를 갖추어 받았다. 酉時에 출항해 전진하여 龍骨[58]에 이르러 정박했다.

6월 12일 이른 아침에 비가 그친 상태에서 출항해 조류를 따라 예성항(벽란도)에 도착했다. 정오에 정사와 부사가 도할관과 제할관을 거느리고 詔書를 采舟에 실었다. 1만명 가량의 고려인이 무기와 갑옷과 말과 깃발과 여러 의례용 물건을 가지고 해안에 늘어섰고 구경꾼이 담장처럼 모여들었다. 采舟가 해안에 도착하자 도할관과 제할관이 조서를 받들어 采輿에 실었다. 하절이 앞에서 인도하고 정사와 부사가 뒤를 따르고 상절과 중절이 차례대로 그 뒤를 따랐다. 碧瀾亭에 들어가 詔書를 봉안한 후 지위를 나누어 휴식을 취했다. 다음날인 13일에 육로를 따라 왕성(개경성)으로 들어갔다.[59]

3. 송 사절단의 개경 체류와 순천관

노윤적 사절단이 이용한 배는 2척의 '神舟'와 6척의 '客舟'로 이루어졌다. [60] 신주의 규모와 사용물품과 인원수는 객주의 세 배였다. 신주 두

58 용골은 승천부(정주) 일대 혹은 강화 승천포(제포) 일대였을 것이다.

59 벽란정은 예성항 岸에 위치했는데 王城(개경성)과의 거리가 30리이고 그 東西에 있는 도로는 王城과 통하는 도로였다. 서쪽의 右벽란정에는 詔書를 봉안하고, 동쪽의 左벽란정에는 使副가 머물고, 兩序의 室에는 二節人이 머물렀는데, 往來에서 각기 1宿하고 갔다. 使節이 入城하면 舟人이 分番하여 벽란정에서 예성항에 정박 중인 衆舟를 守視했다. 西郊亭은 宣義門 外 5里 쯤에 있는데 使者가 처음 도착했을 때와 回程할 때 이곳에서 迎勞하고 飮餞하는데, 下節 舟人은 수용할 수 없어 문에 마주해 만든 大幕에 列坐하여 마시게 했다. 『고려도경』 권27, 館舍

척에는 황제의 친서를 실었고 사절단의 주요 인원들과 일부 군사들이 탑승했으며, 객주 여섯 척에는 수행원들과 다수의 군사들이 탑승했다. 배마다 篙師·水手가 60명 정도 탔는데 바닷길을 잘 알고 하늘의 때와 사람의 일을 잘 헤아려 사람들의 마음을 얻은 首領(선장)만 믿어 그 지휘를 따랐다.

노윤적 사절단은 正使인 給事中 路允迪 및 副使인 中書舍人 傅墨卿과 三節(上節과 中節과 下節)로 이루어져 있었다. 그들이 예성항(벽란도)에 도착해 벽란정에 들어가 숙박하고 다음날 새벽에 都轄官과 提轄官이 마주해 詔書를 들어올려 采輿에 넣으면 고려의 兵仗이 앞에서 송 사절단을 인도해 개경성 안으로 향했다. 그 행렬은 神旗隊, 騎兵, 鐃鼓, 千牛衛, 金吾衛, 百戱(小兒로 구성됨), 樂部(이상 모두 고려인으로 구성됨) 순으로 앞에 서며, 그 다음에 송의 禮物(고려 控鶴軍이 운반함), 그 다음에 詔輿(宋帝의 詔書를 실은 采輿: 고려 控鶴軍이 들어서 운반), 그 다음에 充代下節(이하 宋人), 그 다음에 宣武下節, 그 다음에 使副(國信使副: 高麗 伴使가 동행), 그 다음에 上節, 마지막에 中節 순으로 자리해 움직였다. 거의 1만 명에 달하는 고려 靑衣龍虎軍이 鎧甲과 戈矛로 무장해 도로의 양 옆을 따라 행진하며 호위했다.[61]

---

60 송의 휘종 황제가 신종 황제처럼 고려에 가는 사절단 전용의 배 두 척을 매우 거대하고 웅장하게 제작하도록 하여 '神舟'라는 이름을 하사했으며, 사절단이 떠나기에 앞서 복건과 兩浙(절동·절서)의 관원에게 客舟를 모집해 고용하도록 했다. 이 선박들은 위는 저울대처럼 평평하고 아래는 칼날처럼 비스듬하게 만들어졌는데 파도를 헤쳐 나아가기 쉽게 하기 위해서였다.

61 『고려도경』 권24, 節仗; 『고려도경』 序. 고려 儀制에서, 매양 齋祭祀天 때 大旗 十面을 건립했는데 각기 그 方의 色을 따라 神物을 錯繪해 '神旗'라 불렀다. 그것이 지극히 넓어 神旗마다 帛 數匹을 사용했고, 그 아래에 車軸으로 逐車하고 緋衣仗軍 10餘人이 駕했다. 왕이 있는 곳을 따라 次第로 安立하며 4면에 각기 큰 繩을 묶어 風勢에 대비했는데 높이가 10餘丈이었다. 國人이 神旗가 꽂힌 곳을 보면 감히 向하지 못했다. 詔書가 처음에 入城하고 受禮할 때까

神旗隊는 旗列이 10面으로 神旗를 車에 실어 움직이는데 매 車마다 10餘人이 탔으니 말이 그 車를 끌었을 것이다. 樂部는 당시 俁(예종)의 衣制(喪制)가 아직 除하지 않았기 때문에 악기를 들기만 하고 연주는 하지 않았다. 고려 伴使는 말을 탄 채 宋 國信副使의 오른쪽 數步에 자리해 서로 나란히 갔다. 都轄은 말을 타서 國信 正使의 뒤에 자리하고, 提轄은 말을 타서 國信 副使의 뒤에 자리했다.

송 사절단의 우두머리는 正使인 給事中 路允迪이었고 그 다음이 副使인 中書舍人 傅墨卿이었다. 上節은 都轄인 武翊大夫 忠州刺史 兼閤門宣贊舍人 吳德休, 提轄인 朝奉大夫 徐兢, 法籙道官인 太虛大夫 蘂珠殿校籍 黃大中과 碧虛郎 凝神殿校籍 陳應常, 書狀官인 宣教郎 藤茂實·崔嗣道, 隨船都巡檢인 吳敞, 指使 兼巡檢인 路允升 등 4명, 管句舟船인 王覺民 등 5명, 語錄指使인 劉昭慶 등 3명, 醫官인 李安仁·郝洙, 書狀使臣인 馬俊明 등 2명, 引接인 荊珣 등 2명으로 이루어졌는데, 도합 25명이었다. 中節은 管句禮物官 8명, 占候風雲官 2명(承信郎 董之邵·王元), 書符禁呪 1명(張洵仁), 技術 2명(郭範·司馬瓘), 使副親隨 4명, 親從官 2명, 宣武十將充代 3명, 都轄親隨人吏 2명으로 이루어졌는데, 도합 24명이었다. 充代下節의 경우, 國朝(宋朝) 故事에 고려에 奉使하는 下節은 모두 卒伍였다가 근래 점차 官士人과 藝術工技로 그 선발을 대신했고 이번에도 그러해 成忠郎 1명(周通), 承信郎 1명(趙漑), 登仕郎 2명, 文學 3명, 翰林醫學 1명(楊寅), 進士 15명, 副尉 7명, 省府寺監胥吏 28명으로 이루어졌는데 도합 58명이었다. 宣武下節은 明州 土兵 50인이었다.

요컨대, 송 사절단은 正使 1명, 副使 1명, 上節 25명, 中節 24명, 下節 108명(充代下節 58명과 宣武下節 50명)으로 도합 159명이었다. 그런데 8척 배의 篙師·水手가 배 1척마다 60명 정도였으므로 480명 정도

지 모두 특별히 사용했다. 『고려도경』 권14, 旗幟

가 되는데 이들까지 사절단에 포함시키면 639명 정도가 된다. 上節에는 도교의 道士와 질병을 치료하는 의관이, 中節에는 기후를 담당하는 占候風雲官과 부적 및 呪文을 담당하는 書符禁呪과 업무가 불확실한 技術도 포함되었는데, 특히 승려가 아니라 도사가 포함된 일은 당시 송에서 도교가 대단해 유행했음과 그들이 고려 도교의 전개에 영향을 미쳤을 것임을 시사해준다.

서긍은 과거에 응시했지만 급제하지 못하자 朝請大夫 直秘閣까지 오른 부친의 관직을 배경으로 관직에 진출한 인물로 노윤적 사절단에 國信所 提轄人船禮物官으로 참여했다.[62] 서긍은 사절단의 사람과 선박과 예물을 관장했다. 글씨와 그림에 능통한 그는 고려의 정보를 수집해 글과 그림으로 작성해 보고하는 간첩의 임무도 맡았다. 그 산물이 바로 『고려도경』이었다.

우리나라 학계에서 송을 사대부 사회로 전제한 위에 고려전기를 귀족사회, 고려후기를 權門世族 사회로 정의하고 고려말에 신흥 사대부 내지 신흥 儒臣이 성장해 조선 사대부(양반) 사회를 만들었다는 설이 제기되어 통설처럼 각광을 받아왔다. 그러한 설의 주요 논거는 고려는 음서를 과거보다 중시했다는 것이고, 조선은 과거를 대단히 중시했다는 것이었다. 과연 송이 과거를 강조하고 음서를 무시했을까? 송은 음서를 대단히 폭넓게 시행해[63] 어찌 보면 고려보다도 심했는데, 송은 사

62 『고려도경』 序; 서긍 行狀

63 宋에서는 科擧 외에 대단히 많은 사람들이 매우 다양한 경로를 통해 입사했으며, 음보의 경우 문신은 侍御史知雜事 이상과 무신은 閤門使 이상이 매년 1명을, 문신 직무를 가진 원외랑과 무신 諸司使와 副使 이상은 3년에 1명을 음보할 수 있었다. 그래서 인종 皇祐 2년에는 公卿부터 庶官 자제까지 음보와 기타의 橫恩으로 관원이 된 사람이 매 3년을 비율로 1천여 명이 넘는다고 했다. 또한 文同의 『단연집』에는 國朝(宋)에 壬子(음보)의 법은 전대에 비하여 가장 우대하는 법이라서 이로써 官을 얻어 해마다 그 이름을 올리는 자가 수백 명이라고 했다. 송에서 매년 음보로 관직을 얻은 이가 대략 300명에서 500명

대부사회라고 하고 고려는 귀족사회라고 하면 전혀 논리에 맞지 않는다.

서긍은 송 사절단의 순천관 도착 경로를 다음과 같이 소개했다. "使副가 奉詔하여 城(개경 도성)의 宣義門을 들어가 直北(直東의 오류)으로 3리 쯤을 가 京市司(京市署)에 이르며, 또 북쪽으로 틀어 5리 쯤을 가면 광화문에 이르며, 다시 西(東의 오류)로 틀어 2리를 가 심히 높은 한 崗을 넘어 조금 북쪽을 향해 1리를 가면 順天館에 이른다."[64] 개경성의 서문인 선의문을 통과해 곧바로 동쪽으로 나아가 京市司(京市署)가 위치한 十字街에 이르고는, 북쪽으로 방향을 틀어 나아가 대궐의 동문인 광화문에 이르렀고, 방향을 동쪽으로 틀어 나아가 고개 하나를 넘어 조금 북쪽으로 가서 순천관에 도착했다는 것이다.

서긍은 순천관의 구조에 대해서 다음과 같이 소개했다.

"外門에는 榜이 걸려 있고, 中門은 청색으로 수를 놓은 옷을 입은 龍虎軍이 지키고 있는데, 上節과 中節이 上馬하고 下馬하는 곳이다.

으로 진사과에 비교하여 그 수가 대단히 많았다. 종실 자제의 음보는 더욱 심각하여 그들은 음보로 어린 나이에 관직을 제수받았고 심지어 포대기에 싸인 아이도 관직을 제수받았다. 송대에 입사경로가 확대되어 관원수가 급증한 주요한 부분은 음보의 확대였으니 음보 출신자는 전체 관원 중에서 대단히 많은 수를 차지했다. 주현의 現任官을 보더라도 진사인 자는 10에서 3이 안되지만 壬子(음보)로 된 자는 항상 10에서 7이었다. 송대에 관원수가 증가한 또 다른 원인은 관료기구의 중복이었다. 송대의 관직제도는 오대의 것을 이어받아 官, 職, 差遣의 구별이 있었는데, 官은 祿秩에 의지하여 순서를 나타내고, 職은 문학으로 선발된 사람들을 대우하는 것이고, 따로 差遣을 두어 내외의 사무를 관장했다. 官은 옛날의 爵이고, 差遣은 옛날의 官이고, 職은 옛날의 加官이었다. 중앙의 3省 6部 24司의 본직은 모두 기타의 관원들에 의해 수행되고 本官은 本職에 관여하지 않았다. 官階의 명칭은 신분의 높고 낮음과 俸祿의 적고 많음을 표시할 뿐이었다. 差遣은 송대 관원이 실제의 직무를 수행하고 권력의 대소도 差遣으로 결정되기 때문에 差遣을 얻은 관원만이 진정 직무와 권력이 있는 관직이었다. 조복현, 『송대 관원의 봉록제도』, 신서원, 2006, 제2장.

64 『고려도경』 권27, 館舍

正廳은 9楹으로 규모가 壯偉하고 工制가 王居보다 지나치다. 外廊은 30間인데 이곳에 다른 물건을 두지 않고 오직 館會가 열리면 中節과 下節의 飮席을 벌인다. 庭 중에는 2 小亭이 있고, 그 사이의 중앙에 지은 幕屋 3間은 옛적에 음악을 연주하는 곳이었지만 지금은 王俁(예종)의 衣制(喪制)가 끝나지 않아 음악 연주를 볼 수 없다. 正廳의 뒤에 過道가 있고 中에 樂賓亭이 건립되어 있는데 그 左右翼은 使副(正使와 副使)의 居室이고, 內廊(정청과 낙빈정의 사이)이 있는데 그 안의 12곳에 上節이 나누어 거처한다. 西位에서 남쪽 건물은 館伴官의 처소이며, 북쪽 건물은 황제(宋帝)의 친서를 봉안하는 곳이고 그 친서 봉안소의 兩序(양쪽 곁채)에는 도관(法籙道官: 上節에서 提轄의 다음 서열)이 머무른다. 東位에서 堂은 都轄·提轄(上節의 正副)의 처소이고, 그 동쪽은 서장관(上節에서 法籙道官의 다음 서열)의 처소이다. 또한 심히 넓은 廊屋이 있어 中節과 下節과 舟人이 북쪽을 上으로 하여 거처한다. 使副 이하에 각기 房子가 주어져 使令에 대비한다. 東位의 남쪽에는 그 중앙에 淸風閣이 서 있고, 西位의 북쪽에는 山勢에 의지해 香林亭이 서 있다. 모두 산을 마주하여 軒을 열고 淸流가 빙 두르고 높이 솟은 소나무와 유명한 화초가 울긋불긋 우거져 그늘을 만든다. 供帳과 器皿이 하나라도 갖추어지지 않은 것이 없다. 이에 앞서 王徽(문종)가 이곳을 건설하여 別宮을 삼았는데, 元豊 때 朝貢한 후부터 中朝 人使를 대우할 곳이 없어 고쳐서 館으로 삼아 '順天'이라 이름했다."[65]

서긍은 순천관의 館廳을 다음과 같이 소개했다. "正廳은 5間이고, 兩廈는 각기 2間이며 窓戶를 설치하지 않았는데, 通하여 9楹이며 '順天之館'이라는 榜이 걸려 있다. 東西 양쪽 계단에는 모두 欄楯이 설치

65 『고려도경』 권27, 館舍. 서긍은 道官이 머무는 兩序를 兩廊이라고도 표현했는데 兩序가 보다 정확한 표현으로 보인다.

되어 있고 비상하는 난새와 둥근 꽃송이 모양을 수놓은 비단으로 된 簾幕이 그 위에 쳐 있다. 네 면에는 꽃을 수놓은 그림 병풍을 펼치고 좌우에는 팔각형의 얼음 항아리를 두었다. 오직 사신이 國官과 더불어 相見할 때와 館(순천관)의 飮會 때 정청에 오르는데, 使副(정사와 부사)는 그 중앙에 자리잡아 賓主가 되고 國官은 동서로 나뉘어 앉는다."[66]

詔位에 대해서는 다음과 같이 소개했다. "詔書位는 樂賓亭의 서쪽, 館伴位의 북쪽에 있는 화려하게 장식한 小殿 5間이며, 그 兩廊은 옛적에 押班 醫官의 室이었는데 지금은 2개의 道官位로 되어 각기 官序로 分居한다. 使副가 순천관에 들어오면 먼저 詔書를 殿(순천관의 小殿 즉 조서위)에 봉안해 왕이 吉日을 卜하여 受詔함을 기다리다가, 그 날이 오면 使副가 三節官을 거느려 庭에서 拜하고 都轄과 提轄이 마주하여 조서를 들고 上節이 앞을 인도하여 순천관을 나와 조서를 采輿 안에 넣어 차례지어 從行한다."[67]

淸風閣에 대해서는 다음과 같이 소개했다. "청풍각은 館廳의 동쪽, 都轄·提轄位의 남쪽에 있다. 그 制는 5間이며 아래에는 柱(기둥)를 설치하지 않고 오직 拱斗 架疊하여 이루고 幄幕을 펼치지 않지만 刻鏤 繪飾 丹雘이 화려하고 사치스러워 다른 곳보다 빼어나다. 오직 선물 받은 禮物만을 보관한다. 崇觀(숭녕과 대관) 중에는 '凉風'이라는 이름을 내걸었는데 지금은 이 이름으로 바뀌어 있다."[68] 香林亭에 대해서는 다음과 같이 소개했다. "향림정은 詔書殿의 북쪽에 있는데, 樂賓亭 뒤로부터 등산하는 길에, 館에서 100步 떨어진 半山의 脊(마루)에 조영되어 있다. 그 制는 4稜(모서리)이고 上에는 火珠의 頂이요, 8面에

66 『고려도경』 권27, 館舍
67 『고려도경』 권27, 館舍
68 『고려도경』 권27, 館舍

는 欄楯이 시설되어 걸터앉을 수 있다. 쓰러진 소나무와 괴이한 암석과 女蘿와 葛蔓이 서로 映帶하며 바람이 솔솔 불어 暑氣를 느끼지 못한다. 使副가 한가한 날에 매양 上節官屬과 더불어 그 위에서 차를 달이고 바둑을 두고 하루 종일 담소를 나누며 心目을 상쾌하게 하여 炎蒸을 물리친다.[69]

使副位에 대해서는 다음과 같이 소개했다. "使副位는 正廳의 뒤에 있다. 中에 大亭(낙빈정)이 건립되어 있는데 그 制는 4稜이며 上은 火珠로 되어 있으며 '樂賓'이라는 榜이 걸려 있다. 使位(正使 처소)는 동쪽에, 副使位(부사 처소)는 서쪽에 있는데 각기 3間을 점유하며, 그 안에는 塗金된 器皿과 錦繡 帷幄이 심히 성대하게 진열되어 있다. 庭中에는 화훼가 널리 심어져 있다. 正北에 문 하나가 설치되어 등산할 수 있는데 바로 향림정으로 올라가는 길이다."[70] 都轄·提轄位에 대해서는 다음과 같이 소개했다. "都轄과 提轄은 1堂에 共處하는데, 그 制는 3間이며, 2室에 對闢하여 각기 官序로 分居하며, 그 중앙은 會食하고 見客하는 장소이다. ....堂의 뒤에는 甃石하여(돌을 벽돌처럼 다듬어) 만든 연못이 있는데, 溪流가 산으로부터 내려와 이 연못에 들어와 가득차면 書狀官位로 흘러나오며 콸콸 소리를 낸다. 供給하는 사람은 使副보다 한 등급 아래며 餘物도 이와 같다."[71] 書狀官位에 대해서는 다음과 같이 소개했다. "書狀官位는 都轄提轄의 동쪽에 있는데, 그 堂은 3間이지만 그 制는 都轄提轄의 堂보다 작으며 역시 官序로 分居한다. 뒤에는 연못 하나가 있는데 서쪽 연못과 서로 통하며 동쪽으로 館(순천관) 밖으로 빠져나가 溪流와 서로 합한다."[72]

---

69 『고려도경』 권27, 館舍

70 『고려도경』 권27, 館舍

71 『고려도경』 권27, 館舍

72 『고려도경』 권27, 館舍. 송 사절단은 使副(正使와 副使)와 三節(都轄과 提轄 이하)로 이루어졌는데, 송에 가는 고려의 사절단도 김부식이 지은 「謝赴集英

순천관은 外門과 中門을 지녔으니 內門도 지니는 三門(정청 앞) 구조였을 것이며, 앞(남쪽) 구역과 뒤(북쪽) 구역으로 나뉘는 구조였고, 앞 구역은 外廊으로, 뒤 구역은 外廊과 內廊으로 둘러싸였다. 앞 구역은 정전 구역으로 정전에 해당하는 건물은 正廳이었으며, 뒤 구역은 편전을 포함한 내전 구역으로 낙빈정(使副 처소)과 都轄提轄 처소와 서장관 처소 등이 편전 내지 침전에 해당했다. 順天門은 龍虎下海軍 중에서 뽑힌 守衛 20餘人이 지켰는데, 그들은 館會가 개최될 때마다 문 안으로 들어와 庭中(正廳의 앞)에 포열하다가 酒行하면 '喏'를 외치며 東序(東廊?)와 西序(西廊?)로 물러나 서로 巻行하며 門外로 다시 나갔다.[73] 『고려사』 권83 병지 간수군조(인종 16년 5월 이후를 기준으로 작성됨)에 따르면, 순천관에 배정된 간수군이 將校 6명과 散職將相 4명과 散職將校 4명으로, 대명궁에 배정된 간수군이 將校 4명과 군인 6명으로 되어 있는데, 순천관 시절과 대명궁 시절을 구분해서 기록한 것으로 보인다.

앞(남쪽) 구역은 정전 내지 외전에 해당하는 正廳이 주된 공간을 이루는 건물이었다. 정청과 그 앞(남쪽)의 庭은 공식 의례가 행해지는 공간이었고, 그 庭에 2개의 小亭과 1개의 幕屋(小亭과 小亭 사이의 간이시설: 음악공연의 장소)이 건립되었다. 뒤(북쪽) 구역은 내전과 정원에 해당하는데, 그 주된 공간이면서 중앙에 자리잡고 翼室을 지닌 樂賓亭, 都轄·提轄 처소(낙빈정의 동쪽)의 남쪽에 조영된 清風閣(涼風閣),

---

殿 春宴 表」(『동문선』 권35, 表箋)에 따르면 그러한 구성이었다.

73 『고려도경』 권12, 仗衛 龍虎下海軍. 順天門을 고려의 海軍이 지킨 것은 송 사절단이 선박을 이용해 海路로 왔기 때문일 것이다. 서긍은 고려에 1달 남짓 머물렀지만 순천관에 兵衛가 지키고 있어 겨우 5, 6번 외출할 수 있었다고 하니(『고려도경』 서문; 서긍 行狀), 송 사절단은 감시를 당했고 외출에 제한이 두어졌음을 알 수 있다. 고려는 친선관계인 송에게조차 국가안보 차원에서 자신의 실정과 모습을 드러내기를 꺼렸다.

都轄·提轄 처소의 북쪽과 書狀官 처소(都轄·提轄 처소의 동쪽)의 북쪽에 각각 조성된 연못(도합 2개), 詔書 봉안소(낙빈정의 서쪽)의 북쪽 산 허리에 조영된 香林亭 등이 눈길을 끈다. 낙빈정은 뒤 구역의 중심건물이면서도 정자를 추구하여 운치를 살렸다. 예물을 보관한 청풍각은 대궐의 청연각 내지 보문각에 해당하는 건물로 여겨진다. 향림정은 대궐 후원의 상춘정 등에 해당하는 정자로 자연과 어우러진 경치가 빼어나 휴식과 유희의 공간으로 애용되었다.

『고려도경』에 나타난 순천관의 구조를 『고려사』와 『고려사절요』에 나타난 순천관의 구조와 비교해 보자. 『고려사』와 『고려사절요』에 나타난 崇文殿, 樂賓亭, 壽樂堂,[74] 香林亭, 南門, 天皇祠, 地眞祠 중에서 낙빈정과 향림정은 『고려도경』의 그것과 일치한다. 남문은 『고려도경』의 외문과 동일한 것으로 파악된다. 숭문전은 「고려도경」에 '順天之館'이라는 현판이 걸려 있는 正廳이 아닐까 싶다. 수락당은 『고려도경』에 언급된 ①都轄·提轄 처소 혹은 ②서장관 처소 혹은 ③館伴의 처소 중의 하나가 아닐까 싶은데, 연못을 지닌 堂인 ① 혹은 ②가 가능성이 크며, 규모가 큰 ①이 더 유력하다. 天皇祠와 地眞祠는 『고려도경』에 언급되지 않았는데 순천관의 서쪽 구역에 위치했다고 생각된다.

숭문전은 인종 10년 10월부터 확인되고, 수락당은 인종 11년 7월부터 확인되니 송(북송)이 금에 의해 멸망당하고 고려가 금을 사대한 이후였다. 그러한 사정으로 인해 宋使를 위한 객관이 필요하지 않게 되어 순천관이 대명궁을 회복하면서 正廳이 崇文殿으로, 都轄·提轄 처소가 壽樂堂으로 바뀐 것으로 여겨지는데, 숭문전과 수락당이 대명궁의 처음 창건 때 명칭을 회복한 것일 수도 있다. 낙빈정은 대명궁을 회복한 이후에도 명칭을 유지하며, 향림정도 그러했을 가능성이 크다. 순천

---

74 의종이 건립한 별궁인 萬春亭에도 '壽樂堂'이라는 건물이 있었는데(『고려사』 권122, 백선연전), 대명궁의 수락당과 다른 건물임에 유의해야 한다.

관은 대명궁을 회복한 후에도 가끔 순천관으로 나타나기도 한다. 대명궁은 정전인 崇文殿, 편전이자 침전인 樂賓亭, 편전인 壽樂堂을 핵심으로 하여 시설물이 들어섰다고 생각된다. 수락당에서 경연이 祈雨의 일환으로 자주 행해진 것은 비와 관련이 있는 연못을 지녔기 때문이라 여겨진다. 大明宮은 개경성에서 大明 즉 태양이 떠오르는 동쪽에 위치해 그렇게 이름지어진 것이었고, 崇文殿도 그러한 대명궁의 정전이었기에 동쪽에 해당하는 '文'을 넣어 이름지어졌다고 생각된다.

『고려도경』館會에 따르면, 使者가 순천관에 들어오면 왕이 官을 파견해 연회를 마련하는데 이를 '拂塵會'라고 했으며, 이로부터 5일에 1번 연회를 열었는데 名節과 겹치면 접대를 조금 더 후하게 했다. 正廳館會에서, 使副가 중앙에 좌우로 자리잡고, 國官 伴筵과 官伴이 동서 客位에 나누어 자리했다. 都轄과 提轄 이하는 東序와 西序에 나누어 앉고, 中節과 下節이 차례대로 兩廊에 앉았다. 연회는 술을 15차례 돌리고는 夜分에 罷했는데, 庭中에 燭籠을 설치하지 않고 오직 明燎를 설치했다. 또한 過位의 禮가 다음과 같이 마련되었다. 館伴이 서면으로 使副를 자신의 처소로 초대했는데 燕禮(正廳의 공식 연회)와 같았지만 三節은 함께 가지 않고 오직 引接과 指使가 따라 가 使令에 대비했다. 그 후 數日에 使副가 館伴官을 자신이 묵고 있는 樂賓亭에 초대했는데, 行庖人을 시켜 접대하되 果肴 器皿이 모두 御府(宋의 御府)에서 지급한 것이었다. 四面의 자리에 寶玩과 古器와 法書와 名畵와 異香과 奇茗을 진열함에 뛰어나고 기이한 萬狀이 정교하고 아름다워 奪目하니(눈길을 빼앗으니) 고려인이 驚歎해 마지 않았는데, 주연이 무르익어 고려인이 좋아하는 물건을 가지고 싶어 하면 그것을 취하여 고려인에게 선물했다.[75] 순천관 연회는 正廳에서 열리는 공식적인 燕禮와 館伴 처소 및 使副 처소(낙빈정)에서 열리는 사적인 연회로 구분되었다.

---

75 『고려도경』 권27, 館舍. '불진'은 여행으로 묻은 먼지를 털어낸다는 뜻이다.

송 사절단은 궁궐과 순천관의 행사에 참석했을 뿐만 아니라 사원과 신사에 使副 혹은 그 휘하가 방문하는 일정을 소화했다. 그러다가 고려 측에 서신으로 귀국하려 함을 알려 王府(황성) 회경전 庭에 가서 고려 국왕의 表文을 받고 신봉문의 전별 연회에 참석하고는 순천관으로 돌아왔다. 그리고 귀국일이 되자 일찍 순천관을 출발해 얼마 없어 西郊亭에 이르자 왕이 國相을 파견해 그 안에서 酒饌을 갖추어 전별 연회를 열었는데, 上節과 中節은 東廊과 西廊에, 下節은 門外에 자리잡았다. 이 전별 연회가 술이 15차례 돌아 끝나자 使副가 館伴과 門外에서 말을 타 작별의 말을 건넸다. 館伴이 馬上에서 친히 술을 따라 使者에게 권함에 使者가 술을 마시자 각기 소매를 나누어 작별했다. 이전에 순천관까지 안내하고서 작별했던 接送伴官이 서교정에서 다시 사절단과 동행해, 群山島에서 사절단이 먼 바다로 떠날 때까지 안내했다.[76]

---

76 『고려도경』 권27, 館舍 西郊送行. 송 사절단은 7월 15일에 예성항을 떠나, 16일에 蛤窟에, 17일에 紫燕島에 이르고, 22일에 小青嶼와 和尙島와 大青嶼와 雙女焦와 唐人島와 九頭山을 지나 이날 馬島에 정박했다. 7월 23일에 마도를 출발해 軋子苫을 통과하며 洪州山을 바라보았고, 24일에 橫嶼를 통과해 群山門에 들어가 島(群山島) 아래에 정박했는데 8월 8일까지 14일 동안 바람이 험해 가지 못하다가 이날 申時 후에 동북풍이 부니 潮流를 타서 군산도를 떠나 出洋해 苦苫苫을 지나 8월 9일 새벽에 竹島를 지나 辰時에 黑山(黑山島)을 바라보았지만 동남풍이 사납게 불고 海動을 만나 배가 뒤집힐 뻔 함에 겨우 수습해 10일에 群山島로 돌아와 6일 동안 머물다가 8월 16일 申時 후에 바람이 잦아들자 發洋해 밤에 竹島에 정박했는데 또 바람이 거세서 2일 동안 가지 못했다. 8월 19일 午時 후에 죽도를 출발해 밤에 月嶼를 지나 20일 새벽에 黑山을 지나고 그 다음에 白山, 그 다음에 五嶼 夾界山을 지나고, 21일에 沙尾를 지났는데 배가 파손되는 상황을 극복하고 22일에 中華 秀州山을 바라보고, 24일에 東西 胥山을 지나 25일에 浪港山에 들어가 潭頭를 지나고, 26일 새벽에 蘇州洋을 지나 밤에 栗港에 정박하고, 27일에 蛟門을 지나 招寶山을 바라보고 午刻에 定海縣에 도착했다. 고려를 떠나 明州界에 도착하는 데 海道로 42일이 걸렸다. 『고려도경』 권34~권39, 海道

4. 다양한 객관의 양상

개경에는 宋使를 위한 객관인 순천관 외에도 다양한 객관이 운영되었다. 현종 즉위년 5월에 英華館을 會同館이라 개칭했고, 현종 2년 4월에 迎賓館과 會仙館을 설치해 諸國使를 접대했고, 현종 10년 9월에 중양절이라서 송, 탐라, 흑수인에게 邸館에 賜宴했다.[77] 『고려사』 병지의 간수군(인종 16년 5월 이후를 기준으로 작성됨) 조항에 따르면, 會同館과 西郊亭에 배치된 간수군은 각각 雜職將校 2명이었다.[78] 문종 9년 2월에 한식이라서 宋商 87인을 娛賓館에서, 송상 105인을 迎賓館에서, 송상 48인을 淸河館에서 饗했고, 탐라국 首領 高漢 등 158인을 朝宗館에서 饗했다.[79] 문종 18년 정월에 都官 廨舍가 불타 淸河館을 延燒시켰다.[80] 『고려사』 권83 병지 간수군조(인종 16년 5월 이후를 기준으로 작성됨)에 따르면, 朝宗館에 배정된 간수군은 雜職將校 2명이었다.

문종 5년 4월에 임금의 명령에 의해 廣仁館에 구류하던 동여진 賊首 아골 등 77인을 放還했고, 선종 10년에 奉先庫가 廣仁館에 두어져 穀米를 쌓아두어 先王과 先后 忌晨 供辦에 대비했다.[81] 예종 원년 2월에 北虜 沙八 등이 來朝하니 도병마사가 아뢰기를, 옛적에 우리가 토벌한 賊魁 高守는 沙八의 부친이라 沙八이 반드시 宿怨을 품고 있으리

77 『고려사』 권4, 현종 세가
78 『고려사』 권83, 병지 간수군
79 『고려사』 권7, 문종 9년 2월
80 『고려사』 권53, 오행지 火. 한편 諸國 商客이 내왕하는 新倉館에는 恣女가 소속되어 있었다. 『고려사절요』 권26, 충정왕 원년 정월
81 『고려사』 권7, 문종 5년 4월; 『고려사』 권77, 諸司都監各色 奉先庫. 객관이 창고로도 활용된 사례이다.

니 新興館에 거처하게 하여 軍校 驍勇者로 하여금 지키게 하기를 요청하니 왕이 따랐다.[82] 『고려사』 권83, 병지 간수군조(인종 16년 5월 이후를 기준으로 작성됨)에 따르면, 新興館에 배정된 간수군이 將校 2명과 군인 5명이었다.

靖宗 7년 10월에 宣恩館 바깥에서 벼락이 사람을 쳤다.[83] 예종 14년 정월에 迎恩館이 불탔다.[84] 인종 2년 7월 기해일에 이자겸이 釋服하고 上官해 중서성에 앉자 재추 文武常叅 이상이 階上에서, 7품 이하가 階下에서 綴行해 陳賀했는데, 이날에 大雨가 내리고 市道에 雷電하니 水深이 1丈이나 되고 迎恩館 및 德山坊人에 벼락쳤다.[85]

숙종 5년 8월에 宮南樓橋 東廊 및 四店館과 掌牲署와 司儀署가 불타 民戶 數百을 延燒시켰는데,[86] 이 궁남은 수창궁 남쪽으로 여겨지니 宮南樓橋 東廊과 함께 불탄 四店館은 수창궁 동쪽과 南大街 사이에 위치했다고 생각된다. 숙종 7년 6월에 宋 商客을 접대하는 東西館(東館과 西館)이 불탔고, 예종 11년 윤정월에 宋商 客館이 불탔다.[87]

인종 때 고려를 방문한 宋使 서긍은 순천관 외의 다른 客館에 대해서도 다음과 같이 소개했다. "객관의 시설은 하나가 아니다. 순천관의 뒤에는 小館 十數 間이 있어 遣使報信의 人을 접대하는 데에 이용한다. 迎恩館은 南大街(광화문과 십자거리 사이의 큰 도로) 흥국사의 남쪽에 있으며, 仁恩館은 迎恩館과 서로 나란히 위치하며 옛적에 仙賓館이라 했다가 지금 이 이름으로 바뀌어 있는데, 이 둘은 이전에 거란 사

82 『고려사』 권12, 예종 원년 2월
83 『고려사』 권53, 오행지 水; 靖宗 7년 10월
84 『고려사』 권53, 오행지 火
85 『고려사절요』 권9, 인종 2년 7월; 『고려사』 권53, 오행지 水. 이 전거 중에서 이자겸 관련 기사는 오행지에는 없고 『고려사절요』에는 있으니, 『고려사절요』에서 의도적으로 이자겸을 재해와 연결시켜 부정적으로 보이게 한 것이었다.
86 『고려사』 권53, 오행지 火
87 『고려사』 권53, 오행지 火

신을 접대하던 곳이었다. 迎仙館은 順天寺의 북쪽에, 靈隱館은 장경궁의 서쪽에 있는데 狄人 女眞을 접대하는 곳이다. 興威館은 奉先庫의 북쪽에 있는데 옛적에 醫官을 접대하던 곳이다. 南門 밖에서부터 兩廊까지에는 館이 4개, 즉 淸州館, 忠州館, 四店館, 利賓館이 있는데 중국의 商旅를 접대하는 곳이다. 하지만 卑陋하고 初創이라 순천관에 비교할 바가 못된다."[88]

仁恩館에 배정된 看守軍은 將校 2명 혹은 散職將相 2명이었고, 延恩館(迎恩館)은 散職將相 2명이었다.[89] 인종 23년 정월에 仁恩館이 불탔다.[90] 의종 23년 11월에 임금의 생신을 축하하러 온 金使를 仁恩館에서 연회했다.[91] 무신정변을 일으킨 정중부 등이 의종 24년 9월 초하루에 임금을 군기감으로, 태자를 迎恩館으로 옮겼다.[92] 희종 즉위년

88 『고려도경』 권27, 館舍 客館. 여기의 淸州와 忠州는 중국의 지명이다. 四店館은 四店 즉 네 개의 점포를 지닌 숙소로 보인다. 客館, 특히 상인의 客館은 단순한 숙박시설만이 아니라 무역을 하는 점포이기도 했다. 順天寺는 小屋 數十間을 지니며 順天館의 北에 위치했는데, 人使 즉 宋使가 순천관에 이른 1개월 동안 僧徒가 "祈國信使副一行平善"이라는 榜을 내걸고 晝夜로 끊임없이 歌唄했으니(『고려도경』 권17, 祠宇 王城內外諸寺), 이 절은 순천관을 위한 시설로 보인다. 奉先庫는 廣化門의 東에 順天館으로 가는 官道의 北에 위치했는데 前門은 2間이며 조금 동쪽으로 開門했다. 그 안의 左의 1堂은 그 제도가 높아 墻外로 삐져 나왔으며, 右의 1樓는 窗牖 없이 東面했으며, 그 기둥에는 '貯水防火'라는 榜이 걸려 있었다. 그 중에 所藏한 물건은 先王을 奉하는 祭器 牲牢로 國忌가 미치면 여기에서 齋料를 지급해 諸寺에 施했다(『고려도경』 권16, 官府 府庫). 領軍郎將騎兵은 契丹 降卒로 이루어졌다고 하는데, 使副가 王府(황성대궐)에 會했다가 還하여 奉先庫前 岡阜의 上에 이르기까지 數十騎가 輕銳驍捷하며 燿武를 뽐냈다(『고려도경』 권12, 仗衛). 이로 보아 봉선고는 광화문과 순천관 사이의 언덕에 위치했으며, 國忌 행사가 불교사원에서 행해졌다.

89 『고려사』 권83, 병지 간수군. '仁恩館 將校 二'와 '仁恩館 散職將相 二'가 따로 분리되어 기재되어 있다.

90 『고려사』 권53, 오행지 火

91 『고려사』 권19, 의종 23년 11월. 한편, 의종 12년 4월에 新倉館里 320餘戶가 불탔는데(『고려사』 권53, 오행지 火), 新倉館이 客館이었을 가능성도 있다.

92 『고려사절요』 권11, 의종 24년 9월; 『고려사』 권128, 정중부전; 『고려사』

6월에 금이 파견한 祭奠使와 慰問使와 起復使가 연달아 개경으로 들어오자 仁恩館, 迎恩館, 宣恩館에 나누어 거처하게 했다.[93] 고종 18년 12월에 몽골군이 京城 4문 밖에 나누어 주둔하고 흥왕사를 공격하자 고려가 御史 민희를 파견해 화친을 맺음에 蒙使 2人과 下節 20인이 오니 고려가 知閤門事 최공을 接伴使로 삼아 儀仗을 갖추어 선의문 밖에 나가 맞이해 들여 宣恩館에 머물게 했다.[94]

이처럼 개경에 순천관 외에도 會同館(英華館), 迎賓館, 會仙館, 宣恩館, 廣仁館, 娛賓館, 淸河館, 朝宗館, 東西館, 新興館, 迎恩館, 仁恩館(仙賓館), 迎仙館, 靈隱館, 興威館, 淸州館, 忠州館, 四店館, 利賓館 등의 객관이 확인되는데, 이것들은 고려가 무역과 상업을 장려했음을, 고려시대에 외교와 무역이 활발했음을 보여준다. 仁恩館(仙賓館)과 迎恩館은 남대가에 위치하며 거란 사신을 접대하던 곳이었고, 順天寺의 북쪽에 위치한 迎仙館과 유암산 기슭 장경궁의 서쪽에 위치한 靈隱館은 여진을 접대하던 곳이었고, 봉선고의 북쪽에 위치한 興威館은 醫官(중국 의관)을 접대하던 곳이었다. 南門 밖에서부터 兩廊까지에 자리한 淸州館·忠州館·四店館·利賓館은 중국 商旅를 접대하던 곳이었는데, 여기의 남문은 황성대궐의 남문, 특히 주작문을, 兩廊은 南大街의 양쪽 廊을 가리켰다고 여겨지니 이것들은 주작문과 남대가 사이에 위치했다고 생각되는데 사점관은 수창궁 근처에 자리했다. 이들 객관은 개경나성 안에 자리잡았는데 특히 거란 사신을 위한 객관과 중국 상인을 위한 객관은 개경 중심인 남대가 일대에 자리잡았다. 광화문과 十字街 사이의 도로인 南大街에는 도로를 따라 長廊으로 된 市廛(大市)이 형성되었으니[95] 그러한 상업의 중심부에 객관도 집중되어 있었던

권90, 종실전 의종의 아들 효령태자

93 『고려사』 권21, 희종 즉위년 6월

94 『고려사』 권23, 고종 18년 12월

95 『고려도경』 권3, 坊市에 따르면 광화문부터 府(京市司로 여겨짐) 및 館(順天

것이다. 『송사』 고려전에 따르면, 왕성(개경)에 華人(중국인)이 수백 명 있는데 閩人이 많았으며 상선을 타서 고려에 왔다. 그들 중에서 능력을 인정받은 자는 고려에서 벼슬했다고 한다.

인은관과 영은관은 거란이 멸망한 뒤에 金使를 위한 곳으로 쓰이기도 했고, 선은관은 몽골 사신을 위한 곳으로 쓰이기도 했다. 그런데 인은관과 영은관은 무인정권기에 정치적으로 중요한 곳으로 부각된다. 이는 명종 3년 9월에 안북도호부가 정중부와 이의방에 반기를 든 김보당과 이경직 등을 잡아 개경으로 보내니 이의방이 영은관에서 그들을 訊鞫하고 市에서 죽인 데[96]에 이미 나타난다. 영은관이 시전이 위치한 남대가에 자리했기에 중대한 정치범을 국문하는 곳으로 이용되었고 바로 인근에 사람들이 북적대는 市에서 죽임으로써 효과를 극대화할 수 있었다. 정보 취득이 용이하고 홍보 효과가 탁월한 市가 정치적으로 이용되었던 것이다.

최충헌의 정변 성공에는 그러한 시가에 자리잡은 인은관이 자리하고 있었다. 명종 26년 4월에 임금이 보제사에 행차했을 때 이의민이 질병을 칭탁해 扈駕하지 않고 彌陀山 別墅에 몰래 갔는데, 최충헌과 최충수 형제 및 그 甥인 隊正 朴晉材와 族人 盧碩崇 등이 소매에 단도를 숨기고 別墅를 습격해 이의민을 베었다. 최충헌이 노석숭으로 하여금 이의민의 목을 가지고 말을 달려 入京해 市에 梟首하게 하니 임금이 어가를 재촉해 還宮 즉 수창궁으로 돌아왔다. 최충헌 형제가 말을 달려 十字街에 이르러 軍卒을 召集했다. 이의민의 아들 장군 이지광이

館)까지 모두 長廊으로 되어 있었다. 『고려도경』 권3, 城邑 國城에 따르면, 京市司로부터 興國寺 橋에 이르기까지와 廣化門부터 奉先庫까지 長廊 數百 間으로 되어 있었다. 희종 4년 7월에 大市 左右長廊을 改營했는데, 광화문부터 十字街까지 1,008楹이었다(『고려사』 권21). 지방에서는 서경이 가장 번성해 城市가 대략 왕성(개경)과 같다고 했다(『고려도경』 권3, 성읍).

96 『고려사절요』 권12, 명종 3년 9월

輦下로부터 말을 달려 돌아와 家僮을 이끌고 길에서 싸웠다. 이의민의 아들 이지순이 최충헌 등이 도움을 많이 받는 것을 보고 이지광과 더불어 달아났다. 최충헌 형제가 군사를 이끌고 宮門(수창궁 문)에 나아가 아뢰기를, "賊臣 이의민이 弑逆의 罪를 負하고 生民을 虐害하고 大寶를 窺覦해 왔기에 臣들이 오랫동안 疾視해 오다가 지금 國家를 위해 토벌하였습니다"라고 하니 임금이 慰諭했다. 최충헌 형제가 대장군 李景儒·崔文淸 등과 더불어 餘黨을 토벌하기를 요청하고는 그들과 더불어 市街에 앉아 召募함에 壯士가 響應하니 이에 諸衛 將卒이 역시 모두 모여 무릎 걸음으로 명령을 들으며 감히 仰視하지 못했다. 이에 城門을 닫고 支黨을 나누어 체포해 모두 획득했다.

최충헌 형제가 대장군 崔文淸·李景儒와 더불어 仁恩館에 모여 일을 의논했는데, 어떤 사람이 고하기를, 평장사 權節平·孫碩과 상장군 吉仁 등이 擧兵을 도모하고 있으며, 또한 고하기를, 李景儒 등이 異謀를 가지고 있다고 하니, 최충헌이 곧바로 권절평의 아들 將軍 權準과 孫碩의 아들 장군 孫洪胤을 불러 술을 나누다가 그들을 죽였고, 또한 이경유를 坐에서 죽였지만 최문청은 늙고 성격이 곧아 석방해 죽이지 않았다. 최충헌 등이 市幕에 앉아 권절평과 손석 및 장군 權允·柳森柏 및 어사중승 崔赫尹 등을 체포해 죽였다.

당시 吉仁은 壽昌宮에 있다가 변란이 급함을 듣고 곧바로 장군 兪光·朴公襲 등과 더불어 武庫의 兵仗을 마음대로 꺼내 禁軍 및 宦官·奴隷, 千餘 人에게 주고는 그들을 거느려 宮門(수창궁 문)을 나와 沙嶺을 넘어 市街로 향하니, 최충헌 등이 병력을 거느려 맞이해 싸웠는데, 敢死者 十餘 人으로 先鋒을 삼아 검을 휘두르고 크게 소리치며 突陣함에 吉仁의 무리가 이를 바라보고 사방으로 무너지니 吉仁·兪光·朴公襲이 말을 달려 壽昌宮으로 들어와 문을 닫고 拒守하자, 최충헌 등이 무리를 거느리고 수창궁을 포위하고 장군 白存儒가 불(火)로 공격하려 하니 길인이 두려워 담장을 넘어 달아났다. 임금이 사람을 시켜 문(수창궁 문)을 열게 하여 최충헌 형제를 부르자 최충헌 형제가 길인이 內에 있다고 의심해 郎將 崔允匡으로 하여금 들어가 아뢰게 하기를, 兇徒가 스스로 무너졌지만 아직 餘黨이 몰래 內에 측근에 있으니 入宮해 搜捕하기를 요청하자 임금이 허락했다. 이에 최충헌이 최윤광으로 하여금 병력을 풀어 闌入해 사람을 만나면 곧 죽이니 僵尸가 狼藉했으며, 兪光과 朴公襲은 자살했다. 임금의 左右가 모두 散走하고 오직 小君 및 宮姬 數人이 侍側해 눈물을 흘리며 울었다. 최충헌 등이 병력을 인솔해 仁恩館으로 돌아와 參知政事 李仁成과 上將軍 康濟·文得呂와 承宣 文迪·崔光裕와 大司成 李純祐와 太僕卿 潘就正과 起居郎 崔衡와 郎中 文洪賁 등 36인을 잡아 館(仁恩館)에 가두었다. 吉仁은 北山에 이르러 바위 아래로 떨어져 죽었지만, 어떤 승려가 최충헌에게 고하기를, 吉仁이 王輪寺 僧徒를 거느려 擧事하고자 한다며 대비하기를 요청하니 최충헌이 크게 노해 李仁成 등 36인을 죽이고 사람을 왕륜사에 보내 엿보게 했는데 승려가 모두 바야흐로 식사하느라 堂에 있어 고요해 변란의 기미가 없음에, 최충헌이 그것이 誣告임을 알고 告者를 잡아 죽이고자 했지만 고발자는 이미 도망갔다. 5월에 이의민의 아들 이지순과 이지광이 스스로 仁恩館에 나아감에, 최충헌이 말하기를, 이들은 禍의 근본이니 용서할 수 없다며 베었다.[97] 최충헌은 개경성 밖 동쪽 미타산에서 이의민을 암살한 후 개경 도심의 市街와 仁恩館에 본부를 차려 군사를 모집해 吉仁의 무리를 무찔렀고 인은관에서 반대자들을 숙청했다.

희종 5년 4월에 최충헌이 右僕射 韓琦와 將軍 金南寶 등 9인을 죽

97 『고려사절요』 권13, 명종 26년 4월과 5월; 『고려사』 권129, 최충헌전. 공민왕 때 홍건적을 개경에서 몰아낸 후 9廟 신주를 숭인문 미타방에 임시로 안치한 적이 있었으니(『고려사』 권61, 예지 길례대사), 미타산과 그곳의 미타방은 나성 숭인문의 바깥 인근에 위치했다.

이고 從者를 遠島에 나누어 유배했다. 이전에 靑郊驛吏 3인이 최충헌 父子를 살해하기를 도모해 거짓 公牒을 만들어 諸寺 僧徒를 召募했는데, 그 牒이 歸法寺에 이르자 이 절의 승려가 그 牒을 가지고 온 자를 잡아 최충헌에게 고하니 최충헌이 곧바로 영은관에 敎定別監을 別立해 城門을 닫아 그 당여를 대대적으로 수색하자 靑郊人이 이로 인하여 韓琦를 참소했기 때문에 한기가 세 자식과 더불어 살해당한 것이었다.[98] 최충헌은 남대가에 위치한 영은관에 교정도감을 설립하고 교정별감을 두어 반대세력을 감시하고 숙청함으로써 최씨정권의 기반을 닦았던 것이다.

희종 7년 12월에, 최충헌이 銓注로 인해 壽昌宮에 나아가 바야흐로 임금 앞에 있었는데 이윽고 임금이 入內하니 中官이 최충헌 從者를 속이기를, 酒食 하사가 있다며 인도하여 廊廡 사이로 깊이 들어가자, 僧俗 十餘 人이 병기를 들고 돌진해 從者 數人을 공격함에 최충헌이 변란이 생긴 것을 알고 倉皇해 아뢰기를, 원컨대 上이 臣을 구해 주십시오 했지만 임금이 默然히 閉戶하여 들이지 않으니 최충헌이 계책이 없어 知奏事房 紙障 사이에 숨었다. 한 승려가 3번이나 수색했지만 끝내 최충헌을 잡지 못했다. 당시 최충헌 族人인 상장군 金躍珍과 최우의 舅(장인)인 知奏(知奏事) 鄭叔瞻이 重房에 있다가 변란을 듣고 入內해 최충헌을 부축해 나왔는데 그 과정에서 그 黨인 指諭 申宣胄·奇允偉 등이 僧徒와 서로 격투했다. 최충헌의 都房 六番이 모두 宮城(수창궁 城) 外에 모였지만 최충헌의 生死를 알지 못했는데, 최충헌을 따라 入內했던 茶捧 盧永儀가 屋에 올라 吾公이 無恙하다고 크게 외치자 都房이 다투어 들어가 구원함에 僧徒가 敗走했다. 최충헌이 상장군 鄭邦

98 『고려사절요』 권14, 희종 5년 4월; 『고려사』 권129, 최충헌전. 최충헌이 권력을 마음대로 부려 무릇 施爲하는 바는 반드시 교정도감으로부터 나왔으며 최우도 역시 그러했다고 한다. 『고려사』 권77, 백관지 제사도감각색.

輔 등으로 하여금 司鑰 鄭允時 및 中官을 체포해 仁恩館에 가두게 해 국문하니 內侍 郎中인 王濬明이 謀主이고, 參政 于承慶과 樞密 史弘績과 將軍 王翊 등이 그 모의를 알고 있었다. 최충헌이 임금(희종)을 원망해 폐위시켜 江華縣으로 옮겼다가 이윽고 紫鷰島로 옮겼으며, 太子 祉를 仁州로, 德陽侯 恕를 喬桐縣으로, 始寧侯 禕를 白翎縣으로 추방했으며, 평장사 任濡를 보내 漢南公 貞(강종)을 私邸에서 받들어 康安殿에서 즉위시켰다.[99]

최충헌은 자신을 암살하려 한 사건에 관련된 자들을 인은관에서 국문해 숙청함으로써 위기를 기회로 전환해 정권을 공고히 할 수 있었다. 인은관과 영은관은 최충헌이 정권을 차지하고 공고히 하는 데에 요긴하게 활용된 공간이었는데, 이것들이 도심과 市街에 위치한 입지적 조건 때문이었다. 이곳을 제대로 활용하면 대궐, 수창궁, 연경궁 등 주요 궁궐, 나아가 도성 전체를 제어할 수 있었으며, 각종 정보를 풍부하게 모아 그것을 이용함으로써 국정 운영을 효율적으로 할 수 있었고 정적을 쉽게 감시하고 숙청할 수 있었다.

맺음말

大明宮은 경종의 배필 大明宮夫人 柳氏(종실 원장태자의 딸)의 大明宮에서 비롯되었다. 현종의 배필 중의 하나가 대명궁을 물려받아 大

99 『고려사절요』 권14, 희종 7년 12월; 『고려사』 권129, 최충헌전. 金躍珍이 최충헌에게 병력을 거느리고 入宮해 남김없이 모조리 살해해 大事를 행하기를 요청했다. 하지만 최충헌이 말하기를, 그와 같이 하면 국가를 장차 어찌할 것인가, 後世에 口實이 될까 두렵다며 자신이 推鞫할 터이니 김약진에게 가벼이 가지 말라고 했다.

明宮主와 大明王后라 불리게 되었다. 이처럼 대명궁은 후비궁의 하나였는데, 문종이 주인이 없게 된 대명궁을 중창해 임금의 별궁으로 삼았다가 문종 32년에 宋使를 위한 客館으로 개편해 '順天館'이라 명명했다. 송(북송)의 멸망 후, 순천관은 대명궁을 회복해 왕궁으로 쓰이면서도 드물지만 金使를 위한 객관으로 사용된 적도 있고 가끔 '순천관'이라는 이름으로 나타나기도 한다.

대명궁(순천관) 기사는 문종부터 江都 이전까지 『고려사』와 『고려사절요』에 44회 내지 45회 나타나는데, 군사(사열과 출정의례)는 5회, 經筵은 8회, 불교행사는 5회, 외교 기사는 8회 내지 9회였고, 그 외에 과거시험 실시, 사면령 반포, 태자와 공주 책봉 등이 이곳에서 행해지기도 했다. 天皇祠와 地眞祠를 지닌 점으로 보아 도교 행사도 행해졌을 것이며, 외교 행사는 『고려도경』에 의하면 더 늘어난다. 대명궁(순천관)은 『고려사』와 『고려사절요』에 의하면 崇文殿, 樂賓亭, 壽樂堂, 香林亭, 南門, 天皇祠, 地眞祠 등을 지녔다. 숭문전은 활쏘기 사열, 출정군의 사열과 출정명령 반포, 불교의 법회, 유교경전의 강독 등으로 사용되었는데 정전으로 여겨진다. 낙빈정에서는 송에 가는 사신을 위한 전별연과 승려를 공양하는 飯僧이 행해졌고, 수락당은 유교경전을 강독하는 경연 장소로 애용되었고, 향림정에서는 연회가 열렸고, 남문에서는 군사 사열식이 열렸다.

提轄 서긍이 포함된 노윤적 사절단은 배를 타고 송 명주(영파)를 출발해 비교적 순탄한 항해를 하여 한 달이 채 못되어 고려 개경에 도착해 대략 1개월 동안 개경에 머물렀다. 반면 귀국하는 길은 군산도부터 바람이 거세서 온갖 위험을 겪은 끝에 42일 동안이 걸려 겨우 송 명주에 도착할 수 있었다. 노윤적 사절단은 '神舟' 2척과 '客舟' 6척, 도합 8척의 선박을 이용했다. 正使 1명, 副使 1명, 上節(都轄, 提轄, 法籙道官, 書狀官, 醫官 등) 25명, 中節 24명, 下節 108명(充代下節

58명과 宣武下節 50명)으로 도합 159명이었다. 8척 선박의 篙師·水手가 선박 1척마다 60명 정도였으므로 480명 정도가 되는데 이들까지 사절단에 포함시키면 639명 정도가 되었다.

『고려도경』에 의거해 순천관의 구조를 살펴보면, 순천관은 外門과 中門을 지녔으니 內門도 지니는 三門 구조였을 것이며, 앞(남쪽) 구역과 뒤(북쪽) 구역으로 나뉘는 구조였고, 앞 구역은 外廊으로, 뒤 구역은 外廊과 內廊으로 둘러싸였다. 앞 구역은 정전 구역으로 정전에 해당하는 건물은 正廳이었으며, 뒤 구역은 편전을 포함한 내전 구역으로 낙빈정(使副 처소)과 都轄·提轄 처소와 서장관 처소 등이 편전 내지 침전에 해당했다.

『고려도경』에 나타난 순천관의 구조를 『고려사』와 『고려사절요』에 나타난 순천관의 구조와 비교하면, 『고려사』와 『고려사절요』에 나타난 崇文殿, 樂賓亭, 壽樂堂, 香林亭, 南門, 天皇祠, 地眞祠 중에서 낙빈정과 향림정은 『고려도경』의 그것과 일치한다. 남문은 『고려도경』의 외문과 동일한 것으로 파악된다. 숭문전은 「고려도경」에 '順天之館'이라는 현판이 걸려 있는 正廳으로 여겨진다. 수락당은 『고려도경』에 언급된 都轄·提轄 처소 혹은 서장관 처소 혹은 館伴의 처소 중의 하나로 추정된다. 天皇祠와 地眞祠는 『고려도경』에 언급되지 않았는데 순천관의 서쪽 구역에 위치했다.

숭문전은 인종 10년 10월부터 확인되고, 수락당은 인종 11년 7월부터 확인되니 송(북송)이 금에 의해 멸망당하고 고려가 금을 사대한 이후였다. 그러한 사정으로 인해 宋使를 위한 객관이 필요하지 않게 되어 순천관이 대명궁을 회복하면서 正廳이 崇文殿으로, 都轄·提轄 처소가 壽樂堂으로 바뀐 것으로 여겨지는데, 숭문전과 수락당이 대명궁의 처음 창건 때 명칭을 회복한 것일 수도 있다. 낙빈정은 대명궁을 회복한 이후에도 명칭을 유지하며, 향림정도 그러했을 가능성이 크다. 순천관은 대명궁을 회복한 후에도 가끔 순천관으로 나타나기도 한다. 대명궁은 정전인 崇文殿, 편전이자 침전인 樂賓亭, 편전인 壽樂堂을 핵심으로 하여 시설물이 들어섰다고 생각된다. 大明宮은 개경성에서 大明 즉 태양이 떠오르는 동쪽에 위치해 그렇게 이름지어진 것이었고, 崇文殿도 그러한 대명궁의 정전이었기에 동쪽에 해당하는 '文'을 넣어 이름지어졌다고 생각된다.

개경에는 宋使를 위한 순천관 외에도 다양한 客館이 운영되었다. 순천관 외에 會同館(英華館), 迎賓館, 會仙館, 娛賓館, 淸河館, 朝宗館, 廣仁館, 靈隱館, 新興館, 東西館, 迎恩館, 仁恩館, 興威館, 淸州館, 忠州館, 四店館, 利賓館 등이 확인되는데, 이것들은 고려시대에 외교와 무역과 상업이 활발했음을 보여준다. 仁恩館(仙賓館)과 迎恩館은 남대가에 위치하며 거란 사신을 접대하던 곳이었고, 順天寺의 북쪽에 위치한 迎仙館과 장경궁의 서쪽에 위치한 靈隱館은 여진을 접대하던 곳이었고, 봉선고의 북쪽에 위치한 興威館은 醫官(중국 의관)을 접대하던 곳이었다. 南門(황성대궐의 남문) 밖에서부터 兩廊(南大街의 兩廊)까지에 자리한 淸州館·忠州館·四店館·利賓館은 중국 商旅를 접대하던 곳이었다. 이들 객관은 개경나성 안에 자리잡았는데 특히 거란 사신을 위한 객관과 중국 상인을 위한 객관은 개경 중심인 남대가 일대에 자리잡았다. 인은관과 영은관은 거란이 멸망한 뒤에 金使를 위한 곳으로 쓰이기도 했고, 선은관은 몽골 사신을 위한 곳으로 쓰이기도 했으며, 인은관과 영은관은 무인정권기에 정치적으로 중요한 곳으로 부각되었다.

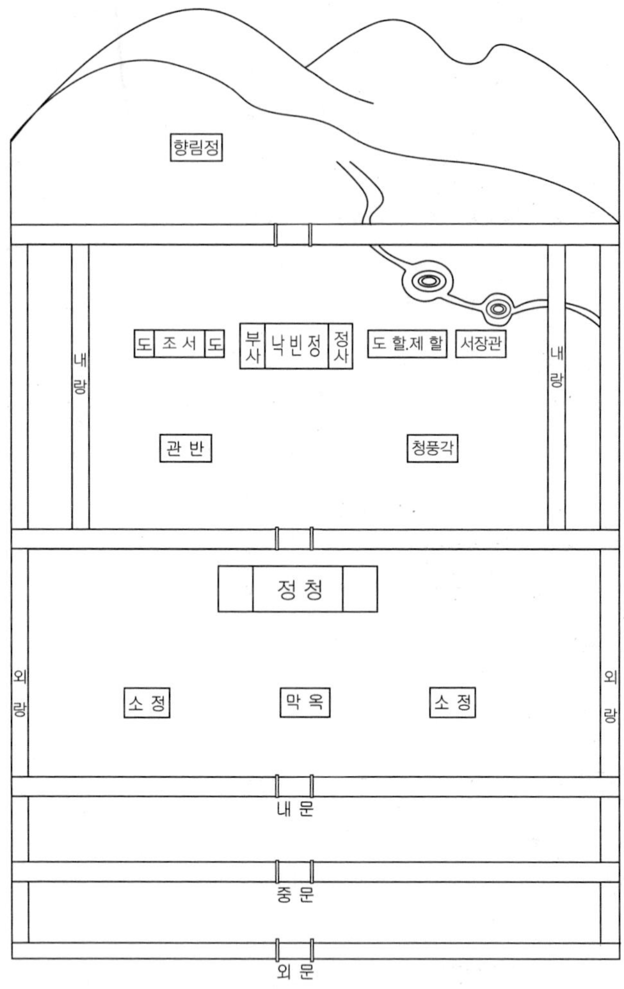

〈그림 7〉 개경 순천관 예상도

〈그림 8-1〉 개경 성균관(남쪽 명륜당 구역): 대명궁은 고려말에 숭문관으로 이용되다가 공민왕 16년에 성균관으로 개조됨

〈그림 8-2〉 개경 성균관(북쪽 대성전 구역)

〈도표 4〉 대명궁 순천관의 행사

번호	연월	주체	행사내용	장소1	장소2	비고		분류1	분류2	전거
	경종 무렵		경종의 배필 大明宮夫人柳氏는			종실 원장태자의 딸				고려사 후비전
	현 1. 12		宦官嬪御 皆亡匿, 唯 玄德大明兩王后 侍女二人 承旨良叶忠弼等 侍							지채문전, 절요
	현 2. 1		王命良叶召容謙 李載 旣至, 諸將 欲殺之			蔡文 呵止之 使二人 牽大明宮主 馬而行				지채문전, 절요
	문 32. 4		송 명주가 사람 보내와 송 황제의 遣使通信을 알림			문종이 館待의 일을 준비하라 함			외교	고려사 세가
1	문 32. 6.甲寅	송 국신사	入순천관	순천관	객관	김양감과 이양신이 館伴으로 영접		의례	외교	고려사 세가
2	문 32. 6.정묘	문종	命태자 詣순천관 導송사	순천관, 창합문, 회경전庭	객관 대궐	至창합문 下馬 入회경전庭		의례	외교	고려사 세가
3	문 32. 6.己巳	문종	命柳洪 詣館 設拂塵宴	순천관	객관			연회	외교	고려사 세가
4	선 6. 8		문선왕을 순천관 移安.계축일	순천관	객관	국학 수리 때문		국학	유교	세가, 절요
5	숙 7. 3	숙종	윤관에게 명해 진사를 시험	순천관	객관	遣전전부승지 賜宋朝細筆 于진사		진사	과거	고려사 세가

번호	연월	주체	행사내용	장소1	장소2	비고		분류1	분류2	전거
6	예 2.윤10 (10)	예종	순천관 남문에 御해 열병. 임인일 女眞정벌 때문. 윤관을 원수로 삼음	순천관 남문		分賜銀布酒食	이어	사열	군사	세가, 절요
7	예 5. 4	예종	행차해 接賓일을 점검	순천관	객관	갑오일	이어		외교	세가
8	예 5. 6	예종	命대방후 往순천관迎詔 到闕庭 王出신봉문拜詔 先入회경전幕次	순천관, 궐정, 신봉문, 회경전	객관, 대궐	(宋使)王襄等至 王出迎入殿庭 受詔及衣帶.. 訖 上殿..		迎詔 受詔	외교	예지 빈례
9	예 10. 4	시신, 승제	송에 가는 관료 전별	낙빈정	순천관	갑인일. 왕이 내시 보내 詩酒 하사		전별연	외교	세가
10	예 17. 3. 임오	예종	幸순천관 點檢接賓之事 宴宰樞于香林亭	순천관 향림정	객관	忽覺背有微腫 促駕還宮, 禱于山川神祇	이어	연회	외교	세가, 절요
11	인 4. 2	이자겸 당	순천관에서 지록연을고문	순천관				형벌	형벌	지록연전, 절요
12	인 4. 10.무술	인종	금사를 전별	대명궁	별궁	附回表謝 一依事遼舊制	이어	전별	외교	세가, 절요
13	인 6. 4甲子	인종	移御대명궁 卽순천관	대명궁 (순천관)	별궁	대명궁 즉 순천관	이어			세가
14	인 6. 5	인종	이어	대명궁	별궁	경자일	이어			세가
15	인 10. 10	인종	환어	대명궁	별궁	병신일	이어			세가

번호	연월	주체	행사내용	장소1	장소2	비고		분류1	분류2	전거
16	인 10. 10	인종	御해 활쏘기 사열	숭문전	대명궁	신해일	이어	사열	군사	세가
17	인 11. 4	인종	이어	대명궁	별궁	경인일	이어			세가
18	인 11. 4		금강경도량	숭문전	대명궁	무신일. 7일간		금강	불교	세가
19	인 11. 5.임신	인종	御숭문전, 평장사 김부식에게 주역과 尙書를 강독 명령	숭문전	대명궁	翰林學士承旨金富儀(김부철) 知奏事洪彝敍 承宣鄭沆 起居注鄭知常 司業尹彦頤 등 問難	이어	경연	유교	세가, 절요
20	인 11. 5	인종	서경 홍범 강독 명령		대명궁	갑술일		경연	유교	세가, 절요
21	인 11. 5	인종	중용을 강독하게 함		대명궁	무인일		경연	유교	세가, 절요
22	인 11. 6	인종	보살계도량	숭문전	대명궁	무술일	이어	보살	불교	세가
23	인 11. 7. 갑자	인종	御해 주역 건괘를 강독 명령	수락당	대명궁	김부식이 강독	이어	경연	유교	세가, 절요
24	인 11. 7. 정묘	인종	또 태괘를 강독 명령		대명궁	이후 신미일, 大雨		경연	유교	세가, 절요
25	인 12. 5	인종	또 이어해 사면	대명궁	별궁	무진일. 가뭄 때문	이어	가뭄	사면	세가
26	인 12. 6. 신사	인종	대명궁 수락당에 御해 월령 강독 시킴	수락당	대명궁	한림학사 김부의가 강독	이어	월령	음양	세가, 절요
27	인 12. 6. 계사		보살계도량	숭문전	대명궁	계사일		보살	불교	세가

번호	연월	주체	행사내용	장소1	장소2	비고		분류1	분류2	전거
28	인 12. 6. 갑오	인종	御수락당, 시경 7월편 강독 명령	수락당	대명궁	한림학사 鄭沆이 강독	이어	경연	유교	세가, 절요
29	인 12. 7	인종	월령을 강독하게 함		대명궁?	갑자일		월령	음양	세가
30	인 12. 10	인종	입어	대명궁	별궁	갑오일	이어			세가
31	인 12. 10	인종	백관에게 직무 조서		대명궁?	정유일		왕명	정사	세가
32	인 13. 1		將以是日出師 富軾等諸將 詣闕俟命	대명궁	별궁	金安等 謀緩兵期 以圖不軌 乃奏 引見金使受 詔而後 移御大明宮 遣將 猶未晚	이어	출정	군사	고려사 묘청전
33	의 1. 8		태백성 晝見, 虎入대명궁	대명궁	별궁			짐승	음양	고려사 세가
34	명 2. 3	명종	이어	대명궁	별궁		이어			고려사 세가
35	명 3. 2	명종	이어	대명궁	별궁		이어			고려사 세가
36	명 3. 2		반승	낙빈정	대명궁	인종 기신 때문		기일, 반승	불교	고려사 세가
37	명 3. 4		태일 초재	내전	대명궁?	임신일		태일	초재	고려사 세가
38	명 3. 4		신사일, 원자를 태자로 책봉		대명궁?	정해일, 장녀를 연희궁공주, 차녀를 수안궁공주로 책봉	체류	책봉	정사	세가
39	명 3. 8	명종	이어	대명궁	별궁		이어			세가

번호	연월	주체	행사내용	장소1	장소2	비고		분류1	분류2	전거
40	명 3. 10		소재도량	숭문전	대명궁			소재	불교	세가
41	명 5. 8.己未	명종	幸現聖寺 又幸순천관 祈福于天皇地眞兩祠(세가)	천황사, 지진사	순천관	幸順天館 祈福于天皇地眞祠(절요)	이어	천황, 地眞	도교	세가, 절요
42	명 6. 9		虎入대명궁	대명궁	별궁			짐승	음양	오행지 금
43	고 3. 11		원수 정숙첨 조충 등 點兵於순천관	순천관	순천관	(고3.10. 정숙첨을 행영중군원수로, 조충을 부원수로. 거란토벌)		사열, 출정	군사	조충傳, 절요 예지 견장출정의
44	고 3. 12	고종	幸순천관 御文德殿 (숭문전?) 群臣入謁 分立左右	문덕전 (숭문전 오류)	순천관 1	정축첨 조충 以戎服率諸총관 入庭行禮, 王親授부월遣之	이어	출정	군사	예지 군례 師還儀
44	고 3. 12	고종	幸순천관 御崇文殿 정축첨조충 以戎服 率諸摠管 入庭行禮	순천관 숭문전	순천관 2	王親授鉞 出師 自保定門 循城南, 宿狻猊驛… 不由大路.,避拘忌	이어	출정	군사	조충傳, 절요

제5장 고려시대 후비궁과 왕녀궁

머리말
1. 고려전기 后妃와 후비궁
2. 고려후기 后妃와 후비궁
3. 고려시대 王女와 왕녀궁
4. 조선초기 궁주와 옹주와 택주
5. 후비궁과 왕녀궁의 위상과 대우
맺음말

머리말

고려시대는 국왕과 태자 외에도 국왕의 형제 혹은 아들인 諸王(親王)도 宮을 소유했다. 더 나아가 국왕의 后妃, 국왕의 자매 혹은 딸도 궁을 소유했으며, 태자의 妃나 諸王의 妃가 궁을 소유하기도 했다. 왕실의 남성만이 아니라 여성도 궁을 지녔던 것이다. 단, 왕실 여성은 院이나 宅을 소유하는 경우도 있었다.

왕실의 구성원이 지닌 宮은 단순한 거처가 아니라 그 주인의 위상과 경제력이 비롯되는 원천이었다. 왕실 여성의 경우, 宮 혹은 院 혹은 宅을 지니면 宮主 혹은 院主 혹은 宅主라 불렸는데, 이러한 칭호에서 그녀들 각자의 위상과 경제력이 결정되었다. 그러하니 이를 파악하면 왕실 여성의 지위를 이해할 수 있고, 나아가 이를 통해 고려 여성의 지위를 유추할 수 있다.

본고에서는 고려시대에 后妃가 어떠한 양상으로 존재하면서 宮이나 院을 지녔는지, 王女들이 어떻게 公主에 책봉되었는지, 왕녀들이 어떻게 宮主에 책봉되어 宮을 지녔는지 살펴보려 한다.[1] 그리고 후비궁과 왕녀궁의 위상과 대우는 어떠했는지 조명해 보고자 한다. 특히 궁주의 위상이 고려전기와 후기에 어떻게 달라지며 조선시대에 가서 어떻게

1 고려시대 后妃에 대해서는 김창현, 「고려시대 후비의 칭호와 궁」 『고려의 여성과 문화』, 신서원, 2007 참조.

변질되어 소멸되는지에 유의하여 고찰하려 한다.

1. 고려전기 后妃와 후비궁

태조 왕건의 29~30명의 배필[2] 중에 신혜왕후 柳氏, 장화왕후 吳氏, 신명순성왕태후 劉氏, 정덕왕후 柳氏 등은 그녀들의 宮院 칭호가 무엇인지 알 수 없다. 신혜왕후 유씨나 장화왕후 오씨는 생존시 궁호를 지녔을 가능성이 크며, 신명태후 劉氏는 생존시 충주원을 지녀 충주원부인으로 칭해졌을 가능성이 있다. 신성왕태후는 손자인 현종이 잠저시에 대량원군으로 불린 점[3]으로 보아 생존시 대량원을 지녀 대량원부인으로 칭해졌을 가능성이 크다. 황주 황보제공의 딸인 황보씨가 황주원을 지녀 황주원부인을 칭하다가 그녀의 외손자인 경종 때 명복궁으로 승격되어 명복궁대부인을 칭하게 되고, 그녀의 손자인 성종 때 사망하자 신정왕태후(신정대왕태후)를 추증받은 것[4]은 고려초 후비 宮院의 양상을 잘 보여준다. 神靜大王太后 諡册(無名氏)에는 그녀의 죽음이 天子처럼 '天崩杞國'이라 표현되어 있다.[5]

평주 유금필의 딸인 東陽院夫人, 천안(←경주) 林彦의 딸인 天安府院夫人, 홍주 홍규의 딸인 홍복원부인, 陜州守 이정언(본래 경주 사람)의 딸인 大良院夫人, 합주 李院의 딸인 後大良院夫人, 명주 王乂의 딸인 大溟州院夫人, 廣州 왕규의 딸인 광주원부인, 왕규의 다른 딸인

---

2 『고려사』 권88, 후비전 태조의 배필; 『삼국유사』 권2, 紀異 金傅大王
3 『고려사』 권4, 현종 총서
4 『고려사』 권2, 경종 원년 6월; 『고려사』 권3, 성종 2년 7월; 『고려사』 권88, 후비전 태조의 배필; 대안사 광자대사 비문. 황주원부인과 황주원낭군(王旭)에 대해서는 정용숙, 『고려왕실족내혼연구』, 새문사, 1988, 34쪽 참조.
5 『동문선』 권28, 册; 『고려사』 권88, 후비전 태조의 배필

小광주원부인(광주원군의 모친), 승주 박영규의 딸인 東山院夫人, 서경(洞州로부터 이주) 김행파의 딸인 大西院夫人, 김행파의 다른 딸인 小西院夫人, 부친 미상의 西殿院夫人, 신주 강기주의 딸인 신주원부인, 英章(충주 출신?)의 딸인 月華院夫人, 황주 順行의 딸인 (小)황주원부인, 의성 홍유의 딸인 의성부원부인, 평주 박수문의 딸인 月鏡院夫人, 평주 박수경의 딸인 夢良院夫人, 해평 선필의 딸인 海良院夫人 등은 자신의 칭호에 붙은 院을 지녔다. 이들 궁원은, 서경에 소재하며 사원의 기능도 지닌 大西院과 小西院을 제외하면 개경에 소재했다.

태조 배필에서 鎭州人 名必(林明弼 : 태조세가)의 딸 숙목부인은 원녕태자를 낳았고, 경주 사람인 太守(추정 천안태수) 林彦의 딸 天安府院夫人은 효성태자 琳과 효지태자 珠를 낳았다. 임언이 경주에서 천안으로 이주했기에 그 딸이 천안부원부인으로 불렸다. 『고려사』 태조세가에 따르면 태조원년에 임명필이 순군부령으로, 임희가 병부령으로 군권을 장악했다. 경종세가에 따르면, 경종의 복수 허용으로 원년 11월에 태조의 아들 天安府院郎君이 왕명을 칭탁한 집정 왕선에 의해 살해당했다. 『고려사』 최승로전에 따르면 천안낭군과 鎭州郎君이 경종 때 권신에게 살해당했다. 천안부원낭군(천안낭군)은 효성태자 혹은 효지태자였을 것이며, 진주낭군은 원녕태자였을 것이다. 근린 친족인 이들은 인근 충주 출신 광종의 정책에 협력했다가 경종 때 보복을 당한 것이었다. 천안(임언)과 鎭州(명필·임희)는 林氏 세력권이었다.

혜종과 定宗과 광종의 각 배필[6]이 지닌 宮院을 살펴보자. 혜종의 배필로 鎭州 林曦(명필의 친족)의 딸은 正胤妃를 거쳐 元妃로 활동하다가 사망 후 의화왕후를 시호로 받고 순릉에 묻히고 혜종 廟에 봉안되었는데 생존시에 궁을 지녔을 것이다. 다른 배필로 廣州 왕규의 딸은 (後)광주원을 지녀 후광주원부인이라 불렸고, 다른 배필로 청주 김긍

6 『고려사』 권88, 후비전 혜종의 배필 및 定宗의 배필 및 광종의 배필

률의 딸은 청주원을 지녀 청주원부인이라 불렸다. 다른 배필로 경주 連乂의 딸인 宮人 哀伊主가 있었는데 院이나 宅을 지녔는지 알 수 없다. 定宗의 배필로 승주 박영규의 딸은 문공왕후를 시호로 받고 안릉에 묻히고 定宗 廟에 봉안되었는데 생존시에 궁을 지녔을 것이다. 박영규의 다른 딸은 慶春院을 지녀 경춘원부인(경춘원군의 모친)으로 불렸고, 청주 김긍률의 다른 딸은 淸州南院을 지녀 청주남원부인으로 불렸다. 광종의 배필로 태조와 황주원부인 황보씨의 딸인 황보씨는 대목황후(대목왕후)[7]를 시호로 받고 광종 廟에 봉안되는데 궁을 지녔을 것이다. 다른 배필로 혜종과 의화왕후 林氏의 딸은 慶化宮을 지녀 경화궁부인이라 불렸다. 그녀는 광종의 后妃에서 서열 2위로 夫人(大夫人?)이었지만 왕녀(혜종의 딸)였기에 궁을 지녔던 것이다.

경종의 배필[8]로 경순왕 김부의 딸은 憲承皇后(獻肅王后)[9]를 시호로 받고 경종 廟에 봉안되었는데 궁을 지녔을 것이다. 「袷榮陵(경종)謚册文」(朴浩)은 경종과 獻肅王后 김씨에게 尊謚를 加上하는 내용인데 九廟의 靈과 함께 한다고 되어 있다.[10] 다른 배필로 문원대왕(광종의 친동생) 貞의 딸은 헌의왕후를 시호로 받았는데 생존시에 궁 혹은 원을 지녔을 것이다. 다른 배필로 대종 旭(태조와 황주원부인 황보씨의 아들)의 딸인 황보씨는 崇德宮 嫡男(목종)을 아들로 두었고 숭덕궁에서 세상을 떠난 것으로 보아[11] 숭덕궁을 지녔는데 성종대까지 숭덕궁부인

7 광종은 稱帝建元을 했으므로 그 배필 황보씨는 황후로 불렸을 것이다. 그녀는 『고려사』에는 대목왕후로, 『균여전』에는 대목황후로 기록되어 있다.

8 『고려사』 권88, 후비전 경종의 배필

9 金傅의 딸은 『고려사』에는 헌숙왕후로, 『삼국유사』 권2, 紀異 金傅大王에는 憲承皇后로 기록되어 있다.

10 『동문선』 권28, 册. 「袷榮陵(경종)謚册文」(朴浩)은 문종 - 숙종 무렵의 작품으로 보인다.

11 『고려사』 권3, 성종 9년 12월; 『고려사』 권5, 현종 20년 정월. 조선국공 이자겸은 僚屬을 지닌 崇德府와 懿親宮을 가졌는데 崇德은 본래 김치양의 西宅

혹은 숭덕궁대부인 혹은 숭덕궁비 혹은 숭덕궁주로 불렸을 것이다. 그녀는 아들 목종이 등극하자 '응천계성정덕왕태후'라는 존호를 아들 임금으로부터 받아 섭정했는데 천추궁 내지 천추전에 거처했기에 '천추태후'라는 애칭(속칭)으로 불리기도 했다. 그녀는 존호 '應天啓聖'이 시사하듯이 天子와 같은 위상을 지녔는데, 현종세력의 정변으로 실각해 황주에 추방되었다가 개경 숭덕궁에서 사망 후 獻哀王后를 시호로 받고 幽陵에 묻혔다. 경종의 배필로 대종의 다른 딸인 황보씨는 남편의 사후 왕륜사 남쪽 私第에 머물다가 숙부 안종과 사통해 대량원군(현종)을 낳자마자 불행하게 사망해 헌정왕후를 시호로 받고 아들 현종의 즉위 후 '효숙왕태후'라는 존호를 추증받고 무덤은 '元陵'이라 칭해졌다.[12] 그녀의 왕륜사 남쪽 私第는 '玄德宮'이라 칭해졌을 가능성이 있으며, 그렇다면 그녀는 생존시에 현덕궁부인 혹은 현덕궁비 혹은 현덕궁주라 칭해졌을 것이다. 경종의 다른 배필로 원장태자(태조와 정덕왕후 柳氏의 아들)의 딸 柳氏는 大明宮을 지녀 大明宮夫人이라 칭해졌는데, 그녀가 궁을 지닌 것은 태조의 손녀였기 때문이라 생각된다. 숭덕궁부인(천추태후) 황보씨의 숭덕궁은 유암산 기슭에, 헌정왕후 황보씨의 사제(추정 현덕궁)는 왕륜사 남쪽에, 대명궁부인의 대명궁은 개경 동북의 훗날 탄현문 안에 위치했는데 이후에 후비궁의 기본 뼈대

칭호였다고 한다(『고려사』 권127, 이자겸전). 하지만 숭덕궁은 원래 천추태후의 궁으로 보아야 한다. 한편 최충은 史贊에서, 천추태후가 淫荒을 마음대로 하여 몰래 왕위를 찬탈하기를 도모하자 목종이 백성의 여망을 알아서 천추태후의 악당을 배척해 현종에게 왕위를 전수했다고 언급했다(『고려사』 현종세가 말미).

12 『고려사』 권88, 후비전 경종의 배필; 『고려사』 권90, 종실전 태조의 아들 안종 郁; 『고려사절요』 권2, 목종 12년(사실은 현종 즉위년) 3월 및 4월; 현화사 비문. 3월에 祖母를 追尊해 '神成王太后'라 했다. 4월에 부친 郁을 추존해 孝穆大王이라 하고 廟號를 安宗이라 했고, 모친 皇甫氏를 추존해 孝肅王太后라 했다. 이를 기념해 境內에 사면령을 내리면서 老病을 養하고 부채와 요역을 감면하고 공신을 포상했다.

로 작용한다.

성종의 배필 柳氏는 광종의 딸로 처음에 弘德院君(태조의 아들인 수명태자의 아들)과 결혼했다가 나중에 성종과 재혼했고 사후에 문덕왕후를 시호로 받고 성종 廟에 봉안되었는데[13] 생존시에 궁을 지닌 궁주였을 것이다. 다른 배필로 善州 김원숭의 딸인 김씨는 처음에 延興宮主라 칭해지다가 혹은 玄德宮主라 칭해졌고 현종 20년 4월에 大妃가 되었고 사후에 문화왕후를 시호로 받았다.[14] 그녀는 연흥궁을 지녀 연흥궁주라 칭해지다가 현덕궁을 지녀 현덕궁주라 칭해지게 된 것이었다. 靖宗이 3년(1037) 12월에 玄德宮主 김씨에게 萬齡宮을 하사했는데,[15] 왕실의 최고 어른인 현덕궁주 김씨(김원숭의 딸)를 대궐의 침전인 萬齡殿에 거처하게 한 조치로 여겨진다. 성종의 다른 배필로 경주 사람으로 보이는 崔行言의 딸인 최씨는 延昌宮을 지녀 연창궁부인이라 칭해졌다.[16] 이처럼 성종대에는 태조의 배필이 아닌데도 일반인 출신의 배필도 궁을 지니게 되었다. 목종의 배필로 弘德院君 圭(수명태자의 아들)의 딸인 劉氏는 사후에 선정왕후를 시호로 받아 목종 廟에 봉안되었고, 다른 배필인 邀石宅宮人 김씨는 邀石宅을 지닌 宅主였는데,[17] 선정왕후 劉氏는 생존시에 궁을 지닌 궁주였을 것이다. 목종은 12년

13 『고려사』 권88, 후비전 성종의 배필

14 『고려사』 권88, 후비전 성종의 배필. 그녀가 연흥궁과 현덕궁을 동시에 소유했을 가능성도 있다.

15 『고려사』 권6, 靖宗 3년 12월. 현덕궁주 김씨가 아직 생존하고 있었다.

16 『고려사』 권88, 후비전 성종의 배필. 정종 8년 7월 을사일에 卒한 延昌宮妃(『고려사』 권6)가 바로 그녀였다고 여겨진다.

17 『고려사』 권88, 후비전 목종의 배필; 『고려사절요』 권2, 목종 10년 7월. 慶州人 融大가 新羅 元聖王의 遠孫을 사칭해 良民 五百餘口를 認하여 奴婢로 삼아 宮人 金氏 및 평장사 韓藺卿과 이부시랑 金諾에게 증여하여 援으로 삼은 것을 어사대가 조사하여 목종 10년 7월에 왕에게 아뢰어 죄주기를 요청하니, 왕이 노하여 한인경을 楊州에, 金諾을 海島에 유배하고 궁인 김씨에게 銅 100斤을 징수하는 처벌을 내리자 이를 들은 자들이 모두 축하했다고 한다.

정월에 정변이 발생해 2월에 강조의 군대가 궁성에 난입하자 천추태후를 모시고 宮人과 小豎(內僚)를 대동해 법왕사에 出御했다가 宣仁門을 통해 대궐을 나와 귀법사를 거쳐 충주로 가는 도중에 적성에서 시해당했고, 목종을 몰아내 즉위한 현종이 敎坊宮女 100餘人을 罷하고 閬苑亭을 허물고 진기한 禽獸龜魚의 부류를 山澤으로 놓아 보냈으니,[18] 목종은 궁인 내지 궁녀를 꽤 많이 거느렸다.

현종의 배필로 성종과 문화왕후 김씨의 딸인 김씨가 있었다.[19] 현종이 즉위년 5월에 延興宮主(문화왕후)의 딸 김씨를 들여 妃로 삼고,[20] 성종의 딸 김씨를 들여 后로 삼았다[21]고 한 김씨가 바로 그녀였다. 그녀는 玄德宮을 지녀 玄德王后라 불리다가 현종 9년 4월에 현덕궁에서 사망해 元貞(貞元) 왕후를 시호로 받고 和陵에 묻혔다.[22] 그녀가 먼저 현덕궁주를 칭했는지, 그녀의 모친(문화왕후)이 먼저 현덕궁주를 칭했는지 문제인데, 어찌 되었든 그녀가 요절하자 모친이 현덕궁을 지녀 현덕궁주로 불리게 되었다. 현덕궁은 성종의 누이이자 현종의 모친인 헌정왕후의 왕륜사 남쪽 私第로 생각되므로 왕실에서 상징성이 큰 곳인데, 현덕왕후는 부친 성종으로부터 혹은 남편 현종으로부터 그러한 현덕궁을 물려받아 현덕궁주가 됨으로써 높은 위상을 지니게 되었다.

현종의 다른 배필로 성종과 연창궁부인 최씨의 딸인 최씨는 생존시 처음에 恒春殿王妃라 칭해지다가 후에 常春殿王妃라 개칭되었고 사후에 원화왕후를 시호로 받는다.[23] 거란의 침략으로 현종 원년 12월부터

18 『고려사절요』 권2, 목종 12년 정월·2월 및 현종 즉위년 2월
19 『고려사』 권88, 후비전 현종의 배필
20 『고려사』 권4, 현종 즉위년 5월
21 『고려사절요』 권2, 목종 12년 5월(사실은 현종 즉위년 5월)
22 『고려사』 권88, 후비전 현종의 배필; 『고려사』 권94, 지채문전. 현덕왕후는 임신한 상태에서 현종의 南幸을 수행하다가 거란군이 물러날 때까지 고향(外鄕) 善州로 보내졌다.
23 『고려사』 권88, 후비전 현종의 배필. 최씨(성종과 연창궁부인 최씨의 딸)는

현종이 남쪽으로 피난할 때 玄德王后와 大明王后가 따라갔지만 현덕왕후는 임신한 상태라 鄕(母鄕) 내지 本貫인 善州로 보내진 반면 大明宮主(大明王后)는 끝까지 왕을 수행했는데,[24] 대명왕후 내지 대명궁주는 항춘전왕비와 동일한 인물로 여겨진다. 항춘전 내지 상춘전과 대명궁은 그녀의 거처인데 항춘전 내지 상춘전은 대궐 내전의 하나일 가능성과 대명궁 건물의 하나일 가능성이 있다. 현종 8년 12월에 그녀의 外祖 崔行言에게 상서좌복야를, 외조모 김씨에게 풍산군대부인을, 모친 최씨(성종의 배필 연창궁부인)에게 樂浪郡大夫人을 추증했다. 이를 통해 그녀의 모친 최씨가 낙랑(경주의 별칭) 출신임을 알 수 있으니 그녀의 외조 최행언도 당연히 경주 출신으로 판단된다. 이 추증은 현종이 자신의 南幸을 수행한 그녀의 공로를 인정해 항춘전을 상춘전으로 개칭하면서 행한 포상이 아니었을까 싶다. 그녀는 대명궁을 지닌 대명궁주로 왕비였는데 현종 9년 4월 현덕왕후의 사후에 왕후로 승격되었다고 판단된다. 물론 대명왕후가 되어도 여전히 대명궁주였다. 그녀는 경종의 배필인 대명궁부인 柳氏(원장태자의 딸)의 대명궁을 물려받은 것이었는데 그녀의 부왕 성종의 외가가 貞州 柳氏였기 때문이었을 것이다.

현종의 다른 배필로 안산 김은부의 딸은 거란군을 피해 나주에 피난했다가 올라가는 도중의 현종을 공주에서 侍寢한 것을 인연으로 宮人이 되어 현종 7년 5월에 왕자 欽(덕종)을 낳자 延慶院을 하사받아 연

현종 7년 6월에 왕자(秀)를 항춘전에서 낳았으니(『고려사』 권4) 이때는 항춘전왕비였다.

24 『고려사』 권94, 지채문전; 『고려사절요』 권3, 현종 원년 12월 및 2년 정월·2월. 여기에 대명왕후로 나오는 것은 나중의 칭호를 소급해서 기재했기 때문일 것이다. 대명궁주는 현종의 南遷 당시에도 그녀가 지닌 칭호였다고 생각된다. 이정란은 大明宮主가 元和王后임이 분명하다고 보았다. 「고려 后妃의 號稱에 관한 고찰」 『전농사론』 2, 1996

경원주가 되고 金銀器와 匹段과 田莊과 노비와 鹽盆 魚梁을 하사받았으며, 현종 9년 7월에 왕자 亨(靖宗)을 연경원에서 낳자 연경원이 연경궁으로 승격되고 禮物을 하사받아 연경궁주가 되었다. 이 연경궁주 김씨는 13년 10월에 王妃에 책봉되었고, 18년 9월에 舊宅을 하사받아 그것을 長慶宮이라 호칭했으며, 현종 19년 7월에 王妃로서 사망해 元成王后를 시호로 받아 明陵에 묻히고 아들 덕종이 왕위에 오르자 元成太后(元城太后)를 추증받고 顯宗廟에 祔해졌다.[25] 현종의 배필로 김은부의 다른 딸은 안복궁주로 불리다가 현종 10년 12월에 안복궁에서 왕자 緖(문종)를 낳자 안복궁이 延德宮으로 개칭됨으로써 연덕궁주가 되어 禮物을 하사받았고 현종 12년 8월에 왕자 基를 연덕궁에서 낳았으며 13년 6월에 사망해 시호 元惠를 받아 懷陵에 묻혔으며, 16년 4월에 王妃(원혜왕비)를 추증받았고, 18년 5월에 평경왕후를, 아들 문종 때 원혜태후를 시호로 추증받았다.[26] 현종의 배필로 장경태자의 딸인 柳氏는 현종 4년 5월에 들여져 妃가 되었고 원용왕후를 시호로 받았다. 이천 서눌의 딸은 현종 13년 8월에 맞아들여져 淑妃가 되고 홍성궁주라 칭해져 홍성궁을 지녔고 사후에 火葬되어 원목왕후를 시호로 받았는데 자식이 없었다.[27] 김은부의 다른 딸인 김씨는 사후에 원평왕후를 시호로 받고 宣陵에 묻혔다.[28] 경주 김인위의 딸은 현종 15년 정월에 景興院主로서 德妃에 책봉되어(冊景興院主金氏 爲德妃) 경흥원주 덕비가 되었고 후에 경흥원주 귀비가 되었으니 景興院을 지녔으며,

25 『고려사』 권88, 후비전 현종의 배필; 『고려사』 권4, 현종 7년 5월·9년 7월·13년 10월·19년 7월; 『고려사절요』 권3, 현종 13년 10월 및 19년 7월

26 『고려사』 권88, 후비전 현종의 배필; 『고려사』 현종세가; 『고려사절요』 권3, 현종 13년 6월

27 『고려사』 권88, 후비전 현종의 배필; 『고려사』 현종세가

28 『고려사』 권88, 후비전 현종의 배필. 한편 『고려사절요』 권3, 현종 8년 5월조 中樞使 김은부 卒記에는 元成·元惠·元平 三后가 모두 그의 딸이었다고 되어 있지만 그녀들 모두 생존시가 아니라 사후에 王后에 추증된 것이었다.

사후에 원순숙비를 시호로 받았다.[29] 청주 왕가도(이가도)의 딸은 사후에 원질귀비를 시호로 받았고 宮人 庾氏는 현종 16년 6월에 貴妃에 책봉되었는데,[30] 그녀들은 생존시에 院을 지녀 院主로 불렸을 것이다. 양주 한인경의 딸 萱英은 宮人으로 나타나는데 檢校太師 王忠을 낳았다. 이언술의 딸과 전주 박온기의 딸도 궁인으로 나타난다.[31]

덕종의 배필로, 현종과 원순숙비 김씨의 딸은 王后를 지냈는데, 덕종 3년 2월에 景興院(원순숙비의 생존시 院) 長女 김씨를 들여 后로 삼은 데에서 비롯되었으며, 사후에 경성왕후를 시호로 받아 質陵에 묻히고 덕종 廟에 봉안되었다.[32] 그녀는 왕녀 출신의 왕후였기에 궁을 지닌 궁주였을 것이다. 청주 왕가도의 다른 딸인 왕씨는 賢妃였다가 사후에 경목현비를 시호로 받았고, 현종과 원혜태후 김씨의 딸인 김씨는 사후에 효사왕후를 시호로 받았는데,[33] 전자는 생존시에 궁주 혹은 원주였을 것이며, 후자는 왕녀 출신의 후비였기에 궁을 지닌 궁주였을 것이다. 부여 이품언의 딸과 충주 劉寵居의 딸은 생존시와 사후 칭호를 알 수 없다.[34]

靖宗의 배필로, 湍州 韓祚의 딸인 韓氏는 왕이 平壤君일 때 들여 妃가 된 여자로 왕의 즉위 후 延興宮主가 되었고 靖宗 원년 정월에 왕자 詗을 延興宮에서 낳자 원년 3월에 연흥궁주로서 惠妃에 책봉되면서(册延興宮主韓氏 爲惠妃) 기념 사면령이 내렸고 후에 定信王妃에 책

29 『고려사』 권88, 후비전 현종의 배필; 『고려사』 권5 및 『고려사절요』 권3, 현종 15년 정월

30 『고려사』 권88, 후비전 현종의 배필; 『고려사』 권5, 현종 16년 6월

31 『고려사』 권88, 후비전 현종의 배필

32 『고려사』 권88, 후비전 덕종의 배필; 『고려사』 권5, 덕종 3년 2월. 경성왕후는 『고려사절요』 권6에는 선종 3년 7월에 德宗后 김씨가 薨하니 시호를 '敬成', 능호를 '質'이라 했다고 되어 있다.

33 『고려사』 권88, 후비전 덕종의 배필

34 『고려사』 권88, 후비전 덕종의 배필

봉되었으며 靖宗 2년 7월에 사망해 玄陵에 묻히고 문종 2년 3월에 용신왕후에 추증되었다.[35] 그녀의 생존시 연흥궁과 연흥궁주는 성종의 배필 문화왕후의 처음 궁과 궁호를 물려받은 것이었다. 정종의 배필로, 韓祚의 다른 딸인 韓氏는 靖宗 4년 4월에 麗妃에 책봉되고 昌盛宮主라 불리더니 후에 麗妃 玄德宮主라 改號되었고 정종 6년 2월에 王后(王后 현덕궁주)에 책봉되었으며 사후에 용의왕후를 시호로 받았다.[36] 그녀는 정종 3년 12월에 大妃 현덕궁주 김씨(성종의 배필)가 생존해 있었으므로 정종 4년~6년 사이에 현덕궁주 김씨가 사망하자 현덕궁을 물려받아 현덕궁주가 되었다고 판단된다. 그녀는 후비궁에서 으뜸가는 위상을 띤 현덕궁을 지님으로써 후비에서 으뜸가는 위상을 차지하고 그 결과 왕후에 책봉될 수 있었다. 그녀는 왕후에 올랐어도 정식 왕후 책봉의례는 大妃 현덕궁주 김씨의 상례종결 후에 거행되었을 수도 있다. 이품언의 다른 딸은 昌盛宮主라 불리다가 사후에 용목왕후를 시호로 받았으니,[37] 그녀는 麗妃 한씨가 창성궁에서 현덕궁으로 옮기자

---

35 『고려사』 권88, 후비전 靖宗의 배필; 『고려사』 권6, 靖宗 원년 정월; 『고려사』 권6 및 『고려사절요』 권4, 靖宗 원년 3월·2년 7월. 惠妃와 定信王妃에 책봉되어도 여전히 연흥궁주였다.

36 『고려사』 권88, 후비전 靖宗의 배필; 『고려사』 권6 및 『고려사절요』 권4, 靖宗 6년 2월. 현덕궁주의 왕후 책봉 다음날에 그것을 대묘에 고하니 백관이 축하했다. 이정란은, 성종의 배필 文和王后가 처음에는 延興宮主로만 불려지다가 그 딸 현덕궁주(현종의 배필)가 죽은 현종 9년 이후에 延興宮主라는 호칭과 함께 玄德宮主로 불리워졌으며, 靖宗이 即位하면서 곧바로 제 1 妃에게 延興宮主라는 칭호를 내려주었고, 文和王后에게는 靖宗 3年에 萬齡宮을 하사한 후에 곧 4年에 玄德宮主라는 칭호마저 제 2 妃에게 준 것이라고 했다.「고려 后妃의 號稱에 관한 고찰」『전농사론』 2, 1996. 한편 王后 책봉도감이 정종 8년 4월 21일에 王后 册封禮를 행하려다가 태묘 禘祫과 겹쳐 그 책봉례를 연기했는데(『고려사절요』 권4, 정종 8년 3월; 『고려사』 권61, 예지, 길례대사 태묘 말미), 어느 왕후 책봉과 관련된 것인지 불확실하지만 왕후 현덕궁주 한씨의 정식 왕후책봉의례와 관련되었을 가능성이 있다.

37 『고려사』 권88, 후비전 靖宗의 배필

창성궁을 지니게 되어 창성궁주가 되었던 것이다. 정종의 배필로 경주 김원충의 딸은 연흥궁을 지녀 연흥궁주라 불리다가 숙종 7년 3월에 卒하여 용절덕비를 시호로 받았는데,[38] 숙종 7년 3월에 卒한 靖宗妃 延興宮主 金氏[39]가 바로 그녀였다. 그녀는 정종의 배필인 정신왕비 연흥궁주의 사후 연흥궁과 연흥궁주를 물려받은 것이었다. 世系 未詳인 盧氏는 靖宗이 그녀의 아름다움을 듣고 몰래 궁중에 들여 房宴을 전담하게 한 여인이었는데, 문종이 즉위하자 정종의 遺命을 실천해 宮人 盧氏 즉 그녀에게 延昌宮을 하사함으로써 그녀는 延昌宮主가 되었으며 문종 2년 3월에 卒했다.[40] 그녀는 성종의 배필 延昌宮夫人 최씨(최행언의 딸)가 지녔던 연창궁을 물려받은 것이었다.[41]

閔忠紹가 찬술한 「延興宮大妃 祖母金氏 追封 和義郡夫人」에는 延興宮大妃의 祖母 金氏의 令孫이 先君을 도와 더욱 융성하게 했기에 조모 김씨에게 和義郡夫人을 追封한다고 했다.[42] 이 연흥궁대비는 靖宗의 두 연흥궁주(한씨와 김씨) 중에 연흥궁주 김씨(경주 김언충의 딸; 숙종 7년 3월 卒해 용절덕비 追封; 후비전)의 문종 때 칭호로 여겨진다. 和義는 경상도 善州의 별호였다. 성종의 배필인 연흥궁주 내지 현덕궁주 김씨(추증 문화왕후)는 善州 김원숭의 딸이었다. 연흥궁대비의 조모 김씨는 善州 김원숭 집안 사람으로 보인다.

---

38 『고려사』 권88, 후비전 靖宗의 배필

39 『고려사』 권11, 숙종 7년 3월

40 『고려사』 권88, 후비전 靖宗의 배필; 『고려사절요』 권4, 靖宗 12년 5월(사실은 문종 즉위년 5월). 문하성과 어사대는 盧氏가 禮를 갖추어 들여지지 않은 여인이고 先王의 亂命이므로 따라서는 안된다고 했지만 문종이 받아들이지 않고 노씨에게 연창궁을 하사한 것이었다. 노씨와 靖宗은 정식으로 결혼식을 올린 부부가 아니라 戀人 사이로 事實婚 부부였다.

41 연창궁부인 최씨의 딸 원화왕후(현종의 배필 항춘전왕비, 대명왕후, 대명궁주)는 자식으로 딸인 積慶公主(현종 21년 卒: 효정공주)와 天壽殿主만 두었는데 그녀들에게 자녀가 끊겼기 때문에 연창궁이 靖宗의 연인 盧氏에게 넘어온 듯하다.

42 『동문선』 권25, 制誥

문종의 배필로, 현종과 원성태후 김씨의 딸인 김씨는 사후에 인평왕후를 시호로 받는데[43] 그녀는 왕녀였기에 궁을 지닌 궁주였을 것이다. 인주 이자연의 장녀는 문종의 배필이 된 후에 연덕궁주가 되었고 문종 6년 2월에 王妃에 책봉되었고 아들인 선종 때 태후에 올랐고 사후에 인예순덕태후를 받고 戴陵에 묻혔다.[44] 그녀의 생존시 왕비 책봉문인 「文宗 封延德宮主 爲王妃 册」에는 王化에서 坤元이 중요함을 언급한 다음 某官 某를 파견해 持節 備禮하여 연덕궁주 이씨를 王妃로 책봉한다는 내용이 담겨 있다.[45] 이자연의 다른 딸은 壽寧宮主와 淑妃를 지냈다가 사후에 인경현비를 시호로 받았고, 이자연의 또 다른 딸은 崇敬宮主(崇慶宮主)를 지냈다가 문종 36년 7월 사망해 인절현비를 시호로 받았다.[46] 경주 김원충의 다른 딸은 崇化宮主를 지냈다가 사후에 인목현비를 시호로 받았다.[47] 문종이 景昌院 소속의 田柴를 흥왕사에 移屬하고 魚梁 舟楫 奴婢를 모두 還官하도록 명령함에 문종 12년 7월에 중서문하성이 아뢰기를, 宮院은 先王이 田民을 優賜해 子孫에게 萬世

43 『고려사』 권88, 후비전 문종의 배필

44 『고려사』 권88, 후비전 문종의 배필 인예태후; 『고려사절요』 권4, 문종 6년 2월; 이자연 묘지명. 선종은 3년 정월에 외척 예부시랑 李預의 妻 王氏 등에게 尙宮 이하 內職을 제수하여 王太后 宮官을 삼아 녹봉을 차등 있게 하사했으며, 2월에 왕태후에게 上册하고 건덕전에 이어해 中外의 축하를 받고 群臣에게 연회를 하사했는데, 탁라(탐라) 유격장군 加於乃 등이 와서 축하하면서 方物을 바쳤다(『고려사』 권10 및 『고려사절요』 권6). 연덕궁주 이씨의 생존시 공식적인 태후 책봉식은 문종과 순종의 상례가 끝난 후인 선종 3년에 열렸던 것이다.

45 『동문선』 권28, 册; 『고려사』 권88, 후비전 문종의 배필 인예순덕태후 이씨

46 『고려사』 문종세가, 후비전 문종의 배필; 이자연 묘지명. 문종의 배필이 된 이자연의 세 딸들은 이자연이 문종 15년에 사망했을 때 각각 연덕궁주 왕비(태자와 국원후의 모친), 수녕궁주(조선후의 모친), 숭경궁주였다. 숭경궁은 숭경궁주의 사후인 선종 4년 8월에 보녕궁으로 개칭되어 선종의 누이(인예태후 소생)에게 주어졌다(선종세가).

47 『고려사』 권88, 후비전 문종의 배필

토록 전해지게 해 匱乏함이 없도록 한 것이니 1宮의 田柴를 거두어 佛寺에 속하게 함은 옳지 않다며 田民 魚梁 舟楫을 예전대로 돌려주기를 요청하자, 문종이 명령하기를, 田柴는 이미 三寶에 시납해 追還하기가 어려우니 公田을 元數에 의거해 지급하고 나머지는 아뢴 바를 따르도록 했다.[48] 경창원은 문종 혹은 靖宗의 배필 중의 한 여자가 지닌 院으로 생각되는데, 田民(田柴와 民·노비)과 魚梁과 舟楫을 지녔으니 다른 院은 물론 宮도 그러한 재산을 지녔을 것이다.

순종의 배필로, 종실 평양공 基의 딸인 왕씨는 정의왕후를 시호로 받았다. 경주 김양검의 딸인 김씨는 순종이 동궁일 적에 궁에 選入되어 총애를 받았지만 문종에게 미움을 받아 外第로 돌아갔기 때문에 자식이 없었는데 延福宮主라 불렸으며 인종 4년 2월에 卒하니 왕이 선희왕후를 추증하고 8년 4월에 有司에게 명해 大廟에 禘祭해 순종 廟에 祔했다.[49] 인주 李顥의 딸은 들여져 妃가 되어 長慶宮主로 불렸는데 순종이 사망하자 外宮(장경궁)에서 宮奴와 사통했다가 발각되어 廢해졌다.[50]

선종의 배필로, 인주 李預의 딸은 선종이 국원공일 때 들여 妃(公妃)가 되었는데 사후에 정신현비라는 시호를 받았다.[51] 인주 李碩의 딸은 선종이 국원공일 때 들여져 延和宮妃라 불리고 선종이 즉위하자 王妃에 책봉되고 선종 원년 6월에 연화궁에서 왕자(헌종)를 낳았다. 선종 5년 11월에 왕이 延和宮 元子(헌종)에게 이름 '昱'과 銀器 匹段 布穀 鞍轡 노비를 하사하고는 태후를 모시고 수춘궁에서 연회했는데 조선공 계림공 상안공 부여후 금관후가 侍宴했다. 연화궁주는 아들 헌종이 즉위하자 太后로 尊崇되어 殿號를 中和殿, 府를 설치해 永寧府라

48 『고려사』 권8 및 『고려사절요』 권5, 문종 12년 7월
49 『고려사』 권88, 후비전 순종의 배필; 『고려사』 권15, 인종 4년 2월
50 『고려사』 권88, 후비전 순종의 배필
51 『고려사』 권88, 후비전 선종의 배필

했는데, 헌종이 幼弱해 機務를 聽決하지 못하자 태후가 '稱制' 즉 황명을 칭하여 軍國의 大小事를 모두 取決하다가 헌종의 사후 有司의 건의로 永寧府 및 中和殿 號가 혁파당했으며 사후에 사숙태후를 시호로 받았다.[52] 延和宮主인 그녀는 남편이 국원공일 때 公妃로, 남편이 국왕에 올랐을 때 王妃와 王后로, 어린 아들이 국왕에 올랐을 때 太后로 활동했다. 특히 태후 시절에는 어린 아들을 대신해 '制'를 칭하며 섭정해 政事를 모두 처리했으니, 헌종 치세는 사실상 그녀의 치세였다. 그녀는 헌종을 낳아 王后에 책봉되었다는 기록[53]으로 보건대 선종 원년 6월에 왕자(헌종)를 延和宮에서 낳자 왕비에서 왕후로 승격되었다가 헌종이 즉위하자 태후에 올라 섭정했다고 여겨진다. 선종의 다른 배필로, 인주 李頲의 딸은 생존시에 원희궁을 지녀 元禧宮妃로 불렸다.[54] 선종 4년 8월에 慶興院을 元禧宮이라 개칭했으니[55] 그녀는 이 때 원희궁주 내지 원희궁비에 책봉되어 원희궁을 지니게 되었다고 판단되는데, 그녀가 경흥원주에서 원희궁주로 승격되었을 가능성이 크다. 그녀는 계림공(숙종)이 정변을 일으켜 원신궁주(원희궁비)의 오빠 이자의를 살해하면서 즉위한 숙종에 의해 아들 한산후와 함께 경원군(인주)으로 유배당했다.[56] 선종의 寵姬 萬春은 私第를 크게 지었다. 이는 宣宗의 寵姬

---

52 『고려사』 권88, 후비전 선종의 배필; 『고려사』 권10, 선종 원년 6월 및 5년 11월; 『고려사절요』 권6, 헌종 원년 7월조. 그녀는 『고려사절요』 권6, 헌종 원년 7월조에는 이전에 선종이 尙書 李碩의 딸을 들여 '后'로 삼아 왕(헌종)을 낳았다고 되어 있어 선종 치세에 王后에 올랐다고 여겨진다.

53 『고려사절요』 권7, 예종 2년 4월조; 『고려사』 권88, 후비전 선종의 사숙태후. 헌종의 탄생은 『고려사』 권10, 선종 원년 6월; 『고려사』 헌종세가 총서 참조.

54 『고려사』 권88, 후비전 선종의 배필; 『고려사절요』 권6, 헌종 원년 7월. 원희궁비는 元信宮主로도 불렸는데 생존시 칭호인지 사후 칭호인지 확실하지 않다.

55 『고려사』 권10, 선종 4년 8월. 『신증동국여지승람』 권4, 개성부 하 고적의 元禧宮 항에서는 선종이 興慶院을 고쳐 元禧宮이라 했다고 되어 있는데 興慶院은 慶興院의 오류로 보인다. 경흥원은 경원(인주)에서 비롯된 칭호로 보인다.

56 『고려사』 권88, 후비전 선종의 배필; 『고려사절요』 권6, 헌종 원년 7월 및

萬春이 第를 壯麗하게 일으키자 어사중승 위계정이 상서를 올려, 萬春이 上意를 誑惑해 百姓을 勞役해 私第를 크게 일으키고 있다며 허물기를 요청했지만 임금이 대답하지 않았다는 데에서[57] 알 수 있다.

숙종의 배필을 보면, 貞州 柳洪의 딸인 柳氏는 계림공(숙종)과 결혼해 公妃 明福宮主로 불렸다.[58] 그녀는 태조의 배필 황주 황보씨가 외손자 경종과 친손자 성종 때 거처했던 곳을 물려받은 것인데, 성종의 외가가 貞州 柳氏였던 사실과 관련이 있었을 것이다. 명복궁은 명복궁대부인의 사후 성종에 의해 왕실의 소유로 되었다가 그 후 계림공과 결혼한 柳氏에게 주어졌다고 생각된다. 헌종 원년 7월에 이자의가 禁中에 병력을 모아 擧事하려 하자 계림공이 명복궁에서 비밀리에 알고 계책을 세워 이자의를 제거했다고 한다. 명복궁주는 숙종이 즉위하자 延德宮主라 불리게 되어 명복궁과 연덕궁을 소유하게 되었고 숙종 4년 3월에 왕비에 책봉되었다.[59] 그녀의 생존시 왕비책봉문인 「肅宗 封延德宮主爲王妃册」(無名氏)에는 某官 某를 보내 持節 備禮하여 연덕궁주 이씨를 王妃에 책봉한다고 되어 있다.[60]

연덕궁주는 아들 예종이 즉위하자 왕태후로 존숭되어 殿을 天和殿, 府를 崇明府, 생신을 至元節이라 했다. 예종은 부왕 상례가 끝난 직후인 3년 정월에 공식적인 정식 태후책봉 의식을 거행해 諸王과 宰輔와 文武常叅官 이상으로부터 축하를 받고 신하들에게 연회를 내렸다.[61]

헌종 원년 9월(사실은 숙종 즉위년 9월)

57 『고려사절요』 권7, 예종 원년 12월조, 史臣 김부일의 발언

58 『고려사』 권88, 후비전 숙종의 배필; 『고려사』 권127, 이자의전; 『고려사절요』 권6, 헌종 원년 7월

59 『고려사』 권88, 후비전 숙종의 배필; 『고려사』 권127, 이자의전; 『고려사절요』 권6, 헌종 원년 7월; 『고려사절요』 권6, 숙종 4년 3월. 연덕궁주 柳氏에게 연덕궁은 正宮이고 明福宮은 별궁이라 볼 수 있다.

60 『동문선』 권28, 册

61 『고려사』 권88, 후비전 숙종의 배필; 『고려사절요』 권7, 예종 즉위년 10월; 『고려사』 권12, 예종 3년 정월

이 존호 헌정을 위해 李頫가 찬술한 「王太后玉册文」에는 乾統 8년 무자년(예종 3년) 正月 27일 무인일에 嗣子 國王 臣諱가 삼가 稽首하여 再拜한다면서 大尉 某官某와 司徒 某官某를 보내 玉册金寶를 받들어 王太后라는 尊號를 올린다고 했다.[62] 예종은 5년 5월에 연덕궁에서 모친인 왕태후를 朝했고, 왕태후인 그녀가 예종 7년 7월에 불은사에서 질병으로 위독하자 임금이 말을 달려 나아가 大內로 들어오기를 요청해 행렬이 信朴寺에 이르러 그녀가 이곳에서 사망하자 명의왕태후라는 시호를 올리고 8월에 임금이 闕庭(구정)에서 그녀를 祖送해 崇陵에 장사지내게 했다.[63] 「明懿王太后謚册」(無名氏)은 大行王太后에게 尊謚 明懿王太后를 올리는 내용을 담고 있다.[64]

예종의 배필을 보면, 선종과 정신현비 이씨의 딸인 이씨는 외가에서 자라 延和公主에 책봉되었고 예종 원년 6월에 延和宮主로서 들여져 妃가 되었는데 容儀가 淑麗해 예종의 총애를 깊이 받다가 예종 4년 7월 임신일에 왕비 연화궁주로서 31세로 薨하여 경화왕후를 시호로 받고 慈陵에 묻혔다.[65] 그녀는 연화공주이자 연화궁주로 예종과 결혼했는데, 사숙태후의 거처였던 연화궁을 소유하게 되어 연화공주(연화궁공주) 내지 연화궁주로 불리게 되었을 것이다.

인주 이자겸의 둘째딸인 이씨는 예종이 3년 정월에 宮에 選入해 妃

---

62 『동문선』 권28, 册, 王太后玉册文(李頫); 『고려사』 권88, 후비전 숙종의 배필. 한편 崔惟淸이 찬술한 왕태후옥책문도 『동문선』 권28, 册에 실려 있다.

63 『고려사』 권88, 후비전 숙종의 배필; 『고려사』 권13, 예종 5년 5월 및 7년 7월·8월; 『고려사절요』 권7, 예종 7년 7월·8월. 史臣 金富儀가 말하기를, 太后의 칭호는 모후 生時에 아들이 모친을 섬기는 칭호라, 唐書에 "生則從子 入廟從夫"라고 했듯이 사망하면 당연히 王后를 칭해야 하거늘, 지금 母后가 薨하자 太后 시호를 올리니 禮에 맞지 않다고 했다.

64 동문선 권28, 册

65 『고려사』 권88, 후비전 예종의 배필; 『고려사』 권2 및 『고려사절요』 권7, 예종 원년 6월; 『고려사』 권13, 예종 4년 7월

로 삼아 延德宮主를 칭하게 했는데 성품이 柔嘉하고 聰彗하여 왕에게 총애를 받아 예종 4년에 私第에서 원자(인종)를 낳았으며, 예종 9년 12월에 왕비(왕비 연덕궁주)에 책봉되었다.[66] 그녀의 생존시 왕비 책봉문인 「睿宗 册延德宮主爲王妃册」(無名氏)은 某官을 보내 持節 備禮하여 王妃에 책봉하는 내용을 담고 있다.[67] 그녀는 예종 13년 9월에 왕비 연덕궁주로 사망해 順德王后를 시호로 받아 綏陵에 묻히고 아들 인종이 즉위하자 문경왕태후를 추증받았다.[68] 順德王后 哀册에 따르면 "무술년(예종 13년) 9월 5일 갑신일에 王后 李氏(연덕궁주)가 某殿의 東旋에서 薨하여 某殿의 西階에 殯해졌다가 18일 신축일에 綏陵에 묻혔다. 왕후는 임신해 彌月이 다가오자 離宮에 退休해 北闕을 잠시 나갔는데 子(자식: 여기서는 왕녀)를 낳고는 아프자 임금이 급하게 詔旨를 내려 禁宸으로 돌아오도록 해 친히 寢膳을 보호하고 佛神에게 祈禳했지만 巫醫와 藥物이 효과가 없어 세상을 뜬 것이다." 라고 했다.[69] 종실 진한후의 딸인 왕씨는 永貞宮主로 지내다가 예종이 사망하자 永貞宮에 出居했으며 인종 7년에 貴妃에 책봉되었고 인종 16년에 사망해 문정왕후를 시호로 받았다. 해주 崔湧의 딸은 長信宮主로 지내다가 인종 7년에 淑妃에 책봉되었고 명종 14년에 卒했다.[70]

---

66 『고려사』 권88, 후비전 예종의 배필; 『고려사절요』 권7, 예종 3년 정월; 『고려사』 권14, 예종 13년 9월. 예종이 3년 정월에 給事中 李資謙의 女를 들여 妃로 삼았는데, 이자겸의 女弟인 順宗妃(장경궁주)가 順宗이 薨하자 宮奴와 通했다가 발각됨에 이자겸이 閣門祇候로 연좌되어 배척되었다가 이에 이르러 비로소 貴顯하게 되었다고 한다.

67 『동문선』 권28, 册; 『고려사』 권88, 후비전 예종의 배필

68 『고려사』 권88, 후비전 예종의 배필; 『고려사』 권14 및 『고려사절요』 권8, 예종 13년 9월

69 『동문선』 권28, 册. 順德王后 哀册은 박인량이 찬술한 文王哀册 다음에 위치해 박인량의 작품처럼 실려 있지만 박인량은 숙종 원년 9월에 사망하므로 순덕왕후 애책은 박인량의 작품이 될 수 없다.

70 『고려사』 권88, 후비전 예종의 배필; 崔湧 처 김씨 묘지명

예종은 기녀를 가까이해서 노래를 잘하는 樂妓 玲瓏과 遏雲을 총애했고,[71] 또한 궁인을 가까이했다. 이준창의 모친은 예종 宮人의 소생이었다. 宮人은 본래 賤隷여서 舊例에 宮人 子孫은 七品에 한정하되 오직 登科者는 五品까지 이를 수 있었는데, 이준창은 명종 15년 12월에 三品인 太僕卿에 임명되었지만 臺諫이 畏縮되어 감히 말하는 자가 없었다고 한다.[72] 庾碩의 증조부는 평장사 庾弼이고 증조모는 예종 後宮의 소생이었다. 예종이 西都에 행차할 적에 평주 吏의 딸을 길에서 보고 그 자태의 요염함에 반해 불러들였는데, 그녀가 낳은 딸이 庾弼과 결혼했던 것이다. 유석은 國庶의 후예였기 때문에 대간과 政曹를 역임하지 못했다.[73] 유필이 國庶(國壻)가 되었기에 그 후손인 유석이 불이익을 당한 것이었다. 평주 향리의 딸은 예종과 정식 결혼식을 올리지 않은 사실혼 사이로 보이는데 그녀는 예종과 만나기 전에 이미 다른 남성과 어울려 임신한 상태로 보이니 그녀가 낳은 딸(유필의 처)은 예종의 친딸이 아닐 가능성이 크다. 고려 남성들은 임금조차 여성의 정절을 그리 따지지 않았기에 아버지가 누구인지 불확실한 자식들이 많이

---

71 『고려사』 권97, 劉載傳 첨부 胡宗旦. 국학생 고효충이 感二女詩를 지어 풍자했다가 과거응시에서 쫓겨나 하옥되었다가 호종단의 구원으로 석방되었다.

72 『고려사절요』 권13, 명종 15년 12월; 『고려사』 권100, 이준창전. 이준창은 추밀원사에까지 올랐는데 무인정권기였기에 가능했다. 한편, 궁인의 임무와 원간섭기 궁주의 위상 변화에 대해서는 다음 사례가 참고된다. "貞和宮主 宴賀公主生男, 宮人 布席于東廂, 王曰 不如正寢, 宮人 不請于公主, 就正寢 置平床爲公主座, 式篤兒曰 平床之坐 欲使同於宮主也, 公主大怒, 王遽令移席西廳 蓋舊有高榻也, 及宮主觴于公主, 王顧而目之, 公主曰 何以白眼視我耶 豈以宮主跪於我乎, 遂命罷宴"(『고려사절요』 권19, 충렬왕 원년 12월). 궁인은 궁중 연회에서 좌석 배치를 담당했다. 원간섭기와 공민왕 때에는 몽골 출신의 왕비만이 공주를 칭하면서 공주의 위상이 궁주보다 높아졌다.

73 『고려사』 권121, 庾碩傳. 庾弼은 茂松 사람인 庾應圭의 부친이었다. 『고려사』 권99, 유응규전. 后妃나 후궁이 상대방과 정식 결혼식을 올리지 않은 채 자녀를 낳으면 아들은 소군이라 불렸을 가능성이 있고 딸은 그 남편이 '국서'로 불렸을 가능성이 있다.

태어났다. 그래서 임금의 배필, 특히 후궁이 낳은 자식도 아버지가 불확실한 경우들이 꽤 생겨나게 되었고 그래서 小君과 國庶가 많이 생겨났던 것이다.

의종이 18년 3월에 장차 仁智齋에 이어하려 했는데 예종 宮人의 아들인 法泉寺 주지 覺倪가 酒饌을 갖추어 獺嶺院에서 어가를 맞이했다.[74] 覺觀은 왕실의 胤으로 崔氏(예종의 宮嬪으로 추정됨) 슬하에서 睿廟 15년 신축년(예종 16년) 11월 9일에 탄생해 승통 德謙(圓證僧統) 門下에 출가하고 18세에 大選에 합격한 후 三重大師를 거쳐 僧統이 되었으며, 갑오년(명종 4) 仲冬 23일에 入滅했다. 僧統은 沙門의 峻秩이라 宮殯(嬪) 소생은 될 수 없었는데 각관은 道德이 異常해 오랫동안 朝野의 尊敬을 받았기 때문에 될 수 있었다고 한다.[75] 각관은 宮嬪 소생의 소군이었기에 원칙상 최고 승계인 승통에 오를 수 없었음에도 승통에 올랐던 것이다.

國庶(國壻)와 小君에 대해 좀더 살펴보자. 국서의 실체는 고려후기 이영주의 사례가 잘 말해준다. 충렬왕이 세자였을 적에 鞋工 김준제의 妻가 아름답다고 듣고는 들였는데 당시 그녀는 임신한지 수개월인 상태였다. 그녀가 딸을 낳자 충렬왕이 자기 자식처럼 궁중에서 길렀는데 이영주가 이 딸과 결혼해 당시 '國壻'로 불려졌다.[76] 승려였다가 환속해

---

74 『고려사절요』 권11, 의종 18년 4월

75 현화사 주지 각관승통 묘지명. 최충헌은 王子僧 小君인 洪機·洪樞·洪規·洪鈞·洪覺·洪貽 등이 內에 있으면서 干政한다며 本寺로 돌려보냈으며, 명종을 폐위할 때에는 그 핑계의 하나로 諸小君의 국정 농단을 들었고, 태자 축출의 핑계로 태자 璹이 群婢를 嬖하여 子 9人을 낳아 각기 小君에 投하여 祝髮해 弟子간 된 것을 들었으며, 명종 폐위 직후 洪機 등 小君 10餘人을 海島로 유배했다. 『고려사』 권129, 최충헌전. 명종의 小君인 洪機 등 10여 명 및 태자 璹(강종)과 群婢 소생의 子 9인에는 명종과 태자의 친자식이 아니거나 아버지가 불분명한 경우가 많았을 것이다.

76 『고려사』 권123, 이영주전

良家의 여자와 결혼했던 이영주가 그 妻를 버리고 재혼한 것이었다. 國制에 宮人이 侍幸하여 아들을 낳으면 祝髮하여 승려로 만들어 '小君'이라 칭했다고 한다.[77] 임금의 여성배필, 특히 후궁이 낳은 자녀 중에 임금의 핏줄이 아니거나 임금의 핏줄인지 확실하지 않은 경우(婢妾·妓妾의 소생인 경우 대개 핏줄을 따지지 않고), 딸은 일반인과 결혼해 그 남편이 國庶(國壻)로 불려졌고, 아들은 小君이라 불려지며 출가해 승려가 되어 왕위계승에서 일단 배제되었던 것이다.

대량원군(현종)은 소군(신혈소군: 神穴寺 소군)이라 불려졌는데 경종의 배필 헌정왕후가 숙부 왕욱(태조의 아들)과 사통해 낳았기 때문이다. 헌정왕후가 남편인 임금 경종의 사후이지만 다른 남성과 관계해 아들을 낳았기에 그 애는 소군의 위상을 지녀 승려가 되었던 것이다. 또한 임금 경종의 배필인 천추태후가 경종의 사후이지만 연인 김치양과 관계해 낳은 아들도 소군의 위상을 지녔다. 모니노(우왕)도 공민왕의 婢妾 반야의 소생(모니노의 부친이 공민왕이냐 신돈이냐를 떠나)이기에 소군의 위상을 지녔는데, 賤系여서 왕위계승에 걸림돌로 작용할 수 있어 양인으로 판단되는 宮人 韓氏 소생으로 세탁되어 왕위를 계승했다. 國庶(國壻)와 小君은 賤人 여성이 개재된 경우가 많아 良賤制 문제로 인식되기도 했지만 근본적으로는 고려시대에 남녀의 자유로운 연애와 여성의 여러 남성 사귀기에서 비롯된 것이었다.[78]

인종의 배필을 보면, 인주 이자겸의 셋째딸은 他姓이 妃가 되어 權

77 『고려사』 권26, 원종 6년 4월

78 무인집권자 최우의 嬖妓 瑞蓮房이 낳은 만종과 만전(최항)도 왕실의 소군과 유사한 위상을 지녀 일단 정권계승에서 배제되어 승려가 되었지만 만전(최항)은 최우(최이)의 배려로 환속해 정권을 잡았다. 만전(최항)이 기녀의 아들임에도 불구하고 최우의 사위 김약선의 內定을 뿌리치고 정권을 잡은 것은 최우에게 適子가 없었기 때문이기도 하지만 무신정변 이후 신분제가 흔들렸기에 가능했다. 『고려사』 권129, 최충헌전 첨부 최이전 참조.

寵이 나누일까 염려한 조선국공 이자겸의 강요로 인종 2년 8월에 들여져 妃가 되었다(納妃를 백관이 축하함). 4년 2월 경신일에 王妃 이씨를 책봉해 연덕궁주로 삼았으니 그녀가 王妃이자 연덕궁주가 된 것이었다. 그런데 연덕궁주에 책봉된 바로 그 다음날인 신유일에 임금의 측근이 이자겸과 척준경을 제거하기 위한 정변을 일으켰다. 이에 척준경이 반격하는 과정에서 대궐을 불태우자 왕이 이자겸의 강요로 南宮인 연덕궁에 이어했다. 그녀는 이자겸이 척준경의 변심으로 패배하자 간관이 宮主가 임금에게 從母가 되므로 짝이 될 수 없다고 하니 왕이 그녀를 내보냈지만 우대했다. 그녀는 인종 17년에 세상을 떴다.[79] 이자겸의 넷째 딸도 인종 3년 정월에 들여져 인종의 妃가 되었으며(納妃를 백관이 축하함), 4년의 정변 때 이자겸이 인종을 두 차례 독살하려는 시도를 그녀가 무산시켰다고 한다. 그녀는 이자겸이 패배하자 廢해졌지만 인종이 그녀의 독살방지 공로를 인정해 田宅과 노비를 하사하고 恩眷을 두터이 하였고 의종과 명종도 그녀를 공손하게 섬겼다. 명종 25년에 11월에 인종 出妃 福昌院主 이씨가 卒하자 后禮로써 장사지냈는데 바로 그녀였다.[80] 그녀가 인종의 배필이었을 때 복창원주였는지,

79 『고려사』 권88, 후비전 인종의 배필; 『고려사』 권15 및 『고려사절요』 권9, 인종 3년 및 인종 4년; 『고려사』 권127, 이자겸전 및 척준경전. 그녀가 納妃 되는 날에 "驟雨 大風拔木"했다고 한다. 임금 측근이 연덕궁주 책봉 바로 다음날 정변을 일으켰으니 그녀의 부친 이자겸의 세력이 그녀의 궁주 책봉에 흡족해 술에 취해 해이해진 틈을 노린 것이었다. 인종 4년 2월 이자겸의 정변 때 척준경의 동화문 방화로 시작된 불이 內寢까지 번지자 宮人이 모두 놀라 숨었으니(『고려사절요』 권9), 궁인은 內寢 즉 내전 구역에 거처했음을 알 수 있다. 인종이 10년 2월에 서경에 행차하는 도중에 금암역에 이르렀을 때 풍우가 갑자기 일어 낮이 암흑으로 변함에 왕이 길을 헤매 侍從이 왕이 간 곳을 잃자 宮人 중에는 우는 자도 있었다고 하니(『고려사절요』 권10), 왕의 나들이에는 궁인이 수행하여 시중들었음을 알 수 있다.

80 『고려사』 권88, 후비전 인종의 배필; 『고려사』 권15 및 『고려사절요』 권9, 인종 3년 정월 및 4년 6월; 『고려사절요』 권20, 명종 25년 11월. 福昌院主가 인종의 제2비였음은 이정란, 앞의 1996 논문 참조.

出妃된 후에 복창원주가 되었는지 확실하지 않다.

정안 임원후(임원애)의 딸 任氏는 이자겸의 두 딸이 廢出되자 인종의 배필로 宮에 選入되어 연덕궁주와 왕비를 지냈다.[81] 그녀는 인종 24년 2월 정묘일(28일)에 남편 인종이 세상을 떠 그날 장자 의종이 즉위하자 3월 갑신일(15일) 장례식 후인 3월 무술일(29일)에 왕태후로 존숭되었으며, 인종의 상례 종결 후인 2년 7월에 정식으로 왕태후로 尊崇되어 殿을 厚德殿이라 하고 府를 세워 善慶府라 하여 官屬을 두었지만, 그녀가 次子(의종의 동생)를 사랑해 태자로 세우려 했던 일 때문에 의종의 원망을 받아 기를 펴지 못하다가 무신정변으로 다른 아들로 효심이 깊은 명종이 즉위하자 형편이 나아졌지만 무인들의 기세에 눌렸다.[82] 그녀는 연덕궁 외에도 수창궁 동쪽에 태후행궁(태후궁)을 지녔고[83] 廣德里에 별궁을 지녔다. 광덕리 별궁은 화재로 인해 태후가 이어하지 않았는데 정중부의 아들 정균이 그것을 매입하여 私第로 삼으려 함에 태후가 값을 돌려주고 공짜로 주자 정균이 공역을 크게 일으켜 營葺했다. 이곳이, 명종이 태후의 질병을 시중들고 있는 수창궁에서 백보도 떨어지지 않은 거리이고 또한 음양오행과 풍수지리 차원에서 歲行에 태후 忌方이 되니 왕이 심히 미워해 그 공역을 중지시키려 했지만 정균을 꺼려 그렇게 하지 못했다.[84] 왕태후 임씨는 명종 13

81 『고려사』 권88, 후비전 인종의 배필; 『고려사』 권15 및 『고려사절요』 권9, 인종 4년 6월. 인종은 연덕궁주 任氏의 연덕궁에 자주 행차했다(『고려사』 인종세가). 인종 7년 5월에 任氏를 책봉해 王妃로 삼았다(『고려사절요』 권9).

82 『고려사』 권88, 후비전 인종의 배필; 『고려사』 권17 의종총서; 『고려사』 권17 및 『고려사절요』 권11, 의종 즉위년 3월 및 2년 7월. 의종은 2년 7월에 태후를 尊崇해 上册할 때 신하들을 연회하고 대규모 사면령을 내리고 문무관에게 階爵을 하사했다. 한편 의종 2년 7월에 양온령동정 송언승이 妻를 살해했다가 有人島로 유배되었다.

83 『고려사』 권20 및 『고려사절요』 권12, 명종 10년 6월. 『고려사』에는 太后行宮으로, 『고려사절요』에는 태후궁으로 나온다. 수창궁 동쪽 태후궁과 광덕리 태후궁이 동일한 것일 가능성도 있다.

년 11월에 사망해 공예태후를 시호로 받고 義昌宮 옆 私第의 빈소를 거쳐 윤11월에 純陵에 묻혔다.[85] 인종의 다른 배필인 金璿의 딸은 인종 5년에 들여져 次妃가 되었으며 의종이 2년 11월에 인종 次妃 김씨 즉 그녀를 존숭해 王太妃 延壽宮主를 삼았다. 그녀는 명종 9년에 卒하자 선평왕후를 시호로 받았다.[86] 인종의 배필에서 任氏는 元妃였고, 김씨는 次妃였다. 윤언이가 찬술한 「賀新納王妃表」[87]가 남아 있는데 여기의 왕비는 '新納'이라는 표현으로 보아 인종의 배필 任氏를 가리키는 것으로 판단된다.

의종의 배필을 보면, 종실 강릉공 溫의 딸인 김씨는 의종이 태자일 적에 들여져 妃가 되었으며, 의종이 즉위하자 興德宮主가 되었는데 의종이 5년 4월(혹은 윤4월)에 제3妹를 昌樂宮主에, 제4妹를 永和宮主에 책봉한 다음날인 정해일에 王妃 왕씨(김씨)를 책봉해 興德宮主로 삼고 연회를 베푼 것이 그것이었다. 그녀는 사후에 莊敬王后를 시호로 받는다. 다른 배필로 崔端의 딸이 있었는데 의종 2년 8월에 들여져 妃가 되었고 사후에 장선왕후를 시호로 받는다.[88] 이지무가 찬술한 「敬順王后 諡册」은 大行王后 金氏가 宗藩에서 태어나 甲族에서 冠을 차지해 潛邸에 嬪하여 中宮에 올랐고 元嗣를 낳았는데 홀연히 아파 세상을 떴다며 시호 敬順을 贈한다고 했다.[89] 이 敬順王后는 의종의 배필 莊

84 『고려사』 권128, 정중부전; 『고려사절요』 권12, 명종 8년 8월
85 『고려사』 권88, 후비전 인종의 배필; 『고려사』 권20, 명종 13년 11월·윤11월
86 『고려사』 권88, 후비전 인종의 배필; 『고려사』 권17, 의종 2년 11월
87 『동문선』 권31, 表箋
88 『고려사』 권88, 후비전 의종의 배필; 『고려사』 권17, 의종 5년 4월 및 『고려사절요』 권11, 의종 5년 윤4월; 『고려사』 권17 및 『고려사절요』 권11, 의종 2년 8월. 홍덕궁주 책봉 연회에서 어사대가 宦者 내전숭반 鄭諴의 犀帶(의종이 하사한 것)를 빼앗자 왕명을 받은 내시가 臺吏를 宮城所에 가둔 일이 벌어졌다. 의종은 기분이 나빠져 연회를 중단하고 자신의 犀帶를 풀어 정함에게 하사했다. 어사대가 정함에게 빼앗은 犀帶를 內侍院에 돌려줬다.
89 『동문선』 권28, 册. 敬順王后는, 경주 김약선의 딸(최우의 외손녀)로 태자 시

敬王后와 동일한 인물로 여겨진다. 『고려사』 권66, 예지 가례에는 대관전과 여정궁이 기능하던 시기에 王后가 등장하는 '冊王太子儀'와 '王太子加元服儀'와 '王太子納妃儀'가 실려 있는데 이 의례들이 의종 7년 4월에 태자에 책봉된 효령태자[90]를 대상으로 한 것일 가능성이 있다. 그렇다면 왕비 홍덕궁주(시호 장경왕후)는 이 태자 책봉 이전에 왕후로 승격되어 있었다고 보여진다.

후비전에 올라 있지 않지만 의종의 총애를 받은 여인은 愛姬 내지 嬖妾인 宮人 無比였다. 宦者 백선연은 본래 남경 官奴로 의종이 남경에 행차했을 적에 만나보고 기뻐해 養子라 불렀고 宮人 無比 또한 官婢(남경의 官婢)로 의종에게 총애를 받았는데, 백선연이 그녀와 親狎해 자못 醜聲이 있었으며 백선연이 官奴인 宦者 왕광취와 더불어 항상 왕의 臥內에 출입하며 威福을 오로지 마음대로 했다고 한다.[91] 백선연은 남경 관노 출신의 宦者로 양자라고 불릴 정도로 의종의 총애를 받았고, 무비는 남경 官婢 출신의 宮人으로 의종의 총애를 받았으며, 백선연과 무비는 추문이 들릴 정도로 서로 좋아하는 사이였다. 無比가 의종의 총애를 받았고 3남 9녀를 낳았는데 최광균이 그녀의 女壻 즉

절의 원종과 결혼해 충렬왕을 낳고 사망해 원종 3년에 '靜順王后'에 追封되고 충렬왕이 즉위하자 順敬太后에 追尊된 인물(고려사 권88, 후비전)로 보일 수 있지만, 「敬順王后 諡册」의 찬술자 이지무가 대개 의종 때 활약한 인물이므로 敬順王后는 의종의 왕비 莊敬王后 김씨(강릉공 溫의 딸)로 판단된다.

90 『고려사』 권18, 의종 7년 4월; 『고려사』 권90, 종실전 의종의 아들. 興德宮主는 종실 강릉공 溫의 딸이자 의종의 유일한 아들인 태자를 낳았으니 왕후가 될 만 했다. 강릉공의 다른 딸인 명종의 배필이 왕후에 책봉된 사실에 비추어 더욱 그러하다. 신종의 배필도 강릉공의 딸이었지만 왕비에 머물렀는데 신종의 치세가 짧았기 때문이라 여겨진다.

91 『고려사』 권122, 宦者 백선연전 및 정함전; 『고려사』 권99, 문극겸전; 『고려사절요』 권11, 의종 16년 3월 및 16년 6월 및 17년 8월 및 24년조 史臣 김양경 발언; 『고려사』 권99, 이공승전; 『고려사』 권123, 영의전; 『고려사』 권128, 정중부전

사위가 되어 內嬖로 인연해 8품을 超授받고 식목녹사를 겸하니 士夫 내지 士大夫가 이를 갈았다. 간관이 최광균의 告身에 서명하지 않자 의종이 起居注 윤인첨 및 諫議 이지심, 給事中 박육화, 司諫 김효순, 正言 양순정·정단우를 불러 서명하기를 독촉하니 낭사가 畏縮되어 예예 하며 물러났다.[92] 최광균은 무비의 사위였지만 國壻(國庶)로 의종의 친사위는 아니었을 것이다. 무비가 낳은 3남 9녀는 의종의 친자식이 더러 포함될 수 있지만 대부분 친자식이 아니었다고 생각된다. 그녀가 관비 시절에 낳은 자식이 대다수였을 것이며 혹 궁인 시절에 낳았더라도 왕의 자식이 아니었을 수도 있다. 백선연은 무비의 남성들 중의 한 명으로 보이며 宦者가 되기 전에는 정상적인 남성이었을 가능성이 크다. 의종의 愛姬 무비는 무신정변이 일어나자 도망해 青郊驛에 숨었다가 잡혀 정중부 등이 죽이려 했지만 태후의 요청으로 면하여 거제현으로 추방된 의종을 따라갔다.[93]

---

92 『고려사』 권96, 윤관전 첨부 윤인첨전; 『고려사절요』 권11, 의종 16년 6월

93 『고려사절요』 권11, 의종 24년 8월; 『고려사』 권128, 정중부전. 의종의 사랑 無比는 충렬왕의 총애를 받다가 제국대장공주의 아들인 세자 충선왕에 의해 죽임을 당하는 無比와 혼동할 수 있어 유의해야 한다. 충렬왕의 사랑 無比는 태산군 사람인 柴氏의 딸로 宮에 選入되어 총애를 받은 幸姬였는데, 그녀는 伯也丹이라는 다른 이름을 지니기도 했고, 충렬왕의 도라산 왕래에 반드시 따라가니 '도라산'이라 불리기도 했다. 李貞의 아들이자 장순룡의 사위인 郎將 李琨이 궁인 무비와 私通했다가 발각되어 죽임을 당할 처지였지만 장순룡 덕분에 충렬왕 21년 6월에 유배형에 그쳤다. 세자 충선왕은 모친 제국공주가 충렬왕 23년 5월에 아파 사망하자 무비가 저주한 탓이라며 7월에 무비를 죽이고 그녀 대신에 姿色을 지닌 과부 김씨(숙창원비)를 충렬왕에게 바쳤다. 『고려사절요』 권21, 충렬왕 21년 6월 및 23년 5·7월; 『고려사』 권122, 최세연전; 『고려사』 권89, 후비전 충렬왕의 숙창원비 김씨

2. 고려후기 后妃와 후비궁

명종의 배필을 보면, 종실 강릉공 溫의 다른 딸인 김씨는 義靜王后로 지내다가 사후인 강종 때 아들 강종에 의해 광정태후를 시호로 받는다.[94] 그녀가 강종을 낳은 때가 의종 6년 4월이었으므로[95] 명종이 익양후 시절에 그녀와 결혼한 것이었다. 그녀의 사후에 찬술된 「追諡 光靖太后 册」(無名氏)은 妙齡에 先皇(명종)의 배필이 된 聖母에게 太后를 追尊하고 謚號를 光靖이라 한다는 내용을 담고 있다.[96] 명종은 의정왕후의 사후 元妃를 들이지 않았지만 여러 명의 寵姬를 두었다. 명종 10년 6월에 內嬖 明春이 사망하자 왕이 哀戀하기를 그치지 않고 목을 놓아 통곡하자 태후가 놀라 重房에 들리게 해서는 안된다고 타일렀지만 왕은 오열하기를 그치지 않더니 悼亡詩를 친히 지어 종친에게 和進하도록 해 위안을 삼았다. 명종은 天資가 나약한데다가 누차 變故를 겪은 탓에 조그만 일에도 놀라고 두려워해 軍國機務는 모두 무신에게 견제를 당했고 聲色에 이르러서도 감히 스스로 오로지 하지 못하더니 賊臣(이의방)이 죽임을 당하자 비로소 침상의 일에 빠지게 되었다고 한다. 內嬖로 專房한 자는 5인이었고 그 중에서도 더욱 寵幸을 받은 자는 오직 純珠와 明春, 2인이었는데, 작년 겨울에 純珠가 죽고 금년에 明春이 또 죽자 後宮 중에 명종의 뜻을 기쁘게 할 자가 없었다.[97]

---

94 『고려사』 권88, 후비전 명종의 배필

95 『고려사』 권21, 강종 총서. 명종은 의종 2년 11월에 익양후에 책봉되어 의종 말까지 익양후였다가 정중부 등에 의해 익양공으로서 보위에 올려진다. 『고려사』 의종세가; 『고려사』 권128, 정중부전

96 동문선 권28, 冊. 같은 冊文이 『고려사』 권88, 후비전 명종의 배필에도 실려 있다.

97 『고려사』 권20 및 『고려사절요』 권12, 명종 10년 6월. 명종에게 庶子가 10여 명이 있었는데 善思, 洪機, 洪樞, 洪規, 洪鈞, 洪覺, 洪貽는 모두 諸嬖 소생

명종 18년 6월에는 寵姬의 子(딸: 명종의 친딸이 아니었을 것임)를 登第 이화룡과 혼인시켜 현덕궁에 명령해 紅牌를 맞이하게 하고 內庫의 銀과 匹段을 하사했다.[98] 이로 보아 명종은 寵姬에게 현덕궁을 하사한 듯하다.

신종의 배필을 보면, 종실 강릉공 溫의 다른 딸인 김씨는 신종이 평량공이었을 적에 妃로 들여졌는데 즉위하자 元妃로 삼아졌고 3년 4월에 元妃로서 宮主에 책봉되었다(册元妃金氏 爲宮主).[99] 그녀의 생존시 궁주 책봉문인 「神宗封金氏爲宮主册」(無名氏)이 남아 있는데, 김씨가 朕이 藩에 있을 적에 배필이 되어 20년 동안 婦道를 닦아 왔고 지금 朕이 등극하자 皇猷를 도왔다며 使 某官 某를 보내 持節 册命하여 宮主로 삼는다고 했다.[100] 그녀는 희종 때 왕태후로 존숭되어 府를 慶興府, 殿을 長秋殿이라 하다가 이윽고 膺慶府, 綏福殿이라 고쳤으며 고종 9년에 사망해 眞陵에 묻히고 선정태후를 시호로 받았다.[101]

그런데 명주(강릉) 출신의 통소수좌 義光은 평장사 金上琦의 손자

으로 剃髮해 승려가 되어 小君이라 불렸으며, 나머지는 史逸이라 알 수 없다. 善思는 나이 겨우 10세에 명종의 명령에 의해 승려가 되었지만 衣服과 禮秩이 適子와 다름이 없었고 금중에 출입하며 威福을 떨쳤다. 당시 諸小君이 곧바로 三重을 제수받아 名寺를 선택해 주지하며 用事해 뇌물을 받으니 요행을 바라는 자들이 많이 붙었다고 한다. 『고려사』 권90, 종실전 명종의 아들

98 『고려사』 권20, 명종 18년 6월. 한편 명종은 의종이 孝弟하지 않음을 거울삼아 즉위 이래 至誠으로 태후를 섬기고 宗戚에 敦睦했는데, 태후가 乳瘇을 앓음에 동생인 승려 冲曦를 불러 侍病하게 하자 충희가 宮女를 많이 亂하고 公主와 通하니 穢聲이 밖에까지 들렸다고 한다. 『고려사절요』 권12, 명종 10년 6월

99 『고려사』 권88, 후비전 신종의 배필; 『고려사』 권21 및 『고려사절요』 권14, 신종 3년 4월. 그녀가 궁주에 책봉된 며칠 후에 원자도 왕태자에 책봉된다. 신종 때 최충수가 자기 딸을 태자비로 들이려 태자비(창화백의 딸)를 몰아내니 태자비가 오열하고 王后도 눈물을 흘렸는데(『고려사』 권129, 최충헌전), 신종의 元妃 김씨가 신종 때에 王后에 올랐는지는 확실하지 않다.

100 『동문선』 권28, 册

101 『고려사』 권88, 후비전 신종의 배필

이고 호부상서 金沽(金緣의 아우)의 아들이었고, 어머니 柳氏는 柳洪의 딸이었는데, 비록 延安宮主가 義光을 외삼촌으로 禮事했지만(雖以延安宮主 以舅禮事之) 마음에 개의하지 않았다고 한다.[102] 柳洪의 딸 하나는 숙종의 왕비 연덕궁주(명의태후)이고[103], 다른 딸은 義光의 부친인 金沽의 배필이었으니, 義光은 왕비 연덕궁주의 조카였다. 조선공 燾(문종의 아들)의 아들 강릉후 溫이 溟州 金沽의 딸과 결혼해 낳은 딸 셋은 각각 의종·명종·신종과 결혼했으니,[104] 그녀들에게 金沽의 아들 義光은 舅(외삼촌)였다. 그러니까 의종(태자와 임금)의 배필인 김씨(장경왕후)와 익양후(명종)의 배필인 김씨(광정태후)와 평량공(신종)의 배필인 김씨(선정태후) 중에서 한 사람이, 의광이 사망하는 의종 11년 12월 이전에 연안궁주 칭호를 띤 적이 있었던 것인데, 신종은 의종 때 평량후이고 명종 때에 평량공이었으므로 그의 배필은 제외된다.

그리되면 의종의 배필과 명종의 배필로 축소된다. 의종의 배필 김씨라면, 강릉후 溫의 딸이 태자 시절의 의종과 결혼해 延安宮主로 불리다가 의종 5년 4월 정해일에 홍덕궁주에 책봉된 것이 되는데,[105] 연안궁주에서 홍덕궁주로 개칭되었을 가능성과 연안궁주이자 홍덕궁주일

102 유가업 弘圓崇教寺 주지 通炤正覺首座 묘지명(황문통 찬술). 의광은 의종 원년에 首座를 받았고 2년에 大內 백좌법회에 나아갔고, 9년에 숭교사에 주지했고, 의종 11년 12월에 현화사 上淸院에서 입적하자 승통을 추증받았다.

103 『고려사』 권88, 후비전, 숙종의 명의태후 柳氏

104 『고려사』 후비전 및 종실전; 『씨족원류』 강릉김씨

105 의종이 태자 때인 인종 21년 윤4월에 종실 강릉공(당시는 사도) 溫의 딸을 納하여 妃(태자비)로 삼으니 인종이 使를 보내 그녀에게 下詔하고 禮物을 하사했으며, 의종이 5년 4월 정해일에 王妃 王氏(金氏)를 책봉해 興德宮主로 삼았다. 『고려사』 권88, 후비전 의종의 장경왕후 김씨; 『고려사』 권17, 인종 21년 윤4월 및 의종 5년 4월. 의종 즉위년 5월에 江陵侯 溫이 卒했다(『고려사』 권17). 溫은 妻의 고향인 강릉을 봉작 명칭으로 받아 강릉후(추증 강릉공)라 칭해진 것이었다.

가능성이 있으며, 후자라면 연안궁과 흥덕궁을 소유한 것이 된다. 명종의 배필 김씨라면, 강릉후 溫의 딸이 익양후와 결혼해 延安宮主라 불려진 것이 된다.

희종의 배필을 보면, 종실 寧仁侯 稹의 딸 任氏는 희종 7년 4월에 元妃로서 咸平宮主에 책봉되었는데(册元妃任氏 爲咸平宮主), 元妃 任氏를 王妃 咸平宮主에 책봉한다는 내용의 책봉문이 남아 있다.[106] 강도 시절인 고종 34년 8월에 熙宗妃 함평궁주 任氏가 薨했는데 바로 그녀였다. 그녀는 紹陵에 묻히고 성평왕후를 시호로 받았는데, 諡册에는 聖皇(신종)이 王姬의 딸인 그녀를 後宮에서 留養하고 上皇(희종)이 그녀를 들여 妃로 삼아 中壺를 전담하게 했고 邦媛(왕녀)을 낳아 朕躬(고종)의 배필이 되게 했는데 세상을 떴다며 시호 成平王后를 올린다고 했다.[107] 고려시대는 적서차별이 희미했지만 后妃에서 元妃와 次妃의 구별은 어느 정도 있었다. 元妃는 대개 임금·친왕과 가장 먼저 결혼한 后妃를 지칭했다.

강종의 배필을 보면, 전주 이의방의 딸은 태자 시절에 들여졌지만 이의방이 살해당하자 廢黜되었는데 사후에 사평왕후를 시호로 받는다. 종실 信安侯 瑊의 딸인 柳氏는 고종을 낳고 강종 원년 10월에 王妃로서 연덕궁주에 책봉되었는데(册王妃柳氏 爲延德宮主), 책봉문에 王妃

---

106 『고려사』 권88, 후비전 희종의 배필; 『고려사』 권21 및 『고려사절요』 권14, 희종 7년 4월. 책봉문은 이 후비전과 『동문선』 권28 「熙宗封任氏爲咸平宮主册」(찬자 미상)에 실려 있는데, 주역에서 坤元을 찬양한 것은 乾剛의 道에 配하기 때문이라 전제하고, 元妃 任氏는 朕(희종)이 藩에 있을 적에 배필이 되고 보위에 오름에 洪猷를 도왔다며 爵號를 반포해 宮庭을 바르게 하기 위해 某官 某를 보내 持節 備禮하고 册命하여 王妃 咸平宮主로 삼는다고 했다. 함평궁주를 책봉했고, 며칠 후에 太子 祉가 元服을 입어 受册했고, 며칠 후에 사면령이 내렸다.

107 『고려사』 권88, 후비전 희종의 배필; 『고려사』 권23 및 『고려사절요』 권16, 고종 34년 8월. 후비전과 『동문선』 권28에 '成平王后 諡册'이 실려 있다.

柳氏를 왕비 연덕궁주에 책봉하고 印綬와 衣襨와 金銀器와 匹段과 布穀과 奴婢와 鞍馬를 하사한다고 되어 있다.[108] 고종 2년 8월 기유일에 강종의 神御를 四親殿인 경령전에 봉안하기 위해 왕이 의봉문 外에 나와 拜迎하니 群臣이 눈물을 흘렸고, 2년 9월 무오일에 왕이 왕륜사에 행차했고, 정묘일에 문종의 신주를 꺼내 경릉에 넣은 대신에 강종을 태묘에 봉안했고, 왕이 경오일에 '태후'를 모시고 淸州洞宮에 이어했고, 임신일에 顯陵을 알현했고, 임오일에 묘통사에 행차했고, 을유일에 창릉을 알현했고, 10월 신묘일에 厚陵(강종릉)을 알현했고, 을미일에 태묘에 친히 祫祭를 지내면서 玉册을 제1 太祖室부터 제9 康宗室까지 바쳐 尊號를 追上했는데[109] 이 태후는 바로 고종의 모후인 연덕궁주로 판단된다. 왕태후인 그녀는 고종 26년 5월에 江都에서 사망해 坤陵에 묻히고 원덕태후를 시호로 받는다.[110]

고종의 배필을 보면, 희종과 성평왕후(宗室 寧仁侯의 딸; 諱稱任氏)의 딸인 柳氏(王氏)는 희종 7년에 承福宮主에 책봉되었고 고종 5년에 들여져 妃가 되어 원종과 안경공과 壽興宮主를 낳고 19년 6월 경술일 초하루에 왕비로서 사망하니 신유일에 王后로서 묻혔으며, 安惠(安惠王后?)를 시호로 받았고, 원종 원년에 왕태후(安惠太后)로 追尊되었다.[111] 이백순이 찬술한 「晋陽公妻 李氏 贈卞韓國大夫人 敎書」에는 진양공의 처 이씨(慶源 출신: 이미 사망)에게 卞韓國大夫人을 추증하는 내용이 담겨 있다.[112]

---

108 『고려사』 권88, 후비전 강종의 배필; 『고려사절요』 권14, 강종 원년 10월

109 『고려사』 권22, 고종 2년 8월·9월·10월

110 『고려사』 권88, 후비전 강종의 배필; 『고려사』 권23, 고종 26년 5월

111 『고려사』 권88, 후비전 고종의 배필 및 희종의 배필; 『고려사』 권23 및 『고려사절요』 권16, 고종 19년 6월. 그녀는 후비전에는 柳氏로, 『고려사』 세가와 『고려사절요』에는 王氏로 되어 있다.

112 『동문선』 권27, 制誥. 한편 원종이 강도 시절에 宮女를 水房에 모아 淫縱하자 金仁俊이 水房을 外로 移置했으니(『고려사절요』 권18, 원종 원년 12월), 水

원종의 배필을 보면, 태자 시절에 경주인 김약선의 딸(최우의 외손녀)을 들여 태자 妃로 삼아 敬穆賢妃라 했는데, 그녀는 충렬왕을 낳고 薨하자 원종 3년에 靜順王后에 追封되고, 충렬왕이 즉위하자 順敬太后에 追封되었고, 충선왕 2년에는 원 武宗이 충선왕의 祖母인 그녀를 高麗王妃에 追封했다.[113] 원종은 종실 신안공 佺의 딸을 들여 慶昌宮主라 하고 원년에 왕후에 책봉했는데, 원년 8월 정유일에 그녀를 책봉해 王后로, 子 諶을 태자로 삼은 것이 그것이다. 그녀는 시양후와 순안공을 낳았다. 그런데 원종이 충렬왕을 태자로 삼으려 하자 경창궁주가 참소하기를, 원종(태자)이 東還(몽골에서의 귀국)했을 적에 태손(충렬왕)이 喜色이 없었고 또한 權臣(최우)의 외손자를 세울 수 없다며 반대하자 원종이 흔들렸지만 김준의 간언으로 의심이 풀려 충렬왕을 후계자로 삼은 것이었다. 이로 인해 불리한 처지에 놓여진 그녀는 충렬왕 3년에 呪詛 사건에 연좌되어 廢하여 庶人이 되었다.[114] 생존시를 기준으로 고려의 마지막 '王后'였던 그녀가 庶人으로 전락하는 비운을 맞이한 것이었다.

충렬왕의 배필 忽都魯揭里迷失(추증 제국대장공주)은 元 세조의 딸

房은 원래 강도 궁궐 안에 설치되었다.

113 『고려사』 권88, 후비전, 원종의 順敬太后 김씨; 『고려사』 권110, 김태서전 첨부 김약선; 『고려사』 권129, 최충헌전 및 첨부 최이전

114 『고려사』 원종세가; 『고려사』 권88, 후비전. 원종 4년에 경창궁주의 아들 珆는 始陽郡開國侯에 책봉되어 始陽府(典籤, 錄事 지님)를 열었고, 다른 아들 琮은 順安郡開國侯에 책봉되어 大寧府(典籤, 錄事 지님)를 열었는데, 珆는 원종 7년에 卒했다. 琮은 그를 사랑한 부왕 원종으로부터 셀 수 없을 정도로 많은 貨寶를 하사받았고, 충렬왕이 즉위하자 順安公에 進封되었다. 琮이 질병을 많이 앓자 모친 경창궁주가 충렬왕 3년에 盲僧 終同을 불러 度厄의 術을 묻고는 設醮하여 기도했는데, 內竪 梁善 등이 경창궁주 母子가 盲僧 終同으로 하여금 上(충렬왕)을 저주해 순안공 琮으로 하여금 公主(제국공주)와 혼인하게 해 왕으로 삼으려 한다고 무고했다고 한다. 그 결과 경창궁주는 庶人으로 전락하고 순안공 琮은 많은 재산을 모조리 제국공주에게 몰수당해 海島로 유배되었다가 소환되어 開府한다. 『고려사』 권91, 종실전 원종의 아들

로 고려의 王妃가 되었는데, 元成公主와 安平公主에 책봉된 반면 敬成宮과 元成殿과 膺善府를 지녔음에도 宮主를 칭하지 않았으며, 사후에 仁和殿에 봉안되고 高陵에 묻히고 시호 장목인명왕후를 받았으며, 충렬왕 24년에 충선왕이 즉위하자 仁明太后에 追尊되었고, 원 무종은 安平公主 高麗王妃인 그녀를 제국대장공주 高麗國王妃에 追封했다.[115] 종실 始安公 絪의 딸은 태자시절의 충렬왕과 결혼했는데, 王氏 즉 그녀는 왕비 자리를 원성공주에게 빼앗기고 충렬왕 즉위년 11월에 貞和宮主에, 王女 즉 그녀의 딸은 靖寧宮主에 책봉되었다.[116] 원년 9월 정유일에 왕자 源(충선왕)이 태어나자 원년 12월에 정화궁주가 공주(제국공주)의 生男을 축하하기 위한 연회를 개최했다. 宮人이 東廂에 좌석을 포열하자 왕이 正寢만 같지 않다고 함에 궁인이 公主에게 요청해 正寢에 나아가 平床을 설치해 公主의 좌석으로 삼았다. 式篤兒가 平床의 좌석은 宮主(정화궁주)와 동일하게 하고자 하는 것이라고 말함에 公主가 大怒하자 왕이 급히 西聽으로 좌석을 옮기도록 했는데 대개 옛적부터 高榻이 있어 왔기 때문이었다. 宮主(정화궁주)가 公主(제국공주)에게 觴하자 왕이 물끄러미 쳐다보니 公主가 말하기를, "무엇 때문에 나를 白眼視하나요. 宮主가 나에게 무릎을 꿇었기 때문이 아닌가요." 하고는 연회를 중단시켰다.[117] 정화궁주가 총애를 잃어 女巫로 하여금 공주(제국공주)를 저주했다는 내용의 匿名書로 인해, 충렬왕 2년 12월에 공주가 忽剌歹과 三哥와 車古歹 등을 파견해 궁주(정화궁주)를 螺匠家에 가두고 그 府庫를 封했는데 柳璥의 변호에 힘입어 풀려났다.[118] 궁주(정화궁주)는 공주(제국공주)가 釐降한 이래 別宮에 항상

---

115 『고려사』 권89, 충렬왕의 제국대장공주

116 『고려사』 권89, 충렬왕의 貞信府主(貞和宮主); 『고려사』 권28, 충렬왕 즉위년 11월. 司從 絪의 딸이 원종 원년 11월에 들여져 太子妃가 되었는데(『고려사절요』 권18) 바로 그녀였다.

117 『고려사절요』 권19, 충렬왕 원년 12월

거처해 왕(충렬왕)과 絶하여 相通하지 않았다.[119]

충렬왕 4년 4월에 嘉林縣人이 達魯花赤에게 고하기를, 가림현의 村落이 元成殿 및 貞和院·將軍房·忽赤·巡軍에 分屬되어 오직 金所 1村이 남아 있을 뿐인데, 지금 鷹坊 迷剌里가 또 빼앗아 가지니 우리들은 무엇으로써 賦役을 供합니까 했다. 達魯花赤이 말하기를 이와 같은 것은 많아 너의 縣만이 아니라고 했다.[120] 충렬왕 10년 7월에 전법판서 金琠가 卒했다. 당시 貞和院妃가 왕에게 총애가 있어 民을 강제로 노예로 만드니 民이 典法司에 호소했지만 王旨가 내려져 결단해 정화원비에게 주기를 독촉하니, 金琠와 同僚가 그 억울함을 알았지만 王旨를 거스를 수 없어 노예로 삼도록 결단했다. 어떤 사람이, 날카로운 칼이 하늘에서 내려와 一司의 吏를 亂斫하는 꿈을 꾸었는데, 다음날에 金琠가 등에 종기가 생겨 죽고 동료가 서로 이어 죽고 오직 이행검이 그 논의에 참여하지 않아 죽지 않았다고 한다.[121]

정화궁주는 원성공주(제국공주)와의 경쟁에서 밀려 무릎을 꿇는 수모를 당했으니, 宮主의 지위가 公主보다 낮아지는 역전의 현상이 벌어진 것이었다. 더 나아가 정화궁주는 원성공주의 미움을 받아 궁주의 지위를 상실하고 院主로 강등되어 貞和院妃 내지 貞和院主가 되었다. 그런데 제국공주가 薨하여 충선왕이 충렬왕 24년 정월에 內禪해 즉위해 태상왕(충렬왕) 및 貞和宮主를 奉迎해 上壽했고 2월과 3월에 貞和宮

118 『고려사』 권89, 충렬왕의 貞信府主(貞和宮主); 『고려사』 권28 및 『고려사절요』 권19, 충렬왕 2년 12월

119 『고려사』 권89, 충렬왕의 貞信府主(貞和宮主)

120 『고려사절요』 권20, 충렬왕 4년 4월. 達魯花赤이 장차 각 道를 巡審해 그 폐단을 없애겠다며 왕에게 官을 파견하기를 요청해 함께 가려 함에 왕이 摠郞 金咺을 推考使로 삼으니, 재추가 왕에게 아뢰기를, 使人이 각 道를 巡審해 그 實을 모두 얻어 元 朝廷에 보고하면 細事가 아니니 도로 籍民해 本役으로 돌리기를 요청함에 왕이 따랐지만 公主(제국공주)가 수긍하지 않아 중지시켰다.

121 『고려사절요』 권20, 충렬왕 10년 7월

에서 태상왕을 朝했다.[122] 貞和院妃로 강등되었던 정화궁주가 제국공주의 사망 직후에 정화궁주의 지위를 회복했던 것이다. 충선왕은 부친 충렬왕의 총애를 받아 모친 제국공주의 마음을 아프게 한 宮人 無比를 미워해 죽였지만, 먼저 결혼했음에도 모친 제국공주로 인해 왕비의 지위를 빼앗기고 남편과 만나지도 못했던 정화궁주에 대해서는 비록 모친의 사망 후이지만 정중한 예우를 했던 것이다. 하지만 충선왕이 복위년 9월에 宮主를 翁主로 개칭하면서[123] 그녀도 궁주의 명칭을 유지하기 어려웠다. 충선왕의 그 조치로 임금의 배필 중에 위상이 높은 경우는 妃로, 위상이 낮은 경우(주로 미천한 출신)는 翁主로 불려졌고, 임금의 딸도 翁主로 불려지게 되었다. 그런데 충선왕은 그녀(정화궁주)의 소생인 暠를 자식처럼 총애해 暠에게 심왕을 물려주게 된다. 그 결과 그녀는 府를 열어 貞信府主의 지위를 갖게 되었으니, 그녀는 심왕 모친의 자격으로 府를 열어 府主가 되었던 것이다. 그녀는 충숙왕 6년 4월에 사망했는데, 『고려사』 세가에는 "貞信府主 王氏가 卒하다" 라고 되어 있고, 『고려사절요』에는 "貞信府主 王氏가 卒했는데 즉 忠烈王 元妃인 貞和院妃이다" 라고 되어 있다.[124] 그녀가 사망할 때 지위는 貞信府主였는데, 貞和院妃는 과거의 칭호였는지, 정신부주였을 적에도 정화원비이기도 했는지 불확실하다. 그녀가 元妃인 이유는 충렬왕과

---

122 『고려사절요』 권22, 충렬왕 24년(충선왕 즉위년) 정월·2월·3월; 『고려사』 권89, 충렬왕의 貞信府主(貞和宮主). 충선왕이 5년 3월에 장자 강릉대군에게 고려국왕을 물려주고 또한 조카 延安君 暠로 世子를 삼았다. 충선왕의 형 江陽公 滋는 '貞和院妃' 소생으로 公主의 子가 아니라 立할 수 없었다. 충선왕이 강양공의 아들 珛 ,暠, 塤 중에서 특히 暠(完澤禿)를 자식처럼 총애해 궁중에서 길렀다(『고려사절요』 권23). 貞和宮主가 '貞和院妃'로 나타난 것은 이미 궁주 신분을 회복했지만 과거의 일이 언급되면서 그렇게 표현되었을 수 있고, 충선왕이 궁주를 옹주로 개칭한 여파로 다시 貞和院妃라 불렸을 수 있다.

123 『고려사』 권33, 충선왕 복위년 9월; 『고려사』 권77, 백관지 內職

124 『고려사』 권34 및 권24, 충숙왕 6년 4월

가장 먼저 혼례를 올렸기 때문이다.

충렬왕의 배필로 淑昌院妃 김씨가 있었다. 그녀는 언양 김취려의 손자인 김양감의 딸로 姿色이 있었는데 進士 崔文과 결혼했다가 일찍 과부가 되었다. 제국공주가 薨하자 세자(충선왕)가 충렬왕의 幸姬 無比의 專寵을 미워해 無比를 죽이고는 부왕의 意를 慰解하고자 과부 김씨를 부왕에게 들인 것이었는데 김씨는 이윽고 淑昌院妃에 책봉되었다. 궁인 無比는 태산군 사람인 柴氏의 딸로 宮에 選入되어 충렬왕의 총애를 받은 여인인데 충렬왕의 도라산 왕래에 반드시 따라다니니 사람들이 그녀를 '都羅山'이라 불렀다.[125]

충선왕의 배필을 보면, 元 晉王 甘麻剌의 딸로 고려국 왕비가 된 寶塔實憐(추증 계국대장공주)이 있었는데 그녀는 생존시에 中和宮과 崇敬府를 지니고 官僚를 두었으며 韓國長公主에 책봉되었다. 蒙古女인 也速眞은 세자 鑑과 충숙왕을 낳았고 薨한 후에 懿妃를 추증받았다. 서원후의 딸인 靜妃(추증), 남양 洪奎의 딸인 順和院妃 홍씨, 平壤君 조인규의 딸인 趙妃, 공암 사람으로 중찬 許珙의 딸인 順妃 허씨도 충선왕의 배필이었다. 또한 충선왕은 충렬왕의 배필이었던 숙창원비를 자신의 배필로 만들어 淑妃에 책봉해 총애했다.[126]

충숙왕의 배필을 보면, 元 營王 也先帖木兒의 딸로 고려 왕비가 된 亦憐眞八剌은 남편의 德妃 총애를 질투하다가 남편에게 구타당한 후 薨하여 靖和公主를 추증받았고 그 진영이 順天寺에 봉안되었고 원에 의해 복국장공주를 추증받았다. 元 순종의 아들 魏王 阿木哥의 딸로 고려 왕비가 된 金童은 한양 龍山에서 '龍山元子'를 낳고는 그 후유증으로 18세의 나이로 사망해 원에 의해 조국장공주를 追封받았다. 蒙古女로 고려 왕비가 된 伯顔忽都는 慶華府를 열어 官屬을 두어 慶華公

125 『고려사』 권89, 후비전 충렬왕의 배필; 『고려사』 권122, 宦者 최세연전
126 『고려사』 권89, 후비전 충선왕의 배필 및 충렬왕의 배필

主라 불렸는데, 남편 충숙왕의 사망 후 그녀의 永安宮에서 연회를 열었다가 충혜왕에게 강간을 당해 충혜왕과 대립했지만 충혜왕 5년에 薨하자 禮葬되었으며 공민왕 16년에 원에 의해 숙공휘녕공주에 추증되었다. 남양 洪奎의 딸은 宮에 選入되어 충숙왕의 총애를 받아 德妃에 책봉되었지만 아들 충혜왕이 즉위하자 상왕 충숙왕이 그녀를 미워해 田里로 돌려보내기도 했다. 그녀는 아들 충혜왕 때 德慶府를 열었고, 다른 아들 공민왕이 즉위하자 덕경부를 文睿府로 改號하고 大妃로 높여졌다. 공민왕 21년 정월에 왕이 모친인 그녀에게 尊號를 올리고 二罪 이하를 사면했는데 그 존호는 崇敬王太后였고 文睿府는 崇敬府로 개칭되었다. 그녀는 어린 우왕을 대신해 攝政을 하다가 우왕 6년 정월에 83세로 薨해 令陵에 묻혔다. 좌상시 權衡의 딸은 密直商議 全信의 아들과 결혼했다가 權衡이 內旨에 의탁해 그녀를 絶婚시켜 충숙왕에게 들이니 壽妃에 책봉되었는데 충숙왕이 사망하자 충혜왕이 그녀를 차지했다.[127] 공양왕 2년 11월에 憲府가 상소하기를, 本朝 故事에 后妃府를 세우면 官屬을 설치해 左右司 尹·丞·注簿·舍人을 두었을 뿐이었지만, 공민왕이 明德太后를 封崇하고 立府해 崇敬府라 하여 官僚를 두어 判事·尹·小尹·判官을 두었는데 이는 그 尊崇을 극대화하려 했기 때문이라면서, 지금 崇寧府(공양왕의 모친 福寧宮主의 府)는 古制에 의거해 左右司 尹 등의 官을 설치했는데 오히려 懿德府와 慈惠府는 崇敬府의 例를 따르고 있어 古制에 어긋나니 崇寧府 例에 의거하기를 요청하니 왕이 따랐다.[128] 崇敬太后 즉 明德太后가 공민왕 후반과 우왕대에

127 『고려사』 권89, 후비전 충숙왕의 배필; 『고려사』 권110, 이제현전. 한편 金信의 딸은 예성부원대군 王昷과 결혼했는데, 아들 회안군이 충숙왕의 즉위를 도운 공로로 인해 士議의 반대에도 수녕옹주에 임명되어 장옹주와 같은 대우를 받았다. 그녀의 딸 하나는 공녀로 하남행성좌승과 결혼해 정안옹주에 책봉되었다. 수녕옹주 묘지명

128 『고려사』 권45, 공양왕 2년 11월

崇敬府를 통해 대단한 영향력을 발휘했음을 알 수 있다.

충혜왕의 배필을 보면, 元 鎭西 武靖王 焦八의 딸로 고려 왕비가 된 亦憐眞班은 충목왕과 長寧翁主를 낳았다. 그녀는 친아들인 충목왕과 禧妃의 아들인 충정왕이 차례로 어린 나이로 즉위하자 攝政했는데 미남 강윤충과 사통했다. 그녀는 德寧府를 열어 德寧公主라 불렸는데, 그녀가 府를 열기 시작한 시기는 남편 충혜왕 때 혹은 아들 충목왕 때였다. 그녀는 충정왕 2년 9월에 원에 갔다가 공민왕 3년에 돌아오니 공민왕이 형수라며 예우했다. 그녀는 공민왕 16년에 원에 의해 정순숙의 공주에 책봉되었으며 우왕 원년에 薨해 頃陵에 묻혔고 3년에 神孝寺 충혜왕 진전에 祔해졌고 공양왕 2년에 大廟에 祔해졌다. 파평 윤계종의 딸로 충혜왕의 배필이 된 禧妃 尹氏는 아들 충정왕이 즉위하자 敬順府를 열고 丞·注簿 각 1명과 舍人 2명을 두어 攝政하다가 충정왕이 폐위되자 실각했으며 우왕 6년에 薨했다. 洪鐸의 딸은 충혜왕이 그녀가 姿色이 있음을 듣고 納하지 않은 상태에서 和妃에 책봉해 宰臣 尹忱의 집에 두고 왕래했지만 臨幸한지 수일만에 총애가 끊어졌다. 商人 林信의 딸이자 丹陽大君의 婢가 沙器를 파는 것을 業으로 했다. 충혜왕이 그녀를 보고 관계해 총애하여 銀川翁主에 책봉했는데 사람들은 그녀를 沙器翁主라 칭했다. 그녀는 충혜왕의 사랑을 받아 釋器를 낳아 아이의 복을 비는 開福宴을 열었는데 市人의 帛을 빼앗아 幣로 삼았다. 충혜왕이 원에 끌려가자 고룡보가 은천옹주 등 宮人 126인을 방출했다.[129]

---

129 『고려사』 권89, 후비전 충혜왕의 배필; 『고려사』 권124, 강윤충전; 『고려사』 권37, 충목왕 즉위년 6월; 충정왕 2년 9월. 충목왕 즉위년 6월에 書筵을 두었을 때 德寧府 注簿 洪俊도 侍讀에 참여했다(『고려사』 권37). 덕녕공주는 충목왕 4년 10월에 밀직부사 安牧의 집에 徙居해 庶務를 모두 처리하기도 했다(『고려사』 권37). 白卅의 별호가 銀川이니(『고려사』 권58, 지리지 서해도 白卅), 은천공주는 이곳과 관련되어 붙여진 칭호였을 가능성이 있다.

충선왕이 宮主를 翁主로 고쳤는데, 충혜왕 이후에는 後宮 女職에 尊卑 등급이 없어 私婢나 官妓도 翁主·宅主에 책봉되었다고 한다.[130] 충선왕이 元 闊闊赤 平章의 妻 敬和翁主의 鄕인 德山部曲을 才山縣으로 삼았고, 公州는 知州事였다가 敬和翁主의 外鄕이라 충혜왕 복위 2년에 牧으로 승격되었다.[131] 고려 출신으로 원 고위관료의 妻가 된 여인도 옹주로 불려지기도 했던 것이다. 后妃 혹은 王女를 부르던 宮主·宮妃와 院主·院妃[132]는 사라진 대신에 왕의 배필은 妃와 翁主로, 왕녀는 翁主로 불려지게 되었다.

공민왕의 배필을 보면, 元 종실 魏王의 딸로 고려 왕비가 된 寶塔失里(노국공주)는 肅雍府를 지녔다. 공민왕은 14년 2월에 공주(노국공주)의 산달이 다가오자 二罪 이하를 사면했고, 難產으로 위독하자 有司로 하여금 佛宇와 神祠에 기도하게 했고 또 一罪를 사면했으며, 친히 焚香하며 공주 곁을 떠나지 않았다. 공주가 薨하자 왕이 비통해 어찌할 바를 몰라 하더니 王福命에게 喪事를 주관하게 하고 3일 동안 輟朝하고 백관이 玄冠素服을 착용했다. 殯殿都監과 國葬都監과 造墓都監과 齋都監 등 4 도감을 설치했고, 山所色·靈飯色·威儀色·喪帷色·轜車色·祭器色·喪服色·返魂色·服玩色·棺槨色·墓室色·鋪陳色·眞影色 등 13色을 설치하여 喪事에 이바지하게 했다. 왕이 평소 釋敎 즉 불교를 믿었는데 이에 이르러 佛事를 대규모로 열어 7일마다 群僧으로 하여금 梵唄하며 魂輿를 따르게 하니, 殯殿부터 寺門까지 幡幢이 길을 덮고 鐃鼓 소리가 하늘까지 뻗었으며 錦繡로 그 佛宇를 덮거나 金銀彩帛이 좌우에 羅列했다. 공주가 4월 임진일에 雲岩寺 東麓의 正陵에 묻히자 群臣이 그녀에게 仁德恭明慈睿宣安王太后라는 칭호를 올렸다. 喪事를

130 『고려사』 권77, 백관지 內職
131 『고려사』 권57, 지리지 경상도 안동부; 『고려사』 권56, 지리지 양광도 公州
132 단, 왕녀를 院妃라 부른 것은 원간섭 초기에 한정되며 결혼한 경우에 해당했다.

제국대장공주 例에 의거해 지극히 사치하게 하니 府庫가 虛竭했다. 왕이 원래 공주를 浮屠說에 따라 火葬하려 했지만 시중 柳濯이 만류함에 그만두었다. 왕은 공주의 眞을 手寫해 밤낮으로 마주하여 식사하며 슬퍼해 울었고 3년 동안 肉膳을 먹지 않았으며, 朝臣이 除拜하거나 出使할 경우는 모두 정릉 아래에 나아가 闔門에서처럼 行禮하였다. 15년에 공주의 影殿(神御之所) 공역을 왕륜사의 동남에 대대적으로 일으켰다. 16년에 원이 공주에게 시호 魯國徽翼大長公主를 하사하니 왕이 魂殿에 행차해 그것을 고했다. 왕은 공주의 眞과 마주해 앉아 平生처럼 음식을 권했으며, 正陵에 행차해 塋域을 巡視하고 배회하며 슬픔에 잠겼고 丁字閣에 御하여 胡歌를 연주하며 獻酬했다. 이윽고 공주의 시호를 이인복과 이색에게 고치게 하니 '徽翼'을 '徽懿'로 고쳤다. 19년에는 守陵戶를 두고 土田과 藏獲을 雲岩寺에 시납했다. 왕과 群臣이 同盟해 影殿인 仁熙殿에 千手道場을 세우기를 발원했고, 德泉庫와 寶源庫와 延德宮과 永和宮과 永福宮과 永興宮을 인희전에 소속시켜 供用에 대비하게 했다.[133]

공민왕의 다른 배필로 계림부원군 이제현의 딸이 選入되어 惠妃에 책봉되었다. 종실 덕풍군의 딸인 韓氏는 選入되어 益妃에 책봉되었는데 洪倫 등과 관계해 딸을 낳았다. 죽주 죽성군 안극인의 딸은 選入되어 定妃에 책봉되었다. 곡성부원군 염제신의 딸은 選入되어 愼妃에 책봉되었다. 定妃 안씨는 年少하고 美艶해 공민왕의 사망 후 우왕의 흠모를 받아 우왕 13년에 慈惠府를 열어 官屬을 두었다. 우왕이 쫓겨난

---

133 『고려사』 권89, 후비전 공민왕의 노국대장공주. 원이 내린 시호 '魯國徽翼大長公主(徽翼魯國大長公主)'가 '魯國徽懿大長公主(徽懿魯國大長公主)'로 개칭된 것이었다. 雲岩寺는 원래 교종에 속했는데 昌化寺로 개칭되어 선종에 속하게 했고 또 光岩寺로 개칭되었다. 한편 공민왕은 왕륜사 영전이 협소하다며 영전을 마암으로 옮겨 짓다가 다시 왕륜사로 옮겨 지었다. 『고려사』 권41, 공민왕 17년 5월·6월·7월·9월 및 18년 9월·19년 6월

후에는 定妃 敎로 창왕과 공양왕이 연달아 즉위했다. 그녀는 공양왕에 의해 王大妃에 책봉되고 그 殿은 敬愼殿이라 명명되었다.[134] 定妃 안씨가 우왕 때 慈惠府를 둔 것은 모친 빨의 위상을 지닌 데다가 우왕의 흠모를 받았기 때문이라 생각된다. 그녀가 공양왕에 의해 王大妃에 책봉된 것은 공양왕이 공민왕의 후계자로 설정됨으로써 그녀가 공양왕의 의제적인 모친이 되었기 때문이다. 공민왕의 측근인 김흥경의 모친은 일반인임에도 적선옹주가 되었다.

우왕은 5년 4월에 固城 李琳의 딸을 들여 謹妃로 삼고 厚德府를 두고 慮囚했으며, 그녀가 우왕 6년 8월에 아들 昌을 낳았다. 7년 12월에 謹妃의 宮人 釋婢(書雲副正 노영수의 딸)를 들여 총애했다. 8년 2월에 釋婢를 毅妃에 책봉하고 그 어머니를 福安宅主로 삼았고 毅妃에게 印을 하사해 義順庫로 의비의 私藏을 삼았으며, 8년 3월에 懿妃府를 세워 德昌府라 했는데 당시 의비의 총애가 後宮을 기울일 정도여서 衣服과 器皿과 奢麗한 물건이 謹妃보다 지나쳤다.[135] 書雲正 최천검의 妾 소생의 通濟院 婢 龍德(加也只)이 毅妃 宮人으로 일하다가 우왕의 총애를 받았다. 우왕은 龍德을 淑妃에 책봉하고 그 모친을 明善翁主로 삼았다. 우왕은 숙비를 총애해 淑妃宮에 머문 반면 毅妃는 왕의 총애가 약해지자 花園에 거처하기도 했다. 이인임이 그의 婢와 婢壻 趙英吉 사이에서 태어난 그의 婢 鳳加伊를 우왕 10년 6월에 우왕에게 바

134 『고려사』 권89, 후비전 공민왕의 배필. 공민왕이 홍건적 때문에 10년 11월에 남쪽으로 피난할 때 태후(명덕태후)와 공주(노국공주)와 次婢 이씨(혜비)가 따라갔는데(『고려사』 권39), 次婢는 次妃의 오류이다. 한편, 공민왕 22년 9월에 김흥경의 요청으로 그 모친 적선옹주 柳氏가 교주도·강릉도·양광도 祈恩使에 임명되어 奉香하면서 뇌물을 받은 일에 보이듯이 그녀는 권신인 아들 덕분에 옹주를 띠었다. 그녀는 23년 1월에는 國大夫人으로 나타난다. 『고려사』 김흥경전 및 『고려사절요』 29

135 『고려사』 권116, 이림전; 『고려사』 권134, 신우전 우왕 5년 4월 및 6년 8월 및 7년 12월 및 8년 2월·3월. 위원현 사람인 노영수는 長寧公主의 媵臣이었다.

치자 우왕이 봉가이를 後宮을 기울일 정도로 총애하니 숙비가 질투했다. 11년 12월에 姜仁裕의 딸을 安妃에, 鳳加伊를 肅寧翁主에, 기녀 七點仙을 寧善翁主에 책봉했다. 私婢·官妓로 翁主에 책봉된 경우는 예부터 들어보지 못해 國人이 놀랐다고 한다. 칠점선은 본래 密直 南秩의 妾인데 우왕이 빼앗은 것이었다.[136] 우왕이 13년 8월에 壺串으로부터 毅妃宮과 淑妃宮에 갔다가 壺串으로 돌아갔으며, 10월에는 숙비 및 의비와 더불어 花園에서 연회했다.[137] 안숙로(공민왕 定妃의 동생)의 딸이 定妃의 소개로 우왕에게 들여졌다.[138] 우왕은 14년 2월에 안숙로의 딸을 賢妃에, 기녀 小梅香을 和順翁主에, 기녀 燕雙飛를 明順翁主에 책봉했다. 14년 3월에 최영의 딸을 寧妃에 책봉하고 그녀의 府인 寧惠府를 세웠으며, 申雅의 딸을 正妃에, 王興의 딸을 善妃에 책봉했다. 謹妃 李氏(李琳의 딸)로부터 그 이하 寧妃 崔氏(최영의 딸), 毅妃 盧氏(釋婢), 淑妃 崔氏(龍德: 通濟院 婢 출신), 安妃 姜氏(강인유의 딸), 正妃 申氏(申雅의 딸), 德妃 趙氏(조영길의 딸: 私婢 출신. 肅寧翁主에서 승격), 善妃 王氏(王興의 딸), 賢妃 安氏(안숙로의 딸) 및 小梅香·燕雙飛·七點仙 등 3翁主, 이들 諸殿 供上의 물건이 심히 많아 常滿庫의 布를 1달에 3900匹을 사용함에 諸倉庫가 모두 고갈되니 3년 貢物을 미리 징수해도 모자라 추가로 徵斂했다.[139]

우왕은 14년 3월 기준으로 공식적인 배필로 9妃와 3翁主를 거느렸는데, 덕비 조씨는 숙녕옹주를 거쳤다. 우왕의 배필은 여러 妃와 여러

---

136 『고려사』 권135, 신우전 우왕 10년 6월·8월·윤10월·11월 및 11년 2월·4월·12월; 『고려사』 권126, 이인임전. 우왕은 12년 4월 계사일에 毅妃와 더불어 花園에 가서 觀燈(초파일 석탄일 연등)했는데 彩棚雜戲가 지극히 사치스러웠고 歌吹가 다음날 새벽까지 이어졌다(『고려사』 권136).

137 『고려사』 권136, 신우전, 우왕 13년 8월·10월

138 『고려사』 권89, 후비전 공민왕의 定妃 安氏. 定妃는 우왕이 자기에게 눈독을 들여 醜聲이 퍼지자 조카를 우왕에게 소개시킨 것이었다.

139 『고려사』 권137, 우왕 14년 2월·3월

翁主로 이루어졌다. 여러 妃들의 거처는 宮으로 불려지는 경우가 많았던 것 같은데 그렇다고 그녀들이 宮主로 불려진 것은 아니었다. 謹妃가 中宮으로 보이기도 하지만 妃들 간에는 구별이 뚜렷하지는 않다. 단, 3翁主는 후궁으로 볼 수 있다. 용덕은 노비 출신으로 淑妃에, 봉가이는 노비 출신으로 옹주를 거쳐 덕비에 책봉되었고, 毅妃에 책봉된 釋婢도 원래 노비였을 가능성이 있다. 소매향과 연쌍비와 칠점선은 기녀 출신으로 옹주에 책봉되었다. 우왕의 이러한 책봉에 대해 私婢·官妓로 翁主에 책봉된 경우는 예부터 들어보지 못해 國人이 놀랐다고 기록되어 있지만, 이미 충혜왕이 노비 출신의 林氏를 은천옹주에 책봉한 사례가 있었다.

우왕 때는 노비 출신도 옹주에는 물론 妃에도 책봉되는 파격적인 현상이 두드러졌다. 우왕은 毅妃(釋婢)의 모친을 福安宅主로, 淑妃(龍德)의 모친을 明善翁主로 삼은 예처럼 배필의 모친을 택주 혹은 옹주로 삼기도 했다. 우왕의 妃들은 謹妃 이씨는 厚德府를, 毅妃는 德昌府를, 寧妃 최씨는 寧惠府를 설치한 것처럼 府를 열어 영향력을 발휘하는 경우가 많았다. 謹妃는 아들 창왕이 즉위하자 王大妃로 높여졌다.[140] 공양왕의 배필은 交河 사람인 盧稹의 딸이었는데, 공양왕 원년 11월에 順妃로 세워지고 懿德府를 열어 僚屬을 두었다.[141] 이들 妃들이 府를 지니게 된 것은 몽골 출신의 왕비가 사라졌기 때문이었다. 원간섭기에는 몽골 출신의 왕비가 府을 열 수 있었고, 고려 출신은 왕의 모친이 되어서야만 府를 열 수 있었는데 우왕 이후는 元妃이거나 왕의 총애를 받는 妃는 府를 열 수 있었다.

공양왕은 원년 11월에 모친 왕씨를 높여 福寧宮主를 삼았고 妃 노씨를 順妃에 책봉했으며, 2년 정월에는 모친 福寧宮主 府를 세워 崇

140 『고려사』 권137, 신우전 창왕 총서
141 『고려사』 권89, 후비전 공양왕의 배필

寧府라고 했으며, 2년 4월에는 모친 福寧宮主 왕씨를 慈睿貞明翼聖思齊惠德三韓國大妃로 높이고 그 殿을 貞明殿이라고 했다.[142] 충선왕 때 폐지되었던 궁주 칭호가 부활해 왕의 모친 칭호로 사용되었던 것이다. 공양왕의 친모는 국대비, 공민왕의 정비 안씨는 왕대비로, 2명의 大妃가 동시에 존재했다. 국대비 왕씨는 공양왕에게 혈통상의 모친이었고, 왕대비 안씨는 공양왕에게 정통성 부여 위한 의제상의 모친이었다.

3. 고려시대 王女와 왕녀궁

왕녀의 궁을 살펴보기로 하자. 태조와 신명태후 劉氏의 딸인 안정숙의공주는 신라왕 金傅와 결혼해 낙랑공주 혹은 신란궁부인으로 불려졌다. 태조와 신명태후 劉氏의 다른 딸인 흥방궁주는 흥방궁을 지녔는데 태조의 아들(정덕왕후 柳氏 소생) 원장태자와 결혼했다. 태조와 신정태후 황보씨의 딸은 광종과 결혼했는데 사후에 대목왕후(대목황후)를 시호로 받고 광종 廟에 祔해진다. 태조와 정덕왕후 柳氏의 딸은 문원대왕 貞(광종의 동생)과 결혼해 사후에 문혜왕후를 시호로 받았고, 그녀의 다른 딸은 대종 旭과 결혼해 성종과 천추태후와 헌정왕후를 낳고 사후에 선의왕후를 시호로 받고 대종 廟에 봉안되었고, 그녀의 또 다른 딸은 공주였는데 의성부원대군과 결혼했다. 태조와 정목부인 왕씨(溟州 王景의 딸)의 딸은 순안왕대비였다. 태조와 興福院夫人 홍씨의 딸은 칭호 미상의 公主였는데 태자 泰(광종의 형)와 결혼했다. 태조와 성무부인 박씨의 딸은 칭호 미상의 공주였는데 金傅(경순왕)와 결혼

142 『고려사』 권45, 공양왕 원년 11월 및 2년 정월

했다.[143] 고려시대는 태조대부터 왕녀의 칭호로 공주 혹은 궁주가 사용되었고 왕녀가 궁을 지녔다.

혜종과 의화왕후 林氏의 딸은 광종과 결혼했는데 慶化宮을 지녀 慶化宮夫人이라 불려졌다. 혜종의 다른 딸로 貞憲公主가 있었는데 모친은 미상이다. 혜종과 宮人 哀伊主의 딸은 明惠夫人이었다. 광종과 대목왕후 황보씨의 딸은 千秋殿君(광종의 동생인 문원대왕의 아들)과 결혼했는데 千秋夫人 내지 千秋殿夫人이라 불려졌다. 광종과 대목왕후의 다른 딸은 寶華宮을 지녀 寶華夫人 내지 寶華宮夫人이라 불렀다. 광종과 대목왕후의 또 다른 딸은 수명태자(태조와 헌목대부인 平氏의 아들)의 아들인 弘德院君과 결혼했다가 성종과 재혼했으며 사후에 문덕왕후를 시호로 받았다. 성종과 문화왕후 김씨(선주 김원숭의 딸)의 딸인 김씨는 현종과 결혼했고 원정왕후를 시호로 받았다. 성종과 연창궁부인 최씨(최행언의 딸)의 딸은 현종과 결혼해 원화왕후를 시호로 받았다.[144]

현종과 원화왕후 최씨의 딸은 처음에 積慶公主에 책봉되었고 현종 21년에 卒하자 孝靖公主를 시호로 받았다. 현종과 원화왕후의 다른 딸로 天壽殿主가 있었다. 현종과 원성태후 김씨의 딸은 문종과 결혼했고 인평왕후를 시호로 받았다. 현종과 원성태후의 다른 딸로 景肅公主가 있었다. 현종과 원혜왕후 김씨의 딸은 덕종과 결혼했고 효사왕후를 시호로 받는다. 현종과 원평왕후 김씨의 딸로 孝敬公主가 있었다. 현종과 원순숙비 김씨의 딸은 덕종과 결혼했고 경성왕후를 시호로 받았다. 현종과 宮人 박씨의 딸인 阿志는 檢校少監 井民相과 결혼했다.[145] 왕녀

143 『고려사』 권91, 공주전 태조의 딸; 권90, 종실전 태조의 아들; 권88, 후비전 태조의 배필

144 『고려사』 권91, 공주전; 『고려사』 권88, 후비전; 『고려사』 권90, 종실전. 보화궁은 현화사비에 따르면 大內에 위치했다.

145 『고려사』 권91, 공주전; 『고려사』 권88, 후비전. 宮人 박씨의 딸인 阿志는 현

는 드물지만 '殿主'로도 불렸다.

덕종과 경목현비의 딸은 요절하여 殤懷公主를 시호로 받았다. 덕종과 劉氏의 딸은 칭호 미상의 공주였는데 太師 忠(현종과 韓萱英의 아들)과 결혼했다. 靖宗과 용목왕후 이씨의 딸은 문종 11년에 卒하여 悼哀公主를 시호로 받았다. 문종과 인예태후 이씨의 딸인 積慶宮主는 선종 3년 2월에 생존 모친인 왕태후가 上冊받은 다음날에 선종의 王妹로서 선종의 王弟인 부여후(문종과 인경현비의 아들)와 결혼했다.[146] 그녀의 칭호인 적경궁주는 현종과 원화왕후 최씨의 딸인 積慶公主의 적경궁을 물려받아 생긴 칭호로 여겨진다. 문종과 인예태후의 다른 딸인 保寧宮主는 낙랑공 瑛과 결혼했고 예종 8년에 卒하여 溫陵에 묻히고 시호 慶順을 받았다.[147] 선종 4년 8월에 崇慶宮(崇敬宮)을 保寧宮이라 개칭했으니[148] 그녀는 이 때 보녕궁주에 책봉되어 보녕궁을 지니게 되었다고 판단된다. 인예태후는 공주 둘을 더 낳았고, 인숙현비 이씨가 공주 둘을 낳았고, 인목덕비 김씨가 공주를 낳았지만 모두 요절했다.[149] 盧旦이 찬술한 「冊王女爲公主文」에는 皇女의 貴를 公主라 칭한다며 延德宮 제2녀를 公主로 책봉한다고 되어 있는데 연덕궁주 이씨(인예태후)의 둘째 딸(보녕궁주)을 공주에 책봉한 문서로 여겨진다.[150] "皇女의

종의 친딸이 아닐 가능성이 크며, 정민상은 '국서'였을 것이다.

146 『고려사』 권91, 공주전; 『고려사』 권88, 후비전; 『고려사』 권90, 종실전; 『고려사』 권10 및 『고려사절요』 권6, 선종 3년 2월. 적경궁주는 부여후에게 '適'한 것으로 표현되었는데 배다른 오누이끼리 결혼한 것이었다. 이에 앞서 王弟 金官侯 烝과 卞韓侯 愔과 辰韓侯 愉 등이 同姓 간의 결혼이라며 간언했지만 선종이 따르지 않았다고 한다. 한편, 인종초에 고려에 사신으로 왔던 서긍의 『고려도경』 권6, 궁전 별궁 편에는 王 繼母의 궁을 積慶宮이라 한다고 소개했는데, 여기의 '王 繼母'가 누구인지 확실하지 않으며, 서긍이 오해했는지도 모른다.

147 『고려사』 권91, 공주전; 『고려사』 권88, 후비전; 『고려사』 권90, 종실전

148 『고려사』 권10, 선종 4년 8월. 보녕궁주는 문종의 배필 숭경궁주의 숭경궁을 물려받은 것이었다.

149 『고려사』 권91, 공주전; 『고려사』 권88, 후비전

貴를 公主라 칭한다" 고 했으니 공주 책봉의 기본적인 조건은 皇女(帝女) 즉 임금의 딸이었다.

선종과 정신현비 이씨의 딸은 예종과 결혼했고 경화왕후를 시호로 받았다. 선종과 사숙태후 이씨의 딸은 칭호 미상의 공주였는데 요절했고, 다른 딸인 遂安宅主 이씨는 눈이 먼 채 태어났는데 나이 40에 이르도록 결혼하지 않아 인종 6년(1128)에 사망했다.[151] 그녀는 인종 6년에 40세로 사망한 것으로 판단되므로 선종 6년(1089)에 태어났는데, 그녀는 부친 선종의 치세 혹은 오빠 헌종의 치세에 공주였다가 사숙태후의 실각과 헌종의 몰락으로 인해 택주로 강등되었을 가능성이 있고, 선종과 헌종 치세에는 나이가 어려 공주에 미처 책봉되지 못한 채로 정변이 일어나 헌종의 정적 숙종이 집권하면서 택주에 그쳤을 가능성이 있고, 盲人이라 차별받아 택주에 그쳤을 가능성도 있다. 또한 그녀가 사숙태후의 친딸이지만 선종의 친딸이 아니어서 즉 선종의 義女 내지 庶女여서 宅主에 그쳤을 가능성도 있다.

그런데 校尉 巨身과 그 당여 1천여 명이 문종을 몰아내고 평양공 基를 임금으로 옹립하려 했다고 兵士 張善이 문종 26년(1072) 7월에 고발한 사건이 있었다. 문종의 친동생인 평양공 基는 이미 문종 23년 윤11월에 사망했다. 이 고발로 인해 巨身과 그 族屬은 죽임을 당했고, 평양공의 아들 太尉 王璡이 남해에 유배되었고 다른 아들 王瑛은 어렸기 때문에 처벌을 면제받았다. 그리고 그 역모에 가담했다는 혐의로 평장사 王懋崇과 그 아들 王靖이 安東府에, 長寧宮主 李氏와 遂安宅主 李氏가 谷州에 유배되었다.[152] 그러면 여기의 長寧宮主 李氏와 遂安宅

150 『동문선』 권28, 冊. 「冊王女爲公主文」(盧旦). 盧旦은 주로 문종과 선종 때 활약한 인물이다. 『고려사』 권8, 문종 19년 6월; 『고려사』 권73, 선거지 과목 선장, 문종 34녀 5월 및 선종 2년 4월; 『고려사』 권10, 선종 3년 4월 및 8년 7월; 『고려사』 권95, 최충전

151 『고려사』 권91, 공주전; 『고려사』 권88, 후비전

主 李氏는 누구일까? 이 遂安宅主는, 연화궁비(사숙태후)의 딸로 선종 6년에 태어난 遂安宅主와 동일한 인물일 수가 없다.

역모 사건은 평양공을 임금으로 옹립하려 했다는 것이었고, 그로 인해 처벌받은 핵심이 평양공의 아들, 왕무숭과 그 아들이었으니 또한 핵심으로 처벌받은 장녕궁주 이씨와 수안택주 이씨는 평양공 및 왕무숭과 가까운 사이였다고 보여진다. 장녕궁주 이씨는 선종의 국원공 시절의 妃인 李預의 딸(정신현비)일 가능성과 평양공 基의 배필일 가능성이 있다. 李預(이자연의 조카)는 첫 아내(해주 최유선의 딸)가 요절하자 청주 왕무숭의 딸(상당군대부인)과 재혼했다. 평양공 基도 李預의 딸과 결혼했을 가능성도 생각해 볼 수 있다. 순종의 배필 정의왕후(추증으로 판단됨) 王氏는 평양공 基의 딸인데 역모 사건 이전에 태자 순종과 결혼했을 것이다. 그녀는 당시 왕실 근친결혼의 관례에서 볼 때 부친 王基의 성을 따라 왕씨라고 했을 가능성보다 모친의 성을 따라 왕씨라고 했을 가능성이 더 크다. 평양공 基가 왕무숭의 딸과 결혼했을 가능성이 큰 것이다. 그렇다면 평양공과 이예는 둘다 왕무숭의 사위로 동서 사이가 되며, 왕무숭의 외손녀이자 이예의 딸인 정신현비는 평양공의 처조카가 된다. 장녕궁주 이씨는 정신현비(시호)의 생존시 칭호였을 가능성이 큰 것이다. 동일 역모사건에 연루된 수안택주는 그녀의 딸이자 국원공(선종)의 딸일 가능성을 생각해 볼 수 있지만 나이가 너무 어려 가능성이 적어 보이며, 평양공의 두 번째 배필, 혹은 평양공의 아들인 太尉 王璡의 배필, 혹은 왕실의 왕씨 성을 하사받은 왕가도의 근친으로 여겨지는 왕무숭의 배필 등이 더 가능성이 커 보인다. 사숙태후의 딸도 遂安宅主라 불렀으니 평양공 역모사건에 연루된 遂安宅

152 『고려사절요』 권5, 문종 26년 7월; 『고려사』 권90, 종실전, 현종의 아들 평양공 基. 고려 왕위는 현종 이후 그 아들인 덕종과 정종과 문종으로 형제상속을 해 왔으니 문종의 동생인 평양공을 후계자로 추대하려는 움직임이 일어났을 것이다.

主의 遂安宅을 물려받았을 수도 있다.

국원공(선종)은 문종 31년(1077) 2월에 納妃하였는데,[153] 이 公妃는 누구였을까? 국원공의 公妃로 나타나는 李預(이자연의 조카)의 딸(정신현비)과 李碩(이자연의 아들)의 딸 연화궁비(사숙태후), 이 둘 중의 하나이다. 후비전에 선종의 배필로 정신현비가 사숙태후보다 먼저 실린 점, 정신현비가 國原公妃가 된 年月이 오래지 않은 반면 사숙태후는 公府에 嬪한 때부터 선종의 치세까지 內助한 것이 많다고 한 점, 예종이 嫡庶의 구분을 내세워 정신현비를 태묘에서 선종 室에 祔하려 시도한 점[154]을 보건대 정신현비가 사숙태후보다 먼저 公妃가 되었다고 판단된다. 정신현비 이씨는 선종의 등극 이전에 사망하지만 문종 33년(1079)에 연화공주(연화궁주)를 낳았으니[155] 문종 31년에도 생존하고 있었다. 그런데 국원공이 문종 31년에는 29세였으니 그 때까지 미혼이었을 가능성은 별로 없다. 그러므로 국원공은 문종 31년보다 훨씬 앞서 정신현비와 결혼을 했고, 31년 2월에는 정신현비가 생존했음에도 연화궁비(사숙태후)와 결혼을 했다고 여겨진다. 정신현비가 역모사건과 연루된 적이 있었기 때문에 문종이 국원공을 다른 여인과 또 결혼시킨 것이 아닐까 싶다.

숙종과 명의태후 柳氏의 첫째와 둘째 딸은 숙종 8년에, 셋째 딸은 숙종 10년에 공주에 책봉되었다.[156] 예종 즉위년 10월 갑신일에 숙종을 영릉에 장사한 후 10월 계사일에 모친 柳氏를 존숭해 왕태후로 삼고 壽寧宮을 大寧宮으로, 長慶宮을 崇德宮으로, 延平宮을 安壽宮으로

---

153 『고려사』 권9, 문종 31년 2월

154 『고려사』 권88, 후비전, 선종의 배필. 고려시대에는 嫡庶 구별이 별로 행해지지 않았지만, 예종은 배필인 연화궁주(정신현비의 딸)를 위해 정신현비의 태묘 合祀를 추진했던 것인데 간관의 반발로 이루어지지 않았다.

155 예종의 왕비 연화궁주 이씨는 예종 4년 7월에 31세로 薨했다(『고려사』 권13). 연화궁주는 사숙태후의 실각 혹은 사망 후에 연화궁을 차지했을 것이다.

156 『고려사』 권91, 공주전; 『고려사』 권88, 후비전

개칭하고는, 그 다음날인 갑오일에 長公主에게 大寧宮을, 二公主에게 崇德宮을, 三公主에게 安壽宮을 하사했으니, 예종의 누이인 長公主는 대녕궁주, 二公主는 숭덕궁주, 三公主는 안수궁주가 된 것이었다.[157] 예종의 누이인 長公主와 二公主와 三公主는 부왕 숙종 때 공주에 책봉되면서 이미 그렇게 정해진 것으로 보아야 한다. 숭덕궁주는 곧 興壽宮主로 개칭된 것으로 보인다. 숙종과 명의 태후의 넷째 딸은 오빠의 치세인 예종 9년에 공주에 책봉되었고 그 후 福寧宮主에 책봉되었다.[158] 그녀의 묘지명 제목은 '海東 福寧宮主 贈謚莊簡墓誌銘'이고, 그 내용에 "公主는 肅廟의 第四女이다"와 '天子의 女로 보름달과 같았다'라는 표현이 들어 있으니 그녀가 생존시에 공주이자 복녕궁주였음이 증명되며 천자의 딸로 불렸음을 알 수 있다. 명의태후 소생의 대녕궁주는 회안백 沂와 결혼했고 예종 9년에 卒하여 시호 貞穆을 받았으며, 興壽宮主(崇德宮主)는 승화백 槙과 결혼해 예종 6년에 아들을 낳자 예물을 하사받았고 인종 원년에 卒했으며, 안수궁주는 광평백(광평후, 광평공) 源과 결혼했고, 복녕궁주는 진강백 演과 결혼했다. 복녕궁주는 성품이 婉順해 兩宮의 사랑을 받아 富가 종실 제일이었고 佛法을 崇信해 塔廟를 營飾하는 데 심히 힘썼으며 인종 11년 5월 경진일에 질병으로 인해 38세로 卒하여 시호 貞簡(莊簡)을 받았고 7월 계유일에 京

157 『고려사』 권12, 예종 즉위년 10월. 大寧宮은 예종 즉위년 12월과 원년 12월에 불탔다(『고려사』 권12). 장경궁에 대해 『고려도경』 권6 궁전에는 다음과 같이 소개되어 있다. "長慶宮은 王府(황성)의 서남쪽 由嵓山 기슭에 있는데 2개의 小徑이 있어 북으로 王府(황성)와, 東(西의 오류)으로 宣義門과 통하며, 長衢 老屋이 數十 楹이다. 王顒(숙종)의 諸妹가 그 中에 거주하다가 후에 결혼해서 나가면서 비어 심하게 황폐화되었다. 俁(예종)가 위독해 이곳으로 와서 치료를 받았지만 일어나지 못해 그로 인해 祠奉의 所가 되어 俁(예종)의 侍姬와 그 舊僚屬 十數人이 지키고 있다. 근래 使者가 융성한 睿眷을 갖추어 元豊 舊制를 준수해 前王(예종)을 祭奠하고 그 嗣(인종)를 弔慰하니 장경궁에서 拜하여 받았다."

158 『고려사』 권91, 공주전; 『고려사』 권88, 후비전

山 서북 기슭에 묻혔다.[159]

예종과 연덕궁주(문경태후) 이씨의 두 딸은 承德公主와 興慶公主였는데, 인종 2년에 차례대로 長公主와 公主에 책봉된 것이었다. 인종 2년 8월 임신일에 王妹 승덕宮主를 冊하여 장공주로 삼아 연회를 개최했고, 10월 임자일에 王妹 흥경宮主를 封하여 공주로 삼았다. 승덕공주는 한남백 杞와 결혼했으며, 흥경공주는 안평공 璥과 결혼했고 명종 6년에 卒했다.[160]

『동문선』 권28, 冊에는 ①「冊王女爲公主文」(盧旦), ②「竹冊文」, ③「冊公主」가 연달아 실려 있어 「竹冊文」과 「冊公主」가 盧旦의 작품처럼 보이지만 그 내용으로 보아 그렇지 않다고 여겨진다. ②「竹冊文」에는 王者는 帝女를 褒嘉한다며 朕이 考妣를 小에 잃고 弟兄이 없어 王妹, 同母의 妹를 총애한다고 되어 있으며, ③「冊公主」에는 使인 某官某와 副使인 某官某를 보내 持節 備禮하여 延德宮 제2녀를 公主에 책봉하고 某物을 하사한다고 되어 있다. 『동문선』 권28, 冊에는 김부식이 찬술한 ④「冊公主」도 실려 있는데, 朕(인종으로 생각됨)이 다른 兄弟가 없고 오직 너 姉妹만 있어 友悌의 念이 절실해 舊典에 따라 冊命을 행하여 寡人 同氣의 眷을 펴고 先后 在天의 靈을 위로한다는 내용[161]을 담고 있다.

---

159 『고려사』 권91, 공주전; 『고려사』 권88, 후비전; 『고려사』 권90, 종실전; 王源 묘지명; 복녕궁주 묘지명. 조선국 穰憲王(문종의 아들 조선공의 추증)의 아들 王源(모친은 李頲의 딸)이 숙종의 제3녀와 결혼했는데 그녀가 順貞公主이며 왕원보다 먼저 세상을 떴다고 하니, 安壽宮主가 곧 順貞公主였음을 알 수 있다.

160 『고려사』 권91, 공주전; 『고려사』 권15, 인종 2년; 『고려사』 권88, 후비전; 『고려사』 권90, 종실전. 예종의 두 딸은 인종 2년에 公主에 책봉되기 이전에 宮主인 듯 보이는데, 공주책봉과 동시에 혹은 공주책봉 직전에 宮主에 책봉되었을 가능성이 크다.

161 『동문선』 권28, 冊

②「竹册文」에서 "朕이 考妣를 小에 잃고 弟兄이 없어 王妹 내지 同母의 妹를 총애한다" 는 구절과 ④「册公主」에서 "朕이 다른 兄弟가 없고 오직 너 姊妹만 있어 友悌의 念이 절실해 舊典에 따라 册命을 행하여 寡人 同氣의 眷을 편다"는 구절은 거의 동일한 내용이다. ②「竹册文」과 ③「册公主」와 ④「册公主」는 일찍 부모를 잃고 남자형제가 없고 자매만 있는 인종이 바로 자신의 그 자매를 공주에 책봉하는 문서로 여겨지는데, ②「竹册文」과 ③「册公主」는 연덕궁(문경태후) 제2녀를 공주에 책봉하는 문서이니 곧 그녀가 홍경공주에 책봉되는 문서였고, ④「册公主」는 연덕궁(문경태후) 제1녀를 承德公主(長公主)에 책봉하는 문서로 생각된다. 그런데 ②「竹册文」에 보이듯이 임금이 누이를 공주에 책봉하면서도 "王者는 帝女를 褒嘉한다" 라고 언급했으니 공주 책봉의 기본적인 조건은 帝女 내지 王女였다.

예종의 이 두 딸은 예종대 혹은 인종대에 宮主에, 인종대에 공주에 책봉되었는데 그 후 결혼을 했다고 판단된다. 崔誠이 찬술한 「王女 興慶宮公主 嘉禮日 降使 敎書」에서는 음양의 氣와 夫婦의 禮를 강조하면서 짐이 사랑해 일찌감치 湯沐의 책봉을 행했고 邇臣을 파견해 혼인의 國禮를 행한다고 했으며 지금 金正純을 파견해 衣帶, 金銀器, 匹段, 布貨 등의 물건을 하사했다고 했다.[162] 崔誠이 찬술한 「安平伯 璥에게 하사하는 敎書」에서는 혼인을 강조하고 이미 嘉禮를 행한 일을 치하하면서 金正純을 파견해 衣帶, 金銀器, 匹段, 布貨, 鞍馬 등의 물건을 하사한다고 했다.[163] 홍경궁공주는 '湯沐의 책봉' 즉 궁주 책봉을 받은 이후에 안평백(후에 안평공으로 승진) 璥과 결혼했다. 홍경공주는 홍경궁공주였으므로 홍경궁주로서 홍경궁을 지녔다. 승덕공주도 승덕궁공주로, 승덕궁을 지닌 승덕궁주였다. 예종의 왕녀는 형제 사이인 인종

162 『동문선』 권23, 敎書
163 『동문선』 권23, 敎書

때에 궁주와 공주에 책봉된 후 인종 때에 각각 한남백 및 안평백과 결혼했다고 생각된다. 그런데 흥경궁공주의 결혼은 '王女 興慶宮公主 嘉禮'로 표현되었으니 인종의 누이로서보다 '王女' 즉 예종의 딸로서의 위상이 강조되었다.

인종과 공예태후 任氏의 딸은 承慶宮主, 德寧宮主, 昌樂宮主, 永和宮主였는데,[164] 그녀들의 칭호는 의종 2년 11월에 王妹인 上公主를 承慶宮主에, 二公主를 德寧宮主에 책봉하고, 의종 5년 4월에 第三妹를 昌樂宮主에, 第四妹를 永和宮主에 책봉한 데에서[165] 유래하였다. 승경궁주는 공화후 瑛과 결혼했다. 덕녕궁주는 강양공과 결혼했는데 타고난 자태가 艶麗하고 擧止가 閒雅(閑冶)하고 談笑를 잘해 의종이 매양 꽃피는 아침과 달뜨는 저녁에 불러 入內하게 하여 함께 밤낮으로 술마시고 노래하니 醜聲이 밖에까지 퍼졌다. 창락궁주는 신안후 瑊과 결혼했다.[166] 승경궁주는 그녀의 딸 묘지명[167]에 따르면 承慶宮公主였으니 궁주이자 공주였다. 『고려사절요』에 따르면 '德寧公主'가 명종 22년 8월에 卒했으니, 덕녕궁주는 궁주이면서 공주인 德寧宮公主로 판단된다. 공주가 궁을 지닌 궁주인 경우 '宮名+공주'로 불리곤 했음을 알 수 있다. 명종이 27년 9월에 최충헌에 의해 폐위되어 單騎로 向成門(대궐 궁성의 서문)을 나와 창락궁에 유폐되어 이곳에서 신종 5년 11월에

---

164 『고려사』 권91, 공주전; 『고려사』 권88, 후비전

165 『고려사』 의종세가. 그녀들은 이 때 궁주 책봉과 동시에 공주에 책봉되었을 가능성과 이 이전에 이미 공주에 책봉되었을 가능성이 있다.

166 『고려사』 권91, 공주전; 『고려사』 권88, 후비전; 『고려사』 권90, 종실전; 『고려사절요』 권13, 명종 22년 8월 덕녕공주 卒記. 친오누이 사이인 의종과 덕녕궁주가 근친상간을 한 것인데, 史臣이 "姜氏如齊 春秋書之 齊子歸止 詩人譏之 千萬世之下 醜聲不泯 毅宗 亦可以知戒矣 乃效齊襄之行 遺臭無窮 所謂中冓之言 不可道也 其不令終 宜矣"(『고려사절요』 권13, 명종 22년 8월 덕녕공주 卒記 다음)라고 비난했다.

167 王瑛의 女 王氏는 묘지명에 부친이 恭化侯 瑛, 모친이 承慶宮公主로 나온다.

사망했다.[168] 창락궁주는 고종 3년에 卒하자 왕의 外祖母여서 장례 때 素服하고 減膳했다. 영화궁주는 소성후와 결혼했고 희종 4년에 68세로 卒하자 시호 '敬和'를 받았다.[169]

의종과 장경왕후 김씨의 딸인 敬德宮主와 安貞宮主와 和順宮主는 모두 의종 11년에 宮主에 책봉되었다. 경덕궁주는 의종 16년에 司空 評과 결혼했고, 안정궁주는 의종 17년에 守司徒 함녕백 璞과 결혼했는데 명종 5년에 殿前 加榮과 사통했다가 발각되어 加榮이 海島로 유배되었다. 화순궁주는 광릉후와 결혼했다.[170]

명종과 광정태후 김씨의 딸인 延禧宮主와 壽安宮主는 명종 3년에 공주에 책봉되었다.[171] 명종 3년 4월 신사일에 문하평장사 정중부와 중서평장사 윤인첨에게 명해 원자 璹을 책봉해 왕태자로 삼은 후인 정해일에 王 長女를 延禧宮公主에, 次女를 壽安宮公主에 책봉한 것[172]이 그것이다. 명종 3년에 王女를 책봉해 宮主로 삼았는데 近臣이 上壽해 夜分에 아직 끝나지 않았음에도 이의방이 기녀를 끼고 重房에 들어가 諸將과 더불어 畏忌함이 없이 마음대로 마시며 떠들고 북치는 소리가 內에까지 들렸다고 한다.[173] 이로 보아 명종의 두 딸은 이 때 궁주와

---

168 『고려사』 명종세가 및 신종세가; 『고려사』 권129, 최충헌전. 명종이 창락궁에 유폐될 때 태자 璹(강종)은 內園北宮에 있다가 太子妃와 함께 비를 무릅쓰고 江華島로 추방되었다.

169 『고려사』 권91, 공주전; 『고려사』 권88, 후비전; 『고려사』 권90, 종실전; 『고려사절요』 권14, 고종 3년 2월. 보조국사 비석을 崇慶 2년(강종 2년) 4월에 內侍 昌樂宮錄事 金振이 奉宣해 건립했다. 승평부 조계산 송광사 불일보조국사 碑銘

170 『고려사』 권91, 공주전; 『고려사』 권88, 후비전; 『고려사』 권90, 종실전. 이규보가 찬술한 「宗室沔 謝除守司徒廣陵侯 表」(『동문선』 권37, 表箋)에 나오는 沔은 의종의 딸 和順宮主와 결혼하며 신종 때 광릉후에 책봉되고 그 후에 광릉공에 승진하며 고종 5년에 卒한다.

171 『고려사』 권91, 공주전; 『고려사』 권88, 후비전

172 『고려사』 권19, 명종 3년 4월

173 『고려사』 권128, 이의방전. 『고려사절요』 권12, 명종 3년 4월조에는, 원자 璹

공주에 한꺼번에 책봉되었다고 여겨진다. 연희궁주는 명종 9년에 寧仁伯 稹과 결혼했고, 수안궁주는 명종 9년에 昌化伯 祐와 결혼했다.[174]

명종 10년 6월에 內嬖 明春이 사망하자 왕이 哀戀하기를 그치지 않고 목을 놓아 통곡하자 태후가 놀라 重房에 들리게 해서는 안된다고 타일렀지만 왕은 오열하기를 그치지 않더니 悼亡詩를 친히 지어 종친에게 和進하도록 해 위안을 삼았다. 명종은 天資가 나약한데다가 누차 變故를 겪은 탓에 조그만 일에도 놀라고 두려워해 軍國機務는 모두 무신에게 견제를 당했고 聲色에 이르러서도 감히 스스로 오로지 하지 못하더니 賊臣(이의방)이 죽임을 당하자 비로소 침상의 일에 빠지게 되었다. 內嬖로 專房한 자는 5인이었고 그 중에서도 더욱 寵幸을 받은 자는 오직 純珠와 明春, 2인이었는데, 작년 겨울에 純珠가 죽고 금년에 明春이 죽자 後宮 중에 명종의 뜻을 기쁘게 할 자가 없었다. 이에 명종이 二公主를 불러 入內하게 하고는 服御의 여러 업무를 관장해 朝夕으로 옆에서 떨어지지 않게 하고 간혹 이불을 같이 덮어 同寢하며 眷念하니 차마 말할 수 없는 일이 벌어졌다. 그 壻인 侖公이 몇 달 동안 홀로 지내다가 분을 이기지 못해 絶婚하려 하자 이를 들은 왕이 侖公을 불러 수창궁 동쪽 太后 行宮에 거처하게 하고 날마다 공주로 하여금 微服으로 가서 만나 위로하게 하더니 11월에 이르러 공주를 私第로 돌려보냈다.[175] 여기의 二公主는 수안궁공주로, 그 남편인 侖公은

을 책봉해 왕태자로 삼았다는 기사 다음에, 近臣이 上壽해 夜分에 끝나지 않아 좌우가 떠들썩하니 좌부승선 문극겸이 간하기를 前王이 폐위된 일을 경계해야 한다며 왕을 권해 入內하게 하니 우승선 이준의가 노해 꾸짖었으며, 이의방이 기녀를 끼고 중방에 들어가 諸將과 畏忌함이 없이 마음대로 마시며 떠들고 북치는 소리가 內에까지 들렸다고 되어 있다. 近臣의 上壽와 諸將의 중방 酒宴이 태자 책봉에 바로 이어진 것처럼 보이게 되어 있는데 이는 공주 책봉 기사가 생략되었기 때문에 생겨난 현상이다. 태자책봉 기념 사면은 3년 11월에 행해졌다.

174 『고려사』 권91, 공주전; 『고려사』 권90, 종실전

창화백으로, 그녀의 私第는 수안궁으로 판단된다. 명종은 사랑하는 후궁 2명을 연달아 잃자 그 공허함을 친딸을 불러들여 메우다가 근친상간에 이르게 되었던 것이다.

명종은 純珠·明春 및 諸嬖 소생의 兒女 數十을 宮內에 불러 모았으니[176] 연희궁주와 수안궁주 외에도 딸이 더 있었던 듯 보이지만, 그 '兒女 數十'은 대부분 명종의 친자식이 아니라 다른 남성의 자식일 가능성이 크다.

신종과 선정태후 김씨의 딸은 孝懷公主와 敬寧宮主였다. 효회공주는 하원백(하원공) 瑃과 결혼했고 신종 2년에 17세로 卒하니 왕과 后가 심히 애도해 興德宮主로 추봉했다. 경녕궁주는 신종 2년에 공주에 책봉되고 4년에 시흥백과 결혼했다.[177] 효회공주는 생존시에 공주에 책봉되었지만 궁주가 되지 못한 채 요절해 사망 후에야 궁주를 책봉받았다. 경녕궁주는 공주에 책봉되고 나서 생존시에 궁주에 책봉되었다고 여겨진다.

희종과 성평왕후 任氏는 안혜태후, 영창공주, 덕창궁주, 가순궁주, 정희궁주를 낳았다. 안혜태후는 희종 7년에 承福宮主에 책봉되었고 고종 5년에 고종과 결혼했고 사후에 안혜태후를 추증받았다. 永昌公主는 단양백과, 德昌宮主는 永嘉侯 최전(최성: 최충헌과 任氏의 아들)과, 嘉順宮主는 신안공과, 貞禧宮主는 영안공과 결혼했다.[178] 후비전에는

175 『고려사』 권20, 명종 10년 6월조. 명종은 의종의 孝悌하지 않음을 거울삼아 즉위 이래 至誠으로 태후를 섬겼고 宗戚에 敦睦했다고 한다.

176 『고려사』 권20, 명종 10년 6월조

177 『고려사』 권91, 공주전; 『고려사』 권88, 후비전; 『고려사』 권90, 종실전

178 『고려사』 권91, 공주전; 『고려사』 권88, 후비전; 『고려사』 권90, 종실전. 고종은 원년에 최충헌의 妻 任氏를 綏成宅主에, 王氏를 靜和宅主에 책봉했다. 任氏는 본래 장군 孫洪胤의 妻였는데 최충헌이 손홍윤을 살해하고서 그녀의 아름다움을 듣고 사통했다. 왕씨는 강종의 庶女였다. 최충헌은 상장군 宋淸의 딸과 결혼해 최이와 최향을 낳았고, 任氏와 결혼해 최성(최전)을, 왕씨와 결혼해

성평왕후가 안혜태후와 永昌·德昌·嘉順·貞禧 四宮主를 낳았다고 되어 있다. 영창공주는 생존시에 궁주에 책봉되었을 가능성과 요절 등의 이유로 생존시에 궁주에 책봉되지 못했을 가능성과 사후에 궁주에 책봉되었을 가능성이 있다고 여겨진다.

강종과 사평왕후 이씨(이의방의 딸)의 딸인 壽寧宮主는 강종 원년에 궁주에 책봉되었고 효회공주(신종의 딸)를 死別한 하원백(하원공) 瑃과 결혼했고 사망 후 '敬烈'이라는 시호를 받았다. 고종과 안혜태후 柳氏의 딸인 壽興宮主는 신양공과 결혼했다.[179] 원종은 원년 10월 신유일에 강안전에 이어해 下詔해 長公主를 慶安宮主에 책봉하고 詔冊使 및 執事官을 연회했으며, 12월 경자일에 경안궁주가 제안백(훗날의 제안공) 淑에게 下嫁했다.[180] 여기의 長公主 즉 경안궁주는 원종과 慶昌宮主 柳氏의 맏딸이었으니, 임금의 맏딸을 '장공주'라 칭한 사례이다. 원종과 慶昌宮主 柳氏의 다른 딸인 咸寧宮主는 광평공 譓와 결혼했는데,[181] 광평공은 당시 광평백이었을 것이다.

충렬왕의 貞信府主 즉 貞和宮主는 江陽公 滋, 靖寧院妃, 明順院妃를 낳았다. 靖寧院妃는 齊安公 淑과 결혼했고, 明順院妃는 漢陽公과 결혼했다.[182] 충혜왕의 德寧公主가 낳은 長寧公主는 元 魯王과 결혼했다.[183]

최구를 낳았다. 『고려사』 권129, 최충헌전

179 『고려사』 권91, 공주전; 『고려사』 권88, 후비전; 『고려사』 권90, 종실전

180 『고려사』 권25, 원종 원년 10월·12월; 『고려사』 권91, 공주전 원종의 딸; 『고려사』 권88, 후비전 원종의 경창궁주. 원종 원년에 封冊이 4번, 嘉禮가 2번으로 이에 소비된 金銀은 千餘斤, 米穀이 3千餘石이었고, 布帛은 셀 수조차 없을 정도였다고 한다. 封冊 4번은 왕후책봉, 태자책봉, 두 공주(궁주)의 책봉으로, 가례 2번은 두 궁주의 결혼으로 여겨진다.

181 『고려사』 권91, 공주전 원종의 딸; 『고려사』 권88, 후비전 원종의 경창궁주

182 『고려사』 권91, 공주전 충렬왕의 딸; 『고려사』 권89, 후비전 충렬왕의 배필 정신부주. 허공의 딸은 平陽公과 결혼해 3남 4녀를 낳고 과부가 되자 충선왕의 순비가 되었다. 그 4녀는 영복옹주, 연희옹주, 백안홀독황후(元 황제의 배필), 경녕옹주(노책의 배필)였다. 후비전 및 순비 묘지명

이제 왕녀(대개 고려 여인의 소생)는 고려 국왕과 결혼한 몽골 공주로 인해 공주를 칭하지 못했을 뿐만 아니라 궁주를 칭하지도 못해 院妃 내지 院主로 불리게 되었다. 그리고 충선왕이 궁주를 옹주로 개칭함에 따라 고려의 왕녀는 옹주로 불리게 되었다. 공민왕 3년 정월에 왕이 연경궁에 백관을 연회했는데, 長寧翁主의 女壻 魯王이 使를 파견해 宴錢 용도의 楮幣 150錠을 보냈다.[184] 원이 망할 때 北平에서 長寧公主를 잃었다. 공민왕이 尙書 성준득을 파견해 명의 중서성에 고해 찾으니 태조 高皇帝가 宦者를 파견해 天下 軍前에 물어 北京에서 그녀를 발견해 衣食을 하사해 돌려보냈다. 왕이 듣고 기뻐하지 않자, 신돈이 좌사의대부 吳中陸 등으로 하여금 비밀리에 上書해 長寧公主가 守節하지 못했다며 변방에 두어 여생을 보내게 하기를 요청했다. 하지만 왕은 듣지 않고 개경으로 불러들여 百寮로 하여금 出迎해 德寧公主殿에 거처하게 했다.[185] 덕녕공주의 딸은 長寧翁主 혹은 長寧公主로 불렸는데, 元의 魯王과 결혼 후에는 長寧公主라 불렀을 것이다.

공양왕의 順妃 노씨는 세자 奭, 肅寧宮主, 貞信宮主, 敬和宮主를 낳았다. 이 세 궁주의 칭호는 공양왕 2년 윤4월에 왕의 長女를 肅寧宮主에, 二女를 貞信宮主에, 三女를 敬和宮主에 책봉한 데에서 비롯했다. 肅寧宮主는 益川君 緝과, 貞信宮主는 丹陽君 禹成範과, 敬和宮主는 晉原君 姜淮季와 결혼했다.[186] 공왕왕대에 왕녀가 다시 궁주에 책봉되었으니, 충선왕대에 폐지되었던 궁주 칭호가 다시 부활한 것이었다. 공양왕 3년 5월에 郎舍 許應 등이 상소해 3宮主의 供上을 폐지하는 대신에 廩祿을 후하게 하고 土田을 지급하기를 요청했는데,[187] 이 3궁주는

183 『고려사』 권91, 공주전 충혜왕의 딸
184 『고려사』 권38, 공민왕 3년 정월. '女壻'는 夫의 오류일 가능성도 있다.
185 『고려사』 권91, 공주전 충혜왕의 딸
186 『고려사』 권91, 공주전 공양양의 딸; 『고려사』 권89, 후비전 공양왕의 배필; 『고려사』 권45, 공양왕 2년 윤4월

공양왕의 세 딸을 지칭했을 것이다.

왕녀는 자연적으로 공주나 궁주가 되는 것이 아니라 책봉을 거쳐 공주나 궁주가 되었다. 대개 공주에 먼저 책봉된 후에 궁주에 책봉되거나 공주와 궁주에 동시에 책봉되었다. 공주에 미처 책봉되지 못한 왕녀도 있었고, 공주에 책봉되었더라도 궁주에 책봉되지 못한 왕녀도 있었다. 왕녀는 부왕 혹은 형제 왕 때에 공주나 궁주에 책봉되었는데 왕의 자매보다 왕의 딸로서의 자격이 기본적으로 작용했다. 長公主(上公主)와 次公主, 長公主(上公主)와 二公主와 三公主 등의 호칭은 왕의 딸로서의 순서와 왕의 자매로서의 순서가 모두 작용했다고 볼 수 있지만 왕의 딸로서의 순서가 기본적으로 고려되었다.[188]

왕녀의 결혼식은 어떠했을까? 公主 下嫁 의례를 살펴보면, 親迎과 同牢와 拜舅姑와 降使로 이루어졌다. 親迎은 새벽에 신랑인 壻의 부모가 그 부모(신랑의 조부모)에게 고하고 醮禮를 행한다. 저녁에 壻가 말을 타고 闕門 밖에 이르러 下馬하면 執禮가 인도하여 御殿 東門 밖의 壻次에 나아간다. 有司가 공주 鹵簿儀衛를 內東門 밖에 진설하는데 車는 舁擔(손가마)으로 대신한다. 壻가 壻次에서 나와 內東門 밖에 서서 躬身하면 공주가 車(사실은 舁擔)에 탄다. 壻가 向闕해 再拜하고 먼저 還第하여 下馬하여 기다린다. 공주가 도착해 내리면 壻가 공주를 향하여 부복하며 공주가 답한다. 寢門으로 들어가 계단을 오르는데, 공주가 女相의 인도를 받아 室로 들어간다. 同牢 의례에서는 공주와 신랑인 壻가 서로 부복했다가 좌석에 앉아 술을 세 번 마시고 再拜한다. 拜舅姑 의례에서는 공주가 일찍 일어나 복장을 갖추고 堂上에서 동쪽의 舅와 서쪽의 姑에게 차례로 再拜한다. 降使 의례에서는 使臣이 殿庭에 나아가 명령을 받고 詔書를 받들어 나와 樂部儀衛를 갖추어 公主

187 『고려사』 권46, 공양왕 3년 5월

188 外命婦에서 公主와 大長公主는 정1품이었다. 『고려사』 권77, 백관지 內職

宮門 外에 이르면 壻가 나와 拜詔位에 나아가 再拜하고 들어가 기다린다. 사신이 執禮의 인도를 받아 宮門 밖의 左에 나아가고, 壻가 執禮의 인도를 받아 궁문 밖의 右에 나아가 서로 揖한다. 詔函을 모시는 자가 먼저 들어가고 사신이 집례의 인도를 받아 들어가 宮庭에 나아가고 壻도 들어가 受命位에 선다. 집례가 외치면 壻가 再拜하고 聖躬萬福을 아뢰고 再拜 舞蹈하고 또 再拜한다. 사신이 임금의 명령을 선포하면 壻가 再拜하고 사신이 詔書를 전하면 壻가 무릎꿇어 받아 持函者에게 전하고 부복했다가 일어나 再拜 舞蹈 再拜한다. 이후에도 임금의 선물 증여 등이 降使 의례로 펼쳐졌다.[189]

이를 정리하면 신랑이 자신의 집(부모의 집)에서 초례를 행하고 저녁에 자신의 집을 나와 대궐에 가서 공주를 만나고는 먼저 還第해 기다렸고 이어서 공주가 도착해 들어가 침실로 올라갔다. 그리고 합환주를 서로 마셨는데 곧바로 동침했을 것이다. 공주가 아침 일찍 일어나 시아버지와 시어머니에게 정식 인사를 올렸다. 임금이 사신을 공주궁에 보내 결혼 축하 詔書와 선물을 전달했는데 신랑이 받았다.

이처럼 공주 결혼 의례는 親迎의 형식을 띤 것처럼 보이지만 자세히 들여다보면 그렇지가 않다. 왜냐하면 임금이 결혼 조서와 선물을 보낸 대상이 공주궁이고 그것을 신랑이 수령한 곳도 공주궁이다. 이는 신랑과 공주가 신랑의 집이 아니라 공주궁에 거주하고 있었음을 말해준다. 그렇다면 결혼식 날에 신랑이 대궐에서 돌아와 還第한 第도 공주궁으로 보아야 할 것이다. 공주가 시부모에게 인사를 한 곳은 신랑의 집(시부모의 집)일 가능성과 공주궁일 가능성이 있지만 공주궁일 가능성이 더 크다. 공주의 결혼이 유교를 의식해 신랑이 저녁에 대궐에 가서 공주를 데려오는 모습을 연출해 친영혼의 흉내를 냈지만 실상은 신랑이 신부 집에 거주하는 남귀여가혼이었던 것이다.

---

189 고려사 권65, 가례 公主下嫁儀

4. 조선초기 궁주와 옹주와 택주

공양왕 2년 12월에 왕의 正配는 妃, 세자의 正配는 嬪, 衆王子의 正配는 翁主, 왕녀는 宮主로 하자는 조준의 上言이 받아들여져 시행되어 조선왕조에 이어졌다.[190] 단, 조선 태조 원년 8월에 前朝 王大妃 安氏를 義和宮主에 책봉했는데,[191] 이는 그녀가 前朝 즉 고려의 왕대비였기에 고려왕조의 관습을 적용한 것으로 볼 수 있다. 궁주는 왕녀의 칭호로 정해졌지만, 조선초기에는 궁주가 왕녀는 물론 후궁의 칭호로 사용된다.

권근이 찬술한 桓王(이자춘) 定陵 신도비명[192]에 따르면, 殿下(태조 이성계)의 配 韓氏는 먼저 薨해 節妃를 추증받고 陵을 齊陵이라 했는데, 鎭安君 이방우, 永安君 이방과, 益安君 이방의, 懷安君 이방간, 靖安君(태종), 贈元尹 이방연(早歿)을 낳았다. 繼室 康氏는 판삼사사 李允成의 딸로 顯妃에 책봉되었는데 撫安君 이방번, 어린 이방석을 낳았다. 태조의 배필 韓氏는 節妃를 추증받았고, 繼室 康氏는 顯妃를 책봉받았다.

태조 원년 윤12월에 대사헌 南在 등이 상언하기를, 지금 공신의 母 및 妻로 宅主에 책봉된 자들에게도 食祿을 허락하고 있는데 이는 一家의 안에서 天祿을 나란히 받는 것이라 합당하지 않으니 上(태조)의 궁주와 왕자와 옹주 外의 옹주와 택주에게는 祿을 지급하지 말기를 요청했지만, 爵이 있는데 祿이 없는 것은 옳지 않다며 上이 받아들이지 않았다.[193] 정종 원년 9월에 태상왕이 딸인 敬順宮主(李濟의 妻; 顯妃

190 『고려사』 권75, 선거지 銓注 封贈之制
191 『태조실록』 권1, 태조 원년 8월 丙辰
192 『양촌집』 권36, 桓王 定陵 신도비명

康氏의 소생)로 하여금 비구니가 되도록 하니 궁주가 剃髮에 임해 눈물을 흘렸다.[194] 왕녀는 왕비 소생은 궁주로, 후궁 소생은 옹주로 불렸음이 드러난다.

이방원이 일으킨 왕자의 난으로 세자 이방석이 죽임을 당한 반면 이방원의 친형인 이방과가 세자가 됨에 따라 이방과의 처는 세자의 배필이 되었다. 태조 7년 9월에 世子妃 김씨를 책봉해 德嬪으로 삼은 것[195]이 그것이었다. 이윽고 같은 달에 세자 이방과(정종)가 왕에 오름에 따라 德嬪을 책봉해 王德妃로 삼았다.[196] 11월에 上(정종)이 冕服을 착용하고 勤政殿에 앉아 德妃에게 册寶를 주었는데, 좌정승 趙浚으로 奉册使를, 參贊門下府事 李居易로 副使를 삼았다.[197] 국왕 정종의 배필은 德妃였던 것이다.

왕자 이방원의 妻는 洪武 임신년(조선 태조 원년)에 靖寧翁主에 책봉되었고, 경진년(정종 2년) 봄에 세자 이방원의 배필로서 貞嬪에 책봉되었고, 그 해 겨울에 이방원이 왕위에 오르자 靜妃에 책봉되었다.[198] 그녀는 왕자의 배필이었을 때는 옹주였고, 세자의 배필이었을 때는 嬪이었고, 왕의 배필이었을 때는 妃였다. 태종 3년 9월에 제2녀 慶貞宮主(靜妃 소생)를 조준의 아들인 護軍 趙大臨과 결혼시켰다. 조대림은 母喪을 당한지 겨우 4개월이 지났지만 명의 황제가 조선과 통혼하려는 뜻을 지녔기 때문에 그것을 피하기 위해 태종이 諫院의 3년상 준수 요청에도 불구하고 서둘러 조대림에게 釋服·起復을 명령하여 결혼시킨 것이었다. 3년 12월에는 제3녀 慶安宮主(靜妃 소생)를 권근

---

193 『태조실록』 권2, 태조 원년 윤12월 己丑
194 『정종실록』 권2, 정종 원년 9월 丁丑
195 『태조실록』 15, 태조 7년 9월 계유
196 『태조실록』 권15, 태조 7년 9월 丁丑
197 『태조실록』 권15, 태조 7년 11월 庚寅
198 『태종실록』 권36, 태종 11월 甲寅, 태종 신도비문(변계량). 靜妃는 아들 세종으로부터 厚德王大妃를 받았고, 사후에 시호 元敬王太后를 받았다.

의 아들 權跬와 결혼시켰다.[199] 4년 10월에 대간이 상소를 올려 宮主(정순궁주)를 淸平君 이백강(이거이의 아들, 이저의 동생)과 離異 시키기를 요청했다.[200] 태종 18년 3월 병진일(6일)에 태종이 세자를 폐할 것인지 말 것인지를 조말생과 의논했다. 이에 앞서 태종이 조말생에게 말하기를, "세자가 지난 정유년(태종 17년)에 前 中樞 郭璇의 妾 於里를 빼앗아 殿內에 들였다가 발각되어 於里가 쫓겨났다. 하루는 淸平君 宮主(정순궁주)와 平壤君 宮主(경정궁주)가 中宮을 來見할 때 마침 내가 이르자 平壤君 宮主가 말하기를, '世子殿이 乳母를 구하기에 부득이 보냈습니다' 라고 했다. 중궁이 놀라 '이 어떤 乳兒인가' 물으니, 궁주가 말하기를 '於里가 낳은 애라고 했다." 중궁 소생의 왕녀는 태종 17년에도 여전히 궁주로 불리고 있었다.

태종 2년 3월에 성균악정 權弘의 딸을 別宮에 들였다. 이전에 大夫人 宋氏가 딸 靜妃에게 말하기를, 宮嬪이 심히 많아 두렵다고 함에 靜妃의 妬忌가 더욱 심해졌다. 靜妃가 上이 權氏가 賢行이 있다며 예의를 갖추어 들이려 함을 듣고 上의 옷을 잡고 말하기를, "上은 어찌 故意를 잊으셨나요? 저와 上이 艱難을 함께 지키고 禍亂을 함께 겪으며 국가를 가지게 되었는데 지금 저를 이렇게 잊다니요" 하면서 울기를 그치지 않았고 혹 음식을 들지 않았다. 上이 嘉禮色을 혁파시키고 宦官과 侍女 각각 數人에게 權氏를 맞이해 별궁에 들였다. 이에 靜妃가 心疾을 얻었고, 上은 數日 동안 聽政하지 않았다. 4월에 權氏를 貞懿宮主에 책봉했고, 8월에 闕北에 樓를 일으키고 樓 앞에 연못을 팠는데 貞懿宮主를 위한 것이었다.[201] 세조 13년 9월에 誠寧君 䄄이 卒했는데, 그는 태종 後宮인 信寧宮主 辛氏의 所出이었다.[202] 태종이 11년 11월

199 『태종실록』 권6, 태종 3년 9월 辛卯 및 3년 12월 辛卯
200 『태종실록』 권8, 태종 4년 10월 壬辰
201 『태종실록』 권3, 태종 2년 3월 庚寅 및 4월 庚午; 『태종실록』 권4, 태종 2년 8월 甲子

에 金氏를 明嬪에, 盧氏를 昭惠宮主에, 金氏를 淑恭宮主에 책봉했다.[203] 조선 성종이 10년 10월에 호조에 傳旨하기를, 卒한 昭惠宮主 盧氏의 致賻는 明嬪 例에 의거해 米·豆 70碩과 綿布·正布 각 50匹과 淸蜜 10斗와 油 1碩과 黃蠟 30斤과 燭 10丁 등을 지급하게 했다.[204]

태종 6년 5월에 太上王宮의 嬪 元氏(元庠의 딸)를 誠妃로 삼고, 柳氏(柳濬의 딸)를 貞慶宮主로 삼았다. 그녀들은 신덕왕후가 薨하자 궁에 選入되었다가 이에 이르러 책봉된 것이었는데, 태상왕이 元氏가 封妃된 것을 듣고 기뻐하는 얼굴이었다. 6년 6월에 上(태종)이 正殿에 나아가 誠妃를 책봉했다.[205] 태종 12년 6월에 順德王大妃 金氏(계림 김천서의 딸)가 薨했는데 上王(정종)의 嫡妃였다. 7월에 大妃에게 尊謚를 올려 定安王后라 했고, 陵을 厚陵이라 했다.[206] 태종 12년 12월 기묘일(28일)에 예조에 명령해 妃嬪의 坐次를 詳定하여 올리게 했는데, 誠妃와 靜妃는 남쪽으로 향하고, 明嬪은 동쪽에 위치하고, 3宮主는 後에 위치하고, 淑嬪은 서쪽에 위치했다. 이날이 歲除여서 중궁에서 연회했다. 태종 15년 7월에는 明嬪과 3宮主가 本宮으로 옮겼다.[207]

誠妃 원씨는 사망한 顯妃 康氏를 이어 태조의 왕비에 오른 것이었

---

202 『세조실록』 권43, 세조 13년 9월 壬辰. 裀은 永樂 계사년에 正尹에 책봉되었고, 갑오년에 元尹으로 승진했고, 정유년에 恭寧君에 進封했다. 기유년에 세종이 金銀歲貢을 면제해주기를 명에 요청하기 위해 恭寧君을 計稟使로 명에 보내니 황제가 후하게 대우하며 그 요청을 윤허하고 犀帶를 하사했다. 이전에는 朝廷(明) 사신이 본국(조선)에 왔을 때 王子라도 犀帶를 띠고서 만나지 못했는데 犀帶를 띠게 된 것은 恭寧君 裀으로부터 시작되었다. 계축년 여름에 裀을 誠寧君에 改封했는데, 恭寧君이 弘寧君과 소리가 서로 비슷했기 때문이었다.

203 『태종실록』 권22, 태종 11년 11월 丁丑

204 『성종실록』 권109, 성종 10년 10월 乙巳

205 『태종실록』 권11, 태종 6년 5월 辛卯 및 6년 6월 庚午

206 『태종실록』 권23, 태종 12년 6월 戊寅; 『태종실록』 권24, 태종 12년 7월 癸卯

207 『태종실록』 권24, 태종 12년 12월 己卯; 권30, 태종 15년 7월 戊戌. 태종은 明嬪을 총애해 靜妃와 明嬪에게 각기 兩殿을 설치함으로써 嬪을 嫡가 나란히 했다는 비판을 방문중으로부터 받았다. 『태종실록』 권36, 태종 18년 7월 甲寅

고, 정경궁주 柳氏는 태조의 후궁이었다. 靜妃가 태종의 正配였고, 明嬪·淑嬪과 貞懿宮主·信靈宮主·昭惠宮主·淑恭宮主 등이 태종의 후궁이었던 것이니, 1명의 妃와 여러 명의 후궁(嬪과 궁주)으로 이루어졌다. 국왕 배필의 서열이 妃, 嬪, 宮主 순으로 구성되어 있었다.

권근이 찬술한 태조(이성계) 건원릉 신도비명[208]에 따르면, 태조의 배필로 首妃 韓氏는 먼저 薨해 처음에 시호로 節妃를 추증받고 후에 시호로 神懿王后를 추증받았다. 그녀는 6남 2녀를 낳았는데 6남은 鎭安君 이방우(先卒), 上王(정종), 益安大君 이방의(先卒), 懷安大君 이방간, 전하(태종), 贈元尹 이방연이고, 2녀는 長인 慶愼宮主(下嫁上黨君 李佇)와 次인 慶善宮主(下嫁 靑原君 沈淙)이다. 次妃 康氏는 판삼사사 康允成의 딸로 처음에 顯妃에 책봉되었고 먼저 薨하자 시호로 神德王后를 받았다. 그녀는 2남 1녀를 낳았는데 2남은 長인 추증 恭順君 이방번과 次인 추증 昭悼君 이방석이고, 1녀는 慶順宮主(下嫁興安君李濟)이다. 上王의 配 金氏는 지금 王大妃에 책봉되어 있는데 後嗣가 없다. 中宮 靜妃 閔氏는 여흥부원군 閔霽의 딸로 4남 4녀를 낳았는데, 男으로는 長인 世子 禔, 次인 孝寧君 補, 次인 忠寧君 今上(세종)이고 次는 어리며, 女로는 長인 貞愼宮主(下嫁淸平君이백강)와 次인 慶貞宮主(평양군 趙大臨에게 下嫁)와 次인 慶安宮主(길천군 權跬에게 下嫁)이고 次는 어리다.

태조의 배필로 節妃와 신의왕후를 연달아 추증받은 首妃 한씨와 顯妃를 책봉받고 신덕왕후를 추증받은 次妃 康氏가 기재되었다. 한씨는 생존시에 왕비가 된 적이 없어 환왕 신도비명에는 그냥 태조의 '配'로만 표현되었는데 여기에는 首妃로 표현된 반면, 顯妃 강씨는 환왕 신도비명에는 '繼室'로 표현되었는데 여기에는 次妃로 표현되었다. 한씨의 아들인 이방원(태종)이 왕위계승에서 승리하자 자신의 정통성을 내

208 『양촌집』 권36, 태조 건원릉 신도비명(권근)

세우기 위해 그렇게 하도록 만들었을 것이다. 왕비(次妃 포함) 소생의 왕녀는 여전히 궁주로 불리고 있었다.

세종 2년 정월에 順孝大王(정종)을 松京 海豐郡의 定安王后 厚陵에 合葬했다.[209] 그 誌文에 따르면, 順孝大王(정종)의 妃 金氏는 추증 門下左侍中 金天瑞의 딸로, 上王(태종)이 尊號를 올려 順德王大妃로 삼았고 定安王后를 추증했는데 子가 없었다. 宮妾의 子(子女)는 男 15인과 女 10人이었는데, 義平君 元生과 茂生 등은 池氏 소생이었고, 順平君 群生과 義生과 淑愼翁主 등은 奇氏 소생이었다. 후궁 소생의 왕녀는 옹주로 나타난다.

세종이 태종 18년(1418) 11월에 변계량에게 명령해 찬술한 태종 신도비문에 실린 태종의 배필과 자녀를 보자. 靜妃(驪興府院君 閔霽와 三韓國大夫人 宋氏의 딸)는 4男 4女를 낳았는데, 장남이 禔, 그 다음이 補(孝寧大君), 그 다음이 세종, 그 다음이 褈(誠寧大君)이었으며, 장녀는 貞順公主(淸平府院君 李伯剛에게 下嫁), 次女는 慶貞公主(平壤府院君 趙大臨에게 下嫁), 次女는 慶安公主(吉昌君 權跬에게 下嫁), 차녀는 貞善公主(宜山君 南暉에게 下嫁)였다. 懿嬪 權氏는 1녀를 낳았는데 貞惠翁主(雲城君 朴從愚에게 適함)였다. 昭惠宮主 盧氏는 1녀를 낳았는데 그 1녀는 나이가 어렸다. 信寧宮主(信靈宮主) 辛氏는 3男 7女를 낳았는데, 아들 중의 장남은 恭寧君 䄔이고 나머지는 어리며, 딸 중의 장녀는 貞信翁主(鈴平君 尹季童에게 適함), 次女는 貞靜翁主(漢原君 趙璿에게 適함), 次女는 淑貞翁主(日城君 鄭孝全에게 適함)이고 나머지는 어렸다. 宮人 安氏는 1男 3女를 낳았는데 모두 어리며, 궁인 金氏는 1男 祥를 낳았는데 그 1남은 敬寧君에 책봉되었고, 궁인 高氏는 1男을, 崔氏는 1男 1女를, 李氏는 1男을, 金氏는 1女를 낳았는데 모두 어렸다. 세종의 中宮은 沈溫(심덕부의 아들)의 딸인

209 『세종실록』 권7, 세종 2년 정월 壬寅

恭妃 沈氏였다.

태종의 正宮은 靜妃이고 그녀가 낳은 딸은 貞順公主와 慶貞公主와 慶安公主와 貞善公主였으니, 정궁 소생의 왕녀의 호칭이 궁주에서 공주로 바뀌었다. 태종의 후궁 懿嬪 權氏의 딸은 貞惠翁主였고, 후궁 昭惠宮主 盧氏의 딸은 어렸고, 후궁 信寧宮主(信靈宮主) 辛氏의 딸은 貞信翁主와 貞靜翁主와 淑貞翁主였고, 그 외에 다수의 宮人들이 낳은 딸은 어렸다. 貞懿宮主 權氏가 懿嬪으로 승격되었음이 드러난다. 태종의 배필은 妃(王妃), 嬪, 宮主, 宮人 순서로 서열화되어 있었으며, 正宮 왕비의 딸은 공주, 그 외의 후궁의 딸은 옹주였다. 궁주는 태종 말년 혹은 세종 즉위초에 와서는 더 이상 왕녀의 명칭으로는 쓰이지 않고 후궁의 명칭으로만 사용되었다. 세종 3년 4월에 卒한 길창군 權跬의 卒記에 따르면, 권규(권근의 아들)는 나이 12살에 上王(태종)의 딸 慶安公主와 결혼해 吉川君에 책봉되었다가 吉昌君으로 改封되었다고 하는데,[210] 이 기록도 정궁 소생 왕녀의 칭호가 세종 3년 4월 이전에 宮主에서 公主로 개칭되었음을 알려준다. 왕녀의 결혼은 정궁 소생의 공주는 下嫁로, 후궁 소생의 옹주는 適으로 표현해 차별했다.

세종 10년 3월에 이조가 내관과 궁관의 칭호를 詳定해 아뢰었다.[211] 國初에 古典을 본떠서 內官을 始置했지만 그 제도가 未盡해 太宗朝에 이르러 勳賢의 裔를 妙選해 三世婦 五妻의 數를 갖추었지만 稱號가 未備했다고 지적했다. 宮主는 王女의 칭호가 아닌데 王女를 칭해 宮主라 했고, 翁主는 宮人의 칭호가 아닌데 궁인을 翁主라 칭했는데, 이는 실로 前朝의 舊에 기인한 것으로 혁파하지 못했으며, 또한 宮官도 없었다고 했다. 歷代 內官과 宮官의 제도를 살펴보건대 唐이 가장 詳備했으므로 唐制에 의거하고 歷代 沿革을 참고해 詳定하여 아뢴다고 했다. 內

210 『세종실록』 권11, 세종 3년 4월 乙未
211 『세종실록』 권39, 세종 10년 3월 庚寅

官은, 嬪·貴人은 正一品으로 佐妃하고 婦禮를 論하는 것을 관장하고, 昭儀·淑儀 각 1인은 正二品으로 妃禮를 贊導하는 것을 관장하고, 昭容·淑容 각 1인은 正三品으로 祭祀와 賓客의 일을 修하는 것을 관장하고, 昭瑗·淑瑗 각 1인은 正四品으로 燕寢을 敍하고 絲枲를 理하는 것을 관장한다고 했다. 그리고 宮官으로 尙宮, 司記, 典言, 尙儀, 司賓, 典贊, 尙服, 司衣, 典飾, 尙食, 司膳, 典藥, 尙寢, 司設, 典燈 등을 언급했다. 이 내용은 세종 10년 6월에 朴氏와 崔氏로 貴人을 삼은 사례[212] 등에 드러나듯이 거의 그대로 시행되었다.

세종 14년 6월에 上이 小尹 鄭陟에게 말하기를, 前日에 중궁이 受冊한 후에 命婦의 축하를 받은 의례에서, 貴人이 殿의 동쪽에, 世子嬪이 서쪽에, 공주와 옹주와 府夫人이 세자빈의 뒤에 위치했는데, 詳定所提調가 이르기를, 세자빈은 존엄함이 세자와 동일해 지위가 貴人의 上에 위치하지만 貴人은 庶母이니 嬪은 서쪽에 자리잡아야 한다고 했다며, 자신도 처음에는 그렇게 생각했지만 다시 생각해 보니 공주와 옹주 중에는 세자빈보다 尊長이 있고, 또한 婦人이 爵이 없어 남편의 爵을 따르면 大君의 府夫人도 공주와 옹주보다 族長의 上에 위치하니 심히 편하지 않다고 했다. 이에 鄭陟이 건의하기를, 中宮이 內外 命婦의 축하를 받은 후에 世子嬪이 들어와 축하하면 古禮에 부합할 듯하다고 하니, 上도 자신의 뜻에 맞는다고 했다.[213] 세종은 世子嬪 奉氏를 廢黜한 후에 세자빈을 中外 名家의 女에서 선택하려 했지만 적임자가 없자 18년 12월에, 첩을 妻로 삼는 것은 古人이 경계하는 바이고 우리 祖宗家法에도 그러한 사례가 없다고 전제하고는 부득이 세자의 良媛과 承徽 중에서 승격해 嬪으로 삼기를 결정했다. 그래서 良媛 權氏를 세워 세자의 嬪으로 삼았다.[214]

212 『세종실록』 권40, 세종 10년 6월 丁酉
213 『세종실록』 권56, 세종 14년 6월 壬辰

세종 21년 정월에는 昭儀 김씨로 貴人을 삼았다. 이전에 세종이 도승지 金墩에게 말하기를, 그녀가 본래 內資寺의 婢였지만 자신이 즉위하자 母后가 中宮에 選入한 여자로 6남 2녀를 낳았다고 했다. 古今에 宮人의 世系는 본래 貴賤이 없어 歌兒로 入宮한 자도 있고, 일찍이 다른 사람을 섬기다가 入宮한 자도 있다면서 嬪으로 승격시키고 싶은데 혹 貴人은 어떠한가 라고 도승지 金墩에게 물었다. 이에 김돈이, 잠시 貴人으로 승격했다가 점차 嬪으로 승격하는 것이 좋겠다고 대답했다. 그래서 이 명령이 내려졌던 것이었다.[215] 세종 27년 12월에는 貴人 楊氏의 부친 남평현감 楊景에게 議政府 左贊成을 추증했다.[216]

세종 10년 무렵에 조선시대 왕실 여성의 칭호는 거의 완성되었다. 宮主는 王女의 칭호가 아닌데 王女를 칭해 宮主라 했고, 翁主는 宮人의 칭호가 아닌데 궁인을 翁主라 칭했는데, 이는 실로 前朝의 舊에 기인한 것으로 혁파하지 못했다면서 결국 궁주는 후궁의 칭호로도 쓰이지 못해 혁파되고 말았으며, 옹주는 궁인의 칭호로는 사용되지 못하고 후궁 소생의 왕녀 칭호로만 사용되게 되었다. 국왕 배필은 妃, 嬪, 貴人, 昭儀 등으로 이루어졌고, 세자의 배필은 嬪, 良媛, 承徽 등으로 이루어졌다. 세자 嬪이 국왕 貴人보다 높지만 貴人이 세자의 庶母이기에 의례상에서의 위치가 문제가 되기도 했다.

세종이 13년 10월에 黃喜와 權軫과 許稠와 申商과 鄭招를 불러 의논하기를, 恭靖大王(정종)은 繼世의 主라고 하지만 하륜이 일찍이 말하기를 寄生의 君이라고 했고, 朴訔도 말하기를 그(정종) 자손의 爵은

214 『세종실록』 권75, 세종 18년 12월 己丑. 세자빈(순빈) 奉氏는 본관이 강화부 하음현으로 봉려의 딸인데, 세자빈(휘빈) 김씨(본관 안동 김구덕의 손녀)가 남자의 사랑을 받기 위해 술법을 행했다가 쫓겨나자 세자빈이 되었지만 동성애에 빠졌다가 쫓겨났다. 『세종실록』 권36, 세종 9년 4월 정묘 및 권45, 세종 11년 7월 임술·갑자; 권46, 세종 11년 10월 무자 및 권75, 세종 18년 10월 무자

215 『세종실록』 권84, 세종 21년 정월 丙午

216 『세종실록』 권110, 세종 27년 12월 庚子

恭寧·敬寧 등과 같을 수 없어 降等해 除職해야 한다고 했다며, 세종 자신도 그(정종)의 女子(딸) 封爵을 鎭安(이방우)의 딸과 益安(이방의)의 딸에 의거해 시행하는 것이 어떠냐고 물으니, 황희 등이 찬성했다. 또한 세종이 말하기를, 古制에 종실의 女는 郡主와 縣主를 칭했으니, 공정대왕(정종)의 女 역시 이 例에 의거함이 어떠한가 묻자, 황희 등이 대답하기를, 古制를 고찰해 시행함이 마땅하다고 함에, 집현전으로 하여금 고찰해 아뢰도록 했다.[217] 이리하여 종실의 女는 郡主나 縣主로 불리게 되었으며, 정종은 사후에 임금으로 제대로 대접받지 못해 그의 딸도 강등되어 郡主라 불리게 되었다.

세종 22년 4월에는 의정부가 이조의 의견에 따라 아뢰기를, "지금 大君 이하로부터 叅外에 이르기까지의 妻는 官制가 이미 갖추어졌지만 유독 종실의 女는 단지 郡主나 縣主를 칭해 차등의 구별이 없습니다. 漢制를 살펴보건대 皇女는 縣主를, 諸女는 鄕亭翁主를 칭했고, 唐制에서는 태자의 女가 郡主이고, 親王의 女는 縣主였습니다. 지금 古制에 의거해 正宮의 女는 公主를 칭하고, 嬪媵·宮人의 女와 세자의 女는 郡主를 칭하고, 世子 宮人의 女 및 大君 正室의 女는 縣主를 칭하고, 諸君 正室의 女 및 大君의 아들의 女는 鄕主를 칭하고, 그 나머지 종실의 女는 亭主를 칭하십시오" 라고 하니, 왕이 따랐다.[218] 세종 24년 4월에 讓寧大君의 女인 永川郡主가 卒하니 賻儀로 米豆 40石과 紙 100卷을 하사했다.[219] 세종 32년 정월에 鄭悰(鄭忠敬의 아들)으로 順義大夫를 삼고는 東宮의 딸인 平昌郡主를 그와 결혼시켰다.[220] 이리하여 국왕 正宮의 女는 公主를, 국왕 嬪媵·宮人의 女와 세자의 女는 郡主를,

---

217 『세종실록』 권54, 세종 13년 10월 乙巳

218 『세종실록』 권89, 세종 22년 4월 丙戌. 조선에서 莊, 所, 部曲으로 '亭'을 칭했다고 한다.

219 『세종실록』 권96, 세종 24년 4월 乙未

220 『세종실록』 권127, 세종 32년 정월 壬辰·庚子

世子 宮人의 女 및 大君 正室의 女는 縣主를, 諸君 正室의 女 및 大君의 아들의 女는 鄕主를, 그 나머지 종실의 女는 亭主를 칭하게 되었다. 후궁 소생 왕녀의 칭호는 이렇게 하여 郡主를 칭하게 되었지만 곧 옹주를 회복해 『경국대전』에 옹주로 정착한다. 물론 앞에서 언급했듯이 조선시대 국왕 正宮의 딸이 공주를 칭하기 시작한 것은 이미 세종 즉위 무렵이었다.

왕녀가 아닌 경우의 옹주와 택주를 살펴보기로 하자. 조선 태조 원년 11월에 개국공신 敎書 및 諸翁主·宅主 印信을 하사했고, 공신들이 上을 享했다.[221] 태조 원년 윤12월에 대사헌 南在 등이 상언하기를, 지금 공신의 母 및 妻로 宅主에 책봉된 자들에게도 食祿을 허락하고 있는데 이는 一家의 안에서 天祿을 나란히 받는 것이라 합당하지 않으니 上의 궁주와 왕자와 옹주 外의 옹주와 택주에게는 祿을 지급하지 말기를 요청했지만, 爵이 있는데 祿이 없는 것은 옳지 않다며 上이 받아들이지 않았다.[222] 태조 3년 6월에 憲司가 상언하기를, 前朝의 妃와 母 및 族으로 궁주·옹주·國大夫人에 책봉되어 혹은 供上을, 혹은 月俸을 받고 있는데 모두 停罷하기를 요청하니, 上이 말하기를, 供上은 없애고 月俸을 지급하라고 했다.[223] 태조 7년 6월에 廣興倉으로 하여금 개국공신의 母·妻인 翁主와 宅主에게 祿俸을 다시 하사했다.[224] 정종 원년 5월에 문하부가 상소해 時務 10事를 진술했는데 윤허하지 않았다. 그중에는 지금 翁主가 19명, 宅主가 52명, 國夫人이 4명, 女官이 9인, 총계 84명이 天祿을 坐食해 국가에 無益한데, 그 남편이 큰 勳勞가 있어 이미 차례를 넘어 擢用하고 土田과 臧獲을 주어 공로를 보상한 것이 두텁거늘, 또 婦女로 하여금 祿을 받게 해서는 안된다며 婦女의 祿을

221 『태조실록』 권2, 태조 원년 11월 癸未
222 『태조실록』 권2, 태조 원년 윤12월 己丑
223 『태조실록』 권6, 태조 3년 6월 己巳
224 『태조실록』 권14, 태조 7년 6월 己酉

일체 停罷하기를 요청하는 내용도 들어 있었다. 정종이 이 상소를 읽다가 擊毬의 일에 이르자 심히 노해, "내가 행한 바를 부왕에게 허물을 돌림이 옳은 일인가 하며 狀을 보류시켜 내려보내지 않은 것이었다.[225] 前朝(고려왕조)의 妃와 母 및 族이 궁주·옹주·國大夫人을 칭하고 있었으며, 개국공신의 母·妻가 翁主와 宅主를 칭하고 있었다.

태종 17년 9월에 이조의 啓文을 받아들여 命婦 封爵의 式을 정했다. 宗室의 경우 정1품 大匡 輔國大君의 妻는 三韓國大夫人, 정1품 輔國府院君의 妻는 某韓國大夫人, 종1품 崇祿諸君의 妻는 某韓國夫人, 정2품 正憲諸君의 妻와 종2품 嘉靖諸君의 妻는 二字號宅主, 정3품 通政元尹의 妻와 종3품 中直正尹의 妻는 愼人, 정4품 奉正副元尹의 妻와 종4품 朝散副正尹의 妻는 惠人이라 하고, 功臣의 경우 정1품 左右議政府院君의 妻는 某韓國大夫人, 諸府院君의 妻는 某韓國夫人, 종1품 및 正從2품 諸君의 妻는 二字號宅主라 하되, 이상은 모두 下批하는 것으로 정해졌다. 文武 正從 1품의 妻는 이전의 郡夫人을 貞淑夫人이라 고치고, 文武 正從2품의 妻는 이전에 縣夫人을 貞夫人이라 고치되, 이상은 이조가 前例에 의거해 僉議해 牒을 지급하는 것으로 정해졌다.[226] 종실의 처는 國大夫人, 國夫人, 宅主, 愼人, 惠人 순으로 서열이 정해졌고, 공신의 처는 國大夫人, 國夫人, 宅主로 정해졌고, 문무 1~2품은

---

225 『정종실록』 권1, 정종 원년 5월 庚午. 이 상소에는 擊毬戲가 殘元에서 君臣이 失道하고 荒淫해 행하던 바라고 전제하고는, 都興과 柳雲과 金師幸 등이 殘元을 游事해 그 일을 得見해서 마침 태상왕이 創始한 초기를 만나 進言하기를, "人君이 궁중에 거처하면서 運身하지 않으면 반드시 질병이 생기나니, 運身의 이로움은 打毬만 것이 없습니다" 라고 함에 그 術을 행하게 되었는데, 전하(정종)도 殘元에서 행하던 바를 본받고 있다면서 지금부터 打毬戲를 하지 말기를 요청하는 내용이 들어 있었다. 사실 격구는 이성계가 왕조 개창하기 훨씬 이전의 젊은 시절부터 즐긴 운동이었고 고려초부터 이전의 풍습을 계승해 많은 사람들이 즐긴 운동이었다.

226 『태종실록』 권34, 태종 17년 9월 甲子

貞淑夫人과 貞夫人으로 정해졌다. 宅主가 國夫人보다 밑에 위치했다.

태종 17년 9월에 孝寧大君 補와 忠寧大君(세종)과 誠寧大君으로 大匡輔國 依前大君을 삼았고, 福根으로 推忠協贊靖亂定社功臣 輔國奉寧府院君, 石根으로 崇祿府院君을 삼았고, 裶로 正憲敬寧君, 裀으로 正憲恭寧君, 元生으로 嘉靖義平君, 群生으로 嘉靖順平君, 碩과 昇과 頎 모두로 朝散副正尹을 삼았다. 裶와 裀은 上(태종)의 側室의 아들이고, 元生과 群生은 上王(정종)의 側室의 아들이었다. 또한 淑懿翁主 鄭氏와 敬淑翁主 沈氏와 敬寧翁主 成氏 모두로 三韓國大夫人을, 敬寧君 妻 金氏로 敬愼宅主를, 恭寧君 妻 崔氏로 恭愼宅主를 삼았다.[227] 공신의 妻 중에서 최상급은 翁主에서 國大夫人으로 바뀌었음이 확인되는데, 왕실의 여성이 아닌 일반 여성은 더 이상 翁主를 칭하지 못하게 되었다. 왕의 側室이 낳은 아들의 妻는 宅主로 불리게 되었음이 드러난다.

國大夫人과 宅主는 다음 사례에서 잘 드러난다. 단종 2년 7월에 예조에 傳旨하기를, 卒한 錦川府院君 朴訔의 妻 辰韓國大夫人 周氏, 漢平府院君 趙涓의 妻 卞韓國大夫人 金氏, 礪山府院君 宋居信의 妻 馬韓國大夫人 辛氏, 豊山君 沈龜齡의 妻 靖和宅主 金氏, 蓮城君 金定卿의 妻 和惠宅主 王氏 등이 年老하고 또한 功臣의 妻이니, 나이 70 致仕 堂上官의 例에 의거해 달마다 酒肉을 지급하게 했다.[228]

조선왕조의 왕실여성과 관료 妻 칭호의 개정은 『경국대전』에 와서 일단락되었다.[229] 內命婦는 정1품 嬪, 종1품 貴人, 정2품 昭儀, 종2품 淑儀, 정3품 昭容, 종3품 淑容, 정4품 昭媛, 종4품 淑媛, 정5품 尙宮·尙儀, 종5품 尙服·尙食, 정6품 尙寢·尙功, 종6품 尙正·尙記, 정7품 典賓·典衣·典

227 『태종실록』 권34, 태종 17년 9월 甲子

228 『단종실록』 권11, 단종 2년 7월 甲寅. 택주의 사례는 세종 9년 8월에 摠制 金五文의 妻 鄭氏로 淑慶宅主를 삼은 데에서도 확인된다. 『세종실록』 권37, 세종 9년 8월 癸酉

229 『경국대전』 권1, 吏典 內命婦와 外命婦

膳, 종7품 典設·典製·典言, 정8품 典贊·典飾·典藥, 종8품 典燈·典彩·典正, 정9품 奏宮·奏商·奏角, 종9품 奏變徵·奏徵·奏羽·奏變宮으로 이루어졌다. 왕의 正配인 왕비는 품계를 초월해 내명부를 지휘하는 존재였기 때문에 내명부에 올라 있지 않았다. 世子宮은 종2품 良娣, 종3품 良媛, 종4품 承徽, 종5품 昭訓, 종6품 守閨·守則, 종7품 掌饌·掌正, 종8품 掌書·掌縫, 종9품 掌藏·掌食·掌醫로 이루어졌다. 세자의 正配인 嬪은 세자궁의 여성을 지휘하는 위상을 지녀 품계를 초월했다.

外命婦를 보면, 王女는 품계를 초월해 嫡인 경우 公主를, 庶인 경우 翁主를 받았으며, 王世子女는 嫡인 경우 정2품 郡主를, 庶인 경우 縣主를 받았다. 王妃母는 정1품 府夫人을, 大殿 乳母는 종1품 奉保夫人을 받았다. 宗親의 妻는 정1품 府夫人(大君의 妻)과 郡夫人, 종1품 郡夫人, 정2품 縣夫人, 종2품 縣夫人, 정3품 愼夫人(堂上官의 妻)과 愼人, 종3품 愼人, 정4품 惠人, 종4품 惠人, 정5품 溫人, 종5품 溫人, 정6품 順人으로 이루어졌다. 文武官의 妻는 정1품 貞敬夫人, 종1품 貞敬夫人, 정2품 貞夫人, 종2품 貞夫人, 정3품 淑夫人, 정3품 淑人, 종3품 淑人, 정4품 令人, 종4품 令人, 정5품 恭人, 종5품 恭人, 정6품 宜人, 종6품 宜人, 정7품 安人, 종7품 安人, 정8품 端人, 종8품 端人, 정9품 孺人, 종9품 孺人으로 이루어졌다. 내명부와 외명부에 궁주는 물론 택주 칭호가 더 이상 나타나지 않는다.

조선 말기 순조 2년 11월에 嘉順宮의 딸을 봉작하는 일을 둘러싸고 벌어진 논쟁[230]은 고려시대와 조선시대에 임금 배필과 그 딸의 호칭에 대한 이해에 도움을 준다. 순조 2년 11월에 大王大妃가 敎하기를, 貴

230 『순조실록』 권4, 순조 2년 11월 甲申. 嘉順宮은 정조의 綏嬪을 지칭하는데 그녀가 낳은 아들은 王妃의 양자로 되어 왕위에 올랐으니 순조이다. 『정조실록』 정도대왕 遷陵 誌文 참조.. 순조는 王大妃 殿下에게 자신을 國王 臣某라 칭했으며, 혜경궁(사도세자의 배필)을 惠嬪邸下, 친모인 嘉順宮을 綏嬪邸下라고 호칭했다. 『순조실록』 권12, 순조 9년 8월 癸卯

主(순조의 누이) 封爵을 議定해야만 하는데, 國朝 古例에 나이 7세에 이르면 擧皆 封爵을 加하지만 지금 지연된 것은 先朝 謹愼의 뜻이 다른 경우와 自別하기 때문이라, 지금 나이가 이미 10세이니 봉작을 정해야 한다며, 貴主는 다른 경우와 自別해 先王의 一女이고 주상의 一妹로 그 귀함이 비교할 상대가 없다고 했다. 또한 嘉順宮(순조의 모친)은 다른 嬪宮과 自別하고 我朝 兩班에서 嬪으로 入來한 자가 많았지만 備禮를 한 적이 없었는데 嘉順宮은 단지 親迎하지 않았을 뿐, 六禮를 거의 모두 갖추었으니 內人 承恩의 부류와 크게 다르고, 嘉順宮이 誕育한 바는 남자로는 主上이고, 여자로는 貴主이니, 貴主의 封爵 역시 다른 경우와 비교해 自別해야 마땅하니 翁主의 上, 公主의 下에 위치함이 합당하다고 했다. 또한 敎하기를, 中原(중국)은 妃嬪 所生을 따지지 않고 모두 公主라 칭하지만 我朝(조선)에서는 分數에 밝아 公主와 翁主로 나누어 호칭해 왔다면서, 國初 故事에 비록 王妃 所生이라도 반드시 모두 공주를 칭하지는 않아 혹은 郡主라 칭했고 혹은 翁主라 칭했고 혹은 宮主라 칭했는데, 이는 官名이었기 때문에 혹은 子孫에게 사용되고 혹은 後宮에게 사용되어 定制가 없었다고 했으며, 또한 '宮'字는 이미 '公'·'翁'字와 다름이 있어 이로써 그 分數를 밝히려고 했던 것이라며, 嘉順宮(순조의 모친)이 다른 嬪宮과 다르다는 뜻을 지녀 下敎한 것이라고 했다.

좌의정 徐龍輔가 말하기를, '宮'字는 麗朝(고려왕조)의 칭호이고 國初(조선초)의 일은 고려 제도를 많이 이어받았는데 지금은 고찰할 수가 없다고 했다. 영의정 李時秀가 말하기를, '宮'字의 뜻은 臣에게 未詳이지만 國初(조선초)의 禮制 未備의 시기에 단지 고려 제도를 준수하다가 그 후 이미 定制가 있어 행해진지 累百年인데 지금 어찌 갑자기 고칠 수 있느냐며 一字의 改定도 國制에 어긋나니 안된다고 했다. 大王大妃가 敎하기를, 나의 뜻은 반드시 그 分數를 밝히고자 한 데에 있는 것으로, 嬪宮 중에서도 또한 貴賤이 있으니 그 分數를 밝혀야만 하기 때문에 한 번 大臣과 의논해 보는 것이라고 했다. 또한 教하기를, 微賤한 宮人이 一時에 承恩을 입어 骨肉을 얻으면 역시 그 骨肉을 모두 翁主라 칭하거늘, 嘉順宮을 備禮해 迎入한 것이 저들 궁인과 구별이 없다니 어찌 未安하지 않은가? 이 때문에 반드시 합당한 字로 改定해 分別하고자 했을 따름이라며 아쉬움을 토로했다. 마침내 教하기를, 貴主가 10세가 이미 지나 마땅히 封爵해야 하니 冬至日에 거행하도록 하되 大臣의 반대의견을 받아들여 翁主로 호칭을 정한다고 했다.

이를 통해 왕실 여성에게 爵位로 주어진 '宮'字는 고려시대의 제도이며 조선초기에도 사용되기도 했음을 알 수 있다. 조선 순조 때 대왕대비는, 양반의 딸도 嬪으로 많이 들어오지만 備禮하지는 않았는데 嘉順宮은 거의 備禮했을 뿐만 아니라 主上의 모친이기 때문에 다른 후궁들과 구별해야 하며, 또한 그러하기 때문에 가순궁의 딸이자 주상의 누이인 貴主를 일반 후궁의 딸인 翁主의 上에, 中宮의 딸인 公主의 下에 위치하는 爵位를 책봉하려 했고 그러한 작위로 宮主를 제시했지만 大臣들의 반대로 다른 후궁의 딸들처럼 옹주에 책봉할 수밖에 없었다. 물론 조선초기에는 정궁 소생 왕녀를 궁주라 칭하다가 공주로 바꾸었다. 조선시대에 궁주를 공주보다 하위에 두는 인식이 엿보이는데 이는 고려시대의 원간섭기에서 비롯된 현상이었다.

조선 고종 9년 11월에는 태조 子孫錄 중의 宮主를 公主로 고쳐 封爵하고, 정종 子孫錄 중의 郡主를 翁主로 고쳐 封爵하고, 列聖朝 後宮 중의 翁主·宮主 封爵者는 某嬪으로 고쳐 封爵해 宗府와 吏曹로 分付하도록 했다.[231] 조선초기 왕실 여성에게 주어졌던 高麗的인 칭호가 후대에 삭제되는 일이 벌어졌는데 이로써 궁주 칭호는 기억 속에서도 잊혀지게 되었다.

---

231 『고종실록』 권9, 고종 9년 11월 庚戌, 備忘記

5. 후비궁과 왕녀궁의 위상과 대우

국왕의 배필이 宮院을 지니고 王弟, 王子, 王女, 부마가 궁을 지니면 궁원의 주인으로서의 권위를 부여받음은 물론 경제적인 이익이 수반된다는 점에서 의미가 컸다. 궁이나 원을 받으면 景昌院의 사례처럼 건물만이 아니라 토지와 노비와 각종 재물을 하사받아 풍족한 삶을 영위할 수 있었다.

예종은 즉위한 달인 10월에 모친을 王太后로 높이고 그녀의 殿을 天和殿, 府를 崇明府, 생신을 至元節이라 했다. 부왕의 喪期가 끝난 3년 정월 무인일에 모친 柳氏(王太后)를 공식적으로 王太后에 책봉하는 의식을 거행했고 다음날에 諸王·宰輔와 文武常叅官 이상이 進賀하니 群臣에게 연회를 하사했다. 2월에 諸王과 宰樞와 近臣을 壽春宮에서 曲宴했는데, 文武 常叅官 및 封册執事官에게도 酒食을 하사했다. 태후 책봉문에서 册后의 제도는 歷代 相因하고 '皇太'를 칭함은 秦漢의 通規인데다가 我 聖母가 大業을 中興시켰다며 玉册과 金寶를 받들어 '王太后'라는 尊號를 올린다고 했다.[232]

이어서 예종은 3년 2월 신묘일에 神鳳樓에 이어해 태후책봉을 기념해 肆赦했다.[233] 이 사면령에는, 근본이 孝보다 지나친 것은 없어 册禮를 행해 親母 王妃를 尊崇해 王太后에 책봉했기에 恩澤을 三韓에 미치려 한다며 1-①斬絞 二罪를 除刑해 付處하고, 斬絞 二罪 이하를 모두 용서하며, 流配 상태인 자는 量移하거나 敍用하며, 일찍이 恩宥를 입고도 아직 移免하지 못한 자는 訪問 量移하도록 했고, 1-②國內 名山·大

---

232 『고려사』 권12, 예종 즉위년 10월 및 3년 정월·2월; 『고려사』 권88, 후비전 숙종의 명의태후 柳氏. 2월 수춘궁 연회는 태후책봉을 기념한 것이었다.

233 『고려사』 권12, 예종 3년 2월

川神祇에게 각기 加號하도록 했고, 1-③民의 나이 八十以上 및 孝子·順孫·義夫·節婦·鰥寡·孤獨·篤癈疾者에게는 賜設해 分物하게 했다.

또한 2-①兩京 文武兩班 및 南班正雜路의 有職者에게 각기 同正職을 加할 것을 명령했다. 2-②上册都監의 員에게 加職事하고 그 人吏에게 超一等 同正職을 주고 그 掌固 書者에게 初入仕를 줄 것, 造册函儀仗官吏·書册文員 및 殿中行禮·安樂道場都監 및 太廟等告祭享官·道俗員吏에게 각기 師銜을 加할 것, 諸執事 官吏 및 雜類에게 차등있게 물건을 하사할 것, 西京 押物使 및 外宮 持表員 등에게 加級할 것을 명령했다. 2-③坤成殿 및 崇明府·延德宮·明福宮 員에게 加職事하고 그 人吏에게 超一等 同正職을 주고 그 南班人吏는 准職 改班할 것, 坤成殿 侍衛將相將校에게 각기 職事 同正職(職事를 지닌 동정직)을 加하고 (坤成殿) 給事 및 宮府 掌固書者算士醫士에게는 初入仕를 줄 것, 坤成殿 侍婢親侍는 放良하고 이전에 放良者는 入仕하고 (坤成殿) 雜類에게는 차등있게 물건을 하사할 것을 명령했다. 2-④州縣 進奉長吏에게는 一等 同正職을 加하고 그들 중의 職滿者에게는 武散階를 加할 것, 承天府의 進奉 戶長 이상에게는 武散階를 加하고 (進奉) 副戶長 이하에게는 一等職을 加하고 (進奉) 無職者에게는 初職을 加하고 同府(承天府) 長吏는 服色을 허락할 것을 명령했다. 2-⑤明經·製述兩大業 登科人 및 三韓功臣 子孫 중에 四祖 內에 工商樂名이 있어 稽留해 아직 施行되지 못한 자는 所司로 하여금 准例하여 조속히 奏裁할 것을 명령했다. 2-⑥兩京 諸領府庫軍人 妻 중에 30년 이상 不離同居守護者에게는 차등있게 물건을 하사할 것을 명령했다. 2-⑦무릇 蒙恩해 마땅히 加職해야 함에도 아직 加職하지 않은 자에게는 一等을 넘지 않게 加職을 허락하며, 혹 加職했으나 所司가 論奏해 貼을 거둔 자 및 逗留해 아직 施行하지 않은 자는 모두 職貼을 허락하며, 혹 諸犯罪配流로 사면을 만나 마땅히 職貼을 받아야 함에도 아직 還給받지 못한 채 사망한 자에게는 還給을 허락하며, 혹 赦恩을 만났지만 所司가 아직 點職하지 않은 상태에서 사망한 자에게는 子息이 그것을 고하면 點奏해 給貼하라고 했다.

예종 3년 2월의 태후책봉 기념 사면령은 죄인을 대상으로 한 사면(1-①)과 산천 神祇에 대한 加號(1-②)와 노인과 孝子·順孫과 義夫·節婦와 鰥寡孤獨·篤癈疾者에게 연회 및 물건 하사(1-③)가 하나의 주요 부분을 이루었다. 또한 兩京 文武兩班 및 南班正雜路의 有職者에 대한 포상(2-①), 태후책봉에 종사한 자들에 대한 포상(2-②), 태후 소속인 坤成殿 및 崇明府·延德宮·明福宮의 근무자에 대한 포상(2-③), 州縣 進奉에 대한 포상(2-④), 世系에 하자가 있는 明經·製述 兩大業 登科人 및 三韓功臣 子孫에 대한 배려(2-⑤), 절개를 지키는 兩京 諸領府庫軍人 妻에 대한 포상(2-⑥), 이전에 사면령을 만나 마땅히 加職 혹은 復職해야 했음에도 제대로 시행되지 않은 자에 대한 적절한 처리(2-⑦)가 또 하나의 주요 부분을 이루었다.

이처럼 태후책봉 기념 사면령은 단순한 죄인 사면에 그치지 않고 중앙과 지방에 걸친 광범위한 포상과 진휼이 수반되는 축제의 모습을 띠었는데, 태후 소속의 坤成殿 및 崇明府·延德宮·明福宮 종사자들이 대거 포상받은 일이 주목된다. 坤成殿 및 崇明府·延德宮·明福宮에서, 員에게는 加職事했고, 人吏에게는 一等을 초월해 同正職을 주었고, 南班人吏는 准職해서 改班 즉 兩班人吏로 옮겼다. 또한 坤成殿 侍衛將相將校에게는 각기 職事 同正職 즉 職事를 지닌 동정직을 加했고, 곤성전 給事 및 宮府(延德宮·明福宮·崇明府) 掌固書者算士醫士에게는 初入仕를 주었고, 坤成殿의 侍婢親侍는 放良했고, 그들 중에서 이전에 放良者는 入仕하게 했고, 坤成殿 雜類에게는 차등 있게 물건을 하사했다. 坤成殿의 親侍는 노비 출신이 많았음을 알 수 있다. 坤成殿 및 崇明府·延德宮·明福宮은 예종 모후(명의태후)의 인적·물적 기반이었다.[234]

예종이 임진년(예종 7년)에 모후(명의태후)가 升遐하자 다음해에 모후 平昔에 所持했던 明福宮司의 田土와 노비를 동생 大原侯에게 하사했는데,[235] 이는 예종 모후 즉 숙종 왕비의 명복궁과 연덕궁 등에 田土와 노비가 많이 소속되어 있었음을 알려준다. 고려에서는 왕의 별궁은 물론 그 子弟가 거처하는 곳을 宮이라 하여, 王母·妃·姊妹別居者가 宮을 지급받아 田을 받아 湯沐을 받들었으니[236], 궁을 지녀 궁주가 되면 湯沐으로 상징되는 토지를 받게 되어 궁주는 식읍 내지 장원을 지닌 일종의 제후 내지 영주였다. 또한 妃·宮主·公主가 妃主祿을 받았

---

234 고려말기에 元成公主(제국대장공주)는 敬成宮과 元成殿과 膺善府를 지녀 官屬을 두었고 安東京山府로 湯沐邑을 삼았다(『고려사』 권89, 충렬왕의 제국공주). 공민왕은 노국공주가 사망하자 神御所(影殿)인 仁熙殿에 德泉庫와 寶源庫와 延德宮과 永和宮과 永福宮과 永興宮을 소속시켜 供用에 대비하게 했으며, 寶源庫에 解典庫를 別置했고, 또한 궁중의 물건으로 布 1만 5천 293匹을 사서 州郡에 分給해 取息하고 諸道 諸色人匠이 貢布를 납부하는 것을 보원고에 맡겨 收掌하게 했다. 또한 노국공주 正陵의 능사인 雲岩寺에 田 2240結과 노비 46口를 시납해 冥福을 빌게 하고 陵戶 114를 두었다(『고려사』 권89, 후비전 공민왕의 노국공주). 敬成宮과 元成殿과 膺善府와 그 소속인 安東京山府는 제국공주의 인적·물적 기반이었다. 德泉庫와 寶源庫는 불확실하지만 延德宮과 永和宮과 永福宮과 永興宮은 노국공주의 생존시부터의 인적·물적 기반이었을 것이다.

235 왕효 묘지명. 왕효는 延德宮王子였는데 13세에 그의 부왕 숙종이 승하하자 모후를 따라 宸禁에 거처하다가 예종에 의해 대원후를 거쳐 대원공에 책봉되었으며 예종 10년에 예종의 명령에 따라 양간공의 장녀 이씨를 公妃로 삼았다. 후비의 재산은 후비와 공주 쪽으로 상속되는 경향이 강하지만 왕효는 모후의 사랑을 많이 받았기 때문에 모후 재산의 일부를 상속받은 것으로 보인다. .

236 『고려도경』 권6, 宮殿 別宮. 이에 따르면, 宮이 혹 비어 거처하지 않으면 민에게 토지를 경작해 이익을 취하게 허용하여 租賦를 바치도록 하기도 했다. 한편 충렬왕과 결혼한 쿠빌라이칸의 딸(제국대장공주)은 元成公主에 책봉되어 敬成宮, 元成殿, 膺善府를 지녀 官屬을 두고 安東·京山府로 湯沐邑을 삼았으니(『고려사』 권89, 후비전 충렬왕의 제국대장공주), 그녀는 안동과 경산을 식읍으로 지배한 것이었다. 후비가 이처럼 대읍을 지배하는 경우는 드물었고 다른 궁주들은 대개 궁원전이나 莊·處 단위로 지배했을 것이다.

고,[237] 궁주를 위시한 후비가 고려말의 사례이지만 供上을 받기도 했다.[238]

后妃는 궁을 받아 궁주가 되면 后主, 妃主가 되는 것이었다. 김약선의 딸인 태자(원종) 妃가 아들(충렬왕)과 딸을 낳고 사망하자 이규보가 「東宮妃主 諡册文」과 「同前 哀册文」을 찬술했는데[239] 동궁(원종) 妃 즉 태자비를 '東宮妃主'라 표현했으니 동궁(태자)의 배필은 太子妃

237 『고려사』 권80, 식화지 녹봉 妃主祿. 문종 30년에 정한 妃主祿에서는, 諸院主가 233石 5斗를, 貴妃·淑妃와 諸公主와 諸宮主는 200石을 받았다. 인종조에 更定한 妃主祿에서는, 王妃가 300石을, 貴妃·淑妃와 諸公主와 諸宮主가 200石을 받았다. '妃主'는 妃, 宮主, 院主, 公主 등을 가리키는데 妃이자 宮主, 公主이자 宮主인 경우가 많았다.

238 우왕의 배필 李謹妃·崔寧妃·盧毅妃·崔淑妃·姜安妃·申正妃·趙德妃·王善妃·安賢妃 및 小梅香·燕雙飛·七點仙 등 三翁主의 諸殿 供上의 물건이 심히 많아 常滿庫의 布를 1개월에 3,900匹을 사용하니 諸倉庫가 모두 고갈됨에 3년 貢物을 미리 거두어도 부족해 또 추가로 徵斂했다고 한다(『고려사』 권137, 신우전, 우왕 14년 3월). 공양왕 3년 5월에 郎舍가 상소하기를, "乾者夫道也, 坤者婦道也, 夫道以乘御爲才, 婦道以順承爲貴, 是故雖天子之女 下嫁諸侯, 則與庶人之女 共執婦道, 是其常也, 漢尙公主 使男事女 夫屈於婦 逆陰陽之理, 識者非之, 今三宮主 各有供上之名, 旣名之曰上 則乾坤易位 夫婦失道 亂名犯分, 莫大乎是, 且在僞朝 供上之所 濫至八九, 故官吏以倉卒不辦見責, 民庶以煩勞不給生厭, 今以中興之朝 復蹈毁轍乎, 願自今 罷三宮主供上之名 厚其廩祿 申以土田, 以副輿望" 이라고 했다(『고려사절요』 권35).

239 『고려사』 권88, 후비전 원종의 순경태후 김씨. 『동문선』 권28, 册. 「東宮妃主 諡册文」에서는 정유년(고종 24년) 10월 朔己卯 初7일 己酉日에 왕(고종)이 말하기를, 敬穆賢妃 김씨는 千年故國(신라)의 王孫으로 元良의 배필이 되어 入宮한지 겨우 수년 안에 아들과 딸을 낳았는데 갑자기 세상을 떴다며 贈諡하여 '某'라 한다고 했다. 「同前 哀册文」에서는 정유년(고종 24년) 7월 29일 무인일에 敬穆賢妃 김씨가 질병으로 社堂里의 私舍에서 薨하니 京南의 本第로 移殯되어 10월 7일 을유일에 嘉陵에 장사지내졌다고 했으며, 그녀는 27세에 來嬪하고 28세에 세상을 떴다고 했다. 『동문선』 권23 教書에 찬술자가 누락된 「王太子嘉禮日 降使 教書」와 「大孫誕生三日 賜太子教書가 실려 있는데, 후자에서는 태자가 결혼한지 1년이 안되었는데 元子를 얻었다며 기쁨을 표시하고 지금 開福日을 맞이해 특별히 使를 파견해 備禮하여 奬諭한다고 했다. 여기의 왕태자는 원종, 大孫은 충렬왕이 아닐까 싶다.

이자 궁을 지닌 宮主였음을 알 수 있다.[240] 후비와 왕녀는 궁주 책봉, 결혼, 출산을 하면 경제적인 혜택이 주어졌다. 崔誠이 찬술한 「王子 開福日 降使 敎書」는 "妃 延德宮主 任氏에게 敎하노라"로 시작해 왕자의 출산을 치하하는 내용을 서술하고 銀器, 匹段, 布穀, 鞍馬 등의 물건을 하사한다는 내용으로 끝을 맺었다.[241] 인종의 배필인 연덕궁주 任氏가 왕자를 낳자 銀器, 匹段, 布穀, 鞍馬 등을 하사받았다. 崔誠이 찬술한 「王女 興慶宮公主 嘉禮日 降使 敎書」에서는 음양의 氣와 夫婦의 禮를 강조하면서 짐이 사랑해 일찌감치 湯沐의 책봉을 행했고 邇臣을 파견해 혼인의 國禮를 행한다고 했으며 지금 金正純을 파견해 衣帶, 金銀器, 匹段, 布貨 등의 물건을 하사했다고 했다.[242] 崔誠이 찬술한 「安平伯 璥에게 하사하는 敎書」에서는 혼인을 강조하고 이미 嘉禮를 행한 일을 치하하면서 金正純을 파견해 衣帶, 金銀器, 匹段, 布貨, 鞍馬 등의 물건을 하사한다고 했다.[243] 예종의 딸 흥경궁공주는 '湯沐의 책봉' 즉 궁주에 책봉되면서 흥경궁과 그에 딸린 湯沐을 받았을 뿐만 아니라 결혼하면서 衣帶, 金銀器, 匹段, 布貨 등의 물건을 하사받았으며, 그 배우자로 선택된 安平伯 璥은 衣帶, 金銀器, 匹段, 布貨, 鞍馬 등의 물건을 하사받았다.

---

240 한편, 고려말에 공양왕은 즉위한 원년 11월에 수창궁 正殿에서 受朝 聽政하고 모친 王氏를 높여 福寧宮主妃로 삼고 배필 盧氏를 順妃로 삼고 아들 定城君 奭을 책봉해 世子로 삼고는 境內에 사면령을 내렸으며, 2년 정월에 모친을 위한 福寧宮主府를 세워 崇寧府라 했다(『고려사절요』 권34). 공양왕의 모친은 福寧宮主妃였으니 福寧宮主이자 福寧宮大妃였다. 공양왕의 이 親母(延德大君 塡의 딸)는 國大妃였고, 공양왕을 왕에 추대하는 교서를 내린 주체(이성계 세력의 사주에 따름)인 공민왕의 定妃 安氏(안극인의 딸)는 王大妃(정숙선명경신익성유혜왕대비)가 되었다. 『고려사』 권89, 후비전 공민왕의 定妃 안씨 및 공양왕의 순비 노씨; 『고려사』 권46, 공양왕 3년 7월

241 『동문선』 권23, 敎書. 開福日은 아기의 출산을 축하하며 福을 비는 날이었다.

242 『동문선』 권23, 敎書

243 『동문선』 권23, 敎書

그런데 后妃의 경우, 고려 중·후기로 가면서 토지가 부족해지면서 궁주에 책봉되어도 토지를 받지 못하거나 궁주에 늦게 책봉되는 경우가 늘어갔다. 심지어 왕비인 경우에도 한참만에야 궁주에 책봉되는 현상도 나타났다. 왕비의 궁주 책봉이 늦어진 경우, 그 이유는 太子妃나 公妃를 거치지 않고 왕비가 되거나, 그러한 상태를 거쳤더라도 왕녀 출신이 아닌 때문이라고 보여지기도 하는데 토지 부족이 근본적인 이유라 하겠다.

강종의 왕비 柳氏(종실 信安侯 瑊의 딸)는 강종 원년에 왕비 연덕궁주에 책봉되어 印綬와 衣襨와 金銀器와 匹段과 布穀과 奴婢와 鞍馬를 하사받았지만[244] 토지는 지급받지 못했다. 강종과 이의방 딸(사평왕후) 사이에 태어난 수녕궁주는 강종 원년에 궁주에 책봉되고 하원백(하원공) 瑃과 결혼했다. 강종이 원년 10월 갑오일에 왕비 柳氏를 연덕궁주에 책봉했으니,[245] 수녕궁주가 궁주에 책봉된 때는 이날이거나 그 이후의 연말까지여야 한다. 강종은 2년 8월에 수창궁 화평전에서 62세로 세상을 떠 厚陵에 묻혔다.[246]

그런데 강종의 왕비는 『동국이상국집』 권30에 따르면 곧 왕후로 나타나는데 『동국이상국집』 권30의 내용에 혼란스러운 점이 있어 자세히 살펴보기로 하자. 『동국이상국집』 권30에는 잡다한 表·牋·狀을 모아 놓았는데, 맨 앞의 A「王后及王子公主封册修制[在翰林受勅述]」에 A1'王后受册後謝大后表[與人分作故數目不具他封爵亦同]', A2'令公謝大后表', A3'令公謝 御殿宣花酒表', A4'令公謝東宮牋', A5'公主謝御殿表', A6'公主謝御殿宣花酒表', A7'公主謝王后殿牋', A8'公主謝物狀'이 실려 있다. 그 다음 B「王師封册修製[受勅述]」에 '初度讓封王師

---

244 『고려사』 권88, 후비전 강종의 배필
245 『고려사』 권21, 강종 원년 10월
246 『고려사』 권21, 강종 2년 8월

表', '三度謝表', '五度謝封崇狀[除臣稱以狀行]', ' 謝物狀', '代曹溪宗賀王師牋[私請作]'이 실려 있다. 그 다음 C「公主下嫁嘉禮修製[受勅述]」에 '公主謝下嫁表', '公主謝王后表', '河源伯謝東宮牋'이 실려 있다. 그 다음 D「晉康公二妃封册修製[受勅述]」에 '晉康公謝册二妃爲宅主表', '王氏謝大后殿表', '任氏行同前表', '王氏行謝別宣表', '任氏謝物狀'이 실려 있다. 그 다음 E「私代撰表章」에 '晉康侯謝駕幸茅亭曲宴次賜御製表', '任平章謝御殿赴曲宴表', '禁內文儒六官謝宣賜表[在翰林作]', '王師乞下山狀', '謝下山狀[依所住下山]', '敦裕三重謝首座表', '賀新雪表[在省行宰日都表]', '謝賜祿牌表[上同]', '同前表', '康宗大王忌晨慰表', '賀新登寶位後三萬僧齋表', '賀聖節日表[代曹溪宗行]가 실려 있다.[247] 이것들은 이규보가 희종, 강종, 고종 때 찬술한 글들로 판단된다.

그런데 A1'王后受册後謝大后表'의 본문에는 妾(后妃의 겸양 호칭) 某氏가 '王妃 咸平宮主'에 책봉된 것을 王大后 殿下에게 감사드리는 내용이 실려 있어 王后가 들어간 제목과 어울리지 않는 의문점이 발생한다. 여기의 王大后 즉 王太后는 신종의 배필(고종 9년 사망)이었고, 妾某氏는 희종의 배필로 그녀는 희종 7년에 왕비 함평궁주에 책봉되었다. 그러한 의문점은 『동문선』 권37 表箋을 보면 풀린다. 여기에는 이규보가 찬술한 G1'王妃受册後謝太后表', G2'公主謝御殿表', G3'公主謝御殿宣花酒表', G4'公主謝下嫁表', G5'公主謝王后表', G6'公主謝王后殿箋', G7'(공주)謝物狀', G8'令公謝東宮箋', G9'王氏謝大后殿表', G10'任氏行同前表' 등이 차례대로 실려 있는데, G1'王妃受册後謝太后表'의 내용이 A1'王后受册後謝大后表의 내용과 동일하다. 그러니까 희종의 배필이 '왕비 함평궁주'에 책봉된 것을 태후에게 사례하는 표문의 제목은

247 여기의 왕후는 강종의 배필인 연덕궁주(신안후의 딸: 원덕태후)였고, 공주는 강종과 사평왕후(이의방의 딸)의 딸로 강종 원년에 궁주에 책봉되었고, 東宮은 훗날의 고종이었다.

'王后受册後謝大后表'가 아니라 '王妃受册後謝太后(大后)表'가 맞는 것이니, '王妃受册後謝太后(大后)表'의 내용이 『동국이상국집』 편집과정의 실수로 『동국이상국집』 권30의 '王后受册後謝大后表'에 잘못 들어간 것이었다. 이러한 현상이 발생한 이유는 이 표문의 세주에 달려 있듯이 이규보가 다른 사람들과 나누어 찬술했기 때문에 數目이 갖추어지지 않은 데에서 발생했다고 생각된다. 권30을 편집하는 과정에서 제목과 내용이 일부 바뀌는 사태가 벌어졌던 것이다. '王妃受册後謝大后表'는 희종의 배필이 왕비 함평궁주에 책봉된 것을 태후(신종의 배필)에게 사례하는 표문이었고, '王后受册後謝大后表'는 강종의 배필이 왕후에 책봉된 것을 태후(신종의 배필)에게 사례하는 표문이었다고 판단된다. 그런데 『동국이상국집』 권30의 편집 과정에서 '王后受册後謝大后表'라는 제목에 '王妃受册後謝大后表'의 내용이 잘못 실린 반면 '王后受册後謝大后表'의 내용은 누락되는 일이 발생했다고 판단된다. A「王后及王子公主封册修制」는 강종이 즉위해 배필을 왕후에, 왕자를 공후에, 딸을 공주에 책봉한 일과 관련된 글들을 모아 놓은 항목인데, 희종의 배필이 왕비 함평궁주에 책봉된 것과 관련된 글이 잘못 들어가 혼란이 빚어졌다.

이러한 혼란은 강종의 드라마틱한 즉위과정과도 맞물려 있었다. 강종은 원래 명종의 태자였는데 명종이 최충헌에 의해 폐위되면서 江華로 추방되었다가 희종 6년 12월에 개경으로 소환되어 7년 정월에 漢南公에 책봉되어 燃燈宴에 참석하도록 허락받았다. 그리고 희종 7년 12월에 희종이 최충헌을 암살하려 하자 최충헌이 희종을 폐위해 강화현으로, 태자 祉를 仁州로 추방하고 한남공을 私第에서 모셔다가 강안전에서 즉위시켰으니 이가 곧 강종이다.[248]

강종 원년 4월에 왕의 생일을 光天節이라 했고, 5월에 王妣 의정왕

248 『고려사』 권21, 강종 총서; 『고려사』 권21, 희종 6년 12월 및 7년 12월

후 김씨(명종의 배필)를 追尊해 광정태후로 삼았고, 7월에 원자(고종)를 태자에 책봉하고 元服을 입히며 立府했고, 원년 10월 갑오일에 왕비 柳氏를 연덕궁주에 책봉했다.[249] 『동국이상국집』 권30 表·牋·狀과 『동문선』 권37 表箋에 실린 이규보의 글에 나오는 '王后'는 바로 강종의 배필 柳氏를 지칭한다고 판단되니 그녀는 강종 원년 10월 갑오일 이후에 왕비(왕비 연덕궁주)에서 왕후(왕후 연덕궁주)로 승격했던 것이다.

『동국이상국집』 권30의 A 부분은 A1'王后受册後謝大后表'의 잘못 들어간 내용(왕비 함평궁주 관련 글)을 제외하고 강종이 원년 7월에 태자를 책봉하고 원년 10월 갑오일에 왕비를 연덕궁주에 책봉한 이후에 연덕궁주의 왕후 책봉, 왕자 내지 종실의 봉작 수여, 강종 딸의 공주 책봉을 담고 있다. 강종의 딸 중에 이의방의 손녀는 강종 원년에 수녕궁주에 책봉되는데 공주 책봉과 동시에 혹은 그 이후에 이루어졌을 것이다. 왕후는 책봉을 태후 전하에게 감사드리는 표문을 올렸고,[250] 令公(公侯)은 태후 전하와 성상 폐하에게 감사드리는 표문과 태자 전하에게 감사드리는 牋文을 올렸고, 공주는 성상폐하에게 감사드리는 表文과 왕후전하에게 감사드리는 牋文을 올렸다. B 부분은 왕사 책봉과 관련된 내용인데 왕사는 사양하는 글에서는 '表'를 쓰고 책봉이 확정되어 사례하는 글에서는 '臣稱'을 빼 '表'가 아니라 '狀'을 썼다. C 부분은 강종의 딸인 공주 즉 수녕궁주가 하원백과 결혼한 일과 관련된 글인데, 공주가 성상폐하(강종)와 왕후전하에게 감사드리는 表文을 올렸고, 하원백이 '今月 25일'에 壽寧宮主와 결혼하도록 허락받아 北闕(임금)과 東宮의 은혜를 입었다며 동궁인 태자전하(고종)에게 감사드

249 『고려사』 권22, 고종 총서; 『고려사』 권21, 강종 원년. 한편, 강종 원년 정월 신해일에 王子 '진'이 안악현으로부터 개경으로 돌아왔는데 그가 바로 태자에 책봉된 고종이었다.

250 왕후가 남편인 국왕 강종에게 감사하는 글도 찬술되었을 것이다.

리는 牋文을 올렸다. 성상폐하와 태후전하에게 올리는 글은 '表', 왕후 전하에게 올리는 글은 '表' 혹은 '牋', 태자전하에게 올리는 글은 牋을 썼음을 알 수 있다.[251] 수녕궁주와 하원백의 결혼은 '今月 25일'이라는 사실만 알 뿐 정확한 연월이 알려지지 않았지만, 수녕궁주의 공주와 궁주 책봉 이후로 판단되는데 강종 원년 연말이거나 강종 2년 초엽이었을 것이다.

D 부분은 진강공의 二妃 즉 최충헌의 두 배필이 宅主에 책봉된 일과 관련된 글인데, 진강공이 성상폐하에게 감사드리는 표문을 올렸고, 二妃인 王氏(강종의 庶女)와 任氏가 각각 태후 전하에게 감사드리는 표문을 올렸다. 고종이 원년에 최충헌의 妻 任氏를 綏成宅主에, 王氏를 靜和宅主에 책봉했으니,[252] D 부분은 고종 원년에 행해진 일이었다. 이를 통해 公侯의 배필도 妃로 칭해졌고 일반인 출신 公侯의 妃의 경우 宅主에 책봉되기도 했음을 알 수 있다.[253]

정리하면 강종은 원년 7월에 원자(고종)를 태자에 책봉했고, 10월 갑오일(22일)에 왕비 柳氏를 연덕궁주에 책봉했고, 그 후에 왕비 유씨를 왕후에 책봉하고 딸(이의방의 손녀)을 공주와 수녕궁주에 책봉했다. 이는 모두 강종 원년에 행해진 일이었다. 그리고 수녕궁주인 공주가 강종 원년 말엽 혹은 2년 초엽의 어느 달 25일에 하원백과 결혼했다. 강종이 여러 종류의 책봉과 수녕궁주의 결혼을 연달아 급하게 거행한 것은 희종의 폐위로 갑자기 즉위했다는 이유와 60세에 즉위해 건강에 문제가 있다는 이유로 인해 자신과 近親의 위상을 빨리 정립해야 할 필요성이 절실했기 때문이라 생각된다. 이는 강종이 2년 8월에 재위 2년만에 62세로 사망한 데에서 증명이 된다.

---

251 태후는 고려전기에는 陛下로 불려졌을 가능성이 크다.

252 『고려사』 권129, 최충헌전

253 이는 최충헌이 임금으로부터 왕씨를 하사받았기 때문이기도 했다. 고려말기로 가면서 宅主는 남발되어 왕실을 뛰어넘어 광범위하게 주어진다.

수선사의 제2대 社主 慧諶(나주 화순현 출신)이 고종 21년 6월에 입적하자 嗣法 禪老인 夢如가 逸庵居士 鄭奮(鄭晏: 하동 정숙첨의 아들, 崔怡의 처남)에게 부탁해 行錄을 작성해 진양공에게 비석 건립을 요청하니 진양공(최이)이 고종에게 아뢰어 이규보에게 명해 비명을 찬술하게 했고 비석은 고종 37년 4월에 건립되었다. 여기에는 優婆夷가 延禧宮主 王氏慈光(명종의 장녀, 寧仁侯 稹의 배필), 金官國大夫人 崔氏, 靜和宅主 王氏(강종의 庶女, 최충헌의 배필), 綏成宮主 任氏(공예태후의 동생 任溥의 딸, 최충헌의 배필), 永安宮主 鄭氏(하동 정숙첨의 딸, 崔怡의 妻?), 河東郡夫人 鄭氏(鄭奮의 딸?), □稍郡夫人 史氏(만종과 만전의 모친 瑞蓮房) 순으로 기재되어 있다.[254] 고종 원년에 최충헌의 妻 任氏를 綏成宅主에, 王氏(康宗의 庶女)를 靜和宅主에 책봉했었으니,[255] 綏成宅主는 綏成宮主로 승격된 반면 정화택주는 庶女(賤系 혹은 義子女)였기에 그대로였다. 정화택주는 강종의 딸이지만 강종의 배필 중에서 婢 혹은 妓가 낳았거나, 강종의 딸이 아니라 강종의 배필이 다른 남자와의 사이에서 낳은 딸이었을 것이다. 정화택주는 비록 왕실의 庶女였지만 강종의 딸이었기에 비석의 음기에 수성궁주보다 먼저 기재되었다. 최우의 배필 정씨는 최충헌의 배필 任氏가 綏成宮主에 오른 사례에 의거해 비록 사후이지만 永安宮主에 올랐고 생존시에 慧諶을 후원했기에 사후이지만 혜심 비문에 기재되었다고 생각된다.

---

254 조계산 제2世 단속사주지 수선사주 진각국사 碑銘(현재 강진 월남사지에 위치). 永安宮主 鄭氏는 하동 정숙첨의 딸, 崔怡의 妻가 아닐까 싶다. 정숙첨의 딸 즉 최이의 妻 鄭氏는 고종 18년에 사망해 순덕왕후 例에 따라 장사지내지고 卞韓國大夫人을 받았는데(『고려사』 권129, 최충헌전 첨부 최이), 이후 영안궁주에 추증된 것이 아닐까 추정해 본다. 기녀 서련방은 최항 묘지명에 史洪紀의 딸로 되어 있다.

255 『고려사』 권129, 최충헌전

□稍郡夫人 史氏는 妓女 출신으로 만종과 만전을 낳은 瑞蓮房으로 여겨지는데, 최항이 집권한 후에 모친에게 靖安宅主를 추증했으니,[256] 瑞蓮房은 사후에 宅主에 進封된 것이었다. 김준이 집권하자 그의 妻도 宅主에 책봉되었는데 그녀는 宮主를 入見할 때마다 上(堂上 내지 殿上)에서 拜했다.[257]

무인집권기에 무인집권자의 배필을 궁주 혹은 택주에 책봉한 사례들은 하나의 典例가 되어 고려말로 가면서 임금의 미천한 배필(노비, 기녀 출신)에게 翁主와 택주가 남발되고 임금 배필의 여성 가족이나 임금 寵臣의 妻 혹은 딸에게 宅主가 남발되는 결과를 초래했다.[258] 고려의 宮人은 왕의 총애를 받으면 宅主나 院主를 받았고, 중·후기로 가면서 미천한 출신의 궁인 혹은 후궁이 택주를 받았으며, 왕의 배필 중의 미천한 출신이 낳은 왕녀 혹은 왕의 배필이 다른 남자와의 사이에서 낳은 딸도 택주를 받았다. 그런데 후기로 가면서 일반 여성도 택주를 받는 현상이 늘어갔다.

이에 공양왕 때 도평의사사가 上言해, 天子의 배필은 后가 되고, 諸侯의 배필은 妃가 되고, 天子의 女는 公主라 하고, 諸侯의 女는 翁主라 하여 名分을 정하고 尊卑를 구분했는데, 近代 이래 기강이 문란해져 禮制를 따르지 않아 后妃·翁主·宅主의 칭호가 時君의 하고자 하는

256 『고려사』 권129, 최충헌전 첨부 최이·최항

257 『고려사』 권130, 김준전

258 『고려사』 권75, 선거지 銓注 封贈之制; 『고려사』 권77, 백관지 內職; 『고려사』 권111, 김속명전; 『고려사』 권118, 조준전; 『고려사』 권135~137, 신우전. 宮主는 충선왕 복위년 9월에 翁主로 개칭된 적이 있었고, 충혜왕 이후 後宮女職이 尊卑 無等하여 私婢와 官妓도 翁主와 宅主에 책봉되었다(『고려사』 권33, 충선왕 복위년 9월; 『고려사』 권77, 백관지 內職). 충혜왕이 단양대군의 노비로 沙器를 팔던 林氏(商人 林信의 딸)를 후궁으로 삼아 총애해 銀川翁主에 책봉했는데 沙器翁主로 속칭되었다(『고려사』 권36, 충혜왕 후3년 2월; 『고려사』 권89, 후비전 충혜왕의 은천옹주). 우왕이 노비와 기녀 출신 후궁을 옹주에 많이 책봉했다. 고려말에 일반 여성도 더러 옹주에 책봉되었다.

바에서 나오거나 權勢의 私情에서 기인한다며 비난했다. 그래서 지금부터 왕의 正配는 妃라 칭해 金印을 冊授하고, 세자 正配는 嬪이라 칭해 銀印을 冊授하고, 衆王子의 正配는 翁主라 칭하고 王女는 宮主라 칭해 아울러 銀印을 下批하고, 왕의 有服同姓姉妹姪女 및 同姓諸君 正妻는 翁主라 칭하기를 요청했다. 또한 文武 1품 正妻는 小國夫人, 2품 正妻는 大郡夫人, 3품 正妻는 中郡夫人에 책봉하고 그들의 모친은 아울러 大夫人에 책봉하며, 4품 正妻는 郡君에, 그 모친은 郡大君에 책봉하며, 5, 6품 正妻는 縣君에, 그 모친은 縣大君에 책봉하며, 三子登科의 모친으로 無職人의 妻는 특별히 縣君에 책봉해 이전처럼 歲賜하되 有職人의 妻는 2등을 더하기를 요청했다. 이 요청은 공양왕에 의해 받아들여져 시행되었다.[259]

이로써 임금의 배필은 생존시에 더 이상 后를 칭하지 못하고 妃까지만 칭할 수 있게 되었으며, 태자에서 강등된 세자의 배필은 더 이상 妃를 칭하지 못하고 嬪까지만 칭할 수 있게 되었다. 왕자들의 배필도 더 이상 妃를 칭하지 못하고 翁主까지만 칭할 수 있게 되었다. 왕녀는 公主라 칭하지 못하고 宮主라 칭하게 되었으니 궁주의 지위가 하락해 궁주가 궁의 주인으로서의 본래의 위상을 지니지 못했음을 알 수 있다.[260] 일반인 여성들은 옹주나 택주에 책봉되지 못하게 되었지만 조선이 개국되면서 허용되었다가 얼마 없어 다시 금지된다.

고려시대 후비궁의 위상을 권무관록에서 좀 더 살펴보자. 문종 30년에 정한 權務官祿에 따르면, 玄德宮·延慶宮·明福宮 使는 대궐의 景靈殿·咸慶殿 使와 더불어 40석을, 延德宮·興慶宮 등 諸宮의 使와 玄德宮·延慶宮·明福宮 副使는 26石 10斗를, 延德宮·興慶宮 등 諸宮 副使

259 『고려사』 권75, 선거지 銓注 封贈之制

260 조선시대에 『경국대전』 체제로 가면서 왕의 배필에서 妃嬪 체제와 세자의 배필에서 嬪 체제가 완성되고, 왕녀가 嫡은 公主, 庶는 翁主라 불려지게 되면서 宮主, 宅主는 사라지게 된다.

는 景靈殿·含慶殿 副使와 더불어 16석 10두를, 玄德宮·延慶宮·明福宮 錄事는 10석 10두를, 延德宮·興慶宮 등 諸宮 錄事와 延祐宅·安昌宅·福昌院·景昌院 典과 諸殿守護員은 8석 10두를, 宮直과 殿直과 長源亭直과 順天館直은 諸壇直 및 陵直과 더불어 8석을 받았다. 인종조에 更定한 권무관록에 따르면, 玄德宮·延慶宮·明福宮 使는 대궐의 咸慶殿 使와 더불어 40석을, 玄德宮·明福宮·延慶宮·興盛宮 副使는 興德宮·昌樂宮 등 諸宮 使와 더불어 26석 10두를, 興德宮·昌樂宮 등 諸宮 副使는 16석 10두를, 玄德宮·延慶宮·明福宮 錄事는 10석 10두를, 昌樂宮·承慶宮 등 諸宮 錄事와 延祐宅 衙典, 安昌宅·景昌院·福昌院 典은 萬齡殿 典 및 諸陵直과 더불어 8석 10두를 받았다.[261]

여러 궁에는 使·副使·錄事·直이, 院과 宅에는 典이, 장원정과 순천관에는 直이 두어져 권무관록을 받았다. 권무관록의 대상에서, 문종 30년을 기준으로 현덕궁과 연경궁과 명복궁이 높은 위상을 차지했고, 그 다음에 연덕궁과 흥경궁 등 諸宮이, 그 다음에 宅과 院이, 그 다음에 장원정과 순천관이 자리했다. 국왕 별궁에서 장원정의 直은 포함되었지만 국왕 별궁의 으뜸인 수창궁의 관리는 권무관록의 대상이 아니었던 듯하다. 순천관은 문종에 의해 국왕 별궁인 대명궁으로 운영되다가 宋使를 위한 客館으로 바뀌면서 直이 두어져 권무관록을 받게 되었다. 장원정과 순천관은 형식적인 위상에서는 높지 않았지만, 장원정은 국왕이 즐겨 찾는 별궁이라는 점에서, 순천관은 고려가 외교와 무역 상대로 중시한 宋의 사신을 위한 객관이라는 점에서 현실적으로는 중시되었다.

인종 때를 기준으로 현덕궁과 연경궁과 명복궁이 높은 위상을 차지했고, 그 다음에 興盛宮이, 그 다음에 홍덕궁과 창락궁 등 諸宮이, 그 다음에 承慶宮 등 諸宮이, 그 다음에 宅과 院이 자리했다. 인종조 권무

261 『고려사』 권80, 食貨志, 祿俸 權務官祿

관록에 연덕궁이 보이지 않는데, 諸宮에 포함되었을 가능성, 이자겸의 딸인 왕비 연덕궁주가 廢黜되었기 때문일 가능성, 임원애의 딸이 새롭게 왕비가 되어 연덕궁주를 칭하면서 연덕궁의 관리는 권무관록이 아니라 다른 형태의 보수를 지급받았을 가능성 등을 생각해 볼 수 있다. 문종 30년과 인종조를 기준으로 후비궁 중에서 현덕궁과 연경궁과 명복궁이 단연 위상이 높았으며, 문종 30년을 기준으로 그 다음에 연덕궁이 자리했는데 인종조와 그 이후 연덕궁의 위상은 더욱 높아진다. 현덕궁과 연경궁과 명복궁을 굳이 서열 매기자면 자료에 기재되는 순서대로 현덕궁이 으뜸이고, 그 다음에 연경궁이, 그 다음에 명복궁이 중시되었다고 생각된다. 단, 연경궁은 숙종 때 태자의 소유로 되고 인종 4년에 정변을 거치며 왕궁으로 본격적으로 사용되면서 후비궁으로서의 성격에서 벗어난다. 보통 院이 宅보다 높은 위상을 지녔는데 宅이 院보다 앞에 기재된 것은 선왕의 궁인이나 庶女가 宅主인 경우가 있어 예우 차원에서 그렇게 하지 않았나 싶다.

그러면 현덕궁, 연경궁, 명복궁, 연덕궁이 후비궁 중에서 왜 위상이 높았을까? 연경궁은 현종의 배필로 덕종과 정종 형제를 낳은 연경궁주 김씨(원성태후: 김은부의 딸)의 거처였다. 명복궁은 성종·천추태후·헌정왕후의 할머니이자 현종의 외증조 할머니인 신정태후 황보씨의 거처였다. 연덕궁은 현종의 배필로 문종을 낳은 연덕궁주 김씨(원혜태후: 김은부의 딸)의 거쳤다. 명복궁은 신정태후 황보씨의 손자인 경종과 성종 이래 중시된 곳이었고 현종과 그 이후에도 그러한 곳이었다. 문종이 자신의 어머니 거처였던 연덕궁보다 연경궁에 더 높은 위상을 부여한 것은 그가 형인 덕종과 정종을 계승한 데에서 정통성을 찾았기 때문이라 생각된다.

현종은 모친 헌정왕후 황보씨의 어머니인 신정태후 황보씨로부터 정통성을 찾았고 그래서 신정태후의 거처였던 명복궁을 중시했으며, 현종 이후의 임금들은 모두 현종의 피로 이어지므로 명복궁을 중시했다. 현종은 대궐이 아닌 곳으로는 수창궁 다음으로 명복궁을 종종 찾았다. 5년 8월에 명복궁에 이어했고, 7년 2월에는 머물던 수창궁에 怪異가 자주 발생하자 그것을 피해 명복궁에 이어하고, 7년 7월에 명복전(명복궁의 정전)에 이어해 覆試하여 金顯 등에게 급제를 하사했으며, 10년 2월에 거란군을 몰살시킨 강감찬이 갑오일에 개선하자 왕이 영파역에서 親迎하더니 임자일에 명복전에서 장수를 연회하고 삼군을 위로했으며, 11년 4월에 延慶君 책봉 기념으로 명복전에서 문무 常叅을 연회하고 물건을 하사했고, 11년 5월에 명복전에서 覆試해 이원현 등에게 급제를 하사했다.[262] 현종대의 명복궁은 변괴 회피, 覆試, 연회 등의 장소로 종종 사용되었는데 임금의 별궁으로 보아도 무방하리라 생각된다. 더구나 명복궁은 계림공 妃 柳氏의 거처로 계림공(숙종)이 이곳에서 정변을 기획하고 지휘해 이자의 세력을 숙청해[263] 왕위에 올랐으니 더욱 중요성을 띠게 되었다.

현종은 12년 8월에 연덕궁주가 왕자를 연덕궁에서 낳자 그 왕자에게 '基'라는 이름을 하사했다. 예종은 5년 5월 경술일에 왕태후(명의태후: 연덕궁주)를 연덕궁에서 朝했고, 13년 9월에 왕비 연덕궁주 이씨가 연덕궁에서 薨했다.[264] 인종이 4년 2월 경신일에 왕비 이씨를 연덕궁주에 책봉했다. 하지만 다음날인 신유일에 왕의 측근인 김찬 등이 이자겸과 척준경을 제거하기 위해 정변을 일으키고 척준경의 반격으로 임술일에 대궐이 불타자 계해일에 왕이 이자겸의 강요로 南宮인 연덕궁(연덕궁주 이씨의 궁)에 이어했다.[265] 인종은 4년 5월에 이자겸이

262 『고려사』 현종세가
263 『고려사』 권127, 이자의전
264 『고려사』 현종세가 및 예종세가
265 『고려사』 권15 및 『고려사절요』 권9, 인종 4년 2월; 『고려사』 권127, 이자겸전 및 척준경전

패배하자 6월에 간관의 건의를 받아들여 이자겸의 딸인 두 妃를 폐출한 반면 전중내급사 任元敳(任元厚)의 딸을 들여 妃로 삼고 연덕궁주에 책봉했다.[266] 5년 7월에 인종이 서경으로부터 개경에 이르러 연덕궁(연덕궁주 任氏의 궁)에 入御해 이 번 순행에 종사한 사람들을 포상했다. 6년 정월과 5월에도 인종이 연덕궁에 이어했다.[267] 그리고 7년 5월에 연덕궁에 이어해 任氏를 왕비에 책봉했다.[268] 인종 21년 5월에 연덕궁이 불탔지만[269] 곧 복구되었을 것이다. 『고려사』 예지 왕비책봉 의례에 나오는 南宮[270]은 바로 연덕궁이었다. 원자 탄생 축하 의식도 鼓吹樂 연주와 함께 연덕궁에서 행해졌는데[271] 이는 후비도 남귀여가혼의 영향을 받아 자녀를 자신의 궁원에서 낳는 풍습과 관련이 있었다. 『고려사』 예지 가례에 실린 왕비책봉 의례와 원자탄생 축하 의례는 인종의 왕비 任氏가 연덕궁주이고 의종의 왕비가 흥덕궁주이므로 인종대를 대상으로 편찬되었을 가능성이 있고, 원자·태자와 태후가 밀접하게 관련되었으므로 연덕궁주 任氏가 태후로 활동한 의종대 혹은 연덕궁주 柳氏가 태후로 활동한 고종대를 대상으로 편찬되었을 가능성도 있다.

현덕궁은 성종의 배필인 현덕궁주 김씨(문화왕후)의 거처였고, 현종의 배필인 현덕궁주 현덕왕후(성종과 문화왕후의 딸)의 거처였고, 靖宗의 배필 현덕궁주 한씨(용의왕후)의 거처였지만 그녀들은 아무도 임금을 낳지 못했다. 그러함에도 현덕궁은 후비궁에서 으뜸가는 위상을 차지했다. 그 이유는 현덕궁이 현종의 모친인 헌정왕후 황보씨의 거처

---

266 『고려사』 권15 및 『고려사절요』 권9, 인종 4년 5월·6월; 『고려사』 권88, 후비전 인종의 배필 공예태후

267 『고려사』 권15, 인종 5년과 6년

268 『고려사』 권16, 인종 7년 5월; 『고려사』 권88, 후비전 인종의 배필 공예태후

269 『고려사』 권17, 인종 21년 5월; 『고려사』 권53, 오행지 火

270 『고려사』 권65, 예지 가례 冊王妃儀

271 『고려사』 권65, 예지 가례 元子誕生賀儀; 『고려사』 권70, 樂志 雅樂 用鼓吹樂節度

였다고 추론되는 데에서 찾아야 할 듯 싶다. 그녀는 남편인 경종의 사후에 숙부 욱(안종)과 사통해 임신했는데 욱이 성종에 의해 사수(사천)로 유배되자 충격을 받아 왕륜사 남쪽 私第에서 현종을 낳자마자 불행하게 세상을 떴다. 현종과 후계 국왕들은 이곳을 신성한 공간으로 생각을 했을 터였는데 바로 현덕궁으로 여겨지는 것이다. 이러한 이유로 인해 현덕궁은 후비궁에서 으뜸의 위상을 차지하게 되었다고 생각된다. 문종은 25년 12월에 현덕궁의 米 500석을 내어 서보통원에 음식을 마련해 窮民에게 제공하게 하기도 했다.[272]

그런데 『고려사』 병지 위숙군 조항[273]을 보면, 위숙군(散職將相 2명)이 파견되는 후비궁과 공주궁이 承德宮, 延德宮, 興慶宮, 永昌宮, 玄德宮, 福寧宮, 明福宮 순으로 기재되어 있다. 이들이 위숙군이 파견될 정도로 인종대 후비궁과 공주궁에서 중시된 궁들이었다. 承德宮은 예종과 문경태후의 딸 즉 인종의 누이인 承德公主(長公主)의 궁이었고, 연덕궁은 인종의 배필인 왕비 任氏의 궁이었고, 興慶宮은 예종과 문경태후의 딸 즉 인종의 누이인 興慶公主의 궁이었다. 永昌宮은 공주궁 혹은 후비궁의 하나로 생각되는데, 예종의 배필인 왕씨 永貞宮主(인종 16년 薨)의 永貞宮의 이칭일 가능성, 인종의 왕비인 이자겸의 셋째딸(인종 17년 卒)이 廢黜된 이후의 거처였을 가능성 등이 있다. 福寧宮은 숙종과 명의태후의 딸인 福寧宮主(인종 11년 卒)의 궁이었다. 이들 궁들은 모두 散職將相 2명이 파견되어 우열을 가리기 어렵다. 인종 왕비의 연덕궁은 후비궁 중에서 가장 앞에 기재되었지만 인종 누이 長公主의 승덕궁과 인종 누이 次공주의 흥경궁 사이에 기재되었으니, 임금의 맏누이인 長公主의 위상이 왕비보다 높았을 수도 있다. 복녕궁은 숙종 딸의

---

272 『고려사』 권80, 식화지 진휼 水旱疫癘賑貸之制

273 위숙군 조항은 대궐의 문·전각, 福源宮, 후비·공주 궁, 여러 사원의 眞殿, 봉은사 진전, 여러 陵, 나성문 순으로 기재되어 있다.

궁이었지만 인종 누이와 후비 궁에 밀려 그 뒤에 기재되었다. 전통적으로 중시되어온 현덕궁과 명복궁은 후미로 밀려 복녕궁의 앞뒤에 기재되었으니 인종 후반에 와서 이전보다 덜 중시된 듯 보이지만 위숙군의 파견 대상일 정도로 여전히 위용을 유지했다. 위숙군 조항에서 이들 후비궁과 공주궁은 대체로 인종과의 관계 정도에 따른 순서에 따라 기재되었다고 생각된다. 연경궁은 왕궁으로 변모했기에 수창궁처럼 위숙군이 아닌 다른 형태의 시위군에 의해 보호받았다.

맺음말

王女는 일정한 나이가 되면 대개 공주나 궁주에 책봉되었다. 그녀들이 그러한 위상을 지닌 채 태자나 왕자, 나아가 국왕과 근친결혼했으니 남편을 공유하는 배우자들 중에서도 위상이 높았다. 왕녀 출신 후비는 대개 宮主이면서 王后나 王妃를 띠었다. 반면 일반인 출신이 임금의 배필이 된 경우 宮人에서 시작하는 경우가 많았으며 인정을 받으면 院主나 宮主에 책봉되었다. 宮이나 院을 받아 궁주나 원주가 되면 그에 따라 토지와 노비와 각종 재물을 소유하게 되어 풍족한 삶을 누릴 수 있었다.

후비는 그녀의 宮을 따라 칭호가 붙여졌으니 宮主 혹은 宮妃라 불리기도 했고, 玄德宮의 玄德王后처럼 무슨 宮 왕후라 불리기도 했다. 王后는 국왕에 따라 두어지기도 하고 안 두어지기도 했는데 원칙적으로 1명이었다. 강종의 배필 柳氏(신안후의 딸)는 『고려사』에는 王妃에 책봉된 것만 나오지만 『동국이상국집』에 따르면 王后에도 책봉되었다. 고려 중·후기로 가면서 토지가 부족해지면서 궁주에 늦게 책봉되거나 궁주에 책봉되어도 토지를 지급받지 못하는 경우가 늘어갔다.

왕녀나 왕 자매는 책봉을 거쳐 공주나 궁주가 되었는데 공주는 궁주가 아닌 경우가 꽤 되지만 궁주는 대개 공주였다. 공주이자 궁주인 경우는 興慶宮公主처럼 자신의 宮號에다가 公主를 붙여 불리곤 했다. 공주에 미처 책봉되지 못해 사망 후에 공주에 책봉되는 경우도 있었고, 공주에는 책봉되었지만 궁주에는 사망 후에 책봉되는 경우도 있었다. 공주는 탄생 순서에 따라 長公主(上公主), 二公主, 三公主 등으로 불리기도 했다. 국왕의 딸로서 혹은 자매로서 공주나 궁주에 책봉되었지만 기본적인 요소는 국왕의 딸로서의 자격이었다. 대체로 궁주가 공주보다 위상이 좀 더 높았다고 볼 수 있는데, 원간섭기에는 몽골 공주가 고려 왕실에 시집오면서 역전되어 공주가 궁주보다 위상이 높아졌다. 공주의 결혼식은 겉으로는 친영혼의 형식을 띠었지만 실질적인 내용을 보면 공주가 자신의 집에서 신랑을 데리고 사는 남귀여가혼이었다.

고려시대 왕실 여성의 칭호인 宮主, 院主, 宅主 칭호는 그녀들이 宮과 院과 宅을 소유하면서 얻은 칭호였는데 后·妃 및 公主와는 다른 계통이었다. 태후와 왕비와 왕녀도 궁을 지니면 궁주였고, 왕비와 왕녀라도 궁을 지니지 못하면 궁주가 아니었다. 院은 宮보다 낮고 宅은 院보다 낮은 위상을 지녔다. 宮主와 宅主는 임금의 배필과 딸·자매에게 주어진 칭호였고, 院主는 임금의 배필에게 주어진 칭호였다. 택주는 宮人이 받거나 왕녀 중에서 庶女(義女 포함)가 받았으며, 무인정권기를 거치면서 권력자의 妻나 딸 등 여성가족이 받는 경우가 생겨났다. 원간섭 초기에는 고려 출신 여성이 낳은 왕녀가 院妃라 불리기도 했다.

쿠빌라이칸의 딸인 몽골공주가 정화궁주를 밀어내 고려의 왕비를 차지하면서 궁주가 공주보다 하위에 처하는 현상이 나타났다. 충선왕이 복위해 궁주를 옹주라 고치면서 왕실 여성의 칭호로 옹주가 사용되기 시작했는데, 옹주는 후궁의 칭호와 왕녀(대개 고려 여인 소생)의 칭호로 사용되었다. 院主는 교통의 요충지에 세워진 院의 우두머리도 '院

主'라 불린 때문인지 고려말기에는 왕실 여성 칭호로 사용되지 않았다. 왕의 배필은 충렬왕 때와 충선왕 즉위년에는 몽골 출신이 公主로 王妃가 되고 그 외는 院妃 등을 칭했으며, 충선왕 복위 이후에 몽골 출신이 公主로 王妃가 되고, 그 외는 諸妃와 옹주 등이 되었으며, 몽골공주가 사라진 우왕 때 이후에는 諸妃와 옹주 등으로 이루어졌다. 공양왕 때에는 궁주 명칭이 회복되어 大妃와 왕녀의 호칭으로 사용되었다. 고려말기에 제국공주가 원성전을 지녀 원성공주라 불리고, 덕녕공주가 덕녕부를 지녀 덕녕공주라 불리고, 명덕태후가 숭경부를 지녀 숭경태후라 불렸듯이 왕실 여성이 殿·府 칭호로 불리기도 했다.

조선초기에는 공양왕 때의 결정에 준하였지만 궁주가 왕녀의 호칭으로 사용되었을 뿐만 아니라 후궁의 명칭으로 사용되었으니 궁주의 위상이 하락했다. 왕의 배필은 妃(王妃)와 궁주 등으로 이루어졌고, 妃와 궁주 사이에 嬪이 두어지기도 했다. 后는 임금의 배필 중에서 死後에만 주어졌다. 嬪은 또한 세자 正配의 칭호로 사용되었다. 왕녀는 정궁 소생은 궁주, 후궁 소생은 옹주라 불렀다. 세종 즉위 무렵에 상왕과 왕의 배필은 妃, 嬪, 宮主 등으로 이루어졌고, 왕녀는 공주(정궁 소생)와 옹주(후궁 소생)로 이루어졌다. 이에 따라 궁주는 더 이상 왕녀의 칭호로 사용되지 않게 되었다. 종실의 처와 공신의 처 등이 옹주와 택주로 불리다가 태종 때 종실의 처는 國大夫人, 國夫人, 宅主, 愼人, 惠人 순으로, 공신의 처는 國大夫人, 國夫人, 宅主로 서열이 정해지면서 그녀들의 칭호로 옹주가 더 이상 사용되지 않게 되었다. 세종 10년 무렵에 국왕의 배필은 正宮인 妃(王妃), 후궁인 嬪·貴人·昭儀 등으로 이루어졌고, 세자의 正配는 嬪으로 불렸으니, 임금 배필의 칭호로 궁주가 더 이상 사용되지 않게 되었다. 이는 『경국대전』에 거의 그대로 반영되었다. 또한 『경국대전』에 따르면, 종친의 처는 府夫人·郡夫人·縣夫人 등으로 불리고, 문무관의 처는 貞敬夫人·貞夫人·淑夫人 등으로 불려 더 이상 택주를 사용하지 않게 되었다.

고려시대에는 왕실 여성의 칭호로 宮主, 院主, 宅主가 사용되었다. 이 중에서 院主는 고려말에 소멸했다. 궁주는 본격적인 원간섭기에 소멸했다가 공양왕 때 부활했지만 조선초기에 후궁과 왕녀의 칭호로 사용되고 이어서 후궁의 칭호로만 사용되다가 세종 10년 무렵에 소멸했다. 옹주는 대개 원간섭기에 후궁과 왕녀의 명칭으로 사용되고 우왕 이후 후궁의 명칭으로 사용되었으며, 고려말에 권세가의 여성가족이나 임금 측근의 여성가족에게 주어지기도 했으며, 조선시대에 후궁 소생의 왕녀 칭호나 공신의 妻 명칭으로 사용되다가 후궁 소생의 왕녀 칭호로만 사용되었다. 택주는 고려 후기로 가면서 권세가와 국왕 측근의 여성 가족에게 확대 사용되고 조선시대에 이어져 공신의 妻 명칭으로 사용되다가 소멸되었다. 이로써 고려왕실의 여성 칭호는 역사상에서 거의 소멸했다.

〈도표 5-1〉 후비궁

남편	후비	고향, 근친	생존시 칭호1	생존시 칭호2	궁원	시호, 비고	전거
태조	柳氏	貞州 柳天弓 딸	河東郡夫人 (後唐 책봉)			신혜왕후 (顯陵 합장)	후비전
	吳氏	羅州 목포 多憐君				장화왕후	후비전
	劉氏	충주 劉兢達 딸			忠州院?	신명순성왕태후	후비전
	황보씨	황주 황보제공 딸	황주원부인	명복궁대부인	黃州院, 명복궁	신정왕태후, 신정대왕태후 (壽陵)	후비전
			경1.6 황주원 2낭군에 加元服	황주원을 명복궁으로 개칭	황주원, 명복궁		세가
	김씨 혹은 이씨	신라 김억렴 딸 혹은 합주守 李正言 딸				신성왕태후 (貞陵) 신성왕후 (貞陵)	후비전 삼국유사
	柳氏	貞州 柳德英 딸				정덕왕후	후비전
	平氏	경주 平俊 딸	헌목대부인 (칭호?)			헌목대부인 (시호?)	후비전
	왕씨	溟州 王景 딸	貞穆夫人 (칭호?)		(小)溟州院?	貞穆夫人 (시호?)	후비전
	庾氏	평주 庾黔弼 딸	동양원부인		東陽院		후비전
	史失姓氏	鎭州 名必 딸	숙목부인 (칭호?)		鎭州院?	숙목부인 (시호?)	후비전
	林氏	경주→천안 林彦 딸	천안부원부인		天安府院		후비전
	洪氏	홍주 洪規 딸	홍복원부인		興福院		후비전
	이씨	陜州 李元 딸	後大良院夫人		(後)大良院		후비전
	왕씨	명주 王乂 딸	大溟州院夫人		(大)溟州院		후비전

남편	후비	고향, 근친	생존시 칭호1	생존시 칭호2	궁원	시호, 비고	전거
	왕씨	廣州 王規 딸	廣州院夫人		廣州院		후비전
	왕씨	廣州 王規 딸	小廣州院夫人		(小)廣州院	(아들 광주원군)	후비전
	박씨	승주 박영규 딸	동산원부인		東山院		후비전
	왕씨	춘주 王柔 딸	禮和夫人 (칭호?)			禮和夫人 (시호?)	후비전
	김씨	洞州→서경 金行波 딸	大西院夫人		(大)西院{서경}	동주에서 서경으로 이주	후비전
	김씨	洞州→서경 金行波 딸	小西院夫人		(小)西院{서경}	동주에서 서경으로 이주	후비전
	史失其氏族		西殿院夫人		西殿院		후비전
	康씨	信州 강기주 딸	信州院夫人		信州院		후비전
	史失姓氏	충주? 英章 딸	月華院夫人		月華院		후비전
	史失姓氏	황주 順行 딸	(小)황주원 부인		황주원		후비전
	박씨	평주 박지윤 딸	聖茂부인 (칭호?)		平州院?	聖茂부인 (시호?)	후비전
	洪氏	의성 洪儒 딸	의성부원부인		義城府院		후비전
	박씨	평주 박수문 딸	월경원부인		月鏡院		후비전
	박씨	평주 박수경 딸	몽량원부인		夢良院		후비전
	史失姓氏	海平 선필 딸	해량원부인		海良院		후비전
혜종	林씨	鎭州 林曦 딸	혜종正胤 때 爲妃			義和王后 (順陵, 혜종廟)	후비전
	왕씨	廣州 王規 딸	後광주원부인		(後)廣州院		후비전

남편	후비	고향, 근친	생존시 칭호1	생존시 칭호2	궁원	시호, 비고	전거
	김씨	청주 김긍률 딸	청주원부인		淸州院		후비전
	哀伊主	경주 連乂 딸	宮人				후비전
定宗	박씨	승주 박영규 딸				文恭王后 (安陵, 정종廟)	후비전
	박씨	승주 박영규 딸	慶春院부인		慶春院	아들 慶春院君	후비전
	김씨	청주 김긍률 딸	청주남원부인		淸州南院		후비전
광종	황보씨	태조+황주원부인皇甫 딸				대목왕후, 대목황후 (광종廟)	후비전, 균여전
	林氏	혜종+의화왕후林 딸	慶化宮부인		慶化宮		후비전
경종	김씨	신라 경순왕 김부 딸				獻肅왕후 (경종廟)	후비전
	劉씨	문원대왕(광종親弟) 貞 딸				獻懿왕후	후비전
	황보씨	대종旭(태조+황주원부인皇甫) 딸	(성종 9. 12 숭덕궁嫡男 誦으로 개녕군)	崇德宮夫人 (崇德宮主)	숭덕궁	현종 20.1 숭덕궁에서 薨(66세)	세가,후비전
				應天啓聖靜德王太后	崇德宮, 천추궁	獻哀왕후 (幽陵)	후비전
				천추태후	천추궁 (천추전)		세가
			천추태후 황보씨 薨于숭덕궁		숭덕궁		세가
	황보씨	대종旭(태조+황주원부인皇甫) 딸	玄德宮 夫人(宮主)?		왕륜사 南 私第 (玄德宮?)	獻貞왕후, 孝肅王太后 (元陵)	후비전
	柳씨	원장태자(태조+정덕왕후柳) 딸	大明宮夫人		大明宮		후비전

남편	후비	고향, 근친	생존시 칭호1	생존시 칭호2	궁원	시호, 비고	전거
성종	劉씨	광종 딸(初適弘德院君 後配성종)				文德王后 (성종廟)	후비전
	김씨	善州 金元崇 딸	初稱延興宮主, 或稱玄德宮主	大妃(현종 20.4)	延興宮, 玄德宮	文和王后	후비전
		賜현덕궁주김씨 萬齡宮(세가)	현덕궁주		만령궁		세가
	최씨	경주? 崔行言 딸	延昌宮부인		延昌宮		후비전
목종	劉씨	弘德院君 圭(수명태자 子) 딸				宣正王后 (목종廟)	후비전
	김씨		宮人, 邀石宅宮人		邀石宅		후비전, 절요 목 10.7
현종	김씨	성종+문화왕후 金 딸	玄德王后		玄德宮	元貞왕후, 貞元왕후 (和陵)	후비전 지채문전
			王后김씨 薨于현덕궁 (현9.4)		현덕궁		세가
	최씨	성종+연창궁부인崔 딸	恒春殿王妃,常春殿王妃		恒春殿, 常春殿	元和왕후	후비전
			大明宮主, 大明王后		대명궁		지채문전, 절요
		현 7. 6 왕자(秀)生於항춘전			항춘전		세가
	김씨	안산 김은부 딸	延慶院主, 延慶宮主	王妃	延慶院-延慶宮	元成王后, 元城(成)태후	후비전
					長慶宮 (舊宅)	(明陵, 현종廟)	세가

남편	후비	고향, 근친	생존시 칭호1	생존시 칭호2	궁원	시호, 비고	전거
		현종7. 5 궁인김씨生왕자(欽)	賜연경원 금은器匹段田莊노비		연경원	鹽分도 하사	세가
		현종9.7 왕자(亨)生於연경원	改院爲宮 賜禮物		연경원-연경궁		세가
			현13.10 册연경궁주爲왕비 현19.7 王妃김씨薨,		연경궁	諡元成왕후, 葬明陵, 諡원성태후 현종廟에 합사됨	후비전, 절요
	김씨	안산 김은부 딸	安福宮主-延德宮主		安福宮-延德宮	元惠(궁주?), 왕비, 平敬왕후	후비전
						平敬왕후, 元惠태후 (懷陵)	후비전
		현10.12 왕자(緖)生於안복궁	안복궁을 연덕궁이라 개칭		안복궁-연덕궁	賜禮物	세가
		현12.8 왕자(基)生於연덕궁			연덕궁		세가
	柳氏	장경태자 딸	納爲妃(현종4.5)			元容왕후	후비전
	徐씨	利川 徐訥 딸	(현종13.8)淑妃 興盛궁주		興盛宮	元穆왕후 (火葬: 無子)	후비전
	김씨	안산 김은부 딸				元平왕후 (宜陵)	후비전
	김씨	경주 김인위 딸	慶興院主 德妃	慶興院主 貴妃	慶興院	元順淑妃	후비전
	왕씨	청주 왕가도(이가도) 딸				元質貴妃	후비전

남편	후비	고향, 근친	생존시 칭호1	생존시 칭호2	궁원	시호, 비고	전거
	庾씨		宮人	貴妃(현종 16년)			후비전
	韓萱英	楊州 韓藺卿 딸	宮人	(검교太師 王忠을 낳음)			후비전
	이씨	李彥述 딸	宮人				후비전
	박씨	全州 朴溫其 딸	宮人				후비전
덕종	김씨	현종+원순숙비 金 딸	王后			敬成왕후 (質陵, 덕종廟)	후비전
	왕씨	청주 왕가도(이가도) 딸	納爲妃, 賢妃			敬穆賢妃	후비전
	김씨	현종+원혜태후 金 딸				孝思왕후	후비전
	이씨	부여 李稟焉 딸	(史失其稱號)			(史失其稱號)	후비전
	劉씨	충주 劉寵居 딸	(史失其稱號)			(史失其稱號)	후비전
靖宗	韓씨	湍州 韓祚 딸	平壤君納爲妃, 즉위延興宮主	生子冊惠妃, 後封定信王妃	延興宮	容信王后 (문2. 3). (玄陵: 靖2.7薨)	후비전
		정종1.1 왕자(형)生于연흥궁			연흥궁		세가
			정 1.3 冊延興宮主韓氏爲惠妃		연흥궁		절요
	韓씨	湍州 韓祚 딸	정 4.4 冊麗妃 號昌盛宮主	後改玄德宮主, 6.2 冊王后	昌盛宮, 玄德宮	容懿왕후	후비전
				정종6.2 冊麗妃韓氏爲王后			절요
	이씨	부여 李稟焉 딸	昌盛宮主		昌盛宮	容穆왕후	후비전

남편	후비	고향, 근친	생존시 칭호1	생존시 칭호2	궁원	시호, 비고	전거
	김씨	경주 金元沖 딸	延興宮主		延興宮	容節德妃(追封德妃 謚容節)	후비전
	盧씨	(未詳世系)	궁인(정종시), 延昌宮主 (문종時)		延昌宮 (문종時)		후비전, 절요
문종	김씨	현종+원성태후 金 딸				仁平왕후	후비전
	이씨	인주 이자연 장녀	延德宮主, 王妃	太后	延德宮	仁睿順德太后 (戴陵)	후비전
			以外戚李預妻王氏等 授尙宮以下內職	爲王太后宮官, 賜俸有差	태후궁	선종 3. 1	절요
			王 上册于王太后 賜羣臣宴	왕태후		선종 3. 2	절요
	이씨	인주 이자연 딸	壽寧宮主, 淑妃		壽寧宮	仁敬賢妃	후비전
	이씨	인주 이자연 딸	崇敬宮主		崇敬宮	仁節賢妃	후비전
	김씨	경주 金元沖 딸	崇化宮主		崇化宮	仁穆德妃	후비전
	某씨?	경창원屬田柴 移屬흥왕사	경창원주		경창원	公田보상. 魚梁舟楫노비 還官취소	세가, 문12.7
순종	왕씨	종실 평양공 基 딸				貞懿왕후	후비전
	김씨	경주 金良儉 딸	(東宮選入宮, 문종이 還外第)	延福宮主	延福宮	宣禧왕후 (순종廟)	후비전
	이씨	인주 李顥 딸	納爲妃, 王薨在外宮與宮奴通	長慶宮主	長慶宮		후비전
선종	이씨	인주 李預 딸	國原公納爲妃			貞信賢妃	후비전

남편	후비	고향, 근친	생존시 칭호1	생존시 칭호2	궁원	시호, 비고	전거
	이씨	인주 李碩 딸	국원공妃, 延和宮妃, 王妃, 王后	태후(稱制섭정: 永寧府)	延和宮, 中和殿	思肅태후 (선종廟)	후비전
		왕자生於연화궁	연화궁주		연화궁		세가
	이씨	인주 李정 딸	元禧宮妃, 元信宮主(?)		元禧宮	元信宮主 (시호?)	후비전
숙종	柳씨		(헌1.7 李資義聚兵禁中 將擧事)	계림공在명복궁密知之...	명복궁		절요,이자의전
		貞州 柳洪 딸	明福宮主(계림공妃)	延德宮主, 王妃, 왕태후	明福宮, 延德宮	明懿왕태후 (崇陵)	후비전
					崇明府, 天和殿		세가
			예종 5.5 王朝왕태후于연덕궁	왕태후	연덕궁		세가
예종	이씨	선종+정신현비 李 딸	長於外家 封延和公主,納爲妃	왕비 연화궁주	延和宮	敬和왕후 (慈陵)	후비전, 절요
	이씨	인주 이자겸 제2녀	延德宮主, 王妃		延德宮	順德왕후, 文敬왕태후 (綏陵)	후비전
		예13.9 왕비 연덕궁주 이씨 薨	연덕궁주		연덕궁		세가
	왕씨	종실 진한후 딸	永貞宮主(王薨出居永貞宮)	貴妃(인종 7년)	永貞宮	文貞왕후 (인종 16년 薨)	후비전
	최씨	해주 崔湧 딸	長信宮主	淑妃 (인종 7년)	長信宮	(명종 14년 卒)	후비전
인종	이씨	인주 이자겸 제3녀	延德宮主	(이자겸 패배후 廢妃)	延德宮	(인종 17년 卒)	후비전
			인 4. 2 임금이 南宮에 이어		남궁 (연덕궁)	이자겸 강요. (이자겸,척준경傳)	세가, 절요

남편	후비	고향, 근친	생존시 칭호1	생존시 칭호2	궁원	시호, 비고	전거
	이씨	인주 이자겸 제4녀	福昌院主	(이자겸 패배후 廢妃)	福昌院	명25.11 인종出妃福昌院主李氏卒	세가
						(명종 25년 卒 葬以后禮)	후비전
	任氏	정안 任元厚 딸	4년 選入宮, 延德宮主, 王妃	왕태후(厚德殿, 善慶府)	延德宮	恭睿태후 (純陵)	후비전
			인종 5. 2 至自서경 入御연덕궁		연덕궁	포상. (세가)	세가
			인종이 연덕궁에 이어		연덕궁	(세가)	세가
			인종이 연덕궁에 이어		연덕궁	(세가)	세가
			연덕궁이 불탐		연덕궁	(세가)	세가
			명종의 壻가 태후행궁에 머묾		태후 행궁 (태후궁)	명종 10년 6월. 수창궁 옆	세가, 절요
			廣德里 舊有太后別宮 因火災不御 鄭筠請買爲私第 太后却其直與之 정균大興工役 營葺	時王在壽昌宮 侍太后疾 其地距宮不百步 王深惡之 屢欲詔止其役 憚筠不果	태후 별궁 (수창궁 근처)		절요,정중부전
			명종 13. 11 왕태후 任氏 薨	殯于義昌宮旁私第	의창궁		세가

남편	후비	고향, 근친	생존시 칭호1	생존시 칭호2	궁원	시호, 비고	전거
			명종13.윤11 葬태후于純陵	王 自義昌宮 步至미륵사 釋服 移御堤上宮	의창궁, 제상궁		세가
	김씨	金璿 딸	5년 納爲 '次妃'	의종尊爲'王太妃 延壽宮主'	延壽宮	宣平王后 (명종 9년 卒)	후비전
			의종 2. 11 尊인종次妃김씨	爲王太妃延壽宮主	연수궁		세가
의종	김씨	종실 강릉공 溫 딸	태자納爲妃, 즉위 興德宮主		興德宮	莊敬왕후	후비전
		의종5.4 封王妃王氏爲興德宮主	홍덕궁주		홍덕궁	(세가)	세가
	최씨	崔端 딸				莊宣왕후	후비전
	無比	남경 官婢 출신	궁인			(백선연전, 정함전 등)	세가
명종	김씨	종실 강릉공 溫 딸	義靜王后			光靖태후 (강종 때)	후비전
	寵姬	寵姬 딸을 登第이화룡과 혼인	命於현덕궁 迎紅牌 賜內庫銀	寵姬	현덕궁	명종18.6	세가
신종	김씨	종실 강릉공 溫 딸	平諒公納, 즉위 元妃, 3년 宮主	희종시 왕태후 (慶興府)	태후 長秋殿	宣靖태후 (고종 9년 薨) (眞陵)	후비전 세가,절요
				왕태후 (膺慶府: 개칭)	태후 綏福殿 (改)		세가
희종	任씨	종실 寧仁侯 딸(諱稱任氏)	元妃, 王妃 咸平宮主 (희종 7)		咸平宮	成平왕후 (고34 薨) (紹陵:江都)	후비전

남편	후비	고향, 근친	생존시 칭호1	생존시 칭호2	궁원	시호, 비고	전거
			고 34.8 희종妃함평궁주任氏薨				세가
강종	이씨	전주 이의방 딸	태자시 納, 廢出			思平王后	후비전
	柳씨	종실 信安侯 딸	강종 1년 王妃 延德宮主		延德宮	元德태후 (고26 薨) (坤陵:江都)	후비전, 세가, 절요
			고종 2.9 奉태후 移御淸州洞宮	태후	청주동궁		세가
고종	柳씨	희종+성평왕후 딸	희종7 承福宮主,고종5 納爲妃			安惠(고19 薨), 安惠태후 (원종1)	후비전
원종	김씨	경주 김약선 딸(최우 외손녀)	敬穆賢妃, 태자納爲妃(高22)	(요절: 生충렬왕而薨)		靜順왕후(원3), 順敬태후 (충렬)	후비전
	柳씨	종실 신안공 딸	慶昌宮主, 王后(원종1년 책봉)	(충렬왕시 廢爲庶人)	慶昌宮 (江都)		후비전
충렬	忽都魯揭里迷失	元 세조+阿速眞可敦의 딸	원성공주	안평공주	경성궁, 원성전, 응선부	인화전, 고릉. 장목인명왕후, 인명태후, 제국대장공주	후비전
	왕씨	종실 司徒(→시안공) 絪의 딸	태자비	정화궁주, 정신부주	정화궁, 정신부	절요 원종 1.11	후비전
	김씨	김양감의 딸	숙창원비 (충렬왕 배필)	숙비 (충선왕 배필)	숙창원		후비전
	柴氏, 無比, 도라산, 伯也丹	泰山郡人 柴氏의 딸	궁인			절요 충렬 21년, 23년	최세연전 절요

남편	후비	고향, 근친	생존시 칭호1	생존시 칭호2	궁원	시호, 비고	전거
충선	寶塔實憐	元 晉王 甘麻剌의 딸		韓國長公主	중화궁, 숭경부	계국대장공주	후비전
	也速眞	蒙古女(生세자鑒, 충숙왕)				추증 懿妃	후비전
	왕씨	종실 서원후 瑛의 딸				추증 靜妃	후비전
	홍씨	남양 洪奎의 딸	순화원비		순화원		후비전
	조씨	趙仁規의 딸	충선 세자시절에 納妃	(趙妃)			후비전
	허씨	許珙의 딸	平陽公의 妻였다가 과부	順妃			후비전
충숙	亦憐眞八剌	元 營王 也先帖木兒의 딸				추증 靖和공주, 복국장공주	후비전
	金童	元順宗子 魏王 阿木哥의 딸	(生용산원자)			추봉 조국장공주	후비전
	伯顔忽都	蒙古女		경화공주	경화부, 영안궁	숙공휘녕공주	후비전
	홍씨	남양 洪奎의 딸	德妃	大妃, 숭경왕태후	덕경부, 문예부, 숭경부	令陵, 시호 恭元 (공원태후) 명덕태후(생존호? 시호?)	후비전
	권씨	福州 權衡의 딸	全衡과 혼인했다가 絶婚	壽妃			후비전
충혜	亦憐眞班	元 鎭西 武靖王 焦八의 딸	(生충목왕,장녕옹주)	덕녕공주	덕녕부	(印侯 附 인승단傳)	후비전
	윤씨	파평 윤계종의 딸	(生충정왕)	禧妃	경순부		후비전
	홍씨	洪鐸의 딸		和妃			후비전

남편	후비	고향, 근친	생존시 칭호1	생존시 칭호2	궁원	시호, 비고	전거
	林氏	商人 林信의 딸, 단양대군의 婢	은천옹주	사기옹주			후비전
공민	寶塔失里	元 宗室 魏王의 딸			숙옹부	正陵. 인덕공명자예선안왕태후 노국휘익(노국휘의)대장공주	후비전
	이씨	계림 이제현의 딸	惠妃				후비전
	한씨	종실 덕풍군 義의 딸	益妃				후비전
	안씨	죽주 안극인의 딸	定妃	王大妃	자혜부, 경신전		후비전
	염씨	瑞原 염제신의 딸	愼妃				후비전
우왕	이씨	고성 李琳의 딸	謹妃(生창왕)		후덕부		신우전
	釋婢	노영수의 딸	궁인	毅妃	덕창부, 의비궁		신우전
	龍德(加也只)		통제원 婢	숙비	숙비궁		신우전
	姜氏	강인유의 딸	安妃				신우전
	봉가이	趙英吉+이인임 婢의 딸	이인임의 婢	숙녕옹주, 德妃			신우전
	칠점선	南秩의 첩	기녀	녕선옹주			신우전
	안씨	안숙로(定妃의 弟)의 딸	賢妃				신우전
	소매향		기녀	화순옹주			신우전
	연쌍비		기녀	명순옹주			신우전
	최씨	최영의 딸	寧妃		寧惠府		신우전
	신씨	申雅의 딸	正妃				신우전
	왕씨	王興의 딸	善妃				신우전
공양	노씨	교하 노진 딸		順妃	의덕부		후비전

〈도표 5-2〉 왕녀궁

왕녀	혼인 등	생존시 칭호1	생존시 칭호2	궁원	시호, 비고	전거
태조+신명태후 딸	신라왕金傅 배필	安貞淑儀公主, 樂浪공주	神鸞宮夫人	神鸞宮	安貞淑儀公主(시호?)	공주전
태조+신명태후 딸	원장태자 배필		興芳宮主	興芳宮		공주전
태조+신정태후 딸	광종 배필				대목왕후	공주전
태조+정덕왕후 딸	문원대왕貞 배필				文惠왕후	공주전
태조+정덕왕후 딸	대종 旭 배필				宣義왕후(대종廟)	공주전
태조+정덕왕후 딸	의성부원대군 배필	公主(史失其號)				공주전
태조+정목부인 딸			順安王大妃			공주전
태조+홍복원부인 딸	태자 泰 배필	公主(史失其號)				공주전
태조+성무부인	金傅(경순왕) 배필	公主(史失其號)				공주전
혜종+의화왕후 딸	광종 배필		慶化宮부인	慶化宮		후비, 공주전
혜종 딸		貞憲公主				공주전
혜종+宮人哀伊主 딸		明惠夫人				공주전
광종+대목왕후 딸	千秋殿君의 배필	千秋夫人	千秋殿夫人	千秋殿		후비, 공주전
광종+대목왕후 딸		寶華夫人	寶華宮夫人	寶華宮		후비, 공주전
광종+대목왕후 딸	弘德院君 배필, 성종 배필				文德왕후	후비, 공주전
성종+문화왕후 딸	현종 배필				元貞왕후	후비, 공주전

왕녀	혼인 등	생존시 칭호1	생존시 칭호2	궁원	시호, 비고	전거
성종+연창궁부인 딸	현종 배필				元和왕후	후비, 공주전
현종+원화왕후 딸		積慶公主			孝靖공주 (현종 21년 卒)	공주전
현종+원화왕후 딸			天壽殿主	天壽殿		공주전
현종+元成태후 딸	문종 배필				仁平왕후	후비, 공주전
현종+元成태후 딸		景肅공주				후비, 공주전
현종+원혜왕후 딸	덕종 배필				孝思왕후	후비, 공주전
현종+원평왕후 딸		孝敬공주				공주전
현종+원순숙비 딸	덕종 배필				敬成왕후	후비, 공주전
현종+宮人박씨 딸	검교소감 井民相 배필	阿志				공주전
덕종+경목현비 딸		(蚤卒)			상懷공주	공주전
덕종+劉씨 딸	太師 忠(현종+韓萱英) 배필	公主(史失其號)				후비, 공주전
靖宗+용목왕후 딸					悼哀공주 (문종 11년 卒)	공주전
문종+인예태후 딸	부여공(문종+인경현비) 배필		積慶宮主	積慶宮		후비, 공주전
		王妹 積慶宮主 適王弟扶餘侯㸂	적경궁주	적경궁	先是 王弟金官侯烝 卞韓侯愔辰韓侯愉等 諫以同姓, 不從	절요 선3.2

왕녀	혼인 등	생존시 칭호1	생존시 칭호2	궁원	시호, 비고	전거
문종+인예태후 딸	낙랑공 瑛 배필		保寧宮主	保寧宮	시호 慶順 (예종 8년 卒) (溫陵)	후비, 공주전
문종+인예태후 딸		다른 公主 2명 蚤卒				후비, 공주전
문종+인숙현비 딸		公主 2명 蚤卒				후비, 공주전
문종+인목덕비 딸		公主 蚤卒				후비, 공주전
선종+정신현비 딸	예종 배필				敬和왕후	후비, 공주전
선종+사숙태후 딸		公主(史失其號, 蚤卒)				후비, 공주전
선종+사숙태후 딸	(生而盲 年40不嫁)		遂安宅主	遂安宅	(인종 6년 卒)	후비, 공주전
숙종+명의태후 딸	회안백 沂 배필	公主(숙종 8년 책봉)	大寧宮主(예종 세가 즉위년)	大寧宮	시호 貞穆 (예종 9년 卒)	후비, 공주전
숙종+명의태후 딸	승화백 배필	公主(숙종 8년 책봉)	숭덕궁주 (예종세가 즉위년) 興壽宮主	숭덕궁, 興壽宮	(인종 1년 卒)	후비, 공주전
숙종+명의태후 딸	광평공 源 배필	公主(숙종 10년 책봉)	安壽宮主(예종 세가 즉위년)	安壽宮		후비, 공주전
숙종+명의태후 딸	진강백 演 배필	公主(예종9 책봉, 富爲宗室第1)	福寧宮主	福寧宮	시호 貞簡 (인종 11년 卒)	후비, 공주전
예종+문경태후 딸	한남백 杞 배필	인종2 册爲長公主, 承德公主				후비, 공주전
예종+문경태후 딸	안평공 璥 배필	인종2 封公主, 興慶公主			(명종 6년 卒)	후비, 공주전
인종+공예태후 딸	공화후 瑛 배필		承慶宮主	承慶宮		후비, 공주전

왕녀	혼인 등	생존시 칭호1	생존시 칭호2	궁원	시호, 비고	전거
인종+공예태후 딸	강양공 배필		德寧宮主 (天姿艷麗)	德寧宮	(명종 22년 卒)	후비, 공주전
인종+공예태후 딸	신안후 珹 배필 (고종 外祖母)		의종5 封宮主, 昌樂宮主	昌樂宮	(고종 3년 卒)	후비, 공주전
인종+공예태후 딸	소성후 珙 배필		永和宮主	永和宮	시호 敬和 (희종 4년 卒: 68세)	후비, 공주전
인종+공예태후 딸	의종 2년 11월	册王妹上公主爲 승경궁주	(王妹)二公主爲 덕녕궁주	승경궁, 덕녕궁		세가
	의종 5년 4월	제3妹를 창락궁주에 책봉	제4妹를 영화궁주에 책봉	창락궁, 영화궁		세가
	명종 27년 9월	명종 出향성문, 창락궁 유폐		창락궁	최충헌 형제의 강요	세가
		명종이 신종5.11에 창락궁 사망		창락궁		세가
의종+장경왕후 딸	司空 評 배필(의종 16년)		의종11 册爲宮主, 敬德宮主	敬德宮		후비, 공주전
의종+장경왕후 딸	守司徒함녕백璞 배필(의종17)		의종11 册爲宮主, 安貞宮主	安貞宮	(명종 5년에 殿前과 사통)	후비, 공주전
의종+장경왕후 딸	광릉후 沔 배필		의종11 册爲宮主, 和順宮主	和順宮		후비, 공주전
(명종+광정태후 딸)	명종 3년 4월	封王長女 爲延禧宮公主	次女 爲壽安宮公主	연희궁, 수안궁		세가
명종+광정태후 딸	寧仁伯 배필(명종 9)	公主(명종3 책봉)	延禧宮主	延禧宮		후비, 공주전
명종+광정태후 딸	昌化伯 祐 배필(명종 9)	公主(명종3 책봉)	壽安宮主	壽安宮		후비, 공주전

왕녀	혼인 등	생존시 칭호1	생존시 칭호2	궁원	시호, 비고	전거
신종+선정 태후 딸	河源公 瑃 배필	孝悔公主			신종2년 17세 卒, 追封興德宮主	후비, 공주전
신종+선정 태후 딸	시흥백 배필(신종 4)	公主(신종 2)	敬寧宮主	敬寧宮		후비, 공주전
희종+성평 왕후 딸	고종 배필		承福宮主	承福宮	安惠태후	후비, 공주전
희종+성평 왕후 딸	단양백 배필	永昌公主	永昌宮主	永昌宮		후비, 공주전
희종+성평 왕후 딸	永嘉侯 崔전(최충헌 子) 배필		德昌宮主	德昌宮		후비, 공주전
희종+성평 왕후 딸	신안공 배필		嘉順宮主	嘉順宮		후비, 공주전
희종+성평 왕후 딸	영안공 배필		貞禧宮主	貞禧宮		후비, 공주전
강종+사평 왕후 딸	河源公 瑃 배필	(이의방의 외손녀)	강종1년 封宮主, 壽寧宮主	壽寧宮	시호 敬烈	후비, 공주전
고종+안혜 태후 딸	신양공 배필		壽興宮主	壽興宮		후비, 공주전
원종+경창 궁주 딸	제안공 淑 배필		慶安宮主	慶安宮(江都)		후비, 공주전
원종+경창 궁주 딸	광평공 혜 배필		咸寧宮主	咸寧宮(江都)		후비, 공주전
충렬+정화 궁주 딸	제안공 淑 배필	靖寧院妃		정녕원		후비, 공주전
충렬+정화 궁주 딸	漢陽公의 배필	명순원비		명순원		후비, 공주전
충혜+덕녕 공주 딸	元 魯王의 배필	장녕옹주	장녕공주		(공민왕세가, 신우전)	후비, 공주전
공양+순비 노씨 딸	익천군 緝의 배필		숙녕궁주			후비, 공주전

왕녀	혼인 등	생존시 칭호1	생존시 칭호2	궁원	시호, 비고	전거
공양+순비 노씨 딸	단양군 우성범의 배필		정신궁주			후비, 공주전
공양+순비 노씨 딸	진원군 강회계의 배필		경화궁주			후비, 공주전

제6장 고려 왕실의 상장제례와 태묘·경령전

머리말

1. 廟號와 太廟의 도입과 喪葬祭禮
2. 太廟의 변천과 喪葬祭禮
3. 경령전과 태묘의 운영
4. 后妃의 태묘 合祀

맺음말

머리말

왕조시대에 역대 임금과 后妃는 생존시는 물론 사후에도 尊崇되었다. 사후에 그들을 기리는 시설들이 만들어져 왕조의 支柱로 기능하며 왕조와 사회를 유지하는 구심점으로 작용했으며, 왕실이 그러한 시설과 의례를 통해 효도를 실천하는 모습을 연출해 기강을 확립하고 충성을 이끌어내려 했다. 고려시대는 그러한 시설물로 진전과 경령전과 태묘와 여러 릉이 있었다.

고려시대 개경의 景靈殿과 太廟(大廟)는 고려 왕실의 권위를 상징하는 시설물이었다. 경령전은 대궐(본궐) 안에, 태묘는 도성(나성) 동쪽의 바깥에 자리잡았다. 경령전은 태조의 眞影과 임금 4親의 眞影을 모신 곳이었고, 태묘는 태조 이래의 역대 임금과 왕후의 神主를 모신 곳이었는데, 諸陵 및 眞殿과 더불어 왕실의 주요한 신앙 공간이었다.

경령전과 태묘는 고려 왕실의 葬禮, 喪禮, 祭禮와 밀접히 연결된 시설물이므로 경령전과 태묘의 운영 모습을 통해 고려의 장례와 상례와 제례를 파악할 수 있다. 임금의 정통성이 경령전과 태묘를 통해 구현되고, 后妃의 정통성이 태묘를 통해 구현되었으니 이에 유의해 고찰해야 한다. 또한 그것들은 개경의 도시구획과 궁궐의 편제에서 주요 거점이었으니 그러한 시각으로도 접근해 고찰할 필요가 있다.

본고에서는 태묘의 도입과 변천을 喪葬祭禮와 연결해 살펴보려 한다. 또한 경령전과 태묘의 운영 모습을 조명해 보려 하며, 나아가 后妃

의 태묘 合祀가 어떻게 이루어졌는지 추구해 보려 한다.[1] 경령전과 태묘를 분리해서 고찰하기보다 하나로 묶어서 고찰하는 것이 고려시대 상례와 제례를 유기적으로 파악할 수 있다고 여겨지므로 그러한 방식으로 접근하려 한다. 고려의 상장제례는 불교적인 요소와 유교적인 요소가 결합해 운영되었는데 이러한 측면에 유의하여 고찰하려 한다.

1. 廟號와 太廟의 도입과 喪葬祭禮

고려 왕실의 喪葬祭禮를 살펴보자. 태조는 26년 5월 병오일(29일)에 위독해 神德殿에 이어해 學士 金岳에게 遺詔를 草하게 하고 67세로 세상을 떴다. 內議省門 밖에서 내려진 遺命에서, 內外庶僚는 東宮의 處分을 듣도록 하고, 喪葬園陵制度는 漢魏二文 故事에 의거해 모두 儉約을 따르도록 했다. 태조가 병오일(29일)에 사망하자 바로 그날에 혜종이 태조의 遺命을 받들어 즉위했고, 6월 무신일(2일)에 상정전에서 發喪하여 遺詔를 선포했고, 기유일(3일)에 상정전의 西階에 빈소가 마련되었다. 태조의 시호는 神聖, 廟號는 太祖로 정해졌다. 6월 경오일(24일)에 祖奠을 행하고 太常卿이 謚册을 낭독했는데 이 때 태조의 謚號 '神聖'과 廟號 '太祖'가 정해졌을 것이다. 6월 임신일(26일)에 태조를 송악 西麓의 顯陵에 장사지냈다.[2]

이로써 왕건의 선대에 대한 추증을 제외하면 고려왕조 廟號와 謚號

---

1 고려의 태묘와 경령전에 대해서는 김철웅, 「고려시대 太廟와 原廟의 운영」 『국사관논총』 106, 2005 및 「고려 경령전의 설치와 운영」, 『정신문화연구』 114, 2009가 참고된다.

2 『고려사』 권2, 태조 26년 5월 및 혜종 즉위년 6월; 『고려사』 권64, 예지 흉례 국휼

제도가 시작되었다. 喪葬園陵 制度는 漢魏二文(漢 文帝와 魏 文帝) 故事에 의거해 모두 儉約을 따르도록 하라는 태조의 유언은 이후 고려 喪葬禮의 지침이 되었다. 상정전의 西階에 태조의 빈소가 마련된 것은 승려들이 열반에 들 때 서쪽을 향하는 풍습과 더불어 서방정토에 극락 왕생을 기원하는 의미를 담고 있었으니 고려인들에게 아미타 정토신앙이 깊숙하고 광범위하게 퍼져 있었음을 시사한다. 태조는 5월의 마지막 날에 사망하고서 26일 후(사망일 포함해 27일째)에 현릉에 묻혔다. 이는 3년상이라 불리는 27개월을 27일로 대체한 것이니, 喪服을 '以日易月' 즉 날을 달로 바꾸어 행하는 모델을 제시한 것이었다.

태조 사후에 고려의 임금들은 태조의 현릉과 태조의 진전을 알현해야 했다. 定宗이 원년 정월에 장차 顯陵을 알현하려 致齋하는 저녁에 御殿 동쪽 산의 소나무 사이에서 왕의 이름을 부르며 細民을 存恤하라는 음성이 들렸다고 하는데 이후 현릉 알현이 이루어졌을 것이다. 定宗이 원년에 걸어서 부처 사리를 몸소 개국사에 봉안하는 것으로 보아 태조의 진영은 개국사에 모셔졌던 것으로 보인다. 광종 2년에 태조의 원찰로 봉은사가, 모후의 원찰로 불일사가 창건되면서 태조의 진영은 봉은사에, 모후의 진영은 불일사에 모셔지게 되었다.[3]

혜종은 2년 9월 무신일(15일)에 중광전에서 34세로 사망했는데 시호는 義恭, 廟號는 惠宗으로 정해졌고, 송악 東麓의 順陵에 묻혔다.[4] 定宗은 4년 3월 병진일(13일)에 위독해 母弟 昭(광종)를 불러 內禪하고 帝釋院에 이어해 27세로 세상을 떴다고 하는데, 시호는 文明, 廟號는 定宗이었고, 城南 安陵에 묻혔다.[5] 광종은 26년 5월 갑오일에 正

3 『고려사』 권2, 정종 원년 및 광종 2년 참조. 태조의 진영은 봉은사만이 아니라 서경 진전, 연산 개태사 등 전국적으로 모셔졌다. 광종이 모후를 위해 그녀의 고향 충주에 숭선사를 건립했으니 그녀의 진영은 숭선사에도 모셔졌을 것이다. 『고려사』 병지 위숙군조에 실린 봉은사 진전은 바로 태조의 진전이었다.

4 『고려사』 권2, 혜종 2년 9월

寢에서 51세로 세상을 떴는데, 시호는 大成, 廟號는 光宗이었고, 松嶽 北麓의 憲陵에 묻혔다. 경종은 즉위하자 大赦를 단행해 流竄을 돌아오게 하고, 囚繫를 석방하고, 痕累를 씻어주고, 淹滯를 발탁하고, 官爵을 회복시키고, 欠債를 蠲免하고, 租調를 줄이고, 假獄을 헐고, 讒書를 불태웠다.[6] 경종의 즉위기념 대사면령은 이후 역대 왕들의 즉위기념 대사면령의 모델이 되었다. 경종은 즉위년 10월에 六代 考妣에게 尊號를 加上했는데,[7] 여기에는 사망한 부모인 광종과 대목황후도 포함되었을 것이다. 경종은 6년 7월 갑진일(9일)에 堂弟 開寧君 治를 불러 內禪해 遺詔를 내리고는 병오일(11일)에 正殿(正寢)에서 26세로 세상을 떴는데, 시호는 獻和이고 廟號는 景宗이었다.[8]

경종은 遺詔에서 자신이 三韓의 霸圖를 받고 山川土地를 獲保해 宗廟社稷을 편안하게 하는 데 힘써 왔다고 회고하면서 正胤 開寧君 治에게 대업을 물려준다고 했으며, 服紀의 輕重은 漢制에 의거해 '以日易月' 즉 날(日)을 달(月)로 바꾸어(날을 달로 간주하여) 13일을 周祥(小祥)으로, 27일을 大祥으로 하고, 園陵 제도는 儉約을 따르는 데 힘쓰라고 했으며, 西京·安東·安南·登州 등 諸道의 鎭守와 軍旅를 맡은 자는 任所에서 擧哀하되 3일만에 釋服하라고 했다. 갑진일(9일)에 경종으로부터 內禪을 받고 즉위한 성종은 경종이 병오일(11일)에 사망하자 시호와 묘호를 올렸고, 南畿 山麓의 榮陵에 경종을 장사지냈다.[9] 경종의 이 유조는 이후 고려 왕실 상장례의 기본으로 작용하였으니, 날을 달로 간주하여 13개월의 周祥 즉 小祥은 13개월에서 13일로, 大祥

5 『고려사』 권2, 定宗 4년 3월
6 『고려사』 권2, 定宗 즉위년 5월
7 『고려사』 권2, 광종 26년 5월 및 경종 즉위년 10월
8 『고려사』 권2, 경종 6년 7월; 『고려사』 권64, 예지 흉례 국휼
9 『고려사』 권2, 경종 6년 7월; 『고려사』 권3, 성종 총서; 『고려사』 권64, 예지 흉례 국휼. 여기의 종묘사직은 가상의 존재였다.

은 27개월에서 27일로 바뀌어 시행되었는데,[10] 이 大祥에는 禫祭 기간까지 환산된 것이었다. 성종은 즉위년 8월 계미일에 威鳳樓에 이어해 大赦하면서 문무관을 1계급 승진시켰고, 11월 정유일에 先考(旭)를 '戴宗'이라 追謚하고 그 무덤인 泰陵을 알현했다.[11] 이로써 성종은 사촌형인 경종만이 아니라 親父인 대종도 계승하게 되었다.

태조~경종(대종 포함)은 太廟가 건립되지 않았음에도 불구하고 사망 후에 廟號를 받았다. 태묘가 없는 상태에서 가상의 태묘를 상정하여 祖·宗이 붙는 묘호를 올렸던 것인데, 祖·宗은 원래 황제(천자)에게 붙는 것이 원칙이었으므로 고려 임금이 황제(천자)로서의 위상을 지녔음을 천하에 과시하기 위해 묘호를 도입했다고 보여진다. 신라 때 이미 종묘가 건립되었지만 고려는 경종대까지도 그것을 도입하지 않았는데, 고려가 신라보다 더욱 불교에 충실한 국가여서 불교사원 내지 진전사원에 만족했기 때문이라 여겨진다.[12]

그런데 성종대에 최승로의 집권으로 유교 이념이 확산되면서 사정이 달라진다. 성종 2년 5월 갑자일에 博士 任老成이 宋으로부터 이르러서 大廟堂圖 1鋪 幷記 1卷, 社稷堂圖 1鋪 幷記 1卷, 文宣王廟圖 1鋪, 祭器圖 1卷, 七十二賢贊記 1卷을 바쳤다. 마침내 7년에 五廟를 始定했으

10 고려시대에 관리들은 부모 상례에서 3년상을 이상으로 하더라도 실제로는 대개 100일상을 행해 휴가를 받아 복상을 100일 동안 하고는 근무지로 복귀했다. 이는 이규보가 찬술한 「平章事 柳光植 讓起復 不允 敎書」와 「禮部郞中 宋就 讓起復 不允 批答」, 김공수가 찬술한 「司宰卿崔宗峻 左司郞中崔宗梓 桂陽都護副使崔宗藩等 讓起復 不允 批答」(『동문선』 권29, 批答)에 잘 나타나 있다. 당연히 평민은 服喪에서 대개 100일을 넘기지는 않았을 것이다.

11 『고려사』 권3, 성종 즉위년 8월과 11월; 『고려사』 권90, 종실전 태조의 아들 대종

12 위숙군의 파견대상 진전은 『고려사』 권83, 병지 위숙군조에 실렸다. 그런데 혜종~경종의 진전은 실리지 않았으니 인종대를 기준으로 親盡이라 위숙군 파견대상에서 제외된 듯하다. 물론 봉은사 진전은 창업자 태조의 진전이기에 실렸다.

며, 8년 4월 을축일에 大廟를 영조하기 시작하니 계유일에 왕이 大廟에 나아가 백관을 거느리고 재목을 날랐으며, 11년 12월에 大廟가 완성되었다.[13] 이로써 고려는 유교식의 왕실사당인 大廟 즉 太廟를 지니게 되어 태조와 특정 임금의 신주가 이곳에 봉안되었다. 선대 임금에 대한 상장제례는 공식적으로는 유교식 행사를 하고 불교식 행사는 중단되었다.

하지만 성종은 8년 12월 병인일에 敎하기를, 지금부터 大祖 忌齋와 부친 戴宗 忌齋는 5일을 기한으로, 모친 宣義王后 忌齋는 三日을 기한으로 焚修 轉念하며, 이 달에 도살을 금하고 肉膳을 중단하라고 했다.[14] 이 왕명은 이후 왕실 기일재의 운영에 기본적인 관례로 작용한다. 그것은 성종이 누이 천추태후와 손을 잡아 최승로의 사망 후에 왕실의 불교식 기일재를 부활시킨 조치였다. 이후 왕실의 상장제례는 불교와 유교가 결합된 형태로 운영된다.

성종은 16년 10월 무오일(27일)에 위독하자 開寧君 誦(목종)을 불러 친히 誓言을 내려 傳位하고 內天王寺에 이어해 38세로 세상을 떴다.[15] 10월 무오일(27일)에 성종으로부터 內禪을 받아 즉위한 목종은 이날에 성종이 사망하자 시호 文懿와 廟號 成宗을 올렸고, 성종을 南郊의 康陵에 장사지냈다.[16] 목종 즉위년 12월에 거란이 사신을 보내와 千秋節(성종의 생일)을 축하하자 목종이 맞이해 성종 柩前에 고했으니,[17] 성종의 靈柩는 목종 즉위년 12월의 어느 날에도 지상에 모셔져

---

13 『고려사』 권3, 성종 2년 및 7년 및 8년 및 11년

14 『고려사』 권3, 성종 8년 12월. 최승로는 성종 8년 5월에 卒했다.

15 『고려사』 권3, 성종 16년 10월. 성종이 위독하자 평장사 王融이 頒赦를 요청했지만 死生이 在天하니 有罪를 석방해 延命을 구하지 않겠다며, 또한 후계자가 新恩을 펴야 한다며 허락하지 않고 사망했다.

16 『고려사』 권3 성종 16년 10월 및 목종 즉위년 10월

17 『고려사』 권3, 목종 즉위년 12월. 이 기사는 목종 즉위년 2월 임인일의 사면 기사 다음에 是月의 형태로 붙어 있으며, 『고려사절요』 권2에는 목종 즉위년

있었다. 후술하듯이 목종 즉위년 12월 임인일(11일)에 사면령을 내렸으니 이 이전의 12월초에 거란 사신의 성종 靈柩 방문과 성종의 매장이 행해졌다고 여겨진다. 성종의 장례기간은 1개월이 조금 넘었다고 정리된다. 매장이 좀 늦어진 것은 거란 사신의 입국 때문일 수 있는데, '以日易月'의 27일에서 크게 벗어난 것은 아니었다.

목종은 즉위년 12월 임인일(11일)에 威鳳樓에 이어해 사면령을 내리면서 孝順을 포상하고 痕累를 洗하고 질병을 구제하고 文武官 및 僧徒에게 1級을 加하고, 國內神祗에게 모두 勳號를 加하고 內外에 大酺를 1일 동안 하사하고, 母 皇甫氏에게 應天啓聖靜德王太后라는 존호를 올렸다.[18] 원년 4월 임자일(24일)에 大廟를 알현해 성종을 祔하고 시중 최승로와 大師 崔亮을 配享해 사면령을 내렸다. 원년 5월 무오일 초하루에 有司에 敎하기를, 태조 및 皇考 忌齋는 각기 5일에 한정해 焚修하되 輟朝는 1일 하고, 혜종·定宗·광종·戴宗·성종 忌齋는 각기 1일에 한정해 焚修하여 常式으로 삼도록 하라고 했다.[19] 성종은 사망한 지 3일이 모자란 6개월 만에 그 신주가 대묘에 모셔졌고 그것과 더불어 최승로와 최량이 성종의 배향공신으로 대묘에 자리했으니, 태조 사망 이후의 전통대로 3년상의 소상과 대상이 행해지지 않은 것이었다.[20] 목종은 5년 4월 임신일에 大廟에 親享해 先王과 先后에게 徽號를 더했다.[21]

12월 사면 기사 다음에 기재되어 있다.

18 『고려사』 권3 및 『고려사절요』 권2, 목종 즉위년 12월

19 『고려사』 권3, 목종 원년 4월 및 5월. 이 기재 조치도 불교식 기일재를 강조한 것이었다.

20 고종 4년 12월에 최충헌이 術人 이지식의 말을 믿어 乾元寺를 헐어 北兵을 祈禳하면서 성종 神御를 개국사로 옮겼으니(『고려사』 권22), 건원사는 성종의 진전사원으로 여겨진다. 『고려사』 병지 위숙군조에 실린 건원사 진전은 바로 성종의 진전으로 파악된다. 성종의 상례는 6개월상으로 행해졌을 가능성이 있다.

고려 상례의 이해를 위해 五服制度와 그에 따른 휴가를 잠시 살펴보기로 하자. 성종 4년에 정하기를, 斬衰三年과 齋衰三年의 경우 휴가 100일을 주었고, 齋衰周年의 경우 휴가 30일을, 大功九月의 경우 휴가 20일을, 小功五月의 경우 휴가 15일, 緦麻三月의 경우 휴가 7일을 주었으며, 公侯 이하는 3일을 기한으로 장사지냈고, 13月(13개월)이 小祥, 25月(25개월)이 大祥, 27月(27개월)이 禫祭였다. 성종 11년 6월에 制한 바에 따르면, 6품 이하로 常衆官에 들어가지 못한 자는 父母喪 100일 후에 所司가 出仕하도록 권유하면 遙謝해 行公했다. 목종 6년 6월에 制한 바에 따르면, 5품 이하 官吏는 父母喪 100일 후에 所司가 出仕를 권유하면 사양하는 表文을 올리며 윤허하지 않으면 遙謝 후에 起復해 出仕했다. 성종 15년 7월에 朝官遭喪給暇式을 정했는데, 忌暇는 3일, 매월 朔·望祭 暇는 각기 1일, 大·小喪祭 暇는 각각 7일, 大祥 후 60일 경과해 행하는 禫祭의 暇는 5일이었다. 현종 9년 5월에 制한 바에 따르면, 文武官이 遭喪하면 第十三月(13개월) 初忌日의 小祥齋에 휴가 3일을, 그 달 晦日의 小祥齋에 휴가 3일을, 第二十五(25개월) 二忌日 大祥齋에 휴가 7일을, 그 달 晦日의 大祥齋에 휴가 7일을, 翼日로부터 60일을 계산해 27月(27개월) 晦日의 禫祭에 휴가 5일을 주며, 28月(28개월) 1日에 吉服 正角으로 出官해 行公했다.[22] 고려의 관리들은 부모가 사망한지 100일 후에 출근해 정상적으로 근무했고 13개월에 小祥齋를, 25개월에 大祥齋를, 27개월(대상 후 60일)에 禫祭를 지내 喪禮를 끝냈다는 것인데, 小祥齋와 大祥齋는 불교 사원에서 행해진 불교식 齋였다.

고려말에 이색은 고려의 상례에 대해, 기자가 온 이래 3년상으로 정해졌지만 100일만에 吉에 나아가며, 虞祭와 卒哭은 없고 再祥(소상과

---

21 『고려사』 권3, 목종 5년 4월
22 『고려사』 권64, 예지 흉례 五服制度

대상)과 禫祭는 있지만 朝夕에 哭하지 않으며, 3년상에 휴가 100일을 주고 나머지는 각기 차례대로 減한다고 했다. 또한 100일을 3년으로 삼는다면 再祥과 禫祭가 100일 안에 있어야 하지만 지금은 그러하지 않아, 朞(1주년)가 小祥이고 再朞(2주년)가 大祥이고 中月이 禫祭이며 모두 휴가가 주어지는데, 그것(소상과 대상과 담제)이 27개월임이 분명하다고 했다.[23] 고려인은 喪을 당하면 불교식 100일재를 행하고는 곧바로 吉에 나아가 일상생활로 돌아갔지만 1주년 맞이 소상과 2주년 맞이 대상과 대상 후 3개월의 담제를 지냈다는 것이다.

고려의 喪禮는 사망한지 13개월이 소상, 25개월이 대상, 27개월(대상 후 60일)이 담제로 정해지기도 했고, 사망한지 12개월(1주년)에 소상, 24개월(2주년)에 대상, 27개월(대상 후 3개월 즉 90일)에 담제가 행해지기도 했다. 그러하니 12~13개월이 소상, 24~25개월이 대상, 27개월(대상 후 60~90일)이 담제였다고 할 수 있다. 고려의 관리들은 불교식 100일재와 유교식 3년상을 혼용해 사용했다. 유교의 '3년상'은 정확히 말하면 27개월 喪으로 小祥과 大祥과 禫祭를 합한 기간이며 담제를 마지막으로 喪禮가 끝나는 것이었다. 고려의 관리들은 부모상을 당하면 100일 휴가를 얻어 불교식 100일재를 지내고는 바로 관직에 복귀해 공무를 수행해 일상생활로 돌아갔다. 그러면서도 유교

23 『동문선』 권86, 「贈金判事詩 後序」(이색). 한편 이곡은, 前감찰지평 박윤문의 선대가 밀성군에 살았는데 그 형 중랑장 박윤겸이 인척으로 인해 福州에 살면서 모친인 大夫人을 봉양하다가 대부인이 사망하자 그곳에 장사함에 지평(박윤문)이 廬墓했는데 禮를 읽는 여가에 念佛과 寫經으로 명복을 빌며 喪期를 마쳤다고 소개하면서, 근래 士大夫가 廬墓 살이를 家奴에게 대신하게 해 그 가노를 해방시키니 奴隸들이 다투어 그것을 하고자 한다고 했다(『동문선』 권85, 「寄朴持平詩 序」). 사대부가 3년상을 하더라도 廬墓 살이는 노예에게 시키는 경우가 대부분이었고 그 대가로 해방되는 노예도 늘어났다. 혹시 사대부가 여묘 살이를 하더라도 박윤문처럼 念佛과 寫經을 행하여 불교식으로 명복을 비는 경우가 많았다. 고려시대에 설령 유교식 喪葬禮를 하더라도 불교식이 가미되거나 노비에게 廬墓를 대신하게 하는 풍조가 만연했음을 알 수 있다.

식 3년상을 수용해 소상과 대상과 담제를 지냈다. 그렇지만 유교 본래의 3년상과는 많이 달랐으니 3년(27개월) 내내 服喪을 하는 것이 아니라 해당 행사의 짧은 기간에만 추모식을 갖는 형식이었고 그것도 대부분 불교사원에서 불교식 재를 지냈다. 이러한 상례의 틀은 일정 부분이 왕실에도 적용되었다.

2. 太廟의 변천과 喪葬祭禮

1) 현종~헌종대

목종 12년 정월에 정변이 발생해 2월 기축일(3일)에 강조가 현종을 임금으로 옹립하고 목종을 폐위해 讓國公으로 삼았다. 양국공 즉 목종은 귀법사를 거쳐 鄕인 충주를 향해 가다가 도중에 적성현에서 시해당해 시신이 館에 두어졌다가 달을 넘겨 적성현 남쪽에 화장되어 묻히고 康兆에 의해 陵이 恭陵, 시호가 宣靈, 廟號가 愍宗이라 정해졌다. 거란이 問罪하자 현종이 치세 3년에 城東(개경성 동쪽)에 移葬해 陵을 義陵, 시호를 宣讓, 廟號를 穆宗이라 했다.[24] 목종의 진전은 그가 3년 10월에 창건해 원찰로 삼은 숭교사[25]에 건립되었을 것이다.

현종은 목종 12년 2월 기축일(3일)에 강조에 의해 奉迎되어 延寵殿에서 즉위했다. 즉위년 4월 갑오일에 考妣를 追謚했고, 무술일에 사면령을 내리면서 진휼과 포상을 거행했다. 원년 4월 계축일에 大廟에 親祀했고, 3년 5월에 모친(효숙왕태후)의 元陵을 알현했고, 4년 8월

24 『고려사』 권3, 목종 12년 정월과 2월
25 『고려사』 권3, 목종 3년 10월. 『고려사』 병지 위숙군조에 실린 숭교사 진전은 바로 목종의 진전으로 판단된다.

을해일에 義陵(목종릉)을 알현하고 사면했다. 8년 4월에 문하평장사 崔沆과 中樞副使 尹徵古를 泗州에 보내 부친인 安宗의 梓宮을 奉遷하게 해 왕이 法駕를 갖추어 東郊에서 맞이했고, 5월 을축일에 考妣에게 尊謚를 加上했고, 8월 을해일에 乾陵(안종릉)을 알현했다. 현종은 불행하게 사망한 부모를 위해 현화사를 창건했는데, 11년 9월 기미일에 왕이 현화사에 가서 新鑄한 鍾을 親擊하고는 群僚로 하여금 치도록 하여 각각에게 衣物과 匹段을 희사했으며, 12년 8월 기미일에 현화사에 가서 碑額을 親篆했다.[26] 현종이 혈통상으로는 안종 욱을 계승하면서, 명분상으로는 목종을 계승하는 형국이었지만 부모의 명복을 빌기 위해 현화사를 건립하고 거기에 진전을 설립함으로써 효자의 모습을 보여주었다.

현종은 경술난(거란침략) 때 부아산(삼각산) 향림사에 移安했던 태조 재궁을 7년 정월에 顯陵에 다시 장사지냈다. 8년 10월에 현릉을 수리했고, 8년 12월 을해일에 왕이 현릉을 알현해 사면했고, 10년 11월 신사일에 태조 梓宮을 현릉에 다시 장사지냈고, 10년 12월 병오일에 왕이 현릉을 알현했다. 18년 2월 무자일에 大廟를 수리하여 神主를 다시 안치했고, 18년 4월 임오일에 大廟를 알현해 先王과 先后 尊號를 加上하고 태조로부터 성종까지 각 임금에게 배향공신을 配享했을 뿐만 아니라 韓彦恭과 金承祚와 崔肅을 목종에 배향하고 流罪 이하를 사면했다.[27] 현종은 태조 현릉과 왕실사당 대묘에 대한 의례와 관리에 힘써 자신의 정통성을 과시했다.

현종이 22년 5월 신미일(25일)에 위독하자 太子 欽(덕종)을 불러 後事를 위촉하더니 重光殿에서 40세로 세상을 떴다. 시호는 元文, 廟

26 『고려사』 권4·5, 현종세가

27 『고려사』 권4·5, 현종세가. 현종 21년 2월 신축일에 현종의 딸 積慶宮主(積慶公主)가 卒하니 시호를 孝惠(孝靖)라 하고 平陵에 장사했다(『고려사』 권5, 현종 21년 2월; 『고려사』 권91, 공주전 현종의 딸).

號는 顯宗이었다. 덕종은 신미일(25일)에 현종이 사망하자 重光殿에서 즉위해 翼室에 거처하며 朝夕으로 哀臨했고, 갑술일(28일)에 群臣을 거느려 成服하고 百姓은 玄冠素服했으며, 즉위년 6월 병신일(20일)에 현종을 송악 西麓의 宣陵에 장사지내고 群臣이 公除했으며, 무술일(22일)에 왕이 釋服하고, 경자일(24일)에 景靈殿을 알현해 즉위를 고하고, 계묘일(27일)에 神鳳樓에 이어해 雞竿을 毬庭에 세워 肆赦했다. 즉위년 9월 기사일에 妣(김은부의 딸)에게 王太后(원성태후)를 追尊했고, 10월 무인일(4일)에 宰輔가 常膳 회복을 表請하니 허락했으며, 11월에 동여진 모이라가 와서 현종능침 알현을 요청하자 허락했다.[28] 덕종이 경령전을 알현해 즉위를 고한 데에서 경령전의 존재가 『고려사』에서 처음 확인되는데, 이로 보아 경령전은 적어도 현종대에는 건립되었다. 경령전은 현종이 부친 안종을 태묘에 모시지 못하는 문제를 보완하기 위해 설치한 시설로 안종을 태조와 함께 모셨다고 여겨진다. 그 후 점차 4친으로 봉안 범위가 확대되었다고 생각된다.

덕종은 원년 5월 계미일(13일)에 常膳을 회복하고 正殿에 이어해 視朝했고, 기축일(19일)부터 皇考 中祥祭(小祥祭)라 7일 동안 齋를 지내자 翼室에 거처하면서 곡하며 슬퍼했는데 한결같이 唐 德宗故事에 의거했고, 정유일(27일)에 왕이 皇考(현종) 諱辰道場이라 玄化寺에 갔고, 6월 신축일(2일)에 왕이 太祖諱辰道場이라 奉恩寺에 갔고, 7월 경인일(21일)에 왕이 皇妣(원성태후) 諱辰 즉 기일이라 봉은사에 갔다. 그리고 덕종 2년 8월 무오일(25일)에 현종을 大廟에 祔했다.[29] 현종의 진전사원은 그가 부모의 진전사원으로 건립한 현화사[30]로, 원성태

28 『고려사』 권5, 현종 22년 5월; 『고려사』 권64, 예지 흉례 국휼; 『고려사』 권5, 덕종 총서 및 덕종 즉위년 5월 및 6월 및 9월 및 10월; 『고려사절요』 권3, 현종 22년 5월(덕종 즉위년 5월) 및 현종 22년 6월(덕종 즉위년 6월)
29 『고려사』 권5, 덕종 원년 및 2년; 『고려사』 권64, 예지 흉례 국휼
30 현종이 9년 6월에 大慈恩玄化寺를 비로소 창건해 부모의 명복을 빌었다(『고려

후의 진전사원은 봉은사로 여겨진다.

덕종은 부왕 현종이 사망한 날에 즉위했고, 사망한지 25일 만에 장사를 지냈고, 사망한지 27일 만에 상복을 벗었으니 '以日易月'을 실천한 것이었다. 群臣은 장례를 끝내자마자 임금보다 먼저 公除 즉 釋服했다. 덕종은 또한 부왕이 사망한지 29일 만에 경령전을 알현해 즉위를 고했고, 사망한지 32일 만에 위봉루에서 즉위기념 사면령을 내렸다. 또한 부왕이 사망한지 1주년이 되는 날(25일)의 7일전부터 中祥祭(小祥祭)를 거행했는데 사망한 날(25일)까지 7일간 齋를 지내며 翼室에서 擧哀하고, 1주년(25일)의 2일 후에 부왕의 진전사원인 현화사에 가서 기일도량에 참석했다. 현화사의 이 기일도량은 사망 1주기의 소상재로 여겨진다. 그리고 현종은 사망한지 27개월(2년 3개월)이 되는 날에 대묘에 그 신주가 봉안되었다. 아마 대상재는 2주년(24개월 무렵)을 맞이해 현화사 진전에서 거행되었을 것이다. 이전에는 27개월 喪을 '以日易月'하여 27일로 모든 喪禮(장례 포함)를 끝냈었는데, 현종 상례부터는 '以日易月'하여 27일에 상복을 벗었으면서도 1주년에 小祥을 거행했으며, 2주년에는 大祥을 거행했으리라 여겨졌다. 이는 성종 이래 유교 의례의 확산에 영향을 받았을 것이다.

덕종은 3년 9월 계묘일(17일)에 위독해 顧命하여 母弟인 平壤君 亨(靖宗)에게 寶位를 纘登하도록 하고는 延英殿에서 19세로 사망해 宣德殿에 빈소가 마련되었다. 靖宗(平壤君)이 顧命을 받들어 덕종이 사망한 계묘일(17일)에 重光殿에서 즉위했고, 덕종에게 시호를 敬康, 廟號를 德宗이라 올렸다. 靖宗 즉위년 10월 정사일 초하루에 大廟에 告朔했고, 경오일(14일)에 덕종을 北郊의 肅陵에 장사지냈다.[31] 덕종

사』 권4). 『고려사』 병지 위숙군조에 실린 현화사 진전은 바로 현종과 그 부모(안종과 헌정왕후)의 진전이었다. 현화사비에 따르면 현화사 진전에는 현종의 누나 성목장공주와 현종의 배필 원정왕후(현덕왕후)의 진영도 안치되었다.

31 『고려사』 권5, 덕종 3년 9월; 『고려사』 권6, 靖宗 총서 및 즉위년 10월

은 사망한지 27일만에 묻혔으니 '以日易月'이 지켜졌다. 덕종의 진전사원으로는 부왕 현종이 창건한 중광사(혜일중광사)[32]가 이용되지 않았나 싶다.

靖宗은 즉위년 11월 경인일(4일)에 神鳳樓에 이어해 大赦하여 中外 群臣의 축하를 받았는데, 宋商客과 東西蕃과 耽羅國이 각기 方物을 바쳤다. 정종 2년 12월 신유일(17일)에 덕종을 大廟에 祔했고, 3년 4월 정묘일(25일)에 왕이 大廟에 親禘하고 사면했다. 3년 5월 을축일(24일)에 왕이 현화사에 갔고, 3년 7월 임술일(22일)에 母后(원성태후) 諱辰이라 백관이 上表해 陳慰했다. 7년 5월 을묘일(7일)에 顯陵(태조)을 알현하고, 병진일(8일)에 宣陵(현종릉)을 알현했다. 8년 5월 기사일(27일)에 왕이 현화사에 갔고, 8년 6월 을해일(4일)에 왕이 太祖諱辰道場 때문에 開國寺에 갔다.[33]

靖宗이 12년 4월 정묘일에 아파 山呼殿에 移御하고, 정축일에 大內 法雲寺에 이어하고, 병술일에 백관이 佛寺에 기도했다. 12년 5월 정유일(18일)에 위독해 弟 樂浪君 徽(문종)를 불러 臥內에 들어오게 해 詔하여 國事를 權摠하게 하고는 이 날에 33세로 세상을 떠 宣德殿에 移殯되었다. 문종이 5월 정유일(18일)에 정종이 사망하자 柩前에서 즉위함에 백관이 國璽를 받들어 重光殿에 나아가 朝賀했다. 문종이 정종의 시호를 容惠, 廟號를 靖宗이라 올렸고, 즉위년 5월 경자일(21일)에 백관을 거느리고 殯殿에 나아가 哭하며 盡哀했으며, 이후 정종이 北郊의 周陵에 묻혔다. 문종은 즉위년 6월 정묘일(18일)에 神鳳樓에 이어해 大赦하면서 有職者에게 一級을 더했다.[34] 문종은 정종이 사망한 날

---

32 현종이 3년 12월에 중광사 창건을 시도했고, 18년 9월에 혜일중광사를 창건했다(『고려사』 권4·5). 『고려사』 병지 위숙군조에 실린 중광사 진전은 덕종의 진전으로 추정된다.

33 『고려사』 권6, 靖宗 세가

34 『고려사』 권6, 靖宗 12년 4월 및 5월; 『고려사』 권7, 문종 총서 및 즉위년.

인 5월 18일에 즉위해 정종의 장례절차에 들어갔는데 정종의 장례식은 문종이 사면령을 내린 6월 18일 이전에 거행되었을 것이니, '以日易月'이 지켜졌다고 보아야 한다. 靖宗의 진전사원은 그가 창건하고 문종이 완성한 大雲寺[35]로 여겨진다.

문종은 즉위년 7월 기묘일 초하루에 母后(원혜태후 김씨: 김은부의 딸) 諱辰道場이라 王輪寺에 행차했고, 원년 7월 갑술일 초하루에 왕륜사에 행차했으며, 원년 5월 기해일(25일)에 현종 諱辰道場이라 현화사에 갔고, 2년 5월 갑자일(27일)에 현화사에 갔다.[36] 왕륜사는 문종 모후의 진전사원으로, 현화사는 문종 부왕인 현종의 진전사원으로 이용되었다고 생각된다. 문종 31년 5월 갑술일(25일)에 왕이 부왕 현종의 忌로 인해 素襴을 입어 正殿을 피하고 中外로 하여금 音樂을 중단하고 弋獵을 금지하기를 終月토록 했으며, 31년 6월 정미일(29일)에 母后 忌라 宰臣이 표문을 올려 陳慰하고 中外가 音樂을 중단했다.[37]

문종 원년 2월 임술일(17일)에 거란이 사신을 보내와 靖宗을 虞宮에서 제사하니 왕이 가서 참여했다. 문종 원년 4월 갑자일(20일)에 大廟에 禘祭를 지냈고, 2년 윤정월 경자일 초하루에 大廟에 告朔했고, 2년 8월 병자일(10일)에 靖宗을 大廟에 附했다. 2년 10월 갑술일(9일)에 왕이 象輅를 타고 大廟에 가서 齋宮에 宿하고는 다음날인 을해

靖王哀册(이영간 찬술)에는 靖宗 용혜대왕이 寢疾해 5월 18일 정유일에 大內에서 薨해 宣德殿에 殯해지고 6월 日에 周陵에 장사지내졌다고 기술되어 있다. 『동문선』 권28, 册

35 『고려사』 문종 세가. 『고려사』 병지 위숙군조에 실린 大雲寺 진전은 靖宗의 진전이었을 것이다. 大雲寺는 양원준이 의종 12년에 사망해 朝陽山 기슭 大雲寺의 서쪽 補陁崛의 동쪽 小洞原에 장사지내졌으니(양원준 묘지명), 朝陽山 기슭에 위치했다. 鄭僅의 처 김씨는 사망하자 예종 5년 2월에 京東(개경 동쪽) 朝陽山 南岳의 남쪽 기슭에 위치한 東蓮寺의 동쪽 평원에 묻혔으니(鄭僅 처 김씨 묘지명), 조양산은 개경성 밖의 동쪽에 위치했다.

36 『고려사』 문종세가

37 『고려사』 문종세가

일에 大廟에 친히 祫祭하고 神鳳樓에 還御해 사면했으며, 11월 을미일 초하루에 문하시중 崔冲 이하 兩府 및 常參員 祫饗執事者에게 推恩하여 增級했다.[38] 靖宗은 사망한지 8일이 모자란 27개월(2년 3개월)에 신주가 대묘에 봉안되었고, 그 두 달 후에 문종이 대묘에 친히 祫祭를 지냈다.

문종 4년 4월 신유일(5일)에 왕이 顯陵과 宣陵(현종릉)을 알현해 肆赦했고, 21년 정월 병자일(27일)에 昌陵(세조 용건)을 알현해 執事者에게 爵 一級을 하사하고, 侍從軍士에게 물건을 하사했다. 13년 4월 병자일에 大廟에 親禘했는데, 宋商 蕭宗明 등이 街路에 나아가 法駕를 瞻望하기를 요청하니 허락했고, 이 날에 肆赦했다. 15년 윤8월 신사일 초하루에 大廟에 告朔했고, 20년 4월 계묘일에 大廟 및 別廟에 禘했다. 18년 11월 기묘일에 太子 納妃를 景靈殿에 고했고, 19년 5월 계유일에 景靈殿에 이어해 王師 爛圓을 불러 子 煦를 祝髮하여 僧을 삼았다.[39]

문종은 부왕 현종의 진전사원인 현화사에 2번, 모후의 진전사원인 왕륜사에 2번 행차했고, 태묘에 2번 행차해 친히 제사를 지냈고, 경령전에 이어해 아들 祝髮式에 참여했고, 태조 현릉과 현종 선릉과 세조(용건) 창릉을 각각 1회 알현했다.

문종이 37년(1083) 7월 신유일(18일)에 위독해 軍國政事를 한결같이 太子(순종)에게 맡겨 寶位를 전한다는 遺詔를 남기고 重光殿에서 세상을 65세로 떠서 宣德殿의 서쪽에 빈소가 마련되었다. 순종은 신유일(18일)에 遺詔를 받들고 즉위했다. 문종은 시호 仁孝와 廟號 文宗을 받았다. 순종 즉위년(1083) 8월 갑신일(11일)에 文宗을 佛日寺 南麓의 景陵에 장사지냈고, 즉위년 8월 경자일(27일)에 순종이 신

38 『고려사』 문종세가
39 『고려사』 문종세가

봉루에 이어해 사면령을 내렸다.[40] 순종은 문종이 사망한 날에 즉위했고, 문종 장례식은 사망한지 23일 정도에 치러졌고, 장례식부터 6일 후에 순종이 즉위기념 사면령을 내린 것이었는데, '以日易月'해 사망한 지 27일 정도 지나 상복을 벗었을 것이다.

그런데 순종은 평소의 질병에다가 부왕을 잃은 슬픔으로 인해 즉위년(1083) 10월 을미일(23일)에 위독해 母弟인 國原公 運(선종)에게 國事를 權摠하게 하고는 傳位 遺詔와 州鎭官吏는 本處에서 擧哀하고 喪服은 '以日易月'하라는 遺詔를 남기고 이 날 부왕의 喪次에서 37세로 세상을 떠서 宣德殿에 移殯되었다. 순종이 을미일(23일)에 사망하자 다음날인 병신일(24일)에 선종이 遺詔를 받들어 袞冕을 착용하고 宣政殿에서 즉위해 百官의 축하를 받았다. 순종은 시호 宣惠와 廟號 順宗을 받았다. 선종은 즉위년(1083) 10월 무술일(26일)에 백관을 거느려 喪服을 입고 宣德殿에 나아가 제사를 지냈으며, 이 제례가 끝나자 백관이 西上閤門에 나아가 임금을 위로하고 또 慈壽殿(모후전)을 위로했다. 즉위년 11월 경신일(19일)에 선종이 親臨해 啓殯해서 슬픔을 다해 곡을 한 다음에 순종은 城南의 成陵에 장사지내졌다. 즉위년 11월 무진일(27일)에 선종이 신봉루에 이어해 사면령을 내리면서 文武官에게 一級을 더했다.[41] 선종은 형 순종이 사망한 다음날에 즉위했고, 순종은 사망한지 25일 만에 장사지내졌고, 장례식부터 8일 후에 선종이 즉위기념 사면령을 내렸으니, 역시 '以日易月'이 지

---

40 『고려사』 권9, 문종 37년 7월; 『고려사』 권9, 순종 총서 및 순종 즉위년; 『고려사』 권64, 예지 흉례 국휼. 文王哀册(박인량)에 따르면 원풍 5년 癸亥年 7월 18일 신유일에 문종 인효대왕이 寢疾로 大內에서 崩하여 8월 11일 갑신일에 城東 景陵에 장사지내졌다. 『동문선』 권28, 册

41 『고려사』 권9, 순종 즉위년 10월; 『고려사』 권10, 선종 총서 및 즉위년; 『고려사』 권64, 예지 흉례 국휼. 백관이 선정전의 西上閤門에 나아가 선종을 위로한 것은 서방정토 신앙과 관련이 있다.

켜졌다.

선종 원년 4월에 요나라가 勅祭使를 보내와 갑술일에 문종을, 정축일에 順宗을 제사했다. 원년 8월 갑신일에 송이 祭奠使 좌간의대부 楊景略, 副使 禮賓使 王舜封, 弔慰使 우간의대부 錢勰, 副使 西上閤門副使 宋球 등을 보내왔다. 신묘일에 송 祭奠使가 僧徒를 모아 道場을 문종 魂殿에 3晝夜 동안 개설했고, 임진일에 또 순종 魂堂에 개설했으며, 계사일에 문종을, 갑오일에 순종을 제사했다. 선종 2년 3월 병신일(3일)에 왕이 문종 返魂堂에 나아가 寒食 겸 上巳(3.3 삼짇날) 제사를 행하고자 하니, 有司가 哭位가 없다고 어려워하자, 왕이 禮는 마땅함을 좇아야 한다며 法從을 줄여서 갔다. 2년 7월 임자일(20일)에 왕이 문종 大祥이라 홍왕사에 행차해 行香했고, 8월 정축일(16일)에 문종 神御를 景靈殿에 奉安해 왕이 奠禮를 親行했고, 9월 임자일(21일)에 왕이 순종 魂殿에 親奠했고, 10월 계유일(12일)에 文宗이 大廟에 祔해졌고, 11월 정유일(7일)에 順宗이 大廟에 祔해졌다.[42]

문종과 순종은 장례식 후에도 그들에 대한 제사가 고려는 물론 遼使와 宋使에 의해 魂殿(魂堂)에서 계속 행해졌다. 그러다가 선종은 부왕 문종이 사망한지 2週年 2일째에 大祥齋에 참석하기 위해 홍왕사에 행차해 行香했다. 문종의 진전사원인 홍왕사[43]에서는 문종 사망 2주년을 맞이해 대상재가 거행되고 있었던 것이니, 대상재가 불교식으로 거행되었다. 문종의 神御(眞影)는 그가 사망한지 2주년 1개월의 2일 전에 경령전에 모셔졌고, 문종의 신주는 그가 사망한지 27개월(2년 3개월)에서 6일 모자란 날에 대묘에 모셔졌다. 순종의 神御는 그가 선종의 부친이 아니라 형이었기 때문에 경령전에 모셔지지 못했다. 그의 신주

42 『고려사』 선종 세가; 『고려사』 권64, 예지 흉례 국휼. 한편 선종 2년 4월 경오일에 王弟 釋煦가 송에 逃入했다.

43 문종이 창건한 그의 원찰 홍왕사가 사후에 그의 진전사원이 된 것이었다. 『고려사』 병지 위숙군조에 실린 홍왕사 진전이 바로 문종의 진전이었다.

는 그가 사망한지 2주년 13일째에 대묘에 모셔졌다.[44] 先王의 대묘 合祀는 대개 大祥 직후에 행해졌는데, 늦어도 3년상의 기한인 27개월 안에 행해진 것으로 보인다.

선종 3년 정월 기미일에 外戚 예부시랑 李預의 妻 王氏 등이 尙宮 이하 內職을 제수받아 王太后 宮官이 되어 녹봉을 하사받았다. 3년 2월 경신일 초하루에 守太師 겸 중서령 崔冲, 守太尉 문하시중 金元冲을 靖宗 廟에 배향하고, 守太尉 문하시중 崔齊顔, 수태사 겸 중서령 李子淵, 검교태사 문하시중 王寵之, 수태위 중서령 崔惟善을 문종 廟에 배향했다. 3년 2월 병인일(7일)에 왕이 王太后(인예태후 이씨)에게 上册하여 乾德殿에 이어해 中外 축하를 받고는 群臣에게 연회를 하사했고, 다음날인 정묘일(8일)에 積慶宮主가 扶餘侯와 결혼했으며, 선종이 3년 2월 무진일(9일)에 신봉루에 이어해 태후책봉 기념으로 大赦했다. 선종이 3년 4월 경술일에 大廟에 親禘하여 태조 이하 先王·先后 尊號를 加上했고, 대묘 禘饗으로 인해 4월 갑인일에 曲赦했다. 4년 5월 정묘일(16일)에 현릉을 알현해 竹册을 올렸고, 경오일(19일)에 경릉(문종릉)을 알현해 竹册을 올렸고, 임신일(21일)에 창릉을 알현해 竹册을 올렸다.[45] 선종은 문종과 순종의 상례가 마무리되자 靖宗廟와 文宗廟에 배향공신을 배향했고 모후(인예태후)에게 왕태후 册寶를 올렸고, 적경궁주와 부여후를 결혼시켰고, 태후 책봉기념 사면령을 내렸으며, 대묘에 친히 禘祭를 지내고 그것을 기념해 사면령을 내렸다.

선종 9년 8월 무진일에 왕이 서경에 행차했는데 9년 9월 임오일(2일)에 王太后(인예태후)가 서경에서 세상을 뜨니 9년 10월 병자일

---

44 『고려사』 병지 위숙군조에 실린 홍원사 진전이 순종의 진전사원으로 여겨진다. 왜냐하면 순종이 건축하기를 발원해 이름까지 지은 홍원사를 선종이 창건했기 때문이다(영통사 대각국사 비문). 홍원사는 國城 즉 도성의 東南維에 위치한 홍왕사의 조금 서쪽에 위치했다. 『고려도경』 권17, 祠宇 王城內外諸寺

45 『고려사』 선종세가

(27일)에 왕이 서경으로부터 개경에 이르렀고, 모후를 戴陵에 歸葬했다. 10년 9월 정축일(2일)에 왕이 仁睿太后 返魂殿에 나아가 小祥祭를 행하고 晉制를 따라 神主를 本殿(返魂殿)에 봉안했으며, 11년 3월 갑술일(3일)에 왕이 仁睿太后를 返魂殿에서 제사했다.[46] 선종은 모후인 인예태후가 사망한지 1주년이 되는 날에 返魂殿에서 小祥祭를 거행했고, 사망한지 1년 6개월의 1일 후에 반혼전에서 제사를 지냈다. 하지만 선종은 모후의 大祥을 지내지 못한 채 사망한다.

그런데 선종 9년 9월 을유일(5일)에 遼使가 와서 생신을 축하했는데(서경에서였을 것임), 有司가 아뢰기를 古典에 天子諸侯 삼년상에서 이미 葬하면 釋服하여 心喪으로 終制하는 것이 士大夫와 禮가 같지 않다며 지금 賀節使가 이미 이르렀으니 '以日易月'하여 27일 후에 釋服해 迎命하기를 건의하니 왕이 따랐다고 한다.[47] 왕의 생신을 축하하는 요 사절단이 왕태후가 사망한지 3일 후에 오자 왕태후가 사망한지 27일 후에 釋服해 요 사절단의 생신 축하를 받기로 결정했던 것이다. 그런데 왕태후의 장례식이 두 달 정도 걸렸으므로 그러한 결정이 그대로 실행되었는지는 확실하지 않다. 태후 장례식이 2달 정도 걸린 것은 태후가 서경에서 사망해 거의 2달 만에 개경으로 돌아왔기 때문이다.

선종 11년(1094) 윤4월 임진일에 왕이 아프니 갑오일에 宰臣 樞密 및 宗室이 延英殿 北門에 나아가 起居했다. 5월 임인일(2일)에 왕이 延英殿 內寢에서 46세로 세상을 뜨자 이날 宣德殿에 遷殯되었다. 헌종이 임인일(2일)에 선종의 遺命을 받들어 重光殿에서 즉위했다. 선종은 시호가 思孝, 廟號가 宣宗으로 정해졌고, 갑인일(14일)에 城東의 仁陵에 장사지내졌다. 헌종은 즉위년(1094) 6월 경오일 초하루에 모친(사

---

46 『고려사』 선종세가; 『고려사』 권64, 예지 흉례 국휼

47 『고려사절요』 권6, 선종 9년 9월; 『고려사』 권64, 예지 흉례 국휼; 『고려사』 권10, 선종 9년 9월

숙태후)을 太后로 尊崇했고, 6월 무자일에 神鳳樓에 이어해 大赦했다.[48] 헌종은 부왕 선종이 사망한 날에 바로 즉위했고, 부왕 선종을 사망한지 12일 만에 장사지냈는데, 이처럼 빨리 부왕을 장사지낸 것은 할머니 인예태후의 喪中이었기 때문이 아닌가 싶다. 그래도 상복은 27일 정도에 벗었을 것이다. 헌종은 부왕의 장례식을 치른 다음 달에 모친을 태후로 尊崇했으며, 자신의 즉위와 태후 책봉기념 사면령을 내렸다.

헌종 즉위년 12월에 遼 勅祭使와 慰問使와 起復使가 왔다. 12월 을유일에 勅祭使가 返魂堂에 나아가 宣宗을 제사했는데 왕이 詔書를 맞이해 제사를 도왔고, 이 제례가 끝나자 왕이 환궁하니 遼 慰問使가 乾德殿에서 詔書를 전했으며, 병술일에 起復使가 乾德殿에서 조서를 전했다.[49] 인예태후의 대상재는 헌종 즉위년 9월에 행해졌을 것이다.

헌종 원년(1095) 5월 병신일(2일)에 太后(사숙태후)가 玄化寺에 가서 宣宗의 小祥齋를 개설했다. 원년 7월 병오일(13일)에는 大廟에서 祭饗이 행해졌다.[50] 태후(사숙태후)가 남편인 선종의 소상재를 그의 사망 1주년이 되는 날에 현화사에 가서 거행한 것인데 선종의 진전사원으로 이용된 현화사에는 그의 진영이 안치되어 있었을 것이다. 선종은 10년 5월부터 홍호사를 城東 즉 개경나성 밖 동쪽에 창건하다가 완성하지 못하고 세상을 뜨자 숙종이 완성시켰는데,[51] 홍호사는 완성 무렵부터 선종의 진전사원이 되었을 것이다.

---

48 『고려사』 권10, 선종 11년; 『고려사』 권10, 헌종 총서 및 헌종 즉위년
49 『고려사』 권10, 헌종 즉위년 12월
50 『고려사』 권10, 헌종 원년 5월 및 7월
51 『고려사』 권10, 선종 10년 5월; 창운 묘지명. 『고려사』 병지 위숙군조에 실린 홍호사 진전은 바로 선종의 진전이었을 것이다. 홍호사는 숭인문을 나가 征東에 위치했다. 『고려도경』 권17, 祠宇 王城內外諸寺

2) 숙종~의종대

그런데 헌종 원년(1095) 7월 경신일(27일)에 계림공(숙종)이 李資義를 숙청하고 권력을 완전히 장악하면서 헌종은 부왕 선종의 大祥을 치르지 못하고 보위에서 쫓겨난다. 헌종은 원년 10월 기사일(7일)에 숙부 계림공(숙종)의 압력으로 왕위에서 禪讓 형식으로 물러나 後宮에 거처했다. 섭정하고 있던 태후(사숙태후)도 권력을 빼앗겨 유폐되었다. 기사일(7일)에 헌종이 물러나자 숙종이 두세 번 사양하는 모습을 연출하다가 다음날인 경오일(8일)에 重光殿에서 즉위하고는 이날에 元信宮主 李氏 및 子 漢山侯 兄弟 2인을 慶源郡에 유배했다. 숙종은 즉위년(1095) 11월 계묘일에 신봉루에 이어해 斬絞 이하 罪를 사면하고 名山大川에 모두 德號를 加하고, 民年 80이상 및 篤癈疾者 義夫節婦 孝子順孫 鰥寡孤獨에게 연회를 賜設하고 물건을 나누어주었으며 諸色軍人에게 米布를 하사했다.[52]

숙종 원년 4월 기묘일(18일)에 왕이 顯陵을, 을유일(24일)에 景陵(문종릉)을 알현했다. 원년 6월 신유일(2일)에 景宗神主를 榮陵에 옮긴 반면 宣宗을 大廟에 祔했고, 또 景成王后(敬成王后: 현종의 딸) 金氏의 신주를 質陵에서 맞이해 德宗室에 祔했다. 원년 7월 정미일(18일)에 문종 忌辰道場이라 왕이 홍왕사에 가서 行香했고, 원년 9월 경인일(2일)에 왕이 仁睿太后 忌辰道場이라 國淸寺에 가서 行香하고 겸하여 眞殿에 제사했는데 恒式으로 삼았다. 2년 2월 임신일(17일)에 國淸寺가 완성되자 무인일(23일)에 慶讚道場을 왕이 親設했다.[53]

---

52 『고려사』 헌종세가 및 숙종세가; 『고려사』 권88, 후비전 선종의 배필 사숙태후

53 『고려사』 숙종세가. 천태종 국청사는 인예태후의 진전사원이었으니, 『고려사』 병지 위숙군조에 실린 국청사 진전은 바로 그녀의 진전이었다. 문종은 홍왕사에, 인예태후는 국청사에 진전이 마련되었으니 부부가 진전을 달리한 독특한 사례인데 이는 그만큼 인예태후의 위상이 높았음을 말해준다.

숙종은 조카 헌종을 쫓아낸 다음날에 즉위했고, 그 다음 달에 즉위 기념 사면령을 내렸다. 원년 4월에 태조 현릉과 문종 경릉을 알현했고 원년 6월 신유일(2일)에 대묘에서 경종 신주가 나간 반면 선종 신주가 그가 사망한지 2주년 1개월이 되는 날에 대묘에 들어왔으니, 숙종은 형 선종을 태묘에 祔하기 2달 전에, 형 선종이 사망한지 2주년이 조금 못되는 시일에 태조 현릉과 부왕 경릉을 알현한 것이었다. 이는 先王의 대상재를 치러 先王을 태묘에 祔한 다음에 諸陵을 알현하는 관례를 깬 것인데 정변으로 즉위한 숙종이 정통성을 과시하기 위한 조급증 때문이 아니었나 싶다. 덕종의 배필 경성왕후 김씨의 신주가 숙종 원년 6월 신유일(2일)에 선종이 태묘에 들어갈 때 덕종 室에 모셔졌으니, 덕종의 생존시 왕후였던 김씨가 선종 3년 7월 무인일에 사망했지만[54] 이제야 대묘에 봉안된 것이었는데 정치적인 갈등이 있었기 때문에 늦어졌지 않았나 싶다.

前王(헌종)이 숙종 원년(1096) 2월 을축일에 숙종에게 요청해 선종의 潛邸였던 興盛宮에 出居해 왔는데, 2년 윤2월 갑진일(19)에 홍성궁에서 14세로 세상을 뜨자, 3월 경신일(6일)에 前王을 城東의 隱陵에 장사지냈다. 前王은 시호만 懷殤이라 정해졌다가 예종 즉위년 11월에 시호를 恭殤이라 고치고 廟號를 獻宗이라 했다.[55] 헌종은 숙부 숙종에게서 廟號를 받지 못해 대묘에서 배제되었고 예종 때 獻宗이라는 묘호를 받았지만 역시 대묘에는 모셔지지 못했던 것 같다.[56] 물론 이는

54 『고려사』 권88, 후비전 덕종의 배필; 『고려사』 권10, 선종 3년 7월

55 『고려사』 헌종세가 및 숙종세가; 『고려사』 권12, 예종 즉위년 11월

56 殷純臣이 지은 「刱立國學 後 學官謝上表」에서는 국가가 흥기한지 200년에 賢聖 14君이 등장했는데 학교가 황폐화되었음을 지적하고는 聖上(예종)이 학교를 중흥시켜 학관을 임명한 데 감사를 올렸다(『동문선』 권36, 表箋). 숙종이 15代이지만 헌종을 인정하지 않아 14代로 간주되었다고 여겨진다. 聖上의 국학 창립은 예종 4년 7월의 국학 7재 건립(『고려사』 권74, 선거지 학교 國學)을 가리킨 것으로 보인다.

숙종과 후계자들이 자신들의 정통성을 주장하기 위해 헌종의 정통성을 인정하지 않은 결과였다.

숙종은 3년 3월 갑인일(5일)에 세조 昌陵을 알현하고, 신유일(12일)에 모후 인예태후의 戴陵을 알현했다. 3년 10월 갑신일(10일)에 백관을 거느려 大廟에 祫享하고 神鳳門에 還御해 二罪 以下 當斬絞者를 사면해 配島하고, 前 配島者는 出陸하고, 出陸者는 歸鄕하고, 歸鄕者는 上京하고, 上京者는 通朝見하고, 已朝見者는 敍用할 것이며, 名山大川 諸神祇에게 號를 더하고 또 配享功臣에게 加贈하고 助祭 諸執事와 大廟九陵 侍衛員將 등에게 爵 一級을 하사하고 廟庭 樂部工人에게 물건을 하사하고 進士 明經으로 軍伍에 떨어진 자는 면제하게 하라고 했다.[57] 이는 고려 임금이 일반적으로 걸어온 길과 유사한 행위였다.

숙종은 숙종 10년 9월 무술일에 서경에서 仁睿太后 諱辰道場이라 長慶寺에 행차했지만, 병신일에 아파 정사일에 서경을 출발했는데 10년 10월 을축일에 위독해 金郊驛에 머물다가 병인일(2일) 夜半에 金郊를 출발해 長平門 外에 이르러 輦 안에서 세상을 떠 다음날 새벽에 西華門에 이르자 發喪하니 太子와 群臣이 哭踴하며 迎英殿(延英殿)에 奉入하고 이 날에 宣德殿에 移殯했는데, 遺詔에서 方鎭州牧은 本處에서 擧哀하고 服喪의 제도는 '以日易月'하라고 했다. 예종이 이 날에 遺詔를 받들어 重光殿에서 즉위했고, 갑신일(20일)에 숙종을 송림현의 英陵에 장사지냈고, 계사일(29일)에 母 柳氏를 王太后로 높이고 壽寧宮을 고쳐 大寧宮, 長慶宮을 고쳐 崇德宮, 延平宮을 고쳐 安壽宮이라 했고, 그 다음날인 갑오일에 長公主에게 大寧宮을, 二公主에게 崇德宮을, 三公主에게 安壽宮을 하사했으며, 11월 임인일(8일)에 神鳳門에 이어해 사면했다.[58] 예종은 숙종이 사망한 날(엄밀히 말하면 다음날)

57 『고려사』 숙종세가

에 즉위했고, 부왕을 사망한지 18일 만에 장사지냈고, 장례식에서 9일 후에 모친을 왕태후로 높이고 그 다음날에 자매인 공주들에게 궁을 하사해 궁주로 삼았으며, 궁주 책봉의 일주일 정도 후에 즉위와 태후책봉 기념 사면령을 내렸다. 예종은 부왕이 사망한지 27일만에 '以日易月'해 상복을 벗으면서 모친을 왕태후로 높였다.

예종 원년 정월 갑오일 초하루에 왕이 亮陰으로 인해 설날 축하를 받지 않았고, 왕이 肉膳 들기를 재상이 요청하니 허락하지 않다가 4번 上表해 요청하니 그제야 허락했다.[59] 원년 정월 갑진일(11일)에 부왕의 百日齋를 문덕전에 개설했는데,[60] 불교식 喪禮로 보인다. 원년 정월 갑진일(11일)에 遼 祭奠使가 왔고, 병오일(13일)에 遼 弔慰使가 와서 왕에게 起復을 명했으며, 계축일에 遼 祭奠使와 弔慰使가 肅宗虞宮에 제사하니 왕이 深衣를 입어 奠을 도왔고, 무오일에 遼使를 건덕전에서 연회했다. 예종은 원년 3월 을묘일(23일)에 숙종 虞宮에 나아갔다.[61] 예종 원년 2월에 재상이 두 차례 上表해 納妃하기를 요청했지만 왕이 終制하지 않았다는 이유로 윤허하지 않았는데,[62] 6월 임술일(2일)에는 延和宮主를 들여 妃로 삼았다. 예종은 부왕이 사망한지 8개월이 되는 날에 결혼식을 올렸으니, 부왕의 小祥도 치르기 한참 전에 嘉禮인 결혼을 한 것이었다.

예종 원년 7월 계묘일(14일)에 盂蘭盆齋를 長齡殿에 개설해 肅宗冥祐를 薦했고, 다음날인 갑진일(15일)에 또 名僧을 불러 目蓮經을 강독했다. 8월 정묘일에 왕이 숙종 虞宮에 나아갔고, 9월 갑오일에 佛恩寺에 행차했고, 정유일에 숙종 虞宮에 나아갔다. 10월 기미일 초하

58 『고려사』 숙종세가 및 예종세가; 『고려사』 권64, 예지 흉례 국휼
59 『고려사』 권12, 예종 원년 정월
60 『고려사』 권12, 예종 원년 정월
61 『고려사』 권12, 예종 원년; 『고려사』 권64, 예지 흉례 국휼
62 『고려사』 권12, 예종 원년

루에 慈悲懺道場을 文德殿에 親設했고, 다음날인 경신일(2일)에 숙종 神主를 虞宮에 移安하고, 睟容을 開國寺에 移安했으며, 임술일(4일)에 왕이 숙종 小祥으로 인해 개국사에 가더니 天壽寺에 행차해 그 工役을 독려하고는 돌아오다가 路上에 次해 回望 追慕해 오랫동안 눈물을 흘리며 울었고, 기묘일에 왕이 숙종 虞宮에 나아갔고, 계미일에 왕이 꿈에 先考 즉 숙종을 뵈었다.[63]

사망한 숙종을 위한 행사가 계속되어 숙종의 명복을 빌기 위한 불교 법회인 우란분재와 목련경 강독과 자비참도량이 행해졌다. 숙종이 사망한지 1주년이 되는 날에 그의 신주는 虞宮에, 睟容은 개국사에 移安되어 그의 임시 진전사원인 개국사에서 小祥齋가 거행되었으며, 예종이 그 3일째에 개국사를 찾아 소상재에 참석하고는 부친의 진전사원으로 건립 중인 천수사 공사를 독려했다. 1주년 소상재를 맞이해 睟容 즉 眞影(肖像)은 眞殿에, 신주는 虞宮 내지 魂堂(魂殿: 返魂堂)에 안치되는 것이 관례였던 것 같다.

예종 2년 4월 정사일 초하루에 왕이 비로소 건덕전에서 視朝하고, 백관이 國恤로 紅鞓을 帶하지 않아 오다가 이에 이르러 다시 帶하였으니,[64] 숙종이 사망한지 1년 6개월 정도 만에 視朝하고 紅鞓한 것이었다. 예종 2년 4월 기묘일에 왕이 숙종 虞宮에 나아갔고, 10월 계해일(11일)에 松林縣 佛頂寺를 重修해 資薦寺라 改名하여 숙종 冥祐에 이바지하게 했다.[65] 사망한 숙종은 진전사원으로 개국사와 陵寺로 자천사를 지니게 되었는데, 숙종 진전사원은 후에 천수사로 바뀐다.[66]

---

63 『고려사』 예종세가

64 『고려사』 예종세가; 『고려사절요』 권7, 예종 2년 4월

65 『고려사』 예종세가

66 예종이 11년 3월 기해일에 숙종과 명의태후의 睟容을 천수사에 봉안하고 계묘일에 천수사에 가서 設齋해 낙성함으로써 천수사가 예종 부모의 진전사원이 되었다(『고려사』 권14). 『고려사』 병지 위숙군조에 실린 천수사 진전은 바로 숙종과 명의태후의 진전이었다.

예종은 3년 정월 정묘일(16일)에 給事中 李資謙의 딸을 納해 妃를 삼았고, 정월 무인일(27일)에 母 柳氏를 정식으로 王太后로 尊崇했고, 翌日에 諸王 宰輔 文武常參官 이상이 進賀하니 群臣에게 연회를 하사했다. 2월 병술일에 諸王 宰樞 近臣을 壽春宮에서 曲宴하고, 文武常參官 및 封冊執事官에게도 酒食을 하사했으며, 신묘일에 神鳳樓에 이어해 태후 책봉기념 사면령을 내리면서 근본이 孝보다 지나친 것은 없기에 冊禮를 특별히 행하여 親母인 王妃를 尊崇해 받들어 王太后로 삼았다고 밝혔다.[67] 이러한 嘉禮가 연달아 행해진 점으로 보아 숙종 대상재가 2주년에 해당하는 예종 2년 10월에 행해졌다고 판단된다.

예종 3년 2월 신축일(20일)에 요가 起復使를 파견하니, 계묘일(22일)에 遼使를 건덕전에서 연회했다. 4월 병술일(6일)에 英陵(숙종릉)을 알현했고, 신묘일(11일)에 昌陵(세조 용건의 릉)을 알현하고는 賦詩했는데 여진 평정의 뜻을 담아 扈從 儒臣에게 보이고 和進하게 했으며, 4월 기해일(19일)에 大廟에 親禘하고 肆赦했는데, 사면 詔書에는 근래 昌陵과 顯陵과 英陵을 친히 알현하고 肅宗을 祔廟했을 때 수고한 執事·享官 員吏를 포상하는 내용과 大廟·十陵 侍衛給使들을 放良하는 내용이 담겨 있었다. 10월 경진일(4일)에 숙종 忌辰(忌日)이라 講經法會를 內殿에 개설했고, 11월 병진일에 佛恩寺에 행차하고 돌아오다가 태후를 大施院(홍왕사 소속)에서 알현했다.[68] 이로 보아 숙종 신주의 대묘 봉안이 예종 3년 4월 기해일(19일) 이전에 이루어졌음을 알 수 있는데, 그의 大祥齋 직후에 행해졌을 가능성도 있고, 요가 파견한 起復使를 영접한 직후에 행해졌을 가능성도 있다. 어찌되었든 4월 병술일의 英陵(숙종릉) 알현 이전에 이루어졌을 것이다. 예종 3년 10월

67 『고려사』 예종세가

68 『고려사』 예종세가. 大廟·十陵 侍衛給使들은 放良되는 것으로 보아 노비였다고 생각된다. 한편, 예종은 4년 4월에 윤관을 창릉에 보내 제사해 兵捷을 기도했으니, 세조 용건이 전쟁신으로 믿어졌음을 알 수 있다.

숙종 기일 행사는 내전에서 불교법회로 열렸다.

예종 4년 7월 임신일(29일)에 王妃 延和宮主 李氏가 31세로 사망해 그 후 慈陵에 묻혔다. 예종 5년 2월 갑오일에 왕태후가 佛恩寺에 이어했고, 6년 7월 경인일에 왕태후가 아파 법왕사에 移御했고, 10월 정사일에 왕이 태후를 봉은사에서 朝했다. 예종 7년 7월 기사일(14일)에 왕태후 柳氏가 信朴寺에서 세상을 떠 大內에 빈소가 마련되었고, 8월 병신일(12일)에 明懿王太后로서 崇陵에 장사지내졌는데, 예종은 모후의 영구를 闕庭(구정)에서 祖送했다. 10월 임자일에 兩府宰臣이 上表해 常膳 회복을 요청했지만 윤허하지 않다가 11월 갑인일 초하루에 宰臣이 세 번 上表해 常膳 회복을 요청하니 따랐으며, 정축일에 예종이 明懿太后 虞宮에 나아갔다.[69] 명의태후는 사망한지 27일 만에 장사지내졌는데, 예종은 그 직후 '以日易月'해 상복을 벗었을 것이다.

예종 8년 정월 병자일에 遼使가 태후를 虞宮에서 제사하니 왕이 虞宮에 나아갔고, 무인일에 요가 사신을 보내와 왕에게 起復을 명했으며, 11월 을유일에 왕이 태후 虞宮에 나아갔다. 9년 3월 을유일에 왕이 태후 虞宮에 나아갔고, 5월 신축일에 왕이 봉은사에 가고는 드디어 태후 虞宮에 나아갔다. 10월 병오일(5일)에 혜종 神主를 받들어 大廟 第二室에 다시 들인 반면 성종 神主를 康陵에 出遷하고, 明懿太后를 숙종室에 祔했으며, 기유일에 건덕전에서 연회했는데 비로소 음악을 연주하게 했다. 10월 을묘일에 英陵(숙종 릉)과 崇陵(명의태후 릉)을 알현했고, 정묘일에 大廟에 親祫했는데 宋新樂을 兼用했으며 사면령을 내렸다.[70] 명의태후는 사망한지 27개월(2년 3개월)의 9일 전에 대묘

69 『고려사』 예종세가; 『고려사』 권64, 예지 흉례 國恤; 『고려사』 권88, 후비전 예종의 배필. 예종의 모후(명의태후)가 불은사, 법왕사, 봉은사, 신박사 등에 이어한 것은 질병 치료(부처와 보살에 기도, 음양 忌諱)를 위해서였을 것이다.
70 『고려사』 예종세가; 『고려사』 권64, 예지 흉례 國恤; 『고려사』 권88, 후비전

숙종실에 合祀되었다.

예종은 9년 12월 임인일 초하루에 延德宮主 이씨를 책봉해 王妃를 삼았고, 12월 기사일에 요가 사신을 보내와 왕에게 起復을 명했다. 예종 10년 7월 경진일(13일)에 왕이 明懿太后 忌辰이라 개국사에 가서 行香했고, 10월 기해일(3일)에 왕이 숙종 忌辰이라 개국사에 가서 行香했다. 11년 3월 기해일에 숙종 및 명의태후 睟容을 天壽寺에 奉安했고, 계묘일에 왕이 天壽寺에 가서 設齋하여 낙성했다. 이후 예종은 숙종과 명의태후 기일재로 인해 부모 진전사원인 천수사에 자주 간다. 11년 4월 정묘일에 有司에게 명해 大廟에 禘祭를 지내면서 金上琦를 宣廟에, 崔思諏를 肅廟에 배향했다. 10월 계유일에 大廟에 친히 祼하고 大晟樂과 西都 瑞玉祭器를 薦하고 아울러 新制 九室登歌를 연주했다. 12년 10월 정사일(3일)에는 숙종 忌辰道場이라 敬天寺에 행차하기도 했다.[71]

예종 13년 9월 갑신일(5일)에 王妃 延德宮主 李氏가 세상을 떠서 정유일(18일)에 綏陵에 묻혔다. 윤9월 무인일(29일)에 王太子가 喪服을 벗었고, 윤9월(10월의 오류) 임오일(4일)에 예종이 天壽寺에 갔고, 윤9월(10월의 오류) 을미일(17일)에 順德王后(연덕궁주 이씨) 魂堂에 행차했다. 예종이 14년 2월 정유일(21일)에 順德王后 魂堂에 행차했고, 5월 임술일(17일)에 安和寺에 행차했고, 7월 신유일(17일)에 天壽寺에 갔고, 8월 을유일(11일)에 順德王后 魂堂에 행차했고, 8월 정해일(13일)에 安和寺에 행차했고, 10월 정축일(4일)에 왕이 天壽寺에 갔고, 12월 계미일(11일)에 安和寺에 행차했다. 15년 6월 정해일(18일)에 福源宮에 親醮하고 드디어 安和寺 順德王后眞堂에 행차

예종의 배필. 왕효 묘지명에는 天慶 4년 갑오년(예종 9년) 11월에 上(예종)이 大廟에 행차해 大后(太后) 신주를 祔했는데 동생인 대원후(왕효)에게 명하여 어가를 따라가서 亞獻을 하도록 했다고 되어 있다.

71 『고려사』 예종세가. 경천사는 천태종 사찰이었을 가능성이 있다.

해 薦酌하며 눈물을 흘렸고, 8월 경진일(12일)에 安和寺 順德王后眞堂에 행차해 오랫동안 가슴아파하니 左右에서 눈물을 흘리는 자가 있었다. 12월 정묘일 초하루에 왕이 順德王后 喪의 끝남을 이유로 太子 및 평장사 이자겸과 知奏事 李資諒 등을 불러 置酒해 지극히 즐거워했으며, 갑신일(18일)에 福源宮에 親醮하고 드디어 安和寺에 행차했다.[72] 연덕궁주(순덕왕후)가 사망한지 12월 5일까지가 2주년이었지만 11월 말일 혹은 12월 초하루에 상례를 끝냈다고 보여진다. 그리하여 嘉禮를 거행하여, 예종 16년 정월 신해일에 王太子가 수춘궁에서 元服을 착용하니 百官이 表賀했으며, 을묘일에 예종이 진한공의 장녀 왕씨를 들여 貴妃로 삼고, 갑자일에 崔湧의 季女를 들여 淑妃로 삼았다.[73]

하지만 예종은 순덕왕후를 잊지 못하여 16년 3월 무술일(3일)에 彰信寺에 행차하고 微行하여 綏陵에 이르렀다. 왕이 장차 綏陵에 가려 하자 諫官이 아뢰기를, "前古에 君王 중에 친히 后妃의 陵寢에 나아간 경우가 없고, 禮典을 고찰해도 그러한 내용이 없습니다. 玄宮이 오랫동안 덮혀 풀이 무성한데 至尊이 행차해 본다면 능히 悲感이 없을까 臣子의 마음이 恐懼하니 바라옵건대 禮로써 억제하여 人望을 따르십시오." 라고 했지만 왕이 따르지 않은 것이었다. 예종은 16년 4월 무자일에 安和寺에 행차하고 돌아오다가 李資謙 山齋에 머물러 置酒했다. 8월 정미일(15일)에 英陵(숙종릉)과 崇陵(명의태후릉)을 알현하고 돌아오다가 因孝院에 머물러 五言詩 1首를 짓고 侍從文臣에게 和進하게 했다. 12월 신축일(11일)에 福源宮에 행차하고 드디어 귀산사와 안화사에 행차하고 玉岑亭에 이어해 從官을 연회했다.[74]

---

72 『고려사』 예종세가. 『고려사』 예종세가에는 예종이 13년 윤 9월 을미일에 순덕왕후 혼당에 행차한 것으로 되어 있는 반면, 『고려사절요』 권8에는 13년 10월에 순덕왕후 혼당에 행차하자 왕후상례에 대한 예종의 그동안 배려가 지나치다며 간관이 비판했다고 되어 있는데, 을미일의 위치로 보아 10월이 맞다.

73 『고려사』 예종세가

고려의 임금이 역대 임금의 능과 모후의 능을 알현해 왔지만 자기 배필의 능을 친히 찾지는 않아 왔는데 예종이 微行 즉 비공식적으로 순덕왕후릉을 방문한 것이었으니 얼마나 그녀를 사랑했는지 알 수 있다.[75] 예종이 순덕왕후릉을 방문한 날은 3월 3일이었으니 삼짇날 행사의 일환으로 여겨진다. 또한 부모의 영릉과 숭릉을 방문한 날은 8월 15일이었으니 추석 행사의 일환으로 여겨진다.

예종이 17년 4월 을미일에 위독하니 宰樞에게 어린 태자의 계승을 도와주기를 부탁하고 태자를 불러 重任을 맡기면서 韓安仁에게 명해 國璽를 취하여 태자에게 주고는 遺詔를 내리기를, 喪服은 '以日易月' 즉 날을 달로 간주하고 山陵 제도는 儉約을 따르는 데 힘쓰고, 方鎭州牧은 임소를 떠나지 말고 本處에서 擧哀하되 3일 동안 成服하고 끝내라(成服三日而除)고 명령했다. 예종이 병신일(8일)에 45세로 세상을 뜨자 宣政殿에 빈소가 마련되었다. 예종의 여러 동생들이 자못 보위를 넘보는 마음을 지녔지만 평장사 이자겸이 태자(인종)를 받들어 병신일(8일)에 중광전에서 즉위시키니 인종이 朝夕으로 빈소에서 哭踊하며 슬퍼했다.[76] 인종은 즉위한 다음날인 즉위년 4월 정유일(9일)에 景靈殿에 나아가 즉위를 고하고 大廟와 九陵에 使臣을 보내 고했다. 예종은 시호가 文孝, 廟號는 睿宗이라 정해졌고, 4월 갑인일(26일)에 城南의 裕陵에 묻혔다. 5월 경오일(13일)에 大廟에서 祭享이 행해졌고, 다음날인 신미일(14일)에 인종이 母后(순덕왕후 이씨)를 文敬王太后로 追尊했고, 太后 封崇을 기념해 무인일(21일)에 神鳳門에 이어해 사면령을 내렸다.[77] 인종은 부왕 예종이 사망한 날에 즉위해 그 다음날에 경령전(親告)과 대묘·구릉(使告)에 고했고, 예종은 사망

74 『고려사』 예종세가
75 고려말에 공민왕이 노국공주의 릉을 친히 찾는다.
76 『고려사』 예종세가 및 인종세가
77 『고려사』 예종세가 및 인종세가; 『고려사』 예지 흉례 국휼

한지 18일(사망일 포함 19일) 만에 묻혔다. 喪服은 '以日易月'하라는 예종의 유언을 지켰을 터이니 27일 정도에 벗었을 것이다.[78] 方鎭 州牧은 3일만에 釋服했다.

상복을 벗어도 상례는 행해졌다. 인종 즉위년 7월 기묘일(23일), 8월 임인일(16일), 10월 계묘일(18일), 12월 병술일 초하루에 왕이 虞祭를 친히 행했다. 원년 4월 계사일(10일)에 왕이 예종 小祥이라 安和寺에 가서 行香했다. 4월 기유일(26일)에 虞祭를 친히 행했다. 6월 갑오일(13일)에 宋國信使 禮部侍郎 路允迪과 中書舍人 傅墨卿이 오니, 경자일(19일)에 회경전에서 조서를 받았고, 계묘일(22일)에 왕이 魂堂에서 祭奠弔慰詔를 받았다. 원년 9월 을묘일(5일)에 왕이 文敬太后 忌辰이라 安和寺에 가서 行香했다. 원년 10월 을유일(6일)에 虞祭를 친히 행했다.[79] 인종은 원년 4월 10일에 안화사에 가서 예종

78 「請御正殿聽政 表」(鄭沆)와 「再請 表」(洪灌)와 『三請 表』(金富佾)는 임금이 상례를 마쳤으니 正殿 내지 法宮에 나아가 聽政해 北極의 尊과 重華(『書經』 舜典)의 德을 펴기를 요청한 글이다(『동문선』 권41, 表箋). 「宰臣 請御正殿聽政 不允」(李逢原)과 「再請 不允」(金富佾)과 「三淸 宜允」(鄭沆)에는 先帝(예종)가 升遐해 3년상을 행해야 마땅하지만 以日易月 하여 正殿(正朝)에 御하여 聽政해야 한다는 신하들의 上表에 대해 임금이 윤허하지 않다가 신하들의 세 번 요청함에, 漢 이래 喪期의 數는 以日易月 하여 왔고 朕(인종)의 行制도 비록 漢氏를 한결같이 준수해 왔을 지라도 그러한 喪制를 지키기 미안했지만 신하들의 요청이 간절해 할 수 없이 그것을 윤허한다고 했다(『동문선』 권29, 批答). 이 表文과 批答들은 그 하나가 한안인의 일파인 이봉원(『고려사』 권97, 한안인전)에 의해 작성된 것으로 보아 예종이 묻히는 인종 즉위년 4월 26일 이후, 한인인 일파가 숙청되는 인종 즉위년 12월 이전에, 아마도 장례 직후에 찬술된 것으로 보인다.

79 『고려사』 인종세가; 『고려사』 예지 흉례 국휼. 그런데 『고려도경』 권6, 궁전 장경궁에, 王府(皇城)의 서남쪽 유암산 기슭에 위치한 장경궁은 王顒(숙종)의 諸妹가 그 안에 거처하다가 결혼해 나가면서 비게 되어 荒蕪한 상태가 되었는데, 俁(예종)가 위독하자 이곳에 나아가 병을 치료하다가 세상을 뜨니 祠奉의 장소로 되어 俁(예종)의 侍姬가 그 舊僚屬 十數人과 더불어 지키고 있으며, 근래 使者가 元豊 舊制를 준수해 前王을 祭奠하고 後嗣를 弔慰한 것을 고려가

소상재에 참석했으니, 예종 소상재는 그가 사망한지 1주년이 되는 4월 8일 무렵부터 안화사에서 열렸다고 보여지는데, 안화사의 예종 진전에는 그의 睟容이 이미 봉안되어 있었을 것이다.[80]

인종 2년 4월 정사일(10일)에 왕이 安和寺에 갔고, 임신일(25일)에 睿宗 睟容을 景靈殿에 봉안했고, 惠宗 神主를 順陵에 옮긴 반면 갑술일(27일)에 睿宗 신주를 大廟에 祔했다. 2년 6월 신유일(16일)에 顯陵을, 계해일(18일)에 昌陵을, 정묘일(22일)에 裕陵을, 계유일(28일)에 綏陵을 알현했고, 7월 기묘일(4일)에 大廟에 親禘했다.[81] 인종이 2년 4월 10일에 안화사에 간 것은 대상재 참석 때문이었을 것이다. 예종의 진전사원인 안화사에서는 예종 대상재가 그의 2주년이 되는 4월 8일 무렵에 열리고 있었을 것이다. 예종은 사망한지 2주년 17일(혹은 18일)만에, 대상재가 끝난지 보름 정도만에 睟容이 경령전에 봉안되었고, 그 2일 후에 신주가 대묘에 봉안되었다. 그 후 인종이 태조 현릉, 세조 창릉, 예종 유릉, 명의태후 수릉을 차례로 알현한 다음에 대묘에 친히 禘祭를 지냈다. 『고려사절요』 권9에 따르면 7월에 대묘에 親禘했을 때 太祖는 東向하고, 덕종·靖宗·문종·예종은 昭가 되고, 현종·순종·선종·숙종은 穆이 되었다.

그리고 이후 嘉禮와 吉禮가 이어졌다. 인종 2년 7월 갑신일(9)에

모두 장경궁에서 받았다고 했다. 또한 『고려도경』 권25, 受詔 祭奠 및 弔慰에, 宋 사절단의 使 路允迪과 副使 傅墨卿 및 三節(都轄 오덕휴와 提轄 서긍 포함)이 장경궁에 가서 王楷(인종)가 참석한 가운데 祭奠 및 弔慰를 행하였는데, 그 전에 都轄 오덕휴가 佛事를 행했고, 提轄 서긍이 祭奠禮物을 진열했다. 이로 보아 예종의 虞宮 내지 魂堂은 長慶宮에 설치되었고 宋使는 이곳에 가서 祭奠하고 弔慰했다고 판단된다.

80 안화사는 예종과 순덕왕후(문경태후)의 진전사원이라서 아들 인종 때를 기준으로 작성된 『고려사』 병지 위숙군조에서 그들의 안화사 진전이 여러 진전 중에서 맨 앞에 실렸다. 위숙군조에는 헌종을 제외한 성종~예종의 진전, 인예태후의 진전, 그리고 태조의 봉은사 진전이 기재되었다고 판단된다.

81 『고려사』 인종세가; 『고려사절요』 권9, 인종 2년; 『고려사』 예지 흉례 국휼

李資謙을 朝鮮國公에 책봉했고, 8월 무오일(14)에 이자겸이 그 제3녀를 왕에게 들이니 경신일(16)에 百官이 納妃를 축하했고, 8월 경오일(26)에 신봉루에 이어해 이자겸 책봉기념의 대규묘 사면령을 내렸고, 8월 임신일(28)에 下敎해 王妹 承德宮主를 책봉해 長公主로 삼고는 宰樞 侍臣을 曲宴했고, 9월 경진일(7일)에 왕이 安和寺에 갔고, 10월 임자일에 王妹 興慶宮主를 책봉해 公主로 삼았다. 3년 정월 경인일에 李資謙이 또 제4녀를 왕에게 들이니 임진일에 百官이 納妃를 축하했다.[82]

인종 4년 2월 경신일(24일)에 王妃 李氏를 책봉해 延德宮主를 삼았지만, 다음날인 신유일(25일)에 정변이 발생했다. 4년 3월 을미일(29일)에 李之美를 보내 大廟에 고해 事金 可否를 점치더니, 4월 정미일(11일)에 鄭應文과 李侯를 금에 보내 稱臣해 上表했다. 4년 4월 병오일(10일)에 왕이 이자겸의 扈從 하에 安和寺에 가면서 舊宮을 돌아보며 눈물을 흘렸지만, 이자겸은 4년 5월 을유일(20일)에 척준경에 의해 체포되어 다음날인 병술일(21일)에 妻子와 함께 유배되었다. 이에 왕은 4년 6월 을묘일(20일)에 李資謙女 二妃를 내쫓고 殿中內給事 任元敱의 女를 들여 妃로 삼았다.[83]

인종 8년 3월 정해일에 大廟에 禘祭를 지냈고, 10년 4월 기사일(8일)에 睿宗 忌辰이라 왕이 長慶寺(인종이 서경에 체류 중이었음)에 가서 行香했다. 13년 4월 을묘일에 大廟에 禘祭를 지냈다. 16년 8월 임술일(9일)에 興王寺 薦福院에 出御해 무진일(15일)에 顯宗·文宗 眞殿을 알현했는데 추석맞이 알현으로 보인다. 17년 5월 갑신일에 景靈殿을 알현했고, 18년 4월 정묘일에 大廟에 親禘해 九廟 尊謚를 加上하고 또한 十二陵에 사신을 보내 大王과 王后 尊謚를 加上한 후 闕

82 『고려사』 인종세가
83 『고려사』 인종세가

庭(구정)에 還御해 사면령을 내렸다. 20년 10월 갑술일(15일)에 彰信寺에 행차하고 드디어 天壽寺에 갔다. 20년 10월 을유일에는 大廟 제사가 거행되어 사면했다.[84] 이처럼 인종은 부왕 예종은 물론 조부 숙종과 증조부 문종과 고조부 현종, 그리고 다른 先王과 先后에 대한 추모에 관심을 기울였으니 흔들리는 왕권을 회복하고 격동하는 정계를 안정시키기 위해서였을 것이다.

인종이 24년 2월 갑자일(25일)에 위독해 태자(의종)에게 傳位하고 정묘일(28일)에 遺詔를 내려 태자가 왕위에 오를 것, 喪服은 '以日易月'할 것, 山陵 제도는 儉約을 따를 것을 명령하고는 保和殿에서 38세로 세상을 떠 乾始殿에 移殯되었다. 의종이 정묘일(28일)에 遺詔를 받들어 대관전에서 즉위했다. 인종은 시호 恭孝, 廟號는 仁宗으로 정해졌다. 의종 즉위년 3월 갑술일(5일)에 왕 및 백관과 國人이 成服했고, 갑신일(15일)에 인종이 城南의 長陵에 묻혔고, 계사일(24일)에 국왕 의종 이하가 釋服했고, 무술일(29일)에 왕이 모후를 王太后로 尊崇했고, 4월 무오일(19일)에 왕이 의봉루에 이어해 즉위와 태후책봉 기념의 대규모 사면령을 내렸다.[85] 의종은 인종이 사망한 날에 즉위했고, 인종은 사망한지 17일(사망한 날 포함하면 18일) 만에 묻혔고, 의종 이하가 인종이 사망한지 26일(사망한 날 포함하면 27일) 만에 釋服 즉 상복을 벗었으며, 이후에 태후 책봉 등의 평상 의례가 거행되었다. 상복을 26일 내지 27만에 벗었으니 '以日易月' 하라는 인종의 遺詔가 지켜진 것인데 이는 고려 왕실의 일반적인 상례였다.

의종 즉위년 11월 병술일(20일)에 虞祭를 攝行했으며, 2년 2월 정사일(28일)에 인종 大祥齋를 영통사에 개설했고, 태후가 또한 봉은사에 設齋해 行香했다.[86] 2년 3월 기미일 초하루에 왕이 영통사에 가서

84 『고려사』 인종세가. 홍왕사에 문종진전은 물론 현종진전이 있었음이 드러난다.
85 『고려사』 인종세가 및 의종세가; 『고려사』 예지 흉례 국휼

인종 진전을 알현했고, 3월 갑자일(6일)에 인종 神御를 경령전에 봉안했다. 2년 7월 을축일에 왕이 정식으로 왕태후에게 上册했으며, 이를 기념해 병인일에 群臣을 연회하고 을해일에 사면령을 내렸다. 2년 윤8월 정묘일(12일)에 현릉을, 무인일(23일)에 창릉을, 임오일(27일)에 장릉(인종릉)을 알현했다. 2년 10월 정묘일(13일)에 대묘에 친히 祫祭를 지내 사면령을 내렸다.[87] 인종 大祥齋가 그가 사망한지 2주년이 되는 날부터 그의 진전사원인 영통사에서 거행되었고, 또한 태후에 의해 봉은사에서도 거행되었으며, 3월 1일에 의종이 영통사 진전을 알현한 것은 3일째 열리고 있는 대상재에 참석한 것을 의미했다. 대상재가 열린지 7일 후에 인종 神御가 경령전에 봉안되었다. 그리고 의종은 그 후 공식적인 태후 책봉식을 거행했고, 현릉, 창릉, 장릉(인종릉)을 차례로 알현했고, 대묘에 祫祭를 친히 지냈다. 인종의 신주는 그의 神御가 경령전에 봉안된 직후에 대묘에 봉안되었을 것이다.

3) 무인정권기

의종 24년 8월 정축일(30일)에 보현원에서 무신정변이 발생해 다음날인 9월 무인일 초하루에 왕이 정중부 등에 의해 군기감에 유폐당했다가 기묘일(2일)에 거제현으로 추방당했다. 기묘일(2일)에 익양공(명종)이 정중부 등에 의해 옹립되어 대관전에서 즉위하니 계미일(6일)에 群臣이 대관전에 나아가 즉위를 축하했다. 명종은 2년 9월에 창릉을 알현했다.[88]

명종 3년 10월 경신일(1일)에 의종이 이의민에 의해 계림 坤元寺 北淵 가에서 47세로 시해당했다. 5년 5월 병신일(16일)에 의종 發喪

86 『고려사』 의종세가; 『고려사』 예지 흉례 국휼
87 『고려사』 의종세가
88 『고려사』 의종세가 및 명종세가

을 거행했는데 백관이 3일 동안 玄冠 素服했고, 5월 임인일(22일)에 의종이 城東의 禧陵에 장사지내졌다. 조위총이 거병할 때 이의방의 弑君 不葬의 죄를 성토했기 때문에 명종과 무인정권이 의종을 희릉에 장사지내고 해안사에 진영을 봉안해 원당으로 삼은 것이었다.[89] 하지만 의종은 경령전에도, 태묘에도 봉안되지 못하였다. 廟號를 받았음에도 무인정권의 미움을 받아 태묘에는 들어가지 못했던 것이다.

왕태후 任氏가 아들 명종이 친히 약을 조제하는 등의 지극한 간호에도 불구하고 명종 13년 11월 계미일(22일)에 세상을 떠 義昌宮 옆 私第에 빈소가 마련되니 명종이 朝夕으로 임하여 곡하였다. 그녀는 윤11월 갑인일(23일)에 純陵에 묻혔는데, 이 장례식에서 명종은 轜車(상여수레)를 인도해 의창궁으로부터 걸어서 미륵사에 이르러 釋服하고 堤上宮에 이어했다.[90] 그녀는 사망한지 31일 후에 순릉에 묻혔으며, 아들 명종은 그날 모후의 영구를 전송한 후 상복을 벗었으니 한 달을 넘긴 특수한 사례에 속하지만, '以日易月'에서 크게 벗어나지는 않는다.

그런데 상복을 벗었음에도 상례는 계속 행해져 명종 14년 상원 연등회가 喪中이라 중단되었다. 14년 2월 임술일(3일)에 卒哭하자, 禮官이 아뢰기를, 인예태후 喪制를 살펴보건대 한결같이 문종 故事에 의거했는데, 문종 故事에서는 上(임금) 및 群臣에서 응당 紅鞓을 띠어야 할 자들이 卒哭 후에도 모두 皂帶를 착용했으니 지금 太后喪도 역시 이 제도에 의거하기를 요청함에, 중서성이 后妃 喪制는 君王과 동일해서는 안된다고 반박했다. 이에 왕이 노하여 꾸짖기를, "사람 자식이 부

89 『고려사』 의종세가 및 명종세가; 『고려사』 예지 흉례 국휼. 의종 진영은 무인의 반발로 곧 文方인 동쪽으로 옮겨진다. 의종 진전은 城東 선효사(오미원)로 옮겨진 반면 武方인 城西 해안사는 중방의 원당으로 전환되었으며, 이윽고 의종 진전은 불주사로 이전되었다(『고려사』 권20, 명종 11년·26년). 정치와 음양풍수의 결합이 엿보인다.

90 『고려사』 권20 및 『고려사절요』 권12, 명종 13년; 『고려사』 예지 흉례 국휼

모에 대한 마음은 똑같은데 어찌 아버지를 무겁게 여기고 어머니를 가벼이 여기는가. 卒哭 후에 짐이 비록 경들에게 紅鞓을 허용하더라도 경들이 禮를 인용해 固辭해야 마땅하도다. 하물며 祥期 안에 짐이 항상 皀帶를 착용할 터인데 경들이 유독 紅鞓을 띠겠다는 것인가, 이 어찌 不義가 심하지 않은가" 했다. 省官 중에 紅鞓을 띠고 싶은 자가 있어 동료를 꼬드겨 이 의견을 아뢴 것이었는데, 이에 모두 부끄러워했다.[91] 이를 통해 공예태후 상례는 문종 상례 및 인예태후 상례와 똑같이 거행되었으며 그래서 상례기간에 임금과 신하가 皀帶를 착용했음을 알 수 있다.

중단되었던 상원 연등회는 공예태후가 사망한지 5개월 22일 정도가 흐른 명종 14년 4월 임신일(14일)에서야 插花와 諸伎를 제외한 채 거행되었다. 고려의 태후 국상으로 인해 명종 14년 5월 갑오일(7일)에 金 祭奠使가, 병신일(9일)에 금 弔慰使가, 무술일(11일)에 금 起復使가 왔다. 祭日에 祭奠使가 묻기를, "太后 畵像은 앉았소? 섰소?" 하기에 앉았다고 답하니, 祭奠使가 말하기를, 諸侯 王母가 앉았는데 天子의 使가 拜함이 옳지 않다며 影幀을 감추어야 들어가 行事하겠다고 했다. 왕이 兩府에게 물으니 모두 不可하다고 대답했다. 이에 사람을 보내 두세 번 설득하자 祭奠使가 따라서 堂에 올라 再拜해 奠酒했다. 계축일에 왕이 기복사를 인도하여 대관전에서 詔書를 받았다. 정사일에

91 『고려사』 권20, 명종 13년 및 14년; 『고려사절요』 권12, 명종 13년 및 권13, 명종 14년; 『고려사』 예지 흉례 국휼. 한편 명종 10년 6월 경술일에 內嬖 明春이 죽으니 왕이 哀戀하기를 그치지 않아 목을 놓아 號哭했으며, 명종 14년 8월에 왕이 嬖妾의 사망으로 인해 오랫동안 통곡하고 고기를 먹지 않고 聽政하지 않자 사람들이 웃으며 말하기를, "母后喪에는 5旬(50일)이 못되어 復膳했는데 지금 오히려 이러하니 이 어찌 失禮가 아니리오" 했다. 『고려사』 권20 및 『고려사절요』 권12, 명종 10년 6월; 『고려사절요』 권13 및 『고려사』 권20, 명종 14년 8월. 이를 통해 명종이 모후가 사망한지 50일이 못되어 復膳했음을 알 수 있다.

金使를 위한 연회를 대관전에서 개최했지만 금사가 와서는 들어오지 않고 말하기를, 왕이 이미 起復禮를 행했으니 吉禮를 따라 綵棚을 結하고 奏樂하고 插花해야 마땅하니 그러하지 아니하면 연회를 받지 않겠다고 했다. 왕이 사람을 시켜 답하기를, 비록 起復을 받았지만 練祥이 아직 끝나지 않았으므로 길례를 따를 수 없다고 하니 금사가 노하여 참석하지 않았다. 10여 일 후인 6월 무진일(11일)에 金使를 대관전에서 연회했지만 끝내 結棚 插花 奏樂을 하지 않았다.[92]

명종 14년 11월 갑오일에 虞祭를 지냈고, 기해일에 팔관회를 개설해 왕이 구정에서 觀樂했는데 太后 '祥月'이라 賀禮와 舞蹈와 工人 庭舞歌曲을 제외했다. 15년 8월 임신일(22일)에 八虞祭를 행했고, 16년 정월 병오일(27일)에 태후를 태묘에 祔했다.[93] '祥月'이 언급된 점으로 보아 공예태후 소상재가 14년 11월에 행해졌다. 공예태후는 사망한지 2년 3개월에서 5일이 흐른 날에 태묘에 신주가 봉안된 것이니 27개월을 5일 초과했다. 대상재는 2주년을 맞이한 명종 15년 11월 22일 무렵에 불교사원에서 행해졌을 것이다. 명종 16년 8월 정유일에는 명종이 장릉(인종릉)과 순릉(공예태후릉)을 알현하고 드디어 天孝寺에 행차했다.[94]

이를 통해 공예태후의 魂堂 내지 虞宮에 畵像 내지 影幀이 봉안되어 있었음을 알 수 있는데, 임금과 후비의 혼당 내지 우궁에는 晬容(神御)이 일정기간(대개 소상 무렵까지) 봉안되었다고 여겨진다. 공예태

---

92 『고려사』 권20 및 『고려사절요』 권13, 명종 14년; 『고려사』 예지 흉례 국휼. 『고려사』 명종세가에는 金使가 온 때가 명종 14년 4월로 되어 있지만 『고려사』 예지와 『고려사절요』에는 5월로 되어 있는데 5월이 맞다. 예지의 흉례 국휼에는 金使가 문제로 삼은 태후 畵象이 仁睿太后로 기재되어 있는데 恭睿太后의 오류이다.

93 『고려사』 권20 및 『고려사절요』 권13 명종 14년~16년; 『고려사』 예지 흉례 국휼

94 『고려사』 권20 및 『고려사절요』 권13 명종 16년 8월. 천효사가 명종 부모의 진전사원 혹은 능사일 가능성도 있다.

후를 위해 여덟 번째의 虞祭인 八虞祭가 행해졌음이 주목된다. 고려시대에 태후를 위해 대개 장례 후에 대상재 이전까지 천자국 상례를 참고해 八虞祭를 지냈다고 여겨지는데, 임금이나 태후를 위해 천자국 상례인 九虞祭를 지냈을 가능성도 있다.[95] 상복을 벗고 起復을 하여 일상생활로 돌아갔더라도 大祥까지의 服喪 기간에는 길흉의 혼합상태여서 음악을 연주하지 않았고 꽃을 꽂지 않았음이 드러난다. 공예태후의 대상이 끝나 태묘에 祔해지면서 흉례가 완전히 끝나고 온전한 길례가 구현되었다.

명종 27년 9월 갑인일(14일)에 최충헌 형제가 設醮해 廢立의 일을 하늘에 고하더니, 계해일(23일)에 명종을 폐위하여 向成門을 單騎로 나오게 핍박해 昌樂宮에 유폐시키고 內園 北宮에 있던 태자 璹을 江華島에 추방한 반면 평량공(명종 母弟: 신종)을 맞이해 대관전에서 즉위시켰다. 최충헌 형제는 擁兵해 추밀원에 들어가고 諸衛將軍에게 구정에 주둔하도록 했다. 신종은 즉위년 9월 을축일(25일)에 대관전에 이어해 즉위축하를 群臣으로부터 받고 의봉루에 이어해 毬庭 宿衛軍을 친히 위로해 돌아가도록 명령했으며, 다음날 최충헌 형제도 추밀원에서 나와 집으로 돌아갔다. 신종은 11월 경자일 초하루에 의봉루에 이어해 즉위기념 사면령을 반포했다. 원년 4월 계유일에 현릉을, 을유일에 창릉을 알현했고, 5월 무술일 초하루에 장릉(인종릉)과 순릉(공예태후릉)을 알현했다.[96] 명종이 폐위된 날에 즉위한 신종은 형 명종이 생존해 있었기에 태조 현릉 및 세조 창릉과 부왕 장릉과 모후 순릉을

95 충렬왕은 원년 12월 을미일에 魂殿에 행차해 七虞祭를 행했는데(『고려사』 권28, 충렬왕 세가; 『고려사』 권64, 흉례 국휼), 이 때는 고려가 제후국으로 하락해 七虞祭를 지냈을 것이다. 조선왕실은 제후국의 장례를 추구해 七虞祭를 지내다가 대한제국기에 천자국 장례로 전환해 고종 34년 12월에 九虞祭를 행한다(『고종실록』 권36, 고종 34년 12월 5일과 6일).

96 『고려사』 명종세가 및 신종세가; 『고려사절요』 권13, 명종 27년

즉위한지 7개월 정도의 빠른 시일에 알현할 수 있었다.

폐위된 명종이 신종 5년 11월 무오일(17일)에 창락궁에서 세상을 뜨니 재추 및 常參官 이상이 皂帶를 착용해 闕에 나아가 위로했고, 宗室과 백관과 士庶人이 玄冠素服을 3일 동안 착용했는데 오직 장례도감은 葬日까지 착용했다. 생신을 축하하러 온 金使를 12월 병진일에 연회했는데 前王(명종)이 빈소에 있기에 금사의 반발에도 불구하고 연회 장소로 正殿을 사용하지 않았다. 윤12월 임인일(2일)에 명종을 長湍의 智陵에 장사했다. 이에 앞서 신종이 명종을 王禮로 장사하려 했지만 최충헌이 不可를 고집했기 때문에 강등하여 명종妃 景順王后의 葬儀를 따르면서도 간간이 仁廟(인종)의 葬禮를 섞어 사용했다. 당시 태자는 배척되어 강화에 있었기 때문에 장례에 참석하지 못하니 國人이 슬퍼했다.[97] 명종은 사망한지 1개월 보름 정도에 지릉에 묻혔는데 장례기간이 길어진 이유는 명확하지 않지만 장례의 格에 대한 논란, 음양의 忌諱 등이 작용했으리라 생각된다.

신종은 등창이 생기자 7년 정월 기사일(5일)에 千齡殿에 이어해 태자(희종)에게 왕위를 잇기를 명령했다. 희종이 이날 內禪을 받아 즉위했는데, 최충헌이 태자를 강안전에 引入해 御服을 바쳐 北面 再拜하고 받들어 대관전에 나가 백관의 朝賀를 받은 것이었다. 신종은 정축일(13일)에 德陽侯邸에 이어해 세상을 떴는데 遺詔에서 乾始殿에 빈소를 마련하지 말도록 명령하니, 무인일(14일)에 內史洞 靖安宮에 빈소가 마련되었다. 이날 최충헌이 그 집에서 재추를 모아 禮司가 아뢴 服喪 26일 동안을 줄여 14일 동안으로 하기를 의논했지만, 신종은 희종 즉위년 2월 경신일(26일)에 城南의 陽陵에 장사지내졌다. 희종은 즉위년 4월에 모친 김씨를 왕태후로 尊崇하고 사면했다.[98] 신종은 사망한

97 『고려사』 명종세가 및 신종세가; 『고려사절요』 권14, 신종 5년 11월; 『고려사』 예지 흉례 국휼

지 거의 1개월 보름 정도에 묻힌 것이니 장례기간이 최충헌 의견은 물론 '以日易月'에 충실한 禮司의 의견보다도 훨씬 긴 것이었다. 명종의 사례에 맞추려 했던 때문인지, 음양의 忌諱 때문인지 불확실하다. 명종과 신종 상장례는 27일 기한에서 보름 정도나 벗어났지만 以日易月 관례를 크게 어긴 것은 아니었다.

희종 2년 2월 기미일(8일)에 신종의 신주가 태묘에 祔해지면서[99] 완전히 흉례가 끝나고 길례로 전환되었다. 희종은 사망한지 2주년 24일(혹은 25일) 만에 태묘에 모셔진 것이었다. 이전에 대상재가 행해졌을 터인데 불교식이었을 것이다. 희종은 2년 8월 갑술일에 현릉을, 9월 을유일에 창릉을 알현했다. 9월 갑오일에 양릉(신종릉)을 알현하고 陵 옆 彰信寺를 重營해 孝信寺라 改額해 冥福에 이바지하게 했다. 內侍 崔正份이 그 공역을 감독했는데 왕에게 아첨하고자 극도로 사치하고 화려하게 꾸미니 비용이 엄청나게 많이 들었다.[100] 효신사는 신종의 陵寺이자 진전사원이었다.

최충헌이 희종 7년 12월 경자일(22일)에 銓注로 인해 수창궁에 나아갔는데 희종이 내시 등 측근을 이용해 최충헌을 제거하려다가 실패했다. 이에 최충헌이 계묘일(25일)에 희종을 폐위해 강화현으로 추방한 반면 한남공(명종의 태자: 강종)을 私第에서 받들어 강안전에서

---

98 『고려사』 신종세가 및 희종세가; 『고려사』 예지 흉례 국휼; 『고려사절요』 권14, 신종 7년(희종 즉위년)

99 『고려사』 권21 및 『고려사절요』 권14, 희종 2년; 『고려사』 예지 흉례 국휼

100 『고려사』 권21 및 『고려사절요』 권14, 희종 2년; 『고려사』 권61, 예지 길례 대사 末尾. 한편, 희종 4년 8월에 도적이 武陵(안종 乾陵의 개칭: 『고려사』 권90, 종실전 태조의 아들)을 도굴하니 왕이 禮部와 諸陵署에게 諸陵을 巡審하게 했는데 또한 도적이 발굴한 릉이 5,6이 있어 中使에게 명령해 願刹僧으로 하여금 수리하게 했으며, 有司가 諸陵直을 탄핵하여 파면하고 陵戶人을 遠島에 유배했으며, 다음해에 도적 數人을 잡아 주살했다(『고려사』 권21, 희종 4년 8월). 이는 능에 대한 관리와 수리를 諸陵署와 願刹이 담당했음을 알려준다.

즉위시켰다. 강종이 원년 정월 병인일에 내린 명령에서 2월 하순에 吉日을 택해 등극기념 사면령을 반포할 것을 예고하고 2월 기해일(22일)에 의봉루에 이어해 사면령을 내렸다. 원년 5월에 王妣 의정왕후 김씨를 광정태후로 追尊했고, 원년 7월 을축일에 아들을 태자로 책봉해 元服을 입히고 府를 세웠으며, 원년 10월 갑오일에 王妃 柳氏를 연덕궁주에 책봉했고, 2년 4월 갑오일에 지릉(명종릉)을 알현했다.[101]

강종이 아프자 2년 8월 정축일(9일)에 遺詔를 내려 태자(고종)가 왕위를 계승할 것과 山陵 제도는 儉約하기를 힘쓸 것과 '易月之服 三日而除'하기를 명령하고는 이날 밤에 수창궁 화평전에서 세상을 떴다. 이에 다음날인 무인일(10일)에 고종이 遺詔를 받아 강안전에서 즉위했다. 강종은 고종 즉위년 9월 계묘일(6일)에 시호 元孝, 廟號 康宗을 받았고, 9월 병오일(9일)에 厚陵에 장사지내졌다.[102] 강종은 사망한지 1개월이 되는 날에 후릉에 묻혔으니 '易月(以日易月)'하라는 유언이 거의 지켜진 것이었으며, '三日而除'하라는 유언 즉 일반 官吏와 庶人은 3일만에 상복을 벗으라는 유언도 상장례 담당자 외에는 지켜졌을 것이다.

고종은 원년 5월 신묘일에 魂堂에 행차해 四虞祭를 지냈다. 2년 8월 기유일(22일)에 강종 神御를 경령전에 봉안했다. 이를 위해 고종이 의봉문 밖에 나와 강종 神御를 拜迎하니 신하들 중에는 눈물을 흘리며 오열하는 자도 있었다. 都人들 중에 瞻望하는 자들이 모두 말하기를, "先王(강종)이 태자였을 적에 島嶼로 播遷되어 紀(12년)를 넘는 세월 동안 궁핍하게 거처하여 社稷과 臣民이 타인의 소유가 되었으니 어

101 『고려사』 희종세가 및 강종세가; 『고려사절요』 권14, 희종 7년 12월

102 『고려사』 강종세가 및 고종세가; 『고려사』 권64, 예지 흉례 국휼; 『고려사절요』 권14, 강종 2년 8월 및 9월. 강종 장례식 날짜가 『고려사』와 『고려사절요』에는 고종 즉위년 9월 丙午(9일)로, 『고려사』 예지에는 고종 즉위년 9월 丙寅(29일)으로 되어 있는데, 丙午(9)가 맞는 것으로 보인다.

찌 보위에 오르기를 기대했으리오. 비록 享國은 日淺하나 능히 聖嗣(고종)에게 전하고 세상을 떠난 후 四親의 殿에 入安되었으니 진실로 天命이다." 라고 했다. 고종 2년 9월 정묘일(11일)에 문종 신주를 경릉에 옮긴 반면 강종 신주를 태묘에 봉안했다.[103] 강종의 神御는 그가 사망한지 2년 13일(혹은 14일) 만에 대궐로 들여져 구정을 거쳐 四親殿인 景靈殿에 봉안되었고, 그의 신주는 그로부터 18일 후에 대묘에 봉안되었다. 강종이 경령전과 대묘에 봉안되기 전에 사망 2주기를 맞이해 대상재가 불교식으로 행해졌을 것이다.

부왕 강종이 대묘에 봉안되면서 완전히 흉례가 끝나고 길례가 구현되었다. 이에 고종은 2년 9월 임신일(16일)에 현릉을, 을유일(29일)에 창릉을, 10월에 厚陵(강종릉)을 알현했다.[104] 하지만 고종 19년 6월 경술일 초하루에 왕비 왕씨가 세상을 뜨니 흉례로 전환해 백관이 3일 동안 玄冠 素服했고 신유일(12일)에 王后를 장사지냈다.[105] 왕비 왕씨는 사망하자 왕후로 승격되어 사망한지 12일 후에 묻혔다. 6월 을축일(16일)에 최우가 江華로 천도하면서[106] 이후 江都 시대가 전개

---

103 『고려사』 고종세가

104 『고려사』 권22, 고종 2년 9월. 諸陵 알현은 吉禮大祀였다(『고려사』 권61, 예지 吉禮大祀 諸陵 拜陵儀). 한편, 고종 4년 3월에 도적이 순릉을 도굴했으며, 거란적의 침략 때문에 고종 4년 3월에 현릉 태조재궁과 창릉 세조재궁이 봉은사에 안치되었다(『고려사』 권22).

105 『고려사』 권23, 고종 19년 6월; 『고려사』 권64, 예지 흉례 국휼

106 『고려사』 권23, 고종 19년 6월. 고종이 江都 시절인 46년 6월 임인일에 柳璥의 집에서 薨하자 太孫(충렬왕)이 監國해 '易月之服 三日而除'했지만, 9월 기미일에 고종을 洪陵에 장례하여 太孫이 釋服했으니 장례가 늦어짐에 따라 釋服도 지연되었다. 원종은 원에서 訃音을 듣고 3일 동안 服喪하여 除했다. 원종 원년 3월 갑신일에 원종이 몽골에서 돌아와 무자일에 즉위했다. 원년 6월 병인일에 小祥을 행했는데, 고종 木主를 魂殿에 移安하고 고종 神御를 천수사에 이안했다. 『고려사』 권64, 예지 흉례 國恤; 『고려사』 고종·원종 세가. 원종은 개경으로 還都한 후인 15년 6월에 아파 계해일에 '易月之服 三日而除'하고 朝廷(元) 哀制를 따라 科擧·昏姻에 이르기까지 일체를 如舊하도록 하는 遺詔를

된다.

대개 현종 이래, 고려의 임금과 후비는 사망하면 장례 후에 虞宮(魂殿)에서 虞祭가 여러 번 행해졌다. 1주년 소상과 2주년 대상도 행해졌는데 그 장소는 대개 불교 사원이었고, 그 방식은 대개 불교식 법회였다. 임금은 쫓겨난 경우가 아니면 사망한지 27개월 안에 먼저 眞影이 경령전에, 그 다음에 신주가 태묘에 모셔졌다. 단, 경령전에는 부자 관계가 아니면 원칙적으로 모셔지지 않았다(무인정권기에는 예외가 있었음). 후비는 경령전에는 들어가지 않았고, 특정 임금의 후비 중에 선택받은 1인의 神主만이 그 임금의 사후에 태묘에 들어갈 수 있었으므로 27개월이 지켜지기는 어려웠다. 어떤 후비가 사후에 태묘에 들어가려면, 남편 임금보다 먼저 사망한 경우 남편 임금이 사망하기를 기다려 남편의 여러 후비 중에서 선택받아야 했고, 설령 남편 임금이 먼저 사망했더라도 남편 임금의 여러 후비와 경쟁해 이겨야 했기 때문이다. 현종 이래 소상과 대상은 대개 불교의례로 진행되었고 대개 불교사원에서 행해졌다. 왕실에서 禫祭는 따로 행해진 것 같지는 않다. 아마 사대부가 대상 후에 담제를 지낸 반면 왕실은 대상 전에 우제를 지내지 않았나 싶다. 기일재는 국초 이래 대개 불교식으로 거행되었다.

남기고 堤上宮에서 薨했다. 사후에 원종은 태묘에, 충렬왕과 충선왕은 寢園에, 충혜왕과 그 이후 왕은 태묘에 봉안되었다. 사망한 충렬왕을 위한 靈眞殿과 사망한 충정왕을 위한 宣明殿(보제사에 위치)은 木主와 眞影을 봉안해 魂殿과 眞殿(影殿)을 겸한 시설이었다. 『고려사』 권64, 예지 흉례 國恤. 靈眞殿과 宣明殿은 이곳의 木主가 寢園 내지 태묘에 봉안되면 眞殿으로만 쓰였다. 충렬왕과 충선왕이 봉안된 寢園은 태묘의 개칭으로 충선왕이 제후국에 걸맞게 태묘를 격하시킨 명칭이었다.

3. 경령전과 태묘의 운영

윤소종은 공민왕에게 올린 상서문에서, 景靈殿은 태조와 皇考(충숙왕)의 別廟, 孝思觀(봉은사의 태조진전)은 태조의 眞이 소재하는 곳, 顯陵과 毅陵은 태조와 皇考(충숙왕)의 墓라고 했다.[107] 이는 고려의 임금에게 건국자인 태조와 부왕이 대단히 중요한 존재였음을 시사해준다. 경령전은 태조와 부왕의 진영이 봉안되는 곳, 좀 더 부연하면 태조와 四親(대개 今上의 고조·증조·조부·부친)이 모셔지는 곳이었으므로 역대 임금은 물론 국가와 왕실에 매우 성스러운 공간이었다.

경령전의 위상은 충렬왕이 아들 충선왕을 미워해 廢하고 서흥후 琠을 後嗣로 삼고자 하자, 재상 최유엄이 다음과 같이 간쟁한 데에 잘 드러나 있다. "殿下가 일찍이 景靈殿에 제사하지 않았습니까? 太祖(聖祖) 및 親廟 睟容이 모두 그곳에 있는데, 만약 서흥후를 후사로 세운다면 그 祖禰인 西原侯(서흥후의 부친 王瑛)와 始陽侯(始安公: 서흥후의 조부 王絪)에게 왕을 추증해 경령전에 入祔하게 되어 전하의 親廟 主는 옮겨지지 아니할 수 없으니, 전하의 千歲後(死後)에 어찌 그렇게 하지 않을 것임을 믿을 수 있습니까? 臣이 고종과 원종을 섬겨오다가 지금 늙었는데 하루아침에 홀연히 경령전에서 제사하지 않음을 견딜 수 없습니다. 臣이 간언하지 않는다면 先王을 지하에서 뵐 수 없습니다." 충렬왕이 이를 듣고 마음이 움직여 오랫동안 慘然해 하였다.[108] 경령전은 不遷인 태조의 睟容 외에 재위 임금의 親廟 즉 四親의

107 『동문선』 권53, 奏議

108 『고려사』 권110, 최유엄전; 『고려사절요』 권23, 충렬왕 32년 9월. 서흥후의 가계는 『고려사』 권91, 종실전 신종의 아들 양양공 恕 참조. 始安公 王絪은 양양공 恕의 아들이다.

晬容이 봉안되는 게 원칙이기 때문에 傍系가 왕위를 계승하면 원칙적으로는 親廟의 晬容이 바뀌어야 했다. 최유엄은 경령전에 모셔진 선왕의 상징물을 晬容과 主로 표현했는데, 고려말에 두 가지를 경령전에 함께 봉안했는지 애매하지만 원간섭기 이전에는 晬容 즉 眞影을 봉안하는 것이 원칙이었다.

景靈殿은 正朝·端午·秋夕·重九 親奠儀가 마련되었으니 그러한 날에 다음과 같이 임금의 親奠이 행해졌다. "임금이 靴袍로 內殿을 나와 前楹 外에 立한다. 승선이 촛불을 잡고 앞에서 왕을 인도해 下庭하고 南殿을 나와 絞床에 앉는다. 왕이 集禧殿에 나아가 點香하고 三拜한다. 경령전에 이르러 동쪽 계단 아래에 나아가 西向하여 再拜하고 上殿하여 태조실 戶外에 나아가 再拜한다. 왕이 물러나 二室 戶를 통해 태조 앞으로 나아가 再拜하고는 點香하고 잔을 올리고 再拜한다. 二室에 나아가 入戶하여 上香하고 獻酌하며, 三室과 四室과 五室도 차례대로 그렇게 한다. 왕이 二室戶를 통해 들어가 태조 앞에 나아가 예를 행하고 再拜한 후 나와서 태조실 戶外로 나아가 再拜한다. 왕이 물러나 동쪽 계단 아래로 돌아와 서향하여 再拜한다. 왕이 돌아와 내전에 이르러 絞床에 앉았다가 內次로 들어간다."[109]

경령전 제향 의례는 내전에서 경령전까지 四更末에 촛불을 켠 채 모두 내전 구역에서 이루어지는 것이 특징이다. 이 행차에 동원된 관원은 내시, 다방, 中官, 閤門, 指諭, 中禁, 別監, 省郎, 승선, 추밀, 重房 등으로 侍臣과 호위요원인 반면 宰臣과 일반 관원은 특별한 일이 아니면 참여하지 않았다. 이는 경령전이 내전구역에 위치해서이기도 하지만 그것이 재위하고 있는 임금과 공적으로는 물론 사적으로 연결되는 측면이 강했기 때문이기도 하다고 생각한다.

서궁은 고려에서 祖禰의 象을 그려 府中에 봉안해 僧徒를 거느리고

109 고려사 권61, 예지 길례대사 경령전

歌唄하여 晝夜로 끊이지 않는다고 했다.[110] 여기서 府는 서긍의 표현에 따르면 王府를 의미하니 곧 개경의 황성대궐이었다. 이를 통해 대궐의 경령전에 왕실 祖上의 초상화를 모셔놓고 승려들이 밤낮으로 歌唄했음을 알 수 있다. 『고려사』와 『고려사절요』에는 경령전에서 불교법회를 한 기록이 없는데 이는 조선초 유학자들이 그것들을 편찬하는 과정에서 누락시켰기 때문이라 생각된다.

경령전은 태조와 四親을 모시는 神殿이었다. 원종은 강도 시절인 2년 7월 신유일 초하루에 고종 眞을 경령전에 봉안한 반면 숙종 眞을 안화사로 옮겼다. 6년 4월 계묘일에 有司에게 칙령을 내려 경령전에서 인종과 명종 二聖의 眞容이 차례를 잃은 지 이미 오래 되었다며 順祀하도록 했다.[111] 江都 대궐의 경령전에서 숙종 진영이 안화사로 옮겨진 대신에 경령전에 고종 진영이 봉안된 것이었고 이미 인종과 명종의 진영이 봉안되어 있었다. 이는 경령전에 고종 때 태조, 숙종, 예종, 인종, 강종이 봉안되었음을, 원종 2년 7월에 숙종이 옮겨지고 고종이 들어오면서 태조, 예종, 인종, 강종, 고종이 봉안되었음을, 그 후 6년 4월 계묘일 이전에 예종이 나가고 명종이 들어오면서 태조, 인종, 명종, 강종, 고종이 봉안되었음을 말해준다. 경령전은 태조와 四親(재임 국왕의 4대조)의 진영을 모시는 곳이었지만 최충헌에 의해 폐위된 명종이 무인정권에 의해 인정받지 못하다가 최씨정권이 무너진 후 원종의 왕권이 강화되는 시기에 경령전에 모셔지면서 온전한 四親이 갖추어지게 되었다. 명종이 경령전에 들어오기 전에는 고종 때 四親이 부친 강종, 증조부 인종, 고조부 예종, 5대조 숙종이 모셔지고, 원종 때 四親이 부친 고종, 조부 강종, 고조부 인종, 5대조 예종이 모셔졌으니, 원칙에서 벗

110 『고려도경』 권17, 祠宇

111 『고려사』 권25, 원종 2년 7월; 『고려사』 권26, 원종 6년 4월. 강도 안화사가 숙종의 진전사원이었음이 드러난다.

어난 좀 이상한 모습이었다.

개경으로 還都한 이후의 원간섭기인 충렬왕 원년 5월에 宰臣 洪祿遒에게 명해 경령전에 攝事하게 했는데 籩豆가 결핍하자 내전 淨事色의 것을 빌려 제사했으니[112] 원간섭기로 접어들면서 경령전의 위상이 예전같지는 않았다. 충렬왕 원년 12월에는 대방공을 파견해 衣冠子弟 10인을 거느리고 원에 가서 禿魯花가 되게 했는데 그들에게 경령전 五室의 白銀祭器를 하사했다.[113] 경령전이 여전히 태조와 四親의 5室로 운영되었음이 확인된다.

충렬왕 2년 6월 병술일(23일)에 경령전의 인종 眞을 영통사로 옮기고 원종 眞을 경령전에 祔했다.[114] 그리하여 경령전의 五室에는 태조, 명종, 강종, 고종, 원종이 모셔지게 되었다. 충선왕 복위 2년 11월 임인일(29일)에 충렬왕 眞을 경령전에 봉안하고 명종 眞을 영통사로 옮겼다.[115] 그리하여 경령전에는 태조, 강종, 고종, 원종, 충렬왕이 모셔지게 되었다. 충목왕 2년 4월 기유일 초하루에 大行王(여기서는 충혜왕) 眞을 경령전에 봉안했다.[116] 그리하여 경령전에는 태조, 충렬왕, 충선왕, 충숙왕, 충혜왕이 모셔지게 되었다. 공민왕의 사망 후에는 경령전

---

112 『고려사』 권61, 예지 길례대사 末尾

113 『고려사』 권28, 충렬왕 원년 12월

114 『고려사』 권28, 충렬왕 2년 6월. 충렬왕 원년 6월 무오일(19일)에 원종 木主를 魂殿에, 원종 神御를 안화사에 奉安했다. 2년 6월 병술일(23일)에 경령전 仁宗眞을 영통사로 옮긴 대신에 元宗眞을 경령전에 祔했고, 7월 을미일(2일)에 원종을 宗廟(태묘)에 祔하고 평장사 이세재와 채정을 配享했다(『고려사』 권28 충렬왕 세가; 『고려사』 권64, 예지 흉례 국휼). 원종은 사망 1주년을 맞이해 그 木主 즉 神主가 魂殿에, 그 神御 즉 肖像이 안화사에 모셔졌으니, 안화사는 원종의 진전사원이었다. 원종은 사망한지 2주년을 맞이해 경령전에 진영이, 그 다음 달에 종묘에 신주가 봉안되었다.

115 『고려사』 권33, 충선왕 복위 2년 11월. 영통사가 명종의 진전사원으로 사용되었음이 드러난다.

116 『고려사』 권37, 충목왕 2년 4월

에서 공민왕의 형인 충혜왕이 나가고 태조, 충렬왕, 충선왕, 충숙왕, 공민왕이 모셔졌을 것이다.

그런데 우왕과 창왕이 이성계 세력에 의해 연달아 쫓겨나고 신종의 7世孫인 정창부원군(공양왕)이 왕위에 옹립되면서 문제가 대두했다. 원칙적으로는 공양왕의 四親을 경령전에 모셔야 했지만 그렇다고 하루아침에 충렬왕, 충선왕, 충숙왕, 공민왕을 몰아내기가 곤란했던 것이다. 이에 대한 해결책으로 공양왕이 2년 정월에 4親을 위한 별도의 시설로 성균관의 서쪽에 積慶園을 건립했다. 4親墓에서 迎神해 적경원에 모셨는데 三韓國大公(공양왕의 부친)은 奉使 道卒해 兆域이 없어 迎賓館에 帳殿을 설치해 迎神해 적경원에 들였다. 2년 9월에는 왕이 동생 瑀에게 명해 백관을 거느리고 삼한국대공(공양왕의 부친)의 진영을 陽陵寺에 入安하고 孝愼殿이라 명명했는데 祭儀는 四時大享과 동일했다.[117] 양릉사에 건립된 孝愼殿은 공양왕의 부친 삼한국대공을 위한 진전이었는데 혈통이 신종과 연결되기 때문에 이곳에 건립되었다.

공양왕이 4친을 위해 積慶園을 별도로 건립함으로써 4친을 경령전은 물론 종묘에 들이지 않아도 되었으니 그것의 건립은 그들의 종묘 봉안을 대신하기 위한 것이기도 했다. 4친에게 왕이 아닌 公을 추증했는데,[118] 이 또한 그들을 경령전과 종묘에 들이지 않기 위한 방책이었다. 그러니까 공양왕이 적경원을 건립하고 조상에게 公을 추증한 것은 자신의 조상을 경령전과 종묘에 들인다면 발생할 수 있는 갈등을 없앤

117 『고려사』 권61, 예지 길례대사 末尾. 양릉사는 신종의 양릉 곁에 위치한 신종 능사이자 진전사원인 효신사였다(『고려사』 권21, 희종 2년 9월).

118 『고려사』 권61, 예지 길례대사 末尾. 공양왕의 부친 定原府院君을 三韓國大公으로, 조부 淳化侯를 馬韓國公, 그 妃를 馬韓國妃로, 증조부 益陽侯를 辰韓國公, 그 妃를 辰韓國妃로, 고조부 西原侯를 卞韓國公, 그 妃를 卞韓國妃로 追尊했다. 공양왕의 부친은 국대공에, 조부모와 증조부모와 고조부모는 각각 국공과 국비에 추증된 것이었다. 공양왕의 생존 친모는 국대비에 책봉되었다(『고려사』 권45, 공양왕 2년 4월).

조치였다. 물론 이는 공양왕의 본심보다는 그의 정통성을 부정하기 위한 수순을 염두에 둔 이성계 세력의 구도가 반영된 것이었다. 공양왕은 공민왕의 후계자로 설정되었으니(『고려사』 공양왕세가 총서), 경령전과 종묘에서 형식적으로는 공민왕을 계승하는 것으로 설정되었다.

다음은 태묘에 대해 알아보자. 태묘는 강도 이전에 『고려사』와 『고려사절요』 연대기사에서 113회 정도 확인되며, 廟社 14회 정도를 포함하면 127회 정도 확인된다. 태묘는 묘사와 더불어 기우의 대상으로 애용되었으며, 태묘 재례 후에는 사면이 수반되는 경우가 많았다.

인종 초에 宋使의 일원으로 고려를 방문한 서긍의 『고려도경』에 따르면, 고려의 祖廟 즉 태묘는 國東門의 外 즉 國城(나성) 東門의 밖에 위치했으며, 오직 王이 처음에 襲封했을 때와 三歲一大祭 때는 車服冕圭를 갖추어 親祠했고, 그 나머지는 官屬을 分遣해 歲旦·月朔·春秋·重午에 祖禰에 享했다고 한다.[119]

『고려사』 예지 太廟에 따르면,[120] 太廟 祭享에서 常日은 寒食과 臘이고, 無常日은 4孟月에서 擇日하고, 3년에 1번 孟冬으로 祫祭하고 5년에 1번 孟夏에 禘祭하되 禘祫의 月에는 時享을 지내지 않는다고 했다. 태묘 제향은 해마다 행해지는 것으로 한식과 臘과 4孟月 제향이 있었고, 3년에 1번의 孟冬 祫祭, 5년에 1번의 孟夏 禘祭가 있었던 것이다. 물론 그 외에 새로운 신주를 태묘에 合祀할 때 지내는 祔祭도 있었다.

靖宗 8년 3월 무신일에 상서예부가 아뢰기를, 今 4월에 禘祫을 행해야 하는데 21일에 장차 王后 책봉례를 행해야 하니 그 禘祫을 攝事하기를 요청했다. 내사문하가 아뢰기를, 禘祫은 定期가 있는 반면 封册

119 『고려도경』 권17, 祠宇
120 고려사 권60, 예지 길례대사 太廟. 有司가 攝事하는 경우는 有司가 尙書省에서 준비를 하고 대관전에서 祝版을 받고 태묘로 가서 의식을 거행했다.

은 편의를 따를 수 있으니 禘禮를 먼저 행하기를 요청하자 靖宗이 이를 따랐다.[121] 王后 책봉의례와 태묘 禘祭가 겹치는 경우 우선순위가 문제가 된 것인데 정기적인 禘祭를 먼저 하고 왕후 책봉을 연기하는 방식으로 해결했다. 문종 10년 10월 무오일에 有司가 말하기를, 今月에 종묘 禘祫을 해야 하는데 禮에 禘祫의 月에는 時享을 정지한다며 冬享을 정지하기를 요청하자 문종이 따랐다.[122] 종묘 제례에서 禘祫과 時享이 겹치는 경우 時享을 생략함이 관례였던 것이다.

『고려사』 예지 태묘에 따르면,[123] 太祖室에는 玉册을 쓰고, 나머지 八室에는 竹册을 쓰며, 太廟令이 그 소속원을 거느리고 昭穆의 座를 堂上 戶外에 서쪽으로부터 동쪽으로 布列하는데, 太祖位는 서쪽에 동향으로 두고, 혜종과 문종과 예종은 昭가 되니 북쪽에 남향으로 두고, 현종과 순종과 선종과 숙종과 인종은 穆이 되니 남쪽에 북향으로 둔다고 했다. 이는 인종 신위가 봉안된 점으로 보아 의종대를 기준으로 한 것으로 보인다.

태묘 제사를 위한 鑾駕出宮을 보면 다음과 같다. "추밀 이하 左右侍臣이 대관전 殿庭位에 나아가고, 태자 공후백 宰臣이 殿門 밖에 서고, 문무양반 9품 이상이 의봉문 外位에 나아가고, 태악령이 樂部를 대관전문 外에 진열한다. 왕이 赭黃袍를 입고 나와 坐殿하면 樞密侍臣이 안부를 묻고, 閤門이 태자와 공후백과 宰臣을 인도해 就位함에 태자 이하가 再拜한다. 시중이 준비 완료를 아뢰자 왕이 대관전을 내려와

121 고려사 권61, 예지 길례대사 末尾. 정종 6년 2월에 여비 한씨를 册하여 王后로 삼았으니(『고려사』 권6), 8년에 왕후 책봉례를 거행하려 한 것은 그녀의 공식 왕후책봉 의례로 보인다.

122 고려사 권61, 예지 길례대사 末尾. 한편 이에 따르면, 문종 10년 10월 신해일에 王太子가 태묘를 알현하니 三師 이하가 導從하고 庶子 2인이 左右贊者가 되고 率更令이 請拜하고 注簿가 告辦했는데, 처음에 태묘에 나아갈 적에는 樂懸 不作하고 알현을 마치면 樂作해 還宮했다.

123 고려사 권60, 예지 길례대사 太廟

輿를 타서 나와 興禮門 外에 이르면 守宮宰臣이 奉辭한다. 왕이 의봉문 안에 이르러 輿를 내려 幄次로 들어가면 乘黃令이 象輅를 의봉문 밖 계단 앞에 남향으로 둔다. 천우장군 1인이 長刀를 잡고 輅 앞에 북향하여 서고, 태복경과 천우위장군이 고삐를 잡는다. 시중이 준비완료를 아뢰면 왕이 幄次를 나와 輅를 탐에 문무백관이 안부를 묻는다. 鑾駕가 승평문을 나오면 侍臣이 上馬하고 車右가 再拜해 輅에 탄다."

태묘 도착 후의 의례를 보면 다음과 같다. "임금이 태묘의 재궁에 도착하여 袞冕을 착용해 대묘에 들어가 의례를 시작한다. 궁위령이 태조와 혜종 등의 신주와 后妃 신주를 꺼내어 座에 놓는다. 임금이 태조 신위에 나아가 술잔을 드리고, 그 다음에 혜종, 현종, 문종, 순종, 선종, 숙종, 예종, 인종 신위 순으로 나아가 술잔을 드린다. 제례를 끝내고 재궁으로 돌아와 絳紗袍를 입고 輅를 탄다. 侍臣上馬所에 이르러 侍臣이 上馬하고 車右가 輅에 탄다. 승평문 밖에 이르면 侍臣이 下馬하고 車右가 내리며, 鑾駕가 승평문으로 들어오면 留守百司가 再拜한다."

이를 통해 『고려사』 예지 태묘 편이 인종이 죽은 다음에, 아마 의종대에 행해진 태묘 의례를 편집하여 작성한 것임을 알 수 있다. 서쪽에 동향으로 자리잡은 태조는 昭穆을 초월한 신위였고, 북쪽에 남향으로 자리잡은 혜종과 문종과 예종은 昭가 되었고, 남쪽에 북향으로 자리잡은 현종과 순종과 선종과 숙종과 인종은 穆이 되었다. 임금의 태묘 행차는 대관전 – 의봉문 왕래의 경우 輿를 타고, 의봉문 – 태묘 왕래의 경우 輅를 탔다.[124] 輿는 사람이 드는 가마이고, 輅는 짐승(보통은 말)이

124 인종은 20년 5월에 金主가 象輅를 하사하니 10월에 대묘에 제례가 있자 이를 타서 왕래했고, 22년 정월에 象輅를 타고 가서 圓丘에 祀했다. 의종조에 詳定한 바에 따르면 象輅는 赭白馬가 끄는데 六祀와 郊廟에 이것을 탔다. 屋을 지닌 초요輦은 上元燃燈과 八關會와 御樓(의봉루) 大赦에 타며 그 행사를 끝내고 還闕할 때는 屋이 없는 平輦을 탔다. 『고려사』 권72, 輿服志 輿輅 王輿輅. 임금이 타는 輿輅를 통칭해 輦이라 한 듯하다. 강종 원년 7월에 금이 선물한

끄는 수레였다. 대관전 출발 때에는 赭黃袍를, 태묘에 도착해서는 袞冕을, 태묘에서 돌아올 때는 絳紗袍를 착용했다.

그런데 고려의 태묘는 성종 때 조영되었다. 성종 7년 12월에 五廟를 始定했고, 8년 4월에는 太廟를 始營했다. 성종은 11년 11월에 太廟가 완성되자 儒臣에게 명해 昭穆 位次 및 禘祫儀를 議定하게 하고는 祫禮를 행했다. 12년 3월의 敎에서는 殷은 12君으로 6代를 삼고, 唐은 10帝로 九室을 삼았다고 언급했다. 그리고 晋書에 兄弟 旁及은 禮의 變이라 主(형제 신주)를 위해 室을 세워 室로써 神(형제의 신)을 한정해서는 안된다고 했고 禮文에 형제는 一行이라고 했거늘, 하물며 우리(고려) 혜종의 경우 同世를 논한다면 다른 반열에 둘 수 없다며 혜종·定宗·광종·경종, 4 신주를 통틀어 1廟로 삼아 태묘에 祔했다. 13년 4월에는 친히 태조·혜종·定宗·광종·戴宗·경종을 廟에 禘祔하되 각기 공신을 배향했다.[125]

성종은 태묘를 처음으로 건립했는데 五廟(5室)를 지향했다. 태조를 1廟(1室)로, 혜종·定宗·광종·戴宗·경종을 1廟(1室)로 했으니 모두 2廟(2室)였는데 혜종·定宗·광종·戴宗이 같은 항열로 昭가 되고, 경종이 아들 내지 아들 뻘로 穆이 된 것이었다. 국왕이 되지 못한 대종의 경우 그는 처음에는 포함되지 않았다가 성종의 부친이기에 나중에 태묘에 들여지면서 혜종·定宗·광종 항렬에 모셔졌다. 아직은 국초여서 2廟(2室)로 되었지만 뒤에 가서는 5廟(5室)로 운영되기를 바랬다. 성종은 태조만 不遷으로 설정했고, 형제인 혜종·定宗·광종·戴宗은 室을 분리하지 않고 경종과 함께 하나의 室을 사용했다.

象輅가 높이 19尺이어서 높이 15척의 광화문을 통과하지 못하자 문지방(閾) 아래 땅을 파고 꼭대기(頂)의 三輪을 제거해 挽入했다(『고려사』 권21). 한편 고종 16년에 최우가 사적으로 御輦을 만들어 바침에 고종이 水牛(宋商이 선물한 것임)로 끌게 했는데(『고려사』 권129, 최충헌전 첨부 최이) 輅였을 것이다.

125 『고려사』 권61, 예지 길례대사 末尾

현종 2년에 태묘가 불타자 매양 時祭를 만나면 本陵에서 각기 제사하다가, 5년 4월에 齋坊을 始修하자 신주를 임시로 안치해 親禘했고, 18년 2월에 태묘를 수리하자 신주를 다시 안치했다. 현종 말년(덕종 즉위년) 6월 계사일에 덕종이 有司에게 명해 太廟·三陵 祝文式을 改定했는데 다음과 같았다. 제1室은 태조 및 王后 황보씨였는데 덕종은 자신을 '孝曾孫 嗣王 臣某'라 칭했다. 제2실은 혜종 및 王后 林氏, 제3실은 定宗 및 王后 박씨, 제4실은 광종 및 王后 황보씨, 제5실은 戴宗 및 王太后 柳氏였는데, 덕종이 이들 모두에게 자신을 '孝孫 嗣王 臣某'라 칭했다. 제6실은 경종 및 王后 김씨, 제7실은 성종 및 王后 劉氏, 제8실은 목종 및 王后 劉氏였는데, 덕종은 이들 모두에게 자신을 '嗣王 臣某'라 칭했다. 王考 현종 및 王后 김씨에 대해서는 덕종이 자신을 '孝子 嗣王 臣某'라 칭했다.[126] 현종 및 왕후 김씨는 제8실에 해당하는지, 제9실에 해당하는지 애매하지만 그 앞의 왕들에게 각각 1실이 배정된 점으로 보아 제9실로 보아야 하지 않나 싶다.

이로써 덕종 때 9廟 9室 제도가 성립했다. 父子 昭穆의 형식이 지켜지지 않고 태조부터 현종까지 즉위 순서대로 각 室에 배정되었다. 단 왕위에 오르지 못한 인물인 추증 대종(성종의 부친)은 혜종·定宗·광종으로 이어지는 형제계승의 마지막, 즉 광종 다음에 배정했다. 9실의 배정에는 부자 계승만이 아니라 형제 계승과 4촌형제 계승이 반영되었다. 태조의 증손자 목종과 태조의 손자 현종의 계승은 조카와 숙부의 계승 측면도 있고, 천추태후의 아들 목종과 헌정왕후(천추태후의 자매)의 아들 현종의 계승이라는 면에서 여성계열인 姨從4촌 형제 계승의 측면도 있다. 원래 성종은 父子 계승 관계를 이상적으로 여겨 곧바

126 고려사 권61, 예지 길례대사 末尾. 태묘에 남편 祖宗과 짝하여 모셔진 배필은 대종의 배필인 王太后 柳氏를 제외하고 대개 '王后'의 위상을 띠었다. 태묘에서 여성 신주는 부부 관계로 모셔지는 것이므로 '왕후'가 합당하니 대종의 배필 柳氏(宣義王后)가 '王太后'로 표기된 것은 적절하지 못할 수도 있다.

로 이어지는 형제왕위계승을 그 다음에 이어지는 아들(아들뻘) 계승자와 함께 하나의 室, 하나의 廟로 묶으려 했지만 형제계승과 4촌형제계승이 부자계승처럼 독립적으로 인정되는 현실이 반영되어 지켜지지 않았다. 그래서 형제계승과 4촌형제계승 각자가 하나의 독립된 室을 지니게 되었다. 고려 초기는 父子 계승이 형제 계승보다 오히려 적었으므로 기계적으로 昭穆을 적용해 1昭穆을 1廟로 만들기도 어려웠다. 그래서 결국 태묘에 모셔진 모든 임금이 각각 1室과 1廟를 차지하게 되었고 그 결과 덕종 때 9廟 9室 제도가 성립하게 되었으며 昭穆 제도는 가상적으로 적용되었다.

덕종은 태묘에 모셔진 先王과 先后 모두에게 자신을 嗣王이라 칭하여 그들 모두의 후계자로 자처했다. 그러면서도 태조의 증손, 혜종·定宗·광종·대종의 손자, 현종의 아들이라 칭하여 이들로부터 보다 정통성을 찾고 있는 반면 경종·성종·목종과는 父子 관계를 설정하지 않아 이들로부터 덜 정통성을 찾고 있다. 덕종의 親父는 현종이고, 親祖는 郁(추증 안종)인데 현종이나 덕종은 안종 욱을 태묘에 봉안하지 않았다. 반면에 덕종은 안종의 이복형인 혜종·定宗·광종·대종을 조부라며 태묘에 모셨다. 안종 郁과 헌정왕후 황보씨가 불륜을 맺어 현종을 낳았는데 헌정왕후는 바로 대종 旭의 딸이었다. 그러니까 현종과 덕종은 부친과 조부인 안종에게서가 아니라 모친과 조모인 헌정왕후 황보씨에게서 정통성을 찾은 것이었다. 헌정왕후는 원래 자매 천추태후와 함께 경종의 배필이었으니, 현종과 덕종의 입장에서는 태묘에 헌정왕후와 안종을 모시고 싶었을 터이지만 그러하기는 어려웠다. 헌정왕후를 공적인 남편인 경종의 배필로 모셔야 하는지, 私通관계인 안종의 배필로 모셔야 하는지 난감한 문제가 발생할 수 있는 것이었다. 자칫하면 안종과 헌정왕후의 불륜을 천하에 드러낼 수 있는 것이었다. 결국 현종과 덕종에게 친모·친부와 친조모·친조부인 헌정왕후와 안종이 태묘에서 배제되고 헌정왕후의 부친 대종을 통해 정통성을 찾게 된 것이었다.

태조의 王后 황보씨는 황주 출신이었는데 대종 旭과 대목황후(광종의 배필)의 어머니였다. 태조의 원래 제1 배필은 그와 가장 먼저 결혼하고 그와 합장된 신혜왕후 柳氏로 보아야 하는데 태묘에는 황보씨가 모셔진 것이다. 그녀 황보씨는 원래 황주원부인이었다가 외손자인 경종(대목황후의 아들)이 즉위하자 명복궁대부인이 되었고 세상을 뜨자 친손자인 성종(대종의 아들)에 의해 태후로 추존되었다. 그러니까 그녀는 친손자인 성종 때 혹은 외증손자인 현종 때 혹은 외현손자인 덕종 때 태조의 제1배필 자리를 차지한 것이었다. 그녀는 사망 후에 태후의 지위에 올랐지만 태묘에서는 태조의 배필이었기에 王后로 모셔졌다. 현종과 덕종은 남성계열인 안종이 아니라 여성계열인 헌정왕후 황보씨에게서 정통성을 찾았으며, 나아가 그 뿌리를 태조의 배필 황보씨에게서 찾았다.

덕종은 三陵 祝文式에서, 세조(용건) 및 王后 韓氏에게는 자신을 '孝曾孫王 臣某'라 칭했고, 乾陵 安宗 및 元陵 王太后 황보씨(헌정왕후)에게는 자신을 '孝孫王 臣某'라 칭했다.[127] 덕종이 태조 왕건의 부친인 세조(용건)에게 왜 '嗣王'이 아니라 '王'이라 칭했는지는 글자의 누락인지 다른 이유가 있었는지 의문이다. 덕종은 무덤 축문에서 자신의 친조부모인 안종과 태후 황보씨에게 자신을 당당히 孝孫이라 칭할 수 있었지만 '嗣王'이라 하지 못하고 그냥 '王'이라 칭해 계승관계를 부정했다. 그러니까 현종과 덕종의 공적인 부모와 조부모는 혜종·定宗·광종·대종과 그 각자의 태묘배필이었고(특히 대종과 그 태묘배필이었고), 사적이고 혈통적인 부모와 조부모는 안종과 헌정왕후였다.

그런데 靖宗 2년 12월에 덕종을 태묘에 祔하는 과정에서 태묘의 운영이 문제로 떠올랐다.[128] 왜냐하면 기존의 신주를 모두 그대로 두면

127 『고려사』 권61, 예지 길례대사 末尾

10廟가 되어 9廟 제도에 어긋나 기존의 신주를 조정해야 하기 때문이었다. 靖宗이 昭穆의 뜻을 물으니 輔臣 徐訥과 황주량 등이 말하기를, 현종을 祔할 적에 형제는 昭穆을 같이한다는 예문에 따라 혜종·定宗 광종·대종을 같은 반열로 하여 昭로 삼고, 경종·성종을 穆으로 삼고, 목종을 昭로 삼고 현종을 穆廟에 祔하여 (穆으로 삼으니) 2昭 2穆과 태조의 廟가 5를 이루었는데, 지금 덕종을 祔하면 數가 5廟를 넘으니 혜종·定宗·광종을 太祖廟 西壁에 藏하고, 戴宗은 追王의 신주이므로 그 陵에 옮겨 제사하기를 요청했다. 劉徵弼이 말하기를, 태조가 증조여서 아직 親盡하지 않은 혜종·定宗·광종을 반드시 옮길 필요는 없고 오직 대종만 陵으로 옮기고 덕종을 次室에 祔하기를 요청했다. 이에 황주량 등은 親이 高祖를 넘으면 그 廟를 撤毁하는 법이지만 혜종·定宗·광종은 從祖 항렬이라 親祖에 비교할 수 없고 從祖는 廟에 들어올 수 없다며 혜종·定宗·광종·대종을 모두 遷毁하기를 요청했다. 그 후에 靖宗이 일시에 4 신주를 옮기는 것을 미안하게 여겨 유징필의 의견을 따르고자 했다.

황주량이 다시 말하기를, 태조가 1廟가 되고, 혜종·定宗·광종·대종이 昭 1廟가 되고, 경종과 성종이 穆 1廟가 되고, 목종이 昭(昭 1廟)가 되고, 현종이 穆(穆 1廟)이 되니 五廟의 數가 갖추어졌는데, 派系次第로 논한다면 현종이 목종에게 숙부가 되어 만약 먼저 즉위했다면 경종·성종과 동일 항렬이 될 수 있지만 목종을 계승하여 즉위했기 때문에 현종을 목종 下의 제2穆位에 祔했다며, 지금 덕종을 祔하니 혜종·定宗·광종廟의 數神主는 遷毁해만 한다고 했다. 또한 황주량은 유징필이 오직 4廟 遷毁의 어려움을 논하고 昭穆의 數를 논하지 않았다고 비판하면서, 종묘의 禮는 나라의 大事이어늘 어찌 臆斷할 수 있으리오, 만약 덕종으로 昭를 삼으면 3昭 2穆으로 태조와 더불어 6廟가

128 『고려사』 권61, 예지 길례대사 末尾

되니 古制가 아니라 했다. 만약 派系 次第로 논하여 현종으로 제1穆을 삼아 경종과 성종에 次하고 목종을 그 아래로 降하면 公羊傳에 이른바 僖閔逆祀가 되는 것이라고 했다. 徐訥이 말하기를, 황주량의 요청은 古制에 부합하지만 魯가 諸侯이면서 昭穆의 外에 文世室과 武世室을 두었듯이 혜종·定宗·광종을 遷毁해서는 안된다고 하니, 靖宗이 이를 따랐다.[129]

원래 성종은 하나의 세트를 이루는 昭穆을 1廟로 간주한 반면 황주량은 모든 昭와 穆을 각각 1廟로 보았지만 곧바로 이어지는 형제계승을 하나로 묶어 파악했다는 점과 5廟 제도를 지향했다는 점에서는 시각이 같다. 이에 반해 유징필은 5묘제를 따르려 하지 않았고 태묘의 임금 신위를 각각 1廟로 간주했다. 황주량은 고려의 현실과 동떨어진 5묘제를 소목 이론으로 주장한 것이었고, 유징필은 왕위 형제상속의 짙은 경향이 태묘에 반영되어 시행되어온 고려의 현실에 근거하여 주장한 것이었다. 서눌은 처음에는 황주량의 견해에 동조했다가 나중에는 유징필의 견해를 지지해 昭穆을 탈피했다. 靖宗은 결국 유징필과 서눌의 견해를 채택했는데 덕종 이래의 시행 상황을 이어받은 것이었다. 생존 시에 국왕이 되지 못한 대종만을 태묘의 제5실에서 내보내고 경종, 성종, 목종, 현종을 각각 앞 室로 하나씩 당겨 비게 된 제9실에 덕종을 안치해 9廟 9室을 유지했다.

문종 2년 8월 병자일에 靖宗을 대묘에 祔했다.[130] 기존의 신주들을 모두 유지하면서 靖宗이 태묘에 들어갔다면 10廟가 되어 9묘를 넘을 수 있으니 이 문제를 어떻게 해결했는지 잘 알 수 없다. 임시로 靖宗을 덕종과 묶어 하나의 廟로 했을 수도 있고 현종과의 관계가 껄끄러운 목종을 내보냈을 수도 있다. 문종 10년 10월 임술일에 문종이 대묘에

129 이상은 『고려사』 권61, 예지 길례대사 末尾
130 『고려사』 권7, 문종 2년 8월

친히 祫祭를 지내고 九廟 존호를 加上한 다음에 齋宮에 이어해 신하들의 축하를 받았으며 신봉루에 還御해 중외에 대사면령을 내렸다.[131] 이를 통해 문종이 九廟를 운영했음을 알 수 있다.

문종 12년 6월에 상서예부가 아뢰기를, 順陵(혜종)·安陵(定宗)·憲陵(광종)은 聖祖(안종 욱)의 형제이니 稱孫하여 제사함은 義에 부합하지 않은 듯하다며 順廟(혜종)·安廟(定宗)·憲廟(광종) 祝文에 '嗣王 臣某'라 칭하여 某宗에게 明告하기를 요청하니 문종이 따랐다.[132] 문종 때 와서야 혜종·定宗·광종의 후계자임은 인정하면서도 그들의 손자임을 부정하고 안종의 손자임을 내세우게 되었다. 이는 혜종·定宗·광종을 태묘에서 내보내기 위한 작업의 일환으로 여겨진다. 이후 혜종·定宗·광종은 순차적으로 태묘에서 내보내져 문종과 순종을 태묘에 안치하는 선종 2년에는[133] 혜종·定宗(혹은 광종 포함)은 태묘에서 사라지게 되었다고 판단된다. 그리하여 선종 2년에는 태조, (혹은 광종 포함), 경종, 성종, 목종(혹은 목종 제외), 현종, 덕종, 靖宗, 문종, 순종이 9廟를 이루었을 것이다. 숙종 원년 6월에 선종을 대묘에 祔했는데[134] 경종 혹은 광종이 태묘에서 내보내졌을 것이다. 예종초에 숙종을 대묘에 안치할 때는 성종이 아니라 목종 혹은 경종이 내보내진 것 같다.

예종 9년 10월 병오일에 혜종신주를 대묘 제2室에 다시 들인 반면 성종신주를 대묘에서 꺼내 康陵으로 옮겼다.[135] 예종은 내보내졌던 혜종을 다시 제2실에 안치한 것이었다. 이는 예종이 혜종의 공덕을 인정해 그를 不遷主로 삼았음을 의미했는데 9실을 유지하기 위해 성종신주

---

131 『고려사』 권7, 문종 10년 10월
132 『고려사』 권61, 예지 길례대사 末尾
133 『고려사』 권10, 선종 2년 10월과 11월
134 『고려사』 권11, 숙종 원년 6월
135 『고려사』 예종세가

는 옮겨져야 했다. 예종은 11년 10월에 대묘에 친히 제사하고 대성악을 올렸는데 새로 만든 九室 登歌가 연주되었다.[136] 이는 당시 태묘가 여전히 9실로 이루어졌음을 말해준다.

최유청이 찬술한 「禘大廟 第二室 加諡册文」은 혜종 義恭大王과 義和王后林氏를 대상으로 한 것이고, 「第三室」(禘大廟 第三室 加諡册文」)은 덕종 敬康大王과 敬成王后 金氏를 대상으로 한 것이었으며, 崔諴이 찬술한 「第四室」(禘大廟 第四室 加諡册文」)은 靖宗 弘孝大王과 容信王后 韓氏를 대상으로 한 것이었다.[137] 이 諡册文들은 예종 후반기나 인종 초에 찬술된 것으로 보인다. 이 시기에 제1실은 태조, 제2실은 혜종, 제3실은 덕종, 제4실은 靖宗, 제5실은 문종, 제6실은 순종, 제7실이 선종인데, 제8실과 제9실이 누구인지 문제이다. 인종 2년 4월 예종의 대묘 合祀 이후라면 제8실은 숙종, 제9실은 예종이 되며, 그 이전이라면 제8실은 헌종[138], 제9실은 숙종이 되는데 전자일 가능성이 크다. 현종은 태묘에서 내보내져 있었다.

인종은 2년 4월에 예종을 대묘에 합사했다.[139] 그리고 인종이 2년 7월에 太廟에 친히 禘祭를 지냈는데, 태조는 東向하고, 덕종·靖宗·문종·예종은 昭가 되고, 현종·순종·선종·숙종이 穆이 되었다. 議者가 말하기를, 禘는 秋祭가 아니라고 했으며, 또한 혜종은 功德이 있어 철훼하지 않아야 하는데 철훼했다며 모두 禮가 아니라고 했다.[140] 인종이

136 『고려사』 예종세가. 혜종신주의 태묘 재봉안은 나주권 세력 및 월출산에 은거했던 이중약의 영향력이 작용했을 것이다.

137 『동문선』 권28, 册

138 헌종은 숙종에 의해 쫓겨난 후 廟號를 받지 못하다가 예종이 즉위하자 廟號 獻宗을 받았다. 그러하니 헌종이 예종 때 太廟에 봉안되었을 가능성을 배제할 수 없지만 그렇다고 하더라도 인종 2년 7월 이후에는 태묘에서 사라진다. 고려말에 鄭樞가 찬술한 「獻王室 加上尊諡册文」은 헌종 공상대왕에게 시호를 더하는 내용이다.

139 『고려사』 인종세가

18년 4월에 대묘에 친히 禘祭를 지내고 九廟 尊諡를 加上했으며, 使臣을 12陵에 보내 大王과 王后 尊諡를 加上했다.[141] 이를 통해 인종 때(인종 2년 4월 이후 혹은 2년 7월 이후) 태조, 현종, 덕종, 靖宗, 문종, 순종, 선종, 숙종, 예종이 9廟를 이루었음을 알 수 있다. 현종 앞의 임금들은 不遷主인 태조를 제외하고 태묘에 1명도 남지 않았다. 예종에 의해 不遷主로 간주되어 태묘에 다시 안치되었던 혜종은 현종과 예종이 태묘에 안치되면서 다시 내보내졌다. 태묘에서 이전에 내보내졌던 현종이 이제 혜종을 밀어내고 다시 들어온 것이었다. 숙종이 정변을 일으켜 몰아낸 조카 헌종은 배제되었다. 숙종과 그 후계자들이 헌종의 계승을 부정하고 문종, 순종, 선종으로부터의 계승을 천명한 것이었다. 현종이 穆이 된 반면 아들인 덕종·靖宗·문종이 昭가 되는 이상한 현상이 발생했는데 이는 앞서 목종이 昭가 되고 현종이 穆이 되었던 결과였다. 이처럼 소목제는 고려의 현실에 맞지 않아 형식적으로 운영되었다.

의종은 2년 10월에 인종을 대묘에 친히 합사하고 사면령을 내렸다.[142] 의종 때 禘祫에서는, 태조는 動向하고, 혜종과 문종과 예종이 南向하여 昭가 되고, 현종과 순종과 선종과 숙종과 인종이 北向하여 穆이 되었으며, 四時臘享 朔望 寒食에서는 모두 室內에서 南向했다.[143] 제1실 태조, 제2실 혜종, 제3실 현종, 제4실 문종, 제5실 순종, 제6실 선종, 제7실 숙종, 제8실 예종, 제9실 인종으로 이루어진 九廟였는데

---

140 『고려사』 권61, 예지 길례대사 末尾; 『고려사절요』 권9, 인종 2년 7월

141 『고려사』 인종세가. 한편 인종은 이자겸 정권기인 4년 3월에 이지미를 대묘에 보내 事金을 점쳤으며, 20년 7월에는 有司를 대묘와 12릉에 보내 금 황통연호 始行을 고하게 했다(인종세가).

142 『고려사』 의종세가

143 『고려사』 권61, 예지 길례대사 末尾. 「元王 祔廟祫禮 第三室 加上尊諡 竹册文」은 태묘의 제3실 현종 聖烈大王과 元成太后 김씨를 대상으로 한 것이다(『동문선』 권29, 册).

인종 때 내보내졌던 혜종이 다시 안치된 반면 덕종과 靖宗이 내보내졌다. 이로써 태조 외에 혜종이 不遷主로 다시 정해졌고 현종도 不遷主로 확정되었다. 현종이 인종 2년에 이미 不遷主로 정해졌을 가능성이 있지만 적어도 의종 때에는 불천주로 정해졌다.

의종 때 태묘에는 태조, 혜종, 현종, 문종, 순종, 선종, 숙종, 예종, 인종이 모셔졌고, 別廟에는 定宗, 광종, 경종, 성종, 목종, 덕종, 靖宗이 모셔졌다. 別廟의 禘祫享은 四時享과 臘享인데 攝事였다.[144] 別廟는 태묘에 봉안되었다가 새로운 신주가 봉안되면서 교체되어 나간 신주를 따로 모신 곳이었다.

무신정변으로 쫓겨난 의종과 최충헌에 의해 폐위된 명종은 廟號만 받고 太廟에는 안치되지 못했다. 단, 명종은 훗날 최씨정권의 붕괴 후에 태묘에 봉안된다. 희종 2년 2월에 신종을 태묘에 祔했는데, 本朝의 廟制는 九室이어서 新祔의 신주가 있으면 기존 신주의 일부를 本陵으로 옮겨야 했다. 최충헌이 재추와 의논해 有功者는 不遷하고 親盡者는 철훼한다는 古典에 근거해 순종은 親盡하고 無嗣하다며 내보내고 신종을 제9실에 祔했는데, 태조는 서쪽에 위치해 동향하고, 혜종과 현종은 동일하게 제1昭가 되고 선종과 숙종은 동일하게 제2昭가 되고, 인종은 제3昭가 되고, 문종은 제1穆이 되고, 예종은 제2穆이 되고, 신종은 제3穆이 되었다.[145] 不遷主인 태조, 혜종, 현종과 그렇지 않은 문종, 선종, 숙종, 예종, 인종, 신종으로 구성된 9廟 9室이었다. 즉위 순서대로라면 문종이 태묘에서 내보내져야 했지만 그 대신에 순종이 親盡 無嗣를 이유로 내보내졌다. 신종은 의종과 명종을 제치고 인종의 정통 계승자로 자리매김했다. 최충헌은 무신정변과 자신의 정변을 합리화하기 위해

144 『고려사』 권61, 예지 길례대사 別廟. 추증된 대종과 쫓겨난 헌종은 별묘에 모셔지지 않았다.

145 『고려사』 권61, 예지 길례대사 末尾

의종과 명종을 부정해야 했는데 그것이 태묘의 신주 배치에 표출되었던 것이다. 현종은 穆에서 昭로 됨으로써 목종의 그늘에서 벗어나게 되었다.

희종은 4년 10월에 詔하기를, 往年에 聖考 祔廟의 날에 昭穆 位序를 改定했는데 乖戾가 있으니 재추, 侍臣, 禁官, 國學, 致仕 文儒 등으로 하여금 典籍과 本朝禮制에 근거해 參酌해 각기 封事를 올리도록 했지만 衆論이 紛紜해 끝내 고치지 못했다. 識者가 비판하기를, 漢書에 父昭 子穆이고 孫은 다시 昭가 된다고 했고, 公羊傳에 父는 昭가 되고 子는 穆이 되고 孫은 王父를 따른다고 하여 昭穆의 차례가 一定해 바꾸지 않는 것이 분명한데, 어찌 때에 따라 變易할 수 있는가 했다. 지금 제1穆 현종을 제1昭로 옮겨 혜종과 동일한 位에 두고, 제2昭 문종을 제1穆으로 옮기고, 제2穆 선종과 숙종 2室을 제2昭로 옮기고, 제3昭 예종을 제2穆으로 옮기고, 제3穆 인종을 제3昭로 옮겨 신종을 제3穆에 祔하니, 昭穆의 차례가 크게 문란하다고 했다. 하물며 혜종과 현종 두 신주는 모두 功德이 있기를 周의 文武와 같기 때문에 태조가 東向하고 혜종이 태종, 현종이 世宗이 되어 百世토록 不遷하고 그 나머지는 昭는 항상 昭가 되고 穆은 항상 穆이 되어야 禮에 부합하다고 했다.[146] 희종과 일부 識者가 최충헌이 개정한 昭穆의 位序에 불만을 지녀 고치려 했지만 관철시키지 못했다.

최충헌은 자신을 살해하려 한 희종을 축출해 섬으로 유배하고 명종의 아들 강종을 임금으로 옹립했다. 강종은 부친 명종을 태묘에 모시고 싶었을 터이지만 부친을 몰아냈던 최충헌의 눈치를 보느라 그러하지 못했다. 고종은 2년 9월에 부친 강종을 大廟에 모시면서 문종 신주를 경릉으로 옮겼다. 10월에 대묘에 친히 祫祭하여 玉册을 받들어 존호를 바치며 찬미했는데 그 대상은 제1 太祖室, 제2 혜종실, 제3 현종실, 제

146 『고려사』 권61, 예지 길례대사 末尾

4 선종실, 제5 숙종실, 제6 예종실, 제7 인종실, 제8 신종실, 제9 강종실이었다. 고종이 대묘 제례를 끝내고 高達坂에 이르자 최충헌이 綵棚을 結하여 迎賀하니 고종이 叅乘하게 했고 의봉루에 還御해 사면령을 내렸다.[147] 강종은 부친 명종이 아니라 숙부 신종의 계승자로 자리했다.

고종 2년 10월 祫祭에서, 제1실 태조에게 바치는 玉册에서는 태조를 한 고조와 은 탕왕에 비유했다. 제2실 혜종에게 바치는 옥책에서는 몸소 甲胄를 입은 채 艱難한 王業을 이루는 것을 도왔다고 했다. 제3실 현종에게 바치는 옥책에서는 현종이 왕실의 난리를 평정하고 州牧의 舊制를 정하고 社稷의 新圖를 세우고 敵國의 百萬兵을 소탕해 大平의 기틀을 닦아 中興의 主라 부른다고 했다. 제4실 宣宗에게 바치는 옥책에서는 父兄의 緖를 이어서 軍國權을 장악했지만 嗣子가 일찍 양위해 후손에 미치지 못했을지라도 餘烈이 많아 穆位에 首敍했다고 했다. 제5실 숙종에게 바치는 옥책에서는 文帝 龜橫의 兆를 卜하여 漢家를 再造하고, 元皇 龍化의 謠에 應하여 晉室을 中興했다고 했다. 제6실 예종에게 바치는 옥책에서는 南巡 西狩하여 觀風 設教하고, 北伐 東征하여 偃武 修文하고 學에 행차해 人才를 기르고 약을 베풀어 民의 질병을 구제했다고 했다. 제7실 인종에게 바치는 옥책에서는 內闕을 수리해 重威를 보이고 西都를 정벌해 汚俗을 새롭게 하고 帝籍을 친히 밭갈아 民에게 稼穡을 권장하고 賢闕에 행차해 古訓謨를 논하여 敦化했다고 했다. 제8실 신종에게 바치는 옥책에서는 오랫동안 公侯의 度를 지키다가 洛水의 符에 응하여 神器에 오르더니 이에 연연하지 않아 禪位했다고 했다. 제9실 강종에게 바치는 玉册에서는 국가가 多難함에 潛藏하다가 천명을 받아 皇極에 올랐고 神器를 後嗣에게 전했다고 했다.[148] 宣宗은 희종 2년 2월에 穆에서 昭로 되었었는데 고종 2년 10월

---

147 『고려사』 권22, 고종 2년 9월과 10월
148 『고려사』 권22, 고종 2년 10월

에는 穆位 중에서 맨 앞에 자리하게 되었으며, 현종은 희종 2년 2월과 마찬가지로 昭에 자리했다.

고종 4년 3월에는 금의 지배를 받던 거란적의 침략 때문에 東面都監判官 李唐必을 보내 大廟 神主를 大常府에 옮기고 장군 奇允偉를 보내 顯陵에 나아가 太祖梓宮을 봉은사로 옮기고 장군 申宣胄를 보내 昌陵梓宮을 봉은사로 옮겼다. 4년 4월에는 9室의 신주를 工部廳으로, 諸陵의 신주를 考功廳으로 옮겼다. 17년 5월에는 도적이 대묘 9실의 옥책장식 백금을 훔쳤다.[149] 이는 태묘가 개경 나성 바깥에 위치했음을, 여전히 9室의 구조로 운영되었음을 말해준다. 몽골과의 전쟁으로 무인정권이 고종 19년에 강화로 천도하자 태묘는 강화에 건립되었다.

몽골과의 강화가 성립되고 무인정권이 붕괴해 개경으로 환도하면서 태묘는 개경에 재건되었다. 원종과 충렬왕 때에는 기존대로 9묘제가 운영되었다고 생각되지만 충선왕대에 변화가 생긴다. 충렬왕이 34년 7월 기사일에 神孝寺에서 薨하자 이날 밤에 淑妃(당시 淑昌院妃) 金氏第에 殯했고, 8월 임자일에 심양왕(충선왕)이 원에서 와서 奔喪해 殯殿에 들어가 哭하며 設奠했는데 백관이 玄冠素服으로 侍立했다. 갑인일에 심양왕(충선왕)이 紫袍를 입고 경령전에 나아가 嗣位를 고하고는 壽寧宮에 이르러 즉위했다. 10월 정유일에 충렬왕 梓宮이 山陵으로 출발하자, 충선왕이 香爐를 손으로 든 채 걸어서 十川橋에 이르러 肩輿를 타고 山陵에 이르러 충렬왕을 慶陵에 장사해 魂輿로 모셔 靈眞殿에 返安했다. 2년 9월 정축일에 백관이 儀衛를 갖추어 靈眞殿門 外에 모여 木主를 꺼내 輅에 실어 寢園에 이르러서는 木主를 輅에서 꺼내 輿에 실어 正室로 引入해 태조를 先見하고 다음으로 惠·顯 二祖를 見

149 『고려사』 권22, 고종 4년 3월·4월 및 17년 5월. 도성 안으로 옮겨졌던 태묘 신주들은 거란적을 물리친 후 원래 자리로 옮겨졌을 것이다.

하고 다음으로 仁·明 二祖를 見하고는 位에 봉안했다.[150] 당시 寢園 즉 태묘에 태조, 혜종, 현종, 인종, 명종, 강종, 고종, 원종이 모셔져 있는 상태에서 충렬왕이 들어가 9室로 이루어지게 되었다.

그런데 충선왕 2년 9월에 太廟 五室의 東西에 夾室을 설치해 혜종과 현종을 西室에, 문종과 명종을 東室에 안치했다.[151] 본격적으로 원의 제후국이 되면서 황제국의 태묘 체제인 9묘제를 사용할 수 없게 되자 不遷主인 혜종과 현종을 태묘의 서쪽 夾室로 옮겨야 했다. 문종은 태묘에서 내보내졌었다가 비록 협실이지만 다시 안치되었는데 이는 충선왕이 文宗舊制로 대표되는 舊制를 좋아했기 때문으로 보인다. 충선왕의 5대조 명종은 최씨정권기에는 복권되지 못하다가 최씨정권이 붕괴된 후 강도 시절 혹은 개경 환도 후 복권되었던 것인데[152] 충선왕 때 명종을 세대상 5실에 모실 수는 없고 5대조여서 다른 곳으로 옮기기는 미안해서 협실에 모셨다. 충선왕 때 5실에는 태조와 강종, 고종, 원종, 충렬왕을 모셨을 터이니 태조를 제외하면 충선왕의 부친, 조부, 증조, 고조였다. 5묘제로 전환했지만, 5室과 4夾室로 이루어졌으므로 순수한 5묘제는 아니었고 변형 9묘제로도 볼 수 있다.

충숙왕 때 전리좌랑 趙廉이 말하기를, 本國 昭穆의 차례는 古制와 어긋남이 있으니, 마땅히 태조를 中室에 居하게 하고, 고종을 제1昭로 삼고, 원종을 제1穆으로 삼고, 충렬왕을 제2昭로 삼고, 충선왕을 제2穆으로 삼고, 惠王(혜종)과 明王(明宗)을 東夾室에 居하게 하여 周制에 武王이 東北夾室에 居한 사례처럼 하고, 顯王(현종)과 康王(강종)을

---

150 『고려사』 권64, 예지 흉례 國恤. 한편 안평공주(제국공주)가 薨했을 적에는 國中 士庶가 素衣 白帽를 착용했다.

151 『고려사』 권61, 예지 길례대사 末尾. 한편 충숙왕 17년 6월에 충선왕을 寢園에 祔하면서 仁王의 신주를 옮겼고 康王 신주를 東夾室에 權安했다.

152 명종이 원종 때 복권되어 경령전에 모셔졌는데 그 때 태묘에도 모셔졌을 것이다.

西夾室에 居하게 하여 周制에 文王이 西北夾室에 居한 사례처럼 해야 한다고 했다. 그리하면 혜왕과 현왕 2主가 東西에 分居해 不遷의 主가 되고, 명왕과 강왕 父子 역시 東西에 나누어 居하여 假安의 位가 되니 禮에 편하고 昭穆의 차례 또한 古制에 부합하다고 했다. 하지만 충숙왕은 이를 따르지 않았다.[153]

공민왕은 6년 8월에 이제현에게 명해 소목의 차례를 정하게 했다. 이제현이 의견을 올리기를, 천자는 七廟이고 제후는 五廟인데, 태조는 百世 不遷하고, 태조 이하는 父는 昭가 되어 左에 居하고, 子는 穆이 되어 右에 居한다고 했다. 형제 相代者는 春秋公羊傳에 昭穆同班으로 간주했고, 宋 祫享位次圖에 태조와 태종, 철종과 휘종, 흠종과 고종 各位가 1世이니 이는 형제 同班의 법이라 했다.[154] 그는 성리학자답게 형제 왕위계승자가 태묘에서 같은 반열에 자리해야 함을 강조했다.

홍건적의 침략으로 인한 피난 시절인 공민왕 11년 정월에 왕이 福州에서 명하여 九廟 假主를 新鄕校에 봉안하고 諸陵署를 舊鄕校에 두어 각기 春享을 행하게 했다. 홍건적이 물러가자 九廟 신주를 숭인문 彌陁房에 假安했다. 태조·충선왕·충숙왕·충목왕 신주는 兵難에서 잃어버려 그 4 신주를 10월에 새로 제작했다. 12년 5월에 9室 신주를 태묘에 還安했는데, 象輅로 태조 신주를 싣고 平輅로 8廟 신주를 실었는데, 백관이 公服을 입고 侍衛했다. 그 還安祭를 공민왕이 친히 행하지 않았고 祝版 역시 親押하지 않았다. 내시 1명에게 명해 9室에 奉香해 1牛를 合薦했으며, 태조실에는 羊·豕 각 1마리였고, 8室에는 豕가 1마리 뿐이었다.[155] 공민왕은 몽골간섭 이전의 9廟 제도를 회복했음을

153 『고려사』 권61, 예지 길례대사 末尾. 한편 「忠肅王室 加上尊諡册文」(『동문선』 권29, 册)은 충숙 의효대왕과 정가유순 복국장공주를 대상으로 한 것이다.

154 『고려사』 권61, 예지 길례대사 末尾

155 『고려사』 권61, 예지 길례대사 末尾. 숭인문 彌陁房은 최충헌과 최충수 형제가 미타산 別墅에 머물고 있는 이의민을 습격해 목을 베어 族人 노석숭으로

알 수 있는데, 치세 5년에 기철 등 附元 세력을 숙청해 反元 개혁을 단행하면서 9묘를 회복했을 것이다. 공민왕이 20년 10월 을미일(16일)에 대묘에 親享해 群臣의 축하를 받고 崇仁門 內에 還次함에 成均學官이 생원과 12徒 生徒를 거느리고 歌謠를 바쳤는데,[156] 이를 통해 태묘가 나성 東門인 숭인문 밖에 위치했음을 알 수 있다. 충정왕은 공민왕에게 쫓겨났기에 태묘에 봉안되지 못하다가 우왕 원년 4월에야 태묘에 祔해졌다.[157] 공민왕은 23년 9월에 시해를 당해 병술일에 寶房에 殯해졌다가 10월 경신일에 백관이 喪服으로 燭을 든 채 앞에서 공민왕 輀車를 인도했고, 우왕이 喪服으로 연복사 서쪽 街에 나가 迎拜해 肩輿에 타서 前導해 宣義門 外에 이르러 拜送하고는 平笠 白衣로 馬를 타서 돌아왔고, 백관이 산릉에 이르러 공민왕을 玄陵에 장사지내고 吉服으로 寶源庫에 返魂했다.[158] 그리고 우왕 2년 11월에 경효대왕(공민왕)을 대묘에 祔했는데, 충혜왕의 母弟였기에 一室을 함께 사용했다.[159] 이전에 이제현이 제시했던 형제 同班의 견해가 수용된 것이니, 충정왕도 이미 봉안되어 온 충목왕의 室에 함께 봉안되었을 것이다. 고려의 9묘제는 공양왕대까지도 유지되었다.[160]

하여금 그 목을 가지고 말을 달려 入京해 市에 梟首하게 한 것(『고려사』 권129, 최충헌전; 『고려사』 권128, 이의민전)으로 보아 숭인문(개경나성 東門) 바깥 근처에 있었다고 여겨진다.

156 『고려사』 권43, 공민왕 20년 10월

157 『고려사』 권64, 예지 흉례 국휼

158 『고려사』 권64, 예지 흉례 국휼. 보원고가 반혼당(혼당)으로 사용된 것이었다.

159 『고려사』 권133, 신우전 우왕 2년 11월

160 『고려사』 권112, 偰孫 첨부 설장수; 『고려사』 권114, 지용기전. 설장수와 지용기가 이성계의 공양왕 옹립에 참여해 책봉된 중흥공신 교서에 '九廟'라는 표현이 들어 있다.

4. 后妃의 태묘 合祀

고려의 역대 임금들은 각각 여러 명의 여성 배필을 거느렸지만 태묘에서는 이곳에 봉안된 임금 각각에게 단 한 명의 배필만 合祀되었다. 후비의 태묘 合祀는 그녀들의 생존시 위상은 물론 사후 위상도 고려되어 이루어졌다. 그러면 后妃의 태묘 祔(合祀)를 구체적으로 살펴보기로 하자.

태조의 廟에는 첫 번째 배필로 태조 현릉에 祔葬된 貞州 神惠王后 柳氏가 아니라 앞에서 살펴보았듯이 성종에 의해 神靜王太后를 추증받은 황주 明福宮夫人 皇甫氏가 모셔졌다. 성종은 모친 선의태후를 일찍 여의어 할머니 명복궁부인 황보씨(대종의 모친)에 의해 양육되었고 성종과 그 이후의 임금들은 명복궁부인 황보씨의 후손들이었기 때문이었을 것이다.

혜종의 廟에는 鎭州 林曦의 딸인 義和王后 林氏가 모셔졌는데 그녀는 혜종의 正胤妃로 시작해 홍화군과 경화궁부인과 정헌공주를 낳았고 薨하자 義和王后를 받아 順陵에 묻혔고 혜종 廟에 祔해졌다.[161] 定宗의 廟에는 昇州 박영규의 딸이 들어갔는데, 그녀는 박영규의 다른 딸(文成王后) 즉 그녀의 형제가 또한 정종의 배필로 慶春院君을 낳았음에도 시호 文恭王后를 받아 安陵에 묻히고 定宗 廟에 祔해졌다.[162] 경춘원군이 보위를 계승하지 못했기 때문에 定宗과 먼저 결혼한 그녀가 태묘에 들어갈 수 있었다고 판단된다. 광종의 廟에는 태조와 명복궁부

161 『고려사』 권88, 후비전 혜종의 배필; 『동문선』 권28, 册 禘大廟 第二室 加謚册文(최유청 찬술). 이 第二室 加謚册文은 혜종 의공대왕과 의화왕후 林氏를 대상으로 한 것이었다.

162 『고려사』 권88, 후비전 定宗의 배필

인 황보씨의 딸인 황보씨 즉 광종의 배다른 누이가 들어갔는데, 그녀는 경종과 효화태자와 천추부인과 보화부인 등을 낳았으며 薨하자 大穆王后(大穆皇后)를 시호로 받아 광종 廟에 祔해졌다. 사후 戴宗을 받은 王旭의 廟에는 그의 배필로 성종을 낳은 宣義王后가 祔해졌다.[163]

경종 배필의 경우, 경순왕 金傅의 딸이 시호 獻肅王后를 받았고 경종 廟에 祔해졌다. 성종 배필의 경우, 광종의 딸이 시호 文德王后를 받아 성종 廟에 祔해졌다. 목종 배필의 경우, 종실 홍덕원군 圭의 딸이 시호 宣正王后를 받고 목종 廟에 祔해졌다.[164] 천추태후가 경종의 유일한 아들로 보위에 오른 목종을 낳았기 때문에 경종 廟에 들어갈 수 있는 유리한 고지를 차지했지만 그러하지 못했다. 그녀가 목종 때 사망했으면 경종 廟에 들어갔을 터이지만 생존해 권력을 행사하다가 정적인 현종의 정변으로 실각했을 뿐만 아니라 목종이 죽임을 당했기 때문에 경종 廟에 들어갈 수 없었다. 그렇다고 천추태후의 형제로 경종의 배필인 헌정왕후가 임금 현종을 낳았다고 해서 경종 廟에 들어갈 수는 없었으니, 그녀가 경종의 사후 숙부(안종)와 사통해 현종을 낳았기 때문이었다.

현종 배필의 경우, 안산 김은부의 딸인 왕비 연경궁주 김씨가 덕종과 靖宗과 인평왕후와 경숙공주를 낳고 현종 19년에 薨해 시호 元成王后를 받아 明陵에 묻혔고 현종의 사후 그녀의 아들 덕종이 즉위해 그녀를 왕태후로 追尊하고 현종 廟에 祔했다.[165] 그녀는 거란군의 침략으로 인해 현종이 나주에까지 피난했다가 북상하면서 공주에 이르렀을 때 그녀의 부친인 공주절도사 김은부의 시킴에 따라 御衣를 만들어 바치면서 현종에게 들여져 宮人으로 시작해 왕자 欽(덕종)을 낳아 延慶

163 『고려사』 권88, 후비전; 『고려사』 권91, 공주전 태조의 딸
164 『고려사』 권88, 후비전
165 『고려사』 권88, 후비전; 『동문선』 권29, 「元王 祔廟祫禮 第三室 加上尊謚 竹册文」. 이 竹册文은 현종 성렬대왕과 元成太后 김씨를 대상으로 한 것이었다.

院을 하사받아 연경원주가 되었고 연경원에서 왕자 亨(靖宗)을 낳아 연경궁주로 승격되더니 王妃(왕비 연경궁주)에 책봉되었다.[166] 성종의 딸로 그녀보다 위상이 높고 그녀보다 먼저 현종과 결혼해 현종의 南幸에 동행한 현덕왕후와 항춘전왕비(대명왕후) 자매는 후계왕자를 낳지 못해 태묘 합사에서 그녀에게 밀렸다. 그녀의 동생으로 현종의 배필인 안복궁주 내지 연덕궁주도 문종과 평양공을 낳아 유리한 위치였지만 그녀의 아들 문종이 덕종과 정종보다 나중에 보위에 올랐기 때문에 태묘 합사에서 언니에게 밀리게 되었다.

덕종 배필의 경우, 현종의 딸인 왕후가 선종 3년 7월에 薨하여 시호 경성왕후를 받아 質陵에 묻히고 숙종 원년 6월에 덕종 廟에 祔해졌다.[167] 덕종에게 왕자가 없었기 때문에 왕후이자 첫 번째 배필이자 현종의 딸인 그녀가 합사된 것은 당연한 듯한데 그녀의 사망 후 합사가 늦어진 데에는 어떤 곡절이 숨어 있었을 수 있는데, 역시 현종의 딸로 덕종의 배필인 효사왕후가 경쟁자로 떠올랐기 때문이었을 수 있다.

靖宗 배필의 경우 湍州 韓祚의 두 딸이 유력했다. 이 중의 하나는 정종이 平壤君일 때 들여 妃가 되었고 즉위 후에 연흥궁주라 불리고 정종 원년에 아들 詷을 낳아 惠妃에 책봉되고 후에 정신왕비에 책봉되었으며 2년 7월에 薨하자 玄陵에 묻히고 문종 2년 3월에 시호 容信王后를 추증받았다. 다른 하나는 정종 4년 4월에 麗妃에 책봉되고 창성궁주라 불리다가 현덕궁주로 개칭되고 생존 때인 6년 2월에 王后에 책봉되었으며, 哀殤君과 낙랑후와 개성후를 낳았으며, 사후에 容懿王后를 시호로 받았다.[168] 이들 정종의 아들 중에서 후계 임금이 나왔다면 그 모친이 정종

---

166 『고려사』 권88, 후비전 현종의 배필; 『고려사』 권4, 현종 7년 5월 및 9년 7월
167 『고려사』 권88, 후비전 덕종의 배필; 『동문선』 권28, 册 禘大廟 第三室 加謚册文(최유청 찬술). 이 第三室 加謚册文은 덕종 경강대왕과 경성왕후 김씨를 대상으로 한 것이었다.
168 『고려사』 권88, 후비전 靖宗의 배필

廟에 들어갔을 터이지만 정종의 동생 문종이 계승하면서 정종의 이 두 배필 중에서 누구를 선택해야 할지 고민했을 것이다. 결혼 순서로는 왕비 연흥궁주(추증 용신왕후)가 유리했고, 위상으로는 왕후 현덕궁주(추증 용의왕후)가 유리했다. 결국 용신왕후(추증) 한씨가 선택되어 그 신주가 靖宗 廟에 봉안되었는데,[169] 결혼 순서가 앞서고 나이가 위인 점이 고려되었던 것 같다.

문종 배필의 경우, 현종의 딸인 인평왕후가 있었지만 이자연의 장녀인 왕비 연덕궁주가 순종과 선종과 숙종 등을 낳았기 때문에[170] 당연히 그녀가 문종 廟에 들어갔을 것이다. 순종의 배필은 종실 平壤公 基의 딸인 貞懿王后 王氏, 경주 사람인 大卿 김양검의 딸로 순종의 동궁 시절에 選入되어 그의 총애를 받았지만 문종이 미워해 外第로 돌려보냈기 때문에 자식이 없는 延福宮主, 인주 사람인 호부낭중 李顥의 딸로 순종이 즉위하자 들여 妃로 삼은 장경궁주 등이었다.[171] 순종이 후계자식 없이 어린 나이에 사망했기에 누구를 순종 廟에 들일 지 고민했을 터인데, 이 중에서 장경궁주 이씨는 순종의 사망 후 外宮에서 宮奴와 사통했다가 廢해졌기 때문에 자격이 없었다. 貞懿王后 王氏가 평양공 基(문종의 친동생)의 딸이므로 유리한 위치였지만 연복궁주 김씨가 인종 4년 2월에 卒하자 시호 宣禧王后를 받고 8년 4월에 大廟에 禘祭를 지낼 때 순종 廟에 祔해졌다. 연복궁주 김씨는 문종에게 미움받아 外第로 쫓겨난 적이 있어 불리한 상황이었는데도 그렇게 된 것이었는데, 그녀에 대한 순종의 사랑을 후대 사람들이 고려한 것이었을까? 아마도 정의왕후 왕씨가 부친인 평양공의 역모 사건에 연루되었던지 아니면 연좌되었던지 해서 위상에 타격을 입었기 때문이 아닐까 싶다.

---

169 『동문선』 권28, 册 禘大廟 第四室 加諡册文(최함 찬술). 이것은 靖宗 홍효대왕과 용신왕후 한씨를 대상으로 한 것이었다.

170 『고려사』 권88, 후비전 문종의 배필

171 『고려사』 권88, 후비전 순종의 배필

선종 배필의 경우, 선종이 국원공 시절에 들여 妃로 삼은 李預의 딸(시호 정신현비), 역시 국원공 시절에 들여져 즉위하자 왕비에 책봉되고 헌종을 낳았으며 헌종이 즉위하자 태후에 올라 稱制하며 섭정해 機務와 軍國 大小事를 처결한 연화궁주(李碩의 딸: 시호 사숙태후), 그리고 李頲의 딸로 한산후를 낳은 원희궁비(원신궁주) 중에서 연화궁주(사숙태후)가 예종 2년 4월에 선종 廟에 祔해졌다. 원희궁비(원신궁주)는 오빠 이자의가 계림공(숙종)과의 권력투쟁에서 패배해 아들과 함께 숙종에 의해 경원군에 유배되면서 일찌감치 경쟁에서 탈락했다.

그런데 사숙태후가 태묘에 합사되는 과정에서 異議가 예종에 의해 제기되어 예종과 간관 사이에서 다음과 같이 논쟁이 벌어졌다.

> 예종 2년 4월에 思肅王后 李氏로 宣宗廟에 配했다. 이전에 宣宗이 國原公이었을 적에 李預의 딸을 들여 妃로 삼았지만 얼마 없어(未幾) 卒했는데 이가 貞信賢妃이다. 또한 祭酒 李碩의 딸을 들였는데 그녀가 獻宗을 낳아 王后에 책봉되었고 헌종의 즉위로 높여져 太后가 되었으며 薨하자 시호 '思肅'을 받았다. 이에 이르러 宣廟의 配를 의논함에, 왕(예종)이 貞信으로 配하려 했다. 간관이 아뢰기를, "貞信은 國原公妃가 된 年月이 甚淺한 반면 思肅은 公府에 嬪한 이래 踐位함에 이르기까지 內助가 居多하고 太子(헌종)가 繼統하자 臨朝稱制한 것이 3년이며, 獻宗이 숙종에게 遜位하자 舊宮에 退居하여 영원히 失德이 없으니 思肅으로 配해야 便합니다" 라고 했다. 왕이 制하기를, "嫡庶의 分은 別하지 않을 수가 없으니 다시 禮典을 상세히 살펴서 아뢰라" 고 했다. 諫官이 다시 아뢰기를, "春秋의 義에서 國君이 즉위해 年을 넘기지 못한 경우 昭穆에 列序함이 합당하지 않다고 했으니, 國君도 이와 같거늘 하물며 后妃이리오, 청컨대 思肅으로 升配하십시오" 하니 왕이 따른 것이었다.[172]

선종 廟의 合祀를 정신현비 이씨와 사숙태후 이씨 중에 누구로 할 것인지 논란이 일었던 것이다. 예종은 정신현비로 하기를 원했다. 반면

---

172 『고려사절요』 권7, 예종 2년 4월; 『고려사』 권88, 후비전 선종의 사숙태후 이씨. 이 기록으로 보아 사숙태후는 생존시에 太后에 오르기 전에 王妃를 거쳐 王后를 지냈을 가능성이 크다.

간관은 정신현비는 국원공 妃로서의 기간이 짧은 반면 사숙태후는 국원공 妃였을 뿐만 아니라 선종의 치세에 내조를 많이 했고 헌종 임금 시기에도 3년 동안 臨朝 稱制했으며 헌종이 물러나고 숙종이 즉위하니 舊宮(연화궁)에서 조용히 지내 失德이 없었다며 사숙태후를 원했다. 이에 예종은 嫡庶의 구분을 내세워, 즉 선종과 먼저 결혼한 정신현비를 嫡으로, 나중에 결혼한 사숙태후를 庶로 간주해 정신현비를 고수하려 했지만 春秋를 내세운 간관의 강력한 반발에 부딪치자 사숙태후로 결정하게 되었다. 고려시대는 嫡庶를 별로 따지지 않는 분위기였는데 예종이 嫡庶를 내세운 것은 그가 사랑한 그의 왕비 연화궁주(연화공주)가 정신현비의 딸이었기 때문이라 생각되며 여기에는 예종의 왕비 연화궁주의 영향력이 작용했을 것이다.[173] 사숙태후가 嫡庶 문제의 제기에도 불구하고 선종 廟에 합사된 것은 고려시대에 적서 구별이 별로 없었음을 반증한다.

헌종은 14세에 사망했기 때문에 미처 결혼하지 못했을 가능성이 크며 또한 헌종 자신이 숙종에 의해 쫓겨나 태묘에 들어가지 못했다. 숙종 배필의 경우, 왕비 연덕궁주 柳氏가 아들 예종이 즉위하면서 왕태후에 올랐으며 예종 7년 7월에 薨하여 시호 明懿王太后를 시호로 받고 8월에 崇陵에 묻혔으며, 9년 10월 병오일(5일)에 숙종 室에 祔해졌다.[174] 명의태후는 사망한지 27개월(2년 3개월)의 9일 전에 대묘 숙종실에 合祀되었다. 연덕궁주 柳氏는 숙종의 공식적인 배필이 그녀 외에 확인되지 않는데다가 그녀의 아들 예종이 보위를 이었으므로 숙종

173 선종의 배필인 사숙태후도 延和宮主(延和宮妃)였고 예종의 배필 延和公主도 延和宮主여서 혼동하기 쉬우므로 유의해야 한다.

174 『고려사』 예종세가; 『고려사』 권64, 예지 흉례 國恤; 『고려사』 권88, 후비전 예종의 배필. 왕효 묘지명에는 天慶 4년 갑오년(예종 9년) 11월에 上(예종)이 大廟에 행차해 大后(太后) 신주를 附했는데 동생인 대원후(왕효)에게 명하여 어가를 따라가서 亞獻을 하도록 했다고 되어 있다.

室에 들어갈 수밖에 없었다.

예종 배필의 경우, 선종의 딸로 첫 번째 왕비인 연화궁주 이씨(연화공주: 경화왕후)와 이자겸의 둘째 딸로 두 번째 왕비이자 인종의 모친인 연덕궁주 이씨(문경태후)가 유력한 후보인데[175] 연덕궁주 이씨가 그의 아들 인종이 보위에 오르고 그에 따라 그녀가 문경왕태후에 追尊되는 점으로 보아 그녀가 예종 廟에 합사되었을 것이다.

인종 배필의 경우, 이자겸의 셋째딸과 넷째딸이 있었지만 이자겸의 몰락 후 廢妃되므로 자격이 없었다. 그 대신에 임원애의 딸 任氏가 인종의 배필이 되어 왕비 연덕궁주로 활동하고 의종과 명종과 신종을 낳았을 뿐만 아니라 의종과 명종대에 태후로 활동했다.[176] 이런 배경으로 그녀는 명종 13년 11월 계미일에 75세로 사망해 시호 공예태후를 받아 純陵에 묻힌 후 卒哭과 八虞祭를 거쳐 16년 정월 병오일에 태묘에 附해졌다.[177] 의종 배필의 경우 종실 강릉공 溫의 딸로 태자비를 거친 홍덕궁주(효령태자의 모친)와 참지정사 崔端의 딸이 유력했지만,[178] 의종이 무신정변으로 추방되어 경주에서 시해되어 버려졌다가 개경으로 옮겨져 묻혔음에도 태묘에 봉안되지 못했기에 그녀들 중의 누구도 태묘에 들어올 수 없었다.

명종 배필의 경우 명종의 익양후 시절부터의 배필인 의정왕후(광정태후)가 명종 室에 합사되었을 것이다. 왜냐하면 그녀가 사망한 후 명종이 다른 후비를 들이지 않았을 뿐만 아니라 강종과 그 이후 그녀의

175 『고려사』 권88, 후비전 예종의 배필

176 『고려사』 권88, 후비전 인종의 배필

177 『고려사』 권88, 후비전 인종의 배필; 『고려사』 권64, 예지 흉례 國恤. 이에 따르면 명종 14년 11월 기해일에 팔관회를 개설해 왕이 毬庭에서 觀樂했는데 太后 '祥月'이라 賀禮 및 舞蹈와 工人의 庭舞·歌曲을 생략했다고 하니 이 11월에 소상재가 거행되었음을 말해준다. 대상재도 명종 15년 11월에 행해졌을 것이다.

178 『고려사』 권88, 후비전 의종의 배필

자손이 보위에 올랐기 때문이다. 단, 명종이 최충헌에 의해 폐위되면서 사망 후에 태묘에 들어가지 못한 기간에는 당연히 의정왕후도 합사될 수 없었으니, 명종이 원종 때 복권된 다음에야 합사되었을 것이다. 신종 배필은 평량공 시절부터의 배필로 아들 희종 치세에 왕태후로 활약하고 최충헌의 희종 폐위 후에 태후를 유지하며 謹愼 自守하다가 고종 9년에 薨하여 眞陵에 묻힌 선정태후 외에 확인되지 않으니 그녀가 신종 廟에 합사되었을 것이다. 희종 배필의 경우 왕비 함평궁주 외에 확인되지 않으며 그녀가 고종 34년에 江都에서 薨하여 紹陵에 묻혀 시호 성평왕후를 받았지만 남편 희종이 최충헌을 암살하려다가 폐위되어 추방당하고 그 핏줄이 보위를 계승하지 못해 태묘에 봉안되지 못했기에 그녀도 태묘에 들어올 기회를 얻지 못했다.

강종 배필의 경우 고종을 낳은 왕비 연덕궁주 柳氏가 고종 26년에 薨하여 坤陵에 묻히고 시호 원덕태후를 받은 후에 강종 廟에 합사되었을 것이다. 고종 배필의 경우, 왕비 승복궁주 柳氏(희종의 딸)가 원종을 낳고 원종 원년에 왕태후로 추존되는 점으로 보아 고종실에 모셔졌을 것이다.

원종 배필의 경우 태자비로 충렬왕을 낳고 사망한 경목현비(순경태후: 김약선의 딸)와 종실 신안공의 딸로 시양후와 순안공을 낳은 王后 慶昌宮主 柳氏가 경쟁 관계였다. 그런데 원종이 충렬왕을 태자로 삼으려 하자 경창궁주가 참소하기를, 원종(태자)이 東還(몽골에서의 귀국) 했을 적에 태손(충렬왕)이 喜色이 없었고 또한 權臣(최우)의 외손자를 세울 수 없다며 반대하자 원종이 흔들렸지만 김준의 간언으로 의심이 풀렸다고 한다. 이 사건으로 인한 앙금에다가 경창궁주가 충렬왕 3년에 呪詛 사건에 연좌되어 廢하여 庶人이 되었기 때문에 경목현비가 원종 廟에 합사되었을 것이다.[179] 물론 무엇보다도 경목현비가 충렬왕

179 『고려사』 권88, 후비전 참조.

의 모친인 점이 작용했으리라 짐작된다.

원간섭기에는 몽골 공주 출신이 왕비를 차지하고 그 아들이 원칙적으로 왕위를 계승했기 때문에 종묘에서 남편 국왕과의 合祀에서도 그녀들에게 우선권이 주어졌을 것이다. 단, 몽골공주로서 후계 임금을 낳은 경우는 충렬왕의 왕비로 충선왕을 낳은 제국대장공주와 충혜왕의 왕비로 충목왕을 낳은 덕녕공주에 지나지 않는다. 제국공주는 쿠빌라이의 딸이라는 드높은 위상으로 보나 아들 충선왕의 드높은 위상으로 보나 충렬왕 廟에 안치되었을 것이다. 몽골 황실 출신으로 충선왕의 왕비 계국공주는 자식을 낳지 못했고 충선왕과 사이가 많이 나빴지만 그녀의 위상이 원 황실에서 높았던 점, 몽골 여인인 懿妃 也速眞이 비록 세자 鑑과 충숙왕을 낳았음에도 불구하고 대우를 제대로 받지 못한 점으로 보아 계국공주가 충선왕 室에 합사되었을 가능성이 크다.

충숙왕의 왕비 복국장공주는 자식을 낳지 못했고 충숙왕의 왕비 조국장공주는 용산원자를 낳았지만 고려 여인 덕비 홍씨 소생의 충혜왕에게 밀려 보위에 오르지 못했으며, 충숙왕의 몽골 여인인 왕비 경화공주는 자식을 낳지 못했다. 하지만 종묘 충숙왕의 室에는 복국장공주가 합사되었다.[180] 그녀는 충숙왕의 德妃 총애를 질투하다가 충숙왕에게 구타당해 그 후유증으로 사망했음에도[181] 충숙왕의 사후에 神位를 함께 하게 된 것인데, 몽골 황실의 공주이면서 가장 먼저 결혼한 점이 고려되었을 것이다. 충숙왕의 덕비 홍씨(명덕태후)는 충혜왕과 공민왕을 낳아 태후로 활동하다가 우왕 6년 정월에 83세로 薨했다. 그런데 공양왕 3년에 예조가 말하기를, 충숙왕 妃 홍씨는 충혜왕과 공민왕의 모후

180 『동문선』 권29, 忠肅王室 加上尊諡冊文」. 이것은 충숙 의효대왕과 정가유순복국장공주를 대상으로 한 것이었다. 용산원자가 몽골공주 소생이지만 왕위에 오르지 못한 이유는 모친이 한양 용산에서 출산 후유증으로 18세의 이른 나이로 사망했고 그 자신도 17세로 사망했기 때문이다(『고려사』 후비전 및 종실전).

181 『고려사』 권89, 후비전 충숙왕의 복국장공주

이고, 충혜왕 妃 윤씨는 충정왕의 모후로 정통 君王의 後嗣 지닌 妃이거늘 지금에 이르도록 제사하지 않아 闕典이니 두 妃의 忌祭 및 眞殿祭를 近代 先后禮에 의거해 행하기를 요청하니 왕이 따랐다고 한다. 덕비 홍씨 즉 명덕태후는 종묘 충숙왕 室에 들어가지 못했을 뿐만 아니라 공양왕 3년에 이르도록 제사를 제대로 받지도 못했는데, 그녀가 우왕의 즉위를 탐탁치 않게 여겼고 너무 오래 산 탓도 작용했을 것이다. 덕비(명덕태후) 홍씨는 충혜왕과 공민왕을 낳았음에도 후계 임금을 낳지 못한 복국장공주에게 밀렸으니 덕비가 고려인인 반면 복국장공주가 몽골공주였기 때문이다.

몽골공주로 충혜왕의 배필인 덕녕공주는 친아들 충목왕과 배다른 아들 충정왕 때 섭정하더니 충정왕 2년에 원에 갔다가 공민왕 3년에 고려에 돌아오니 공민왕이 형수인 그녀를 대단히 공손하게 섬겼는데, 그녀는 우왕 원년에 薨하여 頃陵에 묻히고 3년 5월에 신효사의 충혜왕 진전에 祔해지며 공양왕 2년 4월 임술일에 大廟(대묘 충혜왕 室)에 祔해졌다.[182] 충목왕과 충정왕은 나이가 어려 배우자가 없었고 게다가 충정왕은 숙부 공민왕에게 쫓겨나 살해당했다.

공민왕의 배필인 왕비 노국공주는 공민왕 14년 2월 갑진일에 薨해 4월 임진일에 正陵에 묻혔다. 공민왕은 15년 5월에 노국공주 影殿을 왕륜사의 동남에 짓기 시작했지만, 17년 5월에 왕륜사 影殿 佛宇가 협소해 승려 3천명을 수용할 수 없다며 改營하고자 복원궁에 행차해 相하고 馬岩에 행차해 相하더니 왕륜사 영전을 철거해 馬岩에 改營했다. 19년 4월 4일에는 9楹의 거대한 관음전을 마암 影殿에 짓기 시작했는데, 19년 6월 계해일에 관음전 제3층을 上梁하다가 壓死者가 26명 발생하니 태후가 그 공역 혁파를 요청했지만 왕이 듣지 않았다. 19년 6

182 『고려사』 권89, 후비전; 『고려사』 권133, 신우전 우왕 3년 5월; 『고려사』 권45, 공양왕 2년 4월

월 신사일에 신돈과 이춘부 등이 마암 영전 혁파를 다시 요청하니 왕이 받아들여 왕륜 영전을 다시 修營했다. 21년 2월에는 魂殿(왕륜사 영전)에 행차해 관음전 制度가 卑隘하다며 改創하게 했다. 21년 8월에 영전 鷲頭가 완성되었는데 황금 650兩과 白銀 800兩으로 장식했다. 22년 정월 을축일(23)에 仁熙殿直 4인을 두었는데 즉 魂殿이었다.[183] 왕륜사의 仁熙殿은 노국공주의 影殿 즉 眞殿이니 엄밀히 말하면 魂殿과는 다른데 혼전과 통용되기도 했다.

몽골공주로 공민왕의 왕비인 노국공주는 그녀의 무덤인 正陵과 影殿(神御의 장소)인 仁熙殿에 대한 공민왕의 지극 정성으로 보아 그녀는 공민왕의 상례가 끝나면서 종묘의 공민왕 室에 봉안되었으리라 생각이 들지만 사실은 그렇지 않았다. 우왕은 婢妾 반야의 소생이었지만 죽은 宮人 한씨의 소생으로 혈통이 세탁되었고 입막음을 위해 반야가 죽임을 당했다.[184] 공민왕은 23년 9월 갑신일(22일)에 암살당해 노국공주 정릉의 서쪽 玄陵에 묻혔다. 우왕은 원년 정월에 보제사에 가서 百齋 즉 100일재를 개설하고 釋服했다.[185] 우왕 2년 4월에 경효대왕(공민왕)의 影殿을 왕륜사 서쪽에 조영해 윤9월에 경효대왕 眞을 그의 왕륜사 영전인 惠明殿에 奉安하고, 順靜王后 韓氏를 懿陵에 이장했으며, 현릉 존호를 仁文義武勇智明烈敬孝大王을 追上했고, 韓氏에게 宣明齊淑敬懿順靜王后를 追上해 惠明殿에 配享한 반면 노국공주를 別室에서 제사했다.[186] 우왕 2년 11월 신사일(1일)에 경효대왕을 大廟에 祔하려

183 『고려사』 공민왕 세가

184 『고려사』 권89, 후비전; 『고려사』 권133, 신우전 참조.. 한편, 仁熙殿과 正陵의 매번 제사는 모두 三行인데 內行과 國行과 都評議司行이었다(『고려사』 권61, 예지 길례대사 末尾).

185 『고려사』 권44, 공민왕 23년 10월; 『고려사』 권133, 신우전 우왕 원년 정월

186 『고려사』 권133, 신우전 우왕 2년 4월 및 윤9월. 공민왕은 사망 2주년 혹은 2주년의 다음달에 眞影이 영전에 봉안된 것이었다. 眞影이 고려 초기·중기에는 소상 무렵에 진전에 봉안되었는데 말기에는 대상 무렵에 봉안되는 것으로 바뀐

했지만 大雨와 벼락으로 인해 마치지 못하자 기해일(19일)에 경효대왕을 大廟에 祔했는데 충혜왕의 母弟였기에 一室을 함께 썼고 韓氏를 祔했다.[187]

노국공주는 몽골 공주이자 공민왕의 正妃였지만 元이 북쪽으로 쫓겨난 상황인데다가 한씨가 우왕의 모친으로 만들어졌기 때문에 한씨가 노국공주를 밀어내고 공민왕의 영전인 惠明殿에 配享되었을 뿐만 아니라 대묘의 공민왕 室에 祔해졌다. 하지만 우왕과 창왕이 이성계 세력에 의해 몰락하고 신종의 7世孫(代孫)이자 정원부원군 鈞의 아들인 정창부원군(공양왕)이 공민왕의 後嗣로 설정되어 왕위에 오르면서[188] 역전되었다. 공양왕은 원년 12월에 순정왕후 한씨의 懿陵을 철거했고 2년 4월에 노국대장공주를 덕녕공주와 함께 大廟에 祔했다.[189] 노국공

듯하다. 조선의 태조 이성계는 태종 8년 5월 임신일(24일)에 태상왕으로 사망해 9월 갑인일(9일)에 건원릉에 묻혀 그 神主(虞主)가 文昭殿에 봉안되었다. 그리고 태종 9년 5월 을미일(24일)에 上이 문소전에 나아가 小祥祭를 거행했고, 10년 5월 경인일(24일)에 上이 문소전에 나아가 大祥祭를 거행했다. 의정부가 10년 6월 갑인일(19일)에 아뢰기를, "前朝(高麗) 盛時 有孝思觀。今於太祖祔廟之後 以文昭殿, 依孝思觀舊制, 甚協情文"이라고 했다. 10년 7월 경진일(15일)에 上이 百官을 거느리고 禫服으로 文昭殿에 나아가 禫祭를 거행했다. 10년 7월 신묘일(26일)에 太祖康憲大王 神主와 神懿王后 神主를 宗廟에 祔하고 境內에 사면령을 내렸는데, 上이 袞冕으로 百官을 거느려 文昭殿에 나아가 神主動駕祭를 행하여 象輅를 진열하고 儀仗을 갖추어 神主를 받들어 宗廟에 나아가 第五室에 祔한 것이었다. 그 3일 후인 갑오일(29일)에 太祖康獻大王 및 神懿王后의 眞을 文昭殿에 봉안해 친히 제사지냈다. 『태종실록』 권15, 태종 8년 5월 壬申; 권16, 태종 8년 9월 甲寅; 권17, 태종 9년 5월 乙未; 권19, 태종 10년 5월 庚寅·庚寅; 권20, 태종 10년 7월 庚辰·辛卯·甲午. 문소전은 태조 이성계의 신주를 안치해 魂殿으로 이용되다가 3년상이 끝난 직후 태조 이성계의 진영을 안치해 고려 태조 왕건의 봉은사 진전인 孝思觀처럼 진전으로 이용되었다. 조선 종묘는 제후국의 5室 체제로 시작되었다.

187 『고려사』 권133, 신우전 우왕 2년 11월

188 『고려사』 권45, 공양왕 총서

189 『고려사』 권45, 공양왕 원년 12월 및 2년 4월

주가 순정왕후 한씨를 밀어내 종묘에 들어간 것이었다. 우왕과 창왕과 공양왕은 이성계 세력에 의해 연달아 폐위되고 마침내 고려가 멸망당했기 때문에 그들의 배필은커녕 그들 자신도 종묘에 봉안될 기회를 얻지 못했다.

맺음말

고려왕조는 태조부터 경종 때까지는 廟號만 사용하고 宗廟는 만들지 않았으니 이 시기에는 宗廟가 가상으로만 존재한 셈이었다. 고려는 불교사원에 왕실을 위한 眞殿이 건립되어 있었기 때문에 종묘가 없더라도 별 문제는 없었다. 그러다가 성종 때 유교화 정책으로 종묘인 太廟(大廟)가 건설되면서 비로소 묘호와 符應하게 되었다.

喪葬園陵 制度는 漢魏二文 故事에 의거해 모두 儉約을 따르도록 하라는 태조의 유언과 태조가 사망한지 27일만에 장례가 치러진 일은 '以日易月'로 상례를 치르는 모델을 제시한 것으로 고려 喪葬禮의 지침이 되었다. 경종은 服紀의 輕重은 漢制에 의거해 '以日易月' 하여 13일을 周祥(小祥)으로, 27일을 大祥으로 하고, 諸道의 鎭守와 軍旅를 맡은 자는 任所에서 3일이 지나면 釋服하라는 遺詔를 내렸는데, 이 遺詔는 이후 고려 왕실 상장례의 기본으로 작용하였다. 이에 따라 國初에는 대략 27일 정도에 장례는 물론이고 상례까지 완전히 끝냈다.

성종이 大祖 忌齋와 부친 戴宗 忌齋는 5일을 기한으로, 모친 宣義王后 忌齋는 三日을 기한으로 焚修 轉念하게 했다. 목종은 태조 및 皇考(부왕 경종) 忌齋는 각기 5일에 한정해 焚修하고, 혜종·定宗·광종·戴宗·성종 忌齋는 각기 1일에 한정해 焚修하여 常式으로 삼도록 했다. 이는 기일재의 운영에 기본적인 관례로 작용하는데 기본적으로 불교식 행사였다. 이러한 과정을 거치면서 왕실의 喪葬祭禮는 불교와 유교가 결합된 형태로 운영된다. 성종 4년에 정한 바에 따르면, 고려의 관리들은 부모가 사망한지 100일 후에 출근해 정상적으로 근무했고 13개월에 小祥齋를, 25개월에 大祥齋를, 27개월(대상 후 60일)에 禫祭를 지내 喪禮를 끝냈는데, 小祥齋와 大祥齋는 대개 불교사원에서 행해진 불교식 齋였다. 그러한 27개월 喪禮가 성종과 목종대에 제대로 시행되지는 못한 듯하지만 현종 이후 점차 자리잡아 갔다. 왕실의 경우 '以日易月'해 27일 정도에 喪禮(葬禮 포함)를 끝내고 평상으로 돌아간 후에 1주년 소상재와 2주년 대상재를 지내 3년상의 형식을 갖추었던 것인데 담제는 행해지지 않은 듯하다. 왕실의 경우 대개 소상재와 대상재와 忌日齋가 불교식으로 행해졌다.

고려말 이색에 발언에 따르면, 고려인은 喪을 당하면 불교식 100일재를 행하고는 곧바로 吉에 나아가 일상생활로 돌아갔지만 1주년 맞이 소상과 2주년 맞이 대상과 대상 후 3개월의 담제를 지내 27개월 즉 3년 喪을 지냈다. 고려의 喪禮는 사망한지 13개월이 소상, 25개월이 대상, 27개월(대상 후 60일)이 담제로 정해지기도 했고, 사망한지 12개월(1주년)에 소상, 24개월(2주년)에 대상, 27개월(대상 후 3개월 즉 90일)에 담제가 행해지기도 했는데, 같은 내용이었다. 1주년에 소상을 몇 일 동안 행하면 달수로 13개월이 되는 것이고, 2주년에 대상을 몇 일 동안 행하면 달수로 25개월이 되기 때문이다. 소상은 1주년(12개월)을 맞이하면서 행하되 13개월 안에 끝나고, 대상은 2주년(24개월)을 맞이하면서 행하되 25개월 안에 끝나는 것이었다. 고려의 관리들은 불교식 100일재와 유교식 3년상을 혼용해 사용했다. 그렇지만 유교 본래의 3년상과는 많이 달라서 3년(27개월) 내내 服喪을 하는 것이 아니라 해당 행사의 짧은 기간에만 추모식을 갖는 형식이었고 백일재와 소상재와 대상재는 대체로 불교사원에서 불교식으로 지내졌으며, 3년상이 끝난 이후의 忌日齋도 그러했다. 왕실의 경우도 불교식 100일재를 지내는 경우가 더러 확인되는데 薦福을 위해 행했을 것이다.

고려의 상례는 대체로 불교식 백일재를 행해 100일상을 지냈으며 官吏들은 100일상을 지낸 후 평상으로 돌아갔다가 1주년을 맞아 소상재를, 2주년을 맞아 대상재를, 27개월째에 담제를 지내는 3년상을 지냈다. 왕실의 상례는 임금이 오랫동안 정무를 멀리할 수는 없었기 때문에 일반인과는 많이 달랐다. 후계 임금은 대개 앞 임금이 사망한 날에, 가끔은 앞 임금이 사망한 뒷날에 곧바로 즉위해 최고 통치자의 공백을 방지했으며, 상례를 100일까지 행하지 않고 대개 27일 안에 장례를 행하고 27일에 상례를 끝내 釋服해 평상으로 돌아가 즉위기념 사면령을 내리고 모후에게 존호 태후를 바치고 연회를 베풀었다. 신하는 27일 이전에 釋服하는 경우도 있었고, 대개 장례를 집행하지 않는 官吏와 庶人은 3일만에 釋服해 일상생활로 돌아갔다. 가끔 장례가 27일을 넘겨 이루어지는 경우도 있었지만 그러면 장례 직후 釋服했다. 물론 왕실의 경우도 현종 이후는 27일 喪 이후에 평상으로 돌아갔다가 1주년 소상재와 2주년 대상재를 지내 3년상의 모양을 갖추었다. 대개 정식 태후책봉 의례는 상례가 완전히 끝난 다음에 행해졌다.

일반인은 虞祭를 지내지 않은 반면 왕실은 우제를 지냈으며, 일반인(대개 官吏)은 禫祭를 지낸 반면 왕실은 담제를 지내지 않은 듯하다. 왕실의 우제는 장례 후부터 대상 이전까지 여러 번에 걸쳐 행해졌는데 태후를 위해 여덟 번까지 행하는 八虞祭가 확인되었다. 고려 왕실은 원간섭기 이전에는 천자국의 제도에 준하는 八虞祭 혹은 九虞祭를 행했다고 생각되는데, 조선시대는 제후국의 제도인 七虞祭를 행하다가 대한제국기에 가서야 九虞祭를 행한다. 고려 왕실은 현종 장례 이후는 27일에 상례가 끝나 평상으로 돌아갔다고 해도 평상에 준하는 것이지 완전한 평상은 아니어서 대상재가 끝나야 완전한 평상으로 돌아갔다.

그래서 祥期(2년 내지 2년 남짓) 동안 插花하지 않고 諸伎를 멀리했으며 음악대가 동원되더라도 연주하지는 않았으며, 卒哭 후에도 皀帶를 띠어야 하는지 논쟁도 벌어졌다. 임금의 상례인 경우는 대상재가 끝나 경령전과 태묘에 봉안되어야 완전한 평상으로 돌아갔다. 후계 임금은 앞 임금을 태묘에 봉안해 親祭한 후에 태조 현릉, 세조(용건) 창릉, 그리고 바로 앞 임금의 릉(대개 부왕의 릉)을 알현했다. 임금은 경령전이 대궐 안에 위치한 데다가 태조와 4친이 모셔져 있기에 기록에 나오든 안나오든 그곳을 자주 찾았으며, 태조 현릉과 세조 창릉과 부모릉에는 치세 동안에 1번 이상은 반드시 친히 알현해야 했다. 물론 어느 왕이든 자주 행차하는 곳은 연등회와 忌日齋가 열리는 봉은사 태조진전과 忌日齋가 열리는 부모의 진전이었다.

임금과 后妃는 사망해 殯殿에 모셔지다가 陵에 묻힌 다음 眞影과 神主가 虞宮 내지 魂堂(魂殿)에 봉안되었다. 魂堂(魂殿)과 眞堂(眞殿)은 원래 구별되는 곳이었는데 고려말에 가서는 서로 통용되기도 했다. 진영을 모시는 진전(영전)은 혼전을 그대로 사용하는 경우도 더러 있었지만 대부분 다른 곳에 조성되었는데, 대개 불교사원 안에 자리잡았다. 진전에 眞影이 봉안되는 시기는 명확하지 않지만 대개 소상재 때에는 봉안되어 있었다. 소상재와 대상재는 대개 진전에서 거행되었다. 임금의 경우는 2주년을 맞이해 대상재를 치른 후에 먼저 경령전에 眞影(睟容)이, 다음에 태묘에 신주가 봉안되었다. 대상재 후에 대개 경령전에는 25개월 이내에 봉안되었고, 태묘에는 25개월 이내에 혹은 27개월 이내에 봉안되었는데, 이로써 상례가 완전히 끝나는 것이었다.

경령전은 언제부터 조성되었는지 명확하지 않은데 적어도 현종대에는 건립되어 있었다. 이곳에는 태조와 4親 임금(치세 임금 기준)의 진영이 봉안되었다. 태묘는 성종 때 제후의 제도를 따라 5廟(5室)로 정해졌지만 덕종 때 천자의 7廟 제도를 활용한 9廟 9室 제도가 성립했다. 父子 昭穆의 형식이 지켜지지 않고 태조부터 즉위 순서대로 각 室에 배정되었다. 9실의 배정에는 부자 계승만이 아니라 형제 계승과 4촌형제 계승이 반영되어 형제계승과 4촌형제계승 각자도 하나의 독립된 室을 지니게 되었다. 고려 초기는 父子 계승이 형제 계승보다 오히려 적었으므로 기계적으로 昭穆을 적용해 1昭穆을 1廟로 만들기도 어려웠다. 그래서 태묘에 모셔진 모든 임금이 각각 1室과 1廟를 차지하게 되었고 그 결과 9廟 9室 제도가 성립하게 되었으며 昭穆 제도는 가상적으로 적용되었다. 不遷主는 처음에는 태조만 해당되었지만 나중에 혜종과 현종이 추가되었다. 의종 때 태묘는 제1실 태조, 제2실 혜종, 제3실 현종(이상은 不遷), 제4실 문종, 제5실 순종, 제6실 선종, 제7실 숙종, 제8실 예종, 제9실 인종으로 이루어진 九廟였다. 충선왕 때 침원(태묘)은 제후의 제도를 도입해 5室을 운영하면서도 4夾室을 두어 변형 9廟 제도를 운영했지만 공민왕 때는 태묘에 9묘 제도가 부활되었다.

경령전은 不遷인 태조의 睟容 외에 재위 임금의 四親의 睟容이 봉안되는 게 원칙이기 때문에 傍系가 왕위를 계승하면 원칙적으로는 親廟의 睟容이 바뀌어야 했다. 공양왕이 이성계 세력에 의해 즉위하자 4親을 종묘와 경령전에 봉안해야 할 것인지 문제가 발생했는데, 공양왕이 공민왕의 後嗣로 설정되고 4친을 봉안하는 積慶園을 별도로 건립해 해결했다. 그 결과 공양왕의 모친은 생존상태에서 大妃에 책봉된 반면 부친은 이미 사망했음에도 宗과 大王을 추증받지 못하고 大公을 추증받았다.

后妃는 경령전에는 봉안되지 못하고 태묘에는 그 중에서 선택받은 자의 신주가 남편 임금의 사후에 태묘의 남편 室에 봉안되었다. 태조廟에는 神靜王太后를 추증받은 황주 明福宮夫人 皇甫氏였는데 그녀의 계통으로 왕위가 계승되었기 때문이었다. 경종 廟에는 경순왕 金傅의 딸인 獻肅王后가 모셔졌는데, 목종을 낳은 천추태후가 실각했기 때문이다. 현종 廟에는 안산 김은부의 딸로 덕종과 靖宗을 낳은 왕비 연경궁주 김씨 즉 元成王后(원성태후)가 祔해졌다. 선종 廟에는 연화궁주(사숙태후)가 祔해졌는데, 예종은 그의 왕비 연화궁주(연화공주)의 모친인 정신현비를 봉안하려 했지만 간관의 반대로 연화궁주(사숙태후)가 태묘에 자리잡을 수 있었다. 인종 廟에는 임원애의 딸인 왕비 연덕궁주 즉 공예태후가 의종과 명종과 신종을 낳아 合祀되었다. 충숙왕의 室에는 그의 여러 명의 몽골공주 중에서 맨 먼저 결혼한 복국장공주가 봉안되었다. 공민왕 室에는 우왕의 모친으로 만들어진 宮人 한씨가 順靜王后를 추증받아 合祀되었다가 공양왕 때 우왕과 창왕이 부정되면서 한씨 신주가 쫓겨나고 노국공주 신주가 들어갔다. 后妃의 태묘 봉안은 남편이 왕위(추증 포함)를 지니면서 태묘에 봉안되어야 가능했다. 또한 남편의 여러 배필과 경쟁에서 이겨야 가능했는데, 자손의 왕위계승이 가장 크게 작용했고, 그 다음으로 결혼 순서와 본인의 위상이 작용했다. 단, 원간섭기에는 몽골공주 출신의 왕비가 우선권을 지녔다.

〈도표 6-1〉 태묘

번호	연월	주체	행사내용	장소1	장소2	비고	분류	전거
1	성 2. 5	박사 任老成	至自宋 獻大廟堂圖1鋪 記1卷 社稷堂圖 1鋪 記1卷	대묘, 사직, 문묘		文宣王廟圖 1鋪 祭器圖 1卷 72賢贊記 1卷	의례	세가
2	성 7. 12		五廟를 始定함	5묘	대묘(태묘)		조종	세가, 예지 길례대사
3	성 8. 4		대묘(태묘: 예지)를 始營	대묘		을축일	조종	세가, 예지 길례대사
4	성 8. 4	성종	대묘에 나아가 率백관 輸材	대묘		계유일	공역	세가
5	성11. 11		태묘 成	태묘(대묘)		왕이 소목위차, 제향의례 정하게 함	조종	예지 길례대사
5	성11. 12		대묘 成	대묘(태묘)		왕이 소목위차, 제향의례 정하게 함	종묘	세가
6	성11. 12	성종	대묘에 친히 제사	대묘			조종	세가
7	성12. 3	성종	형제1行,혜정광경 4主 通爲1廟	대묘		천자7묘, 제후5묘	조종	세가, 예지 길례대사
8	성 13. 4		대묘 친제. 대종을 제5실 모심 태조 혜종정종광종대종 경종	대묘1		태조, 혜, 정, 광, 경종배향공신. 大赦	사면	세가, 예지 길례대사
8	성 13. 4		有事大廟 大赦 恤孤獨 賞耆舊	대묘2		欠負탕감 放逋懸(위와 동일 기사)	사면	식화지 은면지제
9	목 1. 4	목종	대묘 알현, 성종을 합사	대묘		최승로와 최량을 배향, 사면	사면	세가
10	목 5. 4	목종	대묘에 親享, 선왕先后 칭호	대묘		임신일	제례	세가
11	현 1. 4	현종	친히 제사	대묘		친제. 계축일	제례	세가

번호	연월	주체	행사내용	장소1	장소2	비고	분류	전거
12	현 2. 4		종묘에 기우. 오랜 가뭄 때문	종묘	대묘	移市肆 禁屠宰 斷扇 審寃獄 恤窮	기우	세가
13	현 2.		태묘 災, 每値時祭 各祭於本陵	태묘			조종	예지 길례대사, 세가
14	현 5. 4		始修齋坊 權安神主 친히 제사	재방			조종	예지 길례대사, 세가
15	현 18. 2		修대묘(태묘:예지) 復安神主	대묘 (태묘)		무자일	조종	예지 길례대사, 세가
16	현 18. 4	현종	대묘 알현, 선왕先后 시호 加上	대묘		배향공신을 배향. 유죄이하 사면	사면	세가
17	현 20. 4	현종	대묘 변두(제기) 增을 의논	대묘			조종	세가
18	현 末(22). 6 (덕 0. 6)	덕종	改定태묘三陵 祝文式	태묘		제1실태조及왕후 황보-제9실현종	조종	예지 길례대사, 세가
19	덕 2. 8		대묘에 현종을 합사함	대묘		무오일	조종	세가
20	정 0. 10	정종	告朔	대묘		정사일 초하루	고삭	
21	정 2. 5		기우. 7일 1번. 自春少雨때문	종묘	대묘	不雨하면 還從岳鎭, 海瀆如初	기우	
22	정 2. 12		덕종을 대묘(태묘)에 합사	대묘		신유일	조종	세가, 예지 길례대사
23	정 2. 12	정종	嘗問昭穆之義. 태묘 昭穆 논쟁			혜종정종광종대종, 목종현종 문제	조종	예지 길례대사, 세가

번호	연월	주체	행사내용	장소1	장소2	비고	분류	전거
24	정 3. 4	정종	친히 제사하고 사면	대묘		친제. 정묘일	사면	세가
25	정 6. 2		왕후책봉을 대묘에 고함. 익일	대묘		백관이 축하함	책봉	세가
26	정 8. 3		4월 왕후 책봉례와 태묘 친제			先後 논쟁. 先친제, 後책봉 결론	책봉	예지 길례대사, 세가
27	정 8. 4		태묘친제 했을 것					예지 길례대사, 세가
28	정 8. 6		기우	종묘, 산천	대묘 등	경진일	기우	세가
29	문 1. 4		제사	대묘		갑자일	대묘	세가
30	문2 윤1		告朔	대묘		경자일 초하루	대묘	세가
31	문 2. 8		정종을 대묘에 합사	대묘		병자일	대묘	세가
32	문 2. 10	문종	대묘에 제사	대묘		친제. 을해일	대묘	세가
33	문 8. 2		종묘, 산릉에 饗	종묘, 산릉	대묘 등	계축일. 태자책봉 기념?	제례	세가
34	문 10. 1		태묘 祭器 중 破缺된 것 焚埋	태묘			태묘	예지 길례대사, 세가
35	문 10. 윤3	문종	告朔	대묘		계미일 초하루	대묘	세가
36	문 10. 10	왕태자	대묘(태묘)를 알현	대묘 (태묘)		신해일	대묘	세가; 예지 길례대사
37	문 10. 10		종묘 冬享 정지. 무오일	종묘		체협月에 종묘時享 정지원칙 준수	종묘	예지 길례대사, 세가

번호	연월	주체	행사내용	장소1	장소2	비고	분류	전거
38	문 10. 10	문종	친제해 구묘 존호를 加上	대묘		祭畢, 御齋宮 受群臣賀. 임술일	대묘	세가
39	문 12. 6		혜종순릉, 정종안릉, 광종헌릉			祝文式 문제. 聖祖(안종)의 형제	태묘	예지 길례대사, 세가
40	문 13. 4	문종	친제. 병자일	대묘		이 날 肆赦	사면	세가
41	문 15. 윤8		告朔	대묘		신사일 초하루	대묘	세가
42	문 20. 4		제사	대묘, 별묘	대묘 등	계묘일	대묘	세가
43	문 35. 2	문종	여진정벌 승리를 대묘, 6릉에	대묘, 6릉	대묘 등	고할 날을 선택해 行事하라고 함	조종	세가
44	문 37. 6		기우	종묘, 사직	대묘 등	정묘일	기우	세가
45	선 2. 2	선종	有司에게 요 改元을 고하게 함	대묘, 6릉	대묘 등	계유일. 요의 개원 통고		세가
46	선 2. 10		문종을 합사	대묘		계유일	조종	세가
47	선 2. 11		순종을 합사	대묘		정유일	조종	세가
48	선 3. 2		최충 등을 정종묘에 배향	대묘		최제안, 이자연 등을 문종묘에 배향	대묘	세가
49	선 3. 4		친히 제사. 경술일	대묘		친제. 선왕 선후에 존호를 加上	조종	세가
50	선 5. 4		기우 또 함. 임인일	종묘, 사직, 산천			기우	세가
51	선 6. 6		기우	종묘, 7릉	대묘 등	신축일	기우	세가
52	선 8. 5		기우	대묘, 7릉	대묘 등	정묘일	기우	세가
53	선 8. 6		기우 또 함	대묘, 7릉	대묘 등	정유일	기우	세가

번호	연월	주체	행사내용	장소1	장소2	비고	분류	전거
54	헌 1. 7	헌종	饗함. 병오일	종묘	대묘 등	원구, 방택, 종묘, 사직, 載祀典無不擧	제례	세가
55	숙 1. 6		선종을 대묘에 합사. 신유일	대묘		遷경종신주於영릉	대묘	세가, 절요
56	숙 1. 6		경성왕후 김씨 신주를 합사	덕종 실	대묘	신유일. 질릉에서 맞이해서	대묘	세가
57	숙 3. 10	숙종	백관 거느리고 제향. 갑신일	대묘			대묘	세가
58	숙 3. 10		협享于대묘	대묘		諸州府郡縣부곡 減금년租稅之半	감면	식화지 은면지제
59	숙 5. 6		기우	대묘, 8릉	대묘 등	을묘일	기우	세가
60	숙 6. 3	숙종	개명해 고함. 기묘일	대묘, 8릉	대묘 등	遼帝 嫌名을 피한 것	개명	세가
61	숙 6. 4		기우	천지, 종묘, 산천	종묘 등	가뭄 때문	기우	세가
62	숙 6. 4		기우	천지, 종묘	대묘 등	기유일	기우	세가
63	숙 6. 4	鑄錢도감奏	國人始知用錢之利 以爲便	종묘	대묘	乞告于종묘, 從之	동전	세가
64	숙 6. 10		남경 始創을 고함	종묘, 사직, 산천	대묘 등	병신일	도읍	세가
65	숙 7. 12	숙종	始用錢을 태묘에 고하게 함	태묘			동전	식화지 화폐
66	숙 9. 11		祈雪	종묘, 사직	대묘 등	계유일	기설	세가
67	예 2년		여진정벌을 대묘에 점쳐 결정	대묘			점	사96 윤관전

번호	연월	주체	행사내용	장소1	장소2	비고	분류	전거
68	예 3. 4	예종	친히 제사하고 사면. 기해일	대묘		산천신지 加號, 포상, 급사 放良	사면	세가
69	예 5. 8		기청	대묘, 神廟	대묘 등	을미일	기청	세가
70	예 5. 10		제사. 무신일	대묘		왕은 남경에 있었음	제례	세가
71	예 6. 4		享함	대묘		기해일	조종	세가
72	예 9. 10		헤종신주 復入대묘第二室	대묘		出遷성종신주 于강릉. 병오일		세가
73	예 9. 10		명의태후를 숙종室에 합사	대묘		병오일		세가
74	예 9. 10	예종	친히 제사하고 사면	대묘		친제. 정묘일. 宋 新樂 겸용	사면	세가. 태묘 (악지)
75	예 11. 4	예종	有司에 명해 대묘에 제사	대묘		정묘일. 왕은 서경에 있었음	제례	세가
76	예 11. 10	예종	친히 제사하고 대성악 올림	대묘		계유일. 新制 九室 登歌를 연주	음악	세가. 태묘 (악지)
77	인 0. 4	인종	遣使해 즉위를 고함	대묘, 9릉		정유일	조종	세가
78	인 0. 5		享함	대묘		경오일	조종	세가
79	인 2. 4		예종을 대묘에 합사함	대묘		갑술일	조종	세가
80	인 2. 7	인종	대묘(태묘)에 친제	대묘		기묘일	조종	세가, 예지 길례대사
81	인 2. 7		소목문제, 功德 혜종 철훼 비판	태묘			조종	예지 길례대사, 세가

번호	연월	주체	행사내용	장소1	장소2	비고	분류	전거
82	인 4. 3	인종	이지미 보내 事金 점침	대묘			외교	세가
83	인 8. 3		제사	대묘			제례	세가
84	인 13. 4		제사	대묘		을묘일	제례	세가
85	인 18. 4	인종	대묘에친체 加上九廟尊謚	대묘, 12릉		遣使十二陵 加上大王王后尊謚	조종	세가
86	인 20. 7	有司	금 황통연호 始行을 고함	대묘, 12릉	대묘, 능	신축일. 왕명	외교	세가
87	인 20. 10		有事于대묘, 사면	대묘1		을유일	사면	세가
87	인 20. 10		有事于대묘. 象輅 타고 왕래	대묘2		상로는 金主가 선물한 것		여복지 輿輅
88	의 2. 10	의종	대묘에 친히 협제하고 사면	대묘		인종을 대묘에 합사?	사면	세가
89	의 5. 10	의종	친히 합사제 지냄	대묘		을유일	제례	세가
90	의 8. 4	의종	친히 합사제 지내고 사면	대묘		친제	사면	세가
91	의 17. 4	의종	대묘에 친히 제사, 사면	대묘		친제. 승진, 음직	사면	세가
92	의 18. 4	의종	친히 제사, 사면	대묘		기묘일. 친제	사면	세가
93	의 18. 8	도적	대묘 제기를 훔침	대묘			사회	세가
94	의종 때		체협: 태조東向. 혜문예 南向昭 현순선숙인 北向穆		태묘	四時臘享朔望寒食 竝室內南向	태묘	예지 길례대사
95	명 3. 4	명종	제사, 포상, 사면	대묘	대묘	친제	사면	세가
96	명 7. 6		대묘에 벼락	대묘			재해	세가
97	명 8. 4		제사	대묘			제례	세가
98	명 8. 10	명종	제사(협제), 사면	대묘 (태묘)		친제. 서적 평정 고함	사면	세가, 절요

번호	연월	주체	행사내용	장소1	장소2	비고	분류	전거
99	명 11. 4		기우	종묘, 능침	대묘, 능	신유일	기우	세가
100	명 16. 1		공예태후를 합사함	대묘			조종	세가
101	명 16. 10	명종	제사, 사면	대묘		친제	사면	세가
102	명 18. 3		遣평장사崔世輔 攝事 行夏체	태묘?		用대성악…加以鄕音鄕舞	음악	악지 헌가악독 주절도
103	명 18. 7		短虹 見于大廟齋室	대묘		병오일	이변	오행지 水
104	신 2. 4	신종	제사, 사면	대묘		친제	사면	세가
105	희 2. 2		신종을 대묘(태묘)에 합사	대묘			조종	세가, 예지 길례대사
106	희 2. 2		本朝廟制九室. 新主入則遷主於	태묘		本陵. 순종出, 신종入九室. 소목론	조종	예지 길례대사
107	희 2. 10	희종	제사	대묘		친제	조종	세가
108	고 2. 9		강종을 태묘에	태묘	대묘	신주교체, 문종신주를 경릉으로	조종	세가
109	고 2. 10	고종	제사, 친제. 9室 존호. 을미일	대묘		태조, 혜종, 현종, 선, 숙, 예, 인, 신, 강종	조종	세가
110	고 4. 1	樵人	대묘의 소나무를 찍음. 幾赭	대묘		乃命軍士 禁之 亦不能止	벌목	세가, 절요
111	고 4. 3		대묘 신주를 大常府에	대묘, 대상부		거란 침략 때문	대묘	세가, 절요
112	고 4. 4		대묘9실신주, 제릉신주 옮김	공부청, 고공청	관청	거란 침략 때문	신주	세가, 절요
113	고 17. 5	도적	옥책장식 백금을 훔침	대묘 9실	대묘		사회	세가
1	선 4. 1		山川, 廟社에 제사	산천 묘사		神兵 助戰 기도	압병	세가
2	예 1. 5		기청	廟社, 8릉		병진일. 大雨가 旬을 넘었기 때문	기청	세가, 오행지 목

번호	연월	주체	행사내용	장소1	장소2	비고	분류	전거
3	예 2. 5		禱雨	廟社, 群望		을미일과 경자일	기우	세가, 오행지 금
4	예 2. 7		제사해 풍우 순조를 기도	廟社, 群望		무자일	기우	세가
5	예 4. 5	윤관	兵捷을 기도	廟社, 9릉		갑인일. 왕명	전쟁	세가
6	예 6. 5		기우	廟社, 諸陵, 산천		갑자일	기우	세가, 오행지 금
7	예 15.7.경술		又禱원구廟社群望	원구, 廟社, 群望		自夏至8월 不雨 五穀不登 疫려大興	기우	오행지 금
8	인 6. 1	재추, 백관	廟社, 산천, 佛祠, 道宇에 기도	廟社, 산천, 佛祠, 道宇		왕이 아팠기 때문	치병	세가
9	인 6. 5		기우	廟社, 산천		경술일. 종묘, 사직	기우	세가
10	인 8. 4	일관	기우 요청	廟社, 산천		심한 가뭄 때문. 왕이 따름	기우	세가
11	인 12. 5		제릉, 廟社, 山川에 기우	제릉, 묘사 신천		왕이 태조진전 알현해 기우	기우	세가, 절요, 오행지 金
12	인 15. 5		기우	廟社		기묘일	기우	세가
13	인 24. 1		기도함	廟社		기해일. 왕의 쾌유 위해	질병	세가
14	명 19. 윤5		기우, 巷市	廟社, 산천, 신사		신미일	기우	세가
	공민 11. 1		王在福州 命奉安九廟假主 於新鄕校	9묘 (태묘)	복주 향교 숭인문 미타방	紅賊之後 假安九廟神主于崇仁門 彌陀房	조종	예지 길례대사
	공민 12. 5		還安九室神主于 태묘			1內侍奉香九室	조종	세가

〈도표 6-2〉 능과 경령전과 태묘

연월	주체	행사내용	장소1	장소2	비고	분류	전거
태 26.5.丙午29	태조	疾大漸 御신덕전, 遺詔, 薨, 百官列位於內議省門外	신덕전, 내의성	대궐	혜종즉위. (예지 국휼)	훙, 즉위	예지 국휼
혜 0. 6. 戊申2		發喪於상정전 宣遺詔	상정전		(예지 국휼)	발상	예지 국휼
혜 0. 6. 己酉3		殯于상정전之西階	상정전		(예지 국휼)	빈소	예지 국휼
혜 0. 6. 庚午24		行祖奠			(예지 국휼)	조전	예지 국휼
혜 0. 6. 壬申26		葬于顯陵. 以遺命喪葬園陵制度依漢魏故事	현릉		悉從儉約. (예지 국휼)	장례	예지 국휼
혜 0. 6. 壬申26		태조를 송악 서록 현릉에 장사	현릉	능	(세가)	장례	세가
정 1. 1	定宗	현릉 알현 하려 함	현릉, 어전	능, 대궐	致齊夕에 御殿 東山松間 소리 들림	조종	세가
광 26. 5	광종	薨于正寢..諡曰大成 廟號光宗	정침, 현릉		葬于송악北麓 陵曰憲陵		세가
경 6. 7. 甲辰9	경종	召堂弟개녕군治內禪 遺詔曰... 服紀輕重 合依漢制 以日易月 13日周祥 27日大祥			園陵制度 務從儉約 其西京安東… 3日釋服	장례	세가
경 6. 7.	경종	遺詔 服紀			其西京安	장례	예지 국휼

연월	주체	행사내용	장소1	장소2	비고	분류	전거
甲辰9		以日易月 13日周祥 27日大祥			東…3日釋服		
경 6. 7. 丙午11		薨于正殿…廟號 경종 葬于南畿山麓 陵曰榮陵	정전, 영릉	대궐, 능			세가
경 6. 7. 丙午11		薨于正寢 葬于榮陵 성종즉위	정침, 영릉	대궐, 능		장례	예지 국휼
성 0. 11.丁酉3	성종	先考를 追謚하고 謁陵함	태릉(대종)	능		조종	세가
성 7. 12		五廟를 始定함	태묘				예지 길례대사
성 11. 11(12)		태묘(대묘) 成	태묘				예지 길례대사 세가
성 12. 3		형제1行, 혜정광경4主 通爲1廟	태묘		천자7묘, 제후5묘		예지 길례대사 세가
성 13. 4		대묘 친제. 대종을 제5실 모심 태조 혜종정종광종대종경종	태묘		태조,혜,정,광,경종배향공신. 大赦		세가
목 1. 4	목종	대묘 알현, 성종을 합사	대묘		최승로와 최량을 배향, 사면	사면	세가
현 3. 5	현종	원릉을 알현	원릉(모후릉)	능	을유일	조종	세가

연월	주체	행사내용	장소1	장소2	비고	분류	전거
현 3. 윤10		목종을 적성에서 城東 이장	의릉	능	능호 의릉, 묘호 목종. 세가+절요	조종	세가
현 4. 8	현종	의릉 알현하고 사면	의릉	능	을해일	사면	세가
현 7. 1		태조 재궁을 현릉에 다시 장사	현릉	능	경술난시 재궁 부아산 향림사 移安	이장	세가, 절요
현 8. 8	현종	알현	건릉	능	을해일		세가
현 8. 10		현릉 수리	현릉	능		수리	세가
현 8. 12	현종	현릉 알현하고 사면	현릉	능	을해일	사면	세가
현 9. 12		奉太祖梓宮, 移安于負兒山香林寺			거란 침략 때문	이장	절요
현 10. 11		태조 재궁을 현릉에 다시 장사	현릉	능	신사일	이장	세가
현 10. 12	현종	현릉 알현	현릉	능	병오일	조종	세가
현 21. 2	적경 궁주	졸함. 시호 효혜. 평릉에 장사	평릉	능		사망, 후비	세가
현 22. 5.辛未25		王疾篤 薨于중광전 덕종즉위 居翼室 朝夕哀臨	중광전	대궐	(세가, 절요)	홍, 즉위	예지 국휼
덕 0. 5. 甲戌28	덕종	率群臣成服 百姓玄冠素服			(세가, 절요)	장례	예지 국휼
덕 0. 6. 丙申20		葬于宣陵 群臣公除			(절요)	장례	예지 국휼

연월	주체	행사내용	장소1	장소2	비고	분류	전거
덕 0. 6. 丙申20		현종을 송악서록 선릉에 장사	선릉	능		장례	세가
덕 0. 6. 戊戌22	덕종	釋服			(세가, 절요)	석복	예지 국휼
덕 0. 6. 庚子24	덕종	경령전을 알현해 즉위를 고함	경령전	대궐		조종	세가, 절요
덕 0. 6. 癸卯27		御신봉루 揭鷄竿于구정 肆赦	신봉루	대궐		사면	세가, 절요
덕 0. 10.戊寅4		宰輔表請復常膳 許之				상선	예지 국휼
덕 0. 11	동여진	모이라가 와서 능침 알현 요청	능침		허락받음. 능침(현종릉)	상례, 외교	세가
덕 1. 5. 己丑19	덕종	以皇考中祥祭 齋7日 居翼室				중상제	예지 국휼
덕 2. 8		부顯宗于태묘	태묘			조종	예지 국휼
덕 2. 8. 戊午25		대묘에 현종을 합사함	대묘 (태묘)			조종	세가
덕 3.9	덕종	癸卯(17일) 薨于연영전 殯於선덕전	연영전, 선덕전	대궐	葬于북교 陵曰肅陵		세가
정 0. 10.庚午14		덕종을 北郊 숙릉에 장사지냄	숙릉	능		장례	세가
정 2. 12.辛酉17		덕종을 대묘(태묘)에 합사	대묘 (태묘)			조종	세가
정 7. 5.乙卯7	정종	현릉을 알현	현릉	능		조종	세가

연월	주체	행사내용	장소1	장소2	비고	분류	전거
정 7. 5.丙辰8	정종	선릉을 알현	선릉(현종릉)	능		조종	세가
정 12. 5	정종	丁酉(18일) 薨, 移殯于선덕전	선덕전		葬于북교 陵曰周陵		세가
문 2. 8.丙子10		정종을 대묘에 합사	대묘			대묘	세가
문 4. 4.辛酉5	문종	현릉과 선릉을 알현하고 肆赦	현릉, 선릉(현종)	능		사면	세가
문 13. 5	도적	入현릉廟室	현릉	능	陵室侍衛 대장군 등이 하옥됨	도적	세가
문 21. 1.丙子27	문종	창릉 알현, 관련자 포상	창릉	능		조종	세가
문 37. 7.辛酉18		王疾篤 薨于중광전 殯于선덕전 是日 순종즉위	중광전, 선덕전	대궐		홍, 즉위	예지 국휼
순 0. 8 .甲申11		葬문종于景陵	경릉	능		장례	예지 국휼
순 0. 10.乙未23		王疾篤 遺詔…喪服 以日易月 薨于喪次 是日 殯于	상차, 선덕전	상차, 대궐	선덕전	상장례	예지 국휼
선 0. 10.丙申24	선종	즉위				즉위	예지 국휼
선 0. 10.戊戌26	선종	率백관 成服 詣선덕전 行祭	선덕전	대궐		장례	예지 국휼

연월	주체	행사내용	장소1	장소2	비고	분류	전거
선 0. 11.庚申19	선종	親臨啓殯 哭盡哀 葬于成陵	성릉	능		장례	예지 국휼
선 2. 8.丁丑16	선종	문종神御를 경령전에 봉안, 奠禮 親行	경령전	대궐		상례	세가, 절요
선 2. 9.壬子21	선종	親奠于순종魂殿	순종혼전	혼전		제례	예지 국휼
선 2. 10 癸酉12		문종을 합사	대묘			조종	세가, 절요
선 2. 11 丁酉7		순종을 합사	대묘			조종	세가, 절요
선 4. 5. 정묘16	선종	알현	현릉	능	竹册 올림	조종	세가
선 4. 5. 庚午19	선종	알현	경릉(문종)	능	죽책 올림	조종	세가
선 4. 5. 壬申21	선종	알현	창릉	능	죽책 올림	조종	세가
선 9. 9.壬午2	왕태후 이씨	薨于서경 歸葬戴陵	대릉	능		장례	예지 국휼
선 9. 9.乙酉5		遼使來賀生辰. 有司奏 古典천자제후三年喪 旣葬 釋服 心喪終制 不與士大夫同禮, 今何節使已至			伏望 以日易月 27日後 釋服迎命. 從之	상례	예지 국휼
선 10.9丁丑2	선종	詣인예태후返魂殿 行小祥祭 從晉制奉安神主於本殿				소상	예지 국휼

연월	주체	행사내용	장소1	장소2	비고	분류	전거
선 11. 5. 壬寅2	선종	薨于연영전內寢 卽日遷殯于선덕전	연영전, 선덕전, 인릉	대궐, 릉	葬于城東 陵曰仁陵	장례	세가
숙 1. 4.己卯18	숙종	알현	현릉	능		조종	세가
숙 1. 4.乙酉24	숙종	알현	경릉 (문종)	능		조종	세가
숙 1. 6. 辛酉2		선종을 대묘에 합사(세가, 절요) 질릉 경성왕후김씨 신주 → 덕종실 합사(세가)	대묘		遷경종신主於영릉 (세가, 절요)	대묘	세가, 절요
숙 1. 6.辛酉2		경성왕후 김씨 신주를 덕종室에 합사	덕종 실	대묘	질릉에서 맞이해서	대묘	세가
숙 2. 윤2 甲辰19	헌종	薨于흥성궁			葬于城東 陵曰隱陵	장례	세가
숙 2. 3.庚申6		헌종을 성동에 장사	은릉	능	예종 때 묘호 헌종	장례	세가
숙 3. 3.甲寅5	숙종	알현	창릉	능		조종	세가
숙 3. 3.辛酉12	숙종	알현	대릉	능		조종	세가
숙 10.10.丙寅2	숙종	(還自서경)至장평문外 以疾薨于輦中 到서화문發喪 태자群臣哭踊 奉入연영전	장평문, 서화문 선덕전	대궐	卽日 移殯于선덕전 遺詔…服喪之制 以日易月. 是日 예종즉위	홍, 즉위	예지 국휼

연월	주체	행사내용	장소1	장소2	비고	분류	전거
예 0. 10.甲申20		葬于英陵	영릉	능		장례	예지 국휼
예 0. 10.甲申20		숙종을 송림현에 장례함	영릉	능		장례	세가
예 1. 3.乙卯23	예종	詣숙종虞宮	숙종우궁	우궁			예지 국휼
예 3. 4.丙戌6	예종	알현	영릉(숙종)	능		조종	세가
예 3. 4.辛卯11	예종	알현	창릉	능	여진평정 뜻을 寓해 시 지음	조종	세가
예 4. 4	예종	遣윤관 祭창릉, 兵捷 기도	창릉	능	遣허경, 서경 제사, 문두루도량	전쟁	세가
예 7. 7.己巳14	왕태후 류씨	薨 殯于大內	대내	대궐		빈소	예지 국휼
예 7. 8.丙申12		葬于崇陵 王祖送于闕庭	숭릉, 궐정	능, 대궐		장례	예지 국휼
예 7. 8.丙申12		명의왕태후를 장례	숭릉	능		장례, 후비	세가
예 9. 10.丙午5		명의태후를 숙종室에 합사	대묘				세가
예 9. 10.乙卯14	예종	영릉과 숭릉을 알현	영릉(부), 숭릉(모)	능			세가
예 13. 9.甲申5		왕비 연덕궁주 이씨 薨					세가
예 13. 9.丁酉18	연덕궁주	수릉에 묻힘	수릉	능		장례, 후비	세가

연월	주체	행사내용	장소1	장소2	비고	분류	전거
예 16. 3.戊戌3	예종	微行 至수릉	수릉	능	간관奏군왕未有親詣후비능침. 不從	후비	세가
예 16. 8.정미15	예종	알현	영릉(부), 숭릉(모)	능		조종	세가
예 17. 4.丙申8		예종薨 諸弟以王(인종)幼頗有개유心 평장사이자겸			奉王(인종)즉위于중광전 朝夕奠殯	훙, 즉위	세가
예 17. 4.丙申8		(王疾革)遺詔…喪服 以日易月…成服3日而除 遂薨	선정전		殯于선정전 인종즉위 朝夕奠殯		예지 국휼
인 0. 4. 丁酉9	인종	詣경령전 告즉위 遣使 告于대묘 9陵	경령전	대궐		조종	세가
인 0. 4. 甲寅26		葬于裕陵	유릉				예지 국휼
인 0. 4. 甲寅26		예종을 성남에 장사지냄	유릉	능		장례	세가
인 0. 7.己卯23		虞					예지 국휼
인 0. 8.壬寅16		虞					예지 국휼
인 0. 10.癸卯18		虞					예지 국휼
인 0.12丙戌朔1		虞					예지 국휼

연월	주체	행사내용	장소1	장소2	비고	분류	전거
인 1. 4.癸巳10		小祥					예지 국휼
인 1. 4.己酉26		虞					예지 국휼
인 1. 10.乙酉6		虞					예지 국휼
인 2. 4. 壬申25		예종 수용을 봉안	경령전	대궐	遷(대묘)혜종신주于順陵	조종	세가
인 2. 4		대묘 혜종신주를 순릉에 옮김	대묘, 순릉	대묘, 능		조종	세가
인 2. 4. 甲戌27		부예종于대묘	대묘(태묘)				세가
인 2. 4. 甲戌27		부于태묘	태묘				예지 국휼
인 2. 6.辛酉16	인종	알현	현릉	능		조종	세가
인 2. 6.癸亥18	인종	알현	창릉	능		조종	세가
인 2. 6.정묘22	인종	알현	유릉(裕陵)	능		조종	세가
인 2. 6.癸酉28	인종	알현	수릉(모후릉)	능		조종	세가
인 2. 7		親禘于大廟, 太祖東向, 德靖文睿爲昭, 顯順宣肅爲穆	대묘			소목	절요
인 14. 10	도적	원릉 제기를 훔침	원릉	능	守陵 3인을 살해	도적	세가

연월	주체	행사내용	장소1	장소2	비고	분류	전거
인 24.2 丁卯28		(王疾大漸)遺詔 喪服以日易月 薨于保和殿	보화전	대궐	是日 의종즉위	홍, 즉위	예지 국휼
의 0. 3. 甲戌5		王及백관國人 成服					예지 국휼
의 0. 3. 甲申15		葬于長陵	장릉				예지 국휼
의 0. 3. 癸巳24		王以下 釋服					예지 국휼
의 0. 11. 丙戌20		攝行虞祭					세가
의 2. 2 丁巳28		大祥					예지 국휼
의 2. 3 甲子6		인종 신어를 경령전에 봉안	경령전	대궐		조종	세가
의 2. 윤8.정묘12	의종	알현	현릉	능		조종	세가
의 2. 윤8.무인23	의종	알현	창릉	능		조종	세가
의 2. 윤8.임오27	의종	알현	장릉 (인종)	능		조종	세가
의 5. 10		親祫于大廟	대묘	대묘		협제	절요
의 12. 2		以仁宗忌 飯僧於大平亭	대평정			기일, 반승	절요
명 2. 9	명종	알현	창릉	능		조종	세가
명 3. 4		親禘于太廟 赦	태묘	대묘		체제	절요
명 3. 10. 庚申1	이의민	弑의종于계림					예지 국휼

연월	주체	행사내용	장소1	장소2	비고	분류	전거
명 5. 5. 丙申16		發의종喪 백관玄冠素服 3日			(세가, 절요)	장례	예지 국휼
명 5. 5. 壬寅22		葬于城東 命內侍十人護葬 陵曰禧 謚莊孝 廟號毅宗	희릉 (성동), 해안사	능, 진전	位寵擧兵 聲言義方 弑君不葬 之罪 故奉葬禧 陵而安其 眞於海安 寺 以爲원당	장례	예지 국휼 세가, 절요
명 14. 2. 壬戌3		卒哭. 禮官奏 按인예태후喪制 一依文廟故事 卒哭後 上及群臣應帶紅 정者 皆服조帶 今태후之喪 亦依此制			중서성駁 議 王后喪制 不宜與國 王同 王曰 人子之於 부모 其心一… 況祥期之 內 朕常帶조 而卿等獨 帶紅耶		예지 국휼
명 14. 4		壬申(14) 燃燈. 翼日 大會觀樂. 연등 上元事也			以國恤權 停 至是行之 唯禁揷花 諸伎		예지 국휼
명 14. 5. 甲午7	金祭奠使	來. 初至西郊亭…					예지 국휼

연월	주체	행사내용	장소1	장소2	비고	분류	전거
명 14. 5. 丁巳30		王宴金使…金使怒不赴宴					예지 국휼
명 14. 6. 戊辰11		宴金使 竟不結棚插花奏樂					예지 국휼
명 14. 8		王以孌妾死 久不御肉 人譏之曰 丁모후喪 未五旬			而復常膳 今反乃爾 何失禮之甚也		예지 국휼
명 14. 11. 甲午9		虞(태후상례)					예지 국휼
명 14. 11 己亥14		設팔관회 王觀樂于구정 以태후祥月 除何禮及舞蹈 工人庭舞 歌曲. 初 禮官奏 仲冬乃왕태후忌日 請於孟冬 行팔관례 王以問相府 참지정사 문극겸 曰 태조始設八關 蓋爲神祗也 後世嗣王 不可以他事 進退之	구정 (2회)	대궐	況태조禱于神明曰 願世世仲冬無令有國忌 若불행有忌 則疑國祚將艾也 故自 통합이래 仲冬無國忌 今有之 是國之災也 …禮官所奏 不可許. 從之. 翼日大會, 王又觀樂于 구정		예지 국휼
명 15. 8 壬申22		行八虞祭					예지 국휼
명 16. 1 丙午27		부于태묘	태묘				예지 국휼

연월	주체	행사내용	장소1	장소2	비고	분류	전거
명 16. 1		공예태후를 합사함	대묘			조종	세가
명 16. 8.丁酉	명종	알현	장릉, 순릉	능		조종	세가
신 1. 4	신종	알현	현릉, 창릉	능		조종	세가
신 1. 5	신종	알현	장릉, 순릉	능		조종	세가
신 5. 11. 戊午17		명종薨于昌樂宮 재추及상참관以上 조帶詣闕陳慰			종실백관 及士庶人 玄冠素服3日 唯장례 도감 服至葬日		예지 국휼
신 5. 11. 己巳28		金遣호부시랑李仲元來賀생신					예지 국휼 세가
신 5. 12.辛未朔1		王受詔于대관전, 先遣좌승선于承慶謂金使曰..前王			在殯 迎詔及宴 不敢擧樂 …음악사용		예지 국휼
신 5. 12 丙辰		宴金使. 先遣人告曰 前王在殯 未敢宴於正殿			金使不聽 再告 乃許之		예지 국휼
신 5. 윤12.壬寅2		葬명종于智陵, 王初欲葬以王禮 최충헌堅執不可 降從其妃景順王后葬儀 間用仁廟葬禮			時 태자斥在 江華 未得襄事 國人哀之		예지 국휼

연월	주체	행사내용	장소1	장소2	비고	분류	전거
신 5. 윤12		명종을 장단에 장사지냄	지릉	능		장례	
신 7. 1		己巳(5) 王背疽 御千齡殿 詔태자嗣位 是爲희종					예지 국휼
신 7. 1		丁丑(13) 薨, 戊寅 殯于靖安宮 최충헌會재추於其第			議減禮司所奏服喪26日爲14日	장례	예지 국휼
신 7. 1		丁丑(13) 移御德陽侯邸 遂薨 遺詔 勿殯乾始殿					세가
신 7. 1		戊寅(14) 殯于內史洞靖安宮			葬于城南陵曰陽陵		세가
희 0. 2 庚申26		신종을 陽陵에 장사함	양릉	능		장례	예지 국휼
희 0. 2		신종을 장사지냄	양릉	능	성남	장례	세
희 2. 2 己未8		부于태묘	태묘				예지 국휼
희 2. 2		신종을 대묘(태묘)에 합사	대묘			조종	세가
희 2. 8	희종	알현	현릉	능		조종	세가
희 2. 9	희종	알현	창릉	능		조종	세가
희 2. 9	희종	알현	양릉 (신종)	능		조종	세가

연월	주체	행사내용	장소1	장소2	비고	분류	전거
희 4. 8	도적	무릉을 도굴	무릉	능	왕이 원찰승에게 수리하게 함	도굴, 수리	세가
강 2. 4	강종	알현	지릉(명종)	능		조종	세가
강 2. 8		王不豫 丁丑9 遺詔 易月之服 三日而除 薨于수창궁	수창궁		戊寅(10) 고종즉위	훙, 즉위	예지 국휼
고 0. 9 丙寅29		葬于厚陵	후릉	능			예지 국휼
고 0. 9		강종 장사지냄	후릉	능		장례	세가
고 2. 8. 己酉22		강종神御를 경령전 봉안	경령전	대궐	왕 의봉문외 영접. 四親之殿	상례	세가
고 2. 9. 丁卯11		강종을 태묘에	태묘	대묘	신주교체, 문종신주를 경릉으로	조종	세가, 절요
고 2. 9. 壬申16	고종	현릉을 알현	현릉	능		조종	세가
고 2. 9. 乙酉29	고종	창릉을 알현	창릉	능		조종	세가
고 2. 10	고종	후릉을 알현	후릉(강종릉)	능	강종릉	조종	세가
고 2. 10		대묘에 친히 협제 지내 존호를 追上하고 사면	대묘			협제, 사면	절요
고 4. 3	도적	순릉을 도굴	순릉	능		도굴	세가
고 4.		대묘신주를	대묘,	대묘,	거란 침략	전쟁,	세가,

연월	주체	행사내용	장소1	장소2	비고	분류	전거
3.병술		대상부로 옮김 현릉 태조재궁을 봉은사로 옮김	대상부 현릉, 봉은사	관청 능, 사원	때문	이안	절요
고 4. 3.戊子		창릉재궁을 봉은사로 옮김	창릉, 봉은사	능, 사원	거란침략 때문. 개장후릉 도감	전쟁, 이안	세가, 절요
고 4. 3,己丑		현화사의 안종 현종 강종 신어를 숭교사로 옮김	현화사, 숭교사	사원, 진전	거란침략 때문	이안	세가
고 4. 4.辛酉		奉遷九室神主于工 部廳, 諸陵神主于考功廳	공부청, 고공청	관청		이안	세가, 절요
고 4. 8.丙午朔		奉遷崇教寺 康宗神御于王輪寺	숭교사, 왕륜사	사원, 진전	강종 신어	이안	세가, 절요
고 4. 12	최충헌	信用術人李知識之言, 壞乾元寺以禳北兵, 移成宗神御于開國寺, 又營新闕于白岳	건원사, 개국사, 백악			음양, 이안	세가, 절요
고 12. 8		以康宗忌日 飯僧二百於內殿, 康宗眞殿 在玄化寺 忌日詣寺行香 例也, 自庚辰以來 國家多故 王不得親詣	현화사	사원, 진전	현화사는 강종의 진전사원	기일	절요
고 19. 6		庚戌朔1 왕비왕씨薨 백관玄冠素服3日			辛酉(12) 葬王后	장례	세가

참고문헌

I. 자료

『高麗史』
『高麗史節要』
徐兢,『宣和奉使高麗圖經』(高麗圖經)
『三國史記』
『三國遺事』
의천,『대각국사문집』
李仁老,『破閑集』
林椿,『西河集』
李奎報,『東國李相國集』
崔滋,『補閑集』
崔瀣,『拙藁千百』
李齊賢,『益齋亂藁』
李齊賢,『櫟翁稗說』
李穡,『牧隱藁』
權近,『陽村集』
『高麗名賢集』
『韓國文集叢刊』
조선총독부 편,『조선금석총람』
허홍식 편,『한국금석전문』, 아세아문화사, 1984
李基白 편,『韓國上代古文書資料集成』, 一志社, 1987
金龍善 편,『高麗墓誌銘集成』, 한림대 출판부, 1993
李智冠 편,『校勘譯註 歷代高僧碑文』(고려편 1), 가산문고, 1994
李智冠 편,『校勘譯註 歷代高僧碑文』(고려편 2), 가산문고, 1995

李智冠 편, 『校勘譯註 歷代高僧碑文』(고려편 3), 가산문고, 1996
『太祖康獻大王實錄』
『恭靖王實錄』(定宗實錄)
『太宗恭定大王實錄』
『世宗莊憲大王實錄』 地理志
『東文選』
『新增東國輿地勝覽』
金堉, 『松都志』
鄭昌順, 『松都誌』
金文淳, 『松都續誌』
金履載·徐熹淳, 『中京誌』
韓在濂, 『高麗古都徵』
林孝憲, 『松京廣攷』
『史記』
『舊唐書』
『新唐書』
『宋史』
『論語』
『孟子』
『道德經』
『周易』
『書經』
『詩經』
『禮記』
『周禮』
朝鮮總督府, 『朝鮮古蹟圖譜』
李燦, 『韓國의 古地圖』, 汎友社, 1991

Ⅱ. 논저와 논문

개성발굴조,「개성만월대의 못과 지하하수도시설물에 대한 조사발굴보고」『조선고고연구』, 1986년 제3호
高裕燮,『松都의 古蹟』, 悅話堂, 1977
국립문화재연구소,『개성 고려궁성-시굴조사보고서』, 2008
국사편찬위원회,『한국사』 16(고려 전기의 종교와 사상), 1994
국사편찬위원회,『한국사』 21(고려 후기의 사상과 문화), 1996
金基浩,『開城舊京』, 大韓公論社, 1972
金庠基,『高麗時代史』, 서울대 출판부, 1985
金煐泰,「高麗歷代王의 信佛과 國難打開의 佛事」『佛教學報, 1977
김기덕,「高麗時代 開京의 風水地理的 考察」『한국사상사학』 17, 2001
김기덕,『高麗時代 封爵制 硏究』, 청년사, 1998
김당택,『고려무인정권연구』, 새문사, 1987
김수태,「고려 본관제도의 성립」『진단학보』 52, 1981
김창현,「고려시대 개경 궁성 안 건물의 배치와 의미」『한국사연구』 117, 2002
김창현,『고려 개경의 구조와 그 이념』, 신서원, 2002
김창현,『고려시대 음악기관에 관한 제도사적 연구』『국악원논문집』 12, 2000
김창현,『고려의 남경, 한양』, 신서원, 2006
김창현,『고려의 여성과 문화』, 신서원, 2007
김창현,『高麗後期 政房 硏究』, 고려대 민족문화연구원, 1998
김철웅,「고려 경령전의 설치와 운영」『정신문화연구』 32-1(통권 114호)
김철웅,「고려시대 태묘와 원묘의 설치와 운영」『국사관논총』 106, 2005
김철웅,『한국중세의 길례와 잡사』, 경인문화사, 2007
盧明鎬,「高麗時代의 多元的 天下觀과 海東天子」『한국사연구』 105, 1999
리화선,『조선건축사』 Ⅰ, 과학백과사전종합출판사(발언 펴냄), 1993
박용운,『(수정·증보판) 고려시대사』, 일지사, 2008
朴龍雲,『고려시대 開京 연구』, 一志社, 1996
朴龍雲,『高麗時代史』(上), 一志社, 1985

朴龍雲, 『高麗時代史』(下), 一志社, 1987
朴胤珍, 「高麗時代 開京 一帶 寺院의 軍事的·政治的 性格」『한국사학보』 3·4 합집, 1998
박종기, 『5백년 고려사』, 푸른역사, 1999
박종진, 「고려시기 개경 절의 위치와 기능」『역사와 현실』 38, 2000
박종진, 「고려시기 개경사 연구동향」『역사와 현실』 34, 1999
발언 편집부, 『우리건축을 찾아서』 2, 발언, 1996
邊太燮 編, 『高麗史의 諸問題』, 三英社, 1986
邊太燮, 『高麗政治制度史硏究』, 一潮閣, 1971
서성호, 「고려시기 개경의 시장과 주거」『역사와 현실』 38, 2000
서성호, 「韓國中世의 都市와 社會-高麗時代 開京의 경우」『東洋 都市史 속의 서울』, 서울시정개발연구원, 1994
徐閏吉, 「高麗의 護國法會와 道場」『佛敎學報』 14, 1977
신안식, 「高麗時代 開京의 羅城」『명지사론』 11·12, 2000
신안식, 「고려전기의 축성과 개경의 황성」『역사와 현실』 38, 2000
安智源, 『高麗時代 國家 佛敎儀禮 硏究』, 서울대 박사학위논문, 1999
윤용혁, 「고려시대 서해 연안해로의 객관과 안흥정」『역사와 경계』 74, 2010
尹張燮, 『中國의 建築』, 서울대 출판부, 1999
尹張燮, 『韓國의 建築』, 서울대 출판부, 1996
이강근, 『한국의 궁궐』, 대원사, 1991
李瑾明 編譯, 『中國歷史』 상권·하권, 신서원, 1993
李箕永, 「仁王般若經과 護國佛敎」『東洋學』 5, 1975
李範稷, 『韓國中世禮思想硏究』, 一潮閣, 1991
李丙燾, 『高麗時代의 硏究』, 亞細亞文化社, 1980
李相瑄, 『高麗時代 寺院의 社會經濟硏究』, 성신여대 출판부, 1998
이왕기, 『북한에서의 건축사 연구』, 발언, 1994
李貞蘭, 「고려 后妃의 呼稱에 관한 고찰」『典農史學』 2, 1996
이정란, 「고려시대 후비부에 대한 기초적 검토」『한국중세사연구』 20, 2006
李春植, 『中國 古代史의 展開』, 신서원, 1986
李熙德, 『高麗儒敎政治思想의 硏究』, 一潮閣, 1984

임기환 외, 『한국의 도성』, 서울학연구소, 2003
장상렬, 「고려왕궁－만월대 건축에 쓴 측도기준」『고고민속론문집』 11, 1988
장상렬, 「만월대 장화전건축군의 배치와 거기에 쓴 자에 대하여」『조선고고연구』, 1986년 제4호
장상렬, 「만월대 회경전건축군에 쓴 자에 대하여」『조선고고연구』, 1989년 제3호
장지연, 「개경과 한양의 도성구성 비교」『서울학연구』 15, 2000
장지연, 「총론: 고려시기 개경의 구조와 기능」『역사와 현실』 38, 2000
장호수, 「개성지역 고려왕릉」『한국사의 구조와 전개』, 혜안, 2000
전룡철, 「고려의 수도 개성성에 대한 연구(1)(2)」, 『역사과학』 2·3, 1980
정용숙, 『고려시대의 后妃』, 民音社, 1992
정용숙, 『고려왕실족내혼연구』, 새문사, 1988
정찬영, 「만월대유적에 대하여(1)」『조선고고연구』, 1989-1
조동원 외, 『고려도경』, 황소자리, 2005
조선기술발전사편찬위원회, 『조선기술발전사』 3, 과학백과사전종합출판사, 1994
조선유적유물도감 편찬위원회, 『조선유적유물도감』 10(고려편 1), 1991
조영록 편, 『한중문화교류와 남방해로』, 국학자료원, 1997
車柱環, 『韓國의 道教思想』, 同和出版公社, 1984
蔡尙植, 『高麗後期佛教史研究』, 一潮閣, 1991
崔柄憲, 「高麗建國과 風水地理說」『한국사론』 18, 1988
崔柄憲, 『道詵의 生涯와 羅末麗初의 風水地理說』, 『한국사연구』 11, 1975
최창조, 『북한 문화유적 답사기』, 중앙M&B, 1998
최창조, 『한국의 풍수사상』, 민음사, 1984
하현강, 『한국중세사연구』, 일조각, 1988
한국역사연구회, 『개경의 생활사』, 휴머니스트, 2007
한국역사연구회, 『고려의 황도 개경』, 창작과비평사, 2002
한규철 외, 『발해 5경과 영역 변천』, 동북아역사재단, 2007
韓基汶, 『高麗寺院의 構造와 機能』, 민족사, 1998
한정수, 『한국 중세 유교정치사상과 농업』, 혜안, 2007
許興植, 『高麗佛教史研究』, 一潮閣, 1986
許興植, 『한국의 古文書』, 民音社, 1988

홍순민, 『우리 궁궐 이야기』, 청년사, 1999
洪承基, 「高麗初期 政治와 風水地理」『한국사 시민강좌』 14, 일조각, 1994
홍영의, 「고려 수도 개경의 위상」『역사비평』 가을호, 1998
홍영의, 「고려전기 개경의 오부방리 구획과 영역」『역사와 현실』 38, 2000
『조선전사』 6 중세편, 과학·백과사전출판사, 1980
前間恭作, 「開京宮殿簿」, 『朝鮮學報』 26, 1963
董鑒泓 편·成周鐸 역주, 『中國都城發達史』, 學研文化社, 1993
細野涉, 「高麗時代の開城－羅城城門の比定を中心とする復元試案」『朝鮮學報』 166, 1998

찾아보기

가

街衢經行 74
嘉禮 382, 387
嘉禮色 393
嘉陵 411
嘉林縣 364
가뭄 281
嘉順宮 404, 405
嘉順宮主 386
加榮 384
覺觀 350
閤門廳 84, 85
覺倪 350
看樂殿 78
간의대 24
甘麻剌 366
강감찬 423
康陵 456, 478
강릉공 淵 354, 358, 526
講武 82
絳紗樓 69
絳紗袍 84, 503
康安殿 16, 93, 100, 227, 241, 242, 491, 492
강양공 383
康允成 395
강윤충 368
姜仁裕 372
康濟 316
강조 65, 460
강종 415
강충 4, 6
江華縣 318
開京 3, 9
開國寺 32, 116, 453, 457, 464, 476, 479
開寧君 454, 456
開福宴 368
開元寺 290
開州 9
客舟 298
巨身 377
건괘 107

乾德殿 65, 69, 469, 471, 475, 477, 478
건덕전(대관전) 60
건덕전(대관전) 구역 12, 22
건룡전 245
乾陵 461
乾始殿 485, 491
건원릉 531
乾元寺 457
擊毬 91, 102, 231, 247, 402
擊毬戲 82
肩輿 519
決凝 99
『경국대전』 403
敬寧宮主 386
敬寧翁主 403
慶寧殿(景靈殿) 110
경대승 225
敬德宮主 384
景靈殿 15, 20, 21, 31, 81, 103, 109, 112, 361, 486, 493, 495, 462, 466, 468, 496, 497, 498, 499, 516
頃陵 368, 469, 529
景陵 472
慶陵 516
경목현비 340, 362, 527
慶善宮主 395
敬成宮 363
景成王后 340, 375, 472, 522
景肅公主 375
敬淑翁主 403
敬順宮主 391
慶順宮主 395
敬順府 368
敬順王后 354
京市司 302
慶愼宮主 395
敬愼殿 371
敬愼宅主 403
慶安公主 396, 397
慶安宮主 387, 392, 395
경연 107, 283, 308
景靈殿 481, 483, 484
慶源亭 296
慶貞公主 396
慶貞宮主 392, 395
경주 41, 333
慶讚會 62
慶昌宮主 362, 527
景昌院 343, 407
敬天寺 479
慶春院 334
慶春院君 520
경춘원부인 334
慶豊殿 244, 247
慶華公主 366, 528
慶化宮 334, 375
慶化宮夫人 334, 375
敬和宮主 388

慶華府 366
敬和翁主 369
경화왕후 347, 377
慶興府 358
景興院 339, 340
慶興院 345
景興院主 339
경희궁 237, 240, 243
계국공주 528
계국대장공주 366
雞林 42
계림공(숙종) 346, 423, 472
繼室 康氏 391
계웅 234
「고공기」 27
考功廳 516
高達坂 81, 89, 515
『고려도경』 7, 64, 70, 80, 280, 286, 501
고룡보 368
高陵 363
高巒島亭 295
庫門 47
篙師 299, 300
高守 310
고영문 225
高義和 93
苦苦苦 293
곡령(송악산) 4, 5
坤陵 361, 527
袞冕 503
坤成殿 409
坤元寺 486
恭陵 460
工部廳 516
恭妃 沈氏 397
供上 411
恭愼宅主 403
公羊傳 514
공예태후 354, 526
공작명왕도량 99
公州 369, 375, 397, 398
公主 376, 400, 404, 405, 419
공주 鹵簿儀衛 389
공주 책봉 282
公主 下嫁 의례 389
공주궁 390
控鶴軍 299
공화후 瑛 383
과거 98, 231, 281, 301
郭璇 393
冠禮 116
館伴 309
館伴官 303
관음상 101
관음전 529
寬仁殿 231, 232, 234, 236
관정도량 62
管絃坊 76
廣德里 225, 353

광덕리 별궁 353
광릉후 384
光岩寺 370
廣仁館 310, 313
광정태후 357
광주원부인 332
광평공 譓 387
廣化門 24, 71, 76, 81, 227, 228, 302, 314
蛟門 290
教坊宮女 337
교정도감 317
教定別監 317
교통 32
拘忌 227
九頭山 296
구룡산 8
九陵 481
九廟 510, 512, 518
9廟 9室 505, 509
九室 513, 516, 518
九室 登歌 511
九曜堂 32, 33
九虞祭 490
毬場 88, 102, 231
毬庭 39, 80, 83, 84, 85, 88, 96, 462, 490
具置義 4
구휼 78, 83
國大夫人 371, 402
국대비 374, 500
國老 83, 96
國夫人 402
國庶 349
國壻 350
國庶(國壻) 349, 350
國信使 231, 285, 286, 289
國原公 344, 524
국원공(선종) 379
국자감(성균관) 33
國淸寺 32, 472
군기감 67, 100, 238, 312, 486
군사 80, 282
군사 관련 94
군사 사열 247, 283
군사관련 행사 79, 91, 118
群山島 293, 309
군산정 294
郡主 400, 405
宮官 397
宮南樓橋 311
宮奴 344, 348, 523
宮嬪 350
宮城 22, 40, 41, 228, 317
宮城 구역 59
宮院 343
宮人 338, 340, 349, 351, 355, 363, 368, 375, 399, 521
宮人 盧氏 342
宮人 安氏 396

宮人 庾氏 340
宮人 韓氏 351
宮人 한씨 530
宮主 365, 369, 375, 388, 391, 397, 399, 405, 406, 419
權跬 393, 397
權門世族 사회 301
權允 315
권절평 315
權準 315
權軫 399
權衡 367
權弘 393
闕庭 347, 478, 484
跪苫 292
龜齡閣 47, 118
歸法寺 29, 317, 337, 460
貴妃 339, 340, 348, 480
귀산사 480
貴人 398, 399
귀족사회 301
貴主 405
戟岩 9
謹妃 371
금강경도량 239, 284
金沽 359
금광명경 도량 62, 71, 99
金坵 69
金傅 374
金富儀 283
金上琦 358, 479
金璿 44, 239, 354
金承祚 461
金安 282
禁苑 21, 100, 111
금원 구역 22
金元冲 469
金正純 382
金悌 284
禁中 106
金天瑞 396
急水門 297
忌方 225, 353
기복도량 101
起復禮 489
寄生의 君 399
忌辰道場 472
祈雨 71, 74, 308
祈恩使 371
기일 법회 101
기일재 495
기홍수 65
吉禮 489
吉服 519
吉仁 226, 315, 316
김경용 118
金經會 236
金郊驛 474
김극기 78
金諸 336

金南寶 316
金墩 399
김돈중 76, 87
金童 366
金明殿 105
김부식 224, 245, 282, 283, 286, 293, 381
金富儀 347
金城 42
金所 364
김수자 112
김약선 362
金躍珍 228, 317
김양감 284, 366
김양검 344
金吾衛 299
김원숭 336, 342
김원충 342, 343
김위제 10
김은부 338, 521
김인위 339
김준 362, 527
김준제 350
김책 69
김취려 283, 366
김치양 351
김치양의 西宅 334
김행파 333
김홍경 371
金愲 364

나

儺禮 87
나성 26, 35
나성문 26
나성의 대문 27
蘿井 42
나한재 111
낙랑공주 374
樂賓亭 281, 285, 287, 303, 305, 306, 307, 308
爛圓 466
남경 355
南京留守官 10
南郊 64
南宮 238, 352, 423, 424
남귀여가혼 390
南堂 42
南大街 29, 311, 313
南樓 17
南門 287, 307
南山城 43, 44
南在 391, 401
南秩 372
남훈문 24
內官 397
내도량 21, 112
內道場 103
內廊 303, 306

內命婦 403
內史洞 靖安宮 491
내시 492
內侍院 225, 227
內園 北宮 67, 490
내전 100, 103
內庭 224
내제석원 20, 30, 110, 112
내천왕방 32
內天王寺 30, 456
寧妃 372
寧善翁主 372
寧仁伯 稹 385
寧仁侯 稹 360
寧惠府 372
노국공주 529
노국대장공주 531
魯國徽翼大長公主 370
盧旦 284, 381
노석숭 226
盧氏 342
노영순 76
魯王 387, 388
노원순 282
路允迪 64, 286, 289, 299, 300
노인 83
노인 연회 85, 96
老人賜設儀 84
盧稹 373
蘆浦 290
樓橋 230
樓橋院 283
능엄도량 71

端門 35, 90
丹陽君 禹成範 388
丹陽大君 368
단양백 386
獺嶺院 350
談論法席 101
담선법회 31
禫祭 458, 459, 495, 531
曇眞 74
唐鑑 238
唐人島 296
大觀殿 15, 71, 84, 103, 116, 227, 241, 242, 485, 486, 488, 490, 491, 502
大觀殿 宴群臣儀 69
大宮 43
대궐 12
大內 26, 222, 347, 478
大寧宮 379, 380, 474
대녕궁주 380
大寧府 362
대량원군 332, 335

대량원군(현종) 351
大良院夫人 332
戴陵 343, 470, 474
大明宮 25, 280, 282, 285, 308, 335, 338
大明宮夫人 280, 335
大明宮主(大明王后) 280, 338
大明王后 280, 338
大溟州院夫人 332
大穆王后(大穆皇后) 334, 374, 521
大廟 33, 35, 89, 368, 456, 457, 460, 461, 462, 464, 465, 468, 472, 474, 477, 478, 481, 483
大廟 神主 516
大廟堂圖 455
대방공 499
大妃 336, 341
대사면령 510
大祥 454, 458, 459, 468, 495
大常府 516
大祥齋 485
大西院 333
大西院夫人 333
대성산성 36
大市 314
大施院 477
大樂署 76
大王大妃 404
大雨 105
大雲寺 465
大原侯 410
大月嶼 292
大朝會 81, 82
대종 旭 374
大中殿 39
大青嶼 296
大旱 105
대화궁 245
德慶府 367
德寧公主 368, 383, 528, 529, 531
德寧宮主 103, 383
德寧府 368
德妃 339, 392, 528
덕비 홍씨(명덕태후) 528
德嬪 392
德山 27, 28
德山坊人 311
德山部曲 369
덕소 236, 284
德巖 28
덕암봉 7, 28
덕연 111
德周 4
德昌宮主 386
德昌府 371
德泉庫 370
덕풍군 370
도교 행사 113

都內 25
都羅山 356, 366
都房 317
도선 5
도시구조 31
悼哀公主 376
度厄도량 233
都轄 300
都轄提轄 처소 306
禿魯花 499
東京 104
東京留守 10
『동국이상국집』 413
東宮 44
東宮妃主 411
동락정 84
東面都監 516
『동문선』 414
東山院夫人 333
東西館 311, 313
東神祠 33, 36
同樂亭 83
東陽院夫人 332
東原京 10
東源山 295
同接伴 293
東亭 117, 118
東池 23, 41, 47, 117
동지 갑자 75
동화문 110
杜景升 71, 228
두은점 각간 6

鑾駕 503
蘭山島 292
閬苑亭 337
良媛 398
禮賓省 117
輅 503, 516
盧碩崇 314
盧永儀 317
路允迪 482
柳洪 359
李景儒 315
李琨 356
李唐必 516
李碩 524
李純祐 316
李仁成 316
李資謙 348
林彦 333
臨海殿 44, 47

마

馬島 295
馬頭明堂 5
마리지천 도량 31, 234
馬岩 370, 529
마암 影殿 529
麻制 68
馬川亭 82
마하갑 4
幕屋 303, 306
萬齡宮 336
만령전 19
萬壽亭 232
만월대 13
滿月城 43, 44, 45
萬積 82
만전(최항) 351
만종 351
萬春 345
萬春亭 245
梅岑 290
盲僧 終同 362
明慶殿 105
明堂 227
明德太后 367
明陵 339, 521
明福宮 332, 346, 421, 422, 409, 425
명복궁대부인 332, 507
明福宮夫人 520
明福宮司 410
明福宮主 346
명복전 423
命婦 封爵 402
明嬪 394
明善翁主 371, 373
明順翁主 372
明順院妃 387
명의왕태후 347
明仁門 224
明仁殿 223, 229, 235, 236
溟州 10
明州 289
明春 224, 357, 385
名必 333
明惠夫人 375
明活城 43
모니노(우왕) 351
目蓮經 475
木主 494, 499, 516
木叉戒 71
睦親殿 73
夢良院夫人 333
夢夫人 5
夢如 418
묘청 245
묘통사 31, 234
무능승도량 62, 99

武陵 492
無比 355, 356, 366
무신정변 486
무일 65
「무일편」 61
武靖王 焦八 368
武平門 46
문경왕태후 348
문공미 285
문공왕후 334
문극겸 225
文德王后 336, 375, 521
文德殿 97, 475, 476
문두루도량 31
文得呂 316
문묘 33
文宣王廟圖 455
文昭殿 531
문수사 8
文睿府 367
문원대왕 334
문원대왕 貞 374
文迪 316
문정왕후 348
문종 517
文牒所 108
문혜왕후 374
문화왕후 336
미륵사 487
迷剌里 364
미타방 316
彌陀山 226, 314
彌陁房 518
閩人 314
閔霽 395
密殿 102

바

朴公襲 315
박술희 102
박승중 107
박영규 334, 520
박온기 340
박육화 356
朴訔 399
박진재 226
朴晉材 314
飯僧 62, 75, 101, 284
반승 86
반야 351, 530
반야 經行 87
반야도량 62, 71, 99, 233
半洋焦 291
潘就正 316
返魂堂 468, 471
返魂殿 470
발어참성(송악성) 3, 25, 26

발해 39
방리구조 41
排島 292
백두산(장백산) 5, 6, 9
白山 292
백선연 355
白水洋 291
伯顔忽都 366
伯也丹 356
白衣島 292
100일 458
100일상 455
百日齋 459, 475
百齋 530
白存儒 315
백좌도량 233, 239
백좌회 87
白川 32
법왕방 32
법왕사 30, 31, 47, 77, 337, 478
법운사 30, 116
法泉寺 350
法華社 27, 28
『법화영험전』 27
法華院 28
法籙道官 300
碧瀾亭 231, 298
변계량 396
변산 15
卞韓國大夫人 361
別宮 393
別廟 466, 496, 513
餠嶽 244
寶鏡寺 104
保寧宮 376
保寧宮主 376
普德崛 104
보문각 19, 106, 108
寶房 519
보살계 71, 101, 233
보살계도량 284
菩薩苫 293
寶星도량 99
寶岩 27
寶岩社 28
寶源庫 370, 519
보육 6, 8
보육(손호술) 4
보정문(장패문) 27
普濟寺 31, 32, 105, 226, 314, 530
寶塔實憐 366
寶塔失里 369
보현원 486
寶華宮 375
寶華宮夫人 375
寶華夫人 375
保和殿 485
寶陁院 290
복국장공주 366, 528
福寧宮 425

福寧宮主 373, 380, 425
覆試 68
福安宅主 371, 373
福源宮 33, 113, 479, 480, 529
福州 518
福昌院主 352
伏閤 간쟁 96
本宮 59, 60, 394
本闕 59, 60
本命 초례 236
鳳加伊 371
봉래산 291
봉려 399
奉先庫 314
奉元殿 6, 21, 72
奉恩寺 31, 92, 453, 462, 478, 485, 516
奉恩行香 18
封册 387
部·坊·里 26
傅墨卿 64, 286, 289, 299, 300, 482
府夫人 398, 404
副使 299, 300
부소군 4
부소산(송악산) 4
부아산(삼각산) 461
부여후 376
芙蓉山 295
富用倉山 294
富興山 7, 28
北闕 348
北山 82, 316
北園 102, 231, 232
分水嶺 297
분황사 47
분황종(해동종) 31
佛龕 91, 92
불교 행사 71, 103, 111, 113
불교관련 연대 기사 91
불교사원 30
불교식 기일재 456
불교행사 86, 99, 101, 233, 239, 283
佛恩寺 347, 475, 477, 478
佛日寺 453, 466
불정도량 62, 99, 101, 233, 239
佛頂寺 476
拂塵宴 285
拂塵會 308
비로자나불 31
裨補 32
秘書閣 110
妃主 411
妃主祿 410
嬪 398
檳榔焦 292

四京 10
사경원 241
司空 評 384
沙器 368
司記 398
沙器翁主 368
사나방 32
사나원 30
社堂里 411
사대부 사회 301
沙梁宮 43
沙嶺 226, 315
紗樓 17
사리 봉안 239
四面 27, 78, 86
四面都監 27
사면령 281, 469, 485, 512, 515
사비성 36
肆赦 477
思肅王后 524
사숙태후 345, 379, 472
사열 81, 91
四店館 229, 230, 311, 312, 313
射亭 118
泗州 461
사직 33, 35
社稷堂圖 455
사직재 231
사천왕도량 62
사천왕사 44, 48
四親의 殿 494
四親殿 110
沙八 310
사평왕후 360
思賢殿 75
史弘績 318
山呼殿 20, 21, 110, 111, 464
삼 대내 체제 34
三哥 363
3경 10
三公主 380
3년상 458, 459
「三都賦」 7
삼성산 16
三節 299
三節人 70
三韓國大公 500
三韓國大夫人 403
上京 12
상경 용천부 39
尙宮 343, 398
上都 12
象輅 465, 503, 518
常滿庫 372
尙藥局 117
상원연등회의 92
祥月 489

尙儀 398
尙衣局 117
喪葬園陵制度 452
喪葬祭禮 452
上節 299, 300
詳政殿 90, 452, 453
常春殿王妃 337
賞春亭 111, 112
賞花亭 111, 113
殤懷公主 376
『書經(尙書)』 107
西郊亭 63, 284, 298, 309, 310
徐兢 64, 222, 280, 286, 289, 297, 300, 301, 497
徐訥 339, 508, 509
西堂 47, 48
西都 10
瑞蓮房 351, 419
庶老 83
西樓 17, 244, 247, 248
西普通 283
서보통원 32, 425
書符禁呪 300
西上閤門 467
書筵 109, 368
書雲正 371
西原侯 496
書狀官 300
서장관 처소 306
書籍所 223
西殿院夫人 333
서해 용왕 5
西華門 110, 474
서홍후 典 496
釋器 368
석린 225
釋婢 371
善慶府 353
宣旗門(宣祺門) 27
宣德殿 48, 463, 464, 466, 467, 470, 474
宣陵 462, 464, 466
宣麻 68
宣明殿 495
宣武下節 300
善妃 372
仙賓館 311
宣恩館 242, 311, 313
宣義門 27, 302, 519
宣義王后 374, 521
宣仁門 337
宣仁殿 93, 95
宣政門 93
宣正王后 336, 521
宣政殿 17, 93, 97, 467, 481
선정태후 358, 527
善州 338
선평왕후 354
선효사(오미원) 487
宣禧王后 344, 523

聶公嶼 296
섭정 529
성거산 8, 30
「성거산문수원기」 8
聖骨將軍 虎景 4
성균관 287
聖燈庵 9
成陵 467
誠妃 394
성준득 388
성평왕후 360, 527
세자 鑑 366
世子宮 404
世子嬪 398
世子嬪 奉氏 398
小광주원부인 332
小君 226, 316, 350, 358
소군 350
蕭梁 290
紹陵 360, 527
小梅香 372
昭穆 502, 508, 509, 514
小祥 454, 458, 459, 482, 495
小祥齋 471, 476, 483
小祥祭 470
小西院 333
小西院夫人 333
소성후 384
昭容 398
小月嶼 292
昭儀 398, 399
소재도량 62, 71, 99, 101, 113, 115, 233, 239, 284
小亭 303, 306
小靑嶼 296
소태보 118, 223
昭惠宮主 394, 395
昭惠宮主 盧氏 396
소휘루 115
속리산 長岬寺 5
孫碩 315
孫洪胤 315
松京 11
宋密 297
松柏灣 290
宋商 310
송악 3
송악 대궐 59
송악군 4
송악산 7, 30
송악성 35
壽寧宮 379, 474, 516
壽寧宮主 343, 387, 413, 416
壽樂堂 283, 287, 307, 308
수륙재 31
綏陵 348, 479, 480, 483
水命 5
수명태자 375
水母木幹 5
수문전 100

수문전 학사 99
水房 361
綏福殿 358
壽妃 367
首妃 韓氏 395
隨船都巡檢 300
壽星 113
綏成宮主 418
綏成宅主 417, 418
水手 299, 300
수안궁 386
壽安宮公主 282, 384, 385
壽安宮主 384
遂安宅主 377
遂安宅主 377, 378
睟容 476, 483, 489, 496
水牛 504
壽昌宮 24, 71, 222, 226, 228, 240, 241, 242, 243, 315, 317, 353, 385, 492
수창궁 화평전 413, 493
壽春宮 115, 344, 407, 480
修惠 116
壽興宮主 361, 387
淑恭宮主 394, 395
숙공휘녕공주 367
肅寧宮主 388
肅寧翁主 372
숙목부인 333
淑妃 339, 343, 348, 366, 371, 480
淑妃(龍德) 373
淑妃宮 371
淑嬪 394
淑愼翁主 396
肅雍府 369
淑容 398
淑儀 398
淑懿翁主 403
淑貞翁主 396
숙종황제 5
숙창원비 356
淑昌院妃 366
順敬太后 362
巡軍 364
順德王大妃 394, 396
順德王后 348, 479
純陵 354, 487, 526
順陵 453, 483, 489, 490, 520
順妃 366, 373
順孫 85
順安公 362
순안왕대비 374
순전 107
順貞公主 381
順靜王后 韓氏 530
純珠 357, 385
順之 5
順天館 63, 280, 282, 284, 285, 302, 308, 309, 421

순천관 南門 282
順天門 306
順天寺 312, 366
順天之館 307
順和院妃 366
崇敬宮 376
崇敬宮主 343
崇敬府 366, 367
崇敬王太后 367
숭교사 32, 34, 460
崇寧府 367, 373
崇德宮 334, 335, 379, 474
숭덕궁주 380
崇德府 334
崇禮殿 46
崇陵 347, 478, 480, 525
崇明府 346, 407, 409
崇文館 287
崇文殿 282, 287, 283, 307, 308
崇福寺 8
崧山 7
崧山 行宮 294
숭산신사(송악신사) 33
숭선사 453
崇仁門 27, 518, 519
崇化宮主 343
承慶宮 421
承慶宮公主 383
承慶宮主 383
承德公主 381, 382, 425
承德宮 382, 425
승덕궁공주 382
承德宮主 484
勝法文 도량 101, 234
承福宮主 361, 386, 527
僧統 350
昇平門 24, 35, 41, 503
承徽 398
市街 226, 315
『시경』 107
始林 42
視事 94
始安公 絪 363
始陽府 362
始陽侯 496
시어궁 223
市廛(大市) 29, 313
時政得失 94
視朝 66
시흥백 386
式篤兒 363
神京 227
神旗 299
神旗隊 299
信寧宮主(信靈宮主) 396
神德王后 395
神德殿 452
신돈 530
신라 賈人 290
신란궁부인 374

信靈宮主 393, 395
信朴寺 347, 478
神鳳樓 115, 407, 462, 464, 466, 469, 471, 472, 477, 484, 510
神鳳樓(神鳳門) 35
神鳳門 24, 474, 481
신봉문(의봉문) 88
신봉문루(의봉문루) 77
愼妃 370
愼修 114
神嵩 7
申雅 372
신안공 386
신안공 佺 362
信安侯 珹 360, 383
신양공 387
神御 486, 493, 494, 499
新月城 43, 44
神懿王后 395, 531
愼人 402
神印宗 31
神靜王太后 332, 520
神舟 280, 298
神主 476, 483, 495, 499
신주원부인 333
신중도량 101
新倉館 310
新倉館里 312
신혈소군 351
神惠王后 520
신혜왕후 柳氏 507
神孝寺 368, 516, 529
신흥 사대부 301
신흥 儒臣 301
新興館 311, 313
沈家門 290
沈起 293
심양 287
沈溫 396
심왕 365
13층 황금탑 63
16神 234
十字街 29, 226, 313, 314
十川橋 516
雙髻山 292
雙女焦 296
雙明齋 287
「雙明齋 記」 287
雙明集 288

아

阿羅漢 104
鴉子苫 295
阿志 375
樂妓 349
안경공 361

안극인 370
安燾 284
安陵 453, 520
안복궁 339
안복궁주 339, 522
安妃 372
安壽宮 379, 474
안수궁주 380
안숙로 372
안압지 44
안양사 16
안양산 16
案苫 294
安貞宮主 384
안정숙의공주 374
안종 335
안평공 璥 381
安平公主 363
안평백 382
안학궁 36
안혜태후 386
安和寺 479, 480, 482, 483, 484, 498, 499
安興亭 295
閼英井 42
遏雲 349
軋子苫 295
哀伊主 334, 375
掖庭局 22
앵계 32
也速眞 366
약사경강독 99
약사도량 100
약사원 32
兩京 10
楊景略 468
讓國公 460
梁宮 43
兩廊 308
陽陵 491
陽陵寺 500
楊山 42
梁善 362
養源寺 292
양응성 231, 285
양익경 225
양화루 244, 247
於里 393
輿 503, 516
廬墓 살이 459
麗妃 341, 522
여비 한씨 502
麗正宮 115, 116
譯官 297
亦憐眞班 368
亦憐眞八剌 366
譯語官 293, 295
輦 503
延康殿 239, 242
延慶君 423

延慶宮 6, 25, 71, 227, 237, 238, 240, 241, 242, 243, 339, 421, 422
연경궁주 339, 521, 522
延慶院 338, 521
연경원주 338
延德宮 238, 339, 347, 352, 370, 376, 381, 409, 421, 422, 423, 424, 425
延德宮王子 410
延德宮主 118, 343, 346, 348, 352, 353, 359, 360, 376, 412, 413, 416, 423, 479, 484, 493, 522, 523, 525, 526, 527
燃燈 87, 92
연등대회 239
燃燈宴 415
연등회 31, 92, 240, 241, 488
연못 305
延福宮主 344, 523
연복사 519
練祥 489
延生經 도량 101
延壽宮主 354
燕雙飛 372
延安宮主 359
延英殿 76, 463, 470
延英殿 학사 98
延英殿閣 19
延淨寺 244
延昌宮 336, 342
연창궁부인 336
延昌宮妃 336
延昌宮主 342
延寵殿 460
延平宮 379, 474
延和公主 347, 379
연화궁 344, 347
延和宮 元子 115, 344
延和宮妃 344
延和宮主 102, 344, 347, 475, 478, 524, 525, 526
연회 77, 78, 83, 102, 108, 112, 117, 232, 247, 281, 308
연흥궁 336, 342
延興宮 340
延興宮大妃 342
延興宮主 336, 340, 342, 522
延興殿 245
延禧宮公主 282, 384
延禧宮主 384
열명 107
염제신 370
염홍방 81
葉老寺 296
永嘉侯 최전 386
永寧府 344
玲瓏 349
令陵 367

榮陵 454, 472
英陵 474, 477, 478, 480
永福宮 370
迎賓館 310, 313, 500
迎仙館 312, 313
靈星壇 33
영안공 386
永安宮 367
永安宮主 418
영안성 5
迎英殿(延英殿) 474
營王 也先帖木兒 366
靈隱館 312, 313, 314, 317
迎恩館 67, 242, 311, 312, 313
影殿 370, 529
影幀 488, 489
永貞宮 348, 425
永貞宮主 348, 425
靈眞殿 495, 516
永昌公主 386
永昌宮 425
靈昌里 288
永川郡主 400
영추문 24
영통사 76, 485, 499
영파역 423
英華館 310
永和宮 370
永和宮主 354, 383
永興宮 370
永興殿 40
永禧門 93
『예기』 107
禮賓省 86
예성강 63
예성항(벽란도) 298
예종 宮人 350
예종 後宮 349
5경 39
蜈蚣山 7
오관산 4, 7, 8, 30
오대산 290
吳德休 297, 300
五龍廟 294
五廟 455, 504, 508, 518
오백나한재 31
五福 230
五服制度 458
오봉루 39, 41
娛賓館 310, 313
五嶼 292
五室 517
오응부 282
오준화 293
吳中陸 388
烏川(黑川) 32, 230
玉岑亭 480
玉燭亭 113
溫陵 376
翁主 365, 369, 388, 391, 397,

398, 399, 401, 403, 404, 405, 406, 419
왕광취 355
왕국모 93
王女 382
王大妃 371, 373, 395
王德妃 392
왕륜방 32
王輪寺 31, 47, 316, 335, 337, 370, 425, 465
왕륜사 影殿 529
王懋崇 377, 378
王福命 369
王府 222
王妃 339
왕비책봉 의례 424
왕선 333
王舜封 468
王襄 63, 285
王瑛 377
왕욱 351
王翊 318
王字之 285
王竫 377
王濬明 318
王璡 377
王寵之 469
王忠 340
王太妃 354
王太后 346, 353, 358, 407
王太后 宮官 343
王后 347
王后 책봉도감 341
王后 冊封禮 341, 501
王興 372
외교 70, 86, 94, 231, 284
외교 관련 행사 63, 79, 91
외교 기사 239
外廊 303, 306
外命婦 404
外門 302, 306
邀石宅 336
邀石宅宮人 336
용건(왕륭) 5
龍骨 298
용녀 5
龍德 371
龍樓 115
용목왕후 341
龍祠 297
龍山 366
龍山元子 366, 528
용수산 7, 30
容信王后 341, 522, 523
湧岩山 7
용엄사(서운사) 5
容懿王后 341, 522
용절덕비 342
龍虎軍 302
龍虎下海軍 306

虞宮 465, 475, 476, 489
虞宮(魂殿) 495
盂蘭盆齋 75, 475
雨師·雷神의 제단 33
于承慶 318
牛心嶼 296
虞祭 458, 482, 489, 495
雲龍門 242
雲岩寺 369, 370
운하 295
圓丘 33, 503
원덕태후 361, 527
元陵 335, 460
원목왕후 339
元服 116
元妃 358, 360
院妃 388
元成公主 363, 364
元成王后 339, 521
元成殿 363, 364
元成太后 339
원순숙비 340
원시천존상 114
元信宮主 345, 472
원용왕후 339
원자탄생 축하 의례 424
원장태자 335, 374
元貞(貞元) 왕후 337
원정왕후 375
원질귀비 340
元昌王后 5
원평왕후 339
원혜태후 339
원화왕후 280, 337, 375
元和殿 75
元禧宮 345
元禧宮妃 345
月鏡院夫人 333
월령 74, 107
月嶼 292
月城 42, 43, 44
月池 44, 47
月池宮 44
月醮 114
月華院夫人 333
위계정 346
衛國抄猛班 81
威鳳樓 39, 41, 455, 457
위봉문 88
위봉문루 77
威肅王后 6
魏王 369
魏王 阿木哥 366
柳璥 363
兪光 315
遊妓 87
幽陵 335
裕陵 481, 483
劉文志 298
庾碩 349

『遊松都錄』 223
庾應圭 110, 112
劉徵弼 508, 509
劉寵居 340
柳濯 370
庾弼 349
柳洪 285, 346
유화 36
유희 장소 247
6부 42
6촌 41
尹世儒 243
윤소종 496
윤언 283
윤언문 232
윤언식 296
윤인첨 282, 356
尹徵古 461
尹忱 368
融大 336
은 탕왕 515
은계종 70
隱陵 473
銀川翁主 368
음서 301
膺慶府 358
應門 47, 48
鷹坊 364
膺善府 363
응천계성정덕왕태후 335
醫官 300
衣冠子弟 499
義光 358
懿德府 373
宜陵 339
義陵 460, 461
毅陵 496
懿陵 530, 531
儀鳳樓 89, 485, 490, 493, 515
儀鳳門 84, 110, 493
儀鳳門宣赦書儀 78
儀鳳正門 80
懿妃 366
毅妃 371
懿妃 也速眞 528
毅妃(釋婢) 373
毅妃宮 372
懿嬪 權氏 396
의성부원대군 374
의성부원부인 333
義順庫 371
義莊 79
義靜王后 357, 526
義昌宮 487
의춘루 115
懿親宮 334
義和宮主 391
義和王后 333, 520
李高 116
이공수 238

二公主 380, 383, 385
離宮 222, 348
이규보 414
이균 117
李琳 371
이백강 393
利賓館 312, 313
利賓門 18
이색 458
李碩 344
李時秀 405
이양신 284
이언술 340
이영주 350
李預 344, 378, 469, 524
李預의 妻 王氏 343
李院 332
李瑋 285
李允成 391
이의민 226, 314, 486
이의방 116, 224, 360, 384, 416
이인로 287
이인성 226
以日易月 453, 454, 467, 470, 474, 481, 485
李資謙 238, 281, 347, 351, 352, 477, 481, 483
李子淵 343, 469
이자의 93, 346, 423
李貞 356
이정언 332
伊帝建 4
이제현 370, 518
이준창 224, 349
이지광 315, 316
이지보 281
이지순 315, 316
이지심 356
이춘부 530
이품언 340, 341
이행검 364
李顥 344, 523
이화룡 358
李頲 345
李頫 347
益妃 370
益稷 75
益川君 絹 388
인경사 30
인경현비 343
仁德恭明慈睿宣安王太后 369
인덕궁 237, 238
仁陵 470
仁明殿 232
仁明太后 363
인목현비 343
仁壽門 228, 229
인예순덕태후 343
인왕경 강독 87
인왕도량 62, 71, 99, 101, 233

仁恩館 226, 242, 311, 312, 313, 315, 316, 318
인은관 314
仁恩館(仙賓館) 313
인절현비 343
仁智齋 350
인평왕후 343, 375, 523
仁和殿 363
因孝院 480
仁熙殿 370, 530
逸庵居士 418
日月寺 32
一月三朝儀 66
임경청 285
林光 108
任老成 455
林信 368
林彦 332
임원애 526
임원후(임원애) 353
任元敳(任元厚) 424, 484
任濡 318
林宗植 76
任獻 81
林曦 333, 520
入閤禮 97

자

恣女 310
慈陵 347, 478
資福寺 294
자비참도량 99
慈悲懺道場 476
紫城門 112
慈壽殿 467
紫燕島 296
紫鷰島 318
자운방 32
紫雲苫 294
資薦寺 476
紫袍 516
慈惠府 370
慈和殿 19
赭黃袍 92, 502
작제건 5, 6
雜伎 87
長慶宮 339, 379, 474, 482
長慶宮主 344, 523
장경도량(장경회) 62, 233, 239
長慶寺 474, 484
莊敬王后 354
장경태자 339
藏經會 225
長公主 380, 381, 387
將軍房 364

長寧公主 387, 388
長寧宮主 377, 378
長寧翁主 368, 388
長寧殿(長齡殿) 73
長齡殿 19, 72, 475
장례 86
長陵 485, 489, 490
長明燈 9
장목인명왕후 363
張邦昌 63, 285
長白山 8
張善 377
장선왕후 354
장순룡 356
長信宮主 348
長源亭 244
장원정 421
長秋殿 358
長平門 474
齋坊 505
才山縣 369
在城 43, 44
儲祥殿 73
저울이론 10
積慶公主 342, 375
積慶宮主 469
積慶園 500
赤門 291
嫡庶 524
적선옹주 371
적성 337
적성현 460
全信 367
典藥 398
典言 398
前楹 497
殿主 376
錢緦 468
節妃 391, 395
占候風雲官 300
接伴 296
庭見禮 66
貞慶宮主 394
貞敬夫人 404
정균 224, 225, 353
靖寧宮主 363
靖寧翁主 392
靖寧院妃 387
正陵 369, 529
貞明殿 374
正門 80
井民相 375
鄭邦輔 317
貞夫人 403
鄭奮 418
靜妃 366, 392, 393, 394
定妃 370
正妃 372
靜妃 閔氏 395
定妃 안씨 370

貞嬪 392
正使 299, 300
政事堂 42
淨事色 499
貞善公主 396
貞淑夫人 403
정숙첨 228, 282
鄭叔瞻 317
貞順公主 396
정순숙의공주 368
靜順王后 362
정습명 295
貞信宮主 388
貞愼宮主 395
貞信府主 365, 387
貞信翁主 396
定信王妃 340, 522
貞信賢妃 344, 378, 379, 524
定安王后 394, 396
靖安宅主 419
鄭允時 318
貞懿宮主 393, 395
精義堂 19, 106, 109
貞懿王后 344, 523
丁字閣 370
正殿 59, 94, 491
貞靜翁主 396
鄭悰 400
亭主 400
貞州 柳氏 346
정중부 87, 231, 486
정지상 283
鄭陟 398
正廳 302, 306, 307
正廳 館會 308
鄭沆 238, 283
정해현 289
貞憲公主 375
鼎賢 99
貞惠翁主 396
靖和公主 8, 366
貞和宮 364
貞和宮主 363, 364, 387
貞和王后 5
貞和院 364
貞和院妃 364
貞和院主 364
靜和宅主 417, 418
貞禧宮主 386
제1室 505
제1실 태조 512
제2실 505, 510
제2실 혜종 512
제3실 505
제3실 현종 512
제4실 505
제5실 505
제6실 505
제7실 505
제8실 505

제국공주 356
제국대장공주 362, 528
帝女 381, 382
齊陵 391
濟物寺 297
堤上宮 487, 495
제석도량 99, 101
帝釋院 453
齊安公 淑 387
除夜 도량 71
第五室 531
提轄 300
提轄人船禮物官 301
조국장공주 366, 528
祖禰의 象 497
皂帶 487, 491
趙大臨 392
趙廉 517
祖廟 501
趙妃 366
朝鮮國公 484
조암천(구요천) 23
趙英吉 371
朝元殿 46
조원정 225
조인규 366
朝宗館 310, 313
조충 282
尊勝 법회 101, 234
卒哭 458, 487
종린 103
宗昆 224
『주례』 27
周陵 464
周祥(小祥) 454
『주역』 107
주작 신당 24
주작문 24
竹島 293
중광사(혜일중광사) 464
중광전 16, 17, 453, 481
重光殿 90, 461, 462, 463, 464, 466, 470, 472
重九(重陽節) 232
中宮 398
中臺省 41
中門 80, 306
重房 93, 117, 227, 228, 317, 357, 384
中祥祭 462
重陽節 246, 247, 310
중용 107
中節 299, 300
重刑 103
中和宮 366
重華殿 229, 231, 234, 236
中和殿 242, 344
中興의 主 515
重興宅 238
重禧門 93

즉위 91
지록연 281
智陵 491, 493
지리산 4, 6
至元節 346, 407
地藏坊 33
知奏事房 227, 228, 317
地眞祠 284, 287, 307
진강공 417
진강백 演 380
眞陵 358, 527
陳睦 280, 284
陳淑 297
晉室 515
眞影 495, 530
晉原君 姜淮季 388
陳應常 300
陳懿 295
辰義 5
鎭州郎君 333
진한후 348
質陵 340, 472, 522
集禧殿 20, 497

車古歹 363
次妃 239, 354, 360
次妃 康氏 395
昌樂宮 67, 383, 421, 490, 491
昌樂宮主 354, 383, 384
昌陵 466, 469, 474, 477, 483, 486, 490, 492, 494
昌盛宮主 341, 522
彰信寺 480, 485, 492
倡優 87
창합문 24, 63, 242
창화백 385
昌化伯 祐 385
昌化寺 370
蔡元 116
책봉 67
冊太后儀 116
척준경 79, 238, 352, 484
천경사 비문 70
천덕전 60, 65
千齡殿 491
천마산 7
天福殿 237
天敷殿 240
千佛道場 115
天成殿 237
千手道場 370
天壽寺 32, 476, 479, 485, 494
天壽殿主 342, 375
천안 333
천안낭군 333
天安府院郎君 333

天安府院夫人 332, 333
天祐門 242
千牛衛 299
天章閣 106
天柱寺 44
천추궁 335
千秋夫人 375
천추전 335
千秋殿君 375
千秋殿夫人 375
千秋節 456
천추태후 335, 351
天和殿 346, 407
天皇大帝太一 234, 236
天皇祠 284, 287, 307
天孝寺 489
철원 3
철원 궁성 39
철원 도성 37
첨성대 24, 48
青郊驛 356
青郊驛吏 317
청연각 19, 106
「清燕閣記(清讌閣記)」 106
青衣龍虎軍 299
聽政 66
清州館 312, 313
清州南院 334
청주남원부인 334
清州洞宮 361
청주원부인 334
清風閣 303, 304, 307
清河館 310, 313
醮禮 71, 75, 87, 99, 101, 234, 284, 389
초보산 289
초요輦 503
최광균 355
崔光裕 316
崔端 354, 526
崔讜 288
崔亮 457
崔文 366
崔文淸 315
崔傅 243
崔思諏 479
崔肅 461
최승로 457
최영 226, 372
崔湧 348
최우 65
崔惟善 469
최유엄 496
최유청 511
崔允匡 316
崔正份 492
崔齊顔 469
최천검 371
崔沖 335, 469
崔忠粹 71, 226, 314

최충헌 89, 226, 228, 314, 317, 415, 417, 490
崔諴 382, 412, 511
崔沆 461
崔瀣 288
崔行言 336, 338
추밀원 81, 229, 490
축하 77, 78
春幡子 66
春草苫 292
출정의례 283
充代下節 300
충정왕 519
충주 337
忠州館 312, 313
冲曦 358
馳騁 82
梔黃衣 92
親試 68
親迎 389
七廟 518
72星 236
七虞祭 490
七點仙 372
寢園 495, 516
寢殿 59, 100
稱制 345

타

탁라(탐라) 343
卓安 297
탄문 115
탐라국 310
湯沐 382, 410, 412
泰陵 455
太廟 456, 489, 492, 494, 495, 501, 504, 505, 513
태묘 禘祫 341
太師 忠 376
太一 76, 99, 115, 284
태자 책봉 282
태자 泰 374
태자궁 114
태자동궁 구역 22
태자비 책봉 241
泰定門 85
태조 왕건 6
太祖室 497, 502
태조진전 281
太后 115, 116, 225, 344, 347, 471
太后 別宮 225
太后 行宮 385
태후책봉 346, 469
宅主 391, 401, 402, 417, 419
通濟院 371

파

板橋 229, 230
板積窯 245
팔관보 238
팔관회 31, 77, 86, 241, 489
八虞祭 489, 490
八眞仙 5
便殿 59, 94, 97
평경왕후 339
평나산(성거산, 구룡산) 4
平輅 518
평양 11
평양공 基 377, 378
平壤君 340
평양성(장안성) 36
平輦 503
평의전 46
평주 吏 349
平昌郡主 400
포상 78, 83
布政殿 39
風師壇 33
풍수도참 32
楓嶽(금강산) 104
楓川原 37

하

하륜 399
하원백 416
하원백(하원공) 387
하원백(하원공) 瑃 386
下節 299
학일 114
한 고조 515
漢家 515
漢京 11
한교여 285
韓國長公主 366
韓琦 316
漢南公 415
한남백 杞 381
漢山侯 345, 472
漢書 514
韓安仁 481
漢陽公 387
韓彦恭 461
한인경 336, 340
韓祚 340, 522
咸寧宮主 387
함녕백 璞 384
含福門 228, 229, 230
含元殿 73
咸平宮主 360, 414, 415, 527
蛤窟 297

閤門 87
閤門(閣門) 83, 84, 95
항춘전(상춘전) 280
恒春殿王妃 337, 522
海東耆老圖 288
海東耆老會序 288
海東秘錄 73
海良院夫人 333
해안사 487
行讓門橋 230
향림사 461
香林亭 281, 287, 303, 304, 307
嚮福門 93
向成門 383, 490
鄕主 400
許珙 366
許升 225
許稠 399
憲陵 454
獻肅王后 334, 521
憲承皇后(獻肅王后) 334
獻哀王后 335
헌의왕후 334
헌정왕후 335, 351
玄冠素服 491
玄德宮 335, 336, 337, 341, 358, 421, 422, 424, 425
玄德宮主 336, 341, 522
玄德王后 337, 522
玄陵 341, 519, 522, 530
顯陵 452, 453, 464, 466, 469, 472, 483, 490, 492, 494, 496, 516
현무문 24
賢妃 340, 372
顯妃 391, 395
現聖寺 31, 32, 48, 284
玄素 116
縣主 400, 404
玄化寺 461, 462, 465, 471
夾界山 292
夾室 517
형벌 80, 94, 281
鞋工 350
惠明殿 530
惠妃 340, 370, 522
慧諶 418
惠人 402
혜종 511, 513
혜종 神主 478
혜종신주 510
혜진 95
鎬京 6, 10
호경대왕 8
壺串 372
魂堂 482, 489
魂殿 494, 499
魂殿(魂堂) 468
忽都魯揭里迷失 362
忽剌歹 363

忽赤 364
洪奎 366, 367
弘德院君 336, 375, 521
洪祿遒 499
紅樓 19, 20, 106
洪綸 370
洪陵 494
「홍범」 61, 65, 107, 230
洪若伊 295
홍원사 진전 469
홍이서 283
洪鐸 368
홍호사 471
홍호사 진전 471
紅鞓 487
和陵 337
和妃 368
畵像 488, 489
和尙島 296
和順宮主 384
和順翁主 372
華嶽山 8, 9
화엄경 234
화엄경도량 71
화엄회 76
花園 371
和義 342
和義郡夫人 342
和義門 225, 227, 229
화평궁 232
和平殿 232, 236
靴袍 497
환희방 34
皇女 376
黃大中 300
皇都 10, 26
황룡사 43, 47
황보제공 332
황성 22, 40, 41
皇城 구역 59
황성문 23, 27
黃水洋 291
황주량 508, 509
황주원 332
황주원부인 332, 333, 507
황중보 118
黃喜 399
회경전 482
회경전 구역 12
회경전 庭 63
회경전(선경전) 60, 61
회경전(선경전) 구역 22
회경전문 24
會同館 310
會同館(英華館) 313
懷陵 339
회빈문 27
會仙館 310, 313
회안백 沂 380
橫嶼 294

孝敬公主 375
효령태자 355
孝思觀 496, 531
효사왕후 340
효숙왕태후 335
孝信寺 492, 500
孝愼殿 500
孝子 85
孝靖公主 375
孝懷公主 386
후광주원부인 333
後宮 102, 357, 472
後大良院夫人 332
厚德府 371
厚德殿 353
厚陵 394, 396, 493, 494
后妃府 367
後苑(禁苑) 59
後庭 102, 224, 231
훈요 61, 102
薰仁殿 95
萱英 340
諱辰道場 462, 465, 474
黑山 292
黑水洋 291
흑수인 310
興慶公主 381, 425
흥경궁 382, 412, 421
興慶宮 425
흥경궁공주 382, 412
興慶宮主 382, 484
흥국방 32
興國寺 32, 83, 314
흥덕궁 421
興德宮主 354, 355, 386, 526
興禮門 18, 503
흥방궁 374
흥방궁주 374
흥복원부인 332
興盛宮 421, 473
흥성궁주 339
興聖寺 8
興壽宮主 380
興壽宮主(崇德宮主) 380
흥왕사 313, 343, 468, 472
興王寺 薦福院 484
興威館 312, 313
흥화군 520
禧陵 487
戱馬 247
禧妃 368
禧妃 尹氏 368
희종 415